吴定宇文集

殷国明 ◎ 主编
王兰 龙其林 ◎ 副主编

中山大學出版社
SUN YAT-SEN UNIVERSITY PRESS
·广州·

版权所有　翻印必究

图书在版编目（CIP）数据

吴定宇文集/殷国明主编；王兰，龙其林副主编 . —广州：中山大学出版社，2022.12

ISBN 978 – 7 – 306 – 07693 – 9

Ⅰ. ①吴…　Ⅱ. ①殷…②王…③龙…　Ⅲ. ①吴定宇—文集　Ⅳ. ①K825.46

中国版本图书馆 CIP 数据核字（2022）第 253771 号

出 版 人：王天琪
策划编辑：徐　劲
责任编辑：王延红
封面设计：周美玲
责任校对：陈　芳
责任技编：靳晓虹
出版发行：中山大学出版社
电　　话：编辑部 020 – 84111996，84113349，84111997，84110779
　　　　　发行部 020 – 84111998，84111981，84111160
地　　址：广州市新港西路 135 号
邮　　编：510275　　　传　真：020 – 84036565
网　　址：http://www.zsup.com.cn
　　　　　E-mail：zdcbs@mail.sysu.edu.cn
印 刷 者：恒美印务（广州）有限公司
规　　格：787mm×1092mm　1/16　29.75 印张　594 千字
版次印次：2022 年 12 月第 1 版　2022 年 12 月第 1 次印刷
定　　价：98.00 元

如发现本书因印装质量影响阅读，请与出版社发行部联系调换

　　吴定宇，生于1944年3月，逝于2017年7月，四川岳池县人。中山大学中文系教授、博士生导师。吴定宇致力于中国传统文化与中国现代文学研究四十余年，是国内倡导以文化视角研究文学的学者之一。在郭沫若研究、巴金研究、陈寅恪研究等领域取得突出的成绩，代表作有《守望：陈寅恪往事》《学人魂：陈寅恪传》《巴金与无政府主义》《西方忏悔意识与中国现代文学》《抉择与扬弃：郭沫若与中外文化》《20世纪中国文学的特质与文化价值》等，主编《中山大学校史（1924—2004）》。曾任中山大学中文系副主任、教务处副处长、《中山大学学报（社会科学版）》主编，《中山大学学报》编辑部主任，编辑学与出版研究中心主任等职务。

目　　录

引言　心灵即彼岸
　　——关于吴定宇的学术人生 …………………………… 殷国明（1）

第一辑　追问与突破（1980—1990）

《狂人日记》是浪漫主义作品吗？ ……………………………………（2）
试论胡适在五四文学革命运动中的历史地位和作用 ………………（8）
张闻天的文学活动散论 ………………………………………………（22）
论鲁迅与胡适 …………………………………………………………（33）
论巴金小说的艺术风格 ………………………………………………（46）
先驱者与跋涉者
　　——论鲁迅与巴金 …………………………………………（67）
现代意识与传统观念相撞击的火光
　　——论巴金〈家〉的文化价值 ……………………………（76）
论《女神》的文化价值
　　——兼论郭沫若在五四时期的文化心态 …………………（86）
论五四文学革命运动的文化原因 ……………………………………（98）
西方忏悔意识与中国现代文学 ………………………………………（103）
巴金创作的文化意义 …………………………………………………（113）
五四：作家文化心理的嬗变与新文学的走向 ………………………（118）
中西文化交融的最初硕果
　　——《女神》与《尝试集》文化价值比较 ………………（129）

第二辑　反思与精研（1991—2000）

论现代中国文艺的灵魂
　　——《在延安文艺座谈会上的讲话》新探 ………………（142）

论现代文化人的人格 (152)
巴金与宗教 (157)
儒家文化与中国文学 (169)
文化整合：迈向中国未来的必由之路 (174)
文化学与中国现代文学研究 (184)
文化整合：从边陲走向世界
　　——兼论岭南现代文化发展的历程 (192)
巴金与《红楼梦》 (200)
论乡土文化对郭沫若文化心理的润泽 (212)
儒家的人格设计与中国历代文学 (223)
自然与逍遥
　　——郭沫若与道家文化 (231)
世纪的风：巴金的文化整合探索 (244)
论郭沫若爱国主义思想的文化内涵 (253)
陈寅恪与吴宓的毕生情谊 (269)
巴金与中国古代文化 (276)
振聋发聩的一声春雷
　　——论《狂人日记》的文化价值 (286)
魏晋名士风度与魏晋文学 (294)
论儒家文化在郭沫若文化心理的积淀 (301)
郭沫若对中西文化的整合探索 (314)
推崇与诘难
　　——郭沫若与墨家文化 (328)
熠熠闪光的双子星座
　　——陈寅恪与王国维 (337)
熏陶与熔铸
　　——郭沫若与中国古典诗歌 (349)

第三辑　守望与跨越（2001—2017）

追慕与疏离
　　——论郭沫若与屈原 (362)

论郭沫若与泛神论……………………………………………………（376）
新闻报道的写作与史传文化传统………………………………………（387）
来自英伦三岛的海风
　　——论郭沫若与英国文学…………………………………………（393）
郭沫若与克罗齐、柏格森…………………………………………………（402）
论郭沫若与东方文学………………………………………………………（408）
福泽谕吉与黄遵宪：《文明论概略》与《日本国志》比较………………（416）
把心交给读者的作家：巴金………………………………………………（420）
现代中国史学的双子星座（之一）
　　——论郭沫若与陈寅恪……………………………………………（428）
走近黄修己先生
　　——贺黄修己先生八十大寿………………………………………（443）
附录　吴定宇主要著述编年………………………………龙其林 编（449）

引　言
心灵即彼岸

——关于吴定宇的学术人生

殷国明

吴定宇（1944—2017）生于四川岳池县一个文化人家庭，1967年毕业于四川外语学院俄罗斯语言文学系，后赴中学任教。1979年考取中山大学中文系中国现当代文学专业研究生，师从吴宏聪等先生，从此踏上文学研究之路。吴定宇生前是中山大学中文系教授、博士生导师，曾先后担任过中山大学中文系副主任、教务处副处长、《中山大学学报（哲学社会科学版）》主编等职，勤勤恳恳，忠厚务实，为人、为学皆为人所称道。吴定宇的辞世令人悲痛、惋惜和怀念。为了纪念，也为了能给中国现当代文学研究提供和保留一份珍贵的学术文献和典存，中山大学出版社编辑出版他的研究专集，并希望我能够参与论文集编选工作；承蒙信任，作为吴定宇的老友，我一方面感到欣慰，同时也深知自己见识浅显，难以完全胜任，好在还有吴定宇生前诸多学生、学友和亲友的鼎力相助，我也只有竭尽寸心，尽力而为，以表达我的怀念了。

一

20世纪的中国波澜起伏，中国现当代文学及其研究也自然潮起潮落，自有其千回百转、悲欢离合的历史脉络，而作为一位经历种种事变和挫折、毕生献身于中国现代文学研究事业的学者，吴定宇从事的中国现当代文学研究不仅成果丰厚，而且具有自己的独异之处，值得进行一番梳理和总结。

同很多人一样，吴定宇的学术生涯是在改革开放、思想解放的背景下开始的。而有所不同的是，吴定宇考取研究生那年已经35岁，经历了很多生活磨难，但在那些艰难岁月里，他并没有停止读书和思考。其不仅由此对于社会和人生产生了一些困惑和疑问，而且为此后有机会进行学术研究打下了一定的基础。

这也是为什么入学不足一年，吴定宇就能写出并发表《〈狂人日记〉是浪漫主义作品吗?》一文的原因。这篇论文对当时比较流行的一种观点提出了不同的看法，在学术界引起了不小的反响。当然，文章中的观点还可以深入讨论，但是文章所体现出的独立思考、勇于探索的精神却不能不令人叹服，体现了他在那个时代敢于突破禁区和禁忌的、振奋人心的学术锋芒。

由此发轫，吴定宇学术研究中一直贯穿着这种敢于质疑、敢于突破的心灵追寻。他不拘泥于成见，不断向一些既定的文学研究模式和观念提出质疑和挑战，例如对于胡适的评价，自20世纪80年代初，吴定宇先后发表了《试论胡适在"五四"文学革命运动中的历史地位和作用》《论鲁迅与胡适》《"五四"的晨星——胡适博士》等多篇论文，以一种求实的历史态度，对胡适在新文学运动中的贡献与地位进行评价，并指出了当时现代文学研究存在的一些误区和偏见，自然也会涉及对一系列相关历史人物和事件的重新定位。

就新时期以来的现代文学研究来说，这无疑是一次突破性的尝试，亦如一块小小石头抛入水中，溅起了不小的浪花。20世纪80年代是一个思想解放、冲破禁忌的时期，但更是一个充满矛盾、忧虑和回旋往复的时代，以往既定的思想模式遭到了怀疑和冲击，但是未必退出意识形态场域；而新的思想意识正在萌芽和生发，但是未必沉稳坚实。就此来说，吴定宇不仅对于这种文化学术状态早有认识，而且也是较早提出历史转型期观念的学人。

在重评胡适文学历史地位的文章发表不久，吴定宇在《中山大学研究生学刊》上发表了《论文艺为人民大众服务——学习〈在延安文艺座谈会上的讲话〉的一点体会》一文，重新以主体和主流文学史观念，对于50年代形成的既定的现代文学史观念进行了重新思考。在这篇文章中，吴定宇甚至对陈独秀的文学革命观也有所质疑："在'五四'文学革命运动的发难期，陈独秀喊出了建设'国民文学'和'社会文学'的口号。这口号，在反对封建主义旧文学的斗争中发挥过一定的积极作用。但他认为'国民文学'是'平易的抒情的'，'社会文学'是'明了的通俗的'，未能阐明'国民文学'和'社会文学'的具体内容。"①

很明显，这里既包含着某种困惑和忧虑，也表现了一种新的反思、思考和探索。同很多现当代文学研究者一样，吴定宇学术思考和探索的历程也是不断应对质疑和挑战的过程。尽管吴定宇一向为人谦逊低调，在学术研究方面也表现得小心翼翼，在肯定胡适历史功绩的同时，依然保持着某种思想批判的姿态。

当然，吴定宇在文学研究中所表现出来的这种执着和探索精神具有新时代的特色，所面对的不仅是新语境和新问题，还有新姿态。即便历史有所迂回，但是吴定宇内心并未放弃独立思考和自由探索的学术精神。由此读者才能在文章中读到这样的文字："今天，工农兵仍是人民大众的主体，我们当然应当在文艺作品中表现他们。但是，今天我们决不能把文艺为人民大众，简单地理解为只能在文艺作品中写工农兵的生活。站在无产阶级立场上去写其他人物的生活一样可以达到为人民大众的目的。例如电影《甲午风云》《林则徐》，今天仍能激起人民大

---

① 吴定宇：《论文艺为人民大众服务——学习〈在延安文艺座谈会上的讲话〉的一点体会》，载《中山大学研究生学刊》1982年第3期。

众的爱国主义感情。再如长篇小说《上海的早晨》，主要人物都是资本家，小说真实地表现了他们接受社会主义改造的过程，体现了党的政策的无比威力，因而受到人民大众的欢迎。还有何香凝画的老虎，整幅画没出现一个人物，但老虎画得十分逼真，也深受群众喜爱。"①

这种观点显然已经突破以往的限定，把文艺为工农兵服务的思想推到了更为宽广的空间。而几乎是同样的文字，若干年后再一次出现：1991年吴定宇在《中山大学学报》第三期上发表了《论现代中国文艺的灵魂——〈在延安文艺座谈会上的讲话〉新探》，几近用若干年前同样的表述、评述，重申了毛泽东同志在1942年提出的"我们的文学艺术都是为人民大众的"观点，并进一步强调"今天我们决不能把文艺为人民大众，简单地、机械地理解为只能在文艺作品中写工农兵的生活"②。在另一篇文章中，吴定宇更是进一步拓展了历史空间，指出："为了满足人民精神生活多方面的需要，邓小平主张'在艺术创作上提倡不同形式和风格的自由发展，在艺术理论上提倡不同观点和学派的自由讨论'。他从列宁关于文学艺术'绝对必须保证有个人创造性和个人爱好的广阔天地，有思想和幻想、形式和内容的广阔天地'出发，对文艺创作的特点作了透辟的阐述，'文艺这种复杂的精神劳动，非常需要文艺家发挥个人的创造精神。写什么和怎样写，只能由文艺家在艺术实践中去探索和逐步求得解决。在这方面，不要横加干涉。'"③尽管时代不断变幻，但是，吴定宇总是尽可能地坚持自我，守住底线，持之以恒地追逐自己的文学理想和价值。

二

从这里可以看到，思维一旦被点亮，遮挡的幕布一旦被撕开，真理之光就会闪现，学术探索就不会轻易退回原地，尤其在一个禁锢被打破的时代。这一点在吴定宇的学术研究中表现得格外突出。自20世纪80年代开始，吴定宇在现代文学研究领域不断探索，不断发现一些以往被遮蔽的角落，并不断用自己的心光照亮它们，亦不断获得和体验到这种思想突破、心灵发现带来的惊喜。这在其所致力的巴金、郭沫若等作家作品研究中有突出表现，体现了一种宏观视野与作品细读相互引展与互动的过程，不断为文学探索注入思想活力，亦不断增添新的感悟和认知。由此，即便是对作品的细读分析，吴定宇也能拨开云雾，发现会通的光

---

① 吴定宇：《论文艺为人民大众服务——学习〈在延安文艺座谈会上的讲话〉的一点体会》。
② 吴定宇：《论现代中国文艺的灵魂——〈在延安文艺座谈会上的讲话〉新探》，载《中山大学学报》1991年第3期，署名吴锦生。
③ 吴定宇：《当代马克思主义文艺思想的发展——邓小平文艺思想探索》，原载《学习〈邓小平文选〉论文选集》（下册），中山大学学报编辑部1994年10月编选。

亮。《一部现实主义的杰作——读巴金的〈憩园〉》就是如此。这篇文章不仅紧扣其与《家》之间的联系,而且发现了"正如茅盾在《腐蚀》中塑造赵惠明、曹禺在《北京人》中塑造曾文清的形象一样的""一种复杂的感情":"这种现象如同席勒所说:'即使是最坏的人,他们的身上都会或多或少地映现出上帝的影子来,'因此'如果全然邪恶,就绝对不能够构成艺术的对象,也不能抓住读者的注意力,结果反而会使人避之唯恐不及。'杨老三这个对象之所以刻画得如此鲜明生动,其中一个重要的原因就是巴金从生活实际出发,把他作为一个'人'来描写,把笔触伸进他心灵深处,写出了他复杂的内在情感,没有从某种概念出发,去简单地丑化他。"[①]这样,在一种更为广阔的文学视野中,通过心灵之光的投射,巴金作品中的形象塑造呈现出更隽永的美学意味。

实际上,文学和文学研究都是一种心光投射的事业。对于文学研究来说,研究者心灵中有光,才能在研究领域和研究对象中发现问题,照亮被遮蔽的地方,使之亮堂起来,继而发出心智的光泽。当然,这个过程是双向的:研究者要发现对象中的心光,就需要不断打开自己的心窗,与作家作品中的光源交相辉映,形成心影的交汇和呈现。在吴定宇的文学研究中,细心的读者就会经常发现这种相互映照和交汇的情景。随着研究的拓展和深入,吴定宇的研究视野也愈展开与广阔,从比较单纯的作家作品分析逐渐趋向跨学科、跨文化领域,对于作家作品的研究与探析也越来越多地与流派、思潮交接,显示出博大的气度。可以说,在中国现代文学研究中,吴定宇是最早自觉进入文化批评研究的学者之一。这一点我们不难从《论鲁迅和胡适》《现代意识与传统观念相撞击的火光——论巴金〈家〉的文化价值》《论〈女神〉的文化价值——兼论郭沫若在五四时期的文化心态》等文章中理出脉络。这种文化批评的维度,不仅大大拓展了吴定宇文学研究的视野与空间,使其对作家作品的评价更具张力和深度,也为当时的现代文学研究提供了新的方法和思路。

可见,从文学扩展到文化,并且形成自己独特的研究思路和框架,不仅是吴定宇自身文学研究的一次突破和一大亮点,而且对于当时的中国现代文学研究也具有拓展和创新意义。这里还应该指出的是,吴定宇在现代文学研究视野和方法上的突破和创新,与其后文学研究领域所出现的"文化热"不同,其不是输入型的"概念先行",更不是对于西方有关理论观念的模仿和借鉴,而是从自己的文学研究实践中生发出来的,因此能够以一种自然契合的方式,切入作家作品和文学现象的研究之中。这当然与后来文化研究热潮所呈现的情景不同,虽然概念有理有力,但由于缺乏与中国本土文化的充分沟通,虽强力介入,却难免有某种

---

① 吴定宇:《一部现实主义的杰作——读巴金的〈憩园〉》,原载《中山大学研究生学刊》1982年第2期。

游离于文学现象之外的隔阂感。当然，由于中国文化状态的特殊性，西方理论概念进入中国难免有一个相互磨合的过程，但是如果仅仅为一时抢占思想高地和理论概念的话语权，而忽略了与中国文学实际和实践的结合，就难以形成具有文化原创性的学术成果。

实际上，吴定宇不是不注重理论，而是不赞成生搬硬套，他更反感那种拉西方理论为虎皮，把中国文学现象简单归类的做法；而与理论先行相比，他更看重心灵的感受和发现，从具体文学作品和现象中获得理性的感悟和会通。他的文化研究思路就是这样来的。在这个过程中，吴定宇不仅从单纯考察文学性转向研究文学的文化性和历史性，而且从对于单纯的文学比较和影响关系的考察，进而转入对于整体性的文化融通状态的研究。我注意到，吴定宇在向更广阔的文化空间及其历史资源拓展的过程中，依然保持着对于人与文化关系的关注，特别重视文学史上人与人关系的研究和探讨，并试图从中探索、领略和获取文学的真谛与独特价值。这种研究或许最早是从胡适与鲁迅的关系做起的，后来延伸到了对郭沫若与惠特曼、巴金与克鲁泡特金、巴金与鲁迅等诸多中外作家关系的研究中，形成了一个颇具特色的系列，由此也为其文化整合研究视角和方法的提出夯实了基础。

例如，他对于巴金创作文化意蕴和价值的探讨，就首先来自对各种文化关系的细致考察和分析。他不仅先后写了《巴金与赫尔岑》《巴金与无政府主义》《巴金与宗教》《巴金与〈红楼梦〉》《巴金与中国古代文化》《巴金与中国古典小说》等从多方面探究巴金的文章，还写了《文化学与中国现代文学研究》《中国现代文学的文化特质与文化研究》等颇具宏观理论意识的论文，从一种"大文学""大文化"视野去寻求文学的研究之道，由此才形成了对于巴金研究进行文化整合的思路和框架，其开掘深厚、视野宽广，为中国现代文学研究开辟了一条独特路径。

这是一种可贵的、具有前瞻性的贡献。可以说，提出从文化整合视角去研究中国现代文学，不仅为吴定宇的学术研究带来了新的突破和发现，也是当时现代文学研究的一大亮点，体现了在文学研究方法论方面的开拓与创新。当然，这也对中国现代学术研究提出了新的、更难以企及的目标期待。其实，就作家研究来说，每一种个体和个性的形成，都不是某种单一文化模式的产物，都不可能在封闭文化语境中存活发展，尤其在多种文化广泛交流和融通的20世纪，文学处于多种文化和思想相互冲突、碰撞和磨合的语境中，无时不在进行着文化整合，在多文化、跨文化状态中熔炼和塑造自我。因此，怎么能用某种单一、封闭和固化的思想模式来研究文学呢？可惜，由于传统和历史的积淀和厘定，人们难免被某种既定的知识谱系和预制的思想观念所塑造和束缚，习惯成自然，很容易形成某种成规戒律，给活生生的文学现象戴上思想的枷锁。有时候，甚至作家和研究者自己，也会因时因地因势因需要而作茧自缚，为自己打造某种固定的思想花环，在有心无意之间遮蔽自己内心真实的感受和精神需求。

文化整合研究正是在这方面冲破思想瓶颈有所突破的。其为文学研究打开一个更为广阔的世界，让各种文化元素云集于文学研究领域，参与对于文学的理解和阐释，形成合力和整体性的观照，使文学中的心灵之光更加璀璨。也许正因为如此，在吴定宇的研究视野中，不论是胡适、鲁迅，还是巴金、郭沫若，乃至于陈寅恪、吴宓，都不是某种单一文化或思想潮流的代表者，更不是某种理论观念的化身，而是多种文化、思想的纠结点，中外古今文化和文学在这里发生交流、交接与交合，共同构筑一种多层次、多面孔、复杂的生命存在。在这个过程中，所谓整合，既是研究对象在多文化、跨文化状态中的主观选择和自我塑造，也是研究者对于作家作品进行多层次、多方面综合和动态分析的一种透视和概括，其必然会把文学研究推向一个更加辽阔的领地，呈现出更为整体性的面目。这种努力与探索无疑表现在其《儒家文化与中国文学》《巴金与中国古代文化》《文化整合：中国的过去、现在和未来》《抉择与扬弃——郭沫若与中国文化》《20世纪中国文学的特质与文化价值》等一系列著述之中。

不过，就我的感触来说，吴定宇在研究思路和方法上的探索与创新，多少还有一点"醉翁之意不在酒"的意味。他所追寻的学术理想和目标，或者说其价值取向，并不仅仅表现在学术研究本身的深度和广度方面，而更突出地表现为一种自我心灵和精神的安置和归宿。也就是说，在充满困惑、艰辛和挑战的学术道路上，吴定宇所追寻的不仅是文学，更是自己的心灵家园——这或许是中国20世纪很多作家和研究者的共通心路。由此，吴定宇才特别重视对于中国现代作家的文化心理和人格构成进行考察、探索和研究，把精神和心灵的归宿当作自己孜孜不倦追问、追寻和探索的目标。这或许就是孔子所推崇的"为己"的学问。在这方面，吴定宇的主要论文有《论〈女神〉的文化价值——兼论郭沫若在五四时期的文化心态》《西方忏悔意识与中国现代文学》《五四：作家文化心理的嬗变与新文学的走向》《论现代文化人的人格》《论乡土文化对郭沫若文化心理的润泽》《儒家的人格设计与中国历代文学》《论儒家文化在郭沫若文化心理的积淀》等等，从不同方向和侧面去找寻影响和造就作家文化心理和心态的因素。在这个过程中，他始终在孜孜不倦地追问：中国现代文学史中为何会出现如此多的历史悲剧？中国现当代作家的精神特点和心灵品质来自何处？当代文学的精神归宿和心灵依托到底在哪里？……

这或许体现了一种"世纪追问"，至今还期待作家和研究者给出答案。20世纪中国现代文学研究史就是一部中国文学研究和批评者的心灵追求史，其中所经受的精神磨难、困惑、怀疑、抑郁与振奋、转变和转换、反思与创新之内容，无不记录在现代文学研究的字里行间，成为中国精神文化史上最为繁复、壮观和内涵隐秘的心灵章节。这或许也是中国现当代文学研究中一条贯穿始终的线索，只不过并没有在相关研究中明显展露出来。在百余年的历史进程中，中国现代文学不仅在追寻国家、民族和社会的未来，不断置身于文化和意识形态斗争的风口浪尖，而且也在不断追寻和打造国人文化信仰和自信的寄托和归宿。文学研究者和批评者自然首当其冲，是其心灵追寻的承担者和跋涉者，经历了难以想象的艰难和曲折，一直在寻觅和建构新的自我。

就此来说，吴定宇的追问和寻找答案的过程更具有突出的个人色彩，他不仅在追问历史的时候追问自己，拷问自己的心灵，不断剔除文化和历史的阴影，使自己获得自信和光明的力量，而且体现了自己特殊的文化秉性与价值取向，即重情重义。

钱谷融先生曾经说过，艺术贵在真诚，"首先是感情的真挚，这是艺术创作的动力和源泉，也是艺术能够感染人、打动人的最重要因素"①。我想这同样表现在文学研究中。我还认为，中国现代文学研究和批评甚至中国文论的特点之一，不仅讲"理"重"论"，而且融入了"情"，特别重视真诚的投入。因为这个过程不仅是对研究和批评对象的评头论足，也是对自我内心的一种反观和认定。吴定宇的文学研究就充满这种自我探求、自我寻觅的意味，我因此也常常被这种内在的真挚和真诚所打动——如他的待人接物。

三

这或许是他后来几乎全心投入陈寅恪研究的内在缘由。实际上，20世纪90年代之后，吴定宇所写其他方面的论文渐渐少了，而把越来越多精力投入到陈寅恪研究中。这固然与陈寅恪晚年深居中山大学留下很多珍贵资料有关，但是最主要的是吴定宇内心需求所致。因为他从陈寅恪的学术人生和人格中找到了自己，回到了自己的心灵，感受到了从未有过的心理共鸣和支撑。由是，继1996年出版的《学人魂：陈寅恪传》产生很大反响后，他意犹未尽，继续深入研究和探索陈寅恪的文化积淀和心路历程，历经近十年，于2014年在中国社会科学出版社推出《守望：陈寅恪往事》，完成了自己的心愿。

就史料发掘来说，这部专著自然多有发现，但是更可贵的是吴定宇所获得的心灵感悟，在字里行间所涌动的心灵会通和精神契合，仿佛在荒漠之中寻得的一泓清泉，无论如何都想找到其源头，所以他不惜一切精力和时间在历史中千寻百觅，偶尔获得蛛丝马迹，也会感到非常惊喜和满足。

所以，对吴定宇来说，陈寅恪研究是一种心灵归宿，他不仅从中找到了自

---

① 钱谷融、殷国明：《中国当代大学者对话录·钱谷融卷》，中国文联出版社1999年版，第83页。

己,而且在这种心灵观照中重新发现了中国现代文学和文化研究的魂灵:

> 作为"学院派"学人的卓越代表,陈氏对20世纪中国学术文化的贡献,不仅表现在他充满真知灼见的论著和极其独特的研究方法上,而且还表现在他对"独立之精神,自由之思想"的守望上。"独立之精神,自由之思想"是中国现代学术文化之魂,试想,没有灵魂的学术文化,肯定不是真的学术文化,缺乏自由精神的思想,何来学术的创新?何来对世界文明做出巨大贡献?今天,"独立之精神,自由之思想"谈论者众矣,下笔阐释其精义者亦众矣,但真正摆脱"俗谛"的束缚,践行到底却不多见。可见,要转移积弊已深的浮躁、功利的学风,何其难哉!①

这或许是吴定宇经过心灵长途跋涉后的一种豁然敞亮的感悟,反映了他学术人生一如既往的精神追求。显然,也许由于中西文化的显著差异,或者由于介入中国社会状态的路径、角度、身份不同,这种"独立之精神,自由之思想"的选择往往是艰难的,甚至要付出不同的人生代价,不能用一种固定不变的标准来进行衡量和判断。但是,作为一种心灵归宿,能够在学术研究中回到真正的自我,确实是一种难得的结局。因为很多人尽管千寻百觅、反复考量、不断变换,最终还是未能摆脱困惑、犹豫、悔恨和虚无的精神状态。

文学及其研究的重要价值之一,在于心灵的沟通,在于破除这种文化障碍和思想禁忌抵达人的初心,突破彼此存在的语境和氛围而实现心灵的相知与相通。就吴定宇来说,这个历程不仅是思想和理论的,更是人与人之间的具体关系,贯穿于人与人的感情交流和交往过程中。如果从学术研究历程来看,吴定宇很早就关注作家之间的关系,但是就一种心灵的感悟与归宿而言,陈寅恪研究是一种心扉开启和心灯点亮的过程。就前者而言,无论是本国还是外国作家,他一直孜孜不倦地考察他们之间的相互影响,写了很多这方面的论文,从起初的《论鲁迅与胡适》《巴金与赫尔岑》《论郭沫若与巴金》等,到后来的《郭沫若与海涅》《陈寅恪与吴宓的毕生情谊》《熠熠闪光的双子星座——陈寅恪与王国维》《郭沫若与克罗齐、柏格森》等等,都在不断延伸和扩展着关注和研究的视野。而就后者来说,随着研究的不断深化和升华,对于这种作家之间关系的探索与理解出现了显著变化:起初只是一种文学生成或相互影响研究,渐渐演变成一种文学价值和美学意蕴的开掘,从关注文学文本、流派和思潮之间的关系,拓展到了对于作家之间心灵相通、情感契合方面,继而进入一种心灵和精神共同体的境界,展示了一种真正的、令人心向神往的美学存在。

显然,与西方文论所注重的纯粹理性模式不同,吴定宇的现代文学研究体现了一种"有情的学问"。

---

① 吴定宇:《守望:陈寅恪往事》,中国社会科学出版社2014年版,第3页。

这一点在其对陈寅恪与吴宓关系的记述中，就可以领略到：

> 在现实生活中，人们常常叹息知音难求，因此管鲍交情、高山流水、桃园结义，乃至李白与杜甫的友谊被传为千古美谈。朋友是"五伦"之一，自从陈寅恪与吴宓在哈佛订交以来，在长达半世纪的交往中，他们有着共同的文化追求，恪守着中国传统的伦理道德准则，同甘共苦、生死不渝，不是手足，胜似手足。这种君子交情，熠熠闪耀着中国传统美德的光辉，也应在现代学人的人际关系中大力提倡。①

在我看来，这不仅是吴定宇对于文学关系的一种别样的考察，更是其对于文学价值及其存在的一种独特感悟，即从由情入理到由理融情，最后进入情理相通的境界；也意味着吴定宇的文学研究突破了由来已久的对于理论价值和思想模式的崇拜，落实到了切实的、充满情感魅力的现实生活中，回到了人与人心灵的交汇之中。

所以，心即彼岸。只有回到自我本心，用真挚和真诚去观照文学和研究对象，才能获得真正的心灵沟通，得到切实的心灵慰藉和归宿。

吴定宇做到了，所以他的文字直白不花哨，质朴可读；他的见解不惊世骇俗，但是真挚见心；他的论述非面面俱到，但是总有独异的发现。

最后我还想说的是，吴定宇在现代文学研究及其方法论上的贡献，至今并没有获得即时的彰显。这是很遗憾的。这也许与吴定宇身在广东有关。广东虽属于最早实行改革开放的地区，在文化领域曾有很多新开拓、新突破和新观点，但是毕竟不是文化中心地带，其先行者的声音注定会被此后排山倒海似的来自中心的意识形态话语所压倒和淹没，被掩埋在学术史的边缘和深处。由此可见，正如黄修己所提倡的，有必要从"重写研究史"开始，而重写研究史应该从被压抑和掩埋的文化边缘状态开始，回到历史现场，重现那些开拓者的声音和身影。

---

① 吴定宇：《陈寅恪与吴宓的毕生情谊》，载香港《文学与传记》第 2 期，1995 年 5 月 15 日。

第一辑 追问与突破

（1980—1990）

《狂人日记》是浪漫主义作品吗？①

  《狂人日记》是鲁迅创作的第一篇白话小说，也是中国现代文学史上具有划时代意义的一篇白话小说。历年来，对这篇小说的理解，分歧颇大。由于鲁迅在创作这篇小说时，运用了象征性的表现手法，一些研究者便断定它是一篇浪漫主义作品，他们认为："这样的第一声呐喊，不可能是冷静地去塑造典型环境中的典型性格，而只可能是《狂人日记》式的激情的直接抒发，只可能借助于浪漫主义创作的巨大的冲击方法。狂人，是以浪漫主义的方法创造的象征意味很强的文学形象。"② 这种观点很值得商榷。

一

  鲁迅说过："我总以为倘要论文，最好是顾及全篇，并且顾及作者的全人，以及他所处的社会状态，这才较为确凿。要不然，是很容易近乎说梦的。"③ 我认为，这是理解《狂人日记》的钥匙。
  由于资产阶级的软弱性和妥协性，辛亥革命没有充分发动群众来完成反帝反封建的任务，所以虽然推翻了"帝制"，但胜利的果实却被封建军阀夺去了，人民仍然过着水深火热的悲惨生活，这使鲁迅感到很失望，他说："见过辛亥革命，见过二次革命，见过袁世凯称帝，张勋复辟，看来看去，就看得怀疑起来，于是失望得很，颓唐得很了。"④ 由此可见，鲁迅对不彻底的资产阶级革命的感受是多么痛切。但作为反封建的先驱，鲁迅并没有长此颓唐下去，他在寂寞中沉思默察，探索中国革命的道路。此时，他还涉猎了大量的经史子集、佛经道藏、碑帖拓片，对中国古代文化有了更加深刻的认识，对中国社会的过去和现在有了更加透彻的了解。他知道旧势力根底非常坚固，广大人民群众几千年来在经济上受剥削，在政治上受压迫，在精神上受奴役，还没有觉悟过来；他曾以一间铁屋子来比喻当时的中国，认为要开一个窗子也是不允许的，"即使搬动一张桌子，改装

---

  ① 本文原刊《中山大学研究生学刊（文科版）》（内部刊物）1980 年第 1 期（创刊号）；后收入人大复印报刊资料《鲁迅研究》1981 年第 2 期。
  ② 吴小美：《"五四"文学革命的第一声春雷——读〈狂人日记〉》，载《甘肃日报》1979 年 5 月 6 日。
  ③ 《且介亭杂文二集·题未定草七》，人民文学出版社 1973 年版。
  ④ 《〈自选集〉自序》，《南腔北调集》，人民文学出版社 1980 年版。

一个火炉，几乎也要血"①。他迫切地希望毁坏封建社会的"铁屋子"，唤醒昏睡的人们起来斗争，于是以文艺为武器，"将所谓上层社会的堕落和下层社会的不幸，陆续用短篇小说的形式发表出来了"②，"也不免夹杂些将旧社会的病根暴露出来，催人留心，设法加以治疗的希望"③。而"意在暴露家族制度和礼教的弊害"，揭出病态社会里的不幸人们的痛苦，以"引起疗救者的注意"的《狂人日记》，正是鲁迅经过对中国社会缜密深入的观察和长期冷静的思索后所发出的第一声呐喊。

鲁迅在创作这篇小说时，无疑是受到果戈理在1834年所写的现实主义作品《狂人日记》的启迪的。两篇《狂人日记》有一个共同点，即都用现实主义的创作方法来塑造狂人的形象。果戈理的《狂人日记》写的是19世纪沙俄时代一个九等文官波普里希爱上了司长千金的故事。在当时，地位低下注定了他一厢情愿的单相思不会成功。他的痴心妄想破灭后，这个发了狂的小官员想到的是他个人，只有他远在故乡的妈妈会可怜他，于是他发出了"可怜可怜患病的孩子吧"的呻吟，期待着同情和怜悯。而鲁迅的《狂人日记》却着力刻画了一个在封建礼教迫害下的觉醒者，奋起反抗"黑漆漆不知是日是夜"的世界，渴望拯救下一代的叛逆者的形象。他关心的不是个人的命运，而是整个社会的改革。它揭示的生活真实和概括的社会内容自然比果戈理的忧愤深广，从而也更具有战斗性。

在黑暗的中国封建社会，人剥削人、人压迫人、人吞吃人的现象是普遍存在的。许多人饱受剥削和奴役，生活贫困痛苦，但由于封建宗法的束缚和封建礼教的长期毒害，却变得消极落后，麻木愚昧，听天由命；其中一部分人，尤其是一些新式知识分子，则在残酷的掠夺和压迫中保持着比较清醒的头脑，并且愈来愈深切地识透了罪恶社会的吃人本质。他们或者挺身反抗，或者严词揭露。然而，他们如果不同封建势力妥协，结局往往是很悲惨的：不是备受毁谤，饱经摧残，在社会上几无立足之地（如《孤独者》中的魏连殳），就是惨遭迫害，死于非命（如《药》中的夏瑜），或者贫病交逼，被折磨得精神失常。由于他们的反抗没有同广大群众相结合，尽管他们具有强烈的革命精神和民主理想，尽管他们有坚强的意志、超群的才干，但在强大的封建势力面前，他们孤军奋战的结果只能是一事无成，以失败告终。这些就是鲁迅通过塑造狂人这一艺术形象揭露黑暗社会吃人本质的现实基础。

鲁迅有一个在山西当幕僚的表兄弟，神经错乱，留下一封遗书，说山西繁峙县的绅士们"设计陷害"他，要将他"置之死地"④；他逃来北京后，又觉得想

---

① 《娜拉走后怎样》，《坟》，人民文学出版社1977年版。
② 《英译本短篇小说集自序》，《集外集拾遗》，人民文学出版社1973年版。
③ 《〈自选集〉自序》，《南腔北调集》，人民文学出版社1980年版。
④ 引自阮久荪致母亲来信第一封。

杀他的人如影随身，因而经常惊恐不安；他来找过鲁迅，不久便被送回原籍了。这个人无疑是狂人的原型，但狂人的原型又不只这个表兄弟，鲁迅说过："所写的事迹，大抵有一点见过或听到过的缘由，但决不全用这事实，只是采取一端，加以改造，或生发开去，到足以几乎完全发表我的意思为止。人物的模特儿也一样，没有专用一个人，往往嘴在浙江，脸在北京，衣服在山西，是一个拼起来的脚色。"① 辛亥革命前，孙中山和章太炎也曾被人们视为"疯子"，章太炎还公开宣称："独有兄弟却承认我是疯癫，我是有神经病；而且听见说我疯癫，说我有神经病的话，倒反格外高兴。为甚缘故？大凡非常可怪的议论，不是神经病人断然不能想；就能想，也不能说；说了以后，遇着艰难困苦的时候，不是神经病人，断然不能百折不回，孤行己意。"② 他说这番话时，鲁迅正在日本，鲁迅对他一向很崇敬，受其影响自然也是不小的。正因为鲁迅在生活中发掘原型，"杂取种种人，合成一个"，所以经过典型化塑造的狂人形象，是植根于现实生活土壤中的实有人物，而不是一个理想化了的人物形象。

鲁迅以他的医学知识并从生活实际出发来写狂人的精神状态。狂人被迫发狂后，就用精神病人那种特有的方式来观察生活，认识社会。从月光到赵家的狗，从赵贵翁的眼色到小孩子的脸色，从路人的笑到与狂人交谈的"年纪不过二十左右"的人的笑，从女人管教孩子的打骂声到狼子村的大恶人被大家打死和吃掉的新闻，从蒸鱼的眼睛到看病的老医生的眼光，从历史书上的"仁义道德"到"字缝里看出字来"的"吃人"，从老医生的低声叮嘱"赶紧吃吧"到发现"合伙吃我的人，便是我的哥哥"，从狂人的大笑到大哥的冷笑，从吃死人肉的"海乙那"联想到狼，从梦境到现实，从劝说到发出"救救孩子"的呼声……狂人奇特的思维方法和怪诞的行动，都脱离了常态，完全符合迫害狂患者的病理特征。这些细节描写不是作者的主观想象，而是作者对生活中的实有现象选择、取舍和加工，并赋予典型意义的结果。这和浪漫主义作品中的细节有明显的区别。

但是，如果单纯去描写狂人的种种狂态，即使写得再逼真，也只是一份病理报告，而不是一篇文学作品；如果单纯去记录狂人的疯言谵语，即使记得再详尽，也是一篇颠三倒四、令人莫名其妙的糊涂文字。鲁迅运用含意双关的话语，比喻象征的手法，巧妙地将一个迫害狂患者的心理活动、自白和行动与对社会生活本质的深刻揭露结合在一起。狂人所说的"吃人"不但是指具体的"人吃人"现象，而且也指精神和思想。由于作者对狂人这个艺术形象的塑造有坚实的生活基础，因而使人感觉到狂人是一个现实生活中实实在在的人物，而不是一个理想化的人物。小说的情节是狂人思想与行动的表现，也是狂人性格形成发展的一段

---

① 《我怎么做起小说来》，《南腔北调集》，人民文学出版社1980年版。
② 章太炎：《演说录》，《民报》第6号（1906年）。

真实历史。作者对社会生活本质的揭露，紧密结合了狂人的特有感受。狂言和真理纠结在一起，水乳交融，狂人说的是疯话，但话中又一语双关地包含着深刻的哲理，使人产生联想和想象，从而感受到作品中彻底的反封建精神。

当然，比起鲁迅以后写的一系列小说来，《狂人日记》在创作上虽然较多地运用了象征手法，但创作方法和表现手法是两个完全不同的概念：创作方法是作家对纷纭万象的社会生活进行观察、分析、提炼、综合，并运用形象思维来塑造艺术形象，反映生活所遵循的基本原则；而表现手法则是在塑造艺术形象的过程中所采取的具体手段。有时某一创作方法惯于采用某种表现手法，但一般的表现手法却不是某一创作方法的唯一内容，而一般的创作方法也不规定非得采用某种特殊表现手法不可。鲁迅虽然运用了象征手法来塑造狂人形象，但他在观察和分析生活、选择和提炼题材、孕育和刻画形象上，所遵循的是现实主义的创作原则，着力以生活本来的样子去真实地再现生活的种种图景，而不是去表现他对生活的主观感受和他假想或幻想的世界与理想的生活。正如在《红楼梦》中，作者尽管运用过浪漫主义手法来刻画过人物形象（如说贾宝玉是女娲补天后剩下的一块顽石转世，林黛玉是绛珠仙草投生等），但不能因此而否定它是一部伟大的现实主义作品一样，也不能把《狂人日记》说成是浪漫主义作品，而应将其归入现实主义作品。

二

如何理解《狂人日记》中的比喻象征？这也是一个颇有争议的问题。有些研究者把这篇小说的艺术倾向纳入浪漫主义范畴，对典型人物和典型环境的理解，没有"顾及作者的全人，以及他所处的社会状态"，而是牵强附会，随意引申，甚至"拔高"到了不能自圆其说的地步。

某些研究者根据狂人在二十年前踹了古久先生的陈年流水簿子一脚，后来又揭露了封建社会的吃人本质，并与之作了坚决的斗争，他向往将来没有人吃人的社会，还发出了震撼人心的"救救孩子"的呼声，便断言"狂人是彻底的革命民主主义者，是鲁迅当时所理想的同旧社会作彻底斗争的英雄人物"。这种论断未免偏颇。

在日记中出现的狂人三十来岁。他在二十年前踹了古久先生的陈年流水簿子一脚时，还只是十岁左右的小孩子；他接受新时代先进思潮的影响，逐渐觉醒，真正认清封建社会的吃人本质，是二十年后的事情。因此把他十多岁时踹了那陈年流水簿子看作具有"对封建社会的历史传统的彻底批判精神"，甚至理解为"狂人蔑视封建主义的反动传统，敢于把帝王将相的'家谱'踩在脚下的自觉行动"，这就把孩提时代还未发狂的"狂人"拔高到先知先觉的"神童"地步了，也贬低了觉醒后的狂人的反抗行动。我认为狂人踹了古久先生的陈年流水簿子一脚,应该理解为出身地主家庭的狂人从小就不愿意接受被封建阶级歪曲了的中国封建社会历史,抵制封建主义旧文化的一种表现,倒要恰当得多。

那么,狂人为什么会发狂呢?有人认为:"狂人发狂的原因,就是由于踹了那象征旧的宗法制度的'古久先生的陈年流水簿子'一脚,'古久先生很不高兴',而那作为地主豪绅的代表人物赵贵翁又来'代抱不平',通过迫害,将人逼疯。"[①] 如果按照这样的解释,狂人岂不是受了二十年的迫害,狂了二十年么?这显然是不符合作者本意的。我认为,狂人发狂的原因就在于:他从小就讨厌被封建阶级歪曲了的中国社会历史和封建旧文化,从而与封建势力的代表人物古久先生、赵贵翁之流结下冤仇。后来他进入中学,无疑受过资产阶级文化的熏陶。在先进思想的影响下,他对所受封建宗法制度、封建礼教的束缚与压迫所造成的痛苦感觉特别敏锐。他认真地思考封建社会的种种不合理现象,试图探索一条通往"容不得吃人的人"社会的道路,因此遭到封建阶级走狗们的注意。他们既怕他,又随时随地想加害于他。他在黑暗势力的包围和迫害中防不胜防,终于被逼发狂了。

狂人一旦认识到黑暗社会的"吃人"本质,便展开了反抗活动;诅咒"吃人"的人,劝转人们"吃人"的心思,便是狂人进行斗争的两种主要方式。狂人不要求从根本上变革封建社会制度,不去触动封建阶级的统治,他的反抗还没有发展到"扫荡这些食人者,掀掉这筵席,毁坏这厨房"的地步,并且他的劝转工作刚一开始,就遭到了失败。狂人哪里是作者理想化的"彻底"的革命民主主义者和同旧社会作"彻底"斗争的英雄人物呢?狂人虽然"狂"了一阵子,但并没有"在这可诅咒的地方击退可诅咒的时代",也找不到一条通往"容不得吃人的人"的社会的路,而是"然已早愈,赴某地候补矣"。这分明是个具有反封建精神,但又找不到出路的知识分子形象。

《狂人日记》写于十月革命胜利后的1918年。鲁迅在这时写的《圣武》中曾主张接受"新宣传主义"和"外来思想",而且还说过:"他们因为所信的主义,牺牲了别的一切,用骨肉碰钝了锋刃,血液浇灭了烟焰,在刀光火色衰微中,看出一种薄明的天色,便是新世纪的曙光。"鉴于以上情况,某些研究者认为日记中的月光,象征着十月革命后新时代潮流给人们带来的光明和希望,狂人憧憬的"将来容不得吃人的人"的社会,便是共产主义社会,而赵家的狗,则是比喻封建顽固派的走狗云云。这些看法,貌似有理,其实是很片面的。

不错,十月革命一声炮响,给中国送来了马克思主义,但在此时,进化论、个性解放、人道主义、无政府主义、实验主义等形形色色的社会思潮也相继输入

---

① 吴小美:《"五四"文学革命的第一声春雷——读〈狂人日记〉》,载《甘肃日报》1979年5月6日。

中国，马克思主义是在同这些社会思潮作斗争中取得胜利，并和中国革命具体实践相结合才得到广泛传播的。鲁迅这时在政治上是革命民主主义者，在哲学思想上，他的自然观是唯物的，而历史观却是唯心的。他虽然也受过马克思主义的一些影响，但此时还是把它看作一股新兴的思潮，缺乏更深刻的认识；对十月革命的伟大意义，还不如李大钊那样明了清楚。他甚至觉得"今之论者，又惧俄国思潮传染中国，足以肇乱，此亦似是而非之谈，乱则有之，传染思潮则未必。中国人民无感染性，他国思潮，甚难移植"①。在这封信中，他还说："将来之乱，亦仍是中国式之乱，非俄国式之乱也。而中国式之乱，能否较善于他式，则非浅见之所测矣。"后来他回顾这时候的思想状况时又说："先前，旧社会的腐败，我是觉察到了的，我希望着新的社会的起来，但不知道这'新的'，该是什么；而且也不知道'新的'起来以后，是否一定就好。待到十月革命后，我才知道'新的'社会的创造者是无产阶级，但因为资本主义各国的反宣传，对于十月革命还有些冷淡，并且怀疑。"②可见鲁迅这时对中国将朝什么方向前进，一时还没有形成很明确的看法，因此说狂人向往社会主义社会，月光象征"新世纪的曙光"，未免离作者本意太远。至于赵家的狗，就是一条具体的狗，起渲染环境的作用，它并没有参与监视或迫害狂人的活动，说它就是"封建顽固派的走狗"，实在是无稽之谈。

为了表现反封建的主题，鲁迅写这篇小说时运用了象征手法，但它毕竟不是浪漫主义作品，狂人的每一句话和每一个行动，狂人身边发生的每一件事情，以及场面变换、细节描写等并不都具有象征意义，如果我们不从生活本来的样子出发去分析这篇作品，也就不能真正理解这篇小说的典型人物和典型环境。

---

① 《致宋崇义》（1920年5月4日），《鲁迅书信集》，人民文学出版社1976年版。
② 《答国际文学社问》，《且介亭杂文》，人民文学出版社1973年版。

试论胡适在五四文学革命运动中的历史地位和作用[1]

五四文学革命运动，是五四新文化运动的重要一翼，也是一个最有成绩的部分。胡适作为民族资产阶级知识分子的代表人物，积极地参加了这个运动，他以自己的思想、学说和研究成果吸引和影响了许多人。本文试图用历史唯物主义的观点，对胡适在五四文学革命运动中的功过是非进行探讨和评价。

一

列宁提出："在分析任何一个社会问题时，马克思主义理论的绝对要求，就是要把问题提到一定的历史范围之内。"[2] 要判断胡适当时的文学主张是进步的还是反动的，首先应当考查他是在什么历史条件下提出这些主张，弄清他的思想基础和理论基础是什么。

"一定的文化是一定社会的政治和经济在观念形态上的反映。"[3] 从清朝末年到五四运动前的文化思想，便是这一时期政治经济的反映，同时又作用于政治经济。鸦片战争后，资本主义列强用炮舰、鸦片和廉价商品打开了中国的大门。外国资本主义的侵入对中国的自然经济起了很大的分解作用，客观上促进了中国民族资本主义的发生和发展。与此同时，西方"新学"也相继输入，中国的先进分子受到西方自然科学和社会政治学说的影响，不同程度地接受了西方资产阶级文化思想；中国旧有的文体和词汇，已装不下现实生活和思想中日益复杂的新内容，并越来越成为资产阶级新派人物表达思想、宣传自己主张的障碍了，于是他们要求对原来的旧文体进行革新。黄遵宪、夏曾佑、谭嗣同等人倡导的"诗界革命"，梁启超鼓吹的"小说革命"，就是一种大胆的尝试。裘廷梁、陈荣衮比较了白话和文言文的优劣，指出"愚天下之具，莫如文言；智天下之具，莫如白话"，明确提出"开民智莫如改革文言"的主张，以"崇白话废文言"来"便幼学""便贫民"。此后白话报纸、白话教科书、白话小说便逐渐流行开来。然而，封建势力在社会的政治、经济生活中仍占优势，反映在文化上，表现为封建的古装的旧文学还很强大；又由于中国民族资产阶级在政治、思想上的软弱和妥协，

---

[1] 本文原载《中山大学研究生学刊（文科版）》（内部刊物），1980年第2期，全文略有删减。
[2] 列宁：《论民族自决权》，《列宁选集》第2卷，人民出版社1960年版。
[3] 见《毛泽东论文艺》，人民文学出版社1958年版。

客观历史条件还不成熟；再加上这些文学革新者的主张还不够完善，因此在当时不可能形成一个声势浩大的文学革命运动。所以"这种资产阶级思想只能上阵打几个回合，就被外国帝国主义的奴化思想和中国封建主义的复古思想的反动同盟所打退了，所谓新学，就偃旗息鼓，宣告退却，失了灵魂，而只剩下它的躯壳了。"① 但他们的这些活动，毕竟为惊天动地的五四新文学运动奠定了一定的思想基础，凝聚了力量。

文学是社会生活的反映。辛亥革命后，封建文学仍充斥文坛，但其腐朽的内容、僵硬的形式，已成为思想启蒙运动和中国文学发展的桎梏了。《新青年》创刊后，竖起科学和民主两面大旗，同时立意改革文艺，着手介绍西方近代文艺思想，为国内文坛吹进一股新鲜的空气。新的经济力量、新的政治力量的出现和急递的思想变革，必然引起文学内容和形式的变革，文学革命运动势在必行，正在酝酿之中。

胡适生活在这动荡的年代，经历了封建文学向现代新文学过渡的时期。他祖籍安徽绩溪，出身于官僚地主兼商人家庭，从小虽然受过封建文化教育，但是"新学"的浪潮也曾波及他偏僻的家乡，具有民主主义思想的"新小说"对他很有吸引力。他后来回忆说："余幼时酷嗜小说，家人禁抑甚力。然所读小说尚不少。后来文学观念，未必非小说之功。"② 他十三岁到上海读书，受到"新学"的启迪，对旧文学开始产生不满情绪，并试用白话文体给上海的《竞业旬报》写过半部章回小说《真如岛》，同时还在《国民白话日报》《安徽白话报》上发表过白话文章。1910年胡适去美国留学，在留美期间接受了实用主义和进化论，并用它们作为思想武器来研究中国社会和中国文学。实用主义属于主观唯心主义范畴，它否认物质第一性的原则和规律的客观性，宣称客观世界可以按照人的主观意愿任意塑造，是与马克思主义哲学根本对立的；但它注重具体的事实与问题的研究，在当时可以充当资产阶级怀疑、批判和否定旧思想、旧传统，打破"天不变，道亦不变"的精神枷锁的武器，具有反封建迷信的启蒙作用。而进化论，与胡适同时代的李大钊、陈独秀、鲁迅等人在接受马克思主义以前，都把它当作反封建的主要利器。

胡适在美国本来是专攻哲学的，那么，是什么原因促使他投身到文学革命运动中去的呢？有人认为，胡适之所以参加文学革命运动，是为了"新辟一文学殖民地"来建功立业，扬名显声。但我认为这并不足以概括他当时思想活动的全部过程。胡适留学国外，很注意世界各种"新潮流"，同时关心着国内的政治形势。他痛感辛亥革命没有完成资产阶级民主革命的任务，幻想着建立一个资产阶

---

① 见《毛泽东论文艺》。
② 见胡适：《藏晖室札记》卷十二，亚东图书馆1939年版。

级民主共和国,认为"国无海军,不足耻也;国无陆军,不足耻也!国无大学,无公共藏书楼,无博物院,无美术馆乃可耻耳"①,而救国的"根本之计"在于"兴吾教育,开吾地藏,进吾文明,治吾内政"②,这实质上就是教育救国论。胡适正是从这种教育救国论出发,细心研究中国文字,觉得"今日之文言乃是一种半死文字,因不能使人得听懂之故"③,不能再作为表情达意的工具,并已成为教育救国的绊脚石了。他还在美国接触到一些西方文学书籍,深受世界"新潮流"的熏陶,这就使他较早地认识到文学的社会作用:"吾以为文学在今日不当为少数文人之私产,而当以能普及最大多数之国人为一大能力。吾又以为不当与人事全无关系。凡世界有永久价值之文学,皆尝有大影响于世道人心者也"④。胡适当时能有这样的见解,无疑是有进步意义的。他觉察出旧文学"徒有形式而无精神,徒有文而无质,徒有铿锵之韵貌似文辞而已"⑤,成为少数人的私有物。这种"无病呻吟""摹仿古人""言之无物"的旧文学,根本不能影响世道人心,而文言文,正是它的书面语言。他用历史进化论的观点分析了世界文学和中国文学的发展变迁,认识到要使文学普及到最大多数国人中去,必须进行一场文学革命运动,而在当前,进行这场运动的时机已经成熟。他在给一个朋友的信中疾呼:"文学革命何可缓耶!何可更缓耶!"⑥决心从改革文学入手,创建一种能够表情达意的活的文字、活的文学。他在一首《沁园春》中写道:"文章革命何疑!且准备搴旗作健儿!要前空千古,下开百世,收他臭腐,还我神奇。为大中华,造新文学,此业吾曹欲让谁?诗材料,有簇新世界,供我驱驰。"⑦抒发了他向封建旧文学勇敢挑战,为创建新文学披荆斩棘的抱负和豪情。

胡适在找出旧文学的病根是"在于重形式而去精神,在于以文胜质"⑧的同时,也在探求如何着手改革的方法。他认为"欲救旧文学之弊,先从涤除'文胜'之弊入手"⑨,具体说来就是:"第一,须言之有物;第二,须讲求文法;第三,当用'文之文字'时,不可故意避之"⑩,特别强调"当注重言中之意,文中之质,躯壳内之精神"⑪,这便是后来他正式提出文学革命"八事"主张的胚胎。值得注意的是,虽然他这里所谈"物""意""质""精神"的意思还很抽

---

① 见胡适:《藏晖室札记》卷九。
② 见胡适:《藏晖室札记》卷八。
③ 见胡适:《藏晖室札记》卷十三。
④ 见胡适:《藏晖室札记》卷十三。
⑤ 见胡适:《藏晖室札记》卷十二。
⑥ 见胡适:《藏晖室札记》卷十二。
⑦ 见胡适:《藏晖室札记》卷十二。
⑧ 见胡适:《藏晖室札记》卷十三。
⑨ 见胡适:《藏晖室札记》卷十三。
⑩ 见胡适:《藏晖室札记》卷十三。
⑪ 胡适:《陈独秀》,《胡适文存》一集卷一,亚东图书馆1921年版。

象，但已触及文学的内容，并不只是单纯谈形式改革的问题。他当时虽远在美国，但与留在国内的陈独秀经常通信，讨论有关改革文艺的问题，他在1916年10月写给陈独秀的信中，赞同陈独秀论文学变迁的观点，并提出文学革命须从"八事"入手的主张，他说："足下之言曰：'吾国文艺犹在古典主义理想主义时代，今后当趋向写实主义'。此言是也。"① 这里所说的写实主义，便是后来的现实主义最初的提法，这是一种先进的文学思想和创作方法，胡适能赞同这一点，是一种积极的态度。

1917年胡适在《新青年》杂志上发表了文学革命运动的第一篇宣言书《文学改良刍议》（简称《刍议》），成为新文学运动的最初发难者。

综上所述，胡适在辛亥革命后至五四运动前这个特定的历史条件下提出的文学革命主张，适应了当时由于经济关系和政治力量的变化，在观念形态上迫切需要文学起相应变革的要求，这是进步的。因此，指责他一开始就宣传了帝国主义的反动的文化观点，一开始就是帝国主义、封建主义和官僚资本主义在政治上、文化上向中国人民凶恶进攻的发难者，是不合实情的。

二

继胡适《文学改良刍议》之后，陈独秀也在同年第二期《新青年》上发表了《文学革命论》，正式打出文学革命的旗号。后来有的同志仅从这两篇文章的题目上，便断言陈独秀是文学革命的倡导者，而胡适不过是个文学改良者，甚至说他《刍议》中提出的文学革新主张"涂改了文学革命的本义"。好像只有陈独秀是文学革命运动的功臣，而胡适却是混进来的破坏者乃至于罪人，这是一种因人废言、望文生义的做法。

胡适在留美时期所写的《藏晖室札记》中，记叙他同几个中国留学生讨论中国文学问题时，几乎都是用的"文学革命"这个词，在《刍议》发表后他所写的一系列文章中，也是用的"文学革命"这个词，他本人也俨然以文学革命运动的发难者和功臣自居。陈独秀在《文学革命论》中，肯定胡适是"首举文学革命义旗的急先锋"。刘半农也在1917年5月1日发表的《我之文学改良观》中说："文学改良主义，既由胡君适之提倡于前，复由陈君独秀，钱君玄同赞成于后"②，他并没有把胡适和陈独秀分成两家。鲁迅在《无声的中国》中谈到五四文学革命运动时说："首先来尝试这工作的是'五四运动'前一年，胡适之先生所提倡的'文学革命'。'革命'这两个字，在这里不知道可害怕，有些地方

---

① 胡适：《陈独秀》，《胡适文存》一集卷一，亚东图书馆1921年版。
② 《新青年》第3卷第3号。

是一听到就害怕的。但这和文学两字连结起来的'革命',却没有法国革命的'革命'那么可怕,不过是革新,改换一个字,就很平和了,我们就称为'文学革新'吧,中国文字上,这样的花样是很多的。"在鲁迅看来,"文学改良"和"文学革命"是一回事,它们的本质含义都是文学革新,所不同的,不过是文字上的花样而已。既然如此,那胡适又为什么在《刍议》中用"文学改良"而不用"文学革命"这个词呢?他后来对此作了这样的解释:"我受了在美国的朋友的反对,胆子变小了,态度变谦虚了,所以此文标题但称'文学改良刍议',而全篇不敢提'文学革命'的旗子。"① 但他在《刍议》一文中的观点,是以前同留美学生讨论文学革命问题时的观点的发展,所以后来他在写文章时又用"文学革命"取代了"文学改良"这个词。陈独秀写《文学革命论》的目的并非要另树一帜,而是为了弥补《刍议》主张中不够完善的地方,他的用意是"吾甘冒全国学究之敌,高张'文学革命军'大旗,以为吾友之声援。"可见《文学改良刍议》和《文学革命论》是新文学运动发难时期的姊妹篇,它们互相补充,互相支持,共同向封建文学发起了挑战。

在这以后,胡适还写了《历史的文学观念论》《建设的文学革命论》《文学进化观念与戏剧改良》《谈新诗》《尝试集自序》等有影响的文章,更加系统地阐述了他的文学主张。

胡适猛烈攻击"因为没有历史进化的观念,故虽是'今人',却要做'古人'的死文字,虽是二十世纪的人,偏要说秦汉唐宋的话"②的复古主义者,大力肯定"吾每谓今日之文学,其足与世界'第一流'文学比较而无愧色者,独有白话小说一项"③,理直气壮地断言:"白话文学之为中国文学之正宗,又为将来文学必用之利器。"④ 在这以前,梁启超、黄遵宪、裘廷梁、陈荣衮等人虽然也曾强调和提倡过白话文学,但只是力图在文学创作园地里为它争得一席位置,最多也不过是要与文言文学平分秋色而已,而胡适却主张从根本上推翻文言文的正宗地位,用白话文去取而代之,态度十分鲜明。

文言文是封建思想的主要表现形式,是封建文学赖以存在的重要工具。在五四文学革命运动以前,林纾翻译的西方资产阶级的文学名著,严复翻译和介绍的西方哲学理论,都宣传了资产阶级的民主思想,或多或少抨击了黑暗的现实,但由于他们不肯抛弃文言文这种僵化了的"半死"文字工具,他们的努力收效甚微,不能为广大民众所理解和接受。而白话文,作为普及和宣传的工具,作为一种富有艺术表达力的文学语言,则受到一般民众的欢迎。胡适从近代文学革新者

---

① 胡适:《逼上梁山》,《新文学大系·建设理论集》,上海文艺出版社1980年版。
② 胡适:《文学进化观念与戏剧改良》,《胡适文存》一集卷一,亚东图书馆1921年版。
③ 胡适:《文学改良刍议》,《胡适文存》一集卷一。
④ 胡适:《文学改良刍议》,《胡适文存》一集卷一。

的失败中总结出教训，大胆提出用白话取代文言在文学上的正宗地位的主张，鼓吹"国语的文学，文学的国语"①，使白话文学作品拥有广泛的读者，客观上起到普及文化的作用，同时也为新思想的传播开辟了道路。这难道不是一种带有积极意义的主张？

不错，愈到后来胡适愈强调语言形式的作用，甚至把文学革命归结为"是白话替代古文的革命，是活的工具替代死的工具的革命"②，把"用白话作为一切文学的工具"作为"这回作战的单纯目标"③，并且认为"这一次的文学革命的主要意义，实在只是文学工具的革命"④。这些看法都是片面和错误的，"因为腐败的思想，能用古文做，也能用白话做"⑤。与他同时代的李大钊说得好："刚是用白话作的文章，算不得新文学；刚是介绍点新学说、新事实，叙述点新名词，也算不得新文学。"⑥我们所要求的新文学，是有反帝反封建的思想内容和白话文的形式的文学作品。胡适的这个主张，很明显地表现他思想上的局限性，但在当时的历史条件下，他认清文言文这个僵化的旧形式已成为表达新思想的障碍，指出"形式和内容有密切的关系。形式上的束缚，使精神不能自由发展，使良好的内容不能充分表现。若想有一种新内容和新精神，不能不先打破那些束缚精神的枷锁镣铐"⑦，因而强调"适以为论文学者固当注重内容，然亦不当忽视其文学的结构。结构不能离内容而存在，然内容得美好的结构乃益可贵"⑧。可见胡适并没有完全忽视内容的作用，而他正是着眼于表现新内容和新精神，才提出自己的"工具革命论"的。

然而，不少人长期认为，只有陈独秀在《文学革命论》中提出的三大主义才触及新文学的内容，而胡适则完全割裂了内容和形式的关系，只谈形式的改革，不谈内容的革新，从而给他戴上一顶"彻头彻尾的形式主义者"的帽子。这种武断的论调，其实是缺乏实事求是的科学态度的。胡适在1916年10月最初提出的"八事"主张中，就把"不作无病之呻吟""不摹仿古人""须言之有物"称为"精神（内容）上之革命"⑨。这三条中最主要的是"须言之有物"，而所谓"物"，指的是思想和感情。他认为"文学无此二物，便如无灵魂无脑筋

---

① 胡适：《建设的文学革命论》，《新青年》第4卷（1918年4月15日），第4号。
② 胡适：《逼上梁山》，《新文学大系·建设理论集》。
③ 胡适：《新文学大系·建设理论集·导言》。
④ 胡适：《新文学大系·建设理论集·导言》。
⑤ 鲁迅：《无声的中国》，《三闲集》，人民文学出版社1980年版。
⑥ 李大钊：《什么是新文学》，《星期日》1919年12月8日。
⑦ 胡适：《谈新诗》，《胡适文存》一集卷一。
⑧ 胡适：《陈独秀》，《胡适文存》一集卷一。
⑨ 胡适：《陈独秀》，《胡适文存》一集卷一。

的美人，虽有秾丽富厚之外观，抑亦末矣"①。所以"摹仿古人之作"乃"文学下乘"②。

那么，胡适所注重的思想又是什么样的思想呢？他说："吾所谓'物'，非古人所谓'文以载道'之说也"③。这里所说的"道"，当然是指封建礼教和封建伦理道统，这正是五四新文化运动的众矢之的。他不把陈腐的封建思想作为文学作品的"物"，强调"新文学要有新思想做里子"④，这是符合时代潮流的。

胡适所注重的情感又是什么样的情感呢？他把在诗文中抒发"对落日而思暮年，对秋风而思零落，春来则恐其速去，花发而惟惧其早谢"的封建文人和士大夫情调，斥为"亡国之哀音"；反对把文学当作"不思奋发有为，服劳报国，但知发牢骚之音，感喟之文"的工具⑤；可见他注重的情感，显然不是没落的封建阶级情感。

胡适认为："文学乃是人类生活状态的一种记载，人类生活随时代变迁，故文学也随时代变迁，故一代有一代的文学。"⑥ 新文学作品究竟应该反映什么样的生活内容，他作了这样的具体说明："今日的贫民社会，如工厂之男女工人、人力车夫、内地农家、各处大负贩及小店铺，一切痛苦情形"都应"在文学上占一位置"；"今日新旧文明相接触，一切家庭惨变，婚姻痛苦，女子之位置，教育之不适宜……种种问题，都可供文学的材料"，而在封建旧文学作品中屡见不鲜的"官场妓院与龌龊社会三个区域，决不能够采用"⑦。所以他宣传易卜生主义，反对封建礼教和封建道德，猛烈抨击封建"贞操说"，鼓吹妇女解放，赞同"平民文学"和"人的文学"，要求文学家对社会进行"实地的观察和个人自己的经验"，并运用写实主义（即现实主义）的创作方法来反映当时人们关心的和迫切需要解决的社会问题，这不能说不是一种文学内容革新的主张。

中国文学史上有许许多多的白话文学作品，在这些作品中既有精华，也有糟粕，胡适并不是不加区分地把它们一概奉为文学的"正宗"，而是把长期为封建阶级视为异端的、具有反封建民主思想的施耐庵、曹雪芹、吴趼人等人的作品放在文学的正宗地位，并态度鲜明地指出："若单靠白话便可成新文学，难道把郑孝胥、陈三立的诗翻成了白话，就可算得新文学了吗？难道那些用白话做的《新

---

① 胡适：《文学改良刍议》，《胡适文存》一集卷一，亚东图书馆1921年版。
② 胡适：《文学改良刍议》，《胡适文存》一集卷一。
③ 胡适：《文学改良刍议》，《胡适文存》一集卷一。
④ 胡适：《〈尝试集〉自序》，《胡适文存》一集卷一。
⑤ 胡适：《建设的文学革命论》，《胡适文存》一集卷一。
⑥ 胡适：《文学进化观念与戏剧改良》，《胡适文存》一集卷一。
⑦ 胡适：《建设的文学革命论》，《胡适文存》一集卷一。

华春梦记》《九尾龟》也可算作新文学吗?"① 从他对古代白话文学的态度上,可以再一次看出,他并没有把文学的内容和形式完全割裂开来,他是很注重所表现出的思想内容的。他对《水浒传》《西游记》《红楼梦》《儒林外史》及对李伯元、吴趼人的评价,在这个时候是与鲁迅在《中国小说史略》的观点大体相同或相近的。

胡适在向封建旧文学宣战的同时,还主张向进步的外国文学学习,有人就因此而指责他是"全盘西化"的"洋奴文人"。但他在这时主张向西方先进文学学习,却是为了吸取外国先进文学的长处来补救我国文学的短处,从而建立一种新文学来反对封建主义的旧文学,这在当时是很有必要的。《新青年》创刊不久,就发表《现代欧洲文艺史谭》等文章,介绍西方近代文艺思潮。新文学运动的先驱们也都曾广泛地接受外国文艺的影响:陈独秀在《文学革命论》中说,庄严灿烂之欧洲文化,"受赐于文学者亦不少",他在与胡适的通信中,要求胡适"多译短篇名著""以为改良文学之先导"②。鲁迅当年也积极主张向外国文学学习,他在日本留学期间,不但写了《摩罗诗力说》,介绍了许多外国文学家,而且还翻译出版了《域外小说集》。外国文艺在民主思想的传播和艺术表现形式上,有借鉴的作用,促进了新文学运动朝积极健康的方向发展。可见向西方近代文学学习,是一个前进的运动,而胡适此时在这个问题上与先驱们的步伐是一致的,因此指责他一开始就是媚外的洋奴买办文人,未免有些牵强附会了。

胡适的《文学改良刍议》等鼓吹文学革命的文章发表后,在社会上引起了不同的反响。陈独秀马上写出《文学革命论》予以声援,并提出"三大主义"来补救"八事主张"之不足。钱玄同也撰文响应,称"文学革命之盛业,得贤者首举义旗,而陈独秀、刘半农两先生同时响应"③,誉赞"适之是现在第一个提倡新文学的人"④。其他诸如盛兆熊、汪懋祖、傅斯年、任叔永、蓝志先等或来信赞同胡适的主张,或为声援,或为讨论,把文学革命运动逐步引向深入。但是文学革命运动也不是一帆风顺的,它刚刚兴起,就遭到以林纾为代表的封建旧文学卫道士们的咒骂和责难。林纾不但写了《论古文之不当废》《论古文白话之消长》《致蔡鹤卿太史书》等文章,公开反对,而且还写了《荆生》《妖梦》等小说对胡适、陈独秀、钱玄同等进行人身攻击。这从反面告诉我们,胡适、陈独秀等人的主张,击中了封建文学的要害。面对着封建顽固派的反扑,鲁迅挺身而出,写了一些杂文,对新文学给予了有力的支持。正是在新文学运动的高涨声中,从1918年起,《新青年》全部改用白话;1919年,全国出现了《新潮》等

---

① 胡适:《建设的文学革命论》,《胡适文存》一集卷一,亚东图书馆1921年版。
② 胡适:《胡适来往书信选》(上),中华书局1979年版,第3页。
③ 钱玄同:《致适之》,《胡适文存》一集卷一。
④ 钱玄同:《〈尝试集〉序》,《新文学大系·建设理论集》。

400多份白话报刊；同时以鲁迅为代表的优秀白话小说和以郭沫若为代表的优秀新诗也开始出现在文坛上，显示了文学革命运动的实绩。

三

胡适不但在理论上鼓吹文学革命，而且在创作实践上也身体力行，写出白话诗集《尝试集》和白话独幕剧《终身大事》。

早在美国留学时，胡适就开始写新诗了。他写新诗的用意在致一个朋友的信中说得很明白："施耐庵、曹雪芹诸人已实地证明小说之利器在于白话，今尚需人实地试验白话是否可为韵文之利器耳"①，而"白话之能不能作诗，此一问题全待吾辈解决，解决之法，不在乞怜古人，谓古之所无今必不可，而在吾辈实地试验。一次'完全失败'何妨再来？若一次失败，便'期期以为不可'，此岂'科学的精神'所许乎？"②并且表示"吾志决矣，吾自此以后，不更作文言诗词。吾之《去国集》乃是吾绝笔的文言韵文也。"③他正是以这种前无古人、大胆探索、勇于创新和不怕失败的精神来尝试新诗创作的。前人黄遵宪虽然喊出了"我手写我口，古岂能拘牵"的口号，但在实际创作中，并未完全突破旧体诗的框框，做到"方言俗谚皆可入诗"和"不名一格，不专一体"，而且在晚年自订诗集时，还将一些通俗诗删去。以柳亚子为代表的南社诗人，虽然在他们的诗歌中有着革命色彩的思想内容，但他们却主张"文学革命所革在理想，不在形式。形式宜旧，理想宜新，两言尽之矣"④，所以他们的诗歌理论和创作成就，甚至还不如资产阶级改良派诗人。胡适则与他们相反，在探索新诗的创作道路上，从未动摇，从未后退。他不但自己写，而且希望和吁请更多的人来尝试写新诗，他后来自订诗集时，首先选取的也是新诗。

《尝试集》一共收了64首诗。诗集的第一编是他在美国留学时写的，由于作者远离祖国，脱离了国内实际，所以这些诗多是他留学时生活的描绘。但在他回国后所写的第二、三编里，精神境界就起了变化。俄国资产阶级二月革命发生后，他看到封建独裁的沙皇统治被推翻，"冰天十万囚徒"得到了解放，感到民主有望，自由可待，称"此近来第一大快心事"，挥笔写下《沁园春》来讴歌俄京革命"去独夫'沙'，张自由帜"。作者虽然歌颂的是俄国资产阶级二月革命，但表现出反封建专制、渴求自由民主和解放的思想，在当时是具有进步意义的。

《威权》可以说是上一首《沁园春》的姊妹篇。1919年6月11日夜，陈独

---

① 胡适：《再答任叔永》，《藏晖室札记》卷十四。
② 胡适：《答任叔永》，《藏晖室札记》卷十四。
③ 胡适：《答任叔永》，《藏晖室札记》卷十四。
④ 柳亚子：《寄杨杏佛书》，《藏晖室札记》卷十七。

秀被北洋军阀政府非法逮捕。胡适闻讯后，满怀悲愤，在诗中把北洋军阀比成坐在山顶上的威权者；把劳动人民比作用铁索锁着的开矿奴隶，高呼"我们要造反了"，诅咒威权必将"倒下来，活活的跌死"。当宣传新思潮的《每周评论》《国民公报》被封禁时，胡适又写出《乐观》《一颗遭劫的星》表示抗议。他在《一颗遭劫的星》中形容中国的政治气候"闷热"，把反动势力比成"一大块黑云"，把资产阶级革命比成"风雨"，尽管"乌云越积越大，遮尽了一天的明霞"，但"一阵风来，拳头大的雨点淋漓打下"，经过资产阶级革命的洗礼，"大雨过后，满天的星都放光了"，那时的中国就"更清凉了"。在《双十节的鬼歌》中，他还呐喊"大家合起来，赶掉这群狼，推翻这鸟政府，起一个新政府，造一个好政府"，充分表达出资产阶级的革命理想。

《尝试集》中还有不少爱情诗，这些诗很自然地表达了男女青年纯真的爱情。胡适在《应该》中大胆指出男女青年真心相爱是"应该这样做"的；在《礼》中，他攻击了束缚青年男女自由恋爱的旧礼教、旧道德；在《关不住》一诗中，他委婉地表示，爱情是封建礼教"关不住的"。这些诗在当时具有一定的反封建思想的积极作用，对后来的诗人如俞平伯、汪静之等的诗歌创作都有着一定的影响。

应当看到，胡适在政治上、思想上的软弱妥协使得《尝试集》先天不足，它不可能像《女神》一样，具有彻底的反帝思想内容和反封建的精神，他没有郭沫若那种奔放澎湃的热情，对现实社会也缺乏敏锐深刻的观察力。诗集中的不少诗是他无聊排遣之作，如《病中得冬秀书》《我们的双生日》《新婚杂诗》《三溪路上大雪里一个红叶》《一笑》等，就写得情调低沉、内容贫乏、形象苍白，这些抒怀诗作并不会对社会产生影响力。

从诗的形式上看，《尝试集》第一编的 15 首诗，刚刚从旧体诗词中"放脚"出来，显得有些不伦不类，但到了他归国后所写的收在第二、三编中的诗，则基本上突破了旧体诗词的束缚，采用了自由体的形式，在创新的道路上迈出了坚实的一步。虽然从总的情况看，胡适的诗很像"一个缠过脚，后来放大了的鞋样妇人"①，但在那旧文学风行文坛的时候，能够"放脚"就已是难能可贵的了。从艺术上看，这些诗大都意境浅露，缺乏蕴藉含蓄的诗味，语言也不够凝练优美，缺乏鲜明的节奏感，因而显得很不成熟，但在中国新诗还处在抒发感情、没有借鉴的襁褓时代，种种缺点也是在所难免的。

胡适的白话诗刚在《新青年》零星发表时，就引起了社会的注意，后来修订出版，更是产生了强烈的反响。《新州日报》《时事新报》《星期评论》等数种报刊还专门就《尝试集》开辟过讨论园地。封建文人视之若洪水猛兽，大张挞

---

① 胡适：《〈蕙的风〉序》，《胡适文存》二集卷四，亚东图书馆 1929 年版。

伐,"学衡派"文人梅光迪奚落"读大作如儿时听莲花落"在先,胡先骕大骂"胡君之《尝试集》,死文学也,以其必死必朽也。……物之将死,必精神失其常度,言动出于常规。胡君辈之诗之卤莽灭裂趋于极端,正其必死之征耳"① 于后。这从反面告诉我们"此辈多咒骂一声,便是价值增加一分也"②。而鲁迅、陈独秀、钱玄同等人却给予了胡适热情的支持和极高的评价。鲁迅同周作人、俞平伯、康白情等人一道,给他删改过《尝试集》中的诗。钱玄同誉赞胡适"'知'了就'行',以身作则,做社会的先导",并对他尝试新诗创作的举动"非常佩服,非常赞成"③。朱自清则公开称胡适为"新诗的开创人"④。沈雁冰也先后发表《驳反对白话诗者》和《论初期的白话诗》两篇文章,明确指出,胡适"在白话诗方面尽了开路先锋的责任",而《尝试集》"最重要的精神"是"写实主义"⑤。他们都把《尝试集》看作新文学运动的产物和最初的成果,通过对胡适诗歌创作的评价,来扩大新诗的影响,以维护和巩固它在文坛的地位,从而把新诗的创作推向一个更高的阶段。正是由于这个原因,《尝试集》一出版,就连版了四次,头两版就发行了一万册,这在当时是罕见的。"甲寅派"头目章士钊也不得不哀叹承认,当时的诗歌创作"以适之为大帝,绩溪为上京。遂乃一味于胡氏《文存》中求文章文法,于《尝试集》中求诗歌律令,目无旁骛,笔不暂停"⑥。可见,《尝试集》对我国新诗的创作和发展确实起到了良好的推进作用。

五四时期,婚姻恋爱和妇女的解放是引人注目和亟待解决的重大社会问题之一。胡适受易卜生《娜拉》的影响,写出了独幕话剧剧本《终身大事》。剧中的女主人公田亚梅和陈先生自由恋爱,田亚梅的母亲田太太为女儿的婚事求神拜佛,请算命先生抽签测字,因女儿和陈先生八字不合,便反对这门亲事。田亚梅的父亲田先生因为两千五百年前田、陈两姓是一家,而墨守封建宗法的族规,也不准与姓陈的结亲。田亚梅经过一番思想斗争,留下一张"这是孩儿的终身大事,孩儿该自己决断。孩儿现在坐了陈先生的汽车去了,暂时告辞了"的字条,和所爱的人出走了。当然,田亚梅"坐了陈先生的汽车去了",这反映了胡适思想上的局限性。洪深先生说:"田亚梅是那时代的现实的人物,而《终身大事》这个问题在当时确又是一个亟待解决的问题,所以也可以说是一出反映生活的社会剧。"⑦ 这个剧本嘲讽了封建迷信,批判了几千年来"父母之命,媒妁之言"

---

① 胡先骕:《评〈尝试集〉》,载《学衡》1922年第1期。
② 钱玄同:《致独秀》,载《独秀文存》卷三,亚东图书馆1922年版。
③ 钱玄同:《〈尝试集〉序》,载《新文学大系·建设理论集》。
④ 朱自清:《新诗杂话》,生活·读书·新知三联书店1984年版。
⑤ 沈雁冰:《论初期白话诗》,载《父子》1937年第8卷第1期。
⑥ 章士钊:《评新文化运动》,《新文学大系·文学论争集》,上海文艺出版社1981年版。
⑦ 洪深:《新文学大系·戏剧集·导言》,上海文艺出版社1981年版。

的包办婚姻，揭露了封建宗法制度摧残青年人幸福的罪行。田亚梅蔑视封建礼教的金科玉律，不顾父母阻挠而毅然出走，表现了五四时期青年男女的觉醒和对恋爱自由、婚姻自主的热烈向往，主题是积极的。这不是当时流行的鸳鸯蝴蝶派的作品所能比拟的。这个剧本写成后，由于当时封建势力还很强大，封建意识还顽固地禁锢着人们的思想，以致竟没有一个"新派"的女学生敢出来扮演田亚梅这个角色，由此可见它的先锋性。所以，鲁迅后来对它做了客观的肯定的评价："这时有易卜生的剧本的绍介和胡适之先生的《终身大事》的别一形式的出现，虽然并不是故意的，然而鸳鸯蝴蝶派作为命根的那婚姻问题，却也因此而娜拉似的跑掉了。"① 在反封建的斗争中，这个剧本是发挥了冲击作用的。

四

毛泽东在评价五四新文化运动时指出，"在'五四'以前，中国的新文化运动，中国的文化革命，是资产阶级领导的，他们还有领导作用"②，肯定了"五四运动时期，一班新人物反对文言文，提倡白话文，反对旧教条，提倡科学和民主，这些都是进步的。在那时，这个运动是生动活泼的，前进的，革命的"③。中国现代文学史上的文学革命运动，发端于五四运动之前，它的初期仍然属于资产阶级民主主义的范畴，作为一个资产阶级知识分子代表人物胡适的积极贡献，是不应该一笔抹杀的。

肯定胡适在文学革命运动初期的历史地位和积极作用，并不意味着要一笔勾销他的过错和他的文学主张中不正确的东西给后来的新文学运动所带来的不良影响。胡适说，"我的思想受两个人的影响最大：一个是赫胥黎，一个是杜威先生"④。赫胥黎的进化论，使他希望革新，希望前进；而杜威的实用主义又使他反对急风暴雨般的革命，只承认一点一滴地温和演进。这种资产阶级的软弱性和妥协性，同样反映在他对待文学革命运动的态度上和他的文学主张中。他那篇堪称"新文学运动宣言书"的《文学改良刍议》，不敢鲜明地提出"文学革命"的口号，这与陈独秀所持"有不顾迂儒之毁誉，明目张胆以与十八妖魔宣战者乎？吾愿拖四十二生的大炮，为之前驱"⑤ 的态度形成了鲜明的对照。当"改良文学之声，已起于国中。赞成反对者各居其半"时，胡适还作书致陈独秀"此事之是非，非一朝一夕所能定，亦非一二人所能定，甚愿国中人士能平心静气与吾辈

---

① 鲁迅：《上海文艺之一瞥》，《二心集》，上海合众书店1932年版。
② 见《毛泽东论文艺》。
③ 见《毛泽东论文艺》。
④ 胡适：《介绍我自己的思想》，载《新月》第3卷第4期。
⑤ 陈独秀：《文学革命论》，《独秀文存》卷一，亚东图书馆1922年版。

同力研究此问题！讨论既熟，是非自明"①，还企图把它纳入平心静气的学术讨论中。他虽然声称"不容退缩"，但"亦决不敢以吾辈所主张为必是而不容他人之匡正也"②。而陈独秀回书作答时，则表示"其是非甚明，必不容反对者所讨论之余地，必以吾辈所主张为绝对之是，而不容他人之匡正也"，而且"吾辈实无余闲与之作此无谓之讨论也"③。正是由于陈独秀等人这种激进、坚定、不妥协的批判态度，一场影响深远的文学革命运动才逐渐开展起来。

胡适还认为，文学革命的口号是1915年夏天，由他和几个留美学生谈出来的，文学革命运动如果没有他和陈独秀一班人，至少得迟出现二三十年，这就不恰当地、片面地夸大了个人的作用，从根本上否定了五四文学革命运动是近代政治经济发展的必然产物，也就贬低了这场运动的伟大历史意义。对此，陈独秀批驳得好："中国近代产业发达，人口集中，白话文完全是应这个需要而发生而存在的。适之等若在十三年前提倡白话文，只需章行严一篇文章便驳得烟消灰灭，此时章行严的崇论宏议有谁肯听？"④

对文学性质的解释，胡适认为文学不是形象地反映社会生活的特殊的意识形态，而是"达意达得妙，表情表得好的语言文字"⑤，这就导致他把文学革命的目的单纯归结于要建创一种"国语的文学，文学的国语"⑥上。胡适最初在《文学改良刍议》和《建设的文学革命论》中谈到过文学内容的革新，可是愈到后来便愈强调形式的作用和有意识地抬高形式工具的地位。他在事隔十几年后，在1933年写的《逼上梁山》和1935年写的《新文学大系·建设理论集·导言》中，对内容和形式之间的关系的看法，比起文学革命运动初期的主张又大大地后退了一步；他不仅认为中外古今的一切文学改革都是先从形式入手，都是形式工具上的革命，而且还顽固地坚持，在这个形式工具革命完成之前，"我们实在不配谈文学内容的革新"⑦，而要一直等到"有了新工具"，等到世界新文艺"踏进中国的大门"后，"我们方才谈得到新思想新精神等等其他方面"⑧。照胡适后来的看法，不是内容要求和决定形式的变革，而是形式要求和决定内容的变革；不是社会生活变化引起文学内容的变化，而是由于外国文艺的输入，才引起文学内容的变化，这就完全颠倒了内容和形式的关系，陷入了形而上学的形式主义泥淖。如果当时依了胡适的这个主张，则文学革命只能引起白话取代文言的形式变

---

① 胡适：《陈独秀》，《胡适文存》一集卷一，亚东图书馆1921年版。
② 胡适：《陈独秀》，《胡适文存》一集卷一。
③ 陈独秀：《答适之》，《独秀文存》卷三，亚东图书馆1922年版。
④ 陈独秀：《〈科学与人生观〉序》，《独秀文存》卷一。
⑤ 胡适：《建设的文学革命论》，《胡适文存》一集卷一。
⑥ 胡适：《建设的文学革命论》，《胡适文存》一集卷一。
⑦ 胡适：《新文学大系·建设理论集·导言》。
⑧ 胡适：《逼上梁山》，《新文学大系·建设理论集》。

化，以彻底的反帝反封建为内容的新文学就不可能出现了。

中国由于长期的闭关锁国，封建思想根深蒂固，在当时有选择地介绍一些西方近代文化，否定古代文化遗产中的封建主义糟粕是完全必要的。可是胡适从主观唯心主义出发，认为西方一切都好，东方一切都差，把我国古代一切文言文的文学作品都指责得毫无是处，甚至像《聊斋志异》那样具有反封建民主思想因素的作品也被贬低得一无可取之处。这种"全盘西化"和"一概否定"的民族虚无主义观点，对文学创作和文学研究工作起了很坏的作用。

五四文学革命运动，在其开始，是初步具有共产主义思想的知识分子，激进的小资产阶级知识分子和资产阶级知识分子三部分人的统一战线的运动，这个统一战线是以反封建为其政治基础的，胡适作为民族资产阶级知识分子的代表人物，有反封建的要求，因而还能积极投入这个运动，成为初期倡导文学革命的重要人物。但由于胡适深受西方资产阶级思想的影响，他的出身、所受过的封建教育和经历又使他同封建主义保持千丝万缕的联系，在这个历史转折的关头，他摆脱不了封建传统观念的羁绊，割断不了与帝国主义的关系，因而也就不能追随这个运动继续前进；而且这个运动愈深入向前发展，他就愈动摇后退，以至分化出去。

人无法选择时代，却会被时代选择。因倡导新文学，胡适成为文学革命的领军人物。而后却在种种争议下，其思想被时代所掩埋。历史的洪流滚滚向前，经过时间的沉淀，其思想价值又会被后人如何评说？

张闻天的文学活动散论①

张闻天同志为无产阶级革命事业奋斗了几十年,他立下的丰功伟绩已经载入史册。大家熟知他在哲学、政治经济学的研究中所做出的卓越贡献,但了解他早年如何为新文学事业披荆斩棘的人,直至今天还不多。

张闻天同志从小就十分爱好文学,1916年考入南京水利局河海工程专门学校后,常与比他高一个班的沈泽民同志讨论文学、哲学、政治经济学等方面的问题。在五四运动中,他参加了进步青年的组织"少年中国学会",同时积极投身到新文学运动中去。为了探寻拯救中国的道路,1920年5月,他同沈泽民一起毅然退学,筹集资金,东渡日本半工半读。1921年1月回上海后,张闻天担任了中华书局"新文化丛书"编辑。1922年9月,他又横渡太平洋,西去美国勤工俭学。先经少年中国学会会友、著名诗人康白情介绍,在旧金山一家华侨报纸《大同报》任编辑,后来又进入加利福尼亚大学学习,利用课余时间,翻译外国文学作品和进行文学创作。文学研究会成立后,他是这个文学团体中一个勤奋而又活跃的会员。从他在1919年8月27日《时事新报·学灯》上发表第一首新诗《梦》到1925年12号的《东方杂志》刊登他的短篇小说《飘零的黄叶》,短短的几年时间,他译介和创作了70多万字的作品,是20年代中国文坛上一个才华横溢并有一定影响力的青年作家。享有盛名的文学史家顾凤城先生在《中外文学家辞典》一书中介绍张闻天说,他是"当代中国文学家,先参加文学研究会,常在《小说月报》等杂志发表作品,其初期作品《青春的梦》,曾在当时剧坛震动一时。"②

张闻天同志从事了哪些文学活动?这些活动各有什么特点?本文试就此进行初步探索,至于他早年所写的一系列政治经济和时事论文与杂文,则不在本文论述范围之内。

一、积极译介外国文学

五四文学革命运动的洪流,猛烈地冲击着盘踞文坛几千年的封建主义旧文学,与此同时,文学革命运动的倡导者们也在鼓吹建设一种新文学,来取代僵死

---

① 本文原载《中山大学研究生学刊(文科版)》(内部刊物)1981年第2期;后收入《新华文摘》1981年第8期。
② 顾凤城:《中外文学家辞典》,乐华图书公司1933年3月1日再版。

的文言文与腐朽的封建旧文学。那么，怎样消除国内文坛颓靡的风气，建设新文学呢？文学革命运动的倡导者们主张多介绍和学习外国进步文学、作为革新中国文学的先导，"此时华人之著述，宜多译不宜创作"①，并希望中国能出现一批欧洲的虞哥（雨果）、左拉、狄铿士（狄更斯）那样反对旧文学的战士。鲁迅在《摩罗诗力说》中，向中国读者介绍给了歌德、果戈理、拜伦、雪莱、普希金、莱蒙托夫、密克威支等外国重要作家的生平、思想及其主要作品。因此，译介西方近代文学，在当时是一个进步的运动。

积极从事译介外国进步文学的工作，是张闻天早年文学活动的一个重要内容。它分成两个方面，第一个方面是致力于对外国进步的作家及其作品的研究和介绍。从 1921 年开始，张闻天先后在《小说月报》《创造周报》《东方杂志》《民国日报·觉悟》《少年中国》等报刊上发表了《托尔斯泰的艺术观》《王尔德介绍》（与汪馥泉合作）、《哥德的浮士德》《科路伦科评传》《笑之研究》《拜伦论》《但底与哥德》《文化与幸福》等 17 篇文章。他研究、译介外国进步文学有着明确的目的，那就是从外国文学中吸取有益的成分，来帮助刚刚破土吐芽的新文学进一步摆脱旧文学的种种束缚，促使它健康地成长发展，从而革新文坛，进而借文学的力量来影响和改造社会。因此，他自觉地把外国文学同中国社会现实联系起来，在这些文章中大胆地阐发自己的见解，体现了他革命民主主义的思想。

针对国外文坛那种远离现实，把文学当作个人玩赏的工具不良倾向，张闻天在介绍泰戈尔的诗歌创作时指出："遁世的人，悲观的人，都见不到宇宙真义的所在，均没有诗人的资格。"② 因为"诗人应面向丑恶与悲惨，可怕与不完全"的现实，并且"一定要在现世里找到快乐，一定要有'自然'的与'创造'的热爱"，而不是钻进象牙之塔或者在山林泉石下去吟风弄月，无病呻吟。他赞扬 19 世纪俄国批判现实主义作家科路伦科是"黑夜中的一点光明，因为他在抑郁与悲哀的中间还是不断地为正义替被压迫的人类呼号"③，指出"他所描写的人物都是被耻辱者与被压迫者"，由于科路伦科对这些被社会所抛弃的人抱着深厚的同情，因而对自己作品中"每一个人与每一群人的特性，他都能深入其里"，"描写都非常真切"，所以他的作品能给读者一个真实的人生印象。张闻天指出，科路伦科和托尔斯泰的无抵抗主义的区别，就在于他唤起读者，鼓足勇气和罪恶斗争来达到光明：科路伦科鼓吹反抗与虚无主义者也不同，"虚无主义者的反抗是由于绝望，他的反抗是由于不满足。虚无主义的反抗是为反抗而反抗，他的反抗是为改进现在的生活状况而反抗"。张闻天这些分析和评论是很有见地的，他

---

① 陈独秀：《致胡适》，《胡适往来书信选》（上），中华书局 1979 年版，第 3 页。
② 张闻天：《泰戈尔之诗与哲学》，载《小说月报》第 12 卷第 2 号。
③ 张闻天：《科路伦科评传》，载《少年中国》第 4 卷第 3 期。

从外国文学的角度，论证了文学必须"为人生"和"改造人生"，文学家一定要"爱被侮辱与被损害的人"。这对当时刚刚踏上文学道路的青年作家有一定的启蒙和教育作用。

张闻天还以他渊博的外国文学知识、流畅的文笔，向中国读者介绍了但丁、王尔德、托尔斯泰、歌德、拜伦等外国著名作家的生平、思想、创作活动与艺术风格，并结合对他们创作道路的分析与研究，论述了欧洲近代文艺思潮的由来和发展。他详尽地评述了英国唯美主义作家王尔德的艺术观和现实生活的关系，通过对王尔德的代表作《道灵格莱的肖像画》和《沙乐美》的分析与评价，指出唯美主义同自然主义、"官能派"的区别，强调唯美主义仍然可在一定程度上对社会提出批评。他在论述欧洲浪漫主义思潮时指出，古典主义发展到后来，"以一定的法则为标准而不准有个人的独创"①，"以约束天才为能事而不许自由解放"，因而使文学创作"弊端横生，任何作品都没有真情，没有生气而徒腐心于形式的平凡的虚伪的东西"，必然会导致反抗古典主义的浪漫主义产生。张闻天的论述使人很容易联想起当时的中国文坛。他对欧洲文学思潮的介绍的确为当时的中国文坛提供了有益的借鉴。

特别值得一提的是他对歌德及其不朽杰作《浮士德》的研究和译介。他认为"把诗人、小说家、戏曲家、批评家、科学家、哲学家等多种多样生活，综合于他一身"的歌德，是18世纪这个"浪漫时代的产物"，而《浮士德》则是歌德一生多种多样复杂生活的反映和思想的结晶。他在分析浮士德这个人物形象时指出，浮士德最后之所以得救，"并不是当他向堕落的路上走出的时候，忽然碰得一种神惠而得救"，而是"他在经过错误与罪恶的努力中向前走去，他从试验、受苦和对于毒恶的反抗的奋斗中得到光明和力量"，他的得救"是他自己努力的结果，是自救不是蒙恩。"这些见解有独到之处，对中国读者理解《浮士德》这部作品大有裨益。

张闻天翻译活动的另一个方面，就是有选择地译出了一批具有民主主义思想的外国进步文学作品。他是第一个将俄国作家科路伦科的名著《盲音乐家》、安特列夫的四幕剧《狗的跳舞》译成中文的。他在美国加利福尼亚州时，利用业余时间译出了1922年度诺贝尔文学奖获得者、西班牙剧作家倍那文德的代表作《伪善者》和《热情之花》，这两个剧本后来被沈雁冰收进《倍那文德戏曲集》中。他还译过意大利剧作家唐努谙的四幕剧《康陶珴琪》，并与汪馥泉合译过王尔德的重要散文集《狱中记》。张闻天的译作有一个显著的特点，就是这些作品表达了作者反压迫、反束缚和争取个性解放的要求以及对被压迫与被侮辱者的同情，这同五四时期的时代精神是合拍的。

---

① 张闻天：《哥德的浮士德》，载《东方》第19卷第15号。

综上所述，张闻天对外国进步文学的研究、翻译和介绍，给当时沉寂的中国文坛吹进了一股新鲜的空气，对新文学的建设起了促进作用，同时对他后来从事文学创作也有一定的帮助。

二、进步的文学主张

张闻天的文学主张，大多散见于他译介外国文学的文章中。继承和发扬五四文学革命精神，是贯穿在他文学观点中的一条红线。当时文坛上鸳鸯蝴蝶派，感伤主义、唯美主义等文学流派，把文学当作个人的消遣品和发泄没落情感的工具，在人民觉醒的道路上起着麻醉和腐蚀的作用。张闻天针锋相对地提出了文学必须"执着人生，充分地发展人生"的口号，要求文学家"从人的立脚点上观察一切"，[1] 真切地描写"被耻辱者与被压迫者"的生活，强调文学有"唤醒民众""投到生命的波浪，不断地向上努力"[2] 的积极社会作用。这些见解，与文学研究会同人的看法是一致的。

1922年，针对文坛描写不真实的倾向，有人主张倡导一个自然主义运动来克服这个缺点，引导作家去真实地表现现实生活，自然主义的作品也出现在文学刊物上。自然主义同现实主义有着本质的区别：自然主义作家用自然科学的实验态度来对待生活，用生物学的观点来看待一切社会现象，强调对生活现象做"纯客观"的记录，不注意生活中真正有典型意义的东西，使得一大堆毫无意义的生活细节掩盖甚至歪曲了生活的本质。然而，当时有这种见解的人很少，很多人对自然主义究竟能不能真实地、正确地反映现实生活还存在着含糊的甚至是错误的认识。张闻天在《泰戈尔之诗与哲学》一文中阐发了自己的观点，他认为"诗不是没有想象力的抄袭生命与物质"[3] "也不单是模仿自然的事实或心体的流动"，而是对自然和心灵的再创造。他明确指出由于艺术和自然不一定是一回事，"所以自然派的诗和真正的诗有区别"，这种区别就在于"前者只消观察，而后者对于观察的材料须要默想。前者我们的心是在相对被动状态，而后者则在活动状态，对于观察的对象反省"。他把自然主义作家不经过概括加工，不对生活进行主观评价，"单把看见的事实一点不加组织的直写下来"斥为"这不是真实的诗"，照他看来，真正的诗必须"是真理，不是自然主义，是创造，不是抄袭，是幻想，不是仿效，是图画，不是照片"。同时还要有"明省"（即思想）与情感。这里，虽然他谈的是诗歌，内容却涉及包括诗歌在内的文学创作的各个领域，这些见解精辟中肯，触及自然主义的弊害，对当时的文学创作有指导意义。

---

[1] 张闻天：《科路伦科评传》，载《少年中国》第4卷第3期。
[2] 张闻天：《哥德的浮士德》，载《东方》第19卷第15号。
[3] 张闻天：《泰戈尔之诗与哲学》，载《小说月报》第12卷第2号。

张闻天到美国后，仍关注着国内文坛的动向。五四退潮以后，社会黑暗势力日趋猖獗，新的革命高潮正在酝酿之中。许多小资产阶级作家一时还看不清革命的前途，使得"苦闷徬徨的空气支配了整个文坛"[①]，虽然当时的文学是从青年学生的书房走到十字街头了，然而它只是"在十字街头徘徊"。1923年7月，他写出了著名评论文章《生命的跳跃——对于中国现文坛的感想》，在这篇文章里，他开门见山地对中国文坛"没有生命"、从内容到形式都很贫乏、很多作品充满了"行尸的气味""垂死的呻吟与无谓神秘的叹息"[②] 的状况表示不满意。他分析在文学上之所以产生悲观厌世的作品与似是而非的颓废论调，就在于生活单调的青年作家"没有找求信仰与把持信仰的决心"，还立在人生战场之外叹息，他们精神生活贫乏，缺乏坚强的意志，因而"一看见政治的黑暗与社会的不安宁就失望了"，他们抵抗不住"社会上无病呻吟与苟且偷安的恶习"的腐蚀，这样写出来的作品就难免"空洞无物，一点生命也没有"。这就一语中地找到了病根。他对症下药，认为要改变文学的贫乏状况，关键在于解决青年作家的信仰，也就是世界观的问题，而信仰却只能在人生战场上经过不断奋斗才能确立起来，所以他不同意当时文学界的一些人士企图借提倡浪漫主义和现实主义来救济文学贫乏的办法，他说："那有什么用场呢？罗曼主义是热情奔放的产物，没有热情，人怎样会写出罗曼的作品呢？写实主义是科学的产物，欢喜笼统怕看科学的人怎样会写实呢？况且他们都在人生的外面，叫他们去写什么？就是去写，也不过是记帐式的写实，那得称为文艺的东西？"同时，他又指出"有生命的东西不是坐在'象牙之塔'里想象得出的"，因此他号召以文艺为使命的青年"投到人生的急流中去奋斗吧"，并且"不要退缩"，因为只有在千辛万苦的奋斗中间，才能"找到一点我们以为是有意义的东西"，才能写出有生命力的文艺作品。

张闻天还语重心长地批评了一些以文艺为终南捷径、自封为天才的青年作家，指出他们轻视艺术技巧、粗制滥造、不严肃认真的创作态度，使得他们的作品没有什么价值可言。他恳切地告诫说："做一个文学家艺术家不是容易的事"，并从文艺创作的过程强调艺术技巧的重要作用，"有了材料没有灵敏的手腕把它捉下去还是不中用的"，而艺术技巧只有在"多读、多看、多写"的细心研究与不断训练中，才能逐渐为人所掌握，"一动手就能惊人的作品，也是很少的"，他寄希望于青年作家，要求他们多下苦功夫，踏实地干下去，"用心多研究一点描写的手腕与方法"。

应当看到，张闻天的上述文学主张并不十分系统、完整，他早期的文艺思想，基本上是革命民主主义的文艺思想。由于他此时还没有掌握马克思主义的文

[①] 茅盾：《新文学大系·小说·集导言》。
[②] 张闻天：《生命的跳跃——对于中国文坛的感想》，载《少年中国》第4卷第7期。

艺理论武器，他的有些论点还不够明确，甚至是错误的。比如他多次提到的"执着人生，发展人生"，这个人生就谈得很抽象，又如他认为"艺术的目的，是在自我实现"①，这就否定了艺术是形象地反映社会生活的意识形态，有着唯心主义的色彩。他对当时文学界大量存在的小资产阶级作家及其作品的看法也未免偏激，对其消极方面强调过重，对其积极的因素则估计不足。但是，尽管这些主张还不十分成熟，却毕竟从中国文学的现实出发，提出了一些可贵的意见和号召，这对革新文坛、促进新文学的建设起着积极的作用。

三、震动一时的作品

1924年春天，张闻天回到了中国。从这个时间起，到1925年"五卅"运动止，是他创作最旺盛的时期，他先后写了短篇小说《逃亡者》《恋爱了》《飘零的黄叶》，长篇小说《旅途》，重写了三幕剧《青春的梦》，他的这些作品题材新颖，主题深刻，构思别致，文笔流利，在当时就引起了社会上的广泛注意。

20世纪20年代，帝国主义为了自身的在华利益，各自扶持和操纵一派军阀实行封建割据。各派军阀为了争夺权力和地盘，以便掠夺更多的财富，连年混战不停。军队的骚扰抢劫、奸淫烧杀形同土匪，给社会和人民生活造成极大的灾难。以1924年江浙军阀火并为背景的《逃亡者》，通过京货店小业主王六携着老母、带着妻儿，抱着求生欲望逃难到上海的经历，再现了兵灾战祸、民不聊生的痛苦生活。张闻天真实地描绘了在战火逼近之前老百姓争相逃命的慌乱场面：

> 轮船固然没有开！潮一般的人，大家拼命的抢先登船，在这种生死的关头真是谁也顾不到谁。谁有力，谁先上，谁就有了命。气力平常的男子同没有气力的妇人和小孩子都被轧在一旁。箱子铺盖从下面一直塞到船上……叫唤和啼哭的声音时时从这一堆拼着的人群发出，……一上船，他们就庆幸他们逃得了性命！一只平常只容五百个人的船，现在已增加到四五千人了。②

王六一家人好不容易逃进上海，但在这个冒险家的乐园里等待他们的不是好运气，资本家的魔爪伸进了他们的腰包，无情地攫取他们身上的每一个铜板。正当王六所带的钱将告罄之时，战火又蔓延到上海，偌大的中国几乎没有一块平静的地方。"一阵阵的疼痛象针一般刺到他心上"，王六只感到"现在横亘在他的前面的只是一条无穷无尽的黑暗的道路"。王六一家的遭遇，正是千百万下层人民悲惨生活的缩影，万恶的军阀已经把人民逼到走投无路的困境，人民再也无法照旧生活下去，只有在党的领导下奋起反抗，才能求得生路。张闻天对人民的苦

---

① 张闻天：《逃亡者》，载《小说月报》第15卷第10号。
② 张闻天：《逃亡者》，载《小说月报》第15卷第10号。

难充满了同情，对反动军阀提出了有力的控诉。

几千年来，中国的封建礼教和封建宗法制度像两条锁链，紧紧地套在青年人身上。青年男女活泼的个性遭到束缚，恋爱不能自由，婚姻不能自主，在"父母之命，媒妁之言"的规矩下，不知酿成了多少家庭悲剧，葬送了多少青年的幸福。经过五四运动冲击的封建礼教、封建宗法制度已经动摇，自由恋爱正逐渐形成一种新风气，但是青年男女怎样去挣脱封建枷锁？他们应该怎样去自由恋爱？为什么自由恋爱有时也会酿成悲剧？张闻天敏锐地注意到，并且也在深沉地思考着这些问题，这就使得他的《青春的梦》《恋爱了》不同于当时一般表现婚姻恋爱的文学作品。

剧本《青春的梦》以许明心和徐兰芳自由恋爱，冲击封建家庭樊笼的故事为线索，展现五四时期觉醒了的青年男女为争取婚姻自由，而与封建旧礼教、旧道德所进行的针锋相对的斗争情景。许国卿夫妇是封建旧道德、旧礼教的维护者，他们一手包办了许明心的婚姻，这就给家庭埋下不幸的种子。他们送许明心出去读书的目的"也不过想要他多赚几个钱"[①]。后来见他找不到钱回来，便企图用封建法规把他禁锢在家中来传宗接代。剧中的男主人许明心则是受过五四运动洗礼的新式青年，他到南京、日本求过学，回国后在上海当翻译，他写过鼓吹妇女解放的文章，向封建传统挑战。他回家那天见到少年时代的女同学徐兰芳，在她的鼓励和支持下，从消沉失望中振作起来，又朝气蓬勃地重返反封建的战场。相同的见解、共同的理想，使他们产生了爱情，这在守旧的人看来是荒唐不经、大逆不道的。剧中的女主人公徐兰芳是南京女子大学的学生，她好读新出版的书籍，无疑受过新思潮的熏陶，有个性解放的要求，渴望摆脱包办婚姻的圈套。她仰慕许明心的才学，在明心的启发和帮助下终于克服了性格上的软弱，斩断了旧家庭的"情感的牵制"，顶住社会的压力，和许明心手拉着手，头也不回地向光明和自由走去。剧中的两代人代表了两个不同的时代、两种不同的思想、两种不同的道德，他们之间的冲突是不可避免的。冲突的结果表明：封建的罗网被冲决，觉醒的青年获得了新生。作者还让剧中人物喊出了"革命，是的，我们要革命！"表现了进步青年对革命高潮的盼望和期待。

这个剧本在1923年4月初完成时为四幕剧，成仿吾、沈泽民、左舜生读后都对它提出过具体意见。张闻天在听取这些意见后，酝酿复酝酿，于1924年4月动手重写。《少年中国》第4卷第12期发表重写本时，已改为三幕剧了。由于剧本深刻地反映了五四时期男女青年反抗封建束缚、争取个性解放的要求和斗争生活，充分表现了五四的时代精神，加上作者在艺术上不断地锤炼，精益求精，所以它一经发表，就引起了强烈的社会反响，成为震动一时的作品。

[①] 张闻天：《青春的梦》，载《少年中国》第4卷第12期。

短篇小说《恋爱了》情节很简单：青年学生陈光德、王明珠自由恋爱，不久就同居。然而在一次激烈的口角后，王明珠一气之下自杀了，这就惹得守旧人物对恋爱自由、婚姻自主的新运动嘲讽起来。作者指出，酿成王明珠自杀的原因并不是封建礼教的压迫，也不是习惯势力的迫害，而在于他们没有树立正确的人生观，对彼此缺乏真正的了解，更没有坚定的思想基础和感情基础，轻率从事，导致不幸。读者可以从他们的恋爱悲剧中得到有益的启示。

长篇小说《旅途》写毕于1924年5月6日，在正式发表以前，《小说月报》做了如下的预告："《旅途》共有三部，所叙述的事实是很感人的，所用的叙写方法也很好。近来长篇的小说作者极少，有一、二部简直是成了连续的演讲录而不成其为小说了。张君的这部创作至少是一部使我们注意的小说。"[①] 小说在《小说月报》第15卷第5—12期连载后，1926年作为文学研究会丛书由商务印书馆出版，以后又再版过，在当时是具有一定社会影响的作品。

五四以来，有不少青年知识分子接受新思潮的影响，从仇恨封建礼教，争取恋爱自由、婚姻自由开始，进而发展到仇恨整个旧社会，走上反抗和改造旧社会的道路，在斗争中经过血与火的考验，逐步克服自身的弱点，从而变成一个坚强的革命者。《旅途》中的年轻工程师王钧凯就是这样一个形象。他在应聘去美国工作之前，与徐蕴青产生了爱情：他出国后，蕴青没有勇气和力量冲破家庭的束缚，听凭母亲把她当作死尸一般推向一个她不爱的男子那里。蕴青成了封建家庭的牺牲者，这给了钧凯很大的刺激。他深切感受到："我们在中国社会内只觉得到处是镣铐，没有充分发展的余地。我们要获得自由与光明，只有把这种陈腐的东西打得粉碎。"[②] 他知道黑暗势力还很强大，封建弊习根底很深。他认识到"这种社会除了用强烈的革命把它全部推翻之外，还有甚么办法"。世界上有各式各样的革命道路，中国革命应该走哪一条道路？中国革命应当依靠什么力量去进行呢？钧凯生活在美国这个以金钱为标准的社会里，但他对西方文明产生了"臭铜的厌恶"，"报以轻蔑的微笑"，他感到"像美国现在，并没有什么自由与光明"，他瞩目东方，在十月革命后的俄国看到了希望，"革命，革命，是的，先把中国革起命来，然后革世界的命。俄罗斯既经倡导于先，中国当然应该继之于后"，同时他还看到了人民的力量，"要澄清中国政治须靠民众的大团结，用民众的力量推倒现政府"。以俄为师，走俄国十月革命的道路，这是当时唯一正确的革命道路。钧凯经过一番苦闷和徘徊，终于从颓唐中振奋起来。为了实现自己的政治理想，他毅然抛弃了在美国的优裕生活，回国参加革命工作。他在实际的斗争中受到锻炼，逐步从一个小资产阶级的知识分子成长为坚强的革命者。同

---

① 载《小说月报》第15卷第4期。
② 张闻天：《旅途》，商务印书馆1926年版。

时他对中国的革命有了更深刻的认识,"现政府只是一个不中用的躯壳,他们所依赖的还是外人的势力,所以真要推倒现政府,也非打倒外人的势力不可";并根据革命形势的发展,主张"和他们在疆场上相周旋,非把他们在中国的势力根本铲除不可",态度非常坚决。当革命军进攻上海时,他身先士卒,带着部队攻进敌人的炮台,然而就在这次战斗中,他为革命事业流尽了最后一滴血。

作者在小说中细致地描写了钧凯如何从一个旧社会的自发反抗者转变为自觉的革命者的艰苦历程,赞扬了他为革命献身的精神。作品对旧社会所做的彻底批判,与五四运动所要完成的任务是合拍的。但是由于作者过多地渲染了钧凯和蕴青的爱情纠葛,加之又描写了钧凯到美国后陷入与安娜小姐和玛格莱女士的三角恋爱旋涡中,这不但冲淡了作品反帝反封建的主题,而且也在一定程度上削弱了作品的艺术感染力。此外,小说的第三部分写得比较零乱和粗糙,特别是对钧凯性格发展的脉络交代得不清楚,损害了人物形象的完整与统一。

《旅途》创作中的不足之处,在张闻天的最后一篇小说《飘零的黄叶》中得到了纠正。《飘零的黄叶》以书信体的形式叙述了"我"(即长虹)因反抗包办婚姻而离开家庭后十年来的经历,从内容上看,可以说是《青春的梦》和《旅途》的补充,在长虹的身上,也有许明心、王钧凯的影子,长虹冲出家庭的罗网后,在风涛险恶的人生战场上历经艰辛,为了坚持自己的理想,寻找光明,"我曾喝过西北风,吃过冷水,在人家屋檐的脚下,猪栏的旁边睡过晚觉,在冬天下雪的时候,我曾经在雪地里死而复醒者好几次,一直到现在还是一肩行李,两袖清风,靠着一枝秃笔渡着这种艰难困苦的生活"[①]。尽管他遭遇到接连不断的打击和一个又一个失败,尽管他对生活也曾有过失望和痛苦的时刻,当美好的幻想在现实中破灭之后,他两次萌生过自杀的念头,但对光明的渴望和对真理的探求,使他揩干脸上的眼泪,鼓起生活的勇气,又坚定不移地向前进。他不断地解剖自己,对旧我进行无情的自我批判,这使他克服了身上的软弱性,放弃了功名富贵,抵制住了安宁享乐的生活的诱惑,经过十年的努力,终于找到了改造社会的真理,完成了世界观的转变,得到了"再生",他认定"人生的目的是在创造人生",换句话说就是推翻这万恶的旧世界,创造光明幸福的新世界。为了"把那一点光明拿来,高举在无穷的黑夜中间",他"要开始做一个无私的光明的找求者",甘愿继续过贫穷的漂泊的流浪者生活,表现出一个无产阶级革命战士的坦荡胸怀和崇高的精神境界。

据考证,这篇小说是张闻天加入中国共产党以后写的。长虹身上有着同张闻天相似的经历,但长虹又不等于张闻天,他概括了20世纪20年代走上革命道路的青年知识分子的种种特点,是一个经过典型化处理的人物形象。小说写得情婉

---

① 张闻天:《飘零的黄叶》,载《东方》第22卷第12期。

意挚，真切动人，在当时是不可多得的佳作。这篇小说发表不久，党就派张闻天到苏联学习，正如顾凤城先生指出的那样："张氏其后因思想转变，乃放弃文学生活，专致力于社会运动。"① 但是他一直没有放弃对文学的爱好，就是在他逝世之前，房间里依然放着文学书籍。

四、艺术特点初探

张闻天在评论倍那文德（哈辛特·贝纳文特）的作品时说："一切艺术家因为感觉的敏锐，所以凡是社会上的缺点他总是先觉得，倍那文德也是不在这个例外的。他对于西班牙社会上种种旧道德旧习惯的攻击，非常厉害。"② 如果把这话用来评价张闻天的文学作品，也是恰当的。敏锐地观察生活，及时地发现和冷静地思考人们所关心的社会问题并提出解决的办法，这是张闻天文学创作的特色之一。五四运动的浪潮冲击着社会的各个阶层，把人们的思想从封建主义的禁锢中解放出来，涌现出一批新式知识分子，他们关心国家的命运，大声疾呼要进行社会改革，一时间婚姻恋爱、妇女解放、青年人的出路、军阀混战所造成的社会动乱、老百姓的生计等都成为人们关注的社会问题。张闻天不是在作品中简单地反映这些问题，而是追根寻源地发掘造成这些问题的原因，以及探讨解决这些问题的方法。他通过作品告诉我们，妇女要获得真正的解放，青年要获得真正的自由，只有同整个社会的解放的事业联系在一起才能实现。因为在那个黑暗如漆的旧社会，封建习惯势力还很强大，旧的礼教被打垮了，新的礼教又跟着产生，新礼教使得最纯洁的恋爱也充满了金钱与地位的臭味，③ 它同旧礼教一样会吃人。王明珠的自杀悲剧表明，如果社会不解放，青年人即使取得了婚姻恋爱的自主，也不会给个人带来幸福。只有彻底改造腐朽社会，铲除军阀统治，才会消灭内乱，像王六那样的老百姓才能安居乐业。那么，究竟怎样推翻军阀统治，究竟怎样去改造中国？张闻天不像当时某些作家只在自己的作品里细数一大堆旧社会的病状，却开不出诊治的药方，也指不出一条通往光明的具体道路。他明确主张以俄国十月革命为方向，依靠人民的力量，走武装斗争的道路来改造中国，而青年人的使命就是"自己变做光明，照彻这黑暗如漆的世界"④，在斗争中去创造幸福。这就使得张闻天的作品高出一般的"问题小说""问题戏剧"，具有振奋人们精神、鼓舞人们斗志、增添人们与黑暗势力作斗争的勇气，召唤人们走上革命道路的力量。

---

① 顾凤城：《中外文学家辞典》，乐华图书公司1933年3月1日再版。
② 张闻天：《热情之花·译者序言》，载《小说月报》第14卷第7号。
③ 张闻天：《飘零的黄叶》，载《东方》第22卷第12期。
④ 张闻天：《飘零的黄叶》，载《东方》第22卷第12期。

张闻天继承了我国文学的传统表现手法——白描手法，同时还吸取了外国文学创作方法的长处，并加以熔铸和创造，形成了自己的创作风格。在《青春的梦》中可以清楚地看到中国古典戏曲与倍那文德对他创作的影响。他的小说叙事简洁明快绝少修饰：写景时情融于景，环境气氛的烘托与人物的心情相互映衬得十分恰当；刻画人物性格时，能把笔触伸入人物的心灵深处，把人物的内心活动、情感的变化，细致、贴切地描写出来，仿佛是作品中的人物自己在与读者谈心，而作者只不过是把它客观如实地记录下来，稍加整理而已。这种写法似乎很容易，但要做到这一步就很难了，非要有极深的文学功夫不可。

朴素的文风、流利的文笔、精妙的构思、浓烈的抒情是他作品的又一特色。张闻天的文学活动，正是在白话文学的幼年时期进行的，但在他的作品中没有生僻古奥的文字，没有晦涩难懂的词语，没有浮艳秾稠的句子。在他的译作中也找不到那种欧化了的生硬的长句，既保留了原作的特点，也注意到了中国的民族习惯，表现出他驾驭中国文字的才能。他的《青春的梦》《旅途》布局也有显著的特点：时而奇峰兀起，顿起波澜；时而峰回路转，雨过天晴。情节起伏跌宕，引人入胜。在他的作品中我们还可以感受到他奔放的感情，他对旧礼教、旧道德怀着强烈的仇恨，他对光明自由和革命则赞美歌颂。

张闻天同志从事文学活动的时间虽然不长，但他的译作和作品却丰富了我国的现代文学宝库。新中国成立前的一些书刊上，例如在顾凤城先生编写的《中外文学家辞典》和在阿英编写的《中国新文学大系·史料索引集》中的作家小传中，都对张闻天的文学活动做了专条介绍。但是新中国成立以来，由于种种原因，现当代文学教材中鲜见他的名字。1979年8月25日，邓小平同志在张闻天的追悼会上代表党中央致悼词时，高度评价了张闻天早期的文学活动，赞誉他是"我国五四新文化运动时期的热情战士"。张闻天文学活动的成绩不容埋没，他在中国现代文学史上应该有一定的地位。

论鲁迅与胡适[①]

鲁迅和胡适是同时代的人，都经历了从旧民主主义革命向新民主主义革命转变的历史阶段。在五四新文化运动时期，他们都是文学革命运动的倡导者和健将，以后又以各自的思想、学识与成就，吸引和影响了整整一代人，在我国现代思想史及文学史上有各自的地位。五四以后，他们抱着各自的理想，走上两条不同的道路。鲁迅紧跟着时代的潮流前进，在激烈的阶级斗争中成为"文化新军的最伟大和最英勇的旗手"[②]；而胡适却与其方向不同。今天我们研究他们思想的发展变化过程，考察他们所走过的道路，应当从中吸取有益的东西。

一

1881年，鲁迅诞生在浙江绍兴城东昌坊口新台门，祖父是晚清进士，做过翰林编修。鲁迅家里本来过着衣食不愁的小康生活，但到了他13岁那一年，祖父因科场案件被捕下狱，家庭经济从此败落下来。后鲁迅十年，胡适于1891年出生在上海大东门外，他的父亲做过台东直隶州知州兼统镇海后军各营，在他三岁那年因病客死在厦门。胡适的老家在安徽绩溪，也是一个封建大族，但自他父亲过世以后，便每况愈下，日趋破产。

鲁迅和胡适的家庭迅速衰败，正是封建统治阶级日暮途穷的缩影。西方资本主义用鸦片和炮舰打开中国的大门后，中国封建社会自给自足的自然经济基础便遭到了破坏，他们的入侵也激起了人民群众的反抗。无论封建统治阶级怎样挣扎，总不能摆脱内忧和外患所造成的困境，更无法挽救他们行将崩溃的命运。鸦片战争的炮声加剧了统治阶级内部的分化，其中一些开明人士主张向西方学习。西方资产阶级的新思潮经由他们的介绍，相继输入中国，冲击着两千多年来传统的封建观念和封建秩序。封建家庭的解体和新学的兴起，对鲁迅和胡适的少年生活产生了很大的影响。

鲁迅的祖父"热衷功名，于科举尤感兴趣。在科举案未发生以前，因他已成为翰林，极想把他的两个儿子和鲁迅也都培养成翰林，在台门口悬一'祖孙父子叔侄翰林'的匾额，以遂他的非非之愿。到科举案发至被释家居以后，他对科举

[①] 本文原载《中山大学学报（哲学社会科学版）》1981年第3期。
[②] 毛泽东：《新民主主义论》，人民出版社1976年版。

功名热忱还未稍衰。"① 但他毕竟不是封建文化最顽固的维护者，他不会对方兴未艾的新学潮流无动于衷，因此他也允许"自由读书，尤其是奖励读小说"②。所以，鲁迅在三味书屋读书时，也看了诸如《西游记》绣像小说之类的"闲书"。正是在这种新旧交杂的家庭风气之下，鲁迅虽然学作过八股文，1898 年还应过县试，但也就在这一年，他放弃了府试，继续在洋学堂读书。

胡适两岁多的时候，他父亲就用自编的教本教他认字。他父亲临死前留下遗嘱，要他"努力读书上进"，因此他还没满四岁，就在他四叔办的学堂读书了。新学的风气也曾蔓延到胡适的家乡，他家里的人受时代思潮的感染，比较开通，不要他"开笔"作八股文，又免除了学作策论经义。他九岁时就读到了《水浒传》，以后两三年里又读了《红楼梦》《三国演义》《聊斋志异》等优秀的小说作品，从小就受到不少白话散文的训练，帮助他把文字弄通顺了。

尽管他们都出身于家道中落的封建家庭，三味书屋和来新书屋③并没有本质的区别，但是他们在走出封建家庭之前的思想气质、对生活的感受以及对劳动人民的感情却存在着明显的差别。鲁迅自家庭遭到突变后，家庭经济由小康陷入困顿之中，这使他较早地看清了"世人的真面目"，对旧社会人情冷暖、世态炎凉有了极深的感悟。另一方面，由于母亲的母家在农村，使他"能够间或和许多农民相亲近，逐渐知道他们是毕生受着压迫"④。他热爱劳动人民，对女工长妈妈怀着深深的敬意，直接从她那里吸取过民间艺术的养料。他同闰土、双喜、阿发等农民的孩子交朋友，受到他们勤劳、善良、纯朴和坚毅的性格的感染，多少年后也不能忘怀。鲁迅在感情上和农民的联系，不但成为他不断探索、不断前进的一股动力，而且也影响到他以后的文学活动。他熟悉农村生活、同情农民的苦难、关心农民的解放，这就形成他文学创作的一个源泉。而胡适的幼年虽然在乡间度过，但他母亲一心"望子成龙"，除了读书写字，不准他同农家的孩子们乱跑乱跳。他也因为能识几个字，自觉高人一等，时常摆出"小先生"的架子，"不能跟着野蛮的孩子们一块儿玩"⑤。把农民的孩子视为"野蛮的孩子"，可见封建等级观念给他的童年生活打上的阶级烙印是多么鲜明。每年秋天，他的庶祖母都带着他以田主的身份到田里去监割，他同劳动人民之间又有一道深邃而又难以逾越的鸿沟。封建阶级的毒素污染着他幼小的心灵，使他从小就养成了一副小绅士派头。

鲁迅的父亲逝世后，家里再也无力供他读书。他也不肯走破落的读书人家子

---

① 观鱼：《回忆鲁迅房族和社会环境 35 年间（1902—1936）的演变》，人民文学出版社 1959 年版。
② 周作人：《绿洲·自己的道路》，《自己的园地》，北新书局 1933 年版。
③ 胡适幼年读书的蒙馆。
④ 鲁迅：《英译本〈短篇小说选集〉自序》，《集外集拾遗》，人民文学出版社 1973 年版。
⑤ 胡适：《四十自述》，亚东图书馆 1947 年版。

弟通常走的老路——去做幕友或商人。他怀着对封建家庭的绝望和对外界新生活的向往，离开老家，开始踏上人生的道路，"去寻求别样"了。六年之后，胡适的母亲殷切地期望胡适读书成名，硬起心肠把他送到远地求学。胡适也就怀着"慈母的爱，一点点用功的习惯，和一点点怀疑的倾向"①，开始了人生道路的探索。

综上所述，同是来自封建大家庭的鲁迅与胡适，他们的生活起点却并不一样。

二

1898年，鲁迅在戊戌变法高潮时到了南京。他进过的江南水师学堂和矿务铁路学堂都是在洋务运动中创办，以"中学为体，西学为用"为学习宗旨的。鲁迅这时看出了所谓洋务运动，其实是生吞活剥西方文化的枝叶和皮毛，来为腐朽的封建统治者补苴罅漏，企图通过和平的手段，挽救清朝颓靡的国运。"百日维新"的失败，又使他初步认识到改良主义的弊病。他在这时阅读到的《天演论》《法意》等西方科学哲学书籍，西方资产阶级民主主义思想和达尔文进化论学说的影响，又使他突破封建思想的羁绊，怀着"我以我血荐轩辕"的强烈爱国主义热情，东渡日本寻求救国的真理。

鲁迅去日本后两年，胡适来到反清爱国志士最活跃的上海读书。梁启超介绍西方资产阶级社会政治经济学说的《新民说》诸篇，给胡适开辟了一个新世界，使他"彻底相信中国之外还有很高等的民族，很高等的文化"②。邹容号召人们起来推翻清政府、建立"中华共和国"、实现"自由平等"的《革命军》，也深深地打动过他的心。在他念书的上海中国公学里，有不少教职员和学生是革命党人，胡适同他们往来，深受其民族民主革命思想的影响。他经常给鼓吹革命的《竞业旬报》投稿，当他的第一部"破除迷信，开通民智"的白话小说《真如岛》在1906年的《竞业旬报》上连载时，他还未满16岁。这份报纸不但给了他整理思想和发表观点的机会，而且还使他得到进一步使用白话文的锻炼，为他以后倡导文学革命运动奠定了初步的基础。但是，封建阶级的恶习仍然在他身上发生作用，1908年至1909年两年间，他常和几个情绪消沉的留日归来的学生昏天黑地里胡混：打牌赌钱、叫局吃花酒，举止荒唐，行为堕落，生活浪荡，还因深夜醉酒和巡捕打架，被关进巡捕房里，受到罚款的处分。被释放后，他感到无脸见人。1910年他考取官费留学生，抱着为个人和为国家寻找出路的双重目的，

---

① 胡适：《四十自述》。
② 胡适：《四十自述》。

到了美国。

鲁迅和胡适在国外求学时期，虽然都受过西方资产阶级思想的影响，但由于各自留学的生活经历不一样，因而感受也大相径庭。鲁迅在日本求学的时候，正是割地赔款的《马关条约》和丧权辱国的《辛丑条约》签订之后。当时的日本国民对中国留学生有两种态度：一种是同情和友好，鲁迅从藤野先生那里得到过极大的鼓励和帮助；另一种则是轻蔑和歧视，在充满军国主义侵略思想同时又抱着狭隘民族主义观点的人眼中，战败的中国是弱国，中国人地位十分低下。鲁迅在那里受到过侮辱和刺激，痛感祖国的贫弱和落后，希望祖国早日富强起来。此时他已经看出了"他国执势力平均之说，群起夺地，倏忽瓜分，灭国之祸，惟我自速"[1]，对帝国主义的侵略野心有所觉察。因此，他一方面反对"抱残守阙，以底于灭亡"的守旧思想；另一方面，对西方资本主义发展的历史和现状进行分析和研究。他既肯定了西方文明的成就，也找出了19世纪文明的通弊，尖锐地批评了国内思想界"言非同西方之理弗道，事非合西方之术弗行"[2]的追求时髦的状况，吁请向西方学习的明哲之士"必洞达世界大势，权衡校量，去其偏颇，得其神明，施之国中，翕合无间"[3]。鲁迅的这种认识，使他在日后的新民主主义革命运动中始终保持着清醒的头脑，而且随着革命斗争的深入发展，越发认清了帝国主义侵略者是中国人民的凶恶敌人，与他们作了坚决的斗争。

胡适在美国留学时，非常留心美国的政治社会事业，西方的"民主"政治对他很有吸引力。他多次听过美国总统威尔逊的演说，对威尔逊鼓吹的国际道德、人道主义佩服得五体投地，称之为"美国开国以来第一流总统之一也"[4]。他怀着极大的兴趣参加美国的选举活动，积极支持威尔逊连任。功课之余，他时常到教授、牧师家中做客，对美国富有家庭的生活和西方物质文明十分羡慕。胡适的这种态度，自然受到美国资产阶级政客和学者的赏识。他曾在康奈尔大学校长休曼的家中受到过美国前总统塔虎脱的接见，并在一起讨论过国际政治问题。美国的一些报刊，也经常给他提供发表政治见解的版面。在他临回国的那一年，前大学校长康福的推荐，使他在一次政治讨论会上作了《美国能如何协助中国之发达》的演说，把美帝当作中国的真正朋友。他在美国七年，长期生活在大学的高楼深院里，每到假期，或游历风景区，或荡舟湖中，所接触的又几乎都是中上层人士，目光一直没有投向挣扎在社会底层的工人、农民，不了解他们所过的苦难生活。由于他生活圈子狭窄，因而不可能真正了解美国。他只看见金元世界表面的繁荣，却看不到繁荣背后的经济危机；他只看见美国社会人人"平等"的

---

[1] 鲁迅：《中国地质略论》，《集外集拾遗》，人民文学出版社1973年版。
[2] 鲁迅：《文化偏至论》，《坟》，人民文学出版社1973年版。
[3] 鲁迅：《文化偏至论》，《坟》。
[4] 胡适：《藏晖室札记》卷十四，亚东图书馆1939年版。

假象，却看不见社会中存在着的阶级压迫和种族歧视；他陶醉在美国政府对中国的"亲善"和"友好"之中，却认不清帝国主义的侵略本质。

鲁迅与胡适在对西方国家认识上的严重分歧，导致了他们在新文化运动后逐渐形成截然不同的政治态度。中国近现代史上的新文化运动，发端于五四运动之前，它的初期仍属于资产阶级民主主义革命的范畴。那时的新文化运动统一战线是以反封建为其政治基础的，胡适作为资产阶级知识分子的代表人物，自身有反封建的要求，能积极投入这个运动，发挥其反封建的作用。但是，五四以后，胡适在思想感情上不愿割断同西方国家的联系，多有与鲁迅完全相反的言论。他曾说："现在中国已没有很大的国际侵略的危险了。"① 1926 年他在出国访问途中，进一步宣称："我是不肯把一切罪状都堆在洋鬼子头上的。中国糟到这步田地，一点一滴都是我们自己不争气的结果。"② 第一次国内战争失败后，他提出要把"黄金的美国"当作一面镜子来照照自己"百不如人"，要中国"死心塌地的去学人家"③，抛出了他的美国路线——走第三条道路的政治主张。

三

鲁迅和胡适在国外留学时，都抱着使贫弱祖国富强起来的愿望，探索过救国的道路。

鲁迅最初企图走当时一般爱国知识分子所走的"科学救国""医学救国"的道路，他到日本后，便进入仙台医学专门学校学习。1906 年，他在一部日俄战争的时事影片上，看到一群体格强壮的中国人，麻木不仁地围观一个据说是给俄军做侦探而被绑着砍头的中国同胞。鲁迅看后深受刺激，"科学救国""医学救国"的幻想破灭了。他感到：第一要紧的事，是改变人们的精神，"而善于改变精神的是，我那时以为当然要推文艺，于是想提倡文艺运动了"④，希望借此使整个民族觉醒起来。

胡适在美国也为祖国的前途忧虑，"连日日所思维，夜所梦呓，无非亡国惨状，夜中时失眠"⑤。他从对美国社会的观察中感觉到，"今日造国之道，首在树人；树人之道，端赖教育"⑥。正是从这种"教育救国"论出发，他悉心考查教育方法，发现"今日之文言乃是一种半死的文字，因不能使人听得懂之故"⑦，

---

① 胡适：《国际的中国》，《胡适文存》二集卷三，亚东图书馆 1929 年版。
② 胡适：《欧游道中寄书》，《胡适文存》三集卷一，远东图书公司 1953 年版。
③ 胡适：《请大家来照照镜子》，《胡适文存》三集卷一。
④ 鲁迅：《呐喊·自序》，《呐喊》，人民文学出版社 1973 年版。
⑤ 胡适：《藏晖室札记》卷十四，亚东图书馆 1939 年版。
⑥ 胡适：《藏晖室札记》卷一。
⑦ 胡适：《藏晖室札记》卷十二。

不能再作表情达意的工具。他研究中国文字，就不能不联系到使用这种工具的文学来。世界新潮流的熏陶，又使他较早地认识到文学的社会作用，察觉到以文言文为书面语言的封建旧文学已成为少数人的私产，此时根本不能影响世道人心。他用历史进化论的观点，比较和分析了世界文学与中国文学的发展变迁，敏锐地感觉到，要使文学普及到最广大的国人中去发挥影响作用，必须彻底抛弃文言文这个僵死的工具。用白话文代替文言文乃一种客观的历史发展趋势，而此时，进行一场文学革命的时机已经成熟。他决心从改革文学入手，创建一种能表情达意的活的文字，活的文学。他在一首《沁园春》中豪迈地写道："文章革命何疑！且准备搴旗作健儿！要前空千古，下开百世，收他臭腐，还我神奇。为大中华，造新文学，此业吾曹欲让谁？"① 抒发了他倡导文学革命运动的抱负，表现了他向封建旧文学挑战的决心。

我们研究鲁迅和胡适前期的思想与活动，不能不注意到这样一个问题：同是出于用文学来影响人们思想和改造社会的动机，为什么鲁迅早年在日本倡导过的文艺运动由于得不到热烈的响应和支持而终于夭折了，而胡适等人所倡导的文学革命运动却以野火燎原之势，很快地在全国展开了呢？为什么具有高涨的革命热情的鲁迅，从1909年回国时起，到1918年发表《狂人日记》时止，却基本上沉默下来，而在这期间，恰好是胡适思想最活跃的时期？应当怎样去认识和解释这个现象呢？

我们不能脱离当时具体的历史条件去探讨这个问题。从客观上看，由于中国资产阶级先天的软弱性，孙中山先生所领导的旧民主主义革命运动本身存在着严重的缺陷：它没有发动民众、依靠民众去进行斗争。当时资产阶级革命者注重的是实际的组织、武装、暗杀和策动起义的工作，鲁迅提倡的旨在唤醒民众觉悟的文艺运动，没有受到他们的重视和支持。同时，在东京的留学生中，几乎都是学法政理化和警察工业的，而没有学文学和美术的，这个运动就缺乏广泛的群众基础，不可能形成一支披坚执锐的中坚力量。鲁迅积极筹办的《新生》杂志，在出版前流产了，又使这个运动丧失了一块作战的阵地。从主观上看，鲁迅当时的文学主张还不成熟，提不出一套比较完整的理论和行动纲领来。尼采的"超人"哲学也给他的思想带来消极的影响，"任个人而排众数"的唯心主义观点，使他把运动只局限在几个知识分子的小圈子里，没有普及到群众中去。而且在这之前，严复、林纾等人介绍西洋近代思想和文学，所译的书都是用的文言文。有志于改革文学的黄遵宪、梁启超等人虽然鼓吹过"诗界革命""小说革命"，提倡过俗言俚语皆可入诗和平易畅达的"新文体"，但他们的成绩只是把古文变浅近了，把诗歌变通俗了，还不可能突破文言文和旧诗的形式，使文体获得真正的解

---

① 胡适：《藏晖室札记》卷十三，亚东图书馆1939年版。

放。鲁迅此时也在听古文大师章太炎先生讲《说文解字》。鲁迅受同时代人的影响，还没有认识到僵硬的文言形式已束缚进步的思想内容的表达，阻塞了中国文学向前发展的道路，成为思想启蒙运动的严重障碍。所以，他写文章和译书，也采用了文言文。他同周作人合译的《域外小说集》，尽管翻译的技巧超过了林纾，可说是做到了"信雅达"，但十年之中只卖出21本，这和译文用了艰深的文言文也有很大的关系。可见，不彻底抛弃文言文，群众也不可能欢迎和接受这个文艺运动。当这个运动在毫无反应的冷淡气氛中失败后，鲁迅开始"感到未尝经验的无聊"，并且陷入"寂寞"和"无端的悲哀"①之中。

辛亥革命虽然推翻了帝制，但帝国主义和封建势力继续统治着中国，人民仍然受着剥削和压迫。这使鲁迅很失望，他说："见过辛亥革命，见过二次革命，见过袁世凯称帝，张勋复辟，看来看去，就看得怀疑起来，于是失望，颓唐得很了。"② 这九年间，他除了写过一篇具有讽刺特色的文言小说《怀旧》、几首旧诗和几篇序文之外，基本上搁笔了。他的失望、怀疑和颓唐，正好表现了一个反封建的先驱与不彻底的资产阶级旧民主主义革命者之间的深刻矛盾。他此时涉猎了大量的经史子集、佛经道藏、金石拓片，对中国古代文化有了更加深刻的认识，对中国社会的过去和现状有了更加透彻的了解。他在寂寞中静观默察，探索使风雨如磐的祖国获得解放的道路，渴望着革命风暴早日到来。

而胡适等人所倡导的文学革命运动则发生在辛亥革命之后，五四运动之前。当时一些激进的小资产阶级民主主义者，痛感辛亥革命的不彻底，认为要实现真正的民主共和，必须反对封建旧文化，提倡新文化；必须反对封建旧道德，提倡新道德；而且随着思想启蒙运动的深入，迫切需要进行一次反对封建旧文学的文学革命运动。胡适正是在"今之谈文学改良者众矣"的时候，提出了他改革文学的主张。他的主张适应了以民主和科学为旗帜的启蒙运动的要求，适应了中国文学向前发展的要求，立刻得到了陈独秀的声援和钱玄同、刘半农等人的响应，"高张起文学革命军大旗"，以《新青年》为主要阵地，一场轰轰烈烈的文学革命运动便开展起来。为了实践文学革命的理论，胡适还以"自古成功在尝试"的精神，从1916年起，闯进新诗创作这块禁地，写出了中国现代文学史上的第一部新诗集《尝试集》和第一个独幕话剧《终身大事》。尽管胡适的新诗刚刚从旧体诗词中"放脚"出来，艺术上还显得幼稚粗糙，《终身大事》又明显地带着受外国戏剧影响的痕迹，但这些初创之作，反映了资产阶级民主革命的要求，有一定的反封建意义，在新文学运动的创作中起了开路的作用。

应当看到，胡适虽然是文学革命运动的最初发难者和早期领导人之一，但他

---

① 鲁迅：《呐喊·自序》，《呐喊》，人民文学出版社1973年版。
② 鲁迅：《〈自选集〉自序》，《南腔北调集》，人民文学出版社1973年版。

的文学主张却有很不完备和错误的地方。资产阶级的软弱性和妥协性，生物"点滴"进化论与实验主义的影响，在他倡导这个运动的态度及指导思想上充分地表现出来。他那篇堪称新文学运动宣言书的《文学改良刍议》，欠缺革命挑战的勇气，与陈独秀《文学革命论》的坚决态度形成了鲜明的对照。胡适对什么是文学的概念也是站不住脚的。他认为文学不是形象地反映社会生活的特殊意识形态，而是"达意达得妙，表情表得好"的一种"语言文字"①，导致他把建立一种"国语的文学，文学的国语"作为文学革命的单纯作战目标。白话文代替文言文这种文学形式的改革，在当时虽然极为重要，但毕竟形式不能代替内容。胡适过分强调形式的改革，坚持在形式工具革命完成之前，"我们实在不配谈文学内容的革新"②，从而颠倒了内容和形式的关系。

鲁迅虽然不是文学革命运动的发难者，他后来在回忆中还说过，"我那时对于'文学革命'，其实并没有怎样的热情"③，但他并不是一个冷眼旁观者和消极参加者。新文化运动给他的思想以启发，使他从内心的寂寞中走出来，同前驱者取同一步调；文学革命运动又使他认清了文言文的弊害，彻底摈弃了这个僵死的表现工具。他在这个时期写的《随感录》振聋发聩，猛烈地抨击了封建的旧文化、旧思想、旧道德和林纾等守旧复古派，有力地支持了新文化运动的发展。他写的《狂人日记》《孔乙己》《药》等短篇小说，不仅显示了文学革命运动的实绩，而且还奠定了现实主义创作的基石。他的创作实践，使文学革命运动突破初期理论的局限，开始了内容和形式上的真正革新，从而推动了这个运动朝着现实主义的方向前进。

四

五四新文化运动，是初步接受马克思主义的知识分子同小资产阶级、资产阶级知识分子的统一战线运动。在这个运动初期，鲁迅同胡适有过一段比较密切的交往，他们在反封建的斗争中互相支持，协同作战。当鲁迅1918年8月在《新青年》上发表《我之节烈观》，对统治中国两千多年的伦理道德中最腐朽的封建节烈观念进行彻底揭露时，胡适也先后写出了《论贞操问题》《论女子为强暴所污》等文章，对"饿死事小，失节事大"的传统礼教投以轻蔑的目光。胡适还进一步向系统严密、摧残个性的封建纲常挑战，他在《易卜生主义》《我的儿子》等文章中，批判了从来被认为不可侵犯的封建父权观念和夫权观念，提倡建立新的父子关系，鼓吹个性解放和妇女解放。鲁迅后来在《我们现在怎样做父

---

① 胡适：《什么是文学》，《胡适文存》一集卷一，亚东图书馆1921年版。
② 胡适：《新文学大系·建设理论集·导言》，《新文学大系·建设理论集》，良友图书公司1935年版。
③ 鲁迅：《〈自选集〉自序》，《南腔北调集》，人民文学出版社1973年版。

亲》《娜拉走后怎样》《论雷峰塔的倒掉》等文章中，对此进行了更为深刻的阐述，基本观点同胡适是一致的。

鲁迅的白话小说问世不久，胡适给予了热情的赞扬："短篇小说也渐渐的成立了。……但成绩最大的却是一位托名'鲁迅'的。他的短篇小说，从四年前的《狂人日记》到最近的《阿Q正传》，虽然不多，差不多没有不好的。"① 鲁迅也应胡适之请，删改过《尝试集》里的诗，1922年还给胡适修改过《五十年来中国之文学》。他致书胡适："大稿已经读讫，警辟之至，大快人心！我很希望早日印成，因为这种历史的提示，胜于许多空理论。"② 对这部学术著作予以充分的肯定。当复古的学衡派发表文章攻击胡适，并借以否定文学革命时，鲁迅站在维护文学革命运动事业的立场上，挥笔上阵，写了《估〈学衡〉》等杂文，予以坚决回击。

五四以后，胡适逐渐从新文化运动统一战线中分化出去，鲁迅虽然同胡适在思想上存在很大的分歧，但对胡适还是又团结又"斗争"，把握得很有分寸。当胡适提出"整理国故"的口号时，鲁迅一针见血地指出，这个口号会使"青年进了书斋之后，和实社会实生活离开，变成一个呆子——胡涂的呆子，不是勇敢的呆子"③，对胡适不点名地提出了批评。鲁迅此时不仅和瞿秋白一道用共同的笔名写下《王道诗话》《出卖灵魂的秘诀》《大观园的人才》等杂文，他自己还单独写了《知难行难》《"光明所到……"》《二丑艺术》等文章，对胡适的荒谬言论严加驳斥。这些杂感，不仅击中了胡适的要害，同时也帮助人们擦亮了眼睛。

值得注意的是，鲁迅与胡适尽管选择了不同的政治道路，但是鲁迅一向把彼此的政治态度和各自的学术思想区别开来。1922年胡适考证《西游记》时，鲁迅亲手给他抄录并赠送了所保存的资料。1924年他们还共同探讨和研究学术上的一些问题。1927年鲁迅在一篇文章中回忆文学革命运动时说："首先来尝试这工作的是'五四运动'前一年，胡适之先生所提倡的'文学革命'"④，肯定了胡适的文学革命运动发难者地位。到了1931年，鲁迅还对胡适的《终身大事》做了公正的评价："胡适之先生的《终身大事》的别一形式的出现，虽然并不是故意的，然而鸳鸯蝴蝶派作为命根的那婚姻问题，却也因此而诺拉（Nora）似的跑掉了"⑤。这与托派叶青在此时发动"否定之否定"运动，把胡适作为批判的靶

---

① 胡适：《五十年来中国之文学》，《胡适文存》二集卷二，亚东图书馆1929年版。
② 鲁迅：《致胡适》，《鲁迅书信集》（上），人民文学出版社1976年版。
③ 鲁迅：《〈书斋生活与其危险〉译者附记》，《译文序跋集》，人民出版社1977年版。
④ 鲁迅：《无声的中国》，《三闲集》，人民文学出版社1973年版。
⑤ 鲁迅：《上海文艺之一瞥》，《二心集》，人民文学出版社1973年版。

子，说"胡适在文学方面的成绩，也正同别的方面一样，没有甚么"①的一笔抹杀态度，形成了鲜明的对照。

胡适对鲁迅的学识及其在文学上、学术上的成就也是非常佩服的，在很长一段时间里，都把鲁迅当作"敬爱的朋友"。正是出于对鲁迅的敬重，在第二次国内战争期间，胡适一直没有参与对以鲁迅为首的左翼文化运动的"围剿"。鲁迅刚逝世，苏雪林就迫不及待地跳将出来，企图拉拢胡适"向鲁党挑战"。胡适当即表示，不同意"攻击其私人行为"，并说："鲁迅自有他的长处。如他的早年文学作品，如他的小说史研究，皆是上等工作。"对有人污蔑鲁迅的《中国小说史略》是抄袭日本盐谷温的文学史一事，胡适特地郑重辟谣："现今盐谷温的文学史已由孙俍工译出了，其书是未见我和鲁迅之小说研究以前的作品，其考据部分浅陋可笑。说鲁迅抄袭盐谷温，真是万分的冤枉。"表示："盐谷一案，我们应该为鲁迅洗刷明白。"他批评苏雪林谩骂鲁迅多"旧文字之恶腔调"②，还引起了苏雪林的微词。甚至到了1958年，胡适还在演讲中充分肯定鲁迅对文学革命运动的贡献："他们弟兄的作品，在社会上成为一个力量。"③

他们的这种关系表明：一个人的学术思想固然在一定条件下要受他的政治见解的一些影响，但政治见解却不能完全包括并且代替其学术观点。胡适后来虽然在政治上走上不同的道路，但在学术研究上不无可取之处。鲁迅对胡适在学术上的成就另眼看待，不因人废言，这正是他论人论文"顾及作者的全人，以及他所处的社会状态，这才较为确凿"④的唯物观的体现，这在今天看来，也是值得提倡的。

五

同是来自"旧营垒"，在五四新文化运动中又一道为反对封建主义而冲锋陷阵，为什么鲁迅和胡适后来会走上不同的道路？最主要的原因，就是五四以后，他们在接受新民主主义革命的考验时，采取了不同的政治立场。

鲁迅和胡适在向西方寻找真理的过程中，都不约而同地接受过进化论的影响。五四以前，这种影响总的说来还是积极的，使他们对"从来如此"的封建传统观念大胆否定和大胆批判，使他们对未来抱有信心。但是，正如毛泽东同志所指出："在'五四'以后，中国产生了完全崭新的文化生力军，这就是中国共

---

① 叶青：《胡适批判》（下），上海辛垦书店1934年版。
② 胡适：《胡适致苏雪林》，《胡适来往书信选》（中），中华书局1979年版。
③ 胡适：《中国文艺复兴运动》，《胡适讲演集》（中），台北胡适纪念馆1970年版。转引自《胡适回忆〈新青年〉和白话文运动》，《五四运动回忆录》（上），中国社会科学出版社1979年版。
④ 鲁迅：《"题未定"草·七》，《且介亭杂文二集》，人民文学出版社1973年版。

产党人所领导的共产主义的文化思想,即共产主义的宇宙观和社会革命论。"①生物进化论运用到社会生活上,是和马克思主义尖锐对立的,它不仅不能正确地反映社会生活规律,而且恰恰违反了这种规律,成了反对社会革命的理论。随着党领导下的新民主主义革命运动的蓬勃开展,他们原来的思想武器所固有的弱点便充分地暴露出来,不能再发挥其积极作用。两种世界观、两种社会革命论的矛盾和斗争,在鲁迅和胡适身上明显地反映出来,在如何改造社会和怎样对待中国共产党所领导的伟大的革命运动等问题上,他们存在着严重分歧,这导致他们分道扬镳,各自投向不同的阵营。

  胡适从个人主义的立场出发,一开始就全盘接受了生物进化论,并把它与杜威的实验主义、中国古代墨翟的"兼爱"与"非攻"思想相融,形成他独特的思想武器。他认为实验主义是进化论出世以后的科学方法,"实验主义从达尔文主义出发,故只能承认一点一滴的不断的改进是真实可靠的进化。"② 因此,对社会的改革,也只能一点一滴地去进行。他说:"进化有两种:一种是完全自然的演进,一种是顺着自然的趋势,加上人工的督促,前者可以叫做演进,后者可以叫做革命"③,而"革命和演进只有一个程度上的差异,并不是绝对不相同的两件事"④,用渐进的改良去注释革命,把革命纳入进化的范畴,形成了他改良主义的社会政治思想。五四以后,正当马克思主义广泛传播,并逐步引导人民群众走上革命道路的时候,他"看不过了,忍不住了",一改"二十年不谈政治的决心","发愤要想谈政治",进行正面的政治斗争,接连抛出《多研究些问题,少谈些"主义"》《新思潮的意义》等文章,鼓吹社会政治改良,公开反对马克思主义,还给马克思主义阶级斗争学说横加上"使社会上本来应该互助并且可以互助的两大势力,成为两座对垒的敌营,使许多建设的救济方法成为不可能,使历史上演出许多本不须有的惨剧"⑤ 的罪名。他反对用暴力革命的方式对中国社会问题进行"根本解决",顽固主张在无数个人的阶级协作上,对社会问题一个一个地去解决。他把成立一个"好人政府"和实施"有计划的政治"作为政治改革的目标,希望通过南北议和、裁兵裁官,直接选举,公布财政收入,统筹财政支出和实行联省自治等和平的办法,来"打倒今日之恶政治"⑥。然而,当时更迭频繁的北京政府,只不过是北洋军阀的一个工具,"好人政府"成了泡影。他那套社会点滴改良的政治主张等于给强盗上条陈,没有解决任何具体问题。

---

① 毛泽东:《新民主主义论》,人民出版社1976年版。
② 胡适:《介绍我的思想》,载《新月》第3卷第4期。
③ 胡适:《白话文学史》,新月书店1933年版。
④ 胡适:《我们走那条路》,载《新月》第2卷第10期。
⑤ 胡适:《四论"问题与主义"》,《胡适文存》一集卷二,亚东图书馆1921年版。
⑥ 胡适:《我的歧路》,《胡适文存》二集卷三,亚东图书馆1929年版。

而鲁迅则站在革命民主主义的立场上欢迎和拥护社会革命，主张"扫荡这些食人者，掀掉这筵席，毁坏这厨房"①。他以笔为武器，写出了收在《彷徨》集中的小说和许多犀利的杂文，积极投入反帝反封建的斗争。随着无产阶级领导的新民主主义革命运动的向前发展，他的思想也在不断地发生变化。

但是，鲁迅对马克思主义有一个缓慢的认识过程。他最初把马克思主义作为一种新的思潮来看待，缺乏更深刻的理解。他同李大钊是战友，"却并未留心他的文章"②，对李大钊等人介绍的马克思主义并未予以足够的重视。他虽然从十月革命看到了"新世纪的曙光"，却没有看到改造中国必须走俄国人的路，甚至认为"无论什么主义，全扰乱不了中国"③。鲁迅彻底的革命精神，使他始终站在斗争的前面，不知疲倦地向敌人进攻，但进化论却妨碍了他对错综复杂的社会现象进行深入的观察、分析和研究，已成为他前进的严重思想负累。经过"五卅"运动和"三一八"事件，活生生的阶级斗争现实使他原来的看法得到了检验，思想中进化论的成分由于"碰壁"而不断减少，唯物辩证法的成分则显著增多。1927年1月他到广州后，同党组织有了更频繁的接触，他在这时所写的《庆祝沪宁克复的那一边》，标志着他的思想正在酝酿一次伟大的飞跃。"四一二"反革命政变，使他思想受到极大的震动，他"目睹了同是青年，而分成两大阵营，或则投书告密，或则助官捕人的事实"④，血的教训"轰毁"了他进化论的思路，破灭了他唯心史观的"妄念"。1928年关于无产阶级革命文学的论争促使他更深入地学习马克思主义，"救正"了思想中的"偏颇"。党所领导的工农群众在斗争中所表现出的革命精神和力量，使他真正认识到"惟新兴的无产者才有将来"⑤。所以，在革命处于低潮的白色恐怖时期，他毅然彻底抛弃了原来的思想武器——进化论，"从进化论进到阶级论，从绅士阶级的逆子贰臣进到无产阶级和劳动群众的真正友人，以至于战士"⑥，确立了无产阶级世界观，实现了思想上质的飞跃。

胡适却恰恰相反。在现实社会生活中，尽管他有时也发出过"提倡有心，创造无力"⑦的叹息，却没有改变其改良主义的政治立场。1926年8月，他在前往欧美访问的途中，秉持实验主义的理念，对苏联进行了几天的实地考察。苏联人民在社会主义建设中所取得的巨大成绩，使得他"不能不十分顶礼佩服"。他惊叹地说："我们不能单靠我们的成见就武断社会主义制度之下不能有伟大的生产

---

① 鲁迅：《灯下漫笔》，《坟》，人民文学出版社1973年版。
② 鲁迅：《〈守常全集〉题记》，《南腔北调集》，人民文学出版社1973年版。
③ 鲁迅：《五十六 "来了"》，《热风》，人民文学出版社1973年版。
④ 鲁迅：《三闲集·序言》，《三闲集》，人民文学出版社1973年版。
⑤ 鲁迅：《二心集·序言》，《二心集》，人民文学出版社1973年版。
⑥ 瞿秋白：《〈鲁迅杂感选集〉序言》，上海出版公司1950年版。
⑦ 胡适：《我的歧路》，《胡适文存》二集卷三，亚东图书馆1929年版。

力",甚至认为苏联的制度有普遍性,不反对在中国也试行社会主义。苏联之行,的确使他耳目一新。然而,实验主义使他仅仅只走到社会主义学说的面前就停步不前,平和渐进的进化论使他仍然坚持除了苏联的方法外,还有一个"避免'阶级斗争'的方法"①。由于他不承认阶级斗争,不赞成无产阶级专政,他的这种"社会主义"观念实在也脆弱得很,而且还蒙上了一层改良主义的色彩。所以,一到美国,他的思想又被资本主义所占据,并且在改良主义的泥潭里陷得更深。

胡适到美国旧地重游,对西洋文明推崇备至,并且从中"看见第三条道路"②——美国的道路。"四一二"政变后,正当鲁迅的思想实现了向共产主义世界观质的飞跃,胡适却在此时抛出他的走美国道路的政治路线。而进化论和实验主义则是他的政治主张赖以存在的理论基础。他在1930年所写的《我们走那条路》《介绍我自己的思想》等文章中,根本否认帝国主义、资本主义、封建势力是我们革命的对象,提出"五鬼乱中华",把贫穷、疾病、愚昧、贪污、扰乱列为主要打击目标,似乎只要消灭了这"五鬼",国家便可强盛起来。此时胡适更加害怕和反对暴力革命,更加顽固坚持"要用自觉的改革来替代盲动的所谓'革命'"③。然而,20世纪30年代的中国,不同于18、19世纪的法国、英国和美国,在帝国主义的压迫下,更加殖民地化了。帝国主义为了从中国掠夺更多的财富,保持在中国的种种特权利益,同中国封建势力勾结起来,阻止了中国社会向前发展。半殖民地半封建的中国社会制度正是滋生"五鬼"的温床。胡适不触动社会制度,而侈谈消灭"五鬼",无异于痴人说梦。帝国主义的侵略,注定了胡适的"第三条道路"行不通。

鲁迅和胡适的不同道路,从正反两方面表明,马克思主义揭示了历史发展的必然规律,人民群众是推动历史前进的真正动力。在鲁迅和胡适的时代,真正认识和接受马克思主义真理,真正认识人民群众的伟大作用并与之相结合,是要经过一番长期的探索和痛苦的磨炼过程的。鲁迅经受住时代的严峻考验,毅然扬弃了进化论,彻底背叛了剥削阶级,自觉投身到人民群众中来,才变得如此强有力量。因此"鲁迅的方向,就是中华民族新文化的方向"④。而胡适仍坚持"多研究些问题,少谈些主义",始终对马克思主义持有怀疑态度。

"大江东去,浪淘尽、千古风流人物。"鲁迅与胡适的不同道路,是发人深省的。

---

① 胡适:《欧游道中寄书》,《胡适文存》三集卷一,远东图书公司1953年版。
② 胡适:《欧游道中寄书》,《胡适文存》三集卷一。
③ 胡适:《我们走那条路》,载《新月》第2卷第10期。
④ 毛泽东:《新民主主义论》,人民出版社1976年版。

论巴金小说的艺术风格①

在中国现代文学史上，巴金是最有自己艺术风格的优秀作家之一。他在民主革命时期，以卓越的才华创作了 4 部长篇小说、16 部中篇小说和 70 多篇短篇小说。这些小说以其反帝反封建的战斗内容，对光明的热烈追求和对社会解放道路不倦探索的精神，以及独树一帜的艺术风格而拥有众多的读者。其中有的被译成英、法、日、俄、意等国文字，深受外国读者的欢迎，在世界文学之林中大放光彩。

本文拟通过对巴金在民主革命时期小说创作的艺术个性的探讨，勾勒出巴金小说艺术风格的大体轮廓，并阐明其迥异于同时代其他作家艺术风格的独到之处；探求其感人至深的艺术力量之所在；论述巴金小说艺术风格的具体表现及其变化发展的原因；以期抛砖引玉，把对巴金小说的研究工作推进一步。

一

1928 年 8 月，巴金写出处女作《灭亡》。这部小说一经发表，就以其独创的内容、新颖的风姿，在社会上引起广泛的注意。《灭亡》是巴金走上文学道路的奠基之作，初步表现出他个人的艺术风格。巴金说："《灭亡》不是一本革命的书，但它是一本诚实的作品。"② 诚实，便是构成巴金小说艺术风格的美学基因。

这里所说的诚实有两层涵义：一是巴金在艺术上是真诚的；二是巴金以他独特的方式所创造出的艺术形象是真实可信的。下面从两方面来加以论证。

五四运动开阔了巴金的眼界，他受新思潮的启迪，萌发了革命民主主义思想和反抗精神，努力寻找改造社会的道路。他不止一次地说过，他不是为了要成为作家才写作的，而是"从探索人生出发走上文学道路的"。他希望自己的作品能够给大多数人带来一点光明，给黑暗以打击，"对国家，对人民有所贡献，对读者有所帮助"③。这种严肃认真的写作态度，使他很自然地把探索同创作联结起来。他在生活中"忠实地探索，忠实地体验"④，看到什么，理解什么，就如实

---

① 本文系 1982 年硕士研究生毕业论文，中山大学中文系档案室收藏。后收入中山大学中文系与《中山大学学报》编辑部 1984 年 11 月合编的《现代文学论文集》。
② 巴金：《谈〈灭亡〉》，载《文艺月报》1958 年 4 月。
③ 巴金：《再谈探索》，《探索集》，人民文学出版社 1980 年版。
④ 巴金：《新年试笔》，载《文学》第 2 卷第 1 期。

地写下来，不说谎，不骗人，表现出一个现实主义作家的艺术真诚。

高尔基深有体会地说过："谁要敢于当作家，谁就必须永远是真诚的。"① 一语道破现实主义作家主观世界的真诚在创作中的重要作用。当然，这里所说的真诚，是指与进步思想相联系的真诚，它要求作家忠实于生活，对所反映的对象要抱有实事求是的态度。有些作家在生活中虽有某种深切的感受和认识，但由于缺乏应有的真诚，不敢正视生活中的矛盾斗争，在作品中或多或少地隐瞒了生活的某些真相和自己的真实感情，不敢说真话。这种虚假的作品，是不会有长久生命力的。可见，艺术上的真诚，是现实主义写真实原则的一个不可缺少的组成部分。

巴金的艺术真诚，有着他个人的鲜明特点。他说："我在写作中所走的路与我在生活中所走的路是相同的。"② 在生活中，一方面他向往光明，有强烈的正义感，始终保持着单纯、大胆、诚恳、坦率的良好品德，不为传统的旧观念、虚伪庸俗的坏风习所污染。另一方面，他还没有找到一条切实可行的革命道路，内心充满矛盾：爱与憎的矛盾、思想与行为的矛盾、理智与感情的矛盾、理想与现实的矛盾。在写作中，他把读者当作知心朋友，在精神上保持着密切的联系。他的写作秘诀就是"把心交给读者"③。将他所熟悉的生活以及他在生活中的感受和发现毫不隐瞒地表现出来。他在《灭亡》中抨击反动军阀统治和不合理的社会制度，宣泄出爱与恨、同情与厌恶的感情。同时他也不加掩饰地抒发出自己因为找不到一条正确的革命道路而产生的孤寂、矛盾和苦闷的心情，暴露出世界观的局限性。《灭亡》不是以文学技巧取胜，而是用作者的精神世界和真实感情来激起读者的共鸣。从写《灭亡》开始，巴金几十年来一直将自己的一片真诚奉献给读者，从巴金的小说中，我们可以看到他那颗燃烧着希望之火的心。

艺术上的真诚，使他按照自己的美学理想去选择题材，创造艺术形象。巴金在自己的经历中，对封建主义的压迫和帝国主义的侵略罪行感受特别深切，反帝反封建的要求十分强烈，对被压迫者，尤其是对青年知识分子和青年妇女在黑暗社会里的痛苦生活与反抗活动有一种特殊的敏感和深刻的了解，形成他独特的审美趣味。他在创作中，特别注意选择青年人的痛苦生活与反抗活动方面的题材。从《灭亡》到《寒夜》，他创作的小说几乎没有一篇不是反映这方面的生活内容。从杜大心到汪文宣，他写了大大小小几百个人物。这些人物虽有各自的生活，各自的思想和性格，但从他们的遭遇来看，大致可分为两种类型：不合理制度下的牺牲者和反抗者。尽管巴金也成功地勾勒出王秉钧、高老太爷、冯乐山一类反面人物的丑恶脸谱，但他们不过是作为正面人物的对比、陪衬而存在的。所

---

① 高尔基：《文学书简》，人民文学出版社1965年版。
② 巴金：《电椅集·代序》，《巴金文集》第7卷，人民文学出版社1959年版。
③ 巴金：《把心交给读者》，《随想录》，人民文学出版社1980年版。

以，巴金小说不是一般人物的画廊，而主要是不合理制度下的牺牲者和反抗者的画廊。

在阴秽的旧中国，黑暗势力还很强大。巴金根据生活的真实，不得不痛苦地一再把他所熟悉和同情的青年知识分子和青年妇女被摧残与被毁灭的过程如实地写出来。在"激流三部曲"和《春天里的秋天》等小说中，巴金从鸣凤、钱梅芬、瑞珏、郑佩瑢之死中，揭露封建礼教、封建宗法制度是如何扼杀无辜青年的青春与幸福的。在《新生》中，巴金通过描写李冷的被捕牺牲，使我们看到反动资本家勾结军阀，怎样动用军队、政权等旧的国家机器，残酷地夺走有志青年的生命。在《寒夜》中，巴金又细致地写出不合理的社会制度如何把一个善良的知识分子逼得家破人亡。巴金在创造这一类人物时，突出一个"悲"字。他们的悲剧首先是社会悲剧，其次才是个人命运的悲剧，社会悲剧通过个人命运悲剧的形式反映出来。巴金在小说中痛苦地为千万个旧制度受害者喊出"我控诉"的心声。

巴金绝大多数小说的悲剧气氛十分浓厚，但他又有别于一般的悲剧作家。他控诉黑暗社会的"吃人"罪行，是为了号召人们奋起推翻旧世界。因此，他在创造旧社会的叛逆者的形象时，着重表现一个"愤"字。巴金在"激流三部曲"中的觉慧、淑英身上，写出他们对不合理制度的愤懑、觉醒与反抗。在《火》中的冯文淑、刘波、朱素贞身上，描写出他们对日本侵略者的愤怒与斗争。悲和愤是巴金小说独创性内容的底色，也是他诚实的艺术个性在风格中的反映。五四以来，有不少新文学作家的创作也选择悲剧性的题材，但由于他们的小说对未来缺乏明确的认识，因而使人读后精神上感到压抑、沉闷。而巴金却从来不怀疑"旧的要灭亡，新的要壮大；旧社会要完蛋，新社会要到来；光明要把黑暗驱逐干净"①的社会历史发展的必然趋势，所以他的小说别具一格，能给读者以生活的勇气、斗争的力量和胜利的信心。

巴金在小说中坚持向读者讲真话，讲心里话。这真话，就是他所理解的生活真实，是他自己相信的话。这心里话，便是他对生活所作的美学评价。他不是照他所希望看到的样子，而是照生活本来的样子去表现生活的。在创作实践中，巴金固然把火一样炽热的情感倾注进所创造的艺术形象里；但在刻画人物性格、表现人物命运时，却避免感情用事，不以自己的主观愿望随意给人物涂上什么颜色，安排什么样的结局。"爱情三部曲"是他"为自己写的，写给自己读的"小说，他声称"更没有一个人能够了解我是怎样深切地爱着这些小说里面的人物"②。这部小说尽管比较集中地反映了巴金当时的政治理想，但是，他没有把

---

① 巴金：《我的幼年》注一，《巴金文集》第10卷，人民文学出版社1961年版。
② 巴金：《〈爱情三部曲〉总序》，《巴金文集》第3卷，人民文学出版社1958年版。

小说当作宣传政治理想的单纯的传声筒。他说："我虽然是某一个主义的信徒，但我并不是个说教者，我常常不愿意在文章的结尾加上一些口号。而且实际上那些真实的故事常常是结束得很阴暗的，我不能叫已死的朋友活起来，喊着口号前进。"① 巴金在这里所说的某个主义，是指曾经对他的政治思想发生过重大影响的无政府主义。他在青年时代也结交过一些信仰无政府主义的朋友，"爱情三部曲"中的一些情节，就直接取材于这些朋友的某些经历。中国的无政府主义，始终没有在政治舞台上形成一股强大的力量。特别是当马克思主义在中国广泛传播并同中国革命运动相结合后，无政府主义的局限性和反动性便愈加明显地暴露出来，许多受过无政府主义思想影响的青年，抛弃旧有的思想武器，接受马克思主义。胡也频的小说《光明在我们的前面》，就表现了一个无政府主义者的思想转变过程。到了 30 年代，虽还有极少数带有无政府主义色彩的小团体在活动，但他们的影响已经微乎其微了。作为一个忠实于生活的作家，巴金注意到这个现实。"爱情三部曲"的主人公们不是某种政治信条的化身，巴金也没有为了表现信仰的力量而给那些人物戴上英雄的桂冠。他赞扬陈真致力于社会解放事业的献身精神，却没有把陈真美化为万能的救世主。陈真不是在刑场上慷慨就义，而是在一次偶然的车祸中无声无息地死去。吴仁民是他工笔描绘的一个人物，但也写出了这个人物幼稚、浮躁、苦闷、恋爱至上等缺点。他笔下的李佩珠是一个近乎妃格念尔式的"健全女性"，但没有被打扮成叱咤风云的巾帼英雄。艺术上的真诚使巴金克服政治信念的偏见，他没有脱离中国革命的实际情况，硬为自己所深爱的人物安排一个"光明的尾巴"，或者给予将要取得胜利的暗示。巴金坦率地写出他们的反抗动摇不了黑暗社会的根基，除了失败，不会有更好的命运。小说充满悲凉的气氛，是对中国无政府主义运动的一曲挽歌。然而，当描写这些人物的思想与活动时，他对国民党新军阀统治的抨击是十分激烈的。所以，这部小说反映了时代生活的一个侧面，具有一定的进步意义。巴金从生活的真实出发，使自己的主观情感服从于客观事实，充分体现出他特有的诚实的艺术个性。

巴金小说独创性的内容，并不只是表现在他所描绘的现实生活的一般特征上，而侧重于他对现实生活的独特看法上。巴金的这种独特看法，是他对生活现象有了深切感受之后，经过独立思考而形成的。艺术上的真诚，使他不用别人的思想代替自己的思考，不用现成的结论来代替自己对真理的探索。他的每篇小说又都是他在探索中找到的答案和收获。这样，他对现实生活的发现就不雷同于当时作家的见解。他能想人之所未想，发人之所未发，独具慧眼，从常见的题材中提炼出深刻、新鲜、独到的主题来。在小说所反映的生活内容中，融进了个人对现实生活的独特感受和认识，显现出他本人的精神面貌，用他自己的思想信念去

---

① 巴金：《作者自剖》，载《现代》第 1 卷第 6 期。

感染读者，影响读者。因而他的小说在思想上能给予读者新的启示，帮助他们去认识生活，理解生活，了解自己。"激流三部曲"便是这样创作出来的一部不朽杰作。

"激流三部曲"所再现的生活，是巴金亲身经历过、体验过的生活，渗透了他鲜明的是非观念和强烈的爱憎感情。小说所表达的思想，是他对这种生活深切感受与认真思考之后所得到的真知灼见。这就使得"激流三部曲"有别于同时代那些表现家庭生活的小说，它不只停留在暴露和谴责封建家庭罪恶以及表现青年受压抑的苦闷生活的水平上。巴金以"经济关系和社会环境"[1]为背景，从高家许多日常生活现象中发微显隐，概括地写出一般封建地主家庭走向没落的历史，展示出整个封建宗法制度正在崩溃，封建地主阶级的肌体正在腐烂，它们的灭亡已是不可避免的历史趋势，对"吃人"的封建礼教和封建宗法制度进行痛挞，为新一代青年呼吁。同时，巴金还浓墨重彩地表现觉慧、觉民、淑英等年青一代在五四新思潮的影响下，终于走上背叛封建家庭的反抗道路的过程。他们参加社会上进步青年组织的反封建活动，这就使得他们的反抗不仅是个人对封建家庭的叛逆行动，更体现了新的社会力量因素在成长。他们的觉醒与反抗，加快了封建制度瓦解的速度，反映出五四的时代精神。因此，这部小说也是一曲对封建地主阶级叛逆者冲决家庭罗网、获得新生的颂歌。巴金对生活的深切感受和独特的看法，使他成为中国现代文学史上第一个通过家庭生活变化来宣判封建制度死刑的作家。不少读者也正是从他的作品中认识到封建家庭和黑暗社会的罪恶及其不可挽回的灭亡趋势，受到小说中那些献身于正义事业的人们的精神鼓舞，看到生活的目标和努力的方向，从而投入到埋葬旧世界的斗争中去。可以毫不夸张地说，巴金是用他那颗丹柯式的心照亮读者前进道路的作家。

一般说来，真实、自然地反映时代生活，是为许多优秀的现实主义作家所共有的长处，而巴金在这方面的表现却独具风格特色。他在写作中所考虑的不是创作方法、表现手法和技巧等问题，而是如何真实、自然地表现人物生活与命运的问题。他深有体会地说："艺术的最高境界是真实，是自然，是无技巧。"[2] 当然，这并不是说巴金轻视技巧，他很注意学习和借鉴中外优秀文学大师表现生活的长处；也不是说他没有技巧，在长期的艺术实践中，巴金积累了丰富的创作经验，他的写作就像庖丁解牛一样游刃有余。他只是反对脱离生活去刻意追求技巧，或者用精美的技巧来歪曲地反映生活。他认为"说谎的文学即使有最高的技巧，也仍然是在说谎"[3]。他使读者相信的不是个人漂亮的言辞，而是被生活本身所证实的事实。他的小说不仅流露的感情是真实的，而且所反映的生活内容也

---

[1] 巴金：《关于〈家〉（十版改订本代序）》，《巴金文集》第4卷，人民文学出版社1958年版。
[2] 巴金：《探索之三》，《探索集》，人民文学出版社1980年版。
[3] 巴金：《关于〈砂丁〉》，《创作回忆录》，人民文学出版社1982年版。

是真实的。他求得真实的途径，不是靠技巧，而是"让人物自己生活，作者也通过人物生活"①。现实生活中的人和事，引起巴金深切的感受。他在创作实践中，设身处地地体验过小说中再现的各种生活，"扮演"所写的人物，把自己的内在情感，同小说人物的生活巧妙地统一起来，使得他同人物之间不再毫不相干或者对立。从写《灭亡》起，他就开始"自己和书中人物一同生活，他哭我也哭，他笑我也笑"②。当他把自我同被反映对象有机地融为一体后，便由自我进入忘我的境界，他感到"我所写的人物都在我的脑里活动起来，他们跟活人完全一样。……为了他们我就忘了自己的存在。好象不是我在写小说，却是他们自己借了我的笔在生活"③。这时，他一方面创造着小说中的人物形象；另一方面，他自己又轮流地变成小说中的每一个人物，发掘出所"扮演"的人物内心深处最隐秘的东西，充分表现出其真实的思想、感情和在各种不同场合中可能出现的神态、动作。他在写《新生》时就觉得"我好象在挖自己的心，挤自己的血一样，有些时候我仿佛在写自己的日记，虽然更多的时候我是在设身处地替李冷写见闻"④。这样，他所创造的艺术形象，虽有自我的分析、感受和思想渗透其内，但这也不再是作者自我了，而是他所"扮演"的一个个具体的人物自己在思考，在生活。巴金则通过这些人物的思想与活动，生活在小说之中。《家》中对鸣凤投湖自尽前那一段催人泪下的回忆、怀念、渴望、矛盾和痛苦心情的描写，被公认为是中国现代小说中最成功的章节之一。但如果没有巴金在写《家》时"仿佛跟着书中每一个人受苦，跟着每一个人在那魔爪下面挣扎"⑤的体会，这种种情景是断断不会写得如此生动感人的。

为了使所创造的人物形象达到真实、自然的程度，巴金还经常把个人的某些经历放进小说里。《家》中的觉慧的性格和巴金相似，在觉慧身上，巴金也把较多的亲身经历写了进去。但是，觉慧并不是巴金，他声称："我写《家》的时候也绝没有想到用觉慧代表我自己。"⑥巴金的生活中没有鸣凤，他是在祖父死后才进成都外国语专门学校读书，并且是同他的三哥李尧林一道公开从家庭中出走的。可见他与觉慧的遭遇不尽相同。又如，他把童年时代有一次因为所喜爱的大公鸡被宰杀而产生的伤感情绪用在杜大心身上；把自己同萧珊寂寞地打桥牌的事情移作汪文宣和曾树生打桥牌的情节。然而，这也不意味着杜大心、汪文宣就是巴金。正如他所说："作家经常把自己亲身见闻写进作品里面，不一定每个人物

---

① 巴金：《关于〈激流〉》，《创作回忆录》，人民文学出版社1982年版。
② 巴金：《生之忏悔·〈灭亡〉作者底自白》，《巴金文集》第10卷，人民文学出版社1961年版。
③ 巴金：《〈爱情的三部曲〉总序》，《巴金文集》第3卷，人民文学出版社1958年版。
④ 巴金：《谈〈新生〉及其他》，《巴金文集》第14卷，人民文学出版社1962年版。
⑤ 巴金：《关于〈家〉（十版改订本代序）》，《巴金文集》第4卷，人民文学出版社1958年版。
⑥ 巴金：《关于〈家〉（十版改订本代序）》，《巴金文集》第4卷。

都是他自己，但也不能说作品里就没有作者自己。"① 经过他独出心裁创造出来的人物形象，或浓或淡地映现出作者的影子，他们也确实是巴金式的人物，而不同于其他作家写出来的人物。

正因为巴金"把写作和生活融合在一起，把作家和人融合在一起"②，所以，他感到"似乎许多、许多人都借着我的笔来倾诉他们的痛苦"③。巴金运斤成风，循着人物思想性格发展的轨迹写下去，把一幅幅生活画面天然无饰地呈现出来，没有夸张，没有歪曲，好像生活本来的样子就是如此，而他只不过根据自己的观察和体验如实地摹写出来而已，简直看不出人为技巧的痕迹。这种真实而自然的画面，就是他所说的"无技巧"的最高境界。这种境界，实质上是巴金真诚的主观世界和客观现实高度统一后所创造出来的一种生动感人的艺术情境和艺术氛围。《家》中觉新与梅在花园里邂逅的场面，鸣凤、瑞珏惨死时的情景，《寒夜》中汪文宣与曾树生离别时那一段绘声绘色的描写，便都达到返璞归真的地步，使人产生身临其境之感。像这样的生活画面，在巴金小说中是不乏其例的。这显示出巴金自成一家的艺术风格的境界，充分体现出诚实的美学基因的作用。

二

巴金创造典型的艺术形象时，自始至终伴随着强烈的情感活动。鲁迅说："巴金是一个有热情的有进步思想的作家。"④ 巴金小说浸透了他的爱和恨、血和泪、悲哀和欢乐，每一页文字都洋溢着发自肺腑的激情。激情，是巴金小说艺术风格的重要标志。

在现实生活中，巴金形成了泾渭分明的善恶观念。在新民主主义革命时期，善与恶的斗争，实质上就是人民大众同帝国主义、封建主义的矛盾斗争。应当看到，无论巴金在新民主主义革命时期的世界观多么复杂，他的主要政治倾向是反帝反封建的，他的基本政治立场是站在人民大众这一边的。因而他的善恶观在一定程度上代表了人民大众的利益，体现了他们的情绪和要求。

巴金希望用善的力量来改造社会，对祖国，对人民大众，尤其是对觉醒的青年一代充满深挚的爱。他特别注意从弱小者身上发掘善良的品质。短篇小说《苏堤》表现了船夫朴实的性格和守信用的品德。《星》颂扬革命青年家桢、秋星夫妇脚踏实地为理想和信仰而战斗的精神。在巴金大多数小说中，善的品质更多的是从人物热爱祖国、热爱人民、热爱自由、追求真理和维护正义事业的思想与行

---

① 巴金：《一点不成熟的意见》，载《雨花》1979年第5期。
② 巴金：《文学生活五十年（代序）》，《创作回忆录》，人民文学出版社1982年版。
③ 巴金：《写作生活的回顾》，《巴金文集》第7卷，人民文学出版社1959年版。
④ 鲁迅：《答徐懋庸并关于抗日统一战线问题》，《且介亭杂文末编》，人民文学出版社1973年版。

动中表现出来。在《死去的太阳》中，他赞美主人公们的反帝爱国行动；在《雪》中，他歌颂矿工反抗资本家的正义斗争；在《火》中，他颂扬一群投身到抗日救亡运动中去的爱国知识青年。他们不谋私利，不损人利己，为了民族的生存、社会的解放和多数人的幸福，宁可抛弃个人舒适的享受，甘愿吃苦，甚至不惜献出最宝贵的生命，显示出人物的人性美。巴金在他们身上寄托着改革社会的希望。对被压迫的小人物，巴金给予了深厚的同情。收录在《复仇》《光明》《抹布》等集子中的短篇小说和《砂丁》《第四病室》等中篇小说，反映了他们对生活的理想，表现了他们失去青春、爱情、自由和幸福后的悲哀。

　　正因为对被压迫的人民大众有着深切的同情，巴金对帝国主义和封建主义怀着刻骨的仇恨。然而，他在小说中不是用漫画式的笔调简单地丑化他所诅咒的对象，也不是像呼口号似的直接宣泄出他的憎恨，而是把反面人物当作一个人，当作封建制度的代表人物来写，让倾向性从场面中、从人物的思想与活动中自然而然地流露出来。比如在"激流三部曲"中，他通过鸣凤自尽，突出高老太爷专横霸道的性格；通过觉民抗婚，刻画出高老太爷的虚弱本质；通过婉儿做妾，揭露出冯乐山荒淫无耻的生活；通过蕙和枚表弟之死，勾画出周伯涛愚顽成性的封建礼教卫道士嘴脸。他们的胡作非为，使读者感到应当恨他们。巴金小说的深刻之处就在于，通过痛挞这些反面人物，对滋生这些丑类的不合理制度做了坚决的否定。作品中所表达出来的恨，就不单纯是他个人的憎恨，而是体现了人民大众对旧社会、旧制度的仇恨。强烈的爱憎感情成为巴金激情的基调，能够点燃读者心灵中的反抗火焰。

　　但是，巴金内心充满各种矛盾，他的激情就蕴含着多种情感因素。在具体的艺术形象身上，例如在觉新身上，爱与恨、同情与鞭挞、悲哀与欢乐往往是交织在一起的，巴金能够准确地把它们表达出来。觉新是个受过一定新式教育却摆脱不掉封建传统观念的羁绊，恪守着封建秩序的亦新亦旧的人物。巴金对觉新的"两重人格"进行了深刻的剖析，详尽地描画出觉新在新旧思想夹缝中的生活。巴金爱觉新的善良、富有同情心、肯帮助人；爱他能从自己的切身感受和手足之情出发，支持觉慧、淑英逃离封建家庭的樊笼。巴金恨觉新逆来顺受，屈从封建礼教和封建势力的压迫，抛弃学业，不敢做自己生活的主人，眼睁睁地看着封建家庭伸出魔爪吞噬掉妻子瑞珏、恋人梅与蕙的生命。巴金怜悯觉新的处境，在封建家庭里，觉新也失掉自由、青春、爱情和幸福，陷在痛苦的深渊难以自拔。巴金却从不原谅觉新甘当封建地主阶级孝子贤孙的行为，对他奉行的"作揖主义""无抵抗哲学"含泪进行了批判；并令人信服地揭示出，觉新的性格正是酿成觉新一类人物生活悲剧的内在原因，青年人只有克服自身的软弱性，大胆反抗黑暗现实，才能获得新生。觉新之所以成为中国现代文学史上一个成功的艺术典型，其中一个重要的原因就在于巴金灼热的感情有机地渗透到艺术形象中去，又恰如其分地从人物性格与现实生活的冲突中倾泻出来，体现出他处理自己复杂的内在情感的独特风格。

巴金要向读者吐露自己的悲哀和苦闷，就使得他的小说笼罩着一层忧郁的情感。他自己也承认："我的作品中含有忧郁性。"① 这种忧郁性是旧时代的生活在他性格上所蒙上的阴影。巴金生活了19年的封建家庭，既孕育了他的反抗精神，又养成他易于悲哀和偏激的脾性。他进入社会后，虽从不怀疑自由平等的新社会一定要到来，但当问到他自己怎样在变革现实的实际斗争中尽一分力量时，他就没有勇气和决心跨出小资产阶级知识分子的圈子，因而迟疑、软弱、彷徨了。个人与社会的冲突，以及内心世界的矛盾，更增添他个人气质中的忧郁成分。巴金小说中的忧郁调子，就是从这种心境中产生的。而且，在旧中国，革命力量正处于由小到大逐渐发展的过程，在斗争的道路上不断出现曲折和反复。反动势力猖獗一时，占着统治地位，人民大众备受剥削和压迫，陷在水深火热之中。在当时，并不是所有人都认清了革命的形势和前途。明天的生活会变得怎样？革命何时才会取得胜利？这仍是大多数人（包括巴金在内）所思考和没有得到解答的问题。灾难深重的生活，相当普遍地给人们的心理涂上忧郁的色彩。巴金的心和人民大众的心是相通的；巴金小说中的忧郁感，已不单是他个人忧郁情感的抒发，在一定意义上，是那个时代我们民族生活中忧郁性的反映。

在《灭亡》、《新生》、《雪》、"激流三部曲"、《寒夜》以及巴金的许多短篇小说中，忧郁的情调是十分明显的。这同小说悲剧性的内容十分合拍，体现他对旧世界的彻底绝望。但由于巴金心灵里燃烧着希望之火，所以，无论小说的忧郁情感多么浓烈，我们都可以听到他对光明的激情呼唤。可见，巴金的忧郁感不是低沉的呻吟与悲观的叹息，而是对黑暗现实的否定和对新社会的渴望，显示出独具的气质特色。

人物的感情变化，实质上是心理活动的过程。五四以来的中国现代小说家，大都很注重描写人物的心理活动。然而在风格上巴金与同时代作家，例如与茅盾，就大不一样。茅盾站在客观的立场上，着重表现外界事物在人物内心所引起的感情变化，而人物内在感情的变化又使他们对外在生活采取相应的态度和行动，推动矛盾冲突的发展和解决。茅盾是在情节的推进中，冷静而细腻地剖析人物的心理活动和各种微妙感情的产生发展过程，从中深化人物性格。而巴金是一个热情奔放的作家。他认为："生活是创作的源泉，可以说是唯一的源泉。但作家也可以完全写他自己的精神世界或者别人的心灵的发展。"② 他创造艺术形象，表现人物的生活与命运，不太强调情节的丰富性，他的小说也不是以离奇曲折的

---

① 巴金：《巴金文集·前记》，《巴金文集》第1卷，人民文学出版社1958年版。
② 巴金：《关于〈砂丁〉》，《创作回忆录》，人民文学出版社1982年版。

情节取胜，而是另辟蹊径，以表现他本人和人物真实的思想感情直扑人心。他说："我不大注意人们的举动和服装，我注意的是他们想什么，他们有着什么样的精神境界。"① 他在创作中以揭示人物的精神世界为纲，以情节为目，把情节放在次要的地位。巴金善于贴切地描绘出人物内在几乎全部感情，让人物也捧出心来，向读者畅诉衷肠。人物感情的变化发展，构成一个又一个清新的境界，多方面展现出丰富的生活内容和性格。情节就是感情流动的线索，联结这些境界的纽带，保持人物生活的连贯性和性格的一致性。

巴金的代表作之一《寒夜》就是这样创作出来的杰作。小说的情节简单而平淡，在抗日战争的艰难岁月里，重庆一个书局的校对汪文宣因患肺病失业了，妻子因与婆婆长期不睦，同时也为生活所迫，离开丈夫去了兰州；汪文宣贫病交迫，终于在庆祝抗战胜利的爆竹声中，带着精神上的极大痛苦，凄惨地死去。在国民党统治区，像汪文宣这种家庭悲剧是司空见惯的。小说之所以动人心魄，就在于巴金的笔触伸入主人公们的心灵深处，揭示出他们内心的奥秘，从中刻画出他们丰满的性格。巴金通过三方面的情感活动来创造汪文宣的形象。在书局里，汪文宣终日战战兢兢，生怕失掉自己的饭碗；但汪文宣又并非麻木不仁，对不合理的现象保持着正义感，不与社会上邪恶的势力同流合污。在家庭中，汪文宣尊敬母亲，热爱和关心妻子，显示出性格中忠厚、善良的一面。在对待生与死的问题上，汪文宣渴望生，因为他还有自己的爱、自己的理想；但由于疾病缠身，得不到治疗，加上妻子离去后给他精神上添加的负担，以及贫困生活的折磨，他又想死。巴金意深笔婉地揭示出汪文宣一步步走向死亡的复杂、矛盾的心情，一个血肉丰满的小知识分子的形象跃然纸上。对曾树生，巴金着重刻画出她在对汪文宣的爱情与上司的追求之间的矛盾心情，写出她对自由、幸福生活的渴望，她同婆婆冲突时的苦闷，以及她回家后所产生的寂寞和空虚的感觉，把她聪明而带有几分虚荣心、温柔善良却又倔强任性的性格淋漓尽致地表现出来。对汪母，巴金则从她同曾树生的争吵和对儿子的爱中，把她思想中的旧观念、掺杂在母爱中的自私成分以及她在生活中的怨气与忧心，惟妙惟肖地表露出来。

巴金刻画人物心理活动的独到之处，还在于他不急于揭示心理活动的结果，而是精细入微地描绘这个过程本身，从中展现人物性格的形成和发展过程。他以细腻的工笔描绘的不是人物将会有什么样的命运，而是人物面临这种命运时，将会有怎样的心理活动，以及将采取什么样的外在行动，形象地揭露出造成这种命运的内在原因，从人物内心世界对外界事物的反应折射式地再现时代生活。"激流三部曲"、《第四病室》、《憩园》、《寒夜》等小说，尽管没有大起大落的事件，绝少惊心动魄的场面，所写的又都是平凡人物的日常生活，但由于他的笔锋打开

---

① 巴金：《观察人》，《随想录》，人民文学出版社1980年版。

人物心灵的窗户,使读者从外界常见的琐屑小事看到在人物心中所引起的情感波澜;从各个人物精神的大千世界中看到各种不同的性格;能于平淡中见其新巧,从人物的心理活动中映照出人物的命运,展示出人间的悲欢。他激越而忧郁的感情虽不缠绵低回,却深挚真切,恰如一道道暖流从人物身上涌出,滋润着、温暖着读者心田。曹禺说得好:"他心中充满了热情。他的激情不是冲击你,而是渗透你,一直渗透到你的心中。他的感情像水似的流动在文章里,是那么自然,那么亲切。"① 巴金小说中的激情,十分清晰地昭示了他的风格特征。

三

巴金小说独创性的内容同别具一格的艺术形式有机统一后,使作品呈现出明净、朴素的风貌。这是巴金小说艺术风格的又一个特点。

老舍在谈到巴金的创作特色时说,巴金小说透明得"象块水晶"②。这块水晶,明净得几乎不含一点杂质。透过这块水晶,可以窥见他坦荡的胸怀。他笔下的人物也是透明的,无论他们的性格多么复杂,我们都可以看见他们的灵魂。巴金的笔调从不矫揉造作,直率的叙述,酣畅淋漓的描写,富有生气,不给人以冗长沉闷的感觉。不同性格的人物生活,构成一幅幅浑然天成的社会风俗画,从这块水晶里映现出来。

必须指出,这种明净又是与朴素相联系着的。巴金说:"如果说我在生活中的探索之外,在写作中也有所探索的话,那么几十年来我所追求的也就是:更明白地、更朴实地表达自己的思想。"③ 巴金的小说没有华丽的形式,浮妍的言辞;对于他那颗丹柯式的心,一切富丽堂皇的修饰都显得多余。他要向读者说真话,说心里话,必然要选择朴素的形式来表现他深刻的思想、诚实的品格、炽热的感情和经他评价过的生活。

但是,明净不意味着单调,朴素和缺乏创作才华完全是两回事。色彩缤纷的生活,要求巴金用多种多样的艺术形式表现出来。这就使得巴金小说"仪态万方",独烁异彩。

为了更好地表达思想内容,巴金小说在体式上不拘一格。他常用日记体、书信体、散文体、游记体、传记体、童话体、报告文学体等多种体裁来写小说。即使是他经常运用的体式格局,也从不凝固呆滞。例如他喜欢用第一人称来写小说,但是他写的每一篇第一人称小说,又都自出机杼。他早期常用双层次的格局:"我"听另一人叙述故事,叙述者也用"我",两个"我"交错使用,真是

---

① 曹禺:《我的生活和创作道路》。转引自田本相《曹禺剧作论》,中国戏剧出版社 1981 年版。
② 老舍:《读巴金的〈电〉》,载《刁斗》第 2 卷第 1 期。
③ 巴金:《探索之三》,《探索集》,人民文学出版社 1980 年版。

"我中有你，你中有我"。收录在《复仇》集中的短篇小说，大都是如此写成的。有时他也用单层次的格局：小说的故事由"我"直接叙述出来，如《亚丽安娜》《父与子》等便是。"我"在小说中所起的作用也不一样。在双层次格局的小说中，第一个"我"往往不是主角，在小说中只是起穿针引线或者陈述故事的作用；而第二个叙述故事的"我"，才是真正的主人公，小说的故事就是根据第二个"我"的叙述而展开的。可是愈写到后来，这个"我"所起的作用就愈复杂。在《憩园》和《还魂草》等小说中，"我"就不只是起着单纯的主体或客体的作用。在《憩园》里，一方面，通过"我"的耳闻和目睹，把杨、姚两家几乎不相干的生活连接起来，把这两家主人的性格和生活变化情况诉诸读者。另一方面，"我"又有名有姓，有自己的思想、经历、生活方式和性格，是一个完全独立的人物，直接参与到杨、姚两家的生活中去。对姚家，"我"是主人的老朋友和客人；对杨家，"我"又是企图拯救杨老三的热心人。同时，"我"对这两家生活的看法，更是直接地代表作者的意见。由此可见，巴金对第一人称形式的运用独具匠心。尤其是在《憩园》以及短篇小说《还魂草》中，对"我"的运用更是自然得体，起着多种作用，表现出作家在艺术上不断前进的创新精神。巴金小说灵活的体式、多变的格局，以不同的风姿各竞其秀，但又统一在它明净、朴素的风格特点之中。

巴金小说呈现出的色调也是灿烂多彩的。收集在《复仇》集中的小说，大都格调明快，色彩斑斓，情致热烈而温醇，娓娓诉出下层人物的哀愁。《春天里的秋天》《月夜》等小说，格调舒缓，色彩清丽，情致婉约而深挚，诗一般优美的境界同主人公的悲惨遭遇形成鲜明的对照。《灭亡》《雪》《利娜》和"爱情三部曲"等小说，格调苍凉悲壮，色彩惨淡而素净，情致婉转而峻烈，字里行间喷射出反抗的火花。而在《砂丁》《神·鬼·人》等小说中，巴金以沉郁的格调、苍茫朴浑的色彩、炽烈而深沉的情致揭露金钱的罪恶，批判宗教的欺骗性。不过，无论色调怎样变化，巴金小说仍不失其明净、朴素的本色。

巴金小说的体式格局和色调，都是通过其外在结构显现出来的。巴金不落窠臼，巧妙地运用自己的结构方式，目标一格。在"激流三部曲"中，他采取纵的结构方式，以高家日常生活为主要线索，使故事朝着纵深的方向发展，缓缓舒展出各种场景画面。在《憩园》中，他以杨、姚两家生活为线索，双线并行，相互交错，向前推进。而《第四病室》却采用横的结构方式，展现出抗战期间国民党统治区社会生活的一个横断面。《发的故事》采用倒叙结构，通过回忆来再现当时的生活情景。《化雪的日子》运用跳跃式结构，先后剖示两个生活画面。在《寒夜》中，巴金又熟练地以多层结构方式，像剥笋一样，把人物的生活、思想感情和性格，一层一层地揭示出来。

巴金不囿于某种现成的结构公式，也不刻意追求结构方式的新奇，而是根据主题的需要来选择、安排小说的结构。因此，他在剪裁、布局的具体环节中，特别注意针线的绵密和布局的匀称。比如在《憩园》中，巴金既写了姚家的生活，又使我们看到杨老三沦为小偷、乞丐的前后生活境况，还叙述了黎先生（即小说中的"我"）的活动。虽然头绪纷繁，但也脉络清楚，有条不紊。对姚家的生活，巴金采取纵的结构方式，逐步深入展开。对杨家的生活，他运用倒叙的结构方式，从寒儿的口中叙述出来。杨老三的失踪，寒儿的寻父，无疑是小说中的重大事件，但巴金并没有在此恣意纵笔，而是很有分寸地表现出来，使各部分衔接得十分紧密。"我"第一次见到杨老三，杨老三装聋扮哑，不回答"我"的问话；"我"最后一次见着杨老三时，杨老三被罚作苦役，想说又说不出话来；前后互相呼应。巴金在结构上的独到之处，既使得他的小说生动活泼而不粗疏松脱，又使得每一种结构都显示出其风格中明净、朴素的形式美。

作家的风格，往往在自己的文体中得到最集中的反映。别林斯基指出："文体——这是才能本身，思想本身。文体是思想的浮雕性、可感性；在文体里表现着整个的人；文体和个性、性格一样，永远是独创的。因此，任何伟大作家都有自己的文体。"[①] 巴金作品鲜明的艺术风格，在中国现代文坛上形成一种唯他特有的新文体。这种无可模拟的新文体，我们可以称之为巴金体。

小说是语言的艺术，文体又是通过语言体现出来的，语言在风格中发挥着重要作用。巴金小说具有个性化的艺术语言，表现出巴金体的特点。它不像鲁迅小说语言那样冷峻、深沉，不像茅盾小说语言那样典雅、凝练，也没有老舍小说语言的那种幽默感。巴金从血与泪、爱与恨中迸发出来的情愫，好像激流一样汪洋恣肆，他的笔紧随着激情在纸上迅速移动，来不及精心雕镂自己的字句，使用的往往是最普通的辞藻，追求的不是辞章的华丽，而是流畅、率真、爽健、自然。"激流三部曲""爱情三部曲"和《寒夜》等小说带有强烈感情色彩的文字，天然去雕饰，明净、朴素，显示出它自成一体的特点来。

巴金小说的语言，不仅以灼热的感情撩人，而且还以熨帖地表现人物的各种细柔的感情动人。《春天里的秋天》的语言，又别是一番悠长的情味。像下面的这一段：

> 我抬起发热的脸，去看蔚蓝的天，去迎自由的风。我的眼里却装满一对大眼睛和两道长眉。那对大眼睛里充满着爱情，春天的爱情，南方的爱情。

文字秀朗，节奏明快，抒情的笔调像醇酒一样醉人，表现了巴金对自由、幸福的热爱和对纯洁的爱情的赞美。

巴金小说的语言，叙事如绘，具有逼真的形象性。当读者似乎还没有充分领略到语言的风味时，活生生的形象便出现在眼前。在《家》中，他抓住高老太

---

① 别林斯基：《别林斯基论文学》，新文艺出版社1958年版。

爷假寐时"身子软弱无力地躺在那里,从微微张开的嘴角断续地流出口水来,把颔下的衣服湿了一团"的状态,寥寥几笔,就把高老太爷的龙钟老态十分简练而又传神地勾画出来。

巴金不雕琢堆砌文字,但是他在锻句炼字,发掘常用语汇内涵的艺术表现上却下过一番功夫。巴金小说朴实的句式虽然多是由一些平淡无奇的普通词语组成,但并不芜杂、枯燥,而是使语言带有浓郁的生活气息,给读者以清新、亲切的感觉。

巴金在观察、体验生活的同时,也自发地向人民群众学习语言。他在表现人物对话时,适当地采用一些经过他提炼的方言土语,以突出小说所反映的生活的地方色彩。比如《憩园》的故事发生在四川,当"我"问姚家的老仆人老文:"是不是你们少爷喜欢跟杨少爷一块儿玩?"老文回答:"哼,我们虎少爷怎么肯跟杨少爷一堆耍?""一块儿玩"是标准的普通话,从"我"这个走南闯北的作家嘴里说出,是十分自然的。"一堆耍"却是四川的方言,从在姚家当了三十几年仆人的老文口里说出,十分符合这位老仆人从未离开过四川的生活经历。倘若老文也说"一块儿玩",那就显示不出他是四川一个地主家庭的仆人,而像是其他什么地方的地主家庭中的仆人了。

为了增强自己语言的表达能力,巴金从前代文学作品中选取一些常见的词语,赋予现代的生活意义。例如在《家》中,梅指着高家花园湖畔的柳树说:"这垂柳丝丝也曾绾住我的心。"在这里,巴金不用拴、系、缠、扣、网等现代汉语中的同义字,而用一个"绾"字,既表达出多愁善感的梅"剪不断,理还乱"的凄哀心情,又同她具有一定的古典文学素养的青年孀妇的身份很相称。又如《春》的第四节,"海臣听见说划船,很欢喜,就去拉琴的衣襟,又把两手伸去绱着她的膀子,要拖她去划船"。巴金不用抱着、吊着等现代汉语中的常用词,用"绱着",把海臣急不可耐的心情,活灵活现地描摹出来。这些含有新意的古字用得妥切工整,体现出巴金在文句上的锤炼功夫和熟练驾驭民族语言的非凡才能与风格。

巴金小说的语言丰富多彩,还同他自觉地学习外国优秀文学作品的语言分不开。巴金注意吸取外来的词汇、语法结构和修辞方式,经过借鉴和创造性的改造加工,使之符合我们民族语言的表达习惯,并以此来反映我们的民族的生活。不必讳言,在巴金早期作品中,文字有欧化的毛病,出现了诸如"把我底血泪渗在钢铁里面制成一辆辆汽车来给那般有钱的男女们坐乘"(《房东太太》),"她底少女底美丽的脸在月光里伴随着那坚定而凄哀的表情显得更圣洁了"(《爱底十字架》)之类的长句,和我们民族遣词造句的习惯相距甚远,读来生硬别扭,不容易上口。巴金意识到并且也在不断地纠正这种偏差。一方面,他不断修改自己的文字;另一方面,在创作中尽量避免使用这种不中不西的句式,使外来语经过他熔铸后，具有我们民族的审美特点，成为他所运用的民族语言的有机成分。到了30年代，巴金在文字上的欧化倾向已基本上得到纠正，语言也臻于成熟优美而更具有自己的风格。巴金很喜欢屠格涅夫的作品。屠格涅夫在《罗亭》中写罗亭的头发，曾用过"突然把他的狮鬣般的头发向后一掠"①的句子。巴金也爱用狮子的鬃毛来形容女性的头发。在《电》中，巴金用狮子的鬃毛来形容李佩珠和慧的浓密的头发。其中，写李佩珠演讲时的那一段尤其精彩："她举起一只手在空中挥动，她口里嚷着，一头摇着，那一头浓发全散开来，跟着她的头飘动，那么一大堆！时而遮了她的半边脸，时而又披到后面去，从远看去，好象那是一个狮子头，狮子在抖动她的鬃毛。"在这里，他从外国作家的语言中攫取了形象的比喻，但不是照抄照搬，而是创造性地加以改造，写出了新意。

尽管巴金同其他中国现代作家一样，喜欢用主谓结构的句式，但他吸取了外国语法和修辞形式的长处，就使得他的句式灵活多变，显示出不同他人的语言个性。我们顺便举《月夜》中一段为例：

空中、地上、水里，仿佛一切全哭了起来，一棵树、一片草、一朵花、一张水莲叶。静静地这个乡村躺在月光下面，静静地这条小河躺在月光下面。

第一句为了突出悲伤的氛围，把"一切"的同位语"一棵树、一片草、一朵花、一张水莲叶"有意放在句尾。第二句为了强调环境的静谧，把状语"静静地"放在句首，放在主语的前面。这段明净、朴素的语言并不华丽，却平易而情意绵邈，流畅而有节奏，活泼而具有立体感，便于阅读，易于朗诵。

巴金在长期的创作实践中，使他的小说语言成为一种具有民族特色和个人声音的优美文学语言——巴金体。曹禺说得好："他写起来很容易，很流畅，他用的都是很普通的字，完全是白描手法，像《老残游记》中的白描。几笔便勾勒出一副令人神往的风景、环境；几笔便勾画出生动、深刻的人物。"②这并非溢美之词。《春》结尾时，琴读完冲出封建家庭罗网的淑英来信后的那段描写，可作为佐证：

琴读完信，抬起头来，两手托着腮痴痴地望着窗外。窗外一片阳光，一群蜜蜂在盛开的桃花周围飞舞。一阵风轻轻吹过，几片花瓣随着风飘落下来。一只小鸟从树枝上飞走了。鸟在飞，花在飞，蜜蜂在飞。琴的思想也跟着飞起来。这思想飞得远远的，飞到了上海，飞到了淑英的身边。

"春天是我们的"，琴低声念着，她忽然微微地笑了。

---

① 屠格涅夫：《罗亭》，人民文学出版社1957年版。
② 曹禺：《我的生活和创作道路》。转引自田本相《曹禺剧作论》，中国戏剧出版社1981年版。

这段描写，有物有人，有动有静；有自然的景色，还有周围环境的变化；有人物的神态、动作，也有人物的思想，还有人物的声音；有人物对现实生活的感受，也有人物对理想的憧憬。他使用的又是最普通的文字，但经过筛选和锤炼，使得这段语言虽率真却蕴含深意，虽质朴却生动，虽奔放洒脱又婉曲清隽，虽明丽却色彩丰富，虽疏淡却不失新奇，读后耐人寻味。像这种体现出巴金体独具特色的语言，在他的小说中是不胜枚举的。可见，巴金是继鲁迅之后又一个用民族语言来写作的文学巨匠。巴金体的形成为中国现代文学语言宝库增添了新的珍宝，给人们以学习的楷模。正如周扬同志公正评价的那样，巴金不愧是我国"当代语言艺术大师"① 之一。

从上面的分析中，我们可以看到，巴金小说在体式格局、结构、语言等外在形式上显示出气象万千而又卓尔不群的风格美。有人说，读巴金小说如同在花园里漫步，馥郁的香气、缤纷的色彩、别致的风姿，令人流连忘返。这话是很有道理的。

四

巴金的风格，是他的思想品德和生活的集中表现，必然会受到作品所反映的客观社会生活对象的制约。时代风云在变幻，巴金在生活中的政治观点、审美理想也要随之变化。作为一个卓越的语言艺术大师，巴金在创作上具有多方面的适应能力，从不满足已经取得的艺术成就，避免让自己的小说打上单一风格的印记。而且，随着创作经验的积累，艺术修养的提高，艺术表现方法上的创新，巴金也在不断丰富和发展自己的风格。综观巴金在新民主主义革命时期所写的全部小说，考察他的创作活动，不难发现，他的风格在抗日战争期间发生了重大变化。这种变化，主要是由于巴金在急遽动荡的时代生活中有了新的独特感受而引起的，是他在艺术上新的追求的体现。

巴金在20世纪二三十年代探索真理的过程中，信仰过无政府主义。无政府主义早在20世纪初，就被当作"社会主义"之支流传中国，在初期流行的各派社会主义思想中一度占有优势。当时中国无政府主义所否定的政府，是反动的军阀政府；否定的伦理道德，是传统的封建观念，这些正是新民主主义革命运动的锋芒所向。所以，在特定的半殖民地半封建的中国社会，在新民主主义革命运动刚刚兴起的特定历史时期，无政府主义在反帝反封建斗争中还可发挥一定的积极作用。巴金从西方思想武库中借用无政府主义这个思想武器，来攻击传统的封建观念，阻碍社会进步的黑暗势力以及不合理的社会制度，在新民主主义革命运动

---

① 周扬：《建设社会主义文学的任务——1956年在中国作家协会第二次理事会议（扩大）的报告》，载《文艺报》1956年第5、6期。

中，客观上起着推波助澜的作用。但是，无政府主义反对建立任何形式的国家，不承认一切政府，它同科学社会主义有着根本的区别。巴金有强烈的反帝反封建要求，希望能找到一条通往理想社会的道路，而无政府主义思想却妨碍了他对中国革命的性质、道路、方法进行深刻的理解和对中国共产党的正确认识，使他不能在新民主主义革命运动中发挥更积极的作用。他前期小说的风格，从整体上来说就像熊熊燃烧着的火山，喷射出灼热的激情。但在这火焰中，或多或少、或浓或淡地带有虚无主义色彩。

"七七事变"后，抗日的烽火给巴金思想以巨大的震动，他说："抗日是一道门，我们要生存要自由，非跨进这道门不可。至于进了门往那条路走，那是以后的事了。"① 作为一个爱国者，他走出狭小的个人生活圈子，投身到党所领导的抗日救亡洪流中，更多地参加实际活动。长期颠沛流离的生活，扩大了他的视野。祖国大地上的火光、弹坑、废墟、尸体、人民大众的苦难，使他丢弃了头脑中一些不切实际的空想。此时，巴金考虑的不再是实现"安那其共产主义"的理想，而是如何挽救民族危亡的问题。他到重庆后，多次聆听周恩来同志的报告和讲话，同共产党人接触增多，对党有了进一步的了解，思想境界有了明显的提高，对社会现实的认识也更为深刻。"皖南事变"后，国民党统治者用尽一切办法来压制和迫害进步的文艺工作者，作家的处境越发困难，在创作上受到难以想象的限制。但是巴金没有消沉下去，他拿起笔，继续抨击黑暗，呼唤黎明。

鲁迅指出，"风格和情绪，倾向之类，不但因人而异，而且因事而异，因时而异"②。长篇小说"抗战三部曲"便是巴金小说由一种风格向另一种风格变化过程中的作品。"抗战三部曲"的第一、二部，揭露了日本侵略者的罪行，表达出中国人民同仇敌忾的决心和必胜的信心。画面开阔，笔力雄恣，格调激昂，情绪热烈，分明显现出前期小说的那种风格。"抗战三部曲"的第三部，虽仍不失火一样的激情，但比起以前所写的小说来，这种激情就比较含蕴，间有较重的沉郁成分在内了。这就表明，巴金小说的艺术风格正在发生重大的变化。

关于巴金创作风格的变化发展原因，海外的一些中国现代文学研究者和我们存在着截然不同的看法。有一种观点认为，时代生活的变化，不是促使巴金小说风格发生重大变化的客观原因，巴金写《憩园》《第四病室》《寒夜》时，"正是'民主斗争'和'革命斗争'的高潮，巴金敢于视而不见，听而不闻，埋头写人间小人物的平凡小事"。巴金小说风格之所以变化，是由于他"抛弃了五四以来一般作家那种浅俗的使命感、功利论，把文艺花草，安植于人间泥土"③。这显

---

① 巴金：《失败主义者》，载《见闻》1938年第2期。
② 鲁迅：《难得糊涂》，《准风月谈》，人民文学出版社1973年版。
③ 司马长风：《中国新文学史》（下卷），香港昭明出版有限公司1978年版。

然是一种偏见。

其实，巴金在创作这几部小说时，不仅不是游离于革命斗争之外的隐士，反而比以往任何一个时期都更加积极地参与到党所领导的民主革命斗争中去。我们以《寒夜》为例来论证这个问题。《寒夜》的写作时间是 1944 年初冬到 1946 年底，其中三分之二的篇幅是在抗战胜利后完成的。1945 年 2 月，《寒夜》动笔不久，巴金在郭沫若起草的文化界《对时局进言》上签名，要求召开临时紧急会议，商讨战时政治纲领，实现民主。① 同年 12 月 1 日，昆明爱国学生反内战、争民主的行动遭到国民党反动当局的镇压，巴金、郭沫若和茅盾等十六名作家联名写信给闻一多先生，支持师生的爱国行动，表示"愿竭诚共同努力，以期达到制止内战，实现民主和平之目的"②。1946 年 1 月 8 日，巴金又同茅盾等一起，致函政治协商会议各会员，要求结束国民党的一党专政，制订和平建国纲领，废止文化统制政策。③ 不久上海十万人举行反内战大会，巴金也在请愿书上签名。④ ……反映在创作上，巴金从未放弃探索者的使命，从"四十年代开始就在探索我们民族力量的源泉"，他得出的结论是，"主要的力量在于我们的人民"⑤。因此，他瞩目凡人小事，从《还魂草》到《寒夜》，所写的几乎都是普通人物平凡的生活故事。在《第四病室》和《寒夜》里，巴金着重表现黑暗社会如何把这些小人物逼上走投无路的绝境，让读者看看国民党统治下的人间地狱是个什么样子，"控诉那个不合理的社会制度"⑥。可见，巴金没有脱离时代生活、脱离人民去叩"彩耀千秋的艺术之宫"。而且，正是巴金在创作《憩园》《第四病室》《寒夜》等小说时，对现实生活有了新的独特感受和认识，在写作中有了新的追求，才使得他的艺术风格发生明显的变化。上面谈到的那种偏见，与巴金小说风格变化发展的实际情况是不相符合的。

巴金小说风格的重大变化，首先表现在所反映的生活内容上。他以前创作的小说，愤激地控诉旧制度的罪恶，呐喊着反抗。他此时的作品，重点却在写普通百姓在怎样受苦、怎样死亡和"好人得不到好报"⑦上。他过去所写的小说，也表现下层人民的善良品质。而这个时候，他为了突出"好人"的"好"字，更注意从各个不同的方面去透视人物的心灵，展示"好人"的菩萨心肠。《憩园》

---

① 《对时局进言》，载《新华日报》1945 年 2 月 22 日。
② 影印件，见于重庆市博物馆。
③ 《陪都文艺界致政治协商会议各会员书》，载《中原、文艺杂志、希望、文哨联合特刊》第 1 卷第 2 期。
④ 影印件，见于北京的中国人民革命军事博物馆。
⑤ 巴金：《关于〈还魂草〉》，《创作回忆录》，人民文学出版社 1982 年版。
⑥ 巴金：《关于〈寒夜〉》，《创作回忆录》。
⑦ 巴金：《谈〈寒夜〉》，载《作品》新 1 卷第 5—6 期。

中的万昭华，想"帮助人，把自己的东西拿给人家，让哭的发笑，饿的饱足，冷的温暖"，是个心地善良的妇女。《第四病室》中的杨大夫也希望"变得善良些，纯洁些，或者对别人有用些"，是个受病人欢迎的好医生。《寒夜》中的汪文宣则是个时时处处都为别人着想的老好人，憧憬着抗战胜利后去从事教育工作。他们本来可以对社会做出有益的贡献，然而，不合理的社会制度会摧残"好人"、扼杀善良，巴金着力抒写他们"得不到好报"的悲剧命运。万昭华和一个麻木不仁、迷信金钱万能的丈夫生活在一起，时时遭到丈夫前妻娘家的妒恨。她空有好心，却无勇气冲出剥削阶级家庭去实现自己的理想，只好像笼中的小鸟一样，听任青春毫无意义地消逝。在那个腐败的社会，杨大夫的良好愿望也不可能实现，聪明才智得不到发挥，天天无可奈何地看着没钱买药的病人哀号着死去，而她自己也在日本侵略者的轰炸下失去踪影。① 汪文宣虽然见人低头，忍辱苟安，可是只因洁身自好，不与黑暗势力同流合污，便成了不合理的社会制度下的牺牲者。巴金刻画汪文宣这样的性格，与他过去塑造的那些知识分子如李冷、陈真、觉慧等人物形象不一样，他是"让旁人不要学他们的榜样"②。在恶浊的现实中，任何"好人"都不能独善其身。黑暗社会用不同的方式吞噬了这三个"好人"，巴金在小说中又一次发出深沉的控诉声。

其次，巴金风格的变化还表现在艺术方法上。他在30年代说过，"我并不是一个冷静的作者"③。在前期小说中，他直接向读者倾吐内心的激情。到了抗战后期，他已饱经风霜，对客观现实的观察也比较冷静透彻。为了表现"那些被不合理的制度摧残，被生活拖死的人断气时已经没有力量呼叫'黎明'了"④ 的悲惨现实，从人物的遭遇中，剖析酿成这种种悲剧的社会原因，他说："在后期的作品里，我不再让我的感情毫无节制地奔放了。我也不再象从前那样唠唠叨叨地讲故事了。我写了一点生活，让那种生活来暗示或者说明我的思想感情，让读者自己去作结论。"⑤ 这样，他的激情就变得蕴蓄沉郁，语言也变得悲婉冷峻。和以前所写的小说相比，《第四病室》《寒夜》等小说更像冰下的火山，蕴藏在内部的炽热岩浆正在酝酿着一次新的爆发，在风格上呈现出新的特色。

文学史上常有这样的现象：某些作家在其风格形成之后就裹足不前，以后写出来的作品在思想性和艺术性上很难逾越他们的成名之作。或者思想格调虽达到

---

① 本文依据的是晨光出版社1946年11月出版的版本。该小说在1960年经巴金修改，给杨大夫安排了活着的暗示。
② 巴金：《谈〈寒夜〉》，载《作品》新1卷第5—6期。
③ 巴金：《关于〈家〉（十版改订本代序）》，《巴金文集》第4卷，人民文学出版社1958年版。
④ 巴金：《〈寒夜〉后记》，《巴金文集》第14卷，人民文学出版社1962年版。
⑤ 巴金：《谈我的短篇小说》，载《人民文学》1958年第6期。

一定的高度，但艺术性却有所倒退；或者在艺术上虽有了一些新的建树，但思想境界却较低下；以致盖在作品上的风格印记越来越模糊。巴金却不是如此。到了抗战后期，他在思想上有很大的进步，对生活中的真善美和假恶丑现象的认识更为深刻，也就更能把握住时代的脉搏，发展自己的创作个性。他这时所写的小说，虚无主义的影子一丝也没有了。在艺术上他有了新的发展，表现方法更趋成熟完美。如果说《家》代表了他在二三十年代小说创作的成就，那么，《寒夜》就是他在40年代小说创作的一块丰碑。《家》通过对一个封建地主家庭罪恶生活的揭露与鞭挞，否定了封建礼教和封建宗法制度。但在创作上还存在着与社会生活联系不够紧密的微瑕；作者为了宣泄自己的激情，某些章节人物的对话，竟像作者在直接发表意见，而不太像人物自己的语言。这些不足之处在《寒夜》中已得到克服。巴金把汪文宣个人的命运同整个社会的命运有机地结合起来，从而否定整个不合理的社会制度，宣判了旧社会的死刑。这就概括表现了更为深广的社会生活内容，具有更为鲜明的时代特色。人物对话也更具有性格特征，表明作者锤炼语言的功夫达到炉火纯青的地步。由《灭亡》到《家》再到《寒夜》，巴金小说风格的变化是向前发展的。正是巴金坚持不懈地对生活和创作进行探索，他对生活的真理有了新的发现，在艺术上勇于创新，这才使他的小说不断呈现出他所特有的新颖风貌。

　　前人胡应麟在评论杜甫诗歌时说，"杜诗正而能变，变而能化，化而不失本调，不失本调而兼得众调"①，辩证地阐明了个人风格的丰富性和独特性的关系。悲和愤是巴金小说占主导地位的风格，却不能用来说明他所有小说的艺术特色。巴金小说的艺术风格是多姿多彩的：既有"激流三部曲"的血泪控诉，又回荡着《灭亡》《新生》《死去的太阳》《海底梦》的反抗呐喊，也有《春天里的秋天》《月夜》的婉约纤巧，《神·鬼·人》的低沉宛转，"抗战三部曲"（第一、二部）的热烈，《憩园》的缱绻，《第四病室》的冷峻，《寒夜》的沉郁……但他整个小说艺术的"本调"还是诚实、自然、明净、朴素。这种"本调"和"众调"的和谐统一，也就是独特性与丰富性的统一，使巴金能够按照自己特有的方式，多方面地反映客观生活。

　　雨果说："未来仅仅属于拥有风格的人。"② 风格的形成是作家创作成熟的标志，古今中外一切有成就的作家，都很重视自己的风格。作家的创作愈有独特的风格，他在艺术上的贡献就愈大。巴金小说自成一体的风格，表明他在艺术创作上已攀登到一个非凡的高度，他通过自己的艺术实践，努力把中国现代小说的创

---

　　① 胡应麟：《诗薮》，上海古籍出版社1979年版。
　　② 转引自［苏］米·赫拉甫钦科：《作家的创作个性和文学的发展》，上海人民出版社1977年版。

作推向世界文学的前列。他在风格上的成就，丰富了人类艺术创造的宝库，推动了中国现代小说的发展，对后来的小说创作产生了积极、深远的影响。因此，在马克思主义文艺思想的指导下，研究巴金小说的艺术风格，学习和发扬他在文学创作上的长处，对促进在社会主义方向下多种多样文学风格的形成与发展，对繁荣我们今天的文学艺术事业都有着极其重要的意义。

先驱者与跋涉者
——论鲁迅与巴金①

综观文学史长廊，可以看到这样的现象：一个伟大的文学大师总是以自己闪光的思想品德和卓越的艺术成就吸引和影响后来的作家；而一个优秀的作家也善于从景仰的先驱那里吸取养料，来丰富自己的思想，发展自己的风格。鲁迅与巴金的关系就是这样。鲁迅高擎中国新文学运动的大旗，开辟了中国现代文学的现实主义道路。巴金是在新文学运动第二个十年开始时走上文学道路的优秀现实主义作家。巴金在成长过程中，一直把鲁迅当作最敬爱的导师。他说："几十年中间用自己燃烧的心给我照亮道路的还是鲁迅先生。"② 那么，鲁迅在思想上和艺术上对巴金有何重大的影响？巴金又是怎样继承和发扬鲁迅的战斗精神、朝着鲁迅的方向前进的？探讨这些问题，有助于我们进一步了解鲁迅在中国现代文学史上的旗手和主将地位，以及巴金的思想特点与创作特色。

一、人生征途上的指路者

巴金在探索人生的道路上受过多种影响。然而，对巴金的思想和创作启迪最大的人，在中国莫过于鲁迅先生。巴金曾满怀感激之情地说："对我，他的一生便是一个鼓舞的泉源，犹如他的书是我的一个指路者。"③ 巴金最初是从鲁迅的作品中认识鲁迅的。早在五四时期，巴金就读过鲁迅的《狂人日记》和别的几篇小说。不过不是一次就读懂它们，而是慢慢领会鲁迅作品深刻的思想意义，从而感受到鲁迅伟大的精神。1925 年 8 月，巴金第一次到北京报考大学，因患肺病未进考场。在病中，陪伴他、安慰他的就是一本《呐喊》。以后几年，他一直没有离开过《呐喊》，带着它走过很多地方。后来，他又熟读了《彷徨》《野草》和鲁迅的其他作品。巴金在封建家庭中被迫目睹一些无辜青年在封建礼教、封建家族制度的摧残下丧失理想、青春、爱情和幸福的惨剧，对封建专制压迫所造成的痛苦有着切身的体验，心中燃烧着反抗的火焰。作为反封建的先驱，鲁迅在《狂人日记》等作品中深刻揭露和谴责封建主义的罪恶，无疑拨动了巴金的心弦。鲁迅对封建社会历史现象所做的惊心动魄的概括，加深了巴金对封建主义

---

① 本文原载《中山大学学报（哲学社会科学版）》1986 年第 4 期。
② 巴金：《怀念鲁迅先生》，《真话集》，人民文学出版社 1980 年版。
③ 巴金：《忆鲁迅先生》，载《人民文学》创刊号（1949 年 10 月 25 日）。

"吃人"本质的认识。鲁迅彻底的不妥协的反封建精神，鼓舞着巴金去同封建主义作斗争。巴金在新民主主义革命运动中成长为坚强的反封建战士，鲁迅对他的影响是不可忽视的。

巴金在30年代才开始同鲁迅有直接的交往。这种交往，使他深受鲁迅强烈而鲜明的爱憎感情和崇高的思想品德的感染。他对鲁迅的情况"了解越多""敬爱越深"，思想、态度"也在逐渐变化"，他自己也感觉到"潜移默化的力量了"①。

巴金和鲁迅第一次见面是在1933年8月初《文学》社的宴会上。巴金感到"这位'有笔如刀'的大作家竟然是一个多么善良、多么平易、多么容易接近的瘦小的老人"，又说："我觉得我更贴近地挨到他那颗仁爱的心了。"② 他知道鲁迅很忙，而且身体不好，不忍去打扰他。因此，鲁迅生前，他没去鲁迅家里造访过。但是他的朋友黄源和黎烈文却常去鲁迅家，常向他谈起鲁迅的情况。巴金有什么话想对鲁迅说，或请他们转告，或写成短函托他们转交。鲁迅对经由黄源、黎烈文转告的话、转交的信和转送的书也很重视，在日记里作了记载："一九三五年九月二十五日　……河清来并交《狱中记》及《俄国社会革命运动史话》（一）各一本，巴金所赠。""一九三六年二月四日……午后得巴金信并《死魂灵百图》序目校稿。""一九三六年二月八日河清来。得巴金信并校稿。""一九三六年四月二十六日夜，河清来。巴金赠《短篇小集》二本。"③ 古人说"君子之交淡如水"，鲁迅与巴金虽然只见过十多次面，而且多是在宴会或别的场合上，但由于彼此的心贴得很近，这种君子交情并没有妨碍鲁迅对巴金的爱护和帮助，也没有减少巴金对鲁迅的崇敬。

鲁迅早就希望在中国能有一片崭新的文场，能造就出一批冲破传统思想和手法的文艺战士。因此，他大力扶持青年作者。巴金也蒙受过鲁迅的关怀。1934年，鲁迅和茅盾受美国记者伊罗生之托，编选中国现代短篇小说集《草鞋脚》，不但收进巴金的小说《将军》，而且经鲁迅和茅盾商定，在由茅盾执笔的《〈草鞋脚〉内所选作家作品简介》中，向外国读者介绍，并对巴金的创作特色做了言简意赅的评价，对巴金作品的进步思想倾向，做了充分的肯定："《将军》的作者巴金是一个安那其主义者，可是近来他的作品渐少安那其主义的色彩，而走向 realism 了。他是青年学生——尤其是中学生，所爱读的作家。……最近他的《灭亡》和《萌芽》都被禁止发卖，因为这两本书都讽刺国民党。"④ 同年10月，鲁迅参加《文学》社为巴金去日本所举行的饯行宴会。在席间，鲁迅亲切地向

---

① 巴金：《怀念鲁迅先生》，《真话集》，人民文学出版社1980年版。
② 巴金：《鲁迅先生就是这样的一个人》，载《中国青年报》1956年8月1日。
③ 鲁迅：《鲁迅日记》（下），人民文学出版社1976年版。
④ 茅盾、鲁迅编：《草鞋脚》，湖南人民出版社1982年版。

他介绍日本的风土人情，鼓励他到日本后仍然要多写文章。巴金东渡日本，本来有搁笔的打算，但到横滨后，不但没有结束写作生涯，反而在极不方便的条件下，写出《神》《鬼》《长生塔》《沉落》等作品，这与鲁迅的临别赠言不无关系。就在那次宴会上，鲁迅对被反动当局逮捕的青年作家表示关切，对国民党特务的活动非常愤怒。这使巴金直接感受到鲁迅深厚的爱和对敌人深刻的恨的感情。

1935年8月巴金回国后，主持文化生活出版社的编辑工作。他同鲁迅的关系有了进一步的发展。巴金从事编辑工作，得到鲁迅的重视和有力的支持。当巴金编辑《文学丛刊》第一集时，向鲁迅约稿。鲁迅在一个月内赶写出《理水》《采薇》《出关》《起死》四篇小说，编成《故事新编》，送给巴金出版。不久，巴金为编《文学丛刊》第四集，又向鲁迅约稿。鲁迅带病写出《半夏小集》《"这也是生活……"》《死》《女吊》等几篇文章，拟编成《夜记》交巴金出版。但鲁迅还来不及完成这一工作就病逝了。许广平完成了鲁迅的遗愿。鲁迅还花费很多时间和精力为一些不认识的青年作者看稿、改稿、介绍稿子，甚至出钱给他们刊印作品。这种对工作极端认真负责和甘当孺子牛的精神，给巴金很大的教育："我拿他做人的态度来衡量我自己的行为。"① 他在担任编辑期间，像鲁迅那样勤勤恳恳，埋头苦干，为青年作者铺路架桥。从1935年起，他把一生中最宝贵的20年年华献给进步的文学出版事业。巴金一共编辑10集《文学丛刊》，共出161种单行本，绝大多数是左翼作家和进步青年作家的作品。许多作家的处女作，如曹禺的《雷雨》、何其芳的《画梦录》、荒煤的《忧郁的歌》等都是由巴金亲自编印的。还有的作家的遗作，如罗淑的《生人妻》《鱼儿坳》等，经巴金抄写、整理、出版，才免于散佚；与巴金素昧平生的无名作者郑定文的遗作《大姊》，也是经巴金编选、校对并作后记出版，才没有被湮没。巴金照鲁迅的标准做人，他身上也确实闪烁着鲁迅思想品德的光辉。

毋庸讳言，巴金早年信仰无政府主义。但是，无政府主义不是一种科学的思想体系，根本不能指导中国的革命运动。而且随着马克思主义在中国的广泛传播和中国共产党所领导的新民主主义革命运动的深入发展，无政府主义所固有的缺陷和反动性便越来越明显地暴露出来，中国的无政府主义队伍出现了严重的分化。30年代，正是巴金思想上各种矛盾因素冲突最激烈的时期。同鲁迅交往，有助于他从彷徨苦闷中走出来，把个人的反抗行动同社会的、民族的解放斗争有机地联系起来，与新民主主义革命运动保持同一步调。由于种种原因，巴金没有参加"左联"，但他团结在鲁迅周围，追随鲁迅的脚步前进，在思想上取得重大的进步。1936年6月，为了公开表明对抗日救亡问题的态度，巴金和黎烈文各起

---

① 巴金：《鲁迅先生就是这样的一个人》，载《中国青年报》1956年8月1日。

草了一份宣言，由黎烈文带去见鲁迅。黎烈文在鲁迅家里把两份宣言草稿合成一份，鲁迅首先在宣言上签名。同年10月1日，巴金又与鲁迅、郭沫若、茅盾等21人联名发表《文艺界同人为团结御侮与言论自由宣言》。在鲁迅的影响下，巴金在这一时期的创作、编辑工作和社会活动，对粉碎国民党反动派的文化围剿、对新文学运动的发展和文艺界统一战线的建立都做出不可磨灭的贡献。

在他们的交往中，鲁迅对巴金是很了解和信任的。有一次，日本友人增田涉问鲁迅，为什么要同巴金一道工作，鲁迅赞赏地回答，巴金比别人更认真。[1] 1936年鲁迅逝世前不久，徐懋庸错误地指责巴金，进而干涉鲁迅与巴金等人的接近。鲁迅强撑病体，义正词严地驳斥："难道西班牙的'安那其'的破坏革命，也要巴金负责？"他公正评价巴金"是一个有热情的有进步思想的作家，在屈指可数的好作家之列的作家。他固然有'安那其主义者'之称，但他没有反对我们的运动，还曾经列名于文艺工作者联合的战斗宣言"[2]。这可谓知人知心之论。

二、文学创作上的"启蒙先生"

鲁迅是现代中国现实主义文学的奠基人，也是巴金从事文学创作的引路人之一。巴金谈到鲁迅作品对他的启蒙作用时说，"我有意识和无意识的学到一点驾驭文字的方法。现在想到我曾经写过好几本小说的事，我就不得不感激这第一个使我明白应该怎样驾驭文字的人"，"没有他的《呐喊》和《彷徨》，我也许不会写出小说"。[3]

鲁迅反对瞒和骗的文艺，主张文艺家要"真诚地、深入地、大胆地看取人生并且写出他的血和肉来"[4]。他遵奉先驱者的将令而写作，"揭出病苦，引起疗救的注意"[5]。要求作家的创作要和生活一致，反对离开生活单纯地去追求艺术表现技巧。

巴金也非常鄙视虚假的作品。他说："我最恨那些盗名欺世、欺骗读者的谎言。"[6] 他认为文学的路就是探索的路，"我就是从探索人生出发走上文学道路的"[7]。他主张在创作中一定要向读者讲真话。这真话，就是他在探索中看到什么、理解什么，就如实写出来的话。他在写作时，把自己当作人民的代言人，

---

[1] 增田涉：《鲁迅的印象》，湖南人民出版社1980年版。
[2] 鲁迅：《答徐懋庸并关于抗日统一战线问题》，《且介亭杂文末编》，人民文学出版社1973年版。
[3] 巴金：《忆鲁迅先生》，载《人民文学》创刊号（1949年10月25日）。
[4] 鲁迅：《论睁了眼看》，《坟》，人民文学出版社1973年版。
[5] 鲁迅：《我怎么做起小说来》，《南腔北调集》，人民文学出版社1973年版。
[6] 巴金：《我和文学》，《探索集》，人民文学出版社1980年版。
[7] 巴金：《三十八：再谈探索》，《探索集》，人民文学出版社1980年版。

"似乎许多许多人都借着我底笔来申诉他们的痛苦了"①。他的创作目的十分明确，那就是控诉黑暗，呼唤光明，颂扬反抗，给读者指出一条趋向自由的路。因此，他把写作当作生活的一部分，"我不能够在生活以外看见艺术，我不能够冷静地象一个细心的工匠那样用珠宝来装饰我的作品"②。他所追求的写作的最高境界不是完美的技巧，而是写作同生活的一致，作家同人的一致。很明显，巴金的文艺思想与鲁迅的文艺观点一脉相承。

鲁迅很喜欢用"画眼睛"和"勾灵魂"的艺术表现手法来塑造艺术形象。他说："几乎无须描写外貌，只要以语气，声音，就不独将他们的思想和感情，便是面目和身体也表示着。"③ 在他的一些名篇如《阿Q正传》中，也确实勾画出现代中国人的灵魂。鲁迅的艺术表现手法对巴金很有启发。巴金非常重视描写人物内在情感的变化和心理活动过程。巴金说："我不大注意人们的举动和服装，我注意的是他们想什么，他们有着什么样的精神境界。"④ 巴金的笔触伸入人物心灵深处，贴切地描绘出人物丰富的内心世界，让人物捧出心来向读者倾诉衷肠。《家》中的觉新、《寒夜》中的汪文宣，便是巴金运用这种手法创造出来的不朽艺术典型。因此，和鲁迅小说一样，巴金小说也不是以离奇曲折的情节取胜，而是以表现人物的真实思想感情动人心魄。

不仅如此，在创作实践中，巴金继承和发扬了鲁迅的反封建精神。

鲁迅的《狂人日记》，剥开封建主义"仁义道德"的伪装，露出其吃人的本相，将几千年封建社会的历史概括为人吃人的历史，发出了"救救孩子"的强烈呼声。小说以其彻底的反封建精神和革命民主主义思想、别致的艺术形式，开创了中国文艺史上的新时代。但是，小说中所指的封建主义"吃人"只是一种象征的写法，鲁迅没有具体描绘封建制度怎样吃人、青年人如何被吃以及觉醒者又是如何掀翻这人肉筵席的场面。小说虽然预示"真的人"将要出现，但没写出这"真的人"是个什么样子。由于篇幅和容量的关系，对大哥、赵贵翁和古久先生等旧式人物，未多着笔墨。

巴金称《呐喊》《彷徨》是"我的启蒙先生"⑤，"我没有走上邪路，正是靠了以鲁迅先生的《狂人日记》为首的新文学作品的教育"⑥。他创作"激流三部曲"，显然受到《狂人日记》的启示和影响。在"激流三部曲"中的高家，青年人在封建主义的魔爪下备受折磨。小说通过鸣凤、梅、瑞珏、蕙和淑贞等年轻妇

---

① 巴金：《写作生活的回顾》，《巴金文集》第7卷，人民文学出版社1959年版。
② 巴金：《电椅集·代序》，《巴金文集》第7卷。
③ 鲁迅：《〈穷人〉小引》，《集外集》，人民文学出版社1973年版。
④ 巴金：《观察人》，《随想录》，人民文学出版社1980年版。
⑤ 巴金：《附录二 谈我的短篇小说》，《巴金文集》第7卷。
⑥ 巴金：《为〈新文学大系〉作序》，《病中集》，人民文学出版社1980年版。

女被摧残至死的故事,深刻揭露和抨击了封建传统观念和封建宗法制度的"吃人"罪恶。然而,巴金又不只停留在暴露、鞭挞封建家庭的丑恶现象和表现青年们的一般悲剧命运上。他从经济关系和社会环境出发,对高家的生活发微显隐,揭示封建宗法制度溃灭是不可避免的历史发展趋势,严正宣判它的死刑。巴金还着力刻画心目中"真的人"觉慧和淑英的形象。由于时代不同,同是封建家庭的叛逆者,他们和狂人的反抗方式不一样。狂人的反抗,主要采取"诅咒吃人的人"和"劝转吃人的人"两种方式进行。觉慧、淑英则是在五四新思想的熏陶下,认识到封建家庭的罪恶,不愿做封建制度下的牺牲者,而走上与封建家庭决裂的道路。他们参加社会上进步青年组织的反封建活动,这样,他们的反抗就不像狂人那样,是个人孤立的叛逆行为,而是体现了新的社会力量因素。他们的觉醒与反抗,从内部加快了封建堡垒的崩溃速度。稍加比较,就可以看出,这两部作品的人物也有着某种内在的联系。例如高老太爷把觉慧软禁在家,不准出去参加社会上爱国学生的反封建活动,与大哥把狂人关在屋子里,不让狂人接触群众的行动何其相似。巴金在小说中生动地勾画出高老太爷、冯乐山一类"吃人者"的可憎嘴脸。从他们的恶行败德中,广大读者看清了封建的"仁义道德"是何等的虚伪和凶残。尽管他们"拼此残年极力卫道",但终究不能改变封建家庭解体的前景,也阻挡不住五四新思潮迅猛发展的潮流。可以毫不夸张地说,就反封建意义而言,"激流三部曲"在新的历史时期发展和深化了《狂人日记》的主题。

巴金称自己是鲁迅的"一个读者和学徒"[①]。他借鉴鲁迅的创作经验来形成自己的风格。鲁迅的《伤逝》是巴金最喜爱的小说之一。巴金说:"我至今能背出《伤逝》中的几段文字。"[②] 巴金创作《春天里的秋天》时,显然受过《伤逝》的影响。这两篇小说的题材相同,人物、情节和艺术构思都不无相似之处。在表现形式上,《伤逝》采用"手记",《春天里的秋天》采用"自叙"来展开故事情节。两篇小说都运用单线发展的结构方式,都使用诗一样的语言来抒写男主人公的心境。但《春天里的秋天》不是对《伤逝》的简单模仿,而是巴金融合自己血和泪的创作。鲁迅与巴金的审美理想不一样,所以对相同题材所做的美学评价也有差异。《伤逝》强调,如果脱离集体的斗争,只用个性解放的武器单枪匹马去同强大的黑暗势力战斗,终将不能"救出自己";即使暂时取得幸福,也会失去。《春天里的秋天》则着重表现不合理的社会制度、专制的封建家庭、落后的传统观念和不自由的婚姻,怎样毁灭正在开花的年轻灵魂,从而向垂死的社会发出坚决的控诉声。两篇小说的主人公都是小资产阶级知识分子,有着相同

---

① 巴金:《怀念鲁迅先生》,《真话集》,人民文学出版社1980年版。
② 巴金:《忆鲁迅先生》,载《人民文学》创刊号(1949年10月25日)。

的命运，却有着不同的思想和性格。《伤逝》的故事发生在五四时期，子君和涓生的思想有着浓厚的个性解放色彩。子君豪迈地宣称："我是我自己的，他们谁也没有干涉我的权利！"表现出强烈的反抗性。但她和涓生同居后，完全沉溺在个人的爱情和幸福的小圈子里，未能跟随时代继续前进。涓生虽对"饲油鸡、喂阿随"这种平庸的生活内容感到厌倦、空虚和苦恼，却没有对子君进行很好的帮助，心中倒萌动着分离的念头。所以，当经济危机袭来时，他们不能同舟共济。从旧家庭中冲出来的子君，又重回旧家庭中，最后憔悴地死去。涓生也在失败中进行深刻的反省，准备向新的生路跨出去。在涓生身上，寄托着鲁迅的某种希望。《春天里的秋天》的故事则发生在30年代初期。比起子君来，郑佩瑢更加天真、热情而带有感伤气质，在感情上与封建家庭有更多的联系，因此性格比较软弱。她怀着天真的幻想被骗回家后，终于以死反抗父母的包办婚姻。而林则是个多愁善感、心胸狭隘、嫉妒多疑、感情脆弱的青年，当他们的爱情遇到波折时，就想自杀，却又"没有勇气拿起我的刀子"。这样的人，自然更无力反抗强大的封建势力。巴金同情他们的不幸遭遇，但没有把改造社会的希望寄托在陷进无穷的悲哀和对往事怀念中的林身上。

正因为巴金吸取了鲁迅在艺术表现方法上的长处，并加以创造性的熔铸，所以，《春天里的秋天》既受《伤逝》的影响，又表现出独特的风格色彩，显示出鲁迅与巴金不同的艺术个性：在《伤逝》中，北方的风雪依稀透着暖气，凝练峻切的语言，跌宕幽婉的格调，抒发出作者九曲连环般的感情，沉痛中蕴藏着希望；在《春天里的秋天》里，南方的暖风夹着砭骨的寒意，明丽秀朗的文字，缱绻舒展的格调，表达出作者强烈的愤懑，同情中含有控诉。

至于在巴金的散文中，也不乏学习鲁迅的例子。我们只要把《朝花夕拾》《野草》与巴金的《龙·虎·狗》《点滴》《梦与醉》等集子中的许多文章相对照，例如把鲁迅的《过客》同巴金的《龙》《寻梦》相比较，就会知道，在创作上鲁迅是巴金的一位多么好的老师，巴金又是鲁迅的一位多么用功而又富有独创性的学生。

三、在鲁迅精神鼓舞下前进

巴金一直敬爱鲁迅，在鲁迅逝世后的几十年里，这种拳拳之情也没有随着岁月的流逝而有所衰减。

鲁迅逝世的当天晚上，巴金赶到鲁迅家中，参与治丧处料理鲁迅后事的工作。在万国殡仪馆，他一连四天为鲁迅守灵。鲁迅出殡时，他和十几个作家抬着灵柩上车。在墓地的追悼仪式结束后，他又同别人把灵柩抬往墓穴，唱着悲凉的安息歌，安葬了鲁迅。回到家中，他不顾疲劳，写下《一点不能忘却的记忆》，让全国读者及时知道人们悼念这位伟人的情景。

鲁迅逝世的第二天，《大公报》第三版刊出一篇三百字的短文，对鲁迅进行攻击。据萧乾回忆，向来文静的巴金气得几乎跳起来，愤怒斥责短文作者的卑劣行径，房东太太都被他那么大的火气和声音吓坏了。① 他针锋相对地写下《片断的感想》，大义凛然地驳斥了短文作者对鲁迅的污蔑，挺身而出，捍卫了鲁迅。

巴金在为《文季月刊》第1卷第6期所写的卷头语中，进一步表达了对鲁迅逝世的痛惜之情："这个老人的逝世使我们失去了一位伟大的导师，青年人失去了一个爱护他们的知己的朋友，中国人民失去了一个代他们说话的人，中华民族解放运动失去了一个英勇的战士。这个缺额是无法填补的。"② 他认为，不能单单用眼泪来埋葬鲁迅，决心继承鲁迅的遗志，向中华民族解放的道路迈进。

化悲痛为力量，是对鲁迅逝世的最好悼念。"八一三"事变后，上海沦为"孤岛"。巴金找出来付印的《鲁迅先生纪念集》清样，在冯雪峰、黄源等人的帮助下，克服资金、印刷等方面的困难，保证《纪念集》在鲁迅逝世周年时出版。③ 正如巴金在鲁迅逝世周年所写的纪念文章中所说的一样："独立、自由的新中国的诞生，便是纪念鲁迅先生的最好的纪念碑。"④ 巴金更加积极地参加反帝反封建的革命斗争，更加勤奋地创作，用笔来揭露黑暗，鞭挞丑恶，颂扬光明，唤起广大人民的反抗热情。

自鲁迅逝世后，巴金在许多篇文章中倾诉了自己对这位巨人绵绵不尽的怀念和感激之情。对鲁迅的怀念和感激，也成为他不断战斗、不断前进的又一股动力。他说："在困苦中，在绝望中，我每一想到那灵前的情景，我又找到了新的力量和勇气。"⑤ 在新的历史条件下，巴金继承和发扬了鲁迅精神。

巴金热爱祖国、热爱人民、热爱真理、热爱正义、热爱生活、热爱自己的工作。在新民主主义革命时期，他从事编辑工作，团结一大批进步作家，成为以鲁迅为旗手的文化新军的一部分。他的整个创作活动，与党领导的革命运动是合拍的。⑥ 新中国成立后，他担任文艺界的领导工作，不但以身作则，坚决沿着党所指引的光明大道前进，到火热的时代生活中去，向工农兵学习，以洋溢的热情歌唱欣欣向荣的新时代和社会主义制度，赞颂社会主义建设中的新人新事；而且还为贯彻党的文艺方针、政策，为团结老作家、培养新作者付出了巨大的劳动。他像孺子牛一样任劳任怨，为繁荣社会主义文艺事业呕心沥血。老作家萧乾深有体

---

① 萧乾：《挚友、益友和畏友巴金》，载《文汇》1982年第1期。
② 巴金：《悼鲁迅先生》，载《文季月刊》第1卷第6期。
③ 此材料来源于陈思和、李辉《记文化生活出版社》，载《新文学史料》1982年第3期。
④ 巴金：《无题·感激的泪》，《巴金文集》第10卷，人民文学出版社1961年版。
⑤ 巴金：《忆鲁迅先生》，载《人民文学》创刊号（1949年10月25日）。
⑥ 关于巴金的思想发展过程，参见吴定宇：《巴金与无政府主义》，《中国现代文学研究丛刊》1984年第三辑，北京出版社1984年版。

会地说:"他越是受到党的重视,越感到有责任协助党团结其他知识分子。……我感到他虽然不是党员,却能用行动体现党的精神和政策。"①

他像鲁迅那样"横眉冷对千夫指"。在新民主主义革命时期,他从未停止过对敌人的进攻。他像鲁迅那样做人:襟怀坦白,光明磊落,既解剖别人,更勇于解剖自己,从不原谅自己的缺点,哪怕只有一丁点。他在新民主主义革命时期就坦率地承认:"我不是健全的,我不是强项的,我承认我已经犯过许多错误。"②在《生之忏悔》《忆》《短简》《无题》《点滴》《梦与醉》《龙·虎·狗》等散文里,他毫不掩饰内心的矛盾和苦闷,表现了自己激烈的思想冲突和深刻的自我批评精神。他努力克服自身的弱点,摆脱精神上的阴影,冲出痛苦的罗网,紧随着新民主主义革命运动前进。正因如此,巴金才把握住时代的脉搏,无所畏惧地向着帝国主义、封建主义冲锋陷阵。新中国成立以后,他并没有因为居于文艺界的领导地位而放松对自己的要求。从1979年起,他打算写五本《随想录》,"从解剖自己,批判自己做起"③。尽管他年逾八十,但在耄耋老年也不愿停止清除心灵上的尘垢。这是何等可贵、何等彻底的自我革命精神!

正是巴金几十年如一日地学习鲁迅、捍卫鲁迅,所以在他身上可以看到鲁迅的性格、鲁迅的精神。他和许多作家一道,用自己的创作成就,把鲁迅奠基的新文学推向一个新的高度,推向世界。

1983年10月9日,腿部骨折初愈的巴金坐着推车专程访问了绍兴鲁迅故居。他满怀敬意地仔细观看有关鲁迅的每一件纪念文物,在家人搀扶下,费力地走进百草园和三味书屋,坐在鲁迅当年用过的书桌前摄影留念。瞻仰完后,巴金在鲁迅纪念馆的纪念册上写下一句出自肺腑的话:"鲁迅先生永远活在人民心中!"

是的,鲁迅先生永远活在人民心中,活在巴金心中。

---

① 萧乾:《挚友、益友和畏友巴金》,载《文汇》1982年第1期。
② 巴金:《新年试笔》,载《文学》第2卷第1期。
③ 巴金:《〈随想录〉日译本序》,《真话集》,人民文学出版社1980年版。

现代意识与传统观念相撞击的火光[①]
——论巴金《家》的文化价值

在中国现代文学史上，《家》是最有影响力的现实主义作品之一。长期以来，研究者从社会学和艺术学的角度来分析这部作品的人物形象，探讨其反封建的思想意义和独具的艺术特色，写出不少好文章。但是，把《家》放在五四时期中外文化碰撞的文化背景下，从人类文化学的方位来审视小说中人物的文化心理，考察小说文化价值的论文却很罕见。本文试就此进行论述，以求教于方家。

一、新旧时代转型期的异质环境：文化心理的嬗变

中国的家族宗法制建立在小农经济的基础上，以儒学为思想支柱，在传统中处于特殊的地位。在中国封建社会，一个大的家族就是一个社会群体。一个人从呱呱坠地时起，便被血缘的纽带同家族紧紧联结在一起。这个社会群体不仅是个人生活的轴心，制约着个人的思想与活动，而且也是一个生产单位，直接映现出封建社会的政治、经济、法律、伦理、教育和宗教等方面的投影。正如黑格尔所说："中国纯粹建筑在这一种道德的结合上，国家的特性便是客观的'家庭孝敬'。中国人把自己看作是属于他们家庭的，而同时又是国家的儿女。"[②] 尽管朝代更迭，世道沧桑，直到民主革命以前，家族宗法制从未发生质的变化，显示出它是凝结封建社会、使之长期存在的基本力量。不过，当历史的步伐迈入近代，资本主义经济在中国社会绽芽露苗，西学东渐，中国封建文化受到挑战，社会架构逐渐发生变化，从古代沿袭下来的家族宗法制开始出现颓势。到了五四时期，资本主义经济有了进一步的发展，各种西方现代意识潮水般涌来，猛烈冲击着中国封建传统观念，摇撼了家族宗法制的根基，触及一代人的文化心理。

《家》真实地反映了新旧时代转型期社会文化心理的嬗变和家族宗法制的瓦解。

小说中的高家是被封建主义魔影笼罩着的黑暗世界。然而，经过洋务运动、变法维新，西方文化在五四运动之前就像一股飘飘扬扬的微风，从黑漆大门的罅缝吹了进来，使人们不能再按照旧的价值观念和传统的方式生活下去。有趣的

---

① 本文原载中国现代文学馆主办《中国现代文学研究丛刊》1988 年第 2 期。
② 黑格尔：《东方世界 中国》，《历史哲学》。

是，首先是高府的专制家长高老太爷的文化心态发生了微妙的变化。高老太爷年轻时是一介寒儒，通过科举而走上仕途。他当过多年地方官，积聚了一大笔财富，广置田产，又在成都城内修建起漂亮的高公馆。儒家学说既是他打开功名富贵的金钥匙，也是他遵奉的处世信条。以孔子为首的儒家不大相信鬼神，极注重生命的延续，认为人如能在去世前留下子孙后代，便是"永生"，而后代子孙也须将家风家业发扬光大，否则便是"不肖"。在儒家思想影响下，高老太爷的家族意识十分强烈，希望子孙后代繁盛。正是出于这种价值取向，所以在19世纪末叶的学校与科举之争、新学与旧学之争、西学与中学之争中，他就不像一般封建卫道者那样死守"华夏优越""天朝中心"的观念不放，把外来文化拒之门外。为子孙的出路着想，他不能不面对现实，在一定程度上接受一些不情愿接受的新东西，例如他在晚清把儿子送到日本留学。小说没有具体点出克明的留学时间，但根据内容可推算出那正是鲁迅"走异路，逃异地，去寻求别样"之际。鲁迅深有感慨地说过："那时读书应试是正路，所谓学洋务，社会上便以为是一种走投无路的人，只得将灵魂卖给鬼子，要加倍的奚落而且排斥的。"①在五四时期，顽固的守旧派视新文化运动为洪水猛兽，他却让长房长孙觉新在新学堂——中学修满四年课程毕业出来，并允许觉民、觉慧进外语专科学校学习"夷狄"语言。如果高老太爷的文化心态像《春》《秋》中的周伯涛那样愚顽不化，觉慧兄弟恐怕就不可能在家里阅读《新青年》《新潮》《星期评论》《少年中国》等新书刊，讨论社会人生的问题。

  应当看到，古老的中国是一个农业国，小农经济是封建社会最典型、最普遍存在的经济形态。农业被当作国民生计的根本，人们的主要生活资料——粮食和布帛，都是由耕织相结合的农业生产所提供的。耕读被历代读书人视作理想生活。地主也往往以占地多少来显示富裕的程度。自战国以来，重农抑商已成为一种社会风气，流行了两千多年。按照儒家的价值观念，人的社会地位以"士、农、工、商"的顺序排列。一般士大夫家庭为子孙后代的前途设计，都把读书做官放在首位。读书人一旦做了官，差不多都以买田买地的方式来创建家业。不过，到了20世纪，随着资本主义经济的发展，商业在社会生活中的作用越来越重要，资产阶级革新派提出"以工商立国"的崭新口号，已使重农抑商的古老训条黯然失色。小说中的高家虽然仍以剥削农民、收取地租为家庭经济的主要来源，但高老太爷也买了商业公司不少股票，使高家开始由封建经济形态向资本主义商品经济形态转化。不仅如此，当学习成绩名列第一的觉新从中学毕业时，高家长辈竟然叫他辍学进一家商业公司事务所当一名月薪三十多元的职员。不让儿孙走读书做官兼济天下的道路而从商业去寻找出路，这种对人的前程的设计，意

---

① 鲁迅：《呐喊·自序》。

味着"士"和忝列末位的"商"作为两个不同的阶层,在高家长辈以儒学思想为基底的价值系统中的取向标准发生了逆转的变化。

很明显,高老太爷和"克"字辈一代人的文化心理之所以有这些变化,完全是出于维护封建大家庭利益的需要,儒家的教条仍被他们奉为金科玉律。他们的阶级地位、家庭地位和头脑中的陈腐观念,使他们本能地要维护家族宗法制和封建礼教,决定其必然站在觉慧一代人的对立面,成为新民主主义革命运动的锋芒所向。

当五四新思潮纷至沓来之时,这个官宦之家的"不肖"子孙觉慧的文化心理最先发生裂变。觉慧如饥似渴地从新书刊和进步的外国文学作品中吸取西方现代意识的乳汁。当时的新书刊上所发表的《吃人的礼教》《对于旧家庭的感想》等抨击封建礼教和家族宗法制的文章激起他的共鸣,受激进的新思想启迪,觉慧睁开了眼睛,发现这个门口挂着"国恩家庆,人寿年丰"木对联的府第,原来"每一房就是一国,彼此在明争暗斗",为的是"争点财产"。他厌恶这种绅士生活,对自己在封建家庭的"合法"地位提出疑问:"我们底祖父是绅士,我们底父亲是绅士,所以我们也应该是绅士吗?"觉慧的疑问,实质上是对几千年来"从来如此"的子承父业观念的怀疑和否定,表达出对长辈为他们所做的"人"的设计的抗议。

觉慧在对传统文化进行严肃的反思时,也在寻求"我是谁?"的答案。屠格涅夫的《前夜》帮助他发现自我价值:"我们是青年,不是畸人,不是愚人,应当给自己把幸福争过来!"他用新的价值观念去衡量一切,感到自己同大家庭格格不入,对封建家庭的罪恶及其走向没落的发展趋势的认识也在逐步加深,巴不得旧家庭"早点散了,好让各人走各人底路"。因此,他时刻保持着清醒的头脑和独立的人格,不向压制青年人个性发展的长辈低头。

值得注意的是,现实生活也给觉慧深刻的教育,使他不断进行自我反省。比如他出于怜悯,把继母给的压岁钱送给低声哭泣的讨饭小孩。接着又反躬自问:"你以为你这样做,你就可以把世界底面目改变过来吗?你以为这样做,你就可以使那小孩一生免掉了冻饿吗?……你,你多么愚蠢呵!"又如鸣凤死后,他为没有尽到拯救她的责任而悔恨,他不能原谅自己"太自私了""没有胆量"的弱点,以致"把她牺牲了"。他痛苦地自谴"我是杀死她的凶手",宣称"我恨一切人,我也恨我自己"!觉慧"恨我自己",实际上是恨旧的自我,是对旧的自我的否定。由此看来,觉慧的自我反省不同于古代儒家"吾日三省吾身"那种注重道德自我完善的自我省察,而是一个出身封建家庭的青年,以现代意识为观照系统来反观自己的思想行为而做出的真诚忏悔。由自我反省而产生的忏悔意识,使得觉慧的文化心理机制具有动态目的意向性。他忏悔过去,不满意现在,执着地追求未来。在死气沉沉的高家,他是第一个摆脱冷气、敢爱敢恨敢于反抗专制家长的青年。他不仅是旧家庭的叛徒，而且还勇敢地参加社会上进步的学生运动，以献身的热诚办反封建的《黎明周报》，渴望在社会上"干一番不平凡的事业"。觉慧最后冲决封建礼教和家族宗法制编织的罗网，从封建地主阶级营垒里异化出来，到外面去创造新的事业，在罪恶之家打开了一个缺口，无疑从内部加快了它崩溃的速度。他的思想和行动映现出五四时期的反封建时代精神。

当然，觉慧的反抗绝不是孤立无援的。他的二哥觉民就是坚定地站在他那一边的同盟者。恰如觉民所说："我们俩要和这一切奋斗。"当包办婚姻的厄运降临到觉民头上，觉民不愿重演觉新的悲剧，为了争取婚姻自主的权利，便采取逃婚的行动，来对抗高老太爷的决定。觉民离家时给觉新留下一封信，这封信便是觉民的"人权宣言"。觉民在信中表示："……我决定走自己的路，我毅然地这样做了。我要和旧势力奋斗到底。"觉民坚决顶住家庭压力，最终迫使高老太爷取消了婚约。觉民的抗婚固然得到觉慧的同情和帮助，但也使觉慧更加认清了大家庭的专制和腐朽，产生了"这个家庭是一点希望也没有了，索性脱离了也好"的念头。

在高家的亲友中，琴是觉慧的战友。她经常和他们一起阅读新书报，关心妇女解放等社会人生问题。个性解放的观念渗透进她的文化心理深层，使她成为一个"我要做一个人，一个和男子一样的"新女性。她敢于蔑视"男女授受不亲"的古训，提出进男女同校的外专读书的要求；她敢于拒绝钱伯母的提亲而与觉民恋爱；这些行动对觉慧的反抗也是很大的鼓舞。所以觉慧在出走时还特意赶到琴的家门与琴告别，不住地说："我会时常记念着你。你知道我会时常记念着你。"

不能忽视，觉慧、觉民和琴的活动，得到《黎明周报》（后改名为《利群周报》）社的进步青年们的支持，与社会上的反封建运动有着联系。他们的思想在一定程度上反映了一代觉醒青年的文化心理。他们的行动体现了新的社会力量因素。

高家老少三代人中极端不协调与矛盾着的文化心理，使生活的表层出现复杂舛错的表现形态，构成新旧嬗替时代特有的文化异质环境。一方面，高府和其他封建家庭一样，以长者和尊者为本位，高老太爷严密地控制着高公馆，用封建礼教压制年轻人个性的发展；另一方面，觉慧等人以个性解放等现代意识为思想武器，为争取到做人的权利而进行种种努力。一方面，封建长辈用儒家的伦理道德思想教育后代子孙，觉群、觉英读的是"五刑属三千，而罪莫大于不孝"之类散发着腐臭气味的古书，"淑"字辈的孙女一辈人读的是宣扬三从四德的"女四书"；另一方面，觉民、觉慧等人可以公开在家里阅读新书刊，接受新思想。一方面，高家长辈按照"父母之命，媒妁之言"的古老规矩，要包办年轻人的婚事；另一方面，觉民、觉慧却背着长辈去自由恋爱。一方面，长辈们吃花酒、玩小旦，过着荒淫无度的生活；另一方面，觉慧等人积极参加社会上进步学生所组织的反封建斗争……巴金浓墨重彩地表现了觉慧等人在中西文化碰撞中觉醒的过程。他们同高老太爷等老一辈的冲突，实质上就是新时代与旧时代的斗争，革命民主主义的文化思想同陈腐的封建传统观念的斗争。巴金描绘了新生力量的成长壮大，艺术地揭示出在时代洪流的冲击下，封建家族宗法制必将消亡的历史发展趋势。

二、悲剧的根源：家族宗法制的钳制和封建文化在心理上的积淀

《家》对封建主义的批判，不同于一般的文学作品。巴金在小说里没有具体描写封建地主阶级怎样对农民实行政治压迫和经济剥削的生活现象，也没有正面展现这两个敌对阶级你死我活的斗争。巴金从文化的方位，从一些无辜的年轻人，由于思想和行动被封建意识所规范而造成的悲剧，来控诉封建传统观念与家族宗法制的"吃人"罪恶；站在历史的高度，通过对高家文化表层生活的描绘，揭露封建意识形态和家族宗法制的载体——地主阶级的腐朽与没落。换言之，《家》的独特之处就在于巴金把批判的重心放在封建文化上。

巴金对家族宗法制的抨击，主要是通过对高老太爷形象的刻画来体现的。尽管中西文化的碰撞使高老太爷的文化心态有过微妙的变化，但他的心理特质是认同封建主义文化。高老太爷按照以孝为核心的封建伦理纲常建立起家庭礼仪：每天早晚子孙要给他请两次安；吃饭时"祖父举筷，大家都跟着举筷，祖父底筷一旦放下，大家底筷也跟着放下"。平时子孙在他面前，态度要恭敬，说话要低声下气；受到他的训斥，无论是非曲直，只能低头忍受，不能辩解。在这样的文化环境中，高老太爷简直成了家族宗法制的化身，他的性格鲜明地显示出行将崩溃的家族宗法制的某些特征。

高老太爷性格最突出的特点是唯我独尊、独断专横，体现了儒家体系中的"尊尊"思想。他掌握着家庭的财产权，支配着每个人的命运。他爱说："我说是对的，哪个敢说不对？我说要怎样做，就要怎样做！"即使是他在外做官多年的长子——觉新的父亲，在设计觉新的前途时，也不敢违背他的主张。明明家里有钱可供觉新继续求学，但觉新的父亲却叫觉新去商业公司当职员，其中一个重要原因是"祖父也不一定赞成"觉新外出读书。在高老太爷心目中，奴婢不过是会说话的工具，孙子一代也只是由他摆布的傀儡。他要把鸣凤送给冯乐山做妾，一句吩咐就葬送了她年轻的生命。鸣凤死后，婉儿又被他推进冯家火坑。出自"他底命令"，给觉民订下与冯乐山侄女结亲的婚事，使觉民几乎走上觉新的老路，有他在场，觉慧也"很是拘束，连笑也不敢笑"。他一句话"从今天起我不许你再去闹事"，就把觉慧在家里关了好多天。觉慧尚且如此，其他人对他的

恐惧可想而知。

高老太爷身上交织着儒家知和行的矛盾。这种矛盾从生活表层体现出来，就形成他的性格另一特点：假道学。从表面看，他恪守儒家的道德训条，逼着觉慧去念《刘芷唐先生教孝戒淫浅训》，一旦发现爱子克定违反这些"浅训"，在外私设小公馆，便当众罚打。但骨子里也喜好声色，年轻时"原也是荒唐的人物"，甚至到了儿孙满堂的老年，还把唱小旦的戏子弄进家里照相，平时陪伴他的是艳妆浓抹、一身香气的陈姨太，以至于觉慧产生疑问："风雅的事，又怎么能够和卫道的精神并存不悖呢？"

高老太爷性格的第三个特点就是色厉内荏。到了五四时期，家族宗法制已是气息奄奄，任他怎样"用独断的手腕来处置和指挥一切"，也不能阻止觉醒的青年一代向新的路走去，更不能挽回大家庭衰落的颓势。觉民的抗婚使他的权威受到挑战，使他的威逼落了空，后来只得承认"我错了"，解除强加给觉民的婚事。他最后发现他苦心创立的"四世同堂"的大家庭已经"走着下山的路"，觉察到克安、克定等人靠不住，没有人能来分担他的孤寂和痛苦，怀着失望、幻灭和黑暗的感觉离开人世。觉慧一向把他当作"旧时代底代表"，他的死意味着家族宗法制的大厦快要倒塌了。

在封建家庭中，地位最低的是妇女。她们经受着封建礼教最严格的约束，承受着生活最深重的苦难。巴金满蘸同情的笔触，写出了鸣凤、梅、瑞珏在家族宗法制和陈腐的传统观念的摧残下，丧失爱情、青春、幸福和生命的悲剧，满腔悲愤地为一代受压迫的妇女喊出了"我控诉"的心声。

在等级森严的高家，鸣凤的身份最卑贱，连未成年的淑华都可以呵斥她。所以她终日战战兢兢，生怕挨上房太太的打骂。她没有读过儒家的书，但从高家生活中显现出来的封建观念（或者叫作俗化的封建观念）也在她的心灵上投下斑驳的阴影。她正当开花的年纪，对未来也做过许多美丽的梦。严酷的现实粉碎了她的梦想，她像自古以来的许多奴隶一样，无法解释生活中为什么会有那么多不平等的现象，只是简单地归咎于"一切都是命中注定了的哟"。她爱觉慧，渴望同他在一起但又不敢同他在一起玩，这是因为她从来没有忘记觉慧是主子，而自己是奴隶的不同地位。她相信命运，又渴望改变"这样贱的命"，竭力避免走喜儿的道路，由主人把自己当牲口一样配给不认识的男人。受传统观念的影响，鸣凤没有发现人的真正价值，去为改变自己的命运奋斗。她的文化心理形成了一种依赖感：盼望有人搭救她出苦海。因此，她把觉慧当作救星来崇拜。她并不幻想将来觉慧会娶她，只愿"我一辈子在这里服侍你，做你底奴隶，时时刻刻在你身边"。她所期待的得救，就是把当高府全家人的奴隶变作当觉慧一个人的奴隶，始终没把自己摆在与觉慧平等的位置上相爱。当她确知自己被高老太爷当成礼物送给冯乐山做姨太太时，苦苦哀求太太发点慈悲，不要把她送到冯家去。直到最后一夜，她还抱着一丝希望来找觉慧，"看他底意思怎么样"。一旦明白觉慧不能把她从淫欲的冯乐山爪下救出来，主人和奴隶的不同身份像一堵厚墙隔在她和觉慧的中间，使他们不能够厮守在一起，她又不愿走当姨太太那条堕落的生活道路，便以死向封建专制压迫和封建等级观念表示了抗议。

　　梅同觉新从青梅竹马时期就相爱。但包办婚姻拆散了这对好姻缘，她被嫁到外地去，不到一年便成了寡妇。在旧社会，寡妇被视为未亡人，一切喜怒哀乐，合乎人性的愿望、要求和行为，更要受到封建礼教的压抑。梅的文化心理，不得不接受"一女不更二夫"的封建节烈观念，并且形成她向后看的思维方式和万念俱灰的心态。在孤寂、凄冷的孀居生活中，向后看的思维方式使她常常沉溺在对儿时甜美时光的回忆里，从精神上得到片刻的麻醉。她不愿意朝前看，"我有什么明天呢？我只有昨天"。梅愈留恋出嫁前的往事，就愈感到生命对她已失去意义；万念俱灰的心态，使她完全失去重新安排生活的信心。她不无凄楚地说："我是什么都完结了。……在生活里我只是一个多余的赘物。"封建节烈观的风刀霜剑虐杀了梅的生机，使她滴尽眼泪憔悴地死去，成为封建礼教祭台上的牺牲品。

　　瑞珏是深受三从四德的封建道理熏陶的贤妻良母型妇女。她是被长辈用"拈阄"的荒唐方式决定为觉新配偶的。她一嫁进高家，便处在一种尴尬的境地。在高家，大家都喜欢梅，认为觉新和梅结婚乃天经地义的事。她取代了梅的位置，开始觉慧等人总觉得不舒服，为梅惋惜，替梅抱不平。但是，她善良、宽厚、大度而富有同情心的性格和她对觉新的全心全意的爱和无微不至的体贴，不但使觉新感到满足和陶醉，而且也博得觉慧等人的好感和同情。当觉慧被高老太爷软禁在家心情苦闷时，瑞珏在精神上给他以安慰。所以，觉慧虽然瞧不起大哥并且多次顶撞和讽刺过他，但很敬爱嫂子。瑞珏的贤惠还表现在，她发现觉新与梅的关系之后，不是自怨自艾，也不是大吵大闹地把梅当作仇人，而是尊重和体谅他们的感情，真诚地与梅倾吐衷曲，成为梅的知心朋友，维持了小家庭生活的和谐。受传统的伦理观念的影响，瑞珏具有温柔顺从的品性。自与觉新结婚后，她便把觉新当作终身依靠，事事以觉新的爱好与意志为转移。觉新喜欢梅花，她不但亲自到花园折下来放进房中的花瓶里，而且还画了幅梅花的帐檐挂在帐子上。可悲的是觉新是个缺乏意志力的人。他的承重孙的地位早就遭到各房的妒恨，长辈们也容不得这个在家庭中毫无过错的媳妇，为避荒诞无稽的"血光之灾"，他们一齐发难，硬逼她到城外分娩。觉新和她明明不相信长辈编造的鬼话，但怕担待不孝的罪名，不顾觉民、觉慧的反对，夫唱妻随，顺从长辈的摆布，把瑞珏移到郊外去临盆。结果瑞珏在难产中惨号着，被封建伦理观念和封建迷信吞噬了生命。

　　巴金从鸣凤、梅和瑞珏的悲惨遭遇中，概括地写出旧社会许多妇女的共同命运和文化心理，形象地揭示出家族宗法制的钳制和陈腐的传统观念在心理上的积淀，这是酿成他们悲剧命运的根源。巴金怀着极其厌憎的感情，对封建文化进行了猛烈的攻击和否定。

三、病态文化心理，畸形、懦弱性格的基因

现代意识绝非都是精华。当现代意识与传统观念相撞击时，两者的糟粕所释放出来的能量也会形成令人目迷心摇的毒雾，戕害人的灵魂。高觉新便是一个受害者。

巴金坦率地承认："觉新不仅是书中人，他还是一个真实的人，他就是我的大哥。"① 他又说："我在自己身上也发现我大哥的毛病，我写觉新不仅是警告大哥，也在鞭挞我自己。……正因为像觉新那样的人太多了，高老太爷才能够横行无阻。"② 这就是说觉新的形象不仅有生活的原型，而且还涵容了作者的自省。巴金精心镂刻的觉新的形象，侧重于对他在新旧嬗替时代病态文化心理的剖析与鞭笞。

中国家族宗法制的核心是嫡长继承制。嫡长子称为宗子，是某一家族的正统继承人，享有对家族的政治、经济、祭祀等方面的世袭权。作为长房长孙觉新在大家庭中的地位十分重要，支撑门户的责任首先要落在他的身上。长辈们也完全是按照他们的意愿来造就这个"蕞尔小国"的传人。因此，比起觉民、觉慧来，他更容易吸收封建思想的毒素，行动上更会受到礼教法规的羁绊。在封建伦理思想的影响下，孝顺的观念很早就渗进觉新的文化潜意识，成为他调节家庭人伦关系和制约个人行为的准则。

然而，觉新毕竟生活在五四时代，新书报曾点燃过他胸中的热情，他有时也和两个弟弟讨论新书报上所论及的各种问题。如果他这时不采取温柔和软弱的改良主义态度，也许会同两位弟弟一道追随时代流潮前进，那么他的生活或者会变一个样子。可叹的是，觉新竟然认为资产阶级改良主义者胡适的点滴渐进观点还有点过火，于是服膺托尔斯泰的无抵抗主义。托尔斯泰是19世纪俄国伟大的批判现实主义作家，其世界观包含着显著的矛盾：进步的因素和反动的因素的矛盾，无抵抗主义正是托尔斯泰世界观中的反动成分。在五四时期，进步的知识分子并不欢迎这种消极的思想。觉新一知半解地把托尔斯泰思想中的糟粕生吞活剥过来，与潜意识中的孝顺观念融合而成为一种新中庸思想，这种新中庸思想麻醉了觉新的神经，形成他的病态文化心理。

觉新的病态文化心理，首先从"我愿意做一个牺牲者"的价值观表现出来。

---

① 巴金：《和读者谈〈家〉》。
② 巴金：《关于〈激流〉》，《创作回忆录》。

觉新从中学毕业后，长辈对他前途的安排和婚事的包办，使他牺牲了自己的理想和爱情。如果说做出这种牺牲并非他情愿，那么父亲一去世，为了家庭的利益和报答父母的恩情，他"自愿地把担子从父亲肩上接过来"，把照看弟妹成人当作人生最大的义务。觉新要"做一个牺牲者"，其实是做封建家庭的牺牲者。本来他早就发现大家庭隐藏在和平友爱表面下的倾轧，但新中庸思想使他用这种价值观去处理大家庭的日常事务，调和各种矛盾。因此他凡事退缩忍让、四面讨好、处处敷衍，委曲求全，即使受到明枪暗箭的中伤，也不抗争；爱的东西得不到，便不去追求；讨厌的东西排遣不开，就习以为常。他不满意自己的处境，却又不愿意改变这种处境。"做一个牺牲者"的价值观，已使他对生活的看法蒙上浓厚的悲观色彩，他哀叹地说："我怕人向我提起幸福，正是因为我已经没有得着幸福的希望了。我底一生就这样完结了。"在半死不活的家庭环境里，觉新对生活失去了信心，对自己也失去了信心，以致把对未来的希望寄托在两个弟弟和儿子身上：希望两个弟弟为父母争气，希望儿子能实现他没有实现的理想。而他就在这缥缈的憧憬中，构筑起一道心造的幻影，从中得到精神上的安慰和满足。

值得一提的是，觉新深爱着现在的妻子瑞珏，又不能忘情于过去的情人梅。然而，当封建主义的魔爪伸向梅和瑞珏的时候，"做一个牺牲者"的价值观如醋酸一样，软化了觉新精神上的钙质，新中庸思想像无形的绳索捆住觉新的手脚。他没有勇气帮助梅，又无力保护瑞珏，眼睁睁地看着她们成为冤魂。他在梅的尸体前痛切自责："是我害了她的。"瑞珏死后，他向觉慧承认："是我杀死她的。"他固然不是元凶，但他的病态文化心理对她们的影响，与酿成她们的悲剧不无关系。因此，她们的死，觉新也有责任。恰如觉慧指责的那样，他的价值观使他充当了帮凶的角色，"害人害己"。其次，觉新的病态文化心理表现在他以长辈意旨为导向的单向思维方式上。觉新从来没有想到要放弃剥削生活，在经济上摆脱对旧家庭的依赖，他以新中庸思想为观照系统，必然会唯长辈之命是从，并且用行动表明自己是大家庭的孝子贤孙。他信服新理论，但他的思维方式使他不能像觉慧那样用进步的现代意识做指导，对社会人生问题、大家庭中种种不合理的事情、长辈们的言行进行反思。他只是站在新思潮的边缘徘徊，激进的新理论还没有进入他的文化心理深层，在这种状态中形成了他的两重生活：读的是新书报，依旧是暮气十足的旧式少爷。

觉新的单向思维方式，使他失去了自己的意志，行动完全受长辈制约，即使察觉出长辈的所作所为有明显的错误，也不提出反对意见。例如他根本不相信"捉鬼"会治好祖父的病，却跟着长辈们和巫师胡闹。他不但自己对长辈俯首帖耳，而且还竭力劝说两个弟弟听长辈的话。高老太爷深知他听话的特点，常常叫他管束两个不听话的弟弟。当觉民、觉慧同高老太爷发生冲突时，他常处在一种窘困的境地。一方面，他对两个弟弟亲仁宽厚，确实有一种"长兄如父"的父爱感情在内，因此，他不会给高老太爷出坏主意；另一方面，单向思维使他得出错误的结论："祖父底命令也是要遵守的。"高老太爷的话也确实是通过他来执行的，这就使得他不得不站在两个弟弟的对立面。在对待觉民逃婚这件事上，明显地反映出他的良知同思维导向的矛盾。他清楚高老太爷包办的婚事将铸成大错，会使觉民抱恨终身。不忍见弟弟重蹈自己的覆辙，他的良知承认觉民的逃婚行动是正当的。但他的思维导向又使他的基本立场仍在长辈那一边，竭力劝说觉民服从祖父，做一个同他一样的牺牲者，帮助高老太爷压迫自己的同胞弟弟。难怪觉慧当面责骂他是"懦夫"，此时把他视为敌人。

觉新的病态文化心理还表现在被新中庸思想抹杀了个性，使他缺乏自我意识和独立的人格。他背负着封建伦理纲常和家族宗法制所构成的"十字架"，艰难地趔趄着，在生活中没有找到自己的正确位置。觉新和觉慧在文化心理上最大的差异是，觉慧认为自己是人，应当有争取幸福的权利，焕发出大胆的奋进精神；觉新感到自己在做人，不敢面向生活，失去了进取心。为了顺应旧的环境，觉新极力抑止正常的个人欲望，克制合理的要求；尽量回避家庭中的矛盾，把生存的空间蜷曲到不引人注目的角落。很明显，新中庸思想通过这种自我压缩的生活方式扭曲了他的人性，以致他在生活中不知道应该做什么和怎样做。只是机械地按长辈，尤其是按高老太爷的指使去做。觉新并不糊涂，他不会与长辈沆瀣一气，但由于受长辈的控制和利用，他所做的往往是既伤害别人也伤害自己的事情。觉新对自我的贬抑，使他的生活如一潭死水，无论是新书报上激扬的文字，还是觉慧措辞激烈的批评，都不能激起振作的浪花。大家庭夜气如磐的现实生活压得他太难受了，他便借酒浇愁，想使自己变得麻木一点，用遗忘来排解心中的烦闷与痛苦。

当然，觉新的心理不乏闪光的颗粒。他心地善良，不自私自利，这使他免于堕落到克安、克定一类纨绔子弟的圈子中去。他有时也不甘心受大家庭各房的欺侮，产生过"我们这家需要一个叛徒"的想法。觉慧的出走，在经济上得到过他的帮助。可见，他并非死心塌地去做封建家庭的孝子贤孙。不过，审视他的整个文化心理，他还是属于背着因袭的精神重担、尚未觉醒的青年之列。

不难看出，觉新的病态文化心理是形成他畸形懦弱性格的根底，是酿成他悲剧命运的内在原因。读者可以从觉新的形象省悟到，现代意识中的渣滓同封建文化的积淀一样，都会戕害人的灵魂。在从传统社会走向现代社会的转型期，青年人只有与陈腐的传统观念决裂，接受进步的新思想，才不会被历史的潮流所卷没。

在同时期的家庭题材小说中，《家》是出类拔萃的。它不只停留在单纯暴露和批判封建主义罪恶，或者表现青年人受长辈压制的苦闷生活的一般水平上。巴金从历史文化的角度，对高家的日常生活发微显隐，在现代意识与传统观念相撞击的火光中，严正地宣判了家族宗法制的死刑。

论《女神》的文化价值[①]

——兼论郭沫若在五四时期的文化心态

《女神》的意蕴博大精深，我们对它的研究，不能停留在现有的公论上，而应当在前人研究的基础上做更深的发掘。本文试把《女神》放在五四时期中外文化相撞击和交融的文化背景下，从文化学的方位来考察诗集的文化价值。

一

要考察《女神》的文化价值，不可不审视郭沫若在创作《女神》时的文化心态。如果审视郭沫若在五四时期的文化心态，就不会不注意到这样一个有趣的文化现象：当《新青年》揭橥科学和民主两面大纛，国内的新文化运动的先驱们把批判矛头指向以孔孟学说为代表的封建意识形态，发出"打倒孔家店"的吼声时，郭沫若却在致宗白华的信中称孔子是个"大天才"，认为"孔子同歌德他们真可算是'人中的至人'了。他们的灵肉两方都发展到了完满的地位。孔子底力量'能拓国门之关'"，肯定孔子在政治、哲学、教育、科学、艺术和文学等方面的贡献。郭沫若写道："便单就他文学上的功绩而言，孔子底存在，是断难推倒的；他删《诗》《书》，笔削《春秋》，使我国古代底文化有个系统的存在。我看他这种事业，非是有绝伦的精力，审美的情操，艺术批评的妙腕，那是不能企翼得到的。"[②] 而且细读《女神》，郭沫若在诅咒黑暗世界之时，确实没有直接抨击以"孝"为核心的封建礼教和伦理纲常。或许人们要问，郭沫若在日本也时常阅读国内的新书刊，为什么此时他还坚持"定要说孔子是个'宗教家'、'大教祖'，定要说孔子是个'中国底罪魁'，'盗丘'，那就未免太厚诬古人而欺来者"[③] 的看法？莫非在新文化运动中郭沫若没有与先驱们同一步调？倘不了解中外文化的碰撞和交融对郭沫若文化性格形成的影响和他在五四时期复杂的文化心态，便很难对这一特殊的文化现象做出符合历史事实的解释，也很难对《女神》的文化价值做出公正的评价。

应当看到，郭沫若是在晚清学校与科举之争、新学与旧学之争、西学与中学之争的文化背景下开始接受启蒙教育的。他从六岁起进私塾学习，深受传统文化

---

① 本文原刊郭沫若研究学会主办的《郭沫若学刊》1988 年第 2 期。
② 郭沫若：《郭沫若致宗白华》，田汉、宗白华、郭沫若：《三叶集》，上海书店 1982 年版。
③ 郭沫若：《郭沫若致宗白华》，田汉、宗白华、郭沫若：《三叶集》。

的熏陶。与此同时,他也接触到不少新书刊,郭沫若早年对中外文化是兼收并蓄的。但是,兼收并蓄绝非全盘接受,他接受的是他认为合理的东西。就在他创作《女神》时的诗情迸发时期,他还认为:"我想我们要宣传民众艺术,要建设新文化,不先以国民情调为基点,只图介绍些外人言论,或发表些小己底玄思,终竟是凿枘不相容的。"① 全盘否定民族传统文化,是民族虚无主义的重要表现。郭沫若强调建设新文化,要"先以国民情调为基点",注意到新文化的民族性,这使他在五四时期反传统的潮流中保持着清醒的头脑。他既不割裂民族传统文化,也不盲目崇外,而是熔中外文化的精华为一炉,形成自己的文化思想。郭沫若遵循"先以国民情调为基点"的原则而创作的《女神》,尽管在诗歌形式上多彩多姿,但诗集的文化底蕴却是民族的。

在民族传统文化中,儒、佛、道家的思想居于特殊的重要地位。民族传统文化对郭沫若的影响,首先从儒家以"孝"为核心的伦理观念在他文化心理的积淀上体现出来。

郭沫若六岁时就在"大成至圣先师孔子神位"前磕过头,从小接受的是正统的儒家文化思想教育。同时他又生活在一个父慈、母爱、兄仁、弟悌的大家庭,自幼便得着父母的钟爱。郭沫若的父亲为了一家人的温饱和儿子们的学业,长年奔波在外,辛勤劳苦,给郭沫若留下深刻的印象。郭沫若的母亲为养育子女也付出了大量的心血,是他的启蒙教师。本来,在传统的中国社会,家庭是以老者和尊者为本位的,但郭沫若的父母却不像其他大家庭的家长那样专制。他们比较开明,注重子女个性的发展,送大儿子到日本留学,又送郭沫若到乐山县城和成都等地求学。即使是与张琼华的不幸婚姻,郭沫若也不埋怨父母:"父母是征求了我的同意的。我的一生如果有应该忏悔的事,这要算是最重大的一件。我始终诅咒我这项机会主义的误人……我赞成了结婚。"② 郭沫若在小学和中学读书时,因参与学潮几次遭校方"斥退"处分时,都是由父亲出面求情、交涉,而得以继续在学校学习。郭沫若感受到家庭的温暖,对父母怀着感激之情。

郭沫若东渡日本留学,事先没有征得父母同意,但父母对他的东瀛之行未加责怪。郭沫若与安娜的结合,确如他后来在《德音录·家祭文》中所说:"吾父母宥其器妄,未加谴责,且日夕望男女孙之归国。"③ 儒家学说中孝的观念,不仅从书本上,而且也在生活中渗透郭沫若文化心理的深层,他常为没有在家侍养父母而引为自愆。收集在《樱花书简》中郭沫若离家后所写的66封家信,便表达了他对家庭绵绵不尽的思念,对父母的敬爱。每逢父母生日,他必定写信问候,甚至在万里之外托人带去礼品;每封写给父母的家信信尾,都用了"跪禀"

---

① 郭沫若:《郭沫若致宗白华》,田汉、宗白华、郭沫若:《三叶集》,上海书店1982年版。
② 郭沫若:《黑猫》。
③ 郭沫若等编《德音录》,载《沙湾文史》1987年6月第3期。

二字。就在创作《女神》的同时，郭沫若为了取得父母对自己与安娜结合的谅解，在写给父母的信中陈述衷曲："悲的是孩儿不孝，贻忧二老，"①"是男误了人……还望父母亲恕儿不孝之罪。"② 他感到"男不肖陷于罪孽，百法难赎，更贻二老天大忧虑，悔之罔极，只自日日泪向心头落也。……而今而后男只日夕傲旸，补救从前之非。今岁暑中，可国事稍就平妥，拟归省一行，当时再负荆请罪，请二老重重打儿，恐打之不痛，儿更伤心矣"③。郭沫若处于这种文化心态，当然不可能同陈独秀、鲁迅、胡适等新文化运动先驱们一道去批判儒家的孝道意识。

值得注意的是，五四新文化运动的先驱和闯将的批判锋芒，一是指向陈腐的传统观念，二是指向封建主义的载体——旧中国社会。陈独秀、鲁迅、胡适等人属于前者，他们的杂文、小说和诗歌对封建礼教、伦理纲常进行了猛烈的抨击，在当时起到了振聋发聩的作用。郭沫若则属于后者，他的《女神》对阴森森的旧中国社会做了彻底的否定，激励人们去创造一个新的太阳，"要照彻天内的世界，天外的世界"，昂扬着反抗和创造的旋律，鼓舞了几代读者。尽管郭沫若与国内的先驱们在对孔子的评价上存在着分歧，他把孔子学说和贡献同后世以孔子的名义来阐扬的儒学区别开来，把儒、道思想的精髓同"身行五抢六夺，口谈忠孝节义"的假儒学、假道学区别开来，在很长一段时间对孔子、庄子持肯定态度，但他也欢迎西方新思想。在《女神》中有不少诗篇赞颂了西方新思想各派的代表人物哥白尼、斯宾诺莎、达尔文、罗丹、卢梭、尼采、罗素、哥尔栋、托尔斯泰和惠特曼；讴歌资产阶级革命家克伦威尔、华盛顿、林肯、马克司威尼，以及"亘古大盗，实行'波尔显维克'的列宁呀"；还有一些诗篇如《笔立山头展望》《胜利的死》《日出》等，出现了希腊罗马神话中阿波罗、丘比特、普罗美修士等神的名字。而且正是郭沫若不菲薄民族传统文化，也热烈地欢迎外来文化，并将中外文化加以创造性的熔铸，才形成他独特的文化个性，使《女神》显示出贯通中外文化的特色。

二

《女神》表现了诗人强烈的爱国主义思想。爱国主义是一种历史范畴，它复杂的内涵、丰富的表现形式和多层次的架构，映现出民族文化心理的某些投影。不仅没有与民族的爱国主义思想大相径庭，而且就是同一民族、同一阶层的不同个人的爱国思想，也会因生活经历、个性、气质和文化心理等方面的差异而大相

---

① 郭沫若：《樱花书简》，四川人民出版社1981年版。
② 郭沫若：《樱花书简》。
③ 郭沫若：《樱花书简》。

轩轾。倘若我们对《女神》所表现出的爱国主义思想做进一步的探讨，便会碰到这样的问题：郭沫若在五四时期的爱国心理机制的架构怎样？在文化上有什么特点？

忧患意识是郭沫若爱国心理机制的重要组成部分。本来孔子以"仁"为核心的政治伦理学说就蕴含着忧患意识，经过历代无数儒家学者的不断丰富和发展，这种忧患意识便成为儒家思想体系中的精华，并且积淀在我们民族文化心理中。"先天下之忧而忧，后天下之乐而乐"被历代进步知识分子当作道德的规范；"天下兴亡，匹夫有责"是多少志士仁人的言行准则。毋庸置疑，郭沫若早年接受过儒家的教育，儒家思想中的忧患意识对他有潜移默化的作用。但是，他自己的忧患意识却萌生于清末和民国初年动乱的社会生活。那时的中国，匪患兵燹连年不断，外来侵略日益加剧，老百姓苦难深重。作为一个气质敏感的热血青年，郭沫若关注着国家的前途、民族的命运和民间的疾苦。1912年他在成都读书期间所写的《述怀》《代友人答舅氏劝阻留学之作》《和王大九月九日登城之作》《感时》《寄先夫愚》和《无题》等诗中，① 第一次运用诗歌的形式抒发了忧国忧民的情思。其中一首诗云："群鹜趋逐势纷纭，肝胆竟同楚越分。煮豆燃萁惟有泣，吠尧桀犬厌闻猎。阋墙长用相鸣鼓，边地于今已动鼙。敢是瓜分非惨祸，波兰遗事不堪憺。"② 沉郁的诗句表述出郭沫若对辛亥革命后军阀割据、内战不已的混乱社会状况的忧虑心情，他从中国濒临被外国列强瓜分的现实，联想到波兰的亡国惨祸，为内忧外患痛心疾首。

需要指出的是，尽管郭沫若的忧患意识的形成深受传统的民族爱国思想的影响，但他又不同于中国历史上的忧国忧民之士。从《湘累》和《棠棣之花》等作品中可以看出他对民族传统文化心理中的忧患意识的扬弃。中国古代和近代的一些爱国知识分子，往往把统一祖国和改造社会的希望寄托在统治阶级身上。"居庙堂之高，则忧其民；处江湖之远，则忧其君"，他们的忧患意识常与忠君观念交织在一起。《湘累》中被放逐到江湖上的屈原则斥责昏庸的楚王。他相信自己的力量，"你怎见得我便不是扬子江，你怎见得我只是湘沅小流？我的力量只能汇成个小小的洞庭，我的力量便不能汇成个无边的大海吗？"《棠棣之花》中的聂政本是一介草野小民，为了拯救天下老百姓，而不是为统治阶级尽忠，甘愿牺牲最宝贵的生命。诗剧的结尾，聂嫈高唱"我望你鲜红的血液，迸发成自由之花，开遍中华"，表达出诗人爱国的心曲。可见，郭沫若这时的忧患意识融进了民主思想的因子，体现了他为中华新生而献身的精神，具有五四时期新文化思想的色彩。

---

① 乐山市文管所编：《郭沫若少年诗稿》，四川人民出版社1979年版。
② 乐山市文管所编：《郭沫若少年诗稿》。

忏悔意识是郭沫若爱国心理机制的又一重要组成部分。闻一多读过《女神》后颇有感触地说:"人类底价值在能忏悔,能革新。世界底文化也不过由这一点发生的。忏悔是美德中最美的,他是一切的光明的源头。他是尺蠖的灵魂渴求展伸底表象。"① 郭沫若在《女神》的一些诗作中,真诚坦露自己的灵魂,彻底否定旧我。例如,在《登临》中有一段诗便表述出他这种心情:

唉,泥上的脚印!
你好像是我灵魂儿的象征!
你自陷了泥涂,
你自会受人踩躏。
唉,我的灵魂!
你快登上山顶!

而在《火葬场》里,诗人愿自己的灵魂在火葬场里的火炉里烧死,盼望凉风在火葬场中吹出一株春草。

最能体现郭沫若忏悔意识的诗篇是《凤凰涅槃》。诗人借凤凰采集香木自焚并在烈火中更生的神话,象征旧中国和诗人旧我的死亡及诗人理想中的中华和理想中的新我的再生。凤凰在自焚前的忏悔是震撼人心的。在《凤歌》里,诗人借凤在涅槃前发现茫茫宇宙原来是屠场、囚牢、坟墓、地狱,东南西北没有一块光明、温暖、芬芳的地方,抒发了他对冷酷、黑暗、腥秽的旧社会现实的悲愤、绝望的心情,从凤对宇宙的诅咒,表明他对旧世界的厌恶和否定态度。在《凰歌》里,凰在临死前忏悔,五百年来昏睡、悲哀、烦恼、寂寥、衰败的死尸一般的生活,回首往事,它有"流不尽的眼泪,洗不净的污浊,浇不熄的情焰,荡不去的羞辱",心情何其沉痛!阴秽的世界扼杀了凤凰的生机,使它们失去了年轻时的新鲜、甘美、光华和欢爱。旧的生活又在凤凰精神上留下难以愈合的伤痕,使它们看不到希望的阳光,感到幻灭和迷惘。真诚的忏悔使凤凰真正认识了旧的自我,觉悟到只有彻底否定旧的自我,才能再生出一个新的自我。因此,它们无所畏惧地接受烈火的焚烧。果然,在火光熊熊和香气蓬蓬中涅槃了的凤凰更生了。更生的凤凰是"新鲜、净朗、华美、芬芳",是"热诚、挚爱、欢乐、和谐",是"生动、自由、雄浑、悠久",象征着中华民族的新生和诗人新生活的开始。在诗篇里,郭沫若为抛掉精神上的阴影而忏悔,也为中华民族的过去而忏悔,所以,《凤凰涅槃》不仅是诗人的忏悔录,也是中华民族的忏悔录。这种忏悔是中华民族和诗人开始觉醒的表现,也是他执着地向往光明,追求理想的爱国激情的热源之一。

本土意识是郭沫若爱国心理机制不可缺少的部分。热恋乡土是中国文化的优

---

① 闻一多:《〈女神〉之时代精神》,载《创造周报》第4号(1923年6月3日)。

良传统，在中国文学史上留下多少远离家乡的诗人所写的思乡怀亲的诗篇！郭沫若是吮吸着传统文化的乳汁成长的，本土意识很早就在他的文化心理中扎根绽苗，即使身居日本，却心系祖国的大地。在《光海》中，陶醉在日本大自然美妙景色中的郭沫若仍然眷恋着儿时的摇篮——乐山，不能忘怀刚刚去世的少年时代的同窗。诗人尤其热爱经过五四洗礼的中国，他说："'五四'以后的中国，在我的心目中就象一位很葱俊的有进取气象的姑娘，他简直就和我的爱人一样。"①《凤凰涅槃》《炉中煤》等诗凸现了郭沫若的本土意识，倾诉了他对祖国灼热而又深挚的爱情。在《晨安》中，诗人向"年青的祖国""新生的同胞""浩浩荡荡的南方的扬子江""冻结着的北方的黄河"和"万里长城"道了晨安，并且呼唤"黄河呀！我望你胸中的冰块早早融化呀"，充分抒发了他对祖国山河大地、历史文化和同胞兄弟的依恋感情。1921年4月，诗人回到心爱的祖国，当轮船靠近口岸，他在《黄浦江口》中情不自禁地吟出"平和之乡哟！我的父母之邦"！而一踏上祖国大地，旧中国的丑恶现实使他感到震惊，《上海印象》真实地记述了诗人"我的眼儿泪流，我的心儿作呕！"和"我从梦中惊醒了"的幻灭悲哀。不过，诗人还是从劳动人民那里寻找到精神上的安慰，在《雷峰塔下》中，他遇见一个锄地的老人，萌生了"我想去跪在他的面前，叫他一声：'我的爹！'把他脚上的黄泥舐个干净"的感情。

郭沫若爱国心理机制的架构，鲜明地映现出其独具的文化特点。首先是他对传统的民族爱国主义文化思想的扬弃。诗人继承了孔子、屈原以来的优秀文化遗产，深深爱上有着悠久历史和灿烂文化的祖国，又剔除了诸如忠君观念等文化糟粕。经过诗人筛选洗汰过的传统的民族爱国主义文化思想，是他爱国主义文化思想的根底。同时，郭沫若吸取了西方现代意识的营养，给自己的爱国心理注进新鲜血液，丰富了自己的爱国主义文化思想体系。这样，诗人的目光远大而缜密，既望到祖国过去的古老文明，又着眼于黑暗的现实，还展望到光明的未来，对祖国的前途充满信心。诗人的心胸开阔而深邃，既涵容了恒河、尼罗河等流域悠久的文明，又兼收了"二十世纪的亚坡罗""二十世纪的名花"等近代西方文明，还并蓄了泛神论、个性解放等新思想，对祖国的未来有着明确的奋斗目标，再次受中外文化的影响，郭沫若所憧憬的新中华绝非唐尧古制的传统社会，他从根本上否定了整个旧世界，不愿"补天"，他借鉴西方文化，以近代文明为观照系统，建设一个自由的新中国。尽管此时郭沫若的政治理想比较朦胧，还没见到新生的太阳，但俄国的十月社会主义革命已使他"感受着新鲜的暖意了"。诗人把自己的爱国主义思想汇进了新的革命潮流，使《女神》在五四新文化运动中吹奏出时代的最强音。

---

① 郭沫若：《创造十年》，《沫若文集》第7卷，人民文学出版社1958年版。

三

很明显，《女神》跳动着泛神论的脉搏。郭沫若多次谈到他的泛神论思想的来源及其形成过程："民国四年的九月中旬，我在日本东京的旧书店里偶然买了一部《王文成公全集》……每日读《王文成公全集》十页。……而在我的精神上更使我彻悟了一个奇异的世界。……我素来喜欢读《庄子》，但我只是玩赏他的文辞，我闲却了他的意义，我也不能了解他的意义。到这时候，我看透他了。我知道'道'是什么，'化'是什么了。我从此更被导引到老子，导引到孔门哲学，导引到印度哲学，导引到近世初期欧洲大陆唯心派诸哲学家，尤其是斯皮诺若莎（Spinoza）。我就这样发现了一个八面玲珑的形而上学的庄严世界。"① 他在日本认真阅读西欧泛神论哲学家斯宾诺莎的著作，沉浸到具有泛神论倾向的诗人歌德、雪莱、惠特曼、泰戈尔的作品中，"和国外的泛神论思想一接近，便又把少年时所喜欢的《庄子》再发现了。我在中学的时候便喜欢读《庄子》，但只喜欢文章的汪洋恣肆，那里面所包含的思想，是很茫昧的。待到一和国外的思想参证起来，便真是到了'一旦豁然而贯通'的程度"②。可见，郭沫若融汇了中外的泛神论思想，形成自己的泛神论思想。

但是，纵观中国文学史的长河，很容易产生这样的问题：在群星灿烂的中国古代、近代诗人中，几乎没有不受孔子、庄子思想影响的，为什么几千年没有出现一部像《女神》那样大气磅礴、充溢着叛逆精神的诗集？郭沫若从小就读孔子、庄子的书，13岁时就开始写诗，为什么在和国外的泛神论思想参证之前，他也没有创作出类似《女神》中那些张扬自我的诗篇？他怎样"豁然而贯通"中国传统文化思想中的泛神论和西方的泛神论？《女神》表现出来的泛神论又有何特点？

中国古代的思想家对宇宙的本根进行了不倦的思索，其中庄子对宇宙本根的观点最为郭沫若所接受。庄子继承老子的学说，认为"道"是宇宙万物的本源，是自然万物发展变化的原因。他在《知北游》中指出，这个"道""无所不在"——"在蝼蚁"，"在稊稗"（一种形似稗子的小草），"在瓦甓"（碎瓦），"在屎溺"。换言之，"道"附着在宇宙万物身上。他在《齐物论》中说"天地与我并生，而万物与我为一"。在他看来，人和自然界的万物没有区别，生命可以超越时空存在。因此，庄子在《应帝王》中强调"顺物自然而无容私焉"。由此看来，庄子的宇宙观带有泛神论的色彩，是泛神论的自然主义。庄子主张人也要

---

① 郭沫若：《王阳明礼赞》，《沫若文集》第10卷，人民文学出版社1959年版。
② 郭沫若：《创造十年》，《沫若文集》第7卷，人民文学出版社1958年版。

复归自然，万事万物都要顺着自然的本性，摆脱一切"物役"，"无为"，在混沌的原始状态中获得绝对的自由。既然万事万物的本体都是神，也就否定了神的观念。

孔子对鬼神则持怀疑态度，《论语·述而》这样记载："子不语怪、力、乱、神。"在《论语·先进》中也有一段记载："季路问事鬼神。子曰：'未能事人，焉能事鬼？'曰：'敢问死。'曰：'未知生，焉知死？'"孔子没有深入探寻宇宙的本根是什么，而注重研究人生问题。孔子学说的核心部分，是谈论人生的准则，恰如郭沫若所说："孔子的人生哲学是由他那动的泛神的宇宙观出发，而高唱精神之独立自主与人格之自律。他以人类的个性为神之必然的表现。"① 这就是说孔子的人生论带有泛神的色彩，是泛神的人生论。

毫无疑问，庄子和孔子的泛神思想自有其合理的部分，这些是庄子和孔子学说的精华。但是庄子在人与自然的关系中，过分强调顺应自然，竭力贬低和否定改造自然和推动社会发展的主体作用，难怪人们称庄子的学说为出世的学说。而孔子则鼓吹"克己复礼"，"非礼勿视，非礼勿听，非礼勿言，非礼勿动"，要求人们克制自己的欲望，用传统礼制来约束自己，视、听、言、动均"不逾矩"。在漫长的封建社会，庄子和孔子的人生态度和伦理观念，积淀在我们民族的文化心理深层，人的个性受到严重的压抑和束缚。人的创造能力也不能充分发挥。即使像李白、杜甫、白居易、苏东坡、辛弃疾、关汉卿、龚自珍那样才华卓越的诗人、作家，也不可能超越那个时代的文化，写出如《女神》一样的作品。郭沫若当然不会例外。他在服膺西方泛神论之前，不会真正认识到自我的价值，虽然写了不少诗歌②，其中一些诗歌引用了《庄子》的典故，格调、意境同《庄子》以及中国文学史上某些爱国诗人的名篇接近，但和《女神》大相径庭。

郭沫若到日本后就接触到西方泛神论。他说："我由歌德又认识了斯宾诺莎（Spinoza），关于斯宾诺莎的著书，如象他的《伦理学》《论神学与政治》《理智之世界改造》等，我直接间接地读了不少。"③ 斯宾诺莎的泛神论与庄子的泛神论有一致的地方，那就是"神"是绝对无限存在，宇宙间"一切都在神内，一切都依神的无限本性法则而运行，并且都循着神的本质的必然性而出"④。但斯宾诺莎却认同人的自我存在和自我价值，"一个人愈努力并且愈能够寻求他自己的利益或保持他自己的存在，则他便愈具有德性"：人固然是自然整体的一部分，但只要"遵循理性的指导而生活，换言之，他们便可以成为自由人，而享受幸福

---

① 郭沫若：《中国文化之传统精神》。
② 乐山市文管所编：《郭沫若少年诗稿》，四川人民出版社1979年版。
③ 郭沫若：《创造十年》，《沫若文集》第7卷，人民文学出版社1958年版。
④ 斯宾诺莎：《伦理学》，商务印书馆1959年版。

的生活"。① 这些庄子和孔子没有说过的话，激起了郭沫若的共鸣。借助于他山之石，郭沫若认识到了人的存在和人的自我价值。在中外泛神论思想的交融中，形成了自己的泛神的个人主义："泛神便是无神。一切的自然只是神底表现，我也只是神底表现，我即是神，一切自然都是我的表现。人到无我的时候，与神合体，超越时空，而等齐生死。人到一有我见的时候，只看见宇宙万汇和自我之外相，……自我之扩张，以全部精神以倾倒于一切！"② 从而在诗歌创作上，郭沫若主张"我想诗的创造是要创造'人'，换一句话说，便是在感情的美化"③。由此看来，《女神》中律动着的泛神论脉搏，便是郭沫若对中外泛神论"豁然而贯通"后的文化个性的体现。

从文化学的方位来考察《女神》的泛神论特点，首先应当看到《女神》植根于民族文化的土壤中，它映现了传统文化在诗人心灵上的投影。《凤凰涅槃》的《凤歌》，表现了郭沫若对宇宙本根的探索。凤在自焚前的天问，对宇宙的来源、存在和本体都产生了疑问，这正是中国古代包括庄子在内的思想家思索过的问题。凤得不到回答便转而诅咒宇宙实实在在的本体，表明诗人对旧的社会现实的绝望和彻底否定。需要指出的是，在《凤凰更生歌》中，郭沫若用了五组"一切的一""一的一切"来歌唱凤凰的更生，这不是偶然的。研究者很少注意到"一切的一""一的一切"的丰富涵义。那么，这"一切"和"一"究竟指的是什么？两者的关系怎样？老子和庄子都认为"道"是宇宙的本根，按照《老子》第42章的说法是："道生一，一生二，二生三，三生万物"，这"一切"便是指万物。庄子在《田子方》中说："夫天下也者，万物之所一也。"这"一"就是指宇宙。换句话说，"一切的一"是指万物的宇宙。"一的一切"，是指宇宙间的万物。庄子在《齐物论》中指出，万物虽不同，但通过"道"，可以统一为一个整体，"道通为一"，自然界的万物与人虽不同，但人可同天地一块儿生存，物我可浑然一体，"天地与我并生，万物与我为一"。所以，《凤凰更生歌》中"一切的一"和"一的一切"回答了凤的天问，有着浓郁的老庄泛神的自然主义色彩。

在《女神》的一些讴歌大自然的诗歌中，诗人把自己看作大自然本体的一分子。有的研究者认为《地球，我的母亲》抒发了郭沫若的爱国主义情愫，这种看法是对诗人泛神论思想的误解。郭沫若把地球看作宇宙间万物的本体，"我想这宇宙中的一切都是你的化身"，农人是地球的"孝子"，矿工是地球的"宠子"，诗人自己也是地球的儿子。草木生长在地球上，地球孕育出万物的生命。不仅如此，雷霆是地球"呼吸的声威"，雪雨是地球"血液的飞腾"，水是地球

---

① 斯宾诺莎：《伦理学》，商务印书馆1959年版。
② 郭沫若：《〈少年维特之烦恼〉序引》，《沫若文集》第10卷。
③ 郭沫若：《郭沫若致宗白华》，田汉、宗白华、郭沫若：《三叶集》，上海书店1982年版。

的"乳"，一切声音言笑是地球的"歌"。至于其他星球，都由地球衍生天；球是她"化妆的明镜"，太阳和月亮是她在明镜中的"虚影"，除此之外，天空中的一切星球，"只不过是我们生物的眼球的虚影"。诗人不相信地球之外还有什么东西存在，只相信地球"是实有性的证明"。诗人把自我的本体化进地球的本体之中，"我的灵魂便是你的灵魂"。十分清楚，庄子用主观精神去融化客观世界是这首诗的格调，庄子泯合天人物我为一的思想是这首诗的底蕴。

其次，郭沫若从西方文化中发现了自我存在和自我价值，因此，诗人的自我就不是被动地融进大自然的本体中。《女神》中的一些诗篇，抒发了诗人强调他作为一个人，不是消极地做大自然和社会的奴隶，而是不断地去实现自我、超越自我的感情。在《天狗》中，诗人以天狗自况：

　　我是一条天狗呀！
　　我把月来吞了，
　　我把日来吞了，
　　我把一切的星球来吞了，
　　我把全宇宙来吞了。
　　我便是我了！

在自我与宇宙的关系上，诗人突出了人的主体作用。不是个人融入大自然，而是宇宙被吞进诗人自我本体中，"我是全宇宙底 Energy 底总量！"耐人寻味的是诗的最后两句：

　　我便是我呀！
　　我的我要爆了！

前一句是吞掉了宇宙的天狗实现了自我，后一句意味着天狗的自我将实现新的超越。像这样颂扬自我的浪漫主义诗篇，在中国诗歌史上真是前无古人。

郭沫若的泛神的个人主义，使他在诗篇中抒发了摆脱一切对个性的羁束、追求绝对自由的企冀。在《辍了课的第一点钟里》中诗人自问："咳！我们人类为什么要自作囚徒？"他羡慕正在海上飞舞的海鸥。"啊！你们真是自由！"诗人在《光海》中把自己幻化成飞鸟，"我要同白云比飞，我要同明帆赛跑。你看我们哪个飞得高？你看我们哪个跑得好？"

然而，诗人毕竟生活在狂飙突进的五四时代，他不会只在复归自然中去寻求自由的境界，现实生活使他牢记改造旧世界的历史使命感和社会责任感。在《夜》里，表现了他对贫富、贵贱、美恶、贤愚的不平等社会的厌恶，和对解放、自由、平等、安息的"无差别世界"的渴慕。在污浊的社会，诗人的个性不可能得到张扬。当他回到祖国，踏上上海的土地，便在《上海印象》中痛楚地抒发"我从梦中惊醒！幻灭的悲哀哟"的感情。在《胜利的死》中，郭沫若洒着热泪歌颂了爱尔兰的革命志士马克司威尼,借以表达他为自由而斗争的意志。

再次,郭沫若的泛神论流转着力的旋律,浸润着创造的激情。诗人把自我和大自然相融合是为了改造大自然。要创造必须先破坏,要创造必须有力量。在《我是个偶像崇拜者》中,诗人宣称崇拜"太阳""山岳""海洋""火山""江河""光明""黑暗""苏彝士""巴拿马""万里长城""金字塔"等自然界万物,同时:

> 我崇拜创造的精神,崇拜力,崇拜血,崇拜心脏;
> 我崇拜炸弹,崇拜悲哀,崇拜破坏;
> 我崇拜偶像破坏者,崇拜我!
> 我又是个偶像破坏者哟!

一切现存的偶像都是过去创造出来的旧东西,诗行里充分表现出诗人弃旧图新的思想。

从破坏到创造,其实是力的运动过程。诗人在《立在地球边上放号》中,从天空怒涌的白云中仿佛看到"无限的太平洋提起他全身的力量来要把地球推倒"的壮丽图景,纵情讴歌:

> 啊啊!不断的毁坏,不断的创造,不断的努力哟!
> 啊啊!力哟!力哟力的绘画,力的舞蹈,力的音乐,力的诗歌,力的律吕哟!

比起破坏来,郭沫若更崇尚创造。在《女神之再生》中,诗人赞颂"创造些新的光明""新的温热""新鲜的太阳"的女神。在《湘累》中,屈原激昂呼喊:"我效法造化底精神,我自由创造,自由地表现我自己。我创造尊严的山岳,宏伟的海洋,我创造日月星辰,我驰骋风云雷雨……"屈原的激情,实际上是泛神论在郭沫若身上荡起的创造激情的表露。在《金字塔》中,诗人高度赞美:"人们创造力的权威可与神祇比伍!"这些诗昂扬着积极的进取精神。

《女神》泛神论的第四个特点是,不少诗篇的结构建筑在泛神的意义上。郭沫若从小写诗,走的是学写旧诗的路子。但愈写旧诗,便愈觉得旧诗的形式不但容纳不了所要表达的生活内容,而且也束缚了思想感情的抒发。他以泛神论作为认识世界的哲学武器,审美理想和审美传达,必然会受到泛神论的影响。在生活中,郭沫若要让自我的个性得到自由的发展;在创作中,他要追求自由的创造,让思想感情自然流露。因此,他说:"我也是最厌恶形式的人,素来也不十分讲究他。"他认为"诗不是'做'出来的,只是'写'出来的。我想诗人底心境

---

① 郭沫若:《郭沫若致宗白华》,田汉、宗白华、郭沫若:《三叶集》,上海书店1982年版。

譬如一湾清澄的海水，没有风的时候，便静止着如象一张明镜，宇宙万汇底印象都涵映着在里面；一有风的时候，便要翻波涌浪起来，宇宙万汇底印象都活动着在里……这些东西，我想来便是诗底本体，只要把他写了出来的时候，他就体相兼备。"① 郭沫若写诗时，往往依感情来安排诗行，选择韵律。他在心情平静时所写的《鸣蝉》，只有三句。他在感情有小波小浪的涟漪时所写的《登临》《无烟煤》《新月与白云》《晚步》《晨兴》等，就显得冲淡。而在感情汹涌奔腾时，他情之所至，笔亦随之，用诗句迅速记下火山爆发式的激情。这时，他就破坏了中国传统的诗歌格式，创造出一种崭新的自由体新诗。例如在《晨安》中，诗人站在海岸呼喊宇宙万物，一气用了 27 个"晨安"。句尾不押韵，每句字数长短不齐，宛如诗人感情的波峰，起伏翻腾，挥洒自如。《梅花树下醉歌》，22 行诗句没有分段，也不押韵，诗人感情的旋律就形成这首诗的内在节奏，诗人自我的本体和诗的本体水乳交融，使读者瞥见诗中颤动着的泛神论脉搏，感受到诗人冲决一切旧形式，开拓绚丽多彩的新形式的创造精神。

综上所述，《女神》是中外文化相撞击、交融中的最初硕果，在中国现代文化史上有承先启后的意义，它的出现标志着一种新的文化的诞生。

---

① 郭沫若：《郭沫若致宗白华》，田汉、宗白华、郭沫若：《三叶集》。

论五四文学革命运动的文化原因[①]

纵览中国文学史，就会发现一个很有趣的现象：无论历代文学家生活的时代、个人经历和创作风格多么不同，但在认同儒家学说的文化心理方面却是相似和相近的。在中国传统社会，儒家学说源远流长，一直是中国文化的主流。两汉时期从印度传入的佛教文化，经与儒家学说相融合，方为部分文学家所接受。在唐代和元代两度从西方流经而来的基督教文化，因与儒家学说相左，长期被拒之于文学的殿堂之外。很明显，外来文化没有引起中国历代文学家的思想震动。两千多年来，在儒家学说的光圈里，中国历代文学家的文化心理呈现出超稳定的封闭状态。所以，在中国文学史上，虽然各个时代的文学都各擅胜场，文学形式的演变美不胜收；自曹丕在《典论·论文》中系统地提出个人的文学观点以来，历代许多文学家都阐发过自己的文学见解；从建安风骨到晚清的诗界革命、小说界革命，历代杰出的文学家为开创他们那个时代的文坛新风气，掀起过多少次文学运动。但直到五四文学革命以前，中国文学的文化特质没有发生根本的变化。

应当看到，文学家是文学创作的主体，文学家的文化心理定式与文学的走向有着密切的关系。五四时期，正是一代作家接受了西方文化思想，文化心理发生嬗变，才掀起亘古未有的五四文学革命运动。那么，他们的文化心理发生怎样的变化？这样的变化对新文学的勃兴有什么意义？本文试从文化学和人格心理学方面对此进行探讨。

中国传统社会是以伦理为本位的社会。儒家的君天道统、三纲五常渗透进历代文学家的文化心理深层，束缚了他们的个性发展，增强了他们对统治阶级、对家庭的依附性。这种依附性愈强烈，文学家就愈丧失独立的人格，愈难发现自我的真正价值。

鸦片战争之后，中国的先进知识分子向西方寻找真理，到20世纪初已蔚然成风。五四文学革命运动的倡导者胡适远渡太平洋，到美国留学；陈独秀、李大钊、鲁迅、郭沫若等五四文学革命运动的主将和旗手也先后东渡日本，学习西方的科学和文化。在这个时候，国内形势发生了巨大的变化：一是延续了两千多年的自给自足的自然经济受到正在发展的资本主义经济的挑战，新的经济架构已经出现；二是封建帝制被推翻，军阀连年混战，政局动荡不安。时代风云的变幻，使胡适、陈独秀、李大钊、鲁迅、郭沫若不再沿袭中国历代文学家所走过的老

---

① 本文原载中山大学中文刊授中心编《刊授指导》1989年第8期。

路。他们一方面像海绵吸水一样，尽情吮进西方新的文化思想，另一方面对以儒学为基底的传统文化进行深刻的反思；一方面着眼于世界潮流，另一方面关注着国家的命运和民族的兴亡，探寻救国之路。

值得注意的是，当他们经受西方现代文化思想启蒙之后，不约而同地感受到封建伦理纲常对人性的压抑，觉察到包括自己在内的中国人的人格缺陷，相继接受了个性解放的思想武器。鲁迅早在1907年所写的《文化偏至论》中提出"立我性为绝对之自由""尊个性而张精神""张大个人之人格，又人生之第一义也"的主张。在《破恶声论》中，鲁迅又强调"自我"不应"泯于大群"。这表明，一种新的文化因子已打破历代作家超稳定的文化心态，导致作家自我主体意识的萌生。

陈独秀在1915年所写的《东西民族根本思想之差异》中，通过中西文化的比较，对"损坏个人独立自尊之人格""窒碍个人意思之自由""剥夺个人法律上平等之权利""养成依赖性，戕贼个人之生产力"①的宗法制度予以痛挞。在《敬告青年》中，他充分肯定自我的主体价值，"我有手足，自谋温饱；我有口舌，自陈好恶；我有心思，自崇自信；绝不认他人之越俎，亦不应主我而奴他人"，鼓吹"盖自认为独立自主人格以上，一切操行，一切权利，一切信仰，唯有听命各自固有之智能，断无盲从隶属他人之理"②。李大钊也很重视人的自我存在和人格的尊严，"吾青年之生，为自我而生，非为彼老辈而生；青年中华之创造，为青年而造，非为彼老辈而造也"③。他们的呐喊体现了五四新文化运动的先驱们对独立的新人格的构想和对自我解放的追求。所以，后来郁达夫在回顾五四时代的战斗历程时深有体会地说："五四运动的最大的成功，第一要算'个人'的发见。从前的人，是为君而存在，为道而存在，为父母而存在的，现在的人才晓得为自我而存在了。"④ 这话是颇有见地的。

在个性解放和其他西方科学文化思想的观照下，先驱们摆脱了旧思想、旧传统的羁绊，发现了自我的价值，认同自我在社会中的主体地位。文化心理的嬗变使他们焕发出一种前所未有的创造动力。人格的解放又使他们破天荒地不是从君天道统、三纲五常出发，而是从自我出发去探索振兴中华的方略，树立起新的历史使命感和社会责任感。先驱们的探索具有共同的特点：重在从文化上去反省祖国贫弱的原因，从自我解放和人性自由发展的方面去开辟改造中国的道路。他们认为，中国社会落后的症结在于国民文化素质低，缺乏独立的人格，因此，一致把视线投向尚未觉醒的同胞身上。例如，胡适在美国留学时就指出："今日造因

---

① 陈独秀：《东西民族根本思想之差异》，载《青年杂志》第1卷第4号（1915年11月15日）。
② 陈独秀：《敬告青年》，载《青年杂志》第1卷第1号（1915年9月15日）。
③ 李大钊：《〈晨钟〉之使命》，载《晨钟报》创刊号（1916年8月15日）。
④ 郁达夫：《散文二集·导言》，《中国新文学大系》，上海良友图书公司1935年版。

之道，首在树人；树人之道，端赖教育。"① 青年时代的鲁迅也痛切地感到，"我们的第一要着，是在改变他们的精神，而善于改变精神的是，我那时以为当然要推文艺"②，于是弃医就文，倡导文艺运动。胡适和鲁迅的看法颇有代表性，无论是教育救国还是倡导文艺运动，先驱们无不企望以他们个人的自我觉醒去唤起中华民族的自我觉醒。难怪他们把传播科学和民主思想以启发国民的自我意识、批判国民劣根性以树立独立的人格作为改革社会的根本大计。

正是为了推行这根本大计，胡适悉心研究西方文学，较早地认识到文学的社会作用："凡世界有永久价值之文学，皆尝有大影响于世道人心者也。"③ 通过比较，他发现中国的旧文学，"徒有形式而无精神，徒有文而无质，徒有铿锵之韵貌似文辞而已"④，已成为少数人的私有物，失去生命力，根本不能影响世道人心。同时，胡适还认为旧文学的书面语言——文言文"乃是一种半死的文字，因不能使人得听懂之故"⑤，不能再作为表情达意的工具。他用历史进化论的观点，分析了世界文学和中国文学的发展变迁，认识到要使文学普及到国民中去，必须进行一场文学革命运动，而在这时，发动这场运动的时机已经成熟。于是他决心从改革文字入手，创建一种能够表情达意的活的文字、活的文学。

十分明显，自我主体意识是先驱们所建构的新的文化心理的重要部分。五四文学革命体现着从自我主体意识焕发出的人格力量。胡适在美国构想改革文学的观点时，遭到他那些留美朋友梅光迪、任鸿隽等人的反对和嘲讽。如果他缺乏独立的自我意识，并且不抱定"人言未足为轻重"的态度去尝试白话诗的创作，那么，他革新文学的主张定会胎死腹中，《尝试集》也不会出现。当胡适的《文学改良刍议》发表后，陈独秀写出《文学革命论》，以个人的身份"甘冒全国学究之敌，高张'文学革命军'大旗，以为吾友之声援"，并提出"三大主义"，作为文学革命的口号。陈独秀猛烈抨击封建旧文学的三种类型："贵族文学，藻饰依他，失独立自尊之气象也；古典文学，铺张堆砌，失抒情写实之旨也；山林文学，深晦艰涩，自以为名山著述，于其群之大多数无所裨益也。"⑥ 旧文学的这三种类型，映照出传统社会一般文学家的文化心理。陈独秀对它们的指斥实质上也否定了传统社会中文学家的依附性人格。

考察文学革命运动的参加者和新文学第一代作家的身份，除鲁迅应蔡元培的邀请在教育部做佥事外，其他人几乎都是留学生或国内各大学的师生。他们摒弃

---

① 胡适：《再论造因寄许怡孙书》，《藏晖室札记》卷十二，亚东图书馆1939年版。
② 鲁迅：《呐喊·自序》，《鲁迅全集》第1卷，人民文学出版社1981年版。
③ 胡适：《再论造因寄许怡孙书》，《藏晖室札记》卷十二。
④ 胡适：《藏晖室札记》卷十三。
⑤ 胡适：《藏晖室札记》卷十三。
⑥ 陈独秀：《文学革命论》，《新青年》第2卷第6号（1917年2月）。

传统社会读书做官的道路，不依附任何政治势力，保持着独立的人格；同时在思想上坚持独立思考，不人云亦云。他们自由讨论，各抒对文学革新的见解，为文学革命运动披荆斩棘。当然，文学革命运动的发展也不是一帆风顺的，它遭到林纾、学衡派和甲寅派等封建文学卫道士的反对。这批守旧文人，甚至希望北洋军阀政府出面来绞杀这次运动。面对顽固派文人的反扑，胡适、陈独秀、李大钊、鲁迅等《新青年》同仁毫不退缩。他们高扬文学革命的大旗，阐扬自己的文学主张，把顽固派文人所散布的谬论驳得体无完肤，从而扫清文学革命运动发展的障碍，在反对旧文学的斗争中显示出一往无前的自我力量。

现在看来，胡适提出的八事主张，陈独秀鼓吹的三大主义，以及钱玄同、刘半农所发表的改革文学的倡议，多有不成熟或偏颇之处，但在当时确实起到振聋发聩的作用。而且，随着文学革命运动的进展，他们对新文学理论的探讨也在不断深入。胡适在1918年所写的《易卜生主义》中谈他对新文学内容的看法："只在他肯说老实话，只在他能把社会种种腐败龌龊的实在情形写出来叫大家仔细看。"① 他认为"社会最大的罪恶莫过于摧折个人的个性不使他自由发展"，尤其推崇易卜生作品所表现的"健全的个人主义"——"最要紧的还是救出自己"，高度评价易卜生的杰作《娜拉》中娜拉为了"救出自己"，维护女性人格尊严而离开家庭的勇敢行为。受《娜拉》的影响，胡适创作出中国现代文学史上第一个反对封建礼教、争取婚姻自主的独幕话剧《终身大事》。可见，胡适对新文学内容的理解，带有浓厚的自我意识色彩，体现了文化心理嬗变后的新的价值观念。

在早期新文学理论的建树中，周作人的作用不可忽视。周作人以自我为出发点，感知到文学内容的革新，应该提倡"人的文学"，反对"非人的文学"。所谓"人的文学"，便是"用这人道主义为本，对于人生诸问题，加以记录研究的文字。"而人道主义，"乃是一种个人主义的人间本位主义。"这就是说，以自我为本位来表现社会人生诸问题便是"人的文学"的内容。按照这种文学观念，他认为"中国文学中，人的文学，本来极少，从儒教道教出来的文章，几乎都不及格"②，应在排斥的"非人的文学"之列。

郭沫若在这一时期的文学主张也很有见地。他指出，"我想诗的创造是要创造'人'，换一句话说，便是在感情的美化"，强调"诗底主要成分总要算是'自我表现'了"，主张诗歌形式要"绝端的自由，绝端的自主"③，好使自我的感情自然在诗中流动。

毋庸置疑，五四文学革命运动的先驱和新文学第一代作家几乎都是从自我出

---

① 胡适：《易卜生主义》，载《新青年》第4卷第6号（1918年6月）。
② 周作人：《人的文学》，载《新青年》第5卷第6号（1918年12月）。
③ 田汉、宗白华、郭沫若：《三叶集》，上海书店1982年版。

发去建构新文学的理论的。在创作上，鲁迅的小说和郭沫若的诗代表了现实主义和浪漫主义两种不同的文学倾向，显示出文学革命运动的实绩。鲁迅的第一篇白话小说《狂人日记》，塑造了一个自我人格受到宗族制度和封建礼教压抑而起来反抗的狂人形象，深刻揭露了几千年来封建仁义道德的吃人本质。鲁迅笔下的孔乙己和阿Q则是尚未觉醒的旧式下层知识分子和落后的流浪雇农典型。他们的人格被封建传统观念和封建制度所扭曲，失去人的尊严，麻木不仁。鲁迅"哀其不幸，怒其不争"，从文化上深掘和鞭挞了酿成他们悲剧命运的根源——国民劣根性。而在郭沫若的《女神》中则是另一种格调、另一番境界。诗集昂扬着郭沫若发现自我后，寻求自我实现的战斗精神。在《湘累》中，诗人以屈原自况，发出挣脱儒家人格设计的桎梏后的宣言："我效法造化底精神，我自由创造，自由地表现我自己。我创造尊严的山岳，宏伟的海洋，我创造日月星辰，我驰骋风云雷雨，我萃之虽仅限于我一身，放之则可泛滥乎宇宙。"在《梅花树下醉歌》中，他高唱"我赞美这自我表现的全宇宙的本体"，宣称"一切的偶像都在我面前毁破"。毁坏偶像，意味着自我解放，诗人在《天狗》《浴海》《金字塔》等诗中，以气吞宇宙的豪情，讴歌自我解放后所爆发的力量，"人们创造力的权威可与神祇比伍"，"新社会的改造，全赖吾曹"。正因为人有无穷的创造力，所以便在宇宙中处于"天上的太阳也在向我低头呀"的主体位置。《女神》流溢出崇尚自我的激情，鼓舞了几代读者。很明显，无论鲁迅和郭沫若的艺术风格多么不同，但唤起国民觉醒，实现人的自我解放是他们共同的创作基调。

综上所述，在中国社会从传统走向现代的转型时期，以胡适、陈独秀、李大钊、鲁迅、郭沫若等为代表的先驱和新文学第一代作家，撷取西方文化的"金羊毛"，更新文化观念，并从新的文化视角反观中国传统文学，提出革新文学的主张。显而易见，一代作家文化心理的嬗变、发现人的自我价值，确立了新的独立的人格，是五四文学革命运动勃然而兴的文化原因。同时，他们对新文学理论的建树和创作实践，无一不渗透着西方近现代文化意识，显示出自我人格解放后所焕发出的创造力量。只有在这时，中国文学的文化特质才发生根本的变化，中国文学的发展才进入一个崭新的阶段，产生了从形式到内容都迥异于传统文学的中国现代文学。正因为如此，五四文学革命运动，才完全不同于中国文学史上任何一次文学运动，它的出现，改变了中国文学的面貌。

西方忏悔意识与中国现代文学[①]

比较研究西方文学和中国传统文学，不难看出，在诸种文化因素中，忏悔意识是西方文学的文化基因之一，内省意识则是中国古代、近代文学文化机制的一个重要组成质素。这两种表现形态相似而涵义不同的反省意识，在文学作品的某些方面显示出中西文化特质的区别。但是，当历史的步伐跨入现代，各个国家和民族不再画地为牢，各种文化相互交流也越来越频繁。西方忏悔意识移植进中国文学，改造和丰富了中国的内省意识，使中国文学的文化特质出现新的变化。这种变化，对中国现代文学产生了积极的影响。

一、西方忏悔意识与中国传统的内省意识之间的文化落差

作为文化的范畴，忏悔意识与日常生活语言中所用"忏悔"一词的意义不尽相同。日常生活语言中的"忏悔"，意思是认识到了过去的错误或罪过而感到悔恨和痛心。严格地说，这只是一种忏悔心态。我认为，忏悔意识应当包含三个层次：表层是自我谴责的心态；里层是自我否定的理性分析；深层是自我超越的动机。很明显，它是人重新审视、重新发现自我的一种精神活动。人在重新认识自我的过程中，良知系统不断得以丰富、发展，思想感情也随之净化升华，从而滋生出一种内发的精神力量——忏悔意识的力量把自我人格推向新境界。

古希腊是欧洲文学的发祥地。古希腊文化鲜明地反映出早期西方文化的特征：对人的高度肯定和赞美、对自由的追求和对知识的推崇。所以，古希腊文学的文化特质，是西方文学的文化底蕴。代表古希腊文学最高成就的是悲剧。古希腊悲剧作家在创作中就很注意描写人物的忏悔心态。比如，索福克勒斯的著名悲剧《俄狄浦斯王》，展现了个人的意志与命运的冲突。剧中的俄狄浦斯命中注定要弑父娶母，他竭尽全力也未能摆脱命运的摧残。在该剧最后一场，俄狄浦斯刺瞎自己的双眼后痛切自谴，"假如我到冥土的时候还看得见，不知当用什么样的眼睛去看我父亲和我不幸的母亲，既然我曾对他们作出死有余辜的罪行"，淋漓尽致地勾画出他愧悔交加的心情。又如，欧里庇得斯的动人悲剧《美狄亚》，表现了人在反抗不合理的现实时所付出的巨大代价。剧中的美狄亚为了追求爱情，

[①] 本文系粤港闽首届比较文学研讨会论文，1988 年 11 月提交；原载《中山大学学报》1989 年第 3 期；台湾《新闻早报·海峡副刊》1989 年 5 月 17—19 日转载。

杀死弟弟，背叛祖国。而她的爱人伊阿宋却移情别恋，另娶科任托斯公主为妻。被抛弃的美狄亚无力争取在家庭中的合法地位，只得以杀害自己的孩子，灭绝伊阿宋的后人来报复。在该剧的第二场，美狄亚祈祷时悲怆自责——"我的父亲、我的祖国呀，我现在惭愧我杀了我的兄弟，离开了你们"，道出悔恨的心声。十分清楚，古希腊悲剧所表现出的忏悔心态，正是后来西方文学中忏悔意识的胚胎。

应当看到，后来的西方文学家几乎都不同程度地接受基督教文化的影响，但同时也从古希腊文学中摄取营养。基督教文化阐扬了一种思想：人类的始祖亚当、夏娃对上帝犯了罪，因此，人生来就是有罪的；人活着应当赎罪，以便在死后接受上帝的最后审判，进入天堂；如果人经常向上帝忏悔，就会减轻罪孽，使灵魂得救。真诚的忏悔实质上是对旧的自我的一种否定，尽管这种否定的程度因人而异，而且在不同的历史时期还有着不同的色彩，但是，人在忏悔所思所想、所作所为时，就已萌发弃旧图新的动机了。基督教文化的这种思想一旦为社会所接受，古希腊文学肇始表现出的忏悔心态才升华为一种文化意识，积淀在包括文学家在内的各阶层人士的心理深层。

内省意识形成于春秋末年。孔子说："曾子曰：'吾日三省吾身，为人谋而不忠乎？与朋友交而不信乎？传不习乎？'"① 又说："内省不疚，夫何忧何惧？"② 历代的儒学大师把内省目的具体化，并且不断增添内心反省的内容。他们认为，内省是个人进行道德修养和调节人际关系的必然途径，每个人都应当按照儒家仁、义、礼、智、信、忠、孝的道德规范进行内省，克制个人的欲望，"不逾矩"，以实现社会和家庭的和谐关系。这样，传统的内省意识也包括三个层次：外层是自疚、自咎的心态；里层是按照儒家伦理观念所进行的反省；深层是个人道德的完善和自律。人通过多次内省，在人格上达到内圣外王的境界。

需要指出的是，中国历代文学家都认同儒家文化，内省意识便很自然地渗透进他们的大脑。在这种内省意识观照下，他们也写出光耀千秋的传世之作。司马迁的《报任少卿书》无疑是其中出色的一篇。这篇文章真实记下司马迁因替李陵兵败投降匈奴之事辩护，受到"腐刑"处分后的内省历程。唐代诗人张九龄受李林甫的排挤，被贬为荆州长史。他在荆州所写的十二首《感遇》诗中，抒写出内省时对自我坚贞清高品德的评价。杜甫的《自京赴奉先县咏怀五百字》是一首表达内省意识的杰作。诗人对自己复杂、矛盾的内心世界进行深刻的自剖，抒发出忧国忧民的情思，具有强烈的艺术感染力。白居易的《观刈麦》，记叙他任盩厔县尉时一次下乡观麦收时的内省心情："今我何功德，曾不事农桑，

---

① 《论语·学而》。
② 《论语·颜渊》。

吏禄三百石，岁晏有余粮。念此私自愧，尽日不能忘。"在中国文学史上，像这样的作品真是不胜枚举。它们确实是中国文学的瑰宝。

不难看出，西方忏悔意识是以个人为本位的一种宗教观念；中国的内省意识则是以群体为本位的伦理观念。但是，经过文艺复兴和新教革命，忏悔意识突破宗教的范畴，融入人文主义思想因素，具有广泛的社会内容。从此，许多人已不仅仅是为了克服和纠正个人的过错才忏悔。新的忏悔意识促使他们发现自我存在的价值，唤起他们为个性解放而斗争的勇气。文学家也摆脱神学思想的禁锢，焕发出新的自我创造力量。而中国的内省意识，经过历代儒学大师的不断补充，系统愈加严密。宋代的朱熹强调"人之一心，天理存则人欲亡；人欲胜则天理灭。未有天理人欲夹杂者，学者须要于此体认省察之"①。明代的王阳明进一步明确了内省意识的价值取向标准"只要去人欲，存天理，方是功夫。静时念念去人欲、存天理，动时念念去人欲、存天理"。毫无疑问，这种要求人们克制正常的欲望，去顺应儒家伦理训条的"天理"的内省意识，简直是对人性的摧残。它会使文学家思想僵化，个性受到压抑，创造性亦不能充分发挥出来。在唐代和元代，基督教文化两度西来，但因受儒家文化的排斥，未能在中国传播。中西两种不同的反省系统，一直没有交融的机会。中国文学中尽管有时也出现"忏悔"的词语，例如冯梦龙的《醒世恒言》就有一个故事叫《桂员外穷途忏悔》，但这种"忏悔"并未突破儒家观念的框架，不过是内省的别名而已。

忏悔意识和内省意识本身的发展变化，必然会在文学作品中反映出来，使中西两种不同文化特质的文学差别更加明显。同样是写商人海外冒险的故事，笛福的《鲁滨逊漂流记》和凌蒙初的《转运汉遇巧洞庭红》，文化底蕴就各有特色。前者的主人公鲁滨逊为追求财富，几次在海上遇险，最后漂流到一个荒岛上，在那里生活了28年。他在不幸的困境中曾多次以"极端虔诚谦卑的心情跪伏在地上，向上帝忏悔我的罪恶"。《圣经》成为他的思想支柱，忏悔意识坚定了他战胜自然的意志，使他焕发出乐观主义的进取精神。他用才智和勤劳在荒岛开辟了一个新天地，通过个人奋斗做了自己命运的主人。无疑，鲁滨逊是资本主义上升时期个性色彩十分浓烈的英雄。凌蒙初笔下的文若虚则是个做生意赔本的"倒运汉"。他在穷愁潦倒之际经过一番内心反省："一身落魄，生计皆无，便附了他们航海，看看海外风光，也不枉人生一世。"这个"附"字道尽了文若虚性格的基本特征：依附性。文若虚本人无创业精神，倒是他所依附的命运之神关照了他。他随海船到一个荒岛观光，偶然拾得奇珍异宝，发了大财。这篇小说虽然反映了明代中叶商业发展和资本主义萌芽的某些方面，但也宣扬了"可见人生分定，不必强取"的命定论。知足、守成、平安等观念，进入文若虚的内省意识里

---

① 黎靖德编：《朱子语类》，中华书局1986年版。

层，使他缺乏进取心和自信心；"去欲存理"的价值取向，又使他两次放弃进一步发财致富的机会。显而易见，鲁滨逊和文若虚完全是在两种文化背景下产生出来的两种文化性格的商人。

在18世纪的世界文学史上，卢梭的《忏悔录》和曹雪芹的《红楼梦》都以各自巨大的生活容量、深邃的思想，各有千秋的艺术特色占据着重要的地位。两部作品都带有作者自传的因素。卢梭在书中把自己的德行和不体面的甚至是卑劣的隐私大胆地暴露出来，展现出一个平民思想家广阔、丰富、复杂的精神世界，及其与黑暗现实的冲突。作者以惊人的真实、彻底的批判精神否定旧的自我。正因为否定了旧的自我，他才以深刻的哲理和超越动机为导向，对罪恶的社会环境进行猛烈的抨击。因而《忏悔录》推崇人性，强调人格的独立和尊严，充满了自我意识和反封建的个性解放精神。由于卢梭的忏悔意识融进了他的天赋人权和人与人之间生来就是平等的，以及返回自然、返回自然人的思想，所以《忏悔录》也和他的其他著作一样，是19世纪浪漫主义文学和现代欧洲文明的思想源泉之一。《红楼梦》第一回开宗明义地表述了作者"今因风尘碌碌，一事无成……诚不若彼裙钗"的愧悔心情。因此，有人称它是因"情场忏悔而作的"[①]。其实，作者的"忏悔"，仍然没有超越传统的内省意识。曹雪芹在小说中艺术地批判了陈腐的封建礼教和行将崩溃的封建制度，在一定程度上否定了儒家文化的某些负面。但是，他没有找到，也不可能找到一种新的思想作为观照，而是用佛家文化的色空观念去指导内心反省。正是出于这种内省意识，所以他塑造的贾宝玉一方面渴望挣脱封建传统观念的桎梏，有着朦胧的人格平等和个性解放的要求，另一方面又无法突破传统文化的樊篱，跳出家门却遁入佛门，毕竟没有发现自我、肯定自我。确切地说，贾宝玉是封建末世具有某种叛逆精神，却始终没有在家庭和社会中找到正确位置的"混世魔王"。

不难看出，《忏悔录》和《红楼梦》鲜明地映照出西方文学中的忏悔意识和中国传统文学中的内省意识之间的文化落差。这种文化落差一直到五四新文学出现以前都未消失。

二、新的反省机制——中国现代作家的忏悔意识

鸦片战争之后，外国列强的坚船利炮敲开中华古国的大门，随之而来的西方文化撞击着中国传统文化，欧风美雨激起一代文学家心灵的震荡。尤其是清朝末年和民国初年，一批先进青年如鲁迅、陈独秀、胡适、李大钊、郭沫若、郁达夫等相继到海外学习西方科学文化，寻求救国的真理。他们像海绵吸水一样，尽情

---

① 俞平伯：《〈红楼梦〉辨》，亚东图书馆1923年版。

吮进各种新思想，文化心理发生嬗变。同时，他们又以西方现代文化思想做观照，对国内窳败的社会现实、中国传统文化和传统文学进行深刻的反省。值得注意的是，他们的反省由于注入忏悔意识的基因，突破中国传统内省意识固有的框架，形成新的反省机制——中国式的忏悔意识。

考察中国新文学运动的先驱和第一代作家受西方忏悔意识潜移默化的过程，就会发现，欧洲一些文学家、哲学家在忏悔时的真诚态度和人格光辉，宛如磁石吸引钢铁一样吸引住他们。其中，以卢梭、圣·奥古斯丁和列夫·托尔斯泰对他们的影响最大。圣·奥古斯丁是欧洲早期基督教神学家，在《忏悔录》中，他虔诚地向上帝袒露胸怀，严厉谴责自己早年在迷途中的过错。列夫·托尔斯泰在不朽的小说《复活》中，成功地塑造出忏悔贵族聂赫留朵夫的形象，阐扬赎罪和使灵魂得救的思想。尤其是在他的日记和《忏悔录》中，托尔斯泰无情地解剖自己，猛烈抨击自己所属的贵族阶级的腐朽生活，为自己过去的荒唐行为而深深忏悔。

鲁迅读过他们的著作后深受感动，在1908年所写的一篇文章中发出赞叹："奥古斯丁也，托尔斯多（泰）也，约翰卢骚（卢梭）也，伟哉其自忏之书，心声之洋溢者也。"① 郭沫若早年也以他们为榜样，1920年2月16日在一封信中向友人倾吐衷曲："我常恨我莫有奥古斯丁、卢骚、托尔斯泰的天才，我不能做出部赤裸裸的《忏悔录》来，以宣告于世。我的过去若不全盘吐泻净尽，我的将来终竟是被一团阴影裹着，莫有开展的希望。我罪恶的负担，若不早卸个干净，我可怜的灵魂终久困顿在泪海里，莫有超脱的一日。"② 郁达夫高度评价卢梭的《忏悔录》是"赤裸裸的将自己的恶德丑行暴露出来的作品"，而这样"空前绝后"的作品"使人读了，没有一个不会被他迷住，也没有一个不会和他起共感的悲欢的"③。五四时期，巴金在托尔斯泰和俄国无政府主义大师克鲁泡特金等人的著作启蒙下，觉察到他所出身的地主阶级的罪恶，有一种"原罪"的感受，"我们的上辈犯了罪，我们自然也不能说没有责任"④，他是怀着"为上辈赎罪"的忏悔心情继续走人生道路的。1927年巴金到法国后，卢梭的著作给他打开一个新天地。巴金不仅当时经常站在卢梭铜像前倾诉心中的痛苦，就是几十年后也怀着深深的感激之情说："我写小说，第一位老师就是卢梭。从《忏悔录》的作者那里我学到诚实，不讲假话。"⑤ 果然，巴金的文学创作也像卢梭那样以真诚

---

① 鲁迅：《集外集拾遗·破恶声论》，《鲁迅全集》第7卷，人民文学出版社1981年版，第27页。
② 郭沫若：《郭沫若致宗白华》，田汉、宗白华、郭沫若：《三叶集》，上海书店1982年版。
③ 郁达夫：《卢梭的思想和他的创作》，《郁达夫文集》第6卷，花城出版社、三联书店香港分店1983年版，第28页。
④ 巴金：《巴金选集·后记》，载《读书》1979年第2期。
⑤ 巴金：《探索集·后记》，《当代文学研究资料·巴金专集》，江苏人民出版社1981年版，第671页。

的忏悔著称，散文集《忆》《短简（一）》《生之忏悔》和《随想录》等作品中就蕴含着深刻的忏悔意识。

但是，中国现代作家在进行自我反省时固然突破了传统的内省意识窠臼，却没有完全抛弃内省意识，也未机械地硬套西方忏悔意识的模式。他们的忏悔心理机制吸取了二者的某些长处，并加以融会贯通，从而显示出中国式的特色。

中国现代作家显然是把忏悔意识当作人类的美德和推动社会发展的内在动力而移植过来的。恰如新月派诗人闻一多在美国留学时透辟指出的："人不怕有罪恶，只怕有罪恶而甘于罪恶，那便终古沉沦于死亡之渊里了。人类底价值在能忏悔，能革新。世界底文化也不过由这一点动机发生的。忏悔是美德中最美的，他是一切的光明底源头。他是尺蠖的灵魂渴求展伸底表象。"① 这话道出一代作家共同的忏悔心理。可见，中国现代作家的忏悔意识带有功利性，却几乎没有西方忏悔意识那种基督教文化的宗教色彩。

西方文学家一般在功成名就、忧患已成为过去的晚年，才系统地撰写自己的忏悔录。中国现代作家则不同，传统的内省意识在他们文化心理上的积淀使他们在探索人生道路的时候，一边从事创作，一边写自己的忏悔录。例如巴金的第一篇忏悔性散文《作者自剖》写于 1932 年，此时他才 28 岁。从那时到 80 年代五本《随想录》的问世，他的自传性忏悔录一直写了半个多世纪。在 200 多万字的忏悔录中，巴金毫不掩饰在生活和创作中的矛盾和苦闷，表现自己激烈的思想冲突，揭露和鞭挞自己的过错，真实地记述了几十年来生活、创作和心灵发展变化的艰难历程，是中国现代文学宝库中弥足珍贵的精神财富。郭沫若也在 28 岁那一年在写给宗白华的信中深切忏悔："我自己底人格，确是太坏透了"，"我不是个'人'，我是坏了的人，我是不配你'敬服'的人，我现在很想如同凤凰一般，采集些香木来，把我现有的形骸烧毁了去，……从那冷净了的灰里再生出个'我'来！"② 以后，在自传性小说"漂流三部曲"、《亭子间中的文士》《湖心亭》《后悔》《红瓜》和回忆录《幼年时代》《少年时代》《学生时代》等作品中，郭沫若挥洒自如的文笔宛如剔骨去肉的利刃，对自己生活上、思想上的丑陋之处和性格上的缺陷进行深刻的剖析和坚决的否定。在中国现代文学史上，许多作家也像巴金、郭沫若一样，或者一边前进一边反省，或者在追忆往事中批判旧我。他们写出的忏悔录不是自我的总结，而是在忏悔中创作出自我否定和自我探索的作品，是从卢梭等西方文学家的《忏悔录》中吸取过养料而又具有内省性质的杰作。同时，由于他们生活在充满忧患的时代，他们在进行反省时，忧患意识也往往掺兑在忏悔意识之中，所以，他们的忏悔录也带着浓厚的忧患色彩。这

---

① 闻一多：《〈女神〉之时代精神》，载《创造周报》第 4 号（1923 年 6 月 3 日）。
② 郭沫若：《郭沫若致宗白华》，田汉、宗白华、郭沫若：《三叶集》，上海书店 1982 年版。

种忧患色彩在西方文学家的《忏悔录》中是不多见的。

不仅如此,中国现代作家忏悔的出发点也因人而异,因时而异,不都像西方文学家那样以个人为本位来否定旧我。比如郭沫若在《凤凰涅槃》中既为抛掉精神上的阴影而忏悔,也为一代青年而忏悔。所以,闻一多读后兴奋地写道:"丹穴山上底香木不只焚毁了诗人的旧形体,并连现时一切的青年底形骸都毁掉了。凤凰底涅槃是一切的青年底涅槃。"① 这种忏悔标志着诗人和一代青年觉醒的开始。再如巴金最初是以家族为本位进行忏悔的。但是,由于他生活在一个呼唤自我、认识自我、确立自我主体价值的时代,他渴望甩掉过去留在灵魂上的重荷,为社会贡献更大的力量,所以在30年代,开始对自我心灵进行探索。他在《片断的感想》中宣称他"诅咒自己";在《新年试笔》中进一步否定旧我:"我是浅薄的,我是直率的,我是愚蠢的","黑暗,恐怖,孤独——在我的灵魂的一隅里永远就只是这些东西"。不过,日益尖锐的民族矛盾和社会矛盾不允许他离开现实,离开人民去自我忏悔。巴金说:"在这时候整个民族的命运都陷在泥淖里,我似乎没有权利来絮絮向人诉说个人的一切。但是我终于又说了。因为我想,这并不是我个人的事,我们许多人的身上都看见和这类似的情形。使我们的青年不能够奋勇前进的,也正是那过去的阴影。"② 可见,巴金为个人,又为一代青年和整个民族而忏悔的动机是十分明确的。有趣的是,鲁迅却站在一定的历史高度来审视自己的愿望和动机,反观自己的心态和行为,剖析自己的思想和性格,彻底批判和否定旧我。鲁迅说,"必须先改造了自己,再改造社会,改造世界"③,认为"多有只知责人不知反省的人的种族,祸哉祸哉"④,因此以自我为本位进行忏悔,"我知道我自己,我解剖自己并不比解剖别人留情面"⑤。

鲁迅、郭沫若、巴金以各自认可的本位进行忏悔,又都殊途同归,更生一个新我,表明中国现代作家的忏悔心理机制不是刻板划一的。中国作家的忏悔意识形成的时间固然较晚,但由于师承西方文学家的忏悔意识,又同中国传统的内省意识有着很深的渊源关系,兼有中西两种文化因素。这种新的忏悔机制的确立,意味着中国作家的反省系统从封闭走向开放,中国文学也出现了从传统走向现代的契机。

三、忏悔意识:中国现代文学更新的推动力

作家是文学创作的主体,中国现代作家忏悔意识的形成势必会使中国现代文

---

① 闻一多:《〈女神〉之时代精神》,载《创造周报》第4号(1923年6月3日)。
② 巴金:《忆》,《巴金选集》第10卷,四川人民出版社1982年版,第6页。
③ 鲁迅:《热风·随感录·六十二》,《鲁迅全集》第1卷,人民文学出版社1981年版,第360页。
④ 鲁迅:《热风·随感录·六十一》,《鲁迅全集》第1卷,第359页。
⑤ 鲁迅:《而已集·答有恒先生》,《鲁迅全集》第3卷,人民文学出版社1981年版,第457页。

学的文化特质出现某些变化。

毫无疑问，无论以什么为本位进行忏悔，都得通过作家自我本体程度不同地显现出作家本来的面貌。忏悔意识有助于增强作家自我主体价值观念，使中国现代文学作品也像西方文学作品那样，带有鲜明的自我色彩。

毋庸置疑，中国传统叙事文学作品中的自我色彩是很淡薄的。鲁迅的第一篇白话小说《狂人日记》就以其强烈的自我色彩使人耳目一新。鲁迅写《狂人日记》，显然受过俄国批判现实主义作家果戈理同名小说的启迪。需要指出的是，并非西方文学的每一篇作品都表现了忏悔意识，果戈理的《狂人日记》就属此列。就文化意义而言，鲁迅的《狂人日记》实在是中国现代文学史上第一篇忏悔小说。又因为作者的忏悔意识与忧患意识交相融合，所以这篇小说又显示出忧愤深广的特色。

郁达夫的忏悔小说则是另一种风格。受卢梭等外国作家的影响，郁达夫的小说常以自己的某些经历为题材，带有浓郁的自传体色彩。长期以来，研究者对郁达夫作品大胆暴露的特点的评价众说纷纭。殊不知这种大胆暴露，正是郁达夫忏悔意识的表现形态。郁达夫小说中的主人公多是患上"时代病"的零余者，他们的思想和性格，与法国19世纪浪漫主义小说家缪塞的自传性小说《一个世纪儿的忏悔》中患上"世纪病"的主人公沃达夫何其相似。他们都是一些聪明、敏锐、富有才华的青年知识分子，在污秽的现实中，理想破灭，看不到个人和社会的前途，因而感伤、怀疑、悲观、孤独、放浪形骸。沃达夫在绝望中几乎走上杀人的毁灭道路，但耶稣受难像的小十字架唤起了他的良知，忏悔使他恢复理智，他深切感受到"忏悔是一种纯洁的圣香，它挥发了我所有的痛苦"，终于和旧我告别，向新的生活道路走去。郁达夫小说中的零余者，愤世嫉俗，不甘心沉沦却又找不到一条新路，于是产生变态心理。他们也经常痛切自谴。这种忏悔虽然没有把他们从自暴自弃的"时代病"中解脱出来，但也使他们宁可安贫自戕，也要保持正直、坦诚、独立的人格，不与邪恶势力握手言和。可以说，在这以前的中国文学史上，还没有一个作家能像郁达夫那样，在创作中不加掩饰地暴露自己，深切自忏，表现自我。

鲁迅和郁达夫的忏悔小说，代表了中国现代叙事文学的两种忏悔模式。鲁迅通过对艺术形象的精心镂刻，从艺术形象身上体现出作者的忏悔意识。郁达夫却是直抒胸臆，通篇展现出作者的忏悔过程，流溢着率真的忏悔情感。这两种忏悔模式经过后来的巴金、倪贻德等现代作家的继承和发展，从而形成中国现代叙事文学的忏悔特色。

本来，中国传统抒情文学中，自我色彩是很清晰的，从屈原到黄遵宪，历代许多诗人都在诗篇中描绘了自我形象。但是，从文化意义上加以审视，由于历代文学家缺乏忏悔意识和独立的人格，因而，历代抒情诗中的诗人自我和现代抒情诗中的诗人自我的内涵显然不同。翻翻胡适在美国所写的《藏晖室札记》，就可以看到他在留学时心灵的忏悔历程。胡适早年倡导文学革命时，曾受到留美同学的激烈反对，为此而作《老鸦》。诗人以"我不能呢呢喃喃讨人家的欢喜"的老鸦自况，尽管环境恶劣，甚至生存都成问题，但老鸦"我不能带着鞘儿，翁翁央央的替人家飞；也不能叫人家系在竹竿头，赚一把黄小米"。这样，一个先驱独立、坚强的自我形象便跃然纸上。又如郭沫若的《女神》以其深刻的忏悔意识、强烈的叛逆精神、浓厚的爱国主义感情，刻画出诗人在五四时期的自我形象，鼓舞了几代读者。像这些张扬自我的诗篇，在中国现代抒情文学中不胜枚举，标志着中国诗人思想的大解放和诗体的大解放。而忏悔意识，正是他们实现这两个大解放的内在动力之一。

忏悔意识还把中国现代作家从自我内心探索引导到对人生真谛的寻求上来。思考"人生究竟是什么"等问题，寻找个人在社会上的正确位置，成为五四时期的一种创作风尚。冰心的小说值得注意。她的《超人》和《悟》中的主人公都是孤独恨世的冷面郎君，但生活中发生的事件使他们忏悔，悟出母爱、同情和互助能使社会前进的道理。落华生的小说《缀网劳蛛》也颇有影响。小说中的华侨长孙可望因为嫉妒，刺伤和遗弃了妻子尚洁。《马太福音》的启示使他忏悔，于是接回尚洁，自己离家赎罪。尚洁经过这番波折认识到人生"象蜘蛛，命运就是我的网"，人生的意义就在于像蜘蛛一样织网。今天看来，中国现代文学第一代作家的这种看法未免幼稚和可笑，但是他们探索和表现人生的意义，不在于得出什么样的结论，而在于把忏悔意识、个性主义、人道主义等西方文化思想引进文学创作，突破了传统文学阐扬儒、释、道的伦理观念和惩恶扬善的格局，使中国现代文学从传统文学的模式中走出来，文学题材焕然一新。

西方忏悔意识注入中国现代文学，不仅更新了文学题材，也促使现代作家创新艺术形式。中国古典小说重视情节而忽视对人物进行心理分析。中国现代作家要描写人物的忏悔意识，就不能不展现人物的精神世界，揭示人物内心的奥秘。俄罗斯批判现实主义作家陀思妥耶夫斯基的作品在表现人物忏悔时对灵魂的审问，对他们的影响极大。鲁迅在一篇文章中，谈到他在年青时候所敬服的两个伟大的文学家，其中一个就是陀思妥耶夫斯基。① 鲁迅又在另一篇文章中准确地概括出陀思妥耶夫斯基创作的特点是"穿掘着灵魂的深处，使人受了精神底苦刑而得到创伤，又即从这得伤和养伤和愈合中，得到苦的涤除，而上了苏生的路"②。在《狂人日记》《阿Q正传》《祝福》《伤逝》等小说中，鲁迅显然学习和借鉴过陀思妥耶夫斯基的灵魂拷问法，刻画人物深邃的内心世界，塑造出生动的艺术

---

① 鲁迅：《且介亭杂文二集·陀思妥夫斯基的事》，《鲁迅全集》第6卷，人民文学出版社1981年版，第411页。
② 鲁迅：《集外集·〈穷人〉小引》，《鲁迅全集》第7卷，第105页。

典型。后来，鲁迅把自己的创作经验总结为"画眼睛"和"勾灵魂"。当然，在中国现代文坛上，向西方文化和西方文学吸取营养的作家又何止鲁迅。30年代崛起的施蛰存、刘呐鸥、穆时英等现代派作家，师承西方现代主义文学，尤其刻意描绘人物的心理活动，笔触甚至伸入潜意识，在表现人物的忏悔意识时，别开生面。由此可见，从《狂人日记》开始，中国现代作家为了展现人物的忏悔意识，把从注重描写人物的生活方式和行为方式等外部特征，转向勾画人物的思维方式、透视人物五光十色的"内宇宙"，从而提供了新的文学创作技巧。

再者，中国古典小说中用第一人称形式写出来的作品并不多见，并且绝少日记体、自传体、书信体之类。中国现代作家在表现人物忏悔意识时，跳出传统小说的体式老套，又是从《狂人日记》开始，他们常用第一人称的形式来写小说，日记体、自传体、书信体等小说体式竞相推出。茅盾的《腐蚀》、丁玲的《莎菲女士的日记》等日记体小说，郁达夫的《血泪》《十一月初三》等自传体小说，巴金的《利娜》等书信体小说，都是表现忏悔意识的成功之作。这种种不同的体式，使得中国现代小说形式灵活、仪态万方，体现出现代作家在忏悔意识引导下而焕发出的创新精神。

综上所述，作为西方文学的一种文化基因的忏悔意识移植进中国文学后，对中国现代作家文化心理的嬗变和自我主体价值观的确立，对中国现代文学作品从内容到形式的更新都起到良好的推动作用。

巴金创作的文化意义①

在中国现代文学史上，巴金的创作是一座高峰。从不同的视角去观察这座高峰，会看到它不同的风貌。近 10 年来，研究者从文艺社会学的角度去评论巴金的创作，提出了不少真知灼见。本文从文化学的方位考察它，探讨它的文化意义，为拓展对巴金进行研究的领域起到抛砖引玉的作用。

巴金说过："我是'五四'的产儿。"五四时代正是中国文化从传统走向现代的转型期——中国本土文化吸收了某些外来文化因素，经过对传统文化的扬弃，开始重构一种具有新质的现代文化。巴金就是在中外文化交融点上崛起的文坛巨擘。

巴金幼年受过正统的儒家教育，最早吮吸的是传统文化的乳汁。从他的第一个先生——母亲身上体现出的仁爱观念，他背诵过的《古文观止》名篇中所蕴含的忧患意识，很早就在他的心田扎根。难怪他对不平等的现象极其反感，立下了在变革现实的斗争中尽一份力量的宏愿。当五四新文化运动的浪涛波及四川时，巴金尽情吸收各种思想。从五四开始，他从异质文化中接受了无政府主义思想、人道主义、法国大革命和俄国民粹运动的社会发展观念。

五四新文化的洗礼，使巴金从传统的文化心理模式中突围出来，形成一种新的文化心理机制。人道主义改造了他早年所接受的儒家仁爱思想，自由、平等、博爱的观念渗透进他的文化心理深层，与中国传统的正义观念融合在一起，构成他的文化性格的内核——那就是他在《第四病室》中借一个人物的嘴所说出来的话："变得善良些、纯洁些，对别人有用些。"巴金虽然"爱一切的人"，但并不爱把自己的幸福建筑在别人痛苦上。"我所憎恨的并不是个人，却是制度"②，是他在创作中所遵循的独特的美学原则。所以在巴金的作品中，绝少全然邪恶的反面典型，即使像高老太爷这样的人物，也只是通过他的悲剧来抨击吃人的家族宗法制度，③ 而不是漫画式地对其加以丑化。巴金的文化性格对其创作的制约由此可见一斑。

异质文化中的无政府主义，对巴金思维方式、价值观念和伦理观念的形成曾起着重要的作用。传统的思维方式是单向直线朝后看型。在封建社会，人们总是

---

① 本文系 1989 年 11 月首届巴金学术国际研讨会提交论文，原载上海《社会科学》1990 年第 3 期。
② 巴金：《关于〈家〉十版代序》，《巴金选集》第 1 卷，四川人民出版社 1982 年版，第 427 页。
③ 参见吴定宇：《巴金的家庭题材小说探胜》，载《中山大学学报》1986 年第 2 期。《现代意识与传统观念相撞击的火光——论巴金〈家〉的文花价值》，载《中国现代文学研究丛刊》1988 年第 2 期。

拿过去与现在做比较，认为过去比现在好，恪守"天不变，道亦不变"的信条，至于未来会怎么样，则很少从进化的角度去考虑。而且，这种思维方式重直觉和经验，缺乏推理和思辨，也就拙于对未来进行预见。巴金从无政府主义思想体系中接受了归纳演绎法。克鲁泡特金认为，无政府主义的基础"是适用于人类社会一切制度的归纳法"①。所谓归纳演绎法，就是根据一定的事实概括出一般原理，再从一般原理推论出合乎逻辑的结论，闪耀着理性和思辨的光辉。在这种外来的方法论影响下，巴金形成纵横比较的多向思维方式。他的目光越过华夏大地，望到日本、美国、法国和俄罗斯，把这些国家的历史和现状，与中国的历史和社会现实做横向、纵深比较。这种比较，使巴金思考中国的未来，关心中国社会革命发展的方向，对中国的前途充满信心。毫无疑问，新的思维方式的运用，对启发他的心智、活跃思想、开阔视野、建构新的文化心理机制都起到积极作用。不过，克鲁泡特金从自己的政治立场出发，在无政府主义世界观的指导下推断出"自由的或无政府共产主义的是唯一的共产主义之形式""共产主义和无政府主义因此都是两个进化的名词，两者相合而成完璧，两者并行而不相背"②的错误结论也曾为巴金所接受，致使他在探索社会革命道路上走过一段弯路。

当然，任何一种思维方式都需要价值观念来导向。中国传统的价值观念是以伦理为本位，三纲五常、忠孝节义作为价值取向，与单向直线朝后看型的思维方式相适应。到了五四时代，这种静止的价值观念已显得陈旧不堪。巴金翻译过克鲁泡特金的《人生哲学：其起源及发展》，潜心钻研过无政府主义伦理思想，巴金生活在新旧文化的转型时期，他的价值观念仍带有浓厚的伦理色彩。只是，他借助他山之石，更新了价值取向。巴金的价值取向是：忠实地生活，真诚地爱人，不把个人的幸福建筑在别人的痛苦之上和为大众的幸福而献身。巴金用这种价值观念作为思维导向，又以法国大革命和俄国民粹运动为观照系，形成了他的政治文化观：通过无政府主义的革命道路，实现建立万人友爱互助、万人安乐的自由平等新社会的理想。很明显，巴金的美丽理想，在黑暗如漆的社会能激发起人们反抗现实的勇气，增强奋斗的信心，有一定的积极意义。但由于他不是以俄国社会主义革命作为观照系，并且脱离中国革命的实际，这种政治文化观带有浓厚的虚幻性，在现实革命斗争中也是行不通的。

巴金的价值观念运用到伦理范畴，则促使他对家族宗法制和封建礼教进行深刻的反思。本来，巴金在封建大家庭生活了19年，对封建专制的压迫有着切肤之痛，目睹了封建传统观念怎样摧残人性，毁灭青年人的青春、爱情、理想和幸福的种种惨剧。无政府主义否定一切传统的主张，与巴金仇恨封建主义的心情十

---

① 克鲁泡特金著，巴金译：《我的自传》，克氏全集刊行社1928年4月版。
② 克鲁泡特金著，震天、天均译：《近世科学和安那其主义》，克氏全集刊行社1928年4月版。

分合拍，给他提供了批判封建主义的新的思想武器。五四新文化运动的先驱们对封建主义的揭露和抨击也给巴金以启发，加深了他对封建主义的"吃人"罪恶及其崩溃趋势的认识。由于有了以新的价值观念为导向的新的思维方式，巴金才不同于传统社会中的离经叛道之士，例如李贽。李贽在他那个时代的确是个有独立思考能力的杰出的人才，他对儒家学说的怀疑和对宋、明理学家所阐释的伦理理论大张挞伐的文章，至今读来还能令人拍案叫绝。但是他并不否定孔、孟肇始建构的伦理思想体系，只是力图做局部的修正，思维方式和价值观念都没有突破传统的模式，也没有找到一种新的观照系，他对传统伦理观念的批判，不可避免地带有历史的局限性。巴金则借助于新的思想武器，对封建主义伦理思想进行清算。如果说鲁迅是第一个通过狂人的形象揭露家族宗法制和封建礼教"吃人"本质的人，那么，巴金则是通过对血淋淋的"吃人"场面的具体描绘，第一个宣判封建制度死刑的作家。毋庸置疑，巴金在伦理范畴对传统的文化观念的批判与否定，其坚决性、猛烈性、深刻性都达到五四以来的一个新高度，这就为重构现代新文化廓清了障碍。

从文化学的方位看，文学创作其实就是作家文化心理的凸显过程，它既要反映客观现实生活在作家文化心理上的投影，也要表现作家的思维方式、价值观念、伦理观念等文化心理的深层结构。巴金创作（主要是小说创作）的文化成就突出表现在，从政治文化和伦理文化方面映现了从五四到抗战胜利这二十多年间变化的时代风云。

巴金从政治文化方面反映动荡的社会生活的主要作品有《灭亡》《新生》和"爱情三部曲"等。过去从文艺社会学的方位去审视这些作品，评价一向不高，有的研究者至今还指责这几部作品表现了作者的无政府主义政治观。这显然是不公正的。在中国历史上，农民起义层出不穷。从《水浒传》到近代的历史演义，以农民革命战争为题材的作品令人眼花缭乱。毫无疑问，中国历史上的农民起义程度不同地打击了封建统治阶级，是推动历史发展的动力之一。这些作品自然也表现了作者的文化心理。有趣的是，无论作者们所处的时代多么不同，各自的个性有多大的差异，但对传统文化的认同使他们几乎都没有跨越儒家的价值系统，三纲五常、忠孝节义是他们判断忠奸正邪、是非曲直的价值取向。这些作品虽然反映了农民的反抗，但并没有写出社会结构和政治制度的根本变革。作者所塑造的叛逆英雄，或因官逼民反，而只反贪官不反皇帝；或杀富济贫，替天行道，反映了古代人民均贫富的政治思想；或等待招安以换取高官厚爵和安全；或为"真命天子"打天下，做改朝换代的开国元勋……文化心理被正统文化投下斑驳陆离的阴影。他们在揭竿而起的过程中，或用计谋智取敌人，或因武艺高强打败对手，或遇高人指点、搭救而化险为夷，这种种的斗争方式构成传统的反抗行为模式。这些作品从内容到形式都表明，传统文化在历代作家心理上的积淀是何等深厚。

到了五四时代，各种新的文化思想潮水般地涌来，改变了一代人的文化心理。在这个新旧文化的转型时期，一代觉醒的知识分子跳出传统文化的圈子，抛弃旧有的文化思想武器，从异质文化的库房中选取各自认可的武器，如陈独秀、李大钊选择了马克思主义，鲁迅挑选了进化论，胡适拣取了实验主义，郭沫若服膺泛神论，巴金信仰无政府主义，开始探索改造中国的道路。在实践中，他们中的一些人如鲁迅、郭沫若在碰壁中接受教训，接受了马克思主义；一些人，如胡适仍顽固坚持原来的立场不肯改变；还有一些人，如巴金，一时认识不到无政府主义的弊端和错误，还在艰难地上下求索。

《灭亡》、《新生》、"爱情三部曲"便是在这样的文化背景中创作出来的。在上述作品中，巴金深刻地勾画出转型时期一代青年的文化心理和行为方式。他笔下的杜大心、李冷、陈真等，在异质文化（巴金从未在作品中写明是无政府主义）的启蒙下，认识到家庭和社会的罪恶，怀着为上一辈人赎罪的心情，投入改造社会的斗争。他们的价值观念是，为社会的解放和大多数人的幸福而献身。为了实现自己执着追求的万人幸福的目标，他们甘愿抛弃舒适生活而走上亡命的道路。他们的斗争方式也是新式的到工厂做工，组织工会，发动工人起来和资本家斗争；或者写文章进行革命的宣传鼓动或组织妇女会和农会，唤起民众觉醒。由于黑暗势力的强大，同时也是由于指导他们行动的政治文化思想的缺陷，他们的反抗都以失败告终。这些作品的文化价值不在于它表现了什么样的政治文化思想，而在于巴金别出心裁地塑造出一批文化心理机制和行为方式都与传统文学作品中的造反者迥然有别的一代热血青年形象系列，在他们身上映照出转型时期一种新的价值观念和伦理观念已经确立。他们的失败表明，在转型时期，要从众多的异质文化中寻求到一种正确的政治文化思想来指导中国革命，是何等艰难。

巴金从伦理文化方面反映家族宗法制走向没落的代表作品是"激流三部曲"和《憩园》等。正如巴金所说："自从我知道执笔以来，我就没有停止过对我底敌人的攻击。我底敌人是什么？一切旧的传统观念，一切阻碍社会的进化和人性的发展的人为制度，一切摧残爱的努力，它们都是我底最大的敌人。我永远忠实地守着我底营垒，并没有作过片刻的妥协。"[①] 这几部作品也确实是反封建的力作。然而，粉碎"四人帮"不久，巴金又说："我承认我反封建反得不彻底，我没有抓住要害问题，我没有揭露地主阶级对农民的残酷剥削……"[②] 这两段话表示了他对自己的作品两种截然不同的自我评价。显然，怎样理解巴金自我评价的悖论，实际上是如何评论这些作品的文化价值的问题。

---

① 巴金：《写作生活的回顾》，湖南人民出版社1984年版。
② 巴金：《〈家〉重印后记》，载《人民日报》1977年11月13日。

我认为，封建主义是一种历史文化的范畴，它的内涵十分复杂，既包括地主阶级剥削农民的经济关系，又含有地主阶级与农民互相对立的阶级关系，更涵容专制压迫的政治制度，还并行着束缚思想、制约行为的文化观念。前三种属于政治文化和经济文化，后一种则归入思想文化。正因为如此，对封建主义的批判才有不同的方位、内容和方式。从政治文化和经济文化的方位去反对封建主义，主要是通过武装夺取政权的阶级斗争方式消灭地主阶级，改变封建剥削的经济关系，建立代表人民利益的新政权，制定社会主义政治制度来完成的。从思想文化的方位去反对封建主义，主要是通过清除陈腐的传统观念在人们文化心理上的积垢，改变国民性，构建新的价值观念和思维方式，树立现代文化来完成的。当然，这个任务十分艰巨，要真正完成它需要整个民族的共同努力。

每个作家都应当写自己最熟悉的生活。巴金对陈腐的传统观念和家族宗法制的危害有一种特殊的敏感。非常明显，巴金在创作中是从思想文化的方位来反对封建主义的。应当看到，他挥动如椽的大笔揭露和鞭挞陈腐的传统观念和家族宗法制的罪恶时，怀着强烈的悲愤感情；但分析造成这种种罪恶的文化原因和揭示它们的灭亡前景时，却鞭辟入里，冷静而富有理性；对新的文化思想是满腔热情歌颂和欢迎的。他从觉慧、觉民、觉新、钱梅芬、瑞珏等对待新旧文化的不同态度和遭遇，具体地描写了新旧文化在一代青年心理上的冲突；通过"觉"字辈的年轻人和长辈们的矛盾形象地展现了新旧文化思想的斗争过程；生动地揭示出新文化潮流不可抗拒的力量，即使像高家那样顽固的封建文化堡垒，在它的冲击下也会土崩瓦解；从而真实地再现中国文化从传统走向现代的转型时期的典型环境。同时，巴金还深刻地表现出转型时期一代青年的命运：觉慧、觉民、淑英等经过现代意识的启蒙，文化心理发生嬗变，确立了新的价值观念、伦理观念和思维方式，勇敢蹚开旧文化的樊篱，走上新的人生道路，他们的反抗行动无疑从封建大家庭的内部震裂一条罅缝，加速了它崩溃的进程；觉新在新文化潮流前犹豫彷徨，又丢不开背负的旧文化十字架，只好在新旧文化的夹缝中半死不活地挣扎着；钱梅芬、瑞珏等旧有的文化心理一成不变，结果成为封建礼教祭台上最后的祭品。在民主革命时期，许多青年从巴金的作品中受到启迪，义无反顾地走上反封建的斗争道路。可见，巴金的确是中国现代文化史上继鲁迅先生之后又一个坚强的反封建战士。巴金后来的自咎，是因为他没有从另一个角度去反封建，体现了他对自己的严格要求和谦逊精神。不过，如果要他硬写是写不出像"激流三部曲"那样惊世骇俗的作品的。

综上所述，从文化学的方位审视巴金1949年前的作品，不仅是应该的，而且也是必然的。过去我们着重研究巴金作品的思想价值、艺术价值，今天难道不可以多花点工夫去探讨它的文化价值？

五四：作家文化心理的嬗变与新文学的走向[①]

五四文学革命在中国文学发展史上揭开了新的一页。对五四文学革命发生的原因与新文学的走向等问题的探讨，很自然地成为文学史家所研究的重要课题之一。长期以来，不少研究者从政治经济学和文艺社会学的方位着眼，认为五四文学革命的兴起是中国近代社会的政治、经济与文学诸方面条件长期孕育的必然结果，新文学朝着社会主义文学的方向发展。毫无疑问，这些看法都是正确的。但是，当我们现在重新审视这场 70 年前的文学大解放运动，就不能固囿在学术界已有的定论上，而应当进行更深层次的探索。事实上，五四文学革命是一次多层面的、复杂的、丰富的文学运动，如果只从一两个方面来概括它发生的原因，确定其发展趋向，显然不够全面。从不同的视角来考察这场亘古未有的文学大变革，所得出的结论自然大相径庭。例如，我们把活跃在五四时期的一代作家当作文学革命运动的主体，从文化学和人格心理学的方位去细细观察，就会看到一个有趣的现象：正是这一代作家文化心理的嬗变，发现了自我的价值，才使得文学革命运动蓬勃地展开，而作家的自我实现与超越，便是新文学的走向。本文试就此进行探讨。

一、作家文化心理的嬗变与五四文学革命

郁达夫在回顾五四时代的战斗历程时透辟地指出："五四运动的最大的成功，第一要算'个人'的发见。从前的人，是为君而存在，为道而存在，为父母而存在的，现在的人才晓得为自我而存在了。"[②] 在中国传统社会，束缚人的个性发展的儒家文化根深蒂固，对历代文学家的文化心理起着主导作用。直到五四文学革命以前，中国文学的文化特质都没有发生真正的变化。中国新文学家发现自我的价值经历了一个向西方文化学习的过程。

鸦片战争之后，中国先进的知识分子向西方寻找真理，到 20 世纪初已蔚然成风。五四文学革命运动的倡导者胡适横渡太平洋，到美国留学；陈独秀、李大钊、鲁迅、郭沫若等五四文学革命运动的主将和旗手也先后东渡扶桑，学习科学和文化。在这个时候，国内的形势发生了巨大的变化：一是延续了两千多年的自

[①] 国家教委 1989 年五四运动七十周年学术讨论会入选论文，后收入吴宏聪主编《中国现代文学与民族文化》，首都师范大学出版社 1994 年版。

[②] 郁达夫：《中国新文学大系·散文二集·导言》，上海良友图书公司 1935 年版。

给自足的自然经济受到正在发展的资本主义经济的挑战，新的经济架构已经出现；二是封建帝制被推翻，军阀连年混战，政局动荡不定。时代风云的变幻，使胡适、陈独秀、李大钊、鲁迅、郭沫若等人彻底抛弃君天道统，不走康有为、梁启超等维新派文人的老路。他们一方面像海绵吸水一样，尽情吮进西方各种新的文化思想，另一方面对以儒学为基底的传统文化进行深刻的反思；一方面着眼世界潮流，另一方面关注着国家的命运和民族的兴亡，探寻救国之路。

有趣的是，当他们经受西方文化思想启蒙之后，不约而同地感受到封建礼教和宗法制度对人性的压抑，认识到包括自己在内的中国人人格的缺陷，相继接受了个性解放的思想武器。鲁迅早在1907年所写《文化偏至论》中就提出"立我性为绝对之自由""尊个性而张精神""张大个人之人格，又人生之第一义也"的主张，在《破恶声论》中强调"自我"不应"泯于大群"之中。这表明一种新的文化因子，已打破近代作家超稳定的文化心态，导致作家自我主体意识的萌生。在晚清曾应过举人试的陈独秀，由于受到"西洋的科学哲学各方面思想"的影响，在1915年所写的《东西民族根本思想之差异》中，通过对中西文化的比较，痛斥宗法制度"损坏个人独立自尊之人格""窒碍个人意思之自由""剥夺个人法律上平等之权利""养成依赖性，戕残个人之生产力"[①]。在《敬告青年》中，他充分肯定自我的主体价值，"我有手足，自谋温饱；我有口舌，自陈好恶；我有心思，自崇所信；绝不认他人之越俎，亦不应主我而奴他人"，鼓吹"盖自认为独立自主之人格以上，一切操行，一切权利，一切信仰，唯有听命各自固有之智能，断无盲从隶属他人之理"[②]。李大钊也很重视人的自我存在和人格的尊严，斩钉截铁地说："吾青年之生，为自我而生，非为彼老辈而生；青年中华之创造，为青年而造，非为彼老辈而造也。"[③] 他们的呐喊体现了五四文学革命运动的先驱们创立新人格的构想和对自我解放的追求。

众所周知，涵容了人格独立和自我主体价值的个性解放是西方人本主义的重要组成部分，在欧洲文艺复兴时期反封建、反教会的斗争中发生过巨大的进步作用。在个性解放和其他西方科学文化思想的观照下，五四文学革命运动的先驱们摆脱了旧思想、旧传统的羁绊，发现了自我的价值，认同自我在社会中的主体地位。先驱们文化心理的嬗变焕发出一种前所未有的创造动力。人格上的解放，使他们破天荒地不是从三纲五常出发，而是从自我出发，去探索振兴中华的方略，树立起新的历史使命感和社会责任感。先驱们的探索有其共同的特点：重在从文化上去反省祖国贫弱的原因，善于从自我解放和人性自由发展的角度，去开辟改造中国的新途径。先驱们认为，中国社会落后和愚昧的症结，在于国民文化素质

---

① 陈独秀：《东西民族根本思想之差异》，载《青年杂志》第1卷第4号（1915年11月15日）。
② 陈独秀：《敬告青年》，载《青年杂志》第1卷第1号（1915年9月15日）。
③ 李大钊：《〈晨钟〉之使命》，载《晨钟报》创刊号（1916年8月15日）。

低，缺乏独立的人格，因此，一致把视角投向尚未觉醒的同胞身上。例如，胡适还在美国留学时就指出："今日造因之道，首在树人，树人之道，端赖教育。"① 青年时代的鲁迅也痛切感到"我们的第一要着，是在改变他们的精神，而善于改变精神的是，我那时以为当然要推文艺"②，于是毅然弃医就文，倡导文艺运动。胡适和鲁迅的观点颇具代表性，无论是教育救国还是倡导文艺运动，先驱们无不企望以他们个人的自我觉醒唤起整个中华民族的觉醒。难怪他们把传播科学和民主思想以启发国民的自我意识、批判国民性以树立独立的人格作为改革社会的根本大计。

　　正是为了推行这根本大计，胡适悉心研究西方文学，较早地认识到文学的社会作用："吾以为文学在今日不当为少数文人之私产，而当以能普及最大多数之国人为一大能力。吾又以为不当与人事全无关系。凡世界有永久价值之文学，皆尝有大影响于世道人心者也。"③ 通过比较，胡适觉察出中国的旧文学"徒有形式而无精神，徒有文而无质，徒有铿锵之韵，貌似文辞而已"④，已成为少数人的私有物。这种无病呻吟、模仿古人、言之无物的旧文学，已失去生命力，根本不能影响世道人心。他还认为，旧文学的书面语言——文言文"乃是一种半死文字，因不能使人得听懂之故"⑤，不能再作为表情达意的工具。他用历史进化论的观点分析了世界文学和中国文学的发展变迁，认识到要使文学普及到最大多数之国人中去，必须进行一场文学革命运动，而在当前，发动这场运动的时机已经成熟。他在给一个朋友的信中疾呼"文学革命何可缓耶！何可更缓耶！"⑥ 决心从改革文学入手，创建一种能够表情达意的活的文字，活的文学。

　　考察五四文学革命运动，不能不注意到这样一个文学现象：从这个运动的酝酿期到整个发展过程，都贯穿着先驱们强烈的自我意识和体现着自我人格的力量。胡适在美国构想改革文学的观点时，遭到他那些留美的朋友梅光迪、任鸿隽的反对和嘲讽。如果他不把握住自我，抱定"人言未足为轻重"的态度，并且以前无古人的勇敢精神去尝试白话诗的创作，那么，他革新文学的主张很可能胎死腹中，《尝试集》也许不会出现。他在一首词中写道："文章革命何疑！且准备搴旗作健儿！要前空千古，下开百世，收他臭腐，还我神奇。为大中华，造新文学，此业吾曹欲让谁？诗材料，有簇新世界，供我驱驰。"⑦ 抒发了他坚信自我力量，为创建新文学而披荆斩棘的抱负和豪情。当胡适的《文学改良刍议》

---

① 胡适：《再论造因寄许怡孙书》，《藏晖室札记》卷十二，上海亚东图书馆1939年版。
② 鲁迅：《呐喊·自序》，《鲁迅全集》第1卷，人民文学出版社1981年版，第417页。
③ 胡适：《再论造因寄许怡孙书》，《藏晖室札记》卷十二。
④ 胡适：《再论造因寄许怡孙书》，《藏晖室札记》卷十二。
⑤ 胡适：《再论造因寄许怡孙书》，《藏晖室札记》卷十二。
⑥ 胡适：《再论造因寄许怡孙书》，《藏晖室札记》卷十二。
⑦ 胡适：《再论造因寄许怡孙书》，《藏晖室札记》卷十二。

发表后，陈独秀写出《文学革命论》，以个人的身份"甘冒全国学究之敌，高张'文学革命军'大旗，以为吾友之声援"①，并提出"三大主义"，作为文学革命的口号。陈独秀猛烈抨击封建主义旧文学的三种类型"贵族文学，藻饰依他，失独立自尊之气象也；古典文学，铺张堆砌，失抒情写实之旨也；山林文学，深晦艰涩，自以为名山著述，于其群之大多数无所裨益也"②。旧文学的这三种类型，映照出传统社会文学家的文化心理。陈独秀对它们的指斥，实质上也否定了传统社会文学家有着强烈依附性的人格。

自胡适、陈独秀提出革新文学的主张之后，在社会上引起强烈的反响。文学革命运动的参加者和第一代新文学作家，除鲁迅应蔡元培之邀在教育部做佥事外，其他几乎都是留学生或国内各大学的师生。他们不依附任何政治势力，保持着独立的人格；在思想上坚持独立思考，不人云亦云。他们自由讨论，发表对文学革命的见解，为文学革命运动推波助澜。当然，文学革命运动的发展并非一帆风顺，它遭到林纾、学衡派和甲寅派等封建旧文学卫道士的责难和咒骂。林纾不但写了《论古文之不当废》《论古文白话之消长》《致蔡鹤卿太史书》《荆生》《妖梦》等文章公开反对，甚至还希望当时的军阀政府出面绞杀这次运动。面对顽固派文人的反扑，胡适、陈独秀、李大钊、鲁迅等人毫不退缩。他们高扬文学革命的大纛，阐扬自己的文学主张，把顽固派文人散布的谬论驳得体无完肤，从而扫清文学革命运动向前发展的障碍，在反对旧文学的斗争中显示出一往无前的自我力量。

现在看来，胡适提出的"八事"主张、陈独秀鼓吹的"三大主义"以及钱玄同、刘半农所发表的改革文学的倡议，多有不成熟或偏颇之处，但在当时却起到了振聋发聩的作用。而且，随着文学革命运动的进展，他们对新文学理论的探讨也在不断深入。胡适承认："我在《文学改良刍议》里曾说文学必须有'高远之思想，真挚之情感'，那就是悬空谈文学内容了。"③ 那么，什么是文学的内容呢？胡适在 1918 年所写的《易卜生主义》中借介绍易卜生谈出自己的看法："只在他肯说老实话，只在他能把社会种种腐败龌龊的实在情形写出来叫大家仔细看。"④ 他认为，"社会最大的罪恶莫过于摧折个人的个性，不使他自由发展"，尤其推崇易卜生作品所表现的"健全的个人主义"——"最要紧的还是救出自己"，高度评价《娜拉》（现译作《玩偶之家》）中娜拉为了"救出自己"离开家庭的勇敢行为。⑤ 受《娜拉》影响，胡适创作出中国现代文学史上第一个反对

---

① 陈独秀：《文学革命论》，载《新青年》第 2 卷第 6 号（1917 年 2 月）。
② 陈独秀：《文学革命论》，载《新青年》第 2 卷第 6 号（1917 年 2 月）。
③ 胡适：《中国新文学大系·建设理论集·导言》，上海良友图书公司 1935 年版。
④ 胡适：《易卜生主义》，载《新青年》第 4 卷第 6 号（1918 年 6 月）。
⑤ 胡适：《易卜生主义》，载《新青年》第 4 卷第 6 号（1918 年 6 月）。

封建礼教、争取恋爱自由和婚姻自主的独幕话剧《终身大事》。可见，胡适对文学内容的理解带有浓厚的自我意识色彩。

周作人以自我为起点，感知到改革文学内容，应该提倡"人的文学"，反对"非人的文学"。他说："用这人道主义为本，对于人生诸问题，加以记录研究的文学，便谓之人的文学。"而所谓人道主义，他解释为"乃是一种个人主义的人间本位主义"。这就是说，以自我为本位来表现社会人生活诸问题，便是"人的文学"的内容，按照这种文学观念，他认为"中国文学中，人的文学，本来极少，从儒教道教出来的文章，几乎都不及格"[①]，应在排斥的"非人文学"之列。郭沫若在日本一面写新诗，一面在与宗白华、田汉的通信中阐发对诗歌创作的观点。他指出，"我想诗的创造是要创造'人'，换一句话说，便是在感情的美化"，强调"诗底主要成分总要算是'自我表现'了"，并且主张诗歌形式要"绝端的自由，绝端的自主"[②]，好使自我的感情自然在诗中流动。毋庸置疑，五四文学革命运动的参与者和新文学第一代作家都是从自我出发去建构新文学理论的。

在创作上，鲁迅的小说和郭沫若的诗代表了现实主义和浪漫主义两种不同的倾向，他们所取得的成就显示了五四文学革命运动的实绩。鲁迅的第一篇白话小说《狂人日记》，以严谨的现实主义态度塑造了一个自我人格受到宗族制度和封建礼教压抑而起来反抗的狂人形象，深刻揭露了几千年来封建仁义道德的吃人本质。而《孔乙己》中的孔乙己和《阿Q正传》中的阿Q，则是尚未觉醒的旧式下层知识分子和流浪的雇农典型，他们的自我人格被封建传统观念和封建制度所摧残与扭曲，失去了人的尊严，生活十分贫困，精神上却麻木不仁。鲁迅"哀其不幸，怒其不争"，鞭挞了酿成他们悲剧命运的根源——国民性。而在郭沫若的《女神》中则是另一种格调、另一番境界。诗集昂扬着郭沫若发现自我后、寻求自我实现的精神。在《湘累》中，诗人以屈原自况，发出了挣脱儒家人格桎梏后的宣言："我效法造化底精神，我自由创造，自由地表现我自己。我创造尊严的山岳，宏伟的海洋，我创造日月星辰，我驰骋风云雷雨，我萃之虽仅限于我一身，放之则可泛滥乎宇宙。"在《梅花树下醉歌》中，他高唱"我赞美这自我表现的全宇宙的本体"，宣称"一切的偶像都在我面前毁破"。毁坏偶像，意味着自我解放，诗人在《天狗》《浴海》《金字塔》等诗中，以气吞宇宙的豪情，讴歌自我解放后所爆发的力量"人们创造力的权威可与神祇比伍""新社会的改造，全赖吾曹"。正因为人有无穷的创造力，所以自我在宇宙中便处于"天上的太阳也在向我低头呀"的主体位置。诗集流溢出的崇尚自我的激情，鼓舞了几代

---

① 周作人：《人的文学》，载《新青年》第5卷第6号（1918年12月）。
② 郭沫若：《郭沫若致宗白华》，田汉、宗白华、郭沫若：《三叶集》，上海书店1982年版。

读者。很明显，无论鲁迅和郭沫若的艺术风格多么不同，但唤起国民的觉醒、实现人的自我解放，是他们共同的创作基调。

从上面的论述中不难看出，在中国社会由传统走向现代的转型时期，以胡适、陈独秀、李大钊、鲁迅、郭沫若等为代表的一代作家，撷取西方文化的"金羊毛"，更新文化观念，并从新的文化视角反观中国传统文学，提出革新文学的主张。显而易见，一代作家文化心理的嬗变是五四文学革命运动勃然而兴的文化原因。同时，这一代作家对新文学理论的建树和创作实践，都无一不显示出自我人格的创造力量，渗透着西方近现代的文化意识。只有在这时，中国文学的文化特质才发生根本的变化，中国文学的发展才进入一个新的阶段，产生了从内容到形式都迥异于传统文学的中国现代文学。可以毫不夸张地说，五四文学革命运动，完全不同于中国文学史上任何一次文学运动，它的出现，改变了中国文学的面貌。

二、作家人格的自我实现与新文学的走向

最近几十年，一些心理学家对人格心理的结构、人格心理活动的一般规律的探讨取得了很大的进展。其中，美国著名心理学家马斯洛的人格理论，尤其引人瞩目。马斯洛从存在主义与人本主义心理学出发，认为人类所有的行为都是因自我需求所引起的，并把人类的需求分成五个层次：

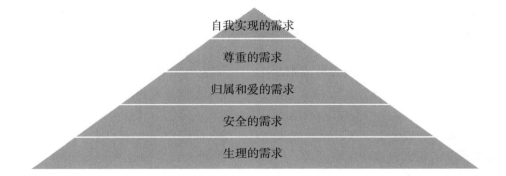

只有较低层次的需求获得满足时，人才会向较高的层次攀登。一个层次就是一层人格的精神境界，而达到最高层次——自我实现精神境界的人并不多见。马斯洛还认为，无论人发展到多高的层次，倘若低层次的需求在较长时间得不到满足，那么，这个人的人格亦会倒退到相应的低层次上。所以，一个人的人格境界的架构不是凝固不变的。

马斯洛的看法不无道理。从这种人格层级论出发，我们就会看到：五四文学革命运动的进程，其实就是一代作家的人格自我完善的过程。然而，我们也无须

生搬硬套马斯洛的人格层级论。五四文学革命运动的先驱，显然不是为了满足自己的衣食住行的生理需求才提出革新文学主张的，新文学的第一代作家，也并非出于要在社会上谋取一个较好的职位、求得自身的安全而写作。那样，他们的自我主体意识和创造力量会像传统社会的文学家一样，受到外在因素的严重压抑。无论他们以后所选择的生活道路多么不同，但在五四时期，他们的确是从较高的第三层次，即怀着强烈的爱国主义感情和改变国民文化心理的火热心肠，参加这场前所未有的文学革命运动。《新青年》倡导科学和民主的宗旨，像磁石吸引铁一样地使他们结成一个新文化团体。这种归属性驱使他们自觉地为反对封建主义旧文学和创建时代所需要的新文学的共同目标奋斗。恰如鲁迅所说："我所遵奉的，是那时革命的前驱者的命令，也是我自己所愿意遵奉的命令，绝不是皇上的圣旨，也不是金元和真的指挥刀。"① 由于他们的人格层级已达到较高的境界，从爱和归属的需求出发，发现自我的价值，所以，自我主体的创造能量得以较大程度地释放出来，开了一代文风。

　　自然，面对纷至沓来的西方文化思潮，他们绝不会只选取单一的思想武器。差不多在他们接受个性解放思想影响的时候，胡适推崇实验主义、鲁迅信仰进化论、郭沫若服膺泛神论。在五四运动的高潮时期，陈独秀、李大钊成为共产主义者。文学革命运动很快风靡全国，他们的胆识、才智、个人的力量等方面经过严峻的考验，赢得了社会的承认和尊重。同时，自我力量的发挥，又使他们加深了对自我存在价值的认识，增强了自信和自我尊重的情感。当他们的人格进入第四层次后，自我主体意识更为浓烈。荣耀感和责任心鞭策他们向人格的最高境界奋进。但是，原来在思想上和个性上的差异，导致他们选择不同的通往自我实现的层次途径，《新青年》社同人的分化，势在必行。果然，在五四运动之后，陈独秀、李大钊全力以赴，投入政治革命中去，成为中国共产党早期最重要的领导人。胡适自称有"历史癖"和"考据癖"，自《尝试集》出版后，他写诗的热情大减，也极少发表对文学方面的见解，将兴趣和主要精力转到对国故的整理和对中国学术的研究上去。钱玄同则埋头书斋，潜心研究中国文字。唯有鲁迅，他一面在艰辛地探索改造中国的道路，一面仍辛勤地在文学园地耕耘。虽然《新青年》社的分裂使他有一种失落感，但他坚定地朝新的境界前进。由此看来，《新青年》社的解体，既是这些文化运动先驱政治思想上的分道扬镳，也是他们人格上的自我分化。

　　《新青年》团体虽然解散了，但一批受它传播的新文化思想哺育而成长起来的青年作家，在文坛崭露头角，给文学革命运动注入新的血液。他们分别归属于

---

① 鲁迅：《南腔北调集·〈自选集〉自序》，《鲁迅全集》第 4 卷，人民文学出版社 1981 年版，第 456 页。

40余个文学社团，形成一支独立的文学新军，在这支文学新军中，最早成立的文学研究会和创造社，成就尤为突出。周作人起草的《文学研究会宣言》代表了该会成员对文学的基本态度，"将文艺当作高兴时的游戏或失意时的消遣的时候，现在已经过去了。我们相信文学是一种工作，而且又是于人生很切要的一种工作"。认为文学是"人生的镜子"①，应该反映人生、探讨人生问题，并用以指导人生。这种从自我出发去理解文学的功能，通过对人生意义和价值的探求，重新反省自我存在的价值及其使命，不仅把文学创作引向现实主义道路，而且也推动作家的自我人格朝更高的层次迈进。"创造社"则主张文学必须忠诚地表现自我和尊重自我，反对"借文艺为糊口之饭碗"②，推崇作家独立的人格，在创作上形成浪漫主义倾向。自我主体意识使他们"于文学事业中也正是不能满足于现状，要打破从来因袭的样式而求新的生命之新的表现"③。对自我主体的创造力量抱有坚定的自信心。无须赘述，文学研究会的郑振铎、周作人、沈雁冰、叶绍钧、王统照、冰心、朱自清和创造社的郭沫若、郁达夫、田汉、郑伯奇等人的成就表明，他们和鲁迅一道，努力把五四文学革命运动推向一个新的阶段，他们的人格也进入第四层次。

马斯洛对人格的最高层次——自我实现境界做了如下规定："自我实现也许可大致被描述为充分利用和开发天资、能力、潜能等等。"④每个人的自我情况千差万别，天资高低、能力大小、潜能深浅，轩轾明显。那么，怎样判明一个人是否达到自我实现的境界呢？马斯洛的标准是"他们是一些已经走到，或者正在走向自己力所能及高度的人"⑤。前者达到人格的最高境界，后者部分或某些方面达到自我实现。反观新文学第一代作家，无论他们归属于哪一种流派，自我实现的本质特征就是充分调动他们的潜能、发挥自我主体的创造力量，为新文学的发展做出贡献。

当然由于每一个作家对文学的追求不同，所以，从各自作品中反映出他们走向自我实现的程度也大相径庭。冰心、朱自清、叶绍钧、郑振铎、庐隐、许地山、鲁彦、郁达夫、淦女士、闻一多、徐志摩、朱湘等20年代崛起的作家，才华横溢。他们的作品或探索着"人生究竟是什么"等问题，或揭露社会的黑暗污浊，或描写美丽的大自然景物，或表现自己对祖国和人民的热爱与对理想的执着追求，或抒发个人在现实中的苦闷、愤怒、寂寞、幻灭的感情。虽然他们的洞悉力还不够敏锐，对生活的感知和认知稍显肤浅，对题材的开掘亦有待深入，相

---

① 《文学研究会丛书缘起》，载《觉悟》1921年5月25日。
② 郭沫若：《论国内的评坛及我对于创作的态度》，载《时事新报·学灯》1922年8月4日。
③ 郭沫若：《我们的文学新运动》，载《创造周报》第3号（1923年5月27日）。
④ 马斯洛著，许金声等译：《动机与人格》，华夏出版社1987年版，第176页。
⑤ 马斯洛著，许金声等译：《动机与人格》，第176页。

当一部分作品未能很好地揭示出社会发展的某些趋向，但他们的大多数作品反映了五四时期人的觉醒和作者对人格平等与自我尊重的需求。在艺术创造上，他们各有千秋，刻意创新。冰心诗文的轻倩隽丽，朱自清散文的清隽婉曲，叶绍钧作品的冷峻自然，郑振铎作品的质朴率真，庐隐小说的婉约悲郁，许地山作品的淳厚缠绵，鲁彦作品的细腻冷峻，郁达夫作品的狂放清婉，淦女士小说的炽烈深挚，闻一多新格律诗的沉郁瑰丽，徐志摩诗文的秾丽柔婉，在中国现代文学史上独标一格。毋庸讳言，他们的艺术表现力或许没有达到出神入化的绝妙境界，我们今天甚至可以从他们的一些作品中找出若干缺点。然而，此时从自我主体所释放出的能量，使他们朝气蓬勃地攀向那力所能及的高度。经过他们在创作上的不懈努力，一种从内容到形式都迥异于传统文学的新文学，才由幼稚走向成熟，在现代文坛上取得正宗的地位。

自我实现意味着作家的创作的真正成熟。但是，一个作家的创作即使已臻炉火纯青的化境，也仍须进行新的探索，给自我主体增添新的能源，如不超越以往的成就，炉火就会降温乃至熄灭，人格的层级亦会降低。鲁迅、郭沫若、周作人的自我实现及其在五四文学革命进程中的作用令人深思。

鲁迅和郭沫若都是伟大的爱国主义者，他们很早就敞开心灵去拥抱祖国苦难的大地和人民，去感应时代的脉息，产生了从根本上铲除人吃人的制度的历史使命感和再造一个崭新的中华的社会责任感。这种历史使命感和社会责任感，使他们在文学革命中，充分发展和实现自我的意志、潜能和才华。许多研究者都异口同声地赞誉《呐喊》和《女神》在思想上所取得的成就达到了五四时代新文学作品所能达到的高度，传达出五四时代精神的最强音。在艺术上，也给中国现代小说和新诗的创作开拓了新的天地。然而，他们从不感到满足，在艺术创作上不但不重复别人，也不重复自己。在鲁迅前期作品中，《彷徨》的艺术技巧显然比《呐喊》圆熟；抒情散文诗集《野草》与忆往叙事散文集《朝花夕拾》不是一种模式的作品；《坟》《热风》《华盖集》《华盖集续编》也是各呈秀色。郭沫若创作《星空》所运用的艺术手法，亦比《女神》精湛；他的《瓶》《前茅》《恢复》等诗集的意境、格调韵律不相雷同；他的散文集《塔》《橄榄》《水平线下》读来如行云流水，毫不单调。可见他们自我主体的创新意识在创作中得到自由地发挥。难能可贵的是，他们在思想上从未停止探索，勇于超越自己。鲁迅在1927年风云突变的危急时刻，毅然抛弃了长期信奉的进化论，实现了思想上的巨大飞跃。郭沫若则在"五卅"运动高潮中扬手与旧的思想武器告别。这种在艺术上和思想上的自我超越，使他们的人格真正进入自我实现层次。

在这以前，西方现代文化使鲁迅和郭沫若发现了自我。此时，他们认识到自我是什么，自我要向何处去以及自我的使命。只有进入这种境界，他们的心扉才朝自我打开，潜能喷泉般地涌现出来。内在的创造力使鲁迅和郭沫若的也在自我实现。他们以新的自我意识去感知生活。借助新的思想观照系统，他们的炯炯目光透视黑暗现实，在血雨腥风中瞭望到光明的未来。鲁迅深信："惟新兴的无产者才有将来"①；郭沫若也高吟"朋友，你以为目前过于混沌了吗？这是新社会快要诞生的前宵"②；在作品中揭示出社会发展的进程，满怀信心，呼唤未来。在艺术上，他们的独创性得到最充分的展示。鲁迅写杂文如庖丁解牛，挥洒自如，把杂文这种文体推向与小说、诗歌并列的地位。郭沫若在诗歌、小说、散文、历史剧的创作中，施展出卓越的才华，留下不少传世之作。可以毫不夸张地说，鲁迅、郭沫若奠定了新文学发展的基石，他们的自我实现与超越，便是新文学的走向。

周作人差不多与鲁迅同时接受西方文化的熏陶，在五四时期，以凌厉浮躁之气参加文学革命运动，第一个系统地评述欧洲文学思潮，提出积极的革新文学的主张，他的《人的文学》被胡适誉为"这是当时关于改革文学内容的一篇最重要的宣言"③。在现代文学批评中，他最早提出提倡"宽容"、反对"忍受"的原则，产生了良好的影响。同时，他也是现代散文的拓荒者之一。他的杂感、小品生趣盎然，别具一格，在艺术上造诣极高。除此之外，他还致力于外国文学的翻译和评介，热心倡导民歌民谣的搜集与整理工作，对五四时期的思想解放和文学革命运动的发展起了促进作用。如果不因人废言，在反对旧文学、建立新文学的进程中，周作人的确显示了自我实现的主体力量。

应当看到，人是一定社会中的人，人格的形成和自我调节莫不与当时的社会状况有着密切的关系。五四这样一个呼唤自我、需要自我的时代，促成了周作人的自我实现。五四以后的社会现实在周作人文化心理的投影，使他的自我运动呈现出双向性：战士与隐士。《新青年》同人发生分化之后，周作人保持着不偏不倚的独立色彩。不过，作为五四文学革命运动的先驱和启蒙大师，他还把握着时代脉搏，在"五卅"运动、女师大事件、"三一八"惨案中，和鲁迅等人一道，对帝国主义和北洋军阀政府进行揭露和抨击，仍不失战士风范。但是他认为共产主义和封建主义同样是束缚人的个性的，所以，在"四一二"政变之后，正当鲁迅的思想出现质的飞跃时，他却从文学革命的队伍里退隐到苦雨斋喝茶、饮酒、谈鬼、说狐、画蛇、玩古董、种胡麻。不可否认，他自我的潜能在艺术创造上得到最大的发挥。周作人在创作上的成就主要体现在散文上。他的散文冲淡自然，闲适幽默，融贯了他渊博的学识，因而涉笔成趣，舒卷自如，对现代散文的发展做出非同寻常的贡献。自然，我们也不会忽视，周作人后来的散文虽然仍以表现自我为创作宗旨，但这自我，已不是五四时期具有开拓进取精神的那个"周

---

① 鲁迅：《二心集·序言》，《鲁迅全集》第4卷，人民文学出版社1981年版，第191页。
② 郭沫若：《恢复·战取》，《郭沫若全集》第1卷，人民文学出版社1982年版，第355页。
③ 胡适：《中国新文学大系·建设理论集·导言》，上海良友图书公司1935年版。

作人"，而是在"城市山林"里亮出隐士招牌的这个"周作人"了。正是周作人的胸怀不再拥抱社会人生，从时代行进的队列中落伍下来，他便逐渐变得消极、颓唐、糊涂起来。北京沦陷之后，在日本侵略者的威逼利诱前，为了"苟全性命于乱世"，周作人终于良知泯灭，背叛自我，沦为汉奸，丧失了作为一个中国人的人格。

可见，自我实现是一个不断运动的过程，一个人只有与时代同步，才能在完善自我中做到自我实现。从这个意义上说，新文学的走向正是作家的自我实现与超越。

中西文化交融的最初硕果[①]

——《女神》与《尝试集》文化价值比较

《女神》与《尝试集》是中国现代诗坛最早的个人诗集。长期以来，研究者从文艺社会学的方位，对它们的思想内容、艺术特色、文学地位等问题进行比较分析，写出不少专著和文章，其中不乏独到的见解。但是，这两部诗集意蕴深广，对它们的考察和评价应当是多视角、多层面的。本文拟从文化学的方位对产生这两部诗集的文化原因、《女神》与《尝试集》的文化特点和文化价值进行新的探讨，以期抛砖引玉。

一、对西方文化的抉择：跳出传统文化的圈子

1910年胡适横渡太平洋到美国留学；1913年底郭沫若也取道朝鲜前往日本完成自己的学业。郭沫若与胡适的这一行动不仅对他们个人的生活道路和事业，而且对中国文学的发展都有着重大的意义。

应当看到，在向西方学习科学和文化的过程中，年轻的郭沫若与胡适有一致的地方。一方面他们敞开胸膛，接受西方科学知识和新的文化思想，另一方面对中国传统文化进行深刻的反思；一方面他们悉心观察世界潮流的走向，另一方面又关注着国家的前途和民族的命运，探寻救国之路。但是，由于个性、气质、志趣的差异，他们从西方现代化思想武器库中挑选了不同的武器。青少年时代的郭沫若资质聪明，气质敏感，性格豪爽，好胜心强，感情容易外泄，在中国文化从传统走向现代的酝酿期，郭沫若有一种茫然的失落感。清末民初的黑暗现实，使怀有报国之志的郭沫若又因个性得不到张扬而产生一种沉重的压抑感。在这个时候，19世纪英国浪漫主义作家哈格德的《迦茵小传》的感伤情调，司各特的《撒克逊劫后英雄略》（今译名为《艾凡赫》）的骑士精神，激起过郭沫若的强烈共鸣。浪漫主义诗人歌德、雪莱、惠特曼以及泰戈尔那些洋溢着炽热情感和泛神倾向的诗篇，像磁石吸引铁屑一样深深地牵引了郭沫若的心。与此同时，西欧泛神论哲学家斯宾诺莎的著作，使他读后如饮醍醐，于是他很自然地接受了西方的泛神论。

必须指出，泛神论并非为西方文化思想武器库所专有。两千多年前，庄子的

[①] 本文原载《郭沫若学刊》1990年第3期。

学说便带有泛神论的色彩。庄子发挥老子的思想，认为"道"是宇宙的根本，是宇宙间万事万物发生、发展和变化的原因，并且附着在宇宙间万事万物身上。照庄子看来，人和宇宙之间的万物没有差别，生命亦可超越时空而存在，"天地与我并生，而万物与我为一"①。庄子还认为，既然神附着在宇宙间万事万物身上，那么人就应当"顺物自然而无容私焉"②。很明显，庄子的泛神论没有肯定人在自然中的主体地位，是泛神论的自然主义。斯宾诺莎虽然也说宇宙间"一切都在神内，一切都循着神的本质的必然性而出"③，但又强调人的自我存在与自我价值，"一个人愈努力并且愈能够寻求他自己的利益或保持他自己的存在，则他便愈具有德性"④。郭沫若把中西的泛神论参证起来，便达到豁然贯通的程度，从而形成他独具的泛神思想。

胡适的资质也很聪明，由于父亲去世得早，母亲管教很严，所以从小就养成克制自己感情的习惯。他遇事喜欢寻根究底，独立思考，即使是书上讲的，也要带着一点点怀疑倾向做理性分析，绝不盲目信从，具有哲学家的气质。他在少年时代所写的旧诗，说理的味道要比郭沫若的少年诗稿浓烈得多。此时，他虽然喜欢读大仲马、小仲马、雨果、司各特等西方作家的作品，但更爱读西方哲学家的著作。有趣的是，郭沫若接受了斯宾诺莎思想中的泛神论，胡适却对斯宾诺莎思想中的进化论入了迷。斯宾诺莎、赫胥黎、达尔文使胡适相信事物是一点一滴改良进步的，把胡适性格中的怀疑倾向提高到一个新的层次，"只有那证据充分的知识，方才可以信仰，凡没充分证据的，只可存疑，不当信仰"⑤。毫不奇怪，胡适到美国后之所以信仰杜威所鼓吹的实验主义，是因为"他的哲学完全带着生物进化学说的意义"⑥。恰如胡适所说："杜威先生教我怎样思想，教我处处顾到当前的问题，教我把一切学说理想都看作待证的假设，教我处处顾到思想结果。"⑦

值得注意的是，由于传统文化的影响，我们民族形成了直线向后看型的思维方式和崇古尊老的价值取向。在传统社会，人们向往的是唐虞之制、尧舜之治的上古社会，把孔子、孟子的言论当作规范各自思想、言论、行动的基本准则。几千年来，凡是老者和尊者所做过的事都是对的，凡是古人留下来的东西都是好的，这种价值观念一直积垢在人们的文化心理深层。毫无疑问，这种思维方式和价值观念僵化了人们的头脑，压抑了人们的个性，束缚了人们的创造力。但是，

---

① 《庄子·齐物论》。
② 《庄子·应帝王》。
③ 斯宾诺莎：《伦理学》，商务印书馆1959年版。
④ 斯宾诺莎：《伦理学》。
⑤ 胡适：《五十年之世界哲学》，《胡适文存》二集卷二，亚东图书馆1929年版。
⑥ 胡适：《实验主义》，载《新青年》第6卷第2号。
⑦ 胡适：《介绍我自己的思想》，《胡适文选》，亚东图书馆1930年版。

由于地理位置的闭塞和传统文化的排他性,历代文学家中几乎没有一个能越过这种思维方式和价值观念的雷池。即便是郭沫若与胡适,在接受西方新的文化思想武器的过程中,传统的思维方式和价值观念对他们仍然有着很大的制约作用。例如郭沫若到日本的第二年,日本提出侵略中国的《二十一条》,郭沫若挥毫作诗以抒发爱国情思:

> 哀的美顿书已西,冲冠有怒与天齐。
> 问谁牧马侵长塞,我欲屠蛟上大堤。
> 此日九天成醉梦,当头一棒破痴迷。
> 男儿投笔寻常事,归作沙场一片泥。①

这首律诗除了有一个哀的美顿("最后通牒"一词的译音)是外来的新词外,无论从格调还是从形式上都没有跳出传统文化和旧诗的圈子。至于胡适,在1916年7月26日致任叔永的信中发誓"吾自此以后,不更作文言诗词"之前,在美国所写、所译的诗,都是旧体诗词形式。这说明如果郭沫若与胡适只接受了新的文化思想武器,思维方式和价值观念不发生变化,那么他们就不可能写出《女神》《尝试集》来。

二、《女神》与《尝试集》的文化底蕴

郭沫若与胡适在接受西方现代意识的过程中也在建构一种新的价值系统和新的思维方式。新的价值系统和新的思维方式的形成,意味着郭沫若与胡适突破了传统文化的樊篱,文化心理发生嬗变,实现了思想上的大解放。

首先,郭沫若与胡适改变了传统的直线单向朝后看的思维方式,形成了放射状多向比较型的思维方式。他们这时不是简单地把中国的现状同灿烂的中国古代相比,而是着眼世界各种新潮流,把中国的社会现实同当时比较发达的西方国家相比,从而找出了差距;把中国的社会现实同争取民族独立的希腊等国家相比,从而增强了危机感和振兴中华的责任感。例如,郭沫若在《晨安》中,就把目光投射到俄罗斯、印度、埃及、法兰西、比利时、爱尔兰、美国和日本等国,可以说,在这首诗以前,任何一位诗人的视野都没有他那么开阔。而《我是个偶像崇拜者》和《匪徒颂》等诗则体现了在郭沫若新思维中的丰富联想与想象。

胡适本来就有"历史癖"。新的思维方式,使他不再循着清代考据学者寻章摘句的治学老路。他放眼世界,一些弱小国家和民族备受欺凌的历史使他联想到祖国,"连日日所思维,夜所梦呓,无非亡国惨状,夜中时失眠"②。他痛感辛亥

---

① 郭沫若:《创造十年》,《沫若文集》第7卷,人民文学出版社1958年版。
② 胡适:《藏晖室札记》卷一,亚东图书馆1939年版。

革命没有完成资产阶级民主革命的任务,祖国仍在黑暗中沉沦,孜孜追求建立一个像美国那样的资产阶级民主共和国。胡适运用新的思维方式所建构的政治理想,在当时无疑是有着积极意义的。

其次,郭沫若与胡适在重构自己的价值系统的过程中不约而同地摈弃了以尊者和圣者为本位的价值取向,发现了自我的价值,认同自我在社会和自然中的主体地位。他们破天荒地不是从三纲五常和君天道统出发,而是从自我出发,去探索振兴中国的方略,企望以他们个人的自我觉醒唤起整个中华民族的觉醒。

毫不奇怪,中国近代的龚自珍、魏源、黄遵宪、严复、梁启超等人虽然接受了西方文化思想的某些影响,但他们的思维方式和价值观念没有发生根本的变化,因而他们的思想不可能突破传统的文化思想;他们的创作,也不可能超越传统的文化。正是由于郭沫若与胡适的文化心理发生嬗变,他们的自我主体才释放出前所未有的创造能量。

当然,恰如世界上没有完全相同的两片绿叶一样,郭沫若与胡适所建构的新的思维方式和价值系统也存在着差异。所以,他们的文学见解也有不同。郭沫若受泛神论和个性解放思想的影响,自我意识特别强烈。他以自我为感知点,抛弃了"文以载道"的传统文学观念,大胆提出自己的文学主张:"我想诗的创造是要创造'人',换句话说,便是在感情的美化",强调"诗底主要成分总算是'自我表现'了"①,应当让自我的感情,自然地、无拘束地从诗中流露出来。他反对文学的功利主义,"我于诗学排斥功利主义,创作家创始时功利思想不准丝毫夹杂入心坎"②。胡适则大异其趣。胡适运用文化思想武器比较分析了世界文学与中国文学的发展变迁,形成了自己的文学功利观:"吾以为文学在今日不当为少数文人之私产,而当以能普及最大多数之国人为一大能力。吾又以为不当与人事全无关系。凡世界有永久价值之文学皆尝有大影响于世道人心者也。"③ 胡适以这种功利观为价值取向,觉察到文言文的弊害和白话文必将代替文言文的趋势,认识到旧体诗词的形式已容不下日益复杂的新内容,它僵化的格律已成为表达思想感情的桎梏。于是,胡适从 1916 年开始写白话诗。胡适写白话诗的用意很明显:"施耐庵、曹雪芹诸人已实地证明小说之利器在于白话,今尚需人实地试验白话是否可为韵文之利器耳。"④ 胡适认为,这种写白话诗的尝试,不必乞怜古人,而在于自己的多次试验。

尽管郭沫若与胡适的文学主张有分歧,但是他们革新诗歌的语言和形式的要求、思想与行动却是相近或相似的。郭沫若也是从 1916 年起开始写一些"口语

---

① 田汉、宗白华、郭沫若:《三叶集》,上海书店 1982 年版。
② 郭沫若:《论诗》,载《新的小说》第 2 卷第 1 期。
③ 胡适:《藏晖室札记》第 13 卷,亚东图书馆 1939 年版。
④ 胡适:《藏晖室札记》第 13、14 卷,亚东图书馆 1939 年版。

形态的诗"①。诗人的文化心理发生嬗变之后，心中的激情汹涌奔腾，要求突破旧有的诗歌语言和形式表达出来。他说："我也是最厌恶形式的人，素来也不十分讲究他。"此时更感到"他人已成的形式是不可因袭的东西。他人已成的形式只是自己的镣铐。形式方面我主张绝端的自由，绝端的自主"，认为"古人用他们的言辞表示他们的情怀，已成为古诗，今人用我们的言辞表示我们的生趣，便是新诗。再隔些年代，更会有新新诗出现了"②。惠特曼那种豪放的自由诗形式，正好能表达他火山爆发式的激情和狂飙突进的进取精神，一种新的文化使他写出了前无古人的《女神》。胡适在试验写白话诗的过程中，很不满意在美国写的那些未能脱尽文言窠臼的白话诗。为纠正这个弊病，他回国后又大力倡导"诗体的大解放"，要求写诗的人做到："把从前一切束缚自由的枷锁镣铐，一切打破：有什么话，说什么话；话怎么说，就怎么说。"③胡适在1919年所写的《谈新诗》中又再三强调："形式和内容有密切的关系。形式上的束缚，使精神不能自由发展，使良好的内容不能充分表现。若想有一种新内容和新精神，不能不先打破那些束缚精神的枷锁镣铐。"

毋庸置疑，郭沫若与胡适的文学思想并非根本对立的。他们努力创造一种自由的新诗体的目标是相同的。而且他们的文学思想融进了西方现代文化的因子。在这种文学思想的作用下，他们写出了《女神》和《尝试集》，而西方现代文化的因子，便是这两部诗集文化底蕴的重要组成部分。

三、《女神》与《尝试集》：崭新的文化色彩

《女神》和《尝试集》是郭沫若与胡适的文化心理嬗变后创作的诗集。这两部诗集从内容到形式都闪耀着崭新的文化色彩。

爱国主义是《女神》的主旋律。但《女神》所表达出的爱国主义，不同于中国历代诗人的诗篇中所抒发的爱国主义。在中国历代诗人的爱国主义诗篇中，爱国往往与忠君的观念交织在一起。《女神》所表达出的爱国主义，剔除了传统文化思想的负面，融进了强烈的民主意识。在《我是个偶像的崇拜者》中，郭沫若所崇拜的偶像已把君王和统治者摒除在外，并且又宣称"我又是个偶像破坏者哟"。在《湘累》中，郭沫若打破君为臣纲的传统观念，让爱国诗人屈原在江湖上怒斥昏聩的楚王。诗人在《地球，我的母亲》《辍了课的第一点钟》和《雷峰塔下》等诗中，郭沫若赞颂工人和农民，在一个锄地的老农面前，诗人"想去跪在他的面前，叫他一声：'我的爹'！把他脚上的黄泥舐个干净"。正因为诗

---

① 郭沫若：《凫进的文艺思潮》，载《文哨》第1卷第2期。
② 田汉、宗白华、郭沫若：《三叶集》，上海书店1982年版。
③ 胡适：《尝试集·自序》，人民文学出版社1984年版。

人对祖国人民充满了深挚的爱,所以在《棠棣之花》中塑造了出身于草野的人民英雄聂政的形象。聂政为了拯救天下苍生而不是为君王尽忠,甘愿牺牲年轻的生命。

《尝试集》所洋溢出的爱国主义体现了胡适反专制的精神。《他——思祖国也》一诗的两句:"倘有人害他,你如何对他?倘有人爱他——更如何待他?"抒发出胡适对祖国的思念和对国事的关切情感,诗中的两个问句发人深省。在《赠朱经农》中,胡适为窃国大盗袁世凯的倒台而欢呼:"且喜皇帝不姓袁。"最能反映胡适留学期间政治思想的是《沁园春——新俄革命》。俄国资产阶级二月革命发生后,胡适看到独夫民贼沙皇被打倒,"冰天十万囚徒"得到解放,感到民主有望、自由可待,在"拍手高歌'新俄万岁'"的同时,也联想到祖国的前途,"从今后,看这般快事,后起谁欤",希望祖国也走俄国革命的道路。胡适在这首词里虽然歌颂的是二月革命,但表现出反封建专制,渴望自由、民主和解放的理想却是相当明确的。

不仅如此,《女神》和《尝试集》中的爱国主义还表现在对救国道路的探索上。郭沫若与胡适所憧憬的新中华,绝不是复归到唐虞古制的传统社会。在《凤凰涅槃》等诗中,郭沫若诅咒"冷酷如铁""黑暗如漆""腥秽如血"的旧世界,对乌烟瘴气的传统社会做了根本否定。同时,还表达了郭沫若渴望灾难深重的祖国获得新生的心情,充满破旧立新、重建中华的远大理想,昂扬着不妥协的革命精神。在《立在地球边上放号》中,奔放着"不断的毁坏,不断的努力"的激情。在《女神之再生》中,郭沫若一改女娲补天的传说,抒发出他不愿补天、志在创造的情怀。那么,诗人要创造个什么样的社会呢?《女神·序诗》说得明白:"我愿意成个共产主义者。"在《晨安》中,他呼唤着十月革命后的俄国:"啊啊!我所畏敬的俄罗斯呀!"在《匪徒颂》中,他对被一切反动派视为"亘古大盗,实行'波尔显维克'的列宁"三呼万岁。在《巨炮之教训》中,诗人再赞颂列宁"坚毅的决心"和"至高的理想只在农劳"的思想。这些诗表述了他对社会主义的朦胧向往。

胡适在《文学篇》中,叙述他到美国后,为了寻找一条救国的道路,屡次更改所学的专业,"救国千万事,何事不当为?……故国方新造,纷争久未定,学以济时艰,要与时相应",表现出传统的爱国主义思想中所没有的科学救国思想。胡适回国后,积极鼓吹反封建的民主主义革命。《四烈士冢上的没字碑歌》,颂扬在辛亥革命中舍身用炸弹炸袁世凯的革命者。《死者》批评"请愿死,究竟是可耻的",宣扬用暴力革命的手段来同封建势力作斗争。1919 年 6 月 11 日夜,陈独秀被北洋军阀政府逮捕,胡适悲愤地写出《威权》,高呼"我们要造反了",诅咒高坐在山顶上的威权——北洋军阀必将"倒下来,活活的跌死"。当宣传新思想的《每周评论》《国民公报》被封禁,胡适立即写出《乐观》《一颗遭劫的星》表示抗议。在《双十节的鬼歌》中，胡适疾呼"大家合起来，赶掉这群狼，推翻这鸟政府；造一个新政府，造一个好政府"，反映了他以西方政治文化为观照系统，实现资产阶级革命的理想。

对封建礼教和传统的伦理观念的抨击是《女神》和《尝试集》的重要内容。不过，由于郭沫若与胡适的感受不同，两部诗集又各有其侧重点。郭沫若从自身的经历中对封建礼教的压迫感受特别深切，因此，当他的个性从陈腐的旧观念的束缚中解放出来后，在《女神》中热情讴歌自我的力量。郭沫若的目光还投射在传统社会地位最低下的妇女身上。在《女神之再生》中，郭沫若把传说中补天的女娲改塑成创造新鲜太阳的女神群体，极力颂赞她们创造新世界的力量。在《棠棣之花》中，聂嫈不是一个普通配角，而是一个深明大义、胸怀报国之志的巾帼女杰，在她的鼓励下，聂政走上刺奸相侠累的征途。郭沫若对她们的赞扬，体现出他的妇女解放思想。胡适的《尝试集》则直接瞄准封建文化。在《孔丘》一诗中，胡适嘲讽为历代统治阶级奉为"圣人"的孔丘，是一个"知其不可而为之"和"不知老之将至"的顽固派，而只要"认得这个真孔丘，一部《论语》可废"。《礼！》无情地嘲笑了腐朽的封建孝道。《应该》突破男女授受不亲的旧规矩，大力肯定男女青年真心相爱是"应该这样做"的。在《我的儿子》中，胡适对从来被认为不可侵犯的封建父权观念投以轻蔑的一瞥，提出建立新的伦理要求："我要你做一个堂堂的人，不要你做我的孝顺儿子。"这种对传统的大胆否定精神，在历代诗歌中是从未有过的。

在西方人道主义思想的影响下，《女神》和《尝试集》打破封建等级观念和鄙视劳动的思想，歌颂"劳工神圣"。在《三个泛神论者》中，郭沫若自陈胸臆，他爱他们不仅因为他们是泛神论者，还在于庄子"是靠打草鞋吃饭的人"，斯宾诺莎"是靠磨镜片吃饭的人"，加皮尔"是靠编渔网吃饭的人"，充分肯定他们自食其力的劳动。在《辍了课的第一点钟里》和《雷峰塔下》，郭沫若把历来被视为"下里巴人"的工人和农民当作自己的"恩人"和"爹"。胡适在《人力车夫》中，反映了劳动人民在军阀统治下饥寒交迫的痛苦生活，表达了他对下层劳动者的同情。在《平民学校校歌》中，胡适热情赞颂劳动，发出"不做工的不配吃饭"的呼声，鼓励人们"靠着两只手""拼得一身汗"，去"努力做先锋，同做有意识的劳动"。

不难看出，《女神》和《尝试集》的思想、内容，情感基调，都迥异于传统的旧体诗词。可以说，它们的出现，标志着中国诗歌的文化特质发生了根本变化。一种外来的、新的文化质素，正开始改变中国诗歌的文化底蕴。

四、跨越传统文化与传统文化精神

郭沫若与胡适文化心理的嬗变，势必影响到他们的审美理想和审美传达。

《女神》与《尝试集》的新的文化特质也要求用相应的新的艺术形式表达出来。在现实生活中，郭沫若张扬自我，要自由发展个性；在创作中，他追求自我感情的自由表达，不受任何形式的束缚。泰戈尔、海涅、惠特曼、雪莱、歌德等东西方诗人诗作的形式给郭沫若打开了一个诗歌创作的新天地。其中，创造了不受传统格律制约的自由体诗的惠特曼对郭沫若影响最大。在《女神》的创作中，他实践了"绝端的自由，绝端的自主"的文学主张。郭沫若根据内容和思想感情的需要去安排诗行，诗歌内在的旋律与诗人情绪上的节奏达到自然、和谐的统一。例如，诗人在感情火山爆发式地喷射出来时所写的《凤凰涅槃》，一气呵成，长达两三百行。他在心情平静时所写的《鸣蝉》，却只有三行。《女神》中既有《地球，我的母亲》那种和谐的旋律，整齐的音节，铿锵优美的韵调，又有纵横恣肆、参差不齐、不押一韵的《晨安》《笔立山头展望》《梅花树下醉歌》，还在中国文学史上第一次把诗和戏剧融为一体，开辟了新诗剧创作的新领域。《女神》在体制上绚丽多彩，不拘一格，在形式上推陈出新，摧枯拉朽地破坏了旧体诗词的格律和镣铐，做到诗体的真正大解放，为新诗创作奠定了基础。

至于《尝试集》则比较复杂。《尝试集》第一编的诗歌是胡适留美期间的作品，在形式上未脱尽文言窠臼，连他自己也承认："实在不过是一些洗涮过的旧诗。"[①] 可见，要创造一种诗歌的形式，并非轻而易举。《尝试集》的第二、三编的诗歌，是胡适回国后的作品。这时胡适有意识地纠正自己诗作的缺点，继续努力朝着"诗体大解放"前进。这些诗作者先突破旧体诗的格律，不再受字数、句数的限制。《鸽子》《人力车夫》和《老洛伯》等诗吸取欧美现代诗歌的长处，经过改造和熔铸，成为句式长短不定、字数不整齐划一的诗歌新形式。《乐观》《上山》等诗，每小节的诗行也不同。《湖上》《晨星篇》《三溪路上大雪里一个红叶》，则巧妙地将古典诗歌的长处吸收进去。这表明，为了实现"诗体大解放"的目标，胡适从多方面尝试创造新诗的体式。这些诗，便是我们现代自由诗的雏形。其次，胡适大体上废除了文言字词，代之以朴实、活泼的现代口语，并吸收方言的音韵，独创成新的音节。《小诗》最初发表时是"也想不相思，免得相思苦。几度细思量，情愿相思苦"，为了使诗的语言口语化和音节上的响亮，以及给人隽永回味的感觉，他反复考虑，把"免得"改成"可免"，"几度"改"几次"，足见其用心良苦。《老鸦》因用双声叠韵而使音节谐婉。《平民学校校歌》的音节节奏感强，具有音乐美。还有一些无韵的自由体诗，如《乐观》《上山》《关不住了》《礼》《双十节的鬼歌》，由于诗的音节顺着诗意自然曲折、自然轻重、自然高低，所以，虽然句尾不押韵，但诗的内在旋律却节奏谐美。这样作诗就克服了沿袭旧韵的做法，使自由诗（无论押韵或不押韵的）在创作上都

---

① 胡适：《尝试集·自序》。

站住脚跟。

但是,《女神》与《尝试集》毕竟是中国社会从传统走向现代的转型时期的诗集,它们跨越了传统,开辟了中国诗歌创作的新纪元,却不能割断与传统文化的血缘关系。郭沫若的《女神再生》《湘累》《棠棣之花》就直接取材于中国古代的神话传说和某些史实。《三个泛神论者》所颂扬的第一个人就是庄子。《匪徒颂》的弁言大段引用《庄子·胠箧》篇的话,可以说,这首名诗在一定程度上是受了庄子这段话的启示而写就的。《炉中煤》则运用了传统的比兴手法。这说明,郭沫若在五四时期也没有全盘否定中国的传统文化精神。在《尝试集》中,传统文化的印记更为明显。有的诗,语言是白话,意境却是传统的,如《如梦令》写闺房情趣,《十二月一日奔丧到家》写胡适抵家前一瞬间的心情,《一笑》的构思,《湖上》对自然景物观察的角度和描写的方法都无一不反映出传统文化在胡适文化心理上的沉积是多么深厚。有的诗,如《希望》《我们三个朋友》等显现出受古典诗词影响的鲜明痕迹。难怪胡适自己也承认,他写这些诗时因为"旧文学的习惯太深,故不容易打破旧诗词的圈套"①,所以"很象一个缠过脚后来放大了的妇人","总还带着缠脚时代的血腥气"②。作为在转型时期所出现的第一批诗集,《女神》和《尝试集》或浓或淡地带有传统文化的色调,这是难免的。

五、中国文化史和中国诗歌史上的划时代作品

列宁的话何等正确:"判断历史的功绩,不是根据历史活动家没有提供现代所要求的东西,而是根据他们比他们的前辈提供了新的东西。"③ 当我们今天重新评论《女神》与《尝试集》的文化价值时,也应当考察郭沫若与胡适在这两部诗集中究竟比他们的前辈多提供了什么样的新东西。

郭沫若与胡适开始创作新诗之际,正是西风东渐、西方现代化猛烈冲击中国传统文化之时。在郭沫若与胡适之前,近代诗人黄遵宪虽然喊出"我手写我口,古岂能拘牵"的口号,但在实际创作中并未突破旧体诗词的樊篱,做到"方言俗谚皆可入诗"和"不名一格,不专一体",而且在晚年自订诗集时,还将一些通俗诗删去。以柳亚子为代表的南社诗人,响应梁启超"诗界革命"的号召,在诗坛上自树一帜。虽然他们的诗歌中不乏革命色彩的思想内容,但他们却主张"文学革命所革在理想,不在形式。形式宜旧,理想宜新,两言尽之矣"④。他们

---

① 胡适:《尝试集·再版自序》,人民文学出版社 1984 年版。
② 胡适:《尝试集·再版自序》。
③ 列宁:《评经济浪漫主义》,人民文学出版社 1957 年版。
④ 柳亚子:《寄杨杏佛书》,转引自《藏晖室札记》第 17 卷,亚东图书馆 1939 年版。

的诗歌理论和创作仍受传统文化的制约，没有能力去实现诗歌革命。在中国社会文化从传统走向现代的转型时期，郭沫若与胡适率先以西方现代文化思想为观照系统，以新的价值取向和新的思维方式去观察、思考、认识生活、抒发感情。这样，《女神》与《尝试集》以其崭新的思想和形式开创了诗歌创作的新时代。后来的诗人如康白情、朱自清、汪静之等，都是沿着它们开辟的诗歌道路前进的，使新诗取得了诗坛上的正宗地位。

郭沫若与胡适在这个时期的文化心态、诗歌创作主张和《女神》与《尝试集》的内容、形式，虽然有各自的特点，但其反对旧文学、建立新文学的奋斗目标是一致的。毋庸讳言，由于郭沫若与胡适的审美趣味存在着差异，对生活的感受各有其敏感的方面，因而《女神》与《尝试集》的思想境界和情趣亦有轩轾。诗人蒲风在比较《女神》与《尝试集》的思想内容时说，郭沫若"在反抗封建势力的一层，由于他没有直接参加过'五四'潮，比不上胡适等切于真实，这或是不能否认的事实"，但是"他对于宗法势力的抨击，对于妇女解放运动要求之热烈，我们至少也得承认他已相当尽了力"①。这话正好说明《女神》与《尝试集》的基调是反封建的，他们的思想内容、感情色彩以及形式不是水火不容、互相排斥，而是互相补充、互相配合的。

审视《女神》与《尝试集》的文化价值，不能不注意到它们的社会作用。《尝试集》的诗从1917年开始在《新青年》零星发表，就引起了社会各界的重视。1920年3月由亚东图书馆出版后，更产生了轰动效应。《星期评论》《时事新报》《新州日报》等数种报刊，还专门就《尝试集》开辟过讨论园地。由于《尝试集》所具有的新的文化思想和新的文化形式，触及一代人的文化心理，当时对它的评价就大相径庭。守旧的文人视之为洪水猛兽，大张挞伐。学衡派文人梅光迪奚落"读大作如儿时听莲花落"在先，胡先骕大骂"胡君之《尝试集》，死文学也，以其必死必朽也。……物之将死，必精神失其常度，言动出于常规。胡君辈之卤莽灭裂趋于极端，正其必死之征耳"②于后。而新文化阵营内部的陈独秀、鲁迅、钱玄同等人却把《尝试集》看作新文化运动和文学革命运动的最初成果，给予热情的支持，使其更加完善，扩大其影响，维护和巩固它在诗坛上的地位。鲁迅不仅同周作人、俞平伯、康白情、任鸿隽、陈衡哲等人应胡适之请，删改过《尝试集》中的诗，而且也动手写新诗来"打边鼓""凑热闹"。钱玄同誉赞胡适"'知'了就'行'，以身作则，做社会的先导"，对他尝试写新诗"非常佩服，非常赞成"③。截至1940年，《尝试集》连出16版，头两版就发行一万册，这在当时是空前的，其中一些诗被选入小学课本。在20年代，

---

① 蒲风：《论郭沫若的诗》，载《中国诗坛》第1卷第4期。
② 胡先骕：《评〈尝试集〉》，载《学衡》1922年第1期。
③ 钱玄同：《尝试集·序》。

有人专门学《尝试集》的诗，一时形成"胡适体"的热潮。甲寅派领袖章士钊不得不哀叹承认，当时的诗歌创作"以适之为大帝，绩溪为上京。遂乃一味于胡适《文存》中求文章文法，于《尝试集》中求诗歌律令，目无旁骛，笔不暂停"①。足见《尝试集》影响之大。沈雁冰指出，胡适"在白话诗方面尽了开路先锋的责任的"②。朱自清也称胡适为"新诗的开创人"③。老一辈文学史家陈子展先生则说："胡适之体可以说是新诗的一条新路。"④《尝试集》是受得起这样的评价的。

《女神》中的诗从1919年在《时事新报·学灯》上发表以来，一直受到海内外读者的欢迎。1921年8月由上海泰东图书局出版后，震动了国内文坛。著名诗人闻一多兴奋地说："若讲新诗，郭沫若君的诗才配称新诗呢，不独艺术上他的作品与旧诗词相去甚远，最要紧的是他的精神完全是时代的精神——二十世纪底时代精神。……《女神》不愧为时代底一个肖子。"⑤再三肯定《女神》"要算新诗进化期中已臻成熟的作品"⑥。闻一多对《女神》的评价切中肯綮，在中国诗坛上，《女神》的确影响了几代诗人、几代读者。如果说在新诗创作上，《尝试集》起了开路先锋作用，使更多的人来尝试新诗创作，那么，《女神》就奠定了新诗在中国现代文坛上的地位，显示出文学革命的实绩。它们在新文化运动中和在文学革命运动中的地位是不能互相取代的。可以毫不夸张地说，《女神》与《尝试集》的出现，从内容到形式都改变了中国诗歌的文化特质，它们是中国文化史上和中国诗歌史上划时代的作品。

---

① 行严：《评新文化运动》，载《新闻报》1923年8月。
② 沈雁冰：《论初期白话诗》，载《文学》第8卷第1号（1937年1月1日）。
③ 朱自清：《新诗杂话·诗与哲理》，生活·读书·新知三联书店1984年版。
④ 陈子展：《胡适之体的诗》，载《申报周刊》1934年第6期。
⑤ 闻一多：《〈女神〉之时代精神》，载《创造周报》第4号（1923年6月3日）。
⑥ 闻一多：《〈女神〉之地方色彩》，载《创造周报》第5号（1923年6月10日）。

第二辑 反思与精研
（1991—2000）

论现代中国文艺的灵魂[1]

——《在延安文艺座谈会上的讲话》新探

现代中国文艺的灵魂是什么？这是文艺家和学者长期争论不休的问题。弄清楚这个问题，不仅可以澄清文艺理论上的某些混乱状况，而且还能推动新时期的文艺创作朝着健康、正确的方向发展。所谓现代中国文艺的灵魂，其实就是在现代中国文艺中占主导地位的文艺观点或文艺思想。从文艺社会学的方位去考察，笔者认为，现代中国文艺的灵魂便是毛泽东同志在1942年提出的"我们的文学艺术都是为人民大众的"[2] 观点。

阐发毛泽东同志的这一著名观点，曾是文艺界和学术界的热门论题，研究论文何止千篇，但对这个观点的内涵和对它作为现代中国文艺灵魂的作用的探讨则没有穷尽。因此，重新探讨文艺为人民大众服务的问题，不仅具有理论意义，而且具有现实意义。

一

文艺为什么人的问题，是文艺的根本原则问题。这也是从五四到《在延安文艺座谈会上的讲话》（下简称《讲话》）发表以前，在现代中国文艺运动中曾多次争论，但在理论上和创作实践中一直没有得到彻底解决的一个重大问题。

在五四文学革命运动的发难期，陈独秀提出了建设"国民文学"和"社会文学"的主张。陈独秀的主张在反对封建主义旧文学的斗争中发挥过一定的积极作用。

但是，他认为"国民文学"是"平易的抒情的"，"社会文学"是"明了的通俗的"[3]，未能阐明"国民文学"和"社会文学"的具体内容，对"国民文学"和"社会文学"的解释未免过于笼统。其后，周作人虽然力倡"人的文学"和"平民文学"，但是，他指出所谓"人的文学"，不过是"用这人道主义为本，对于人生诸问题，加以记录研究的文字"[4]；而"平民文学"，"现在也不必个个

---

[1] 本文原载《中山大学学报》1991年第3期，署名吴锦生；后收入中山大学中文系编《探索与争鸣》，中山大学出版社1992年10月版。
[2] 毛泽东：《在延安文艺座谈会上的讲话》，载《解放日报》1943年10月19日（下同）。
[3] 陈独秀：《文学革命论》，载《新青年》第2卷第6号（1917年2月）。
[4] 周作人：《人的文学》，载《新青年》第5卷第6号（1918年12月）。

'田夫野老'都可领会"①。在周作人心目中，农民显然被排除在"平民"范畴之外。这"平民"，其实便是城市小资产阶级市民阶层和资产阶级知识分子的代名词。"平民文学"，实质上就是市民阶层文学。不消说，陈独秀、周作人的文学主张不可能成为现代中国文艺的灵魂。

1921年，文学研究会继承五四文学革命的精神，揭起"文学为人生"的大旗，鼓吹在文学创作中应多表现处在饥寒交迫境地中的劳苦大众生活。这些作家在作品中流露出他们对"被损害者与被侮辱者"的关切和同情。然而，由于他们都是站在资产阶级或小资产阶级的立场上去理解劳苦大众的苦痛，思想感情同劳苦大众有很大的距离，而且对劳苦大众的生活也不够熟悉，以至"描写农村生活和城市劳动者生活的作品更其观念化得厉害"②。所以，虽然文学研究会作家群的作品具有相当积极的社会意义，但也很难为劳苦大众所真正接受。

早期共产党人如瞿秋白、邓中夏、沈泽民等人针对20年代中国文坛的状况，强调"文学者不过是民众的舌人，民众意识的综合者"③，初步触及文艺家与人民群众的关系问题。只是这些主张还比较零碎、笼统，缺乏系统的、深刻的论证，因而也不够成熟。

随着新民主主义革命运动的深入发展，许多小资产阶级作家都不同程度地受到无产阶级革命思想的熏陶，文艺观点有了明显的转变。1926年郭沫若提出"革命文学"口号的同时，积极鼓吹"我们现在需要的文艺是站在第四阶级说话的文艺"④。创造社的作家们也主张"我们要以农工大众为我们的对象"⑤。这表明一部分进步作家在对文艺为人民大众服务这个问题的认识上有了新的深度。但是，由于他们过分夸大了文艺的社会作用，忽视了艺术形象的创作特征，把作家思想感情的转变过程看得太容易了，同时对文艺与生活的关系认识也很片面肤浅，因而不可能解决文艺为人民大众服务的问题。在现代中国文艺中，他们的文学主张也不会取得灵魂的地位。

30年代，列宁指出的文学应该为"千千万万劳动人民"服务的思想开始被介绍到中国，使革命作家深受启发。党所领导的中国左翼作家联盟在它的行动总纲领中旗帜鲜明地提出"我们文学运动的目的在求新兴阶级的解放"⑥。左联曾对文艺大众化问题进行过三次大的讨论，瞿秋白、鲁迅、郭沫若、茅盾、周扬等人对此都发表过重要的意见。文艺大众化的问题，归根到底就是文艺为人民大众

---

① 周作人：《平民文学》，载《每周评论》第5号（1918年1月）。
② 茅盾：《中国新文学大系·小说一集·导言》，上海文艺出版社1981年版。
③ 沈泽民：《文学与革命的文学》，载《民国日报》副刊《觉悟》1924年11月6日。
④ 郭沫若：《革命与文学》，载《创造月刊》第1卷第3期。
⑤ 成仿吾：《从文学革命到革命文学》，载《创造月刊》第1卷第3期。
⑥ 《中国左翼作家联盟的成立》，载《拓荒者》第1卷第3期（1930年）。

服务和如何服务的问题。在三次讨论中，左翼作家肯定了革命文学的对象是工农大众，提出了"到大众中去""向群众学习"①的口号，鼓励作家以茶馆、工房、街头为活动场所，"去观察，了解，体验那工人和贫民的生活和斗争，真正能够同着他们一块儿感觉到另外一个天地"②。这些见解明确了革命文学发展的方向，密切了革命文学与群众的关系。只是在国民党统治的区域，革命的、进步的作家不可能深入到工农群众中去，与他们相结合。所以，要实现文艺大众化，在当时是根本不可能的。而且，那时的一些左翼作家，没有充分认识到转变自己的小资产阶级思想感情是何等重要的事情，反而把这种思想感情当作无产阶级感情，宣称"去和大众自己的封建的、资产阶级的、小资产阶级的意识斗争，去和大众的无知斗争"③。把大众当视"无知"，这是轻视工农、脱离群众倾向的另一种表现形式。大众化成了化大众，文艺为人民大众服务的问题仍然未获解决。文学的对象还是局限在店员、职员、学生和亭子间，没有真正普及到广大工农群众中去。抗战初期虽然对这个问题再次进行了讨论，但重点却是在如何利用旧形式上，作家思想感情的转变，仍未受到应有的重视。毛泽东同志在《讲话》中透辟地总结说："什么叫大众化呢？就是我们的文艺工作者的思想感情和工农兵大众的思想感情打成一片。"④ 不解决这个关键问题，文艺大众化的实现、文艺与工农兵大众的结合是根本不可能的。

到了 40 年代，大批文艺工作者从国民党统治区奔向延安，既给抗日民主根据地增添了新的血液，当时确实创作出一些鼓舞人心的好作品，但同时也带来一些问题：文艺队伍中的小资产阶级思想倾向和情感严重，这同根据地新的生活环境、新的工作对象存在着矛盾。在创作中，许多文艺工作者还是把主要注意力放在研究和描写小资产阶级知识分子方面，而对于工农兵群众，则"缺乏接近，缺乏了解，缺乏研究。缺乏知心朋友，不善于描写他们；倘若描写，也是衣服是劳动人民，面孔却是小资产阶级知识分子"⑤。五四以来长期没有彻底解决的文艺为什么人服务以及如何去做的问题，又十分尖锐地摆在文艺工作者面前。这说明，现代中国文艺急需正确的灵魂来指导。

针对以上情况，在整风运动的热潮中，毛泽东同志找了许多文艺工作者谈话，详细调查了文艺方面所存在的问题，认真研究和总结了现代中国文艺运动的成就、经验和教训，在《讲话》中响亮地提出"我们的文学艺术都是为人民大

---

① 瞿秋白（史铁儿）：《普洛大众文艺的现实问题》，载《文学》1932 年第 4 期。
② 瞿秋白（史铁儿）：《普洛大众文艺的现实问题》。
③ "左联"执委会决议：《中国无产阶级革命文学的新任务》。
④ 毛泽东：《在延安文艺座谈会上的讲话》。
⑤ 毛泽东：《在延安文艺座谈会上的讲话》。

众的"① 这一闪耀着真理光辉的观点，深刻揭示了现代中国文艺运动发展的规律，彻底解决了五四以来一直争论不休的关键问题，成为现代中国文艺的灵魂。

二

毛泽东同志提出，文艺为什么人的问题，"本来是马克思主义者特别是列宁所早已解决了的"②。那么，革命导师怎样解决这个问题的？《讲话》提出和彻底解决这个问题又有什么新的意义呢？

马克思、恩格斯生活的时代，工人阶级已经登上政治舞台、无产阶级革命正在逐步成熟。新的阶级、新的政治力量的出现促使"在小说的性质方面发生了一个彻底的革命"。早在19世纪40年代，恩格斯读过欧仁·苏的著名小说《巴黎的秘密》后，就敏锐地发现了这一点。他说："先前在这类著作中充当主人公的是国王和王子，现在却是穷人和受轻视的阶级了，而构成小说内容的，则是这些人的生活和命运、欢乐和痛苦。"他高度评价表现"穷人和受轻视的阶级"的作家，"无疑地是时代的旗帜"③。到了19世纪80年代，恩格斯进一步要求作家，"通过对现实关系的真实描写，来打破关于这些关系的流行的传统幻想，动摇资产阶级世界的乐观主义，不可避免地引起对于现存事物的永世长存的怀疑"，如果作家做到了这一点，那就"完全完成了自己的使命"④。新的阶级的产生、新的政治力量的不断壮大，恩格斯非常希望能够在文学作品中得到反映。他说："工人阶级对他们四周的压迫环境所进行的叛逆的反抗，他们为恢复自己做人的地位所作的剧烈的努力——半自觉的或自觉的，都属于历史，因而也应当在现实主义领域内占自己的地位。"他不满意哈克奈斯的《城市姑娘》，直截了当地批评作者。没有正确地表现工人阶级的生活，因而这些人物形象，"就他们本身而言，是够典型的，但是环绕着这些人物并促使他们行动的环境，也许就不是那样典型了"⑤。恩格斯强调现实主义文学作品要正面表现工人阶级的生活，正面表现无产阶级的反抗斗争。

1905年，列宁在《党的组织和党的文学》中奠定了无产阶级文学的思想基础，第一次旗帜鲜明地提出了无产阶级文学的口号和文学的党性原则。他明确规定，无产阶级文学"不是为饱食终日的贵妇人服务，不是为百无聊赖和胖得发愁

---

① 毛泽东：《在延安文艺座谈会上的讲话》。
② 毛泽东：《在延安文艺座谈会上的讲话》。
③ 恩格斯：《大陆上的运动》，《马克思恩格斯全集》第3卷，人民出版社1960年版。
④ 恩格斯：《致敏·考茨基》，《马克思恩格斯全集》第36卷。
⑤ 恩格斯：《致玛·哈克奈斯》，《马克思恩格斯全集》第37卷。

的'几万上等人'服务，而是为千千万万劳动人民服务"①。十月革命后，他在同蔡特金的一次谈话中进一步阐发了这个观点，"艺术是属于人民的，它必须在广大劳动群众的底层有其最深厚的根基。它必须为这些群众所了解和爱好。它必须结合这些群众的感情、思想和意志，并提高它们。它必须在群众中间唤起艺术家，并使他们得到发展"②。列宁的文学思想为无产阶级文学指明了前进的道路。

　　毛泽东同志从马克思主义文艺思想的基本观点出发，根据中国新民主主义革命的性质、动力和任务，结合现代中国文艺的状况，深刻、系统地阐述和发展了列宁关于无产阶级文学为"千千万万劳动人民服务"的思想。他在《讲话》中分析了抗战时期中国社会各阶层的实际情况，对在当时的社会条件下的人民大众范畴做了具体的说明："最广大的人民，占全人口百分之九十以上的人民，是工人、农民、士兵和城市小资产阶级"，而"我们的文艺，应该为着上面所说的四种人"。接着他又根据这四部分人在抗日战争中的地位和所起的作用，提出了我们的文学艺术"首先是为工农兵的，为工农兵而创作，为工农兵所利用的观点"③ 这就是我们通常所说的文艺为工农兵服务的方向。

　　应当看到，文艺为人民大众服务和文艺首先为工农兵服务，是毛泽东同志一贯倡导的"为人民服务"思想的有机组成部分。"全心全意为人民服务"是毛泽东思想的精髓之一。毛泽东同志多次指出，"我们应该谦虚，谨慎，戒骄，戒躁，全心全意地为中国人民服务"④；"全心全意地为人民服务，一刻也不脱离群众"⑤；"我们的共产党和共产党所领导的八路军、新四军，是革命的队伍。我们这个队伍完全是为着解放人民的，是彻底地为人民的利益工作的"⑥；"我们一切工作干部，不论职位高低，都是人民勤务员，我们所做的一切，都是为人民服务"⑦；"我们的责任，是向人民负责"⑧。毛泽东同志认为"无产阶级的文学艺术是无产阶级整个革命事业的一部分"⑨，因此，必须为人民大众服务，在抗日战争时期，就应当成为"团结人民、教育人民、打击敌人、消灭敌人的有力武器，帮助人民同心同德地和敌人作斗争"⑩。可见，"我们的文学艺术都是为人民

---

　　① 列宁：《党的组织和党的文学》，《列宁全集》第 2 版增订版第 12 卷，人民出版社 1984 年版，译名改为《党的组织和党的出版物》。
　　② 蔡特金：《回忆列宁》，马清槐译，人民出版社 1957 年版。
　　③ 毛泽东：《在延安文艺座谈会上的讲话》。
　　④ 毛泽东：《两个中国之命运》，《毛泽东选集》第 3 卷，人民出版社 1969 年版。
　　⑤ 毛泽东：《论联合政府》，《毛泽东选集》第 3 卷。
　　⑥ 毛泽东：《为人民服务》，《毛泽东选集》第 3 卷。
　　⑦ 毛泽东：《1945 年的任务》，《毛泽东选集》第 1 卷。
　　⑧ 毛泽东：《抗日战争胜利后的时局和我们的方针》，《毛泽东选集》第 4 卷。
　　⑨ 毛泽东：《在延安文艺座谈会上的讲话》。
　　⑩ 毛泽东：《在延安文艺座谈会上的讲话》。

大众的"① 观点，便是毛泽东同志"全心全意为人民服务"的思想在文学艺术方面的体现。

当然，文艺为人民大众服务和文艺首先为工农兵服务不是对立的。在抗日民主根据地，工农兵固然不能够代替所有的人民大众，但是他们毕竟是人民大众中的最大多数，是推动革命事业向前发展的主要力量，我们的文学艺术怎么可以不首先为这最大多数的人民大众服务呢？毛泽东同志从爱护文艺工作者的角度出发，在《讲话》中对文艺队伍中一些同志轻视工农兵、脱离工农兵的缺点提出了善意的批评，是完全正确的，非常及时的。强调文艺首先为工农兵服务，并没有丝毫意味着以此来代替文艺为人民大众服务。毛泽东同志指出文艺"第四是为城市小资产阶级劳动群众和知识分子的，他们也是革命的同盟者，他们是能够长期地和我们合作的"②，要求文艺工作者站在无产阶级立场上研究和描写他们的生活。

那么，文艺如何为人民大众服务呢？恩格斯鼓励作家去正面表现工人阶级的斗争生活。他在致哈克奈斯的信中殷切希望："您是否有非常充分的理由这一次描写工人阶级生活的消极面，而在另一本书中再描写积极面呢？"③ 德国无产阶级诗人格奥尔格·维尔特所创作的反映工人农民贫困生活和揭露资本主义剥削的诗歌，一直受到马克思和恩格斯的重视与高度评价。维尔特逝世后，马克思怀着沉痛的心情说，这是"一个不可弥补的损失"④。恩格斯赞誉维尔特是"德国无产阶级第一个和最重要的诗人"⑤。列宁要求文艺工作者"应该经常把工人和农民放在眼前"，不仅要把文学艺术送到群众中去，而且还要把最好的艺术送到群众中去，他说："我们的工人和农民理应享受比马戏更好的东西。他们有权享受真正的艺术。"为了使艺术接近人民，人民接近艺术，列宁认为"必须首先提高教育和文化的一般水平"⑥。与之相连的是文艺家的思想、感情问题。1919年7月31日，列宁在写给高尔基的信中，希望作家到基层去观察生活，"在农村或者省的工厂（或者在前线）来观察人们怎样用新的方式建设生活。在这些地方，只用普通观察就可以分辨出旧事物的腐朽和新事物的萌芽"⑦。很明显，恩格斯、列宁接触到了文艺如何为人民大众服务的问题，但是还来不及进行系统的、深入的阐述。

毛泽东同志运用马克思主义的文艺观点，对文艺工作者的立场、思想感情、

---

① 毛泽东：《在延安文艺座谈会上的讲话》。
② 毛泽东：《在延安文艺座谈会上的讲话》。
③ 恩格斯：《致玛·哈克奈斯》。
④ 马克思：《马克思致约瑟夫·魏德迈》，《马克思恩格斯全集》第28卷。
⑤ 恩格斯：《格奥尔格·维尔特的〈帮工之歌〉》，《马克思恩格斯全集》第21卷。
⑥ 蔡特金：《回忆列宁》。
⑦ 列宁：《致阿·马·高尔基》，《列宁全集》第2版增订版第46卷。

生活同创作的关系、普及与提高的关系等问题进行了详细的科学的分析,从多方面指明文艺如何为人民大众服务的途径。毛泽东同志要求文艺工作者"站在无产阶级的立场上,而不能站在小资产阶级立场上"为最广大的人民大众服务,并且一针见血地指出"我们现在有一部分同志对于文艺为什么人的问题不能正确解决的关键,正在这里"①。可见,文艺工作者的立场问题是文艺为人民大众服务的关键。当然,立场问题并不是孤立的问题,它同文艺工作者的思想感情相辅相成。毛泽东同志非常重视文艺工作者思想感情的转变问题。针对当时抗日民主根据地的文艺工作者大多数是小资产阶级知识分子,他强调:"我们知识分子出身的文艺工作者,要使自己的作品为群众所欢迎,就得把自己的思想感情来一个变化,来一番改造。没有这个变化,没有这个改造,什么事情都是做不好的,都是格格不入的。"② 一语道破文艺工作者思想感情的改造和转变的重要性。他主张文艺工作者在深入工农兵群众、深入实际斗争的过程中,在学习马克思主义和学习社会的过程中,逐步转变自己的立场和思想感情。同时,他肯定"革命的文艺,则是人民生活在革命作家头脑中的反映产物",人民的生活,"是一切文学艺术的取之不尽、用之不竭的唯一源泉"③,号召"中国的革命的文学家艺术家,有出息的文学家艺术家,必须到群众中去,必须长期地无条件地全心全意地到工农兵群众中去,到火热的斗争中去,到唯一的最广大最丰富的源泉中去,观察、体验、研究、分析一切人、一切阶级、一切群众、一切生动的生活形式和斗争形式,一切文学和艺术的原始材料,然后才有可能进入创作过程"④。毛泽东同志把文艺工作者的立场转变、思想改造同获得创作源泉有机地统一起来,为无产阶级文学的健康发展指明了一条康庄大道。在文艺怎样为人民大众服务的问题上,毛泽东同志说:"只有从工农兵出发,我们对于普及和提高才能有正确的了解,也才能找到普及和提高的正确关系。"他辩证地分析了普及与提高的关系,透辟地提出,"我们的提高,是在普及基础上的提高,我们的普及,是在提高指导下的普及"⑤,从而成功地解决了文艺怎样为人民大众的根本问题。

不难看出,毛泽东同志总结了五四以来中国新文艺运动的基本经验和历史教训,密切结合中国新文艺发展的实际状况。他提出的"我们的文学艺术都是为人民大众的"观点,不仅对当时延安和各抗日民主根据地的文艺发展有着重大的指导意义,为发展无产阶级文艺指明了方向,而且还丰富和发展了马克思主义文艺理论,在现代中国文艺中发挥了极其深远的影响。

---

① 毛泽东:《在延安文艺座谈会上的讲话》。
② 毛泽东:《在延安文艺座谈会上的讲话》。
③ 毛泽东:《在延安文艺座谈会上的讲话》。
④ 毛泽东:《在延安文艺座谈会上的讲话》。
⑤ 毛泽东:《在延安文艺座谈会上的讲话》。

三

毛泽东同志明确提出"我们的文学艺术都是为人民大众的"观点，是对现代中国文艺的伟大贡献，在党制定文艺方针、政策、路线以及在文艺工作者的创作实践中都起到了灵魂的作用。

首先，这个观点的提出澄清了延安和各抗日民主根据地文艺界思想混乱的状态，纠正了一些文艺工作者在这个问题上糊涂的乃至错误的看法，对长期争论不休的问题做出了科学的结论，引导现代中国文艺朝着正确的方向健康地发展。

其次，广大文艺工作者明确了服务的对象，懂得深入生活、改造自己的世界观、转变自己的小资产阶级立场和思想感情的重要性。大家纷纷奔赴农村、工厂、部队和前线参加实际工作，自觉向工农兵大众学习，努力使自己的思想感情同工农兵大众打成一片，既转变了思想，同时又获得创作的源泉，克服了创作脱离生活、脱离群众的倾向，创作作风焕然一新。当时涌现出如赵树理的小说、李季的诗、贺敬之等人创作的歌剧等一大批反映抗日民主根据地人民生活与斗争的作品。在这些作品中，劳动人民不再像过去那样被作家塑造成被侮辱与被损害的形象，而是以崭新的精神面貌出现在读者面前，成为文艺作品真正的主人公，被作家所歌颂。

再次，毛泽东关于普及与提高关系的透辟论述，解决了我们的文艺如何为人民大众服务的问题，广大文艺工作者在同人民大众相结合的过程中，对群众性的文艺活动，大力扶植，积极引导，致使群众的创作活动，热气腾腾地开展起来，丰富了人民大众的精神生活。同时，一些文艺工作者注意向民间艺术学习，对群众喜闻乐见的文艺形式加以借鉴、改造和革新，创作出了《白毛女》《王贵与李香香》《漳河水》《李有才板话》等深受群众欢迎的优秀作品，使根据地的文艺创作出现了"文艺工作者与工农兵相结合，工农兵与文艺相结合，新文艺与民间艺术相结合"的新的文艺气象。

近50年的实践证明，文艺为人民大众的思想是正确的，而且，广大文艺工作者在为人民大众服务的过程中也取得了丰硕成果。那么，在今天，毛泽东同志的这个观点是否还有指导意义呢？

回答是肯定的：文艺为人民大众仍然是新时期文艺的灵魂。

和四五十年前相比，今天的中国社会起了翻天覆地的变化。在社会主义改造完成以后，人民这个概念又有了新的社会内容。毛泽东同志指出："在现阶段，在建设社会主义的时期，一切赞成、拥护和参加社会主义建设事业的阶级、阶层和社会集团，都属于人民的范围。"① 人民大众的队伍，比起抗日战争时期更为庞大。知识分子在今天已成为工人阶级的一部分，他们和工农兵一样，都是建设四化的主力军。还有海外侨胞，香港、澳门、台湾同胞，他们不忘记自己是炎黄子孙，为维护祖国的统一大业，支持祖国四化建设做出了应有的贡献。我们的文艺今天应当为最广大的人民群众服务，当然也包括为工农兵服务在内，这是过去我们所说的文艺的工农兵方向的发展。文艺为人民大众服务，在今天仍然能够增强中华民族的凝聚力，鼓励海内外的中国人团结起来，同心同德建设四化。

　　社会在前进，情况在变化，我们不仅要坚持毛泽东同志的这个观点，而且还应在实践中去发展、丰富它。比如，在当时的历史条件下，针对陕甘宁边区文化落后的状况和广大人民群众对文化的迫切需要，毛泽东同志在解决文艺如何为人民大众服务时提出"在目前条件下普及工作的任务更为迫切"②。而现在，随着整个民族文化水平的提高，人民大众对文学艺术提出了更新更高的要求。"雪中送炭"的普及工作固然不容忽视，许多文艺团体送戏下乡受到农民的欢迎，但是，人民大众的欣赏水平已不是当年观看《兄妹开荒》的水平了。"阳春白雪"对人民大众说来已经不是深奥难懂的东西。他们能理解莎士比亚的悲剧，还能欣赏芭蕾舞剧《天鹅湖》《睡美人》，贝多芬的交响乐曲也能激起他们的共鸣。像迫切需要普及一样，人民大众迫切需要"锦上添花"。而且，文艺为人民大众的道路十分广阔。《讲话》发表以前的文艺作品，绝少描写工农兵人物的正面形象，《讲话》强调文艺工作者要把主要精力放在正面反映工农兵的生活，这是完全必要的。今天，工农兵仍是人民大众的主体，我们当然应该在文艺作品中表现他们。但是，今天我们绝不能把文艺为人民大众，简单地、机械地理解为在文艺作品中只能写工农兵的生活。站在无产阶级立场上去写其他人物的生活，一样可以达到为人民大众服务的目的。例如电影《甲午风云》《林则徐》，犹如艺术化的历史教材，今天仍能激起人民大众的爱国主义感情，起到很好的教育作用。又如电视连续剧《红楼梦》《末代皇帝》《努尔哈赤》等，可以开阔人民大众的眼界，帮助他们了解中国古代社会，发挥了文艺启发认识的作用，因而拥有大量的观众。再如长篇小说《上海的早晨》，主要人物都是资本家，小说真实地表现了他们接受社会主义改造的过程，体现了党的政策的无比威力，因而受到广大读者的欢迎。还有何香凝画的老虎非常逼真，也深受群众的喜爱，对人民大众起到了审美愉悦作用。

---

① 毛泽东：《关于正确处理人民内部矛盾的问题》，《毛泽东文集》第7卷。
② 毛泽东：《在延安文艺座谈会上的讲话》。

综上所述，毛泽东同志提出的"我们的文学艺术都是为人民大众的"观点，是现代中国文艺的灵魂。在它的指导下，近 50 年来，我们的文学艺术取得了巨大的成就。事实证明，任何其他文学思想，都不可能取代它在现代中国文艺中的主导地位。

论现代文化人的人格[①]

文化是人类社会所特有的产物，人是文化的创造者。人类社会的不同发展阶段产生了各具时代特色的文化。不同社会发展阶段的人，也会形成与那个社会发展阶段相适应的人格模式。自人类社会从蒙昧时代进入文明时代，知识阶层（中国古代称之为士阶层，现代亦称之为文化人阶层）在文化建设中发挥了积极的、重要的作用。灿烂的中国古代文化闪烁着他们的智慧光辉，凝结着他们辛勤的劳动。因此，士阶层的文化人格在中国文化中一直是引人注目的问题之一。尤其是在今天，中国社会处于从传统走向现代的转型时期。建设现代文化刻不容缓，文化人在现代文化的建设中任重道远。那么，现代文化人应当建构什么样的人格机制？这就很自然地成为海峡两岸学者共同关心和探讨的重要文化问题之一。

从文化学的方位去理解，所谓人格就是人的特质与品格，包含了人的先天禀赋和后天活动两部分。人的后天活动不仅能发展和改变其某些特质，弥补先天禀赋中某些缺陷，而且还直接体现出人格的力量。人的自我修养或恣意放纵，都可以净化或浊化自己的人格，使其朝着良好的或恶劣的方向演化。很明显，人格的形成不是一个孤立的现象，它与一定时期的文化有着密切的血缘关系。由于文化具有相对稳定性和持续性的特性，现代文化人不可能完全割裂传统文化精神，去建构自己的人格机制。

中国传统文化精神，主要由儒家、道家和佛家的文化思想构成。在中国传统文化精神中，儒家文化思想长期居核心地位，起着主导的作用。中国古代士阶层的人格模式很自然地受到儒、道、佛三家的文化思想，特别是儒家文化思想的影响。

儒家文化思想的中心是"仁"。在《论语》和《孟子》中使用"仁"字有300多处。孔子和孟子都把"仁"当作人的宗旨，处理人际关系的基本原则，人生追求的目标。换言之，"仁"是孔、孟人格思想的出发点。孔子和孟子认为，要实现"仁"，必然要有外在的行动。他们以尧、舜、禹、汤、文王、武王、周公、伯夷、叔齐等上古圣贤为楷模，提出了内圣外王的理想人格设计。在儒家看来，所谓内圣，是指人自身的道德修养与心性的净化和升华。所谓外王，则是将

[①] 本文原载《两岸合论文化建设》，台湾新学识文教出版社1991年版。

内省修身养性的功夫推己及人，经世致用。在两者之中，内圣是本，外王是用；先有内圣功夫，后有外王事业。内圣与外王有机地调理融合，构成了儒家理想人格的最高境界。

由于历代儒家大师对内圣与外王的理解和阐发各有侧重，所以，他们所追求的人格最高境界也千姿百态。孔子指出，把内圣推行到社会中去，"博施于民而能济众"①，就能迈进人格的最高境界。孟子理想的人格至境是"得志，与民由之；不得志，独行其道。富贵不能淫，贫贱不能移，威武不能屈，此之谓大丈夫"②。宋代的范仲淹进一步把儒家伦理中忠君爱国爱民的仁人之心和内圣外王人格融为一体，提出"居庙堂之高，则忧其民；处江湖之远，则忧其君"的人格价值取向标准，把"先天下之忧而忧，后天下之乐而乐"③作为内圣外王人格的理想境界。宋明理学家从儒家伦理思想出发，强调心、性修养，突出儒家理想人格设计中内圣的统帅作用，把外王当作内圣功夫的体现，主张只有经过"存天理，灭人欲"的修养，才能进入圣人的人格境界。朱熹说："天理只是仁义礼智之总名。仁义礼智便是天理之件数。"④这就把内圣外王人格设计完全纳入了儒家的伦理轨道。

内圣外王的人格设计映现出儒家积极进取的入世精神。但是，如果内圣与外王冲突或者分裂，那么，这种人格设计便会朝着出世的方向与霸道的方向转化。

所谓出世的方向，就是根据孔子所提出的"天下有道则见，无道则隐"⑤"隐居以求其志"⑥和孟子所提出的"穷则独善其身，达则兼善天下"⑦的处事准则，再融进调和道家清静无为和佛家四大皆空、明心见性、性自天然的思想，从而形成偏重内圣、不求外王的隐逸型人格。

所谓霸道的方向，就是专重外王，不讲内圣，重利轻德，从而构成了功利型人格。

内圣外王人格设计的根本点在于如何协调个人与社会的关系。主要解决怎样做人和做一个什么样的人的问题，属于伦理学的范畴。在漫长的封建社会，儒家伦理得到包括士阶层在内的社会各个层面的普遍认同，内圣外王人格设计亦为士阶层所接受。尽管不同时期的士和同一时期的士，其人格各有特点，人格的表现

---

① 《论语·雍也》。
② 《孟子·滕文公下》。
③ 范仲淹：《岳阳楼记》。
④ 《朱子语类》卷十三。
⑤ 《论语·泰伯》。
⑥ 《论语·季氏》。
⑦ 《孟子·尽心上》。

形态缤纷多彩，但是他们的人格机制几乎都没有超越内圣外王人格设计的范围。在中国传统社会，内圣外王人格设计呈现出超稳定的状态，成为中国传统文化一个重要的组成因素。

既然内圣外王人格是中国传统社会士阶层的基本人格，那么，这种人格设计的长处和短处、优点和缺点也导致了士阶层的长处和短处、优点和缺点。中国知识阶层所具有的忧国忧民、精忠报国、崇尚气节、忍辱负重、艰苦奋斗、刚健有为、自强不息等种种美德都闪耀着内圣外王人格设计的光辉，成为中国知识阶层立身处世的优良传统。按照这种人格设计铸就人格，确实陶冶出许许多多彪炳千秋的志士仁人。同时，我们也应看到，这种人格设计最大的缺陷——对王权的依附性。儒家不仅把恪守君天道统作为内圣的一项重要内容，而且把施展自己的抱负寄托在能得到君王的赏识和重用上。这样，士阶层很少有人发现自我主体的价值和力量，缺乏独立的自我意识。因此，士一旦失去君王的信任，便不能依靠自己的力量去建立功业，而是面对逆境无可奈何。这种人格设计的缺陷还表现在宋明理学家把"天理"提到至高无上的地位，极力克制合乎人性的欲望，从而压抑了士的个性，钳束了他们匡时济世的上进精神，使得他们的思想局促保守、视野狭小短浅，创造力不能充分发挥，成为照章办事、瞻前顾后、循分守理的诚谦君子。

不难看出，内圣外王人格适应了在政治上实行专制主义，在经济上以农耕为本、在生产方式上以小手工业为主的传统社会的需要，在中国文化史上起到过重要的作用。但在今天，这种人格设计已成为强弩之末了。这是因为：今天的中国社会已进入从传统向现代嬗变的转型时期，旧有的价值系统、伦理系统已被现代意识撞碎并正在重新建构，现代文化人的文化心理已不同于古代士的文化心理。同时，专制政体已被推翻，民主潮流汹涌向前，势不可挡；在经济上正在从农业国朝工业国迈进，新的生产方式已在建立之中。概而言之，内圣外王人格设计赖以存在的文化土壤发生变化，我们现代文化人在铸就自己的人格时，显然不能沿袭这种古老的人格设计了。

于是有人引进西方人格理论，企冀以此为蓝本来建构现代文化人的人格机制。在西方人格理论中，又以美国存在主义和人本主义心理学家马斯洛的主张最受青睐。马斯洛从个人本位主义出发，着眼于人的自然本性，认为人有什么样的生理需求和心理需求，经过个人的努力，就会达到相应的人格境界。他把人的自我需求分成五个层级：生理需求、安全需求、归属和爱的需求、尊重的需求和自我实现的需求。

马斯洛认为，只有较低层级的需求得到满足时，人才会向高一级层面攀登。

一个层面就是一个层级人格的精神境界,便会焕发出一个人格层级的力量。自我实现就是人性发展所能达到的最高境界。相反,无论人格发展到多么高的层级,如果低层级的需求较长时间得不到满足,亦会倒退到相应的低层级上去。所以,一个人的人格境界不是凝固不变的。

显而易见,马斯洛的价值取向与中国儒家的价值取向迥然有别。马斯洛人格理论的根本点在于阐释人性与人格之间的关系,人将朝着什么样的方向发展,属于心理学的范畴。他的人格理论自有其存在的道理,受到西方文化人的认同。

梁漱溟先生用独到的文化眼光透视中国传统社会,深刻地指出,"中国是伦理本位底社会"①。在文化转型时期,新的伦理体系尚在建设之中,旧的伦理思想——特别是儒家伦理思想仍深深积淀在现代文化人的文化心理中。因此,照搬马斯洛的人格理论来建构现代中国人的人格,不符合处于转型时期的中国社会文化状况,实际上也是行不通的。

那么,怎样建构现代中国文化人的人格?自 20 世纪初到现在,讨论了 80 多年,许多文化人都提出了自己的主张,这是一个老题目了。笔者认为,首先,不能离开中国文化土壤去高谈现代文化人的人格建设,否则新的人格设计即使再完美,也是无土之本、无源之水。对于传统文化不能割裂,应当在现代文化意识的观照下做科学的、具体的分析。内圣外王人格设计中的优秀部分,至今尚有生命力,应当吸取到新的人格设计中来。当然我们也反对抱残守缺,固囿在旧有的人格设计中。把过时的、陈腐的人格因素当作宝贝。对这些落后的东西,应视为文化垃圾而加以清除。其次,对待外来文化中合理的部分,应视为营养而加以吸收。归根结底,西方人格理论中的某些因素,如尊崇自我、张扬个性等,正是中国传统文化所缺乏的东西。有选择地融汇西方现代文化思想,对中国现代文化人的人格建设大有裨益。再次,必须根据中国现代文化人自身的特点去设计人格。现代文化人只是现代中国人中的一部分,因此,现代文化人的人格也只是现代中国国民性或民族性的一部分。就身份取向而言,他们之间的关系其实就是局部与整体、特殊与一般的关系。正如对现代中国国民性的改造与重构虽然包含了现代文化人人格的建构,但不能替代现代文化人人格的建构一样,现代文化人的人格设计也不能在整体上取代现代中国国民性的改造与重构。另外,现代中国文化人的人格设计,与建设一个现代文化的中国同步进行。因此,现代中国文化人的人格设计,也是随着建设现代文化的中国的进展而逐步健全、完善、定型的。

从上述原则出发,我认为建设现代文化国需要现代文化人,作为现代文化人必须具备现代文化人格。这种新型的文化人格的结构是:

(1)深层是爱心。这种爱心表现在对生活、对事业、对人民、对世间一切

---

① 梁漱溟:《中国文化要义》,上海人民出版社 1949 年版。

美好的事物充满深挚的爱；对国家、对民族、对社会怀有高度的责任感，换一句话说，就是以天下为己任。因此，现代文化人的爱心超越了儒家的仁爱、道家和佛家的泛爱、基督教的博爱，集中体现其伦理思想，是其力量的源泉。

（2）里层是科学与民主的现代化思想。唯有牢牢树立起科学与民主思想，才能刷新其精神，不迷信盲从，不丧失独立与自尊，把握时代的脉搏，推动社会前进。

（3）表层是无私的奉献和坚忍不拔的奋斗精神，这是现代文化人在建设现代文化强国做出贡献的重要保证。

应当指出的是，现代文化人新的人格机制的确立需要一个长期的过程。这种新的人格设计的实施必将推动文化强国的建设进程，这是毫无疑义的。

巴金与宗教①

从文化学的角度去考察巴金作品的文化价值，不难发现：宗教对巴金的思想和创作起到过重要作用；巴金也在自己的作品中反映了五四以来 30 年间宗教生活的某些方面。而这个问题，正是巴金研究中的薄弱一环。探讨这个问题，不仅可以加深对巴金精神的理解，而且能使我们更全面地评价巴金创作的文化意义及其在中国现代文化史上的地位。

一、宗教在巴金文化心理上最早的雪泥鸿爪

众所周知，宗教是人类社会上一种历史悠久而普遍存在的文化现象。在远古时代，初民们对超自然的神秘力量的恐惧与崇拜以及对生命存在的思虑和惶惑，形成对具有超人间、超自然的神灵顶礼膜拜的共同文化心理，在日常生活中受这种文化心理的规范，表现出信仰神灵的行为，从而产生了宗教。正如恩格斯所说："一切宗教都不过是支配着人们日常生活的外部力量在人们头脑中的幻想的反映，在这种反映中，人间的力量采取了超人间的力量的形式。"② 一语道出宗教的本质特征。同时，还应看到，宗教由四种基本要素组成。这四种要素在宗教系统中又分属四个层次。外层是宗教的建筑和器物，以及巫术、祭祀、祈祷、礼仪等行为活动。第二层是宗教的组织和教规、戒律、法典、制度。第三层是教义、神谕、训诫、经文典籍等宗教意识。深层是虔诚、庄严、圣洁的宗教感情。

很明显，按其相互关系和作用，宗教感情在四个基本要素中起着核心作用。这种宗教感情最初是先民信仰超自然、超人间力量的特殊内心感受和精神体验，在漫长的历史进程中，积淀在人们的文化心理中，成为集体无意识的原型。西方著名心理学家荣格给集体无意识下的定义是："或多或少属于表层的无意识无疑含有个人特性，我把它称之为'个人无意识'，但这种个人无意识有赖于更深的一层，它并非来源于个人经验，并非从后天中获得，而是先天地存在的。我把这更深的一层定名为'集体无意识'。选择'集体'一词是因为这部分无意识不是个别的，而是普遍的。它与个性心理相反，具备了所有地方和所有个人皆有的大体相似的内容和行为方式。换言之，由于它在所有人身上都是相同的，因此它组

---

① 此文原为参加 1991 年 9 月召开的第二届巴金国际学术研讨会论文，后载《新文学研究》1992 年第 4 期、《中国现代文学研究丛刊》1993 年第 3 期。
② 恩格斯：《反杜林论》，人民出版社 1963 年版。

成了一种超个性的心理基础，并且普遍地存在于我们每一个人身上。"① 他又说："个人无意识主要是由各种情结构成的，集体无意识的内容则主要是'原型'。"② 荣格还认为，人从出生的那一天起，就具有集体无意识原型某一部分的先天倾向。这种先天倾向决定了知觉和行为的某些选择性。在一定的环境或条件下，只需要很少一点外界刺激，就可以把先天倾向显现出来。而人的先天倾向与后天经历、体验相融合后的集体无意识中的心灵潜在意向就会显现出来，成为个人意识中实实在在的东西。现代心理实验表明，荣格的理论具有一定的科学性。明了这一点，就不难理解，巴金的文化心理深层也蕴含着集体无意识中的宗教原型，而且在一定的环境和条件下，先天的宗教倾向凸现在他的个人意识中。

追溯巴金的生活经历，就可以看到他从小生活在宗教风气盛行的川西平原。离巴金老家不远处有建于南北朝时期的著名佛教丛林文殊院和古老的道教宫观青羊宫。在成都附近矗立着道教发祥地之一的青城山诸多宫观和始建于东汉的佛教寺院宝光寺。巴金四五岁跟随父亲在广元县生活，那里又有闻名遐迩的皇泽寺、千佛崖等宗教圣地。在清末和民国初年，随着基督教的输入和传播，教堂在成都拔地而起。儒、佛、道经过一千多年的相互渗透和相互补充，融汇成中国传统文化思想的主流。宗教意识已在人们的文化心理中扎下根来，并且浑然融化在人们的日常生活中，成为支配人们思维和行动的一种精神力量。久而久之，这种或浓或淡地闪耀着宗教色彩的生活便形成一方的民俗风情，求神拜佛在当时已是司空见惯的事。

中国传统宗教把世界分成三个空间：超凡的神佛和修行得道者居住的天上乐园，凡夫俗子生活的人间，鬼魂妖怪活动的幽冥阴间。有时，鬼魂妖怪也会不安分地潜往人间显灵作祟，但它们绝不敢冒入西方极乐世界或天上的阆苑琼阁。中国宗教的三界之说，又与人的生死糅合在一起，演化为佛教、道教的重要内容，并且在民间广为流传。但是，集体无意识原型中的宗教先天倾向，也就由此而构成巴金个人意识中的鬼神观念。多年后巴金写出的《幽灵》《神·鬼·人》《田惠世》等小说和《木乃伊》《月夜鬼哭》等散文，固然是他对现实生活有所感而作，但他潜意识中的鬼神观念亦在这些作品中若隐若现。

后来，巴金随辞官的父亲回到成都，生活在一个专制、黑暗的大家庭里面。家庭中和社会上种种不合理的事物引起他的思考，封建礼教对年轻人个性的摧残，使他感到痛苦，父母亲的早逝，又给他的心蒙上死的阴影。为了寻找出路和得到精神上的某种解脱，在他接受五四新思潮启蒙以前，文殊院的晨钟暮鼓一度对他很有吸引力，他说："……我在过去的某一个短时期也颇有意皈依佛教。因

---

① 荣格：《集体无意识的原型》，《心理学与文学》，生活·读书·新知三联书店1987年版。
② 荣格：《集体无意识的概念》，《心理学与文学》。

为生与死的苦闷压迫着我,我也曾想在佛经中找到一点东西来解除我的苦闷,我也曾与许多和尚往来(虽然那时候我还是一个小孩子),但是结果我并没有得到什么。"①

在诸种宗教中,基督教对巴金产生过重大影响。他接触基督教很早,大约在八九岁的时候,为给二姐李尧桢治病,他的母亲同几个英国女医生来往甚密。从她们那里,巴金收到一件礼物——《圣经》。他当时虽然没有想到去读它,但也"很喜欢那本精装的《新旧约全书》官话译本"②。到了五四时期,西方各种现代思想潮水般涌入。需要指出的是,基督教文化是西方文化思想的基因之一,不仅在许多思想家建构自己的理论和学说时起到过重要作用,而且还不同程度地规范了他们的行为和生活。巴金从这时起长期信仰的无政府主义思想,就蕴涵着基督教文化因子。在他所崇敬的一些无政府主义活动家的生活与活动中,也都浓淡不匀地体现出基督的献身精神。例如俄国著名的民粹派女革命家薇娜·妃格念尔把基督教教义同资产阶级人道主义调和在一起,形成她的宗教:"我也有我的上帝,我的宗教:自由、平等、博爱之宗教。为了这教义的光荣,我也必须忍受一切。"③ 她因参加反对专制沙皇的民意党,在监牢里关了20年。基督为了他的理想而忍受侮辱、痛苦和死亡的自我牺牲精神,是她坚强不屈的精神支柱。④ 巴金在接受西方新思潮启蒙之时,基督教文化很自然对他起着潜移默化作用。他在1927年初赴法留学途中宣称:"我现在的信条是:忠实地生活,正当地奋斗,爱那需要爱的,恨那摧残爱的。我的上帝只有一个,那就是人类。为了他我准备献出我的一切……"⑤

很明显,巴金爱人类的思想与基督教博爱的基本教义是相吻合的。同时,还应看到,一切宗教的神都是把人神格化。基督教最高的神是上帝,佛教中地位最高的佛是释迦牟尼,元始天尊则被道教奉为最高的神。巴金把人类当作上帝,固然表现出人类至上的思想,但从宗教的角度去考虑,不难看出,他已把人类神格化。这个神不是佛祖,也不是元始天尊,而是上帝,反映出五四以后中国传统宗教在巴金的文化心理上已在淡化,基督教文化的影响日渐加深。

巴金到法国后,一面埋头苦读政治学、伦理学、历史学和文学著作,另一方面他也研究《新约》,熟读四福音书,并且常常引证它们。饶有意思的是,巴金创作处女作《灭亡》,与基督教不无关系。他不止一次地回忆说,那时他每天晚上都望着两块墓碑似的高耸在天空中的巴黎圣母院的钟楼,想起许多关于这个圣

---

① 巴金:《海行杂记·两封信》,《巴金全集》第12卷,人民文学出版社1989年版。
② 巴金:《忆·家庭的环境》。
③ [俄]薇娜·妃格念尔著,巴金译:《狱中二十年》,生活·读书·新知三联书店1989年版。
④ [俄]薇娜·妃格念尔著,巴金译:《狱中二十年》。
⑤ 巴金:《海行杂记·两封信》。

母院的传说,眼睛开始在微雨的点滴中看见了一个幻境,一股不能扑灭的火又在他心里燃烧起来。圣母院悲哀的钟声沉重地打在他心上,刺激着他用笔来倾吐感情的欲望,就这样,"每晚上一面听着圣母院底钟声,我一面在一本练习簿上写一点类似小说的东西"①,"一直写到我觉得脑筋迟钝,才上床睡去"②。巴黎圣母院是天主教徒举行宗教仪式的著名教堂,教堂哥特式的钟楼和钟声,常常给人增添神圣感。巴金一再把教堂的建筑和钟声同他的创作联系在一起,这充分说明,基督教文化对他写第一部小说《灭亡》起着催产的作用。

综上所述,中国传统宗教和基督教在巴金早期文化心理所留下的雪泥鸿爪,是十分清晰的,这对他日后所经历的探索道路和创作生涯,将产生深远的影响。

二、扬弃:巴金对宗教的双向选择

其实,巴金并不是一个宗教信徒。一方面,他对宗教一贯持批评和否定态度,多次宣称自己是无神论者。另一方面,他赞成和接受部分基督教教义,这部分基督教教义,直接影响了他的生活和创作。他抨击宗教的虚妄性的态度是激烈尖锐的。他对殉道者献身精神的钦佩和赞美,态度是真诚虔敬的。巴金对宗教的双向选择,是他对宗教矛盾而复杂的文化心理的反映。

巴金从小就讨厌礼节,六七岁的时候,在神的面前不肯磕头,"结果我挨了一顿打,哭了一场,但是我始终没有磕一个头"③。对神的反感从此就深入到他的潜意识。到了五四时期,克鲁泡特金学说和巴枯宁学说中的反宗教思想与无神论,把他潜意识中的反神倾向,升华为否定宗教的个人意识。他在一篇短论中抨击宗教"是束缚人群思想,阻碍人群进化的东西。我们要想求真理,他却教我们迷信。我们要进取,他却叫我们保守",并引用国际无政府主义者巴枯宁的话"若然有上帝,我们也应把他来毁灭"来号召大家"我们起来试试吧"④。

巴金对宗教的批判,主要表现在对神的存在与作用的怀疑和否定上。恰恰这一点,正是宗教信徒和无神论者分界的焦点。没有了神,也就失去了信仰和崇拜的对象,无神的宗教难以存在。《〈神·鬼·人〉序》以诗一样优美的语言,真实地记述了他怎样由一个敬神的孩子演变成无神论者的过程。他做小孩时,虔诚地向神祷告,"我求他给每个人带来幸福,带来和平。我求他让我看见每个人的笑脸,我求他不要使任何人哭泣"。但是,"神似乎不曾听见我的祷告。神的宝座也许是太高,太高了"。在敬神怕鬼的环境中他虽然相信神的公道和阴间的报

---

① 参见巴金:《写作生活的回顾》,湖南人民出版社1981年版。
② 巴金:《谈〈灭亡〉》,载《文艺月报》1958年4月。
③ 巴金:《忆·最初的回忆》。
④ 芾甘:《爱国主义与中国人到幸福的路》,载《警群》第1期(1921年9月)。

应，但"看不见一点公道，而那报应的说法也变得更渺茫了"。于是他开始怀疑神的权威和神的存在，"不再崇拜神，也不再惧怕鬼了"①。在赴法留学途中，他已经从求神拜鬼的迷惘中走了出来："我已经不是任何宗教的信徒了。"② 到了30年代，他更是感到，在生活的洪炉中，"火烧毁了神，火烧死了鬼"。他完全摆脱了鬼神的阴影，"站在这坚实的土地上面，怀着一颗不惧怕一切的心，我是离开那从空虚里生出来的神和鬼而存在了"③。在另一篇散文《神》中，巴金斩钉截铁地宣言"我是神的敌人"，他坚信"无论在什么时候，人的力量都显得比假想的神更伟大"，指出"信神的路终于是懦弱的路。不满意现状，而逃避现实去求救于神，这样愚蠢的行为是不会有好处的"④，他是多么希望信神的人们从空虚中返回现实啊！

在各种宗教中，巴金抨击得最多的是佛教。他认为："佛教的理论纵然被佛教徒夸示得多么好，但这究竟是非人间的、超现实的；人间的、现实的苦闷，还得要人间的、现实的东西来解除。"⑤ 所以，他途经锡兰（今斯里兰卡）参观卧佛寺时，"佛教的庄严也引不起我的注意了"⑥。佛教教义宣扬生命轮回、因果报应，佛家注重佛事仪式。水陆法会便是荐亡的佛事中的一种。巴金在小说《家》中，深刻地揭露了佛事仪式的虚伪性、欺骗性和残酷性。高老太爷死后，高家举办佛、道合流的水陆道场，借超度亡灵来"维持自己的面子，表现自己的阔绰"。为避荒诞无稽的"血光之灾"，竟逼着瑞珏去郊外分娩，致使她在惨号中被佛事的禁忌夺去了年轻的生命。在小说中，巴金发出了愤怒的控诉声。对寺庙的和尚，巴金也绝少好感，在《游了佛国》一文中，他怀着厌恶的心情，勾画出本应"四大皆空"的和尚向游客索取钱财和巴结女香客的庸俗嘴脸，普陀山这块佛门圣地，在他眼中不过是"一个大商场，在那里贩卖的货品是菩萨"，而和尚"也会应酬客人，也会计算银钱，也会奴使用人，也会做生意，跟普通商人没有两样"⑦。在短篇小说《神·鬼·人》中，巴金用艺术的笔触对神鬼的虚妄性予以严厉的批判，对企图在诵经拜佛中求得精神上的解脱的长谷川、崛口，表示怜悯和痛心，殷切希望他们"那么就弃绝你的神吧"⑧。综观巴金全部著作，几乎没有引用过佛经的话，也找不出赞颂佛教的文字，足见他对神鬼的反感。

在《从资本主义到安那其主义》一书中，巴金对基督教也进行了严厉的批

---

① 巴金：《神·鬼·人》，《巴金全集》第10卷，人民文学出版社1989年版。
② 巴金：《海行杂记·两封信》。
③ 巴金：《神·鬼·人》。
④ 巴金：《点滴·神》，《巴金全集》第12卷，人民文学出版社1961年版。
⑤ 巴金：《海行杂记·两封信》。
⑥ 巴金：《海行杂记·锡兰岛上的哥伦坡》。
⑦ 巴金：《旅途随笔·游了佛国》。
⑧ 巴金：《神·鬼·人》。

判,"基督教乃是历史上最大的伪善。我告诉你:没有一个基督教国家或个人实行耶稣的教训的"。他又说:"基督教乃是人类之最大欺骗与最大耻辱,而且是一个完全的失败,因为基督教的说教乃是欺人的谎言。"他进而揭露"基督教不复再是贫民的宗教而成了压制与痛苦之源"①。激烈的言辞鲜明地表达了巴金否定基督教作用和存在价值的反宗教思想与狂热的情感。

宗教学研究者吕大吉认为,"事实上,许多世俗事物和自然对象都可在人们心中引起类似宗教感情之类的体验……许多纯世俗性的社会观念,道德信念和政治信条都可在人们心中产生类似于宗教感情的神圣感和庄严感"②。如果用这种颇有见地的观点来考察巴金的文化心理,不难看到,他在人生征途的跋涉中曾遇到许多艰难险阻。这种种复杂的经历,激发了巴金文化心理深层的"宗教感情"他所信仰的无政府主义思想,以及无政府主义者为理想而英勇献身的事迹,也在他心中涌起一种为信仰而奋斗的神圣感和庄严感。所以,尽管巴金不是宗教信徒,但在这种"宗教感情"的驱动下,对基督教某些教义产生了强烈的共鸣,显示出他的宗教文化心理的另一面。

那么,巴金从基督教文化中吸收了什么成分?这些成分对他的生活与创作起到过什么作用?

巴金接受了"爱人如己"的基督教的基本教义,并把它同母亲灌输给他的"爱一切人"的仁爱思想,以及无政府主义的万人友爱互助、万人安乐的理想相融合,从而形成了他人类至上的人生价值观念。

巴金"人类至上"的人生价值观念充分体现在他的社会理想之中,驱使他去反抗不合理的社会制度、陈腐的传统观念和摧残爱的黑暗现实。《灭亡》中的杜大心,"立誓牺牲个人幸福来拯救人类",张为群热切盼望能过上"在将来,不会再有不平的事,没有人压迫人的事,也没有厂主和工人这一类的分别。人人都是平等的,都享着和平的幸福"的生活,并且常常问杜大心"革命什么时候才来"。巴金深深知道,当时黑暗势力还很强大,要实现他美丽的理想,需付出巨大的代价,甚至是牺牲自己的生命代价。有趣的是,巴金多次从《圣经》中吸取鼓舞自己也激励读者的精神力量。早期基督教徒曾遭受罗马统治者的迫害,尤其在尼罗王时期,迫害基督教徒的手段更为残酷。圣徒彼得在门徒的劝告下秘密离开罗马城。半路上受耶稣的感召,他重返腥风血雨的罗马城,被钉死在十字架上,显示出统治者用任何暴行都不能摧毁的"重返罗马"的精神。经过基督教徒长期不懈的努力,皈依了基督教的君士坦丁一世受基督教徒的拥护而攻入罗马,重新统一帝国。基督教从此取得合法地位,不久成了实际上的国教。基督教

---

① 苇甘:《从资本主义到安那其主义》,香港文汇出版2009年版。
② 吕大吉主编:《宗教学通论》,中国社会科学出版社1989年版。

这段曲折的发展史给巴金很深的启示,在"爱情三部曲"中,吴仁民用它来批评敏的急躁冒进,"然而罗马的灭亡并不是一天的事情",说明要战胜黑暗势力,改变整个社会,实现他们的理想,需要很长的时间和加倍的努力。全面抗战爆发不久,上海就沦陷了。巴金写出《"重进罗马"的精神》,用这段宗教史来说明留在孤岛上海为"夺回自由"而进行的反侵略斗争"其重要性并不减于在前线作战",号召孤岛人民牢记"重进罗马"的精神,高度评价这种精神"是建立新中国的基石",断言"这种精神不会消灭,中国不会灭亡"①。巴金的这篇文章,对当时陷入苦闷泥淖的沦陷区同胞,的确起到振奋爱国热情和鼓舞抗战士气的作用。

巴金非常崇敬为信仰而献身的殉道者,在这些殉道者中,自然也有基督教殉道者。他在回答评论家刘西渭的自白中,描绘了在尼罗王恐怖时期,基督教的处女跪在罗马斗兽场的猛兽前,神态镇定自若的场面,指出宗教信仰使她们看见天堂的门向她们打开,所以"她们是幸福的"②。肯定她们的殉道精神,认同宗教信仰的作用。而在巴金收集、整理和编写、出版的殉道者事迹中,不难发现他们生前几乎都信仰无政府主义或民粹主义。对巴金曾经"象火一样点燃了我的献身的热望,鼓舞了我的崇高的感情"③ 的薇娜·妃格念尔有一段话,颇中肯地概括出为巴金所推崇的殉道者思想和性格的特点:"死和殉道的观念是连接的,在我幼小时候基督教的传统就教导我把殉道视作神圣,后来为被压迫者的权利斗争的历史又巩固了我的这种观念。"④ 可见,这些殉道者虽然不是为基督教而牺牲,但是他们的思想和性格,又程度不同地受到基督教文化的影响。细读巴金在20年代所写的大量的殉道者传记和故事,可以看到他最钦佩的是殉道者为了实现自己的无政府共产主义理想和放散拯救人类的爱心而抛弃一切的献身精神。在他们身上,充分体现了无政府主义的伦理观。巴金从自己的人生价值取向出发,在文学创作中也刻画出杜大心、李冷、李静淑、陈真、吴仁民、钟馨、伯和等殉道者形象,具体再现了二三十年代中国殉道者的生活。比如《新生》中李冷就义前在日记上写道:"我生活在这个世界上,只是为着牺牲自己,为人类工作,使人类幸福、繁荣……没有个人底感情,没有个人底爱憎,没有个人底悲哀",把死亡当着自己的新生。巴金认为理想是杀不死的,殉道者所执着追求的崇高事业一定会胜利,殉道者的精神也会被后来者发扬光大。他在小说的第三篇引用《约翰福音》的话作为结尾:"一粒麦子不落在地里死了,仍旧是一粒;若是死了,就

---

① 巴金:《无题·"重进罗马"的精神》,《巴金全集》第13卷,人民文学出版社1990年版。
② 巴金:《〈爱情三部曲〉作者的自白》,载《大公报》1935年12月1日。
③ [俄]薇娜·妃格念尔著,巴金译:《狱中二十年》。
④ [俄]薇娜·妃格念尔著,巴金译:《狱中二十年》。

结出许多子粒来。"① 这正好说明，他对殉道者精神的弘扬，是受到过《圣经》启示的。

基督教认为，人类始祖亚当、夏娃违背上帝的命令，偷吃"禁果"，是人类犯罪的开始和一切罪孽的根源。这罪是亏欠了上帝的荣耀，人类自身无法补偿，于是世代相传。人一生下来就是上帝的罪人，称之为"原罪"，人活着应当赎罪，死后将接受上帝的最后审判。如果经常向上帝忏悔，就会减轻罪孽，使灵魂得救。"原罪说"可以说是基督教神学的核心，一部基督教史简直就是一部忏悔救赎史。于是有人称基督教文化是"罪感文化"。巴金最崇敬的国际无政府主义大师巴枯宁、克鲁泡特金以及薇娜·妃格念尔等都先后受到过"原罪说"的影响，都抛弃优裕舒适贵族家庭，到民间宣传自己的主张，在贫困、流浪和危险的生活中向人民赎罪。他们的行动以及"罪感文化"显然导引出巴金的"原罪"感。青年的巴金感到，"我们的上辈犯了罪，我们自然也不能说没有责任，我们都是靠剥削生活的。所以当时像我们那样的年轻人都有这种想法：推翻现在的社会秩序，为上辈赎罪"②。怀着原罪和赎罪的心情，他走上探索人生的道路和文学创作的道路。不消说巴金在创作中也会流露出这种情愫。在《灭亡》的第十一章中，李冷在立誓献身时说："妹，想起来我们也不能够活下去了。我们叫人爱，我们自己底生活却成了贫民底怨毒底泉源：这样的生活现在应该终止了。我们有钱人家所犯的罪恶，就由我们来终止罢。"一道光辉出现在李冷的脸上，一线希望在绝望中闪耀起来。"我们宣誓我们一家底罪恶应该由我们来救赎。从今后我们就应该牺牲一切幸福和享乐，来为我们这一家，为我们自己向人民赎罪，来帮助人民。"③ 这话不仅道出了巴金的心声，而且也道出出身剥削阶级而走上革命道路的一代青年的心声。

值得注意的是，巴金在向人民赎罪的同时，也对内心进行自我审察，从而萌生出忏悔意识。巴金的忏悔，不是向基督教的上帝忏悔，而是向他自己的上帝——人类进行忏悔。因此，直到耄耋老年，他在写作中都一直坚持"把心交给读者"④。在生活中承认自己的缺点需要勇气，在文章中要把自己的缺点公开披露出来更需要巨大的勇气。在《忆》《短简（一）》《生之忏悔》和其他一些作品中，他从不粉饰自己的缺点。坦率承认："我不是健全的，我不是强项的，我承认我已经犯过许多错误。""我是浅薄的，我是直率的，我是愚蠢的。"⑤ 痛切检查："我太懦弱了！……我说了我没有说过的话，我做了我没有做过的事。而

---

① 转引自巴金：《新生》，《巴金全集》第4卷，人民文学出版社1987年版。
② 《巴金选集·后记》，载《读书》1979年第2期。
③ 转引自巴金：《新生》。
④ 转引自巴金：《随想录·把心交给读者》。
⑤ 巴金：《新年试笔》，《巴金全集》第12卷，人民文学出版社1989年版。

那些话和那些事都是和我的思想相违背的。"① 他自我评价："我仿佛是一只折了翅膀的鹰，我不能够再在广阔的天空里飞翔了。我的绝望只有我知道。"② 他剖析自己："黑暗，恐怖，孤独——在我的灵魂的一隅里永远就只是这些东西。"③ 他在《灵魂的呼号》中痛楚承认，他没有力量去掉内心的矛盾；在另一篇文章中，从心底呼喊："人只看见过我的笑，却没有知道我的整天拿苦痛来养活自己。"④ 于是他公开"诅咒我自己"⑤。就是在他封笔之前所写的五本《随想录》，也对自己在"文革"期间的经历进行深刻的反省，为自己所做过的错事、说过的错话和一闪即逝的错念头而深深忏悔。应当看到，巴金通过忏悔，思想得以升华，人格得以迈进到更高的境界，在民主革命时期和社会主义建设时期能发挥更积极的作用。可以说，巴金的忏悔意识，是他紧随时代前进的一股内在动力。不仅如此，他把一个真实的自我袒露在作品中，一个怀着赎罪心情跋涉在充满荆棘的道路上的探索者跃然于纸上，坦荡的胸怀和真实的感情拨动了几代读者的心弦。

综上所述，巴金对宗教矛盾而复杂的文化心理，使他对宗教做出双向选择：作为无神论者，他坚决否定神和神灵的存在，揭露宗教的虚妄性和欺骗性，从而否定了宗教信仰的根本；但作为人道主义者，他又把人类奉为上帝，把自己的一切献给他的上帝。作为社会解放道路的探索者，他猛烈地抨击宽恕、忍耐、爱仇敌和勿抗恶等宗教教义；但作为有着一颗燃烧的心的青年，他又接受了"爱人如己"的宗教律法。他为宗教信徒诵经拜佛虔信神鬼而痛心，但同时他又以类似于"宗教感情"的真诚向人民忏悔，为上辈赎罪。毫无疑问，巴金对宗教文化的扬弃，使他不但避免坠入迷信的深坑，而且还为实现自己追求的目标增强了信心，为铸就自己崇高的人格增添了精神力量，为自己从事文学创作攫取了文化食粮。事实雄辩地证明，巴金对宗教的态度是正确的，宗教文化对巴金的影响是积极的、健康的。

三、《田惠世》：宗教信徒与无神论者的思想情感交流

宗教信徒和无神论者可不可以互相了解？他们的思想和感情能不能互相交流沟通？巴金在1943年创作的《田惠世》中凸现了他的探索与思考的结果。

《田惠世》是"抗战三部曲"的第三部。本来写完第一部后巴金就透露过，

---

① 巴金：《苦笑·呻吟与呼号》，载《申报·自由谈》1933年4月27日。
② 巴金：《忆·断片的记录》，《巴金全集》第12卷。
③ 巴金：《新年试笔》。
④ 巴金：《新年试笔》。
⑤ 巴金：《忆·断片的记录》。

在《火》的第二、三部中，打算一写刘波在上海做秘密工作，一写冯文淑和朱素贞在内地的遭遇。只是由于对生活新的感受和新的理解，使他改变了初衷。巴金小说的人物一般在生活中都有其原型，田惠世便是他根据在30年代初结交的好朋友，信仰基督教的散文作家林憾庐的某些生活、思想和性格，经过艺术加工而塑造出来的形象。1938年日本飞机轰炸广州，林憾庐和巴金一起，以高涨的爱国热情坚守在各自的岗位上。他编辑着揭露侵略者暴行、振奋民众斗志的《见闻》杂志。在广州沦陷的前一天，他才同巴金一道撤离出来，辗转到桂林等地，支撑着《宇宙风》的编辑出版工作。为了给抗战多尽一分力量，他牺牲了个人和家庭的一切，最后倒在他的岗位上。巴金怀着深挚情谊写出的回忆文章《纪念憾翁》，便是对《田惠世》的注脚。

巴金虽然是无神论者，但是他说："对真正相信基督的教训的教徒，我是怀着敬意的。"① 他正是怀着这样的心情来塑造田惠世形象的。田惠世有其独特的生活道路。他出身于牧师家庭，从小就深受基督教教义的熏陶。但是，他对基督的信仰却不是"世袭"的。教会医院英国医生关于教义的话，使他一翻开新旧约全书，爱和同情就流入心田，使他感悟到"天国是在你们的心里"。他步入社会后，经过多次领悟《圣经》的默启，经历"软弱"试探的考验，从而确立了对基督教义的信仰。《圣经》是他的精神支柱，他每天诵读福音书同"主"晤谈。福音书中"唯有忍耐到底的，必然得救"的话，成为他的生活信条，把实现"主"的教训作为生活目标。博爱是他的思想核心，他希望"用爱拯救世界"，坚持基督徒应当自我牺牲、勤奋工作的原则，在爱人、帮助人、尤其是在热爱和帮助穷人中找到生活的乐趣。在50年的生活经历中，他把爱奉献给了穷人，从不计较个人得失，处处都显示出正直、善良、顺从、谦恭、刻苦耐劳和笃守教义的性格特点。

他不像冯文淑等爱国青年那样，为了国家的独立和民族的生存而投入抗战。他站在基督教"爱"的立场，对于日本侵略者毁坏田园城镇、残害中国同胞的暴行，心里充满憎恶与愤怒，再也不能置身度外了。他是"为了爱生命的缘故，才来拥护抗战，反对那残害生命的侵略者"。在抗日救亡活动中，田惠世希望用"爱"来"战胜人类的兽性"，维护人间的和平与安宁。因此，他把全部精力都花在办好宣传抗战的杂志《北辰》上面。为了使《北辰》在抗战中能及时起到"纸弹"的作用，在上海他不理会匿名电话的威胁；在广州不怕日本飞机的狂轰滥炸；在昆明他力排因物价飞涨而造成的印刷等方面的困难，甚至卖掉妻子陪嫁的首饰和家里的衣服，也要保证刊物能够出版；病重时，卧床校对清样；就是在生命垂危的时刻，也还惦挂着下一期的编排工作，充分表现出性格中坚强的一面

---

① 巴金：《〈火〉第三部·后记》，《巴金全集》第7卷，人民文学出版社1988年版。

和殉道者的献身精神。

本来，田惠世早就觉得《启示录》中"上帝要擦去他们一切的眼泪，不再有死亡，也不再有悲哀，哭号，疼痛"的预言与非宗教者的社会理想吻合，"他在宗教者和非宗教者中间看出了一道桥梁。他的心有时候居然往返两岸"。过去，他曾和许多非宗教者做了朋友。所以，从前线回来的无神论者冯文淑出现在他的生活圈子，并受到他热情的欢迎，就无须奇怪了。饶有意思的是，这年龄相差三十来岁的两代人，刚一认识就围绕着宗教信仰问题展开争论。以后每见一次面，几乎都要就此继续争论。他们的观点针锋相对，争论的焦点在上帝是否存在，宗教有什么作用等问题上。

冯文淑不相信上帝，认为"一本《圣经》里面不知道充满了多少矛盾。我还要说，宗教杀死了人的反抗精神和创造精神。所以我不相信宗教"。批评福音书"就是耶稣的话也有互相冲突的地方。"田惠世则根据自己的宗教体验，强调上帝"就在我们的心里"，"没有上帝，我们就得不到这个社会本能。没有上帝就没有爱"，竭力说服冯文淑承认基督教义。冯文淑引用《沙宁》的话，"基督教"：和善，谦卑，并且给人许多未来的福，它反对斗争，说着永久幸福的幻影，把人类催入甜蜜的睡眠"，尖锐地揭露了宗教的虚伪性和欺骗性，弄得田惠世无言可答。《沙宁》中几段否定基督教存在价值的话，如"在它的与人类兽性的冲突上，基督教却已自己证明了与一切别的宗教一样的无能"，触动了他的心弦，使他开始为自己的信仰烦恼、彷徨、痛苦。针对田惠世所奉行的基督教博爱精神，冯文淑一针见血地指出，"其实用爱也拯救不了世界，连中国也拯救不了！譬如对日本军人，你讲爱罢，那就用不着抗战了"。这话切中肯綮，田惠世只得认输。

田惠世同冯文淑的争论，实际上也是有神论者和无神论者的思想沟通和感情交流，互相之间增深了了解。冯文淑钦佩田惠世不妥协、充满奋斗的精神和对工作积极努力、认真负责的作风。而田惠世也在争论中逐渐从固囿的宗教信仰中走出来，开始对信奉了几十年的基督产生怀疑，"信心和希望渐渐朦胧了"，以至于"他觉得自己竟然被上帝离异了"。其实，与其说他"被上帝离异了"，毋宁说冯文淑的话震撼了他的心灵，使他不知不觉地疏远、离异上帝。

当然，给田惠世教育最深的还是残酷的现实生活。他无法用基督教教义去解释眼前发生的家破人亡的惨剧、南京大屠杀、日本侵略者的暴行。日机的空袭炸死他的爱子田世清给他的精神以极大的打击，根本动摇了他从小建立起来的对《圣经》的信念，最后他省悟到，"基督徒不基督徒都是一样的"。把一生的事业——《北辰》托付给冯文淑办下去。宗教信徒和无神论者的心灵终于沟通，在抗战旗帜下团结起来，同仇敌忾，这也反映了巴金对宗教信徒看法的转变。

需要指出的是，在巴金的创作中，以宗教信徒生活为题材的作品，《田惠世》并非第一部。但是，以赞美的笔调写宗教信徒和无神论者思想感情的真诚交流，《田惠世》不但是第一部，而且也是唯一的小说。在当时流行的中、长篇抗战小说中，《田惠世》还是唯一反映爱国基督徒思想和生活变化的作品，填补了文艺园地的空白。在中国现代文学史上，工人、农民、战士、小资产阶级知识分子、民族资本家、革命者和各种不同性格的妇女形象层出不穷，唯独很少出现血肉丰满的基督徒身影。巴金独出心裁地创造出田惠世的形象，是对中国现代文化和中国现代文学人物画廊的突出贡献。

儒家文化与中国文学[1]

无论是从中国文化发展的历史，还是从中国文学产生、发展和演变的过程来考察，儒家文化与中国文学都有着至为密切的渊源关系。

首先，儒家文化开辟了中国文学发展的道路。众所周知，文字的发明和使用，是人类社会由野蛮时代过渡到文明时代的重要标志之一。远古时代由于没有文字，同时也因为社会分工不明确，所以没有单纯的文学作品出现。我们祖先集体创作的口头文学，大多随着岁月的流逝而湮没，极少流传下来。"文学"一词最初出现在儒家典籍《论语》中：

> 子曰："从我于陈蔡者，皆不及门也。德行：颜渊，闵子骞，冉伯牛，仲弓。言语：宰我，子贡。政事：冉有，季路。文学：子游，子夏。"[2]

后世的人便将德行、言语、政事、文学称为孔门四科。皇侃在《论语义疏》中解释说："文学，指博学古文。"战国末期的儒学大师荀子说："人之于文学也，犹玉之于琢磨也。《诗》曰：'如切如磋，如琢如磨'，谓学问也。"[3] 显然"文学"一词在当时的含义是指通博古代典籍，又能把自己的见解著述成文，与六朝以后形成的专指文学创作和文学作品的含义还不相同，但已有广义的文学意思在里面了。

应当看到，在古代典籍中，文学、史学、哲学常融为一体，很难把它们区分开来。儒学的创始人孔子非常重视文学著述和整理工作。记述上古时代历史文献和部分追述上古传说的记言古史《尚书》，经孔子编选而成为我国最早的散文集；中国第一部诗歌总集《诗经》与编年史散文《春秋》，也是经孔子删改、修订、整理而得以流传下来的。[4] 孔子的学生根据他生前的言谈整理出来的《论语》，闪耀着哲理的光辉，开了语录体散文创作的先河。基本可以断定，儒家文化思想，一开始就融进第一批中国文学作品中，后世的著名思想家、文学家无不受其影响。如唐代散文大家韩愈、柳宗元等的文章精髓，皆源于儒家文化思想。柳宗元说他的文章"本之《书》，以求其质；本之《诗》，以求其恒；本之

---

[1] 此文原载《学人》1993年第4期。
[2] 《论语·先进》。
[3] 《荀子·大略》。
[4] 关于《尚书》《诗经》《春秋》是否经孔子整理成集，学术界争议颇大。笔者赞成这三本儒家典籍是由孔子删订而成的观点。

《礼》，以求其宜；本之《春秋》，以求其断；本之《易》，以求其动"①。韩愈则对儒家文化思想推崇备至，"非三代、两汉之书不敢观，非圣人之志不敢存"，并且"行之乎仁义之途，游之乎《诗》《书》之源，无迷其途，无绝其源，终吾身而已矣"②。由此可见，儒家文化思想浸淫在历代文学作品之中。

其次，儒家的理论和实践奠定了中国文学的基石。孔子及其后来的儒学大师对文学提出许多精辟的见解。《尚书》提出最早的诗歌主张："诗言志，歌永言，声依永，律和声。"③ 如果说这个观点不一定是孔子提出的，但起码可以说明他是赞成这个观点的。《左传》记录了孔子的一段话："言以足志，文以足言。不言，谁知其志。"④ 孔子的弟子也反复重申这个观点，如"诗言是，其志也"⑤，"诗言其志也"⑥。这里的"志"，就是指人的志向、趣味和情操。儒家的这个主张最早揭示诗人与诗歌创作之间的关系，成为历代诗人所遵循的一条创作原则。

孔子对诗有着浓厚的兴趣，《论语》中有 19 处谈到诗，其中孔子论诗有 10 处，谈诗又言及礼乐或谈礼乐又言及诗有 6 处。孔子重视文学的教育功能，十分强调诗歌的教化作用。他说："诗可以兴，可以观，可以群，可以怨，迩之事父，远之事君，多识鸟兽草木之名。"⑦ 又说："兴于诗，立于礼，成于乐。"⑧ 这两段话是说诗歌可以使人受到启发而振奋意志、提高识别能力、协调人际关系以增强群体力量、陶冶性情和讽谏统治阶级的社会教化作用，同时还确立了诗歌在建立礼乐制度过程中的地位和作用。孔子又进一步认为诗歌的社会教化作用具体表现在"思无邪"⑨ 上。所谓"思无邪"，就是指诗歌可以净化人的思想感情，祛邪兴正，实现儒家所提倡的"修身"的愿望。孔子在这里谈的虽然是诗，但其影响已大大超出诗的范围，成为中国古代文学思想的纲领。

张岱年先生说得好："在中国封建时代，儒学占统治地位，于是儒学的长处和短处、优点和缺点，也导致了中国文化的长处和短处、优点和缺点。"⑩ 把张先生的话引申到文学上，就是儒家文化的长处和短处、优点和缺点导致中国文学的长处和短处、优点和缺点。比如孔子认为，文学艺术在表达人的思想感情时应该接受一定的伦理规范节制。因此，他力倡中和的原则，主张"允执厥中"⑪，

---

① 柳宗元：《与韦中立论师道书》。
② 韩愈：《答李翊书》。
③ 《尚书·尧典》。
④ 《左传·襄公二十五年》。
⑤ 《荀子·儒效》。
⑥ 《礼记·乐记》。
⑦ 《论语·阳货》。
⑧ 《论语·泰伯》。
⑨ 《论语·为政》。
⑩ 参见张岱年：《文化与哲学》，教育科学出版社 1988 年版。
⑪ 《论语·尧曰》。

批评"过犹不及",意思是超过一定限度和达不到应该达到的限度都是不好的。汉代的儒学家对此又加以发挥,儒家经典《礼记》认为"夫礼,所以制中也"①和"中正无邪,礼之质也"②,把"中"看作礼的核心和处理矛盾、防止感情偏激的思想行为准则之一。不仅如此,孔子又提出"礼之用,和为贵"③,把"和"看作用来调节人的感情和行为的礼的重要功能。正因为孔子反对走极端,运用到文学上,中和就成了他对文学创作和文学批评的价值取向。他从这种价值取向出发去评论《诗经》中的一些篇章:"《关雎》乐而不淫,哀而不伤"④,感情表达合乎分寸,恰到好处。他斥责郑声,是因为郑声违背了中和的价值取向,男女欢悦的感情表达过了头,"郑声淫"⑤。孔子倡扬的中和之美,奠定了中国文学"温柔敦厚"⑥的审美趣味和感情基调;中国古代诗歌多恬静、平和之作,缺乏充满激情的史诗,抒发个人火山爆发式的磅礴感情的诗篇亦不多见,这与历代诗人接受中和的价值取向关系极大。

《诗经》的一些创作技巧和艺术表现手法,例如赋、比、兴,一直沿用至今。这三个词最早见于《周礼·春官·大师》:"教六诗:曰风,曰赋,曰比,曰兴,曰雅,曰颂。"⑦ 风、雅、颂是《诗经》的分类,赋、比、兴则是《诗经》的创作技巧和艺术表现手法。郑玄对此做了解释:"赋之言铺,直铺陈今之政教善恶;比,见今之失,不敢斥言,取比类以言之;兴,见今之美,嫌于媚谀,取善事以喻劝之。"⑧ 用今天的话来说,赋就是直叙其事,比就是引物为比,兴就是先言他物而引起所咏之词。《诗经》以后的诗文创作常常从天地间一切自然现象和万事万物来抒写或寄托作者个人的内在心智与感情,直至现在仍屡用不衰。

《春秋》对后来的纪实性散文创作也产生了深远影响。所谓寓褒贬、别善恶和微言大义的"春秋笔法",一直为后世的文学家、史学家所称道和发扬。《左传》说:"《春秋》之称,微而显,志而晦,婉而成章,尽而不汙,惩恶而劝善,非圣人谁能修之!"⑨ 司马迁对《春秋》严谨而精炼的文字也非常佩服,"笔则笔,削则削,子夏之徒不能赞一辞"⑩。在怎样取材、怎样叙事、怎样剪裁、怎样将作者对客观事物的评价在行文中不着痕迹地表达出来,《春秋》当是最早的

---

① 《礼记·仲尼燕居》。
② 《礼记·乐记》。
③ 《论语·学而》。
④ 《论语·八佾》。
⑤ 《论语·卫灵公》。
⑥ 《礼记·经解》。
⑦ 《周礼·春官》。
⑧ 郑玄:《周礼注疏》卷二十三。
⑨ 《左传·成公十四年》。
⑩ 司马迁:《史记·孔子世家》。

典范之一。

　　文学史所提供的材料表明，中国文学正是在儒家文化这块坚实的基石上建设和发展的。

　　再次，儒家文化思想濡化了历代文学家的灵魂。作为创作主体的文学家，既是本土文化的创造者和传播者，又是本土文化的儿孙和学生。无论中国历代文学家的身世和经历多么不同，但有一点却是相似的：他们所吮吸的第一口知识营养，几乎都是儒家文化的乳汁；所读的第一本书，几乎都是儒家文化的启蒙读物或典籍。儒家文化的基本精神，很自然地渗透进他们的内心世界，濡化了他们的心理深层。儒家内圣外王的人格设计，成为许多文学家毕生追求和努力实现的目标。儒家的伦理观念、自然观念、生命意识融进他们的价值系统、思维系统、反省系统，不但对他们的思想行为起着调节、支配和控制作用，而且还构成了具有儒家文化特色的审美心理和创造力的基底。无可否认，其他文化——道家文化和佛家文化也会对文学家产生影响，例如李白还喜好道家文化，尤爱庄子，蔑视权贵和礼制，追求绝对自由。但是他认同儒家的内圣外王思想，始终怀抱兼善天下之志，"申管晏之谈，谋帝王之术，奋其智能，愿为辅弼，使寰区大定，海县清一"①。念念不忘拯物济世，"谈笑安黎元"②。甚至还在61岁时向李光弼请缨杀敌。可见，在李白的文化心理中，虽然儒、道相济，但占主导地位的仍是儒家文化思想。

　　不消说，历代文学家观察社会生活、认识自然界时，大都自觉或不自觉地从特有的儒家文化视角去摄取素材，运用儒家的价值取向和价值判断去提炼题材，而后缘心感物，欣然命笔。当然，不同时期的文学创造力有不同的特点。例如中国古代诗歌在其艺术形式的发展过程中，由《诗经》的四言到两汉的五言乐府，到唐代五、七言律诗绝句，到宋词，到元曲，越发多姿多彩，愈来愈精绝。诗歌形式的演变表明，历代文学家的创造力已由低级迈往高级，从幼稚走向成熟。同时，由于历代诗人认同"诗言志"的主张，在古代诗歌中，言志咏怀的抒情诗占了压倒性的优势。一些流传千古的名篇，如建安七子的五言诗，陈子昂、张九龄、李白等人的感遇抒怀诗，杜甫、白居易、苏轼、陆游、辛弃疾、文天祥、龚自珍等人的忧国忧民的诗篇，虽然风格各异，但都体现了儒家伦理观念和思维定式。即使是谢灵运、陶渊明、孟浩然、范成大等人的山水田园诗，也闪耀着儒家天人合一的自然观念的光辉。可见历代文学家的创造力，或明或暗地映现着儒家文化的印记。

　　当然，儒家文化延续了两千多年，至今仍有生命力，自有其原因。两汉以

---

① 李白：《代寿山答孟少府移文书》。
② 李白：《书情赠蔡舍人雄》。

来，历代统治者把儒家文化当作统治阶级的文化而大力提倡，使它在中国传统文化中一直占据着"独尊"的主流地位。尽管朝代更迭，但这个地位从未动摇和改变。同时，儒家文化在发展过程中也从其他文化——道家文化和佛家文化中吸取养料，自身也在不断地丰富和完善中，在同道、佛两家文化竞争中也一直占优势，未被其他文化所取代。更重要的是，儒家文化思想也为历代民众所接受，渗透进民族文化深层，组成一种超个性的心理基础——集体无意识，这种无意识普遍存在于我们民族的每一个人身上。既然如此，它也一定要从我们民族的有意识和无意识活动中反映出来。这样，儒家文化与社会生活水乳交融，民众的人际关系、生活习惯、起居饮食、人生理想、政治态度、行为方式、感情表达方式，乃至民情风俗等方面，无不沁入儒家文化的因子。例如《水浒传》中的李逵根本没有读过儒家的书，但儒家文化的因子也从他身上表现出来。他在江州劫法场救宋江、在高唐州救柴进，讲的是"义"；他对梁山泊的起义事业，尽的是"忠"；冒险回乡接母亲，行的是"孝"；在沂水县要杀冒名行劫的李鬼时，忽听他说家有老母无人赡养，反以十两纹银相赠，动的是"仁"和"恻隐之心"；上阵杀敌奋不顾身，显出了"勇"。这仁、义、忠、孝、勇和"恻隐之心"，都属于儒家伦理范畴，足以证实儒家文化对人的内驱力量是何等巨大。儒家文化正因为融化在社会生活和个人情志之中，所以才展现出无比生动、无比丰富的表现形态。历代文学作品既然要反映这样的社会生活，表现这样的情志，就难免不折射出儒家文化的光泽。

综上所述，用文字记载的中国文学从一产生就与儒家文化结下不解之缘。上古文学经孔子的收集整理才得以流传下来；孔子以后的中国文学，经过他奠基而发展到现在，不同程度地凸显了儒家文化的基本精神。儒家文化既影响作为创作主体的历代文学家的审美心理和创造力，又融合在作为创作客体的社会生活中。由于在中国文学的文化特质中，儒家文化特质处于主导地位，因而制约着中国文学的内容和形式，决定着中国文学的主旋律、格局和基调。

显而易见，儒家文化对中国文学的发展起着积极的推动作用。

文化整合：迈向中国未来的必由之路①

迈向中国未来之路，就是中国社会从传统农业社会向现代工业社会的嬗变之路。从文化学的方位考察，这条现代化的道路其实也就是一条文化整合的道路。那么，文化整合在中国社会进程中有何作用？文化整合为什么是迈向中国未来的必由之路？今天我们怎样进行文化整合？本文试就此展开论述，以就教于方家。

一

中国文化源远流长，灿烂辉煌，当年与之竞耀争辉的古巴比伦文化已被岁月蒙上厚厚的尘埃，古埃及文化和古印度文化早就失去了原来的风貌，为新的埃及文化和印度文化所替代。唯有中国文化几千年来一脉相传至今，并且还在不断地丰富和发展，不但成为凝聚中华民族和推动中国社会发展的基本力量，而且影响广被日本、朝鲜、越南等东亚国家。

从形态和结构上看，我们大致可以将中国文化分成三个层次。最外层是器物层，包罗了中华民族所创造的各种物质的、精神的产品，如指南针、火药、纸张、字、画、乐曲、雕塑、万里长城、亭台楼阁、舟、车、瓷器、丝绸、服饰等，凝结着中华民族的聪明才智和创造力。中间层是制度层，是中华民族处理个人与他人、个体与群体等人际关系的行为规范，涵容了经济制度、政治制度、家族制度、婚姻制度、法律和礼俗、风俗、民俗等规定和制约着中国人从事社会活动的基本方式，体现着中华民族所特有的社会机制与民族风貌。深层是精神层，蕴含着中华民族的文化心理、价值观念、思维方式、审美理想以及诸种社会意识等内容，支配着中国人的文化行为，构成了中华民族的民族性格。在这三个层次中，最活跃的是器物层，为了满足古代中国人生存和生活的需要，适应社会的发展，器物层最容易产生变化和革新。而制度层则较为保守，中国的封建专制的政治制度、小农生产的自然经济制度、以血缘为纽带的家族宗法制度、"父母之命、媒妁之言"的婚姻制度、以儒学为观点的礼制风俗习惯，陈陈相因，延续了几千年。不过，最难变化的还是精神层，他具有坚实的稳固性、保守的遗传性、顽强的排异性，世世代代积淀在中华民族心理，保存和传递着古代中国人对宇宙万物、大千世界、复杂社会以及对人自身认识的基本观点，是中华民族文化的核心

---

① 本文原为《中国的过去、现在与未来》国际学术讨论会论文，后载香港《亚洲研究》1993年第6期。

和灵魂，在这三个层次中起着主导作用。

需要指出的是，中国文化并非一成不变，否则它就会逐渐僵化而失去勃勃生机。事实上，几千年来中国文化一直在不断地汲取外来文化，并进行文化整合、融化。所谓文化整合，就是两种或两种以上的文化交流时，所经历的一个协调、融合的过程。在这个过程中，强势文化会对弱势文化进行选择、适应、调整、吸收、创新，从而使文化相似性不断增强，最终使弱势文化成为强势文化的一部分。

众所周知，中国是一个多民族的国家，在远古不知有过多少民族部落和部落联盟。每个部落都有各自的文化。以农耕为主要生产方式的汉族文化，在当时各民族部落文化中是比较优秀的文化。它在形成的过程中，不断与东夷、西戎、北狄、南蛮等民族文化相互采借、嫁接，并同化其某些特质，从而构成以汉族文化为主体的中国文化。而在这种文化整合过程中，汉民族不断同化融合其他民族，以夷变夏，逐渐壮大，发展成我国人口多如满天星斗、遍布全国各地的主体民族。所以，中华民族形成的历史，可以说是汉族文化与本土各兄弟民族文化融合的历史。

一般而言，中国文化的整合分为碰撞混乱、适应调整、比较平衡、选择吸收、增添代换、融合创新、稳定和谐等七个阶段。很明显，中国文化的整合过程，或明或隐、或强或弱、或深或浅地制约和影响着中国社会的治乱、国家的存亡、经济的兴衰、民族的凝聚和中国历史的进程。在中国历史上曾经出现过几次大规模的文化整合。第一次肇始于春秋，基本完成于西汉。在这次文化整合过程中，各个民族互相融合，各个民族文化互相碰撞。周文化在整体上处于"礼崩乐坏"的瓦解状态，思想界群星璀璨，百家争鸣，"克己复礼"的儒家文化和"道法自然"的道家文化勃兴，适应了动乱社会的需要。这个时期，在器物层，铁器和牛耕广泛使用、钢和纺织品的出现推动了手工业和商业的发展，万里长城显示了古代中国人民的创造力。在制度层，赵武灵王比较了中原文化与蛮夷文化的某些长处和短处，提出了学习蛮夷"胡服射骑"的革新主张，改变了几千年的军事制度、军事装备和军事思想。崛起于西戎的秦国，经过选择，汲取了汉民族创建的中原文化，包容了其他民族文化，国势渐强盛，最终由嬴政兼并海内，吞灭六国，完成了由氏族贵族封建制向以郡县为基础的封建中央集权的过渡。西汉政权则基本承袭、健全和巩固了秦朝建立的郡县制度。与此同时，家族宗法制更为完备，协调了社会的组织细胞。维护皇权的法制和维护封建秩序的礼制也建构起来。而精神层，董仲舒提出的"罢黜百家，尊崇儒术"的主张受到汉朝统治者的采纳，儒家思想成为中国民族精神的核心，儒家的价值观念、政治观念、伦理观念、思维方式与审美理想为人民所接受，积淀在民族文化心理深层，成为一种集体无意识。毫无疑问，这次持续几百年的文化大整合奠定了中国文化的基础，建构起中国封建社会的基本格局，使中国历史跨越了奴隶制而向前迈了一步。当这次文化整合刚告完成时，佛教东来，由于佛教思想与儒家思想、道家思想抵触和冲突，一时不能为人们所接受，又显示出中国文化，尤其是精神层的排异性和稳固性。

第二次文化大整合起于魏晋，经南北朝而止于初唐。自东汉末年开始，中原动荡，混战不息，其间司马氏政权虽曾短暂统一过中国，但南北分裂却长达几百年，社会秩序、社会生产遭到严重破坏，中国文化受到猛烈的冲击。在精神层，儒家思想的独尊地位随之动摇，儒、道、佛之间，儒、道、佛与各兄弟民族文化思想之间进行大整合，到了唐代，形成了以儒学为主导，儒、道、佛三足鼎立，互相渗透的多元形态。玄学的思维方式、佛教哲学给予人们新的启发，从而把精神层推向一个新的高度。精神层的变化势必影响到制度层。儒学的衰微，使人们摆脱名教的束缚，在魏晋形成谈玄任放的世风，婚姻也相对自由。这种风气在唐代得到进一步发展，在器物层，绘画、雕塑、建筑、瓷器等方面都大放异彩。值得一提的是与各兄弟民族文化的整合。这种整合表现为各族文化的汉化和汉族文化的胡化。各族文化的汉化，指各族文化扬弃旧质，选择先进的汉文化，在精神层接受儒家思想，在制度层实行政治体制封建化、经济体制农业化、生活习俗汉族化、语言习俗汉语化。前秦的氐人皇帝苻坚、北魏的鲜卑人皇帝拓跋宏、南方俚的女英雄冼夫人等在这种文化整合中都发挥过积极的作用。汉族文化的胡化，就是在整合中，汉族文化也吸收各民族文化的某些优秀成分，如仪礼音乐、胡座、北朝律令等，创造出一些带有胡化因子的新的特质。与此同时，中外文化的交流也在进行。高句丽（朝鲜）、天竺（印度、尼泊尔）和西域诸国的音乐、舞蹈、美术和杂技，波斯铠甲和翼兽石雕等，经过整合，丰富了中国文化。从上面的论述可以发现，第二次文化大整合在中国社会的进程和中国文化的发展史上都有着重大的意义：中国社会分裂了几百年，在隋唐能走向高度统一，充分显示出文化整合的黏合凝聚作用；同时也为唐代社会文化的空前繁荣奠定了坚实的基础。

第三次大整合发端于北宋，完成于明，主要在精神层进行。自魏晋以来，儒、佛、道三家文化思想互相排斥、互相补充、互相对立、互相渗透。宋明的一些儒学思想家，痛感儒学式微，以继承孔、孟道统、复兴儒学为己任，同时又以儒学为本位，对佛、道两家文化思想进行整合。在整合过程中，他们汲取了佛家形而上的思辨哲学，融合了道家的宇宙生成、万物化生的思想精粹，从而形成一种以伦理为本体的新的儒家文化思想系统——理学。在理学家看来，天理和人欲是尖锐对立、水火不相容的，提出"存天理，灭人欲"和"清心寡欲"的价值取向，把中国文化重伦理道德、讲名节操守的传统精神推向巅峰。经过两宋以来历代统治者的提倡，理学取得独尊地位并得到以后历代人民的认同，对熔铸中华民族的文化性格产生了深远的影响，例如文天祥脍炙人口的名篇《正气歌》便是理学的产物。饶有意思的是，蒙古族的忽必烈征服了中国，建立起空前强盛的元帝国，游牧文化与汉族文化再一次发生猛烈的冲撞。不过由于以儒学为主体的汉族文化具有强大的磁力，在文化整合过程中，忽必烈大力推行汉化，不仅在器物层向汉人看齐，而且在制度层改革旧俗，实行汉族的封建政治制度，更重要的是在精神层倡扬儒家文化思想。于是，新儒学——理学在元代方兴未艾，被钦定为科举必考的官方哲学。军事征服者反倒为被征服者所征服，中国儒家文化在整合中再度表现出不可战胜的生命力。

当然，在其他朝代，例如清代，也没有停止过文化整合，中国文化就在多次整合中得以丰富、完善、演变、发展，是14世纪前世界文化中占优势的先进文化。文化整合贯穿中国社会进程，如果说中国封建社会是一个超稳定的社会，那么文化整合就是这个超稳定社会的组合力量。

二

中国历史演变的过程表明，当经济繁荣、社会安定、国力强盛的时候，中国文化在整合过程中就能表现出"纳细川于巨流"的雍容大度。而每当经济凋敝、社会动乱、国力衰竭、内忧外患频仍的年代，中国文化的排异性就会表现得非常明显。而且，在近代以前都是中国汉族文化整合各兄弟民族文化，中国本土文化整合外来文化。

但是，当历史推进到近代，鸦片战争的炮声撼动了中国封建社会的超稳定状态，西学东渐，欧风美雨猛烈地冲击着延续几千年的中国文化，一场大的文化整合势在必行。应当看到，中国传统文化是以伦理为本位的农耕文化，适应了自然经济和宗法社会的需要。鸦片战争后传入中国的西方文化则是以科学、民主为本位的工业文化，适应了商品经济和契约社会的需要。无论中国传统文化有多么辉煌灿烂的过去，倘若与西方现代文化相比较，确确实实是落后了。中国社会的发展要赶上世界潮流，就得从传统的农业社会向现代工业社会嬗变，而进行文化整合，无疑是这种嬗变的必由之路。这就规定了中国近现代文化整合的性质也是从传统到现代，任务是通过中外文化的整合建构一种具有中国特色的、适应现代社会需要的现代文化。就时间而言，这次文化整合从鸦片战争后开始，行经中国社会从传统走向现代的整个转型时期，需要几代人的不懈努力才能完成。

这次文化整合由于不是以中国传统文化为主体去兼容统摄西方现代文化，居于弱势的中国传统文化的某些固有的特质也因落后和不合时宜而被淘汰，习以为常的传统价值观念被撞碎，某些千百年"从来如此"的规矩和风俗遭到破坏，旧有的文化习惯被打破，民族自尊受到损害，注定了整合的过程不是一帆风顺，而是非常艰难，甚至是非常痛苦的历程。近代以来，西风东扬和列强入侵，一些怀抱"天朝"优越感的文化保守主义者竭力维护被摇撼的中国传统文化根基，倡扬西学中源说，如恭亲王奏请在同文馆设天算馆的奏折上说："查西术之借根，实本中术之天元，……天方算法如此，其余亦无不如此。中国创其法，西人袭之。"如果西学中源说能够成立，那么中国文化在世界文化中仍独占鳌头，无须向西方文化学习，自身亦无须革故鼎新，难怪那些主张向西方学习的有识之士被他们斥为"师事仇敌"的无耻汉奸、洋奴和卖国贼。这种文化保守主义一度很有影响力，鲁迅在青年时代去南京求学时就颇受压力，"所谓学洋务，社会上便以为是一种走投无路的人，只得将灵魂卖给鬼子，要加倍的奚落而且排斥的"①。可见，文化保守主义是这次文化整合的障碍。虽然以后它还会以别的面貌出现，但毕竟阻挡不了顺应历史潮流的文化整合趋势。

梁启超说，"又海禁既开，所谓'西学'者渐入，始则工艺，次则政制"②，道出这次文化整合是从器物层进展到制度层的。鸦片战争之后，西方列强的"坚船利炮"改变了人们视西方物质文化为奇技淫巧的看法，有识之士魏源提出向西方学习科学技术以及兵器制造工艺"师夷之长技以制夷"③ 的新鲜主张，强调"尽转外国之长技为中国之长技，富国强兵，不在一举乎？"④ 魏源的认识虽然还停留在器物层，但也映照出当时先进知识分子承认落后、西方先进的开放心态。接着曾国藩、李鸿章等洋务派开矿山、建工厂、造船、造枪炮、修铁路、办电信，发展近代工业，迈出了现代整合的第一步。物质层的革新必将导致先进知识分子把觅求变革的目光投向制度层。康有为从"托古改制"到君主立宪，王韬、郑观应等人所提出的废科举、设学堂的文化教育思想；王韬、马建忠等人所提出的工商立国的经济方略；康有为、梁启超、谭嗣同的变法维新等，无一不体现了制度层的现代化整合。而孙中山领导的辛亥革命，推翻延续两千多年的封建帝制，标志着制度层的政治文化整合取得了巨大的成功。

日本近代著名的思想启蒙大师福泽谕吉认为，在文化整合中"外在的文明易取，内在的文明难求"，指出"汲取欧洲文明，必须先其难者而后其易者，首先变革人心，然后改革政令，最后达到有形的物质"⑤。他发现了在文化形态和结构中，精神层的变革是不容易做到的，提出先难后易的主张是颇有见地的。而当时的中国人大多把注意力投向器物层和制度层，以致中国的现代化文化整合颠倒了这个顺序，如同福泽谕吉所预见的那样，"倘若次序颠倒，看来似乎容易，实

---

① 鲁迅：《呐喊·自序》。
② 梁启超：《清代学术概论》二十。
③ 魏源：《海国图志叙》。
④ 《道光洋艘征抚记》下。
⑤ 福泽谕吉：《文明论概略》。

际上此路不通，恰如立于墙壁之前寸步难移，不是踌躇不前，就是想前进一寸，反而后退一尺"①。从鸦片战争到辛亥革命的社会历史进程表明，如果只满足于器物层和制度层的某些变革，而不以西方现代文化思想去整合精神层、改变国民劣根性、重构民族精神；如果不以现代文化的价值观念、伦理观念和新的思维方式去改革、完善制度层，规范国民的行为，激发国民的创造力，不但实现中国社会的转型会成为画饼，而且在整合中已经取得的某些成功也会化为乌有。辛亥革命后的中国，迫切需要进行一次旨在唤起国民觉醒的思想启蒙运动，为精神层的整合扫除障碍，创造条件。这就是五四新文化运动的历史使命。

　　臧否五四新文化运动的贡献和局限是另一篇文章的研究任务，本文探讨的是它在文化整合中的意义。首先，五四新文化运动高扬科学与民主两面大旗，对儒家文化中的陈腐观念——以三纲五常为基本内容的伦理观念、束缚人的精神和行为的礼制以及家族宗法制的种种弊害进行了猛烈的抨击与坚决的否定，从而扫除了长期笼罩在中国传统文化外面的神圣的光圈，露出其腐朽丑陋的一面。与此同时，新文化运动的中坚又大量介绍西方现代文化思想，大开了国民的眼界，促使一代人的觉醒，为精神层的文化整合奠定了心理基础。其次，五四前后关于东西文化异同及优劣的讨论，关于中国传统文化与西方现代文化能否调和互补的争论、关于中国文化的出路是中国本位还是全盘西化的论争、关于中国现代化道路走向的讨论、关于中国经济发展是以农立国还是以工商立国的辩争，这几次大讨论虽然没有得出一致的见解，但表达出知识阶层对文化整合的重视和社会对此的关注，在一定程度上提高了为什么要进行和怎样进行现代化文化整合的认识水平。再次，五四新文化运动并不全盘反传统，批判的锋芒并没有指向儒学的核心：仁以及忠恕之道，而对于墨子、老庄等亦持肯定态度。胡适提出"研究问题，输入学理，整理国故，再造文明"②的口号，得到顾颉刚等学人的响应，他们在浩如烟海的古代典籍中，努力发掘整理中国传统文化思想中有价值的特质，以此寻求与西方文化思想整合的契合点。应当说这种工作的作用是积极的。

　　五四新文化运动为现代化的文化整合推波助澜，但由于中国社会从传统向现代嬗变不会一蹴而就，所以现代化的文化整合也是一个漫长曲折的过程，中间甚至可能出现某些反复。在当代中国，封建主义的阴魂仍在游荡，拜金主义的思潮泛滥，给现代化的文化整合增添了许多困难。所以，直到80年代，文化整合才重新引起人们的广泛注意，在文化热中才把它的进程推上一个新的台阶。

---

　　① 福泽谕吉：《文明论概略》。
　　② 胡适：《新思潮的意义》。

三

中国未来的社会必然是一个现代化的社会。笔者认为,中国的现代化归根结底是中国文化的现代化。文化整合制约、影响着中国现代化的进程;反过来,中国现代化的推进,又促使文化整合朝着健全、完善的方向发展。那么,今天我们应当怎样进行现代化的整合呢?

首先,要明确进行整合的原则。长期以来,人们对此争论不休,先后提出了中体中用、中体西用、全盘西化、西体中用、儒学复兴等多种见解。毫无疑问,以上看法表达了人们对文化整合的关心,自有其合理性与存在的原因。之所以出现多种不同的观点,就在于人们对怎样进行文化整合存在着严重分歧。需要指出的是,任何一种文化都有自己的根,文化整合也离不开文化土壤。中西文化的根是不同的,因此各有其内在机制和特色、优点和缺陷、精华和糟粕。在整合中,不能把对方文化中的缺陷乃至糟粕都不加区分地兼容进来,或者抛弃自身的优点和精华去迎合外来文化。由于西方文化是在西方各国的生活中形成的,其内在机制中的某些成分和特色不适应中华民族的需要,若强行移植进来,将产生难以想象的恶果。所以必须根据自身及自身发展的需要,去选择、汲取西方文化中有用的东西。还应看到,这次文化整合是在中国文化土壤中进行,不能不回归到中国未来的文化是民族化还是西方化、是面向世界还是复归传统的老问题——也就是所谓"体""用"问题上。按照笔者的理解,"体""用"问题实质上是一个价值取向的旨归问题。现代化,既是中国社会,也是中国文化发展所追求的目标,体现全民族一致认同的价值取向。在今天的文化整合中,再坚持中体中用、中体西用、全盘西化、西体中用、儒学复兴,不仅显现出理论的贫乏和不成熟,而且在实践中也是行不通的。因此,我们不可能停留在过去对"体""用"的理解和研究水平上。法国19世纪著名文艺理论家丹纳的话值得我们认真体味:"一个民族在长久的生命中要经过好几回这一类的更新;但他的本来面目依旧存在,不仅因为世代连绵不断,并且构成民族的特性也始终存在。""倘若住在同一个地方,血统大致纯粹的话,那么在最初的祖先身上显露的心情与精神本质,在最后的子孙身上照样出现。"① 既然现代化的文化整合在中国文化土壤中进行,就应当以中华民族及其优秀民族精神为体,传统的与外来的文化为用,在新的基点上整合形成一种既具世界性又富有中华民族特色的现代文化。

其次,要以进化的思维定式和发展的眼光去审视中西文化,探讨和解决整合中所出现的新问题。中国文化和西方文化都存在着传统与现代之分。中国文化大

---

① 见丹纳:《艺术哲学》。

致以鸦片战争为限,从鸦片战争到五四新文化运动,是由传统到现代的转型肇始期。西方文化以 14 至 16 世纪文艺复兴运动为界,如严复所说,元明以前,西方"新学未出",明中叶以后,新学兴起"而古学之失日著"①。五四前后出现的中西文化的碰撞与整合,是指文艺复兴后至 20 世纪初的西方现代工业文化与中国农耕文化的碰撞与整合。由于这两种文化的性质和价值系统迥然有别,所以最初是碰撞、排斥多于调整、汲收。时至今日,当代西方文化又有了突飞猛进的发展;中国社会正由传统的农业社会向现代工业社会嬗变,而且经过多年的整合,中国文化中的现代特质大量增加,中西文化相互认同之处越来越多,所以现在的整合是选择、交融多于矛盾与冲突。因此整合的重点和方法也得随之转换。

再次,必须从文化形态和结构三层面的不同特点、需求出发,采取不同的态度和方法进行整合。就器物层而言,西方高科技日新月异,电子计算器、电视机、电冰箱等的不断更新换代,异体器官的移植成功,遗传基因工程导致生物界发生深刻变化,从而出现许多前所未有的新品种,宇宙飞船开辟了人类征服空间的新纪元,传真产品使大众传播和人际交往进入一个新阶段……中国文化缺乏"大天而思之,孰与物畜而制之"②的征服自然和轻视器物的思想,科学技术落后于西方,因此在整合中学习和汲收西方先进的科学技术,改造旧产品、制造新产品以满足人们日益提高的物质生活的需要,刻不容缓。虚心学习西方先进的科学技术,增进中外科学技术的交流,"拿来"人类智慧和文明的成果,加快我国科学技术的改造和革新,使科学技术的研究成果尽快转化成为社会需要的产品,这样就能加快器物层的文化整合与实现工业、农业、国防和科学技术现代化的步伐。

器物是在一定的社会文化环境中制造出来的,必然要受制度层和精神层的影响和制约,体现一定时期的社会价值观念。同时,器物层的变化也要求制度层和精神层发生某种相应的变化,改革现行的体制又被提到议事日程上来。过去,中国在器物层的整合中深受苏联政治文化和经济文化的影响,形成了一套僵硬的体制,束缚了生产力的发展和人的创造性的发挥,导致器物层的单调、落后与贫乏。这套僵硬的体制显然成为中国推行现代化的绊脚石。在改革开放的十几年中,对制度层进行了新的整合,取得相当明显的成效。例如在经济方面,突破了计划经济体制,根据中国国情,建立社会主义市场经济新体制,鼓励个体经营,立法保护海外投资者的利益,逐步推行企业股份制,形成了国家所有制、集体所有制和个体私有制并存的多元经济形式并存的格局。

与此同时,还借鉴和汲收西方竞争机制与西方管理体制的某些方面,在农村

---

① 见严复:《天演论》下。
② 荀子:《天论》。

摈弃了苏式的生产、分配"集体化道路制",实行以家庭为单位的生产承包责任制;在企业,打破了三十年一贯的平均主义大锅饭制,对生产、经营、分配、管理进行了一系列制度改革,砸烂了旧的模式,在整合中正在探索和建立注重效率、讲求效益的新模式。在政治方面,逐步破除"官本位制",实行党政分家、政企分开、改革政府管理体制和人事制度,转变政府的职能——由主导型转变为服务型、健全权力监督制、破除干部终身制、实行退休制等体制上的改革,西方政治文化亦或多或少地起到某些观照作用。经济和政治体制的改革,也带动制度层其他方面的改革。总的说来,制度层的现代化整合是良性运行的,也取得某些举世公认的进展。但是,有些方面的改革并不如人意,例如分配制度的改革进展缓慢,没有真正消除"脑体倒挂"等分配不公的现象;教育立法也亟待解决,好使教师安心从教,学生乐于读书,学校为国家、为社会培养出更多的有用之才。

在现代化的文化整合中,器物的更新最受欢迎,但器物层的革新却不是依靠人的自然力量,而是凭借科学技术的力量来实现的。制度层的改革需要权力保障来进行,精神层的变化则需心理认同来催生。精神层的整合,是用现代化的观念重构民族文化心理,也是"换脑筋"的过程。不能不看到,现代化的观念并不等同于西方现代思想。后者是一个芜杂的思想系统,包含健康的和有害的、发展的和淘汰的、前沿的和腐朽的等方面的内容,其中如新纳粹主义、极端个人主义、极端享乐主义等不能看作现代化的观念。前者则是后者中适应历史潮流,健康、发展和前沿的思想意识。而且现代化的观念并非为西方国家所专擅,在某些已实现现代化的东方国家,例如日本,也存在着。日本的现代化观念自有其特色,其价值观念、伦理观念和思维方式与西方国家颇有差异,不能等量齐观。因此,在整合中绝对不能予以轻视和排斥。同时,精神层的整合只有在开放状态进行才有成效,所以必须杜绝以姓"资"或者姓"社"的价值判断来区分东、西方的现代化观念的现象,否则就会抱残守缺、作茧自缚。当然,重构民族文化心理恐怕不能只停留在启蒙阶段,用启蒙的标准来要求。现阶段的整合既是对中国传统文化思想与西方现代意识的梳理和总结,又是两种文化的冲突与融合,所以,经过整合的现代化文化观念,应具有现实性和超前性,不论是对当前社会还是对未来社会都有着积极的作用。

笔者认为,重构民族文化心理应该着重以下几点:

(1) 更新传统文化中"兼容天下"的观念,衍化为全球意识,确立以和平、发展为取向的价值观念。20世纪科学技术的日新月异给人类带来福祉,也带来一系列世界性的问题。因此,我们思考和解决问题,既着眼于本国的发展,也要从人类的根本利益出发。

（2）充分肯定人的价值，融合传统文化中"天行健，君子以自强不息"[①]和西方个体本位主义，形成独立、有尊严的人格机制，实现文化本质的"人化"与人的本性、才情和价值的自我实现。

（3）弘扬中国文化中厚德载物，讲求品德道义，坚持气节情操，注重人际关系的和谐与个人、家庭、国家整体利益统一等优秀传统，并与西方文化中以尊重个人独立、自由、科技，讲求实效和公德等"互补"，从而形成我们新的民族精神。

（4）树立科学、民主和法律观念，提高和健全民族文化心理素质。

（5）培养商品经济观念。商品经济是人类社会经济发展的一个不可逾越的重要阶段，促进了生产力的发展，在未来相当长的一个时期内，商品经济观念是精神层最活跃的因素之一。

从上面的论述中可以看出，中国的现代化进程实质上是文化整合的过程。中国文化的现代化，亦是中国文化各个层面在整合中与外来文化互相碰撞、互相选择、互相渗透、互相交融的重构和革新的历程。瞻望未来，现代化的中国必将为人类做出巨大的贡献，中国现代文化也会重放璀璨夺目的光芒——这是毫无疑问的。

[①]《周易·乾》。

文化学与中国现代文学研究[①]

一

据考证，"文化"一词最初出于拉丁语的动词"colere"，含有人类为了生存而对土壤进行耕耘、改良的意思。自古罗马著名演说家西塞罗提出"智慧文化即哲学"以来，西方学者历年来对"文化"的词义及范畴进行过许多研究和补充，致使其内涵更加丰富，外延更为宽泛。不过，作为学术研究领域的一门学科，文化学的建立只有百余年历史。1838年德国学者列维·皮格亨最早使用"文化科学"一词，呼吁建立专门学科来进行文化研究。不久，德国学者C. E. 克莱姆在1843年出版的《普通文化史》中，率先使用"文化学"一词。然而，只是当英国著名人类学奠基者爱德华·伯内特·泰勒的《原始文化》在1871年出版后，这门新兴的学科才受到各国学者应有的重视。泰勒给"文化"下的定义是：文化，或文明，就其广泛的民族学意义来说，是包括知识、信仰、艺术、道德、法律、习俗以及作为社会成员的人所掌握和接受的任何其他的才能和习惯的复合体。[②]

在这个定义影响下，西方许多人类学家、文化学家、哲学家、历史学家、社会学家等在不同的领域，从不同的方位，运用多种方法对"文化"这一复合体进行研究，在文化学理论和方法论的建设过程中做出了积极的贡献，使文化学作为一门独立学科得到国际学术界的承认。作为一门新兴学科，文化学从哲学、民族学、人类学、历史学、社会学、宗教学、政治学、经济学、语言学、文学、艺术学等人文科学吸取过营养，同时也向这些学科渗透。文化学的研究方法，如动态分析法、文献分析法、语言分析法、结构分析法、功能分析法、系统分析法、定量分析法、网络分析法、心理分析法、相对分析法、历史比较分析法、纵横传播分析法、文化模式分析法、象征符号分析法、探索群体意识分析法以及跨文化分析法等已广泛运用到文学研究和其他人文科学研究中去，推动了学术研究的发展。

在众多的人文科学中，中国现代文学研究与文化学的关系至为密切。这表现在以下几个方面。

[①] 此文收入黄修己编《中国现代文学研究方法论文集》，首都师范大学出版社1994年版。
[②] 爱德华·泰勒著，连树声译：《原始文化》，上海文艺出版社1992年版。

首先，五四新文化运动的先驱和主将，如胡适、陈独秀、李大钊、鲁迅、郭沫若等在尽情吮进西方文化思想的同时，也自觉或不自觉地学到西方文化学的某些方法。因此，他们在对中国传统文化进行深刻的反省之际，也从文化的视角审视和重新评价中国文学。例如胡适运用历史比较分析法研究各个时代的文学之间的关系，以及世界文学与中国文学的发展变迁，提出了"文学者，随时代而变迁者也。一时代有一时代之文学"① 的著名论断。他又运用功能分析法去透视中国文学所蕴含的文化思想特质和社会功能，发现中国旧文学"徒有形式而无精神，徒有文而无质，徒有铿锵之韵貌似文辞而已"②，已成为少数人的私有物，失去了生命力，根本不能影响世道人心。众所周知，语言文字是文化的重要物质载体，亦是文学著作的符号。胡适继而采取语言分析法，进一步认识到作为文学作品书面语言的文言文的种种弊病，指出它此时已不能作为表情达意的文学语言，断言白话文是当今文学的书面语言，"白话文学之为中国文学之正宗，又为将来文学必用之利器，可断言也"③。胡适还从文化的发展演变着眼，揭示了文学发展演变的某些规律，提出了革新文学的主张，并得到陈独秀、傅斯年、钱玄同、刘半农等人的支持和响应，从而掀起了一场轰轰烈烈的文学革命运动，中国现代文学便应运而生。由此可见，西方文化学不仅对中国现代文学的诞生起着催产的作用，而且还为中国现代文学研究奠定了坚实的理论基础。

其次，中国现代文学的第一代作家，如胡适、鲁迅、周作人、郭沫若、文学研究会和创造社的作家群几乎都接受过西方现代文化思想的启蒙，他们的作品都包蕴着新的文化特质，因此，用文化学的观念和方法去研究他们的创作，能够较准确和较深刻地揭示出现代文学作品的意蕴与价值。事实上中国现代文学的第一代研究者最初也正是从文化的视角，而不是从政治经济学和文艺社会学的视角去评析现代文学作品的。鲁迅的《狂人日记》发表不久，茅盾就注意到这篇小说的文化底蕴："颇有些'离经叛道'的思想。传统的旧礼教，在这里受着最刻薄的攻击，蒙上了'吃人'的罪名了。"④《阿Q正传》发表之时，所谓典型和典型化的理论尚未在文坛广泛流传。研究者们尽管没有意识到，但实际上已在运用文化学的探索群体意识类型法分析阿Q的性格。茅盾最先提出，阿Q是"中国人品性的结晶"⑤。郑振铎所见略同，阿Q是"中国人的缩影"⑥。周作人发挥茅盾的观点，"阿Q却是一个民族的类型"⑦。苏雪林又发展了周作人的见解，"阿

---

① 胡适：《文学改良刍议》，《胡适文存》一集卷一，亚东图书馆1921年版。
② 胡适：《藏晖室札记》卷十二，亚东图书馆1939年版。
③ 胡适：《文学改良刍议》，《胡适文存》卷一。
④ 沈雁冰：《读〈呐喊〉》，载《时事新报·文学周报》第91期。
⑤ 雁冰：《通信》，载《小说月报》第13卷第2号。
⑥ 西谛：《呐喊》，转引自张天翼等著《论阿Q》，草原书店1947年版。
⑦ 仲密：《阿Q正传》，载《晨报副刊》1923年3月19日。

Q代表中国人气质","影射中国民族普遍的劣根性"①。虽然后来许多研究者从政治经济学、文艺社会学的方位,运用阶级分析法和典型分析法去探讨阿Q形象,其中不乏真知灼见,但我认为都没有超过茅盾等人的研究成果,从文化视角更能窥视见阿Q身上所蕴藏的文化性格。而对郭沫若的《女神》,研究者则更注重发掘其文化新质,探讨其文化价值。其中朱自清的看法很有代表性。他认为《女神》"有两样新东西,都是我们传统里没有的:——不但诗里没有——泛神论与20世纪的动的和反抗的精神"。他把郭沫若同中国古代诗人、郭沫若的诗同传统文学中的山水诗做了比较后说:"看自然作神,作朋友,郭氏诗是第一回。"② 朱自清的评析切中肯綮,难怪被后来研究郭沫若诗歌创作的学者捧为圭臬。毋庸置疑,文化学为中国现代文学研究提供了切实可行的方法。

再次,随着中国现代文学的发展,一些研究者逐步打破各门学科的畛域,熔哲学、史学、伦理学、宗教学、民族学、民俗学、艺术学和文学等为一炉,致使文化视野更为广阔。其中不少研究者本来就是作家,他们的见解显示出深厚的中外文化功底和深邃的眼力。鲁迅对《小小十年》主人公的思想分析鞭辟入里:"旧的传统和新的思潮,纷纭于他的一身",这部小说的文化价值就在于"他描出了背着传统,又为世界思潮所激荡的一部分青年的心,……至少,将为现在作一面明镜,为将来留一种记录"③。茅盾此时写的一些作家论脍炙人口。他审视王备彦的创作,发现"我们社会内的各'文化代'的人们都有一个两个代表站在这一大堆小说里面"④。在他的文化视角中,庐隐"是资产阶级的文化运动'五四'的产儿",庐隐作品中的人物,是"一些负荷着几千年传统思想束缚的青年们在书中叫着'自我发展'",他给这些人物取了个名字"'五四'时期的'时代儿'。"⑤ 茅盾剖析了基督教教义和泰戈尔哲学对冰心的影响,一针见血地指出冰心的思想武器——"'爱的哲学'的立脚点不是科学的,——生物学的,而是玄学的,神秘主义的"⑥。值得一提的是,苏雪林从哲学和艺术学的方位,运用跨文化研究法、结构分析法、语言分析法等方法,研究了湘西文化圈对沈从文创作的影响,指出沈从文的审美理想是"想借文字的力量,把野蛮人的血液注射到老迈龙钟、颓废腐败的中华民族身体里去,使他兴奋起来,年轻起来,好在20世纪舞台上与别国民族争生存权利"。所以沈从文"很想将这份蛮野气质当做火炬,引燃整个民族青春之焰。……所以故意将苗族的英雄儿女,装点得像希腊

---

① 苏雪林:《〈阿Q正传〉及鲁迅创作的艺术》,见曹聚仁编《鲁迅手册》。
② 朱自清:《中国新文学大系·诗集·导言》,上海文艺出版社1981年版。
③ 鲁迅:《三闲集·叶永蓁作〈小小十年〉小引》,人民文学出版社1973年版。
④ 茅盾:《王鲁彦论》,《作家论》,文学出版社1936年版。
⑤ 茅盾:《庐隐论》,《作家论》。
⑥ 茅盾:《冰心论》,《作家论》。

神话里的阿坡罗倭娜斯一样"①。苏雪林的阐析不无独到之处，基本上道出沈从文独特风格的文化意蕴。限于篇幅，类似这样的例子不胜枚举，足以说明，在二三十年代，文化学与其他人文科学的互相渗透，不仅大大补充和丰富了文化学的内容，而且也提高了现代文学研究的水平。从文化视角研究中国现代文学，也确实取得了可喜的成果。

不过，由于当时的文化学尚是一门刚刚建立的年轻学科，文化学某些重要的理论著作还未介绍到中国来，正在起步的研究者不可能从整体上领会、消化、吸收文化学的思想，把握文化学的研究方法，致使他们未能分门别类地审视现代作家的文化心理，探讨作品中的文化特质，研究方法也较简单生硬。这些缺陷，有待研究者去克服。

二

令人深思的是，自 20 世纪 40 年代以来，中国现代文学文化研究日渐式微，乃至停顿了很长一段时间。直到 80 年代中期兴起了文化热，才扭转了这种局面。

到 80 年代，文化学作为一门世界性的学科已逐渐走向成熟。文化学中各种学派的重要理论陆续译介到中国。梁漱溟、张岱年、林惠祥、冯友兰等文化学者、民族学者、人类学者和哲学家的著作的再版，以及港台暨海外华人学者钱穆、唐君毅、牟宗三、金耀基、余英时、成中英等人研究中国文化的著作在大陆发行，为文化热增添了燃料。不仅如此，学术界还就文化问题和研究方法问题多次展开讨论。在这种学术氛围里，长期受到冷落的文化学，又在中国现代文学研究中再领风骚。应当看到，80 年代中期在中国现代文学研究中的文化热，绝不是二三十年代对中国现代文学进行文化研究的重复。一批研究者自觉学习、消化和吸收文化学的理论——尤其是在 20 世纪 50 年代勃兴的现代文化学的研究成果和 70 年代所出现的新理论，并在研究方法上取得某些突破，使中国现代文学的文化研究出现了前所未有的创新与繁荣局面，形成一种新的学术风气。

探讨人的文化价值观念及其内隐外显的行为模式、文化心理与多功能行为的文化规范、文化个性与共性，是现代文化学的重要内容之一。以此为观照，现代作家的思想与创作仍然是现代文学研究的热门课题。和以往的研究所不同的地方是，现在许多研究者突破了长期以来所惯用的阶级和阶级斗争分析模式与政治经济分析模式，改变了以往对作家贴标签、做鉴定的僵硬方法，不再在作家的思想和创作究竟姓"资"或者姓"无"上争论不休，而是把作家放在广阔的社会文化背景中，运用文化学的多种研究方法进行多元考察。例如研究鲁迅的思想，曾

---

① 苏雪林：《沈从文论》，《文学》第 3 卷第 3 号（1934 年 9 月 1 日）。

是仁者见仁、智者见智的问题，争论的焦点在个性主义、进化论对鲁迅的影响以及鲁迅世界观的转变等问题上，讨论的范围则局限在哲学思想和文学艺术的圈子里，恰如张梦阳所说："未能广泛涉及文化的整个范围，而且尚未升华到文化的总体观念上去进行观照。"① 金宏达在文化热初期所写出的博士学位论文《鲁迅文化思想探索》② 纠正了这种缺陷。该书从世界文化发展的总潮流、总趋势中系统论述鲁迅所受中西文化的影响，鲁迅文化思想的内容、特点及发展，鲁迅对中国现代文化的巨大贡献及其在中国现代文化史上的地位与作用等问题，令人信服地阐明了"鲁迅是我们一代的文化巨人"③ 的道理，李何林先生说得好，该书在方法论上"为研究鲁迅开辟了一个新途径，解决了过去鲁迅研究中没有透彻解决的问题"④，令人读后有耳目一新之感。又如郭沫若是继鲁迅之后的第二个现代文化伟人，研究者对他的文化个性从整体上加以透视，剖析中外文化怎样从价值观念、人格观念、伦理观念、生命观念、自然观念、思维方式和反省方式等方面影响他的思想与创作，写出一系列有新鲜见解的论著与论文。其中刘茂林的文章值得注意，他别开生面地从气质入手，分析郭沫若的个性特征，指出"郭沫若的叛逆性格，是他不能成为乡愿、不能成为政客的人格基础"⑤。这种看法显然要比单纯从泛神论来诠释郭沫若的文化思想和性格深刻得多。当然，研究鲁迅、郭沫若的思想和创作的论著与论文还有很多，研究者的文化眼光所注视的现代作家又何止鲁迅、郭沫若、巴金、老舍、冰心、沈从文、郁达夫、林语堂、周作人、徐志摩、萧红等人，其文化思想的特质和个性特征、内隐外现的行为方式，在现代文化学的观照下，经过研究者的艰辛探索与描述，大都以其本来面目出现在读者眼前。过去研究中所存在着仅论其一点不计其余和只强调作家的阶级属性，忽视其独特个性，以及只注重作家的政治立场、哲学思想，而不对作家的文化思想做总体性的深入考察的状况得到一定程度的克服与纠正。

自50年代以来，研究者在评论现代文学作品时，往往注重对作品进行主题思想的阐发，典型性格的分析，典型意义、社会价值的诠释，创作方法和艺术成就的评述，而忽视对作品文化底蕴的发掘，文化价值的探讨。久而久之，就在研究中形成了一套先介绍作者的创作动机、时代背景，继而分析人物形象或剖示主题，接着评点创作方法或艺术风格、最后总结成就与不足的"八股"模式。尽管这个顺序会因不同的研究者而略有变化，但呆滞的格局在学术界沿袭了很长时

---

① 张梦阳：《鲁迅与中外文化比较研究史概述》，《鲁迅与中外文化比较研究》，中国文联出版公司1986年版。
② 金宏达：《鲁迅文化思想探索》，北京师范大学出版社1986年版。
③ 周恩来：《我要说话》，载《新华日报》1941年1月16日。
④ 李何林：《金宏达著〈鲁迅文化思想探索〉序》，北京师范大学出版社1986年版。
⑤ 刘茂林：《试论郭沫若的气质、性格、心态》，载《郭沫若学刊》1992年3月。

间。在文化热和方法热中，研究者突破了这种研究"八股"，不约而同地把探索的目光投注到作品的文化底蕴和文化价值上。需要指出的是，作品的文化底蕴既要映现客观现实生活在作家文化心理的投影，又要表现作家的价值观念、伦理观念、人格观念和思维方式等文化心理的深层结构。作品的文化价值，指的是作品对社会、对人的文化作用，以及作品在文化系统中的地位。对作品的文化底蕴和文化价值的探讨，显然为现代文学研究辟出一条新径。宋永毅的《老舍与中国文化观念》① 便是一本较为出色的学术专著。作者较为深刻地分析了满汉文化、中西文化、新旧文化等多重文化的冲撞、融合，对老舍文化心理的影响，从老舍的审美观念、价值系统、生命观念、人格心态、文化史观、民族意识、深层思维等心理建构入手，较准确地把握住老舍独特的文化个性，凸显了《二马》《老张的哲学》《离婚》《骆驼祥子》《四世同堂》等作品的文化底蕴，以及祥子、虎妞性格悲剧的蕴奥，透过老舍作品所特有的"北京味"，指点出隐遁其中的文化意识和历史观念。属于这方面的研究成果尚有陈思和的《中国新文学整体观》②，陈平原的《在东西文化碰撞中》③，龙泉明的《在历史与现实的交合点上》④、吴福辉的《带着枷锁的笑》⑤ 以及难以统计的诸多成果。上述研究成果不但在探索现代作家创作的文化底蕴和文化价值、现代文学思潮与文学现象中的文化内涵等方面取得新的进展，而且也为后来的研究者运用现代文化学的研究方法与手段来研究中国现代文学提供了借鉴。

值得注意的是，一些已有定评的作品由此而得到重新评价。例如巴金的《灭亡》、《新生》、"爱情三部曲"等作品被认为宣扬了无政府主义，评价一向不高。现在有的研究者把它们放在从《水浒传》以来反映农民革命战争的作品系列中进行垂直比较分析，指出"这些作品的文化价值不在于它表现了什么样的政治文化思想，而在于巴金独出心裁塑造出一批文化心理机制和行为方式都与传统文学作品中的造反者迥然有别的一代热血青年形象系列，在他们身上映照出转型时期一种新的价值观念和伦理观念已经确立"⑥。陈思和在评论这种研究方法时说："暗示了某种新的批评趋向的产生。"⑦ 还有一些过去受到冷落或评价较低的作品，如胡适的《尝试集》、周作人的散文、徐志摩的诗以及沈从文、废名等人的小说也在这种重新审视中恢复了它们在中国现代文学史上应有的地位。

在现代文化学的理论和方法论的感召下，探讨现代文学及其各个发展时期、

---

① 宋永毅：《老舍与中国文化观念》，学林出版社1988年第1版。
② 陈思和：《中国新文学整体观》，上海文艺出版社1987年版。
③ 陈平原：《在东西文化碰撞中》，浙江文艺出版社1987年版。
④ 龙泉明：《在历史与现实的交合点上》，陕西人民出版社1992年版。
⑤ 吴福辉：《带着枷锁的笑》，浙江文艺出版社1991版。
⑥ 吴定宇：《巴金创作的文化意义》，《上海社会科学》1990年第3期。
⑦ 陈思和：《巴金研究的回顾与瞻望》，天津教育出版社1991年版。

某些文学流派所蕴含的文化特质成为近几年研究中的热门课题。所谓文化特质，其实就是组成某种文化并且显示其特性和功能的最小单位。对文化特质的探讨，可以比较准确地描述出现代文学及其各个发展时期与某些文学、流派的文化风貌的某些方面。有的研究者把五四浪漫主义文学与古代浪漫主义文学进行比较，认为两者之所以大异其趣，是因为"近现代文化的新的特质却在固有文化系统中获得了一定程度的发展；新的文化元素不断渗透入传统模式之中"①。所谓新的文化元素，其实就是外来的近现代文化元素，它只有经过中国本土吸收、消融，方能成为中国现代文化的特质成分。不少研究者注意到个性主义、人道主义、进化论、弗洛伊德学说、基督教文化观念、现代主义等西方文化思想，移植进中国现代文化中后对中国现代文学的功能作用。② 研究者对文学社团和流派也有浓厚的兴趣：文学研究会和创造社仍是研究的重点自不必说了，同时他们还探索乡土文学派、京派、海派、山药蛋派等流派的文化特质。区域文化圈是乡土文学的文化基础，有些研究者注意到区域文化对现代作家文化灵魂的浸淫以及现代作家在建构自己的文化思想，形成自己文化个性时对区域文化的超越。③ 有的研究者指出，乡恋与怀乡是乡土文学的情感架构，其底蕴是"隐伏在许多作家，包括那些新文学运动的最激进的倡导者们内心深处的一种文化回归的深厚心理结构意识"④。严家炎对长期以来纠缠不清的京派作家文化归属做了明确的阐述，京派作家的"基本思想是现代的"，京派小说"是一种现代性灵小说"⑤。吴福辉透辟地分析了海派文学的现代质，这种现代特质，最早最多地"转运"新的外来文化，"在文学上具有某种前卫的先锋性"，"迎合读书市场，是现代商业文化的产物"，"站在现代都市工业文明的立场上来看待中国现实生活与文化的"，"它是新文学，而非充满遗老遗少气味的旧文学"⑥，一针见血地道出海派文学的文化底蕴与特质。还有的研究者将山药蛋派审美现象放在解放区特定的文化环境中，对其文化特质的结构和功能条分缕析，指出解放区文化大致可分为政治的、知识分子的和农民文化观念，"这三种文化观点各以其功利性，超前性和传统性来表现其质点"⑦。应当说，以上的探讨拓展和深化了现代文学研究，具有创新意义，

---

① 何锡章等：《文化模式的内在规定与制约》，载《中国现代文学研究丛刊》1989年第4期。
② 属于这方面的论文有尹鸿《弗洛伊德主义与"五四"浪漫文学》、王本朝《论基督教文化观念对中国现代文学的影响》、杨剑龙《"五四"小说中的基督精神》、吴定宇《西方忏悔意识与中国现代文学》等。
③ 属于这方面的论文有骆寒超《论现代吴越诗人的文化基因及创作格局》、俞元桂《福建文化与冰心品格》、向柏松《沈从文与巫风》、顾琅川《越文化与周作人》《郁达夫与吴越文化》等。
④ 丁帆：《静态传统文化与动态现代文化之冲突》，载《上海文论》1992年第4期。
⑤ 严家炎：《论京派小说的风貌和特征》，载《湖北大学学报》1989年第4期。
⑥ 吴福辉：《为海派文学正名》，载《文艺报》1989年8月5日。
⑦ 席扬等：《文化整合中的传统创化》，载《延安文艺研究》1992年第2期。

对后来的研究者不无启发作用。

综上所述，作为一种思想体系和方法论系统，现代文化学对中国现代文学研究起着积极的促进作用。中国现代文学研究的文化热至今方兴未艾。随着现代文学研究队伍把握与运用现代文化理论与方法论的水平的不断提高，中国现代文学的文化研究将会取得更加丰硕的成果，这是毫无疑问的。

文化整合：从边陲走向世界①
——兼论岭南现代文化发展的历程

岭南现代文化挣脱了传统的桎梏，从边陲走向全国，对中国社会的现代化进程起着积极的推进作用。从文化学的方位审视，岭南文化的形成、发展、演变的历程，其实也就是文化整合的过程。那么，整合岭南文化有何理论意义和实践意义？文化整合为什么是岭南现代文化发展的必然途径？今天我们怎样进行文化整合？本文试就此进行探讨。

一、文化整合使岭南从"蛮荒"走向文明

岭南文化是一种区域文化。漫长的历史逐渐模糊了它在地理学上的意义，本文所说的岭南，概指今天的广东省。考古学揭示了远在12.9万年前，广东的先民"马坝人"就在这块土地上生养栖息，创造了旧石器文化。可以说岭南文化和齐鲁文化、三晋文化、吴越文化、巴蜀文化、燕赵文化、三秦文化、关东文化、荆楚文化等一样历史悠久，构成灿烂的中华文化画卷。但是，由于各个区域的自然环境、社会经济、生活习俗等方面的差异，每个区域的文化异彩纷呈。例如在深圳小梅沙遗址出土的母系氏族社会时期的彩陶，其形状和花纹就大异于中原彩陶而具有广东先民的独创特色。而且，又因为远古的岭南山险谷深，河流纵横、沼泽遍布、原始森林遮天蔽日，地形地貌异常复杂，所以先民们形成许许多多居住分散的群落。群落之间，分支极多，多因争占生存的空间混战不休，社会发展迟缓。每个群落的生产方式和生活方式大相径庭；生产工具十分落后，甚至到了西汉初期赵佗建立南越国时"岭南还没有发现铁矿，也不懂得冶炼技术"②。当然更不用说春秋时期诸子百家争鸣的风气，根本没有吹进岭南。

需要指出的是，岭南地处中国南方边陲，北有五岭与中原相隔，南有大海与异域相连，在经济发达和文化先进的中原人眼中，是一块未经开化的蛮荒之地，成为与东夷、西戎、北狄并名的南蛮，"南方曰蛮，雕题交趾，有不火食者矣"③。也就是说当中原人"食不厌精"，进入礼乐文化兴盛的时代，岭南的古代土著还未摆脱文身交趾、茹毛饮血的原始蒙昧状态。关于这一点，在《山海经》

---

① 本文原载《南粤文化论丛》，广东高等教育出版社1995年版。
② 陈乃刚：《岭南文化》，同济大学出版社1990年版。
③ 《礼记·王制》。

《史记》《汉书》等古代典籍和一些文人的著作中，均有所记载。例如著名诗人屈原在《招魂》中写道："魂兮归来！南方不可以止些。雕题黑齿，得人肉以祀，以其骨为醢些。蝮蛇蓁蓁封狐千里些。雄虺九首，往来倏忽，吞人以益其心些。归来归来，不可以久淫些！"① 对岭南开化前的野蛮风俗和险恶的生存环境做了淋漓尽致的描绘。此时期的文化我们可以称之为南蛮文化。

不消说岭南不可能永远封闭且长久与中原隔绝。在沟通中原与岭南的交往上，秦始皇无疑做出了积极贡献。正是由于他的雄才大略出兵统一岭南，才结束了部落之间长期散居的混乱局面。接着他又移民10万开发岭南。我们有理由把秦始皇的这一重大举措看作岭南从野蛮走向文明的新起点，从此，在中原文化的熏陶下，岭南人开始走出原始的蛮荒樊篱。而后，随着两汉南北朝、两宋和明清期间的三次移民大潮，强劲的中原文化罡风在岭南大地狂飙，并且与本地文化进行整合。起于秦汉止于明初，是中原文化与岭南本地文化整合的第一个时期。

所谓文化整合，就是两种或两种以上的文化交流时，所经历的一个协调、调整和同化的过程。在这个过程中，强势文化会对弱势文化进行选择、适应、吸收、创新，从而使文化相似性不断增加，最终整合成为一种新文化。显而易见，以铁器为生产工具、以农耕为主要生产方式、以儒家学说为思想核心的中原文化，比以渔猎为主的南蛮文化要优秀得多。在整合的过程中，中原文化被南蛮文化采借、嫁接，并同化其某些特质，以夏变蛮，使南蛮文化成为以中原文化为主体的中国文化之一部分。具体而言，古代的岭南人在文化的器物层接受了中原牛耕的生产方式和铁器、铜器等生产工具，中原的冶铁技术和纺织技术也为岭南人所普遍采用。在文化的制度层，中央集权的封建政治制度和家庭宗法制度在岭南得以实施和健全，维护封建皇权和封建秩序的礼制也建立起来了，中原人的生活习惯和风俗亦为岭南人所认同。在文化的核心层——精神层，儒家的价值观念、伦理观念、政治观念、自然观念、思维方式与审美理想濡化了岭南人的心灵，积淀在岭南人的文化心理深层。毫无疑问，中原文化与南蛮文化的整合，促进了中原人与岭南土著的融合与岭南土著的汉化，使岭南从蛮荒走向文明。恰如明代黄佐所指出的那样，"自东汉建安至于东晋永嘉之际，中国之人，避地者多入岭表，子孙往往家焉。其流风遗韵，衣冠气习，熏陶渐染，故习渐变而俗庶几中州"②。若干代岭南人的共同努力，建构起一种新的文化——岭南文化。

岭南文化固然是绚丽多彩的中国文化之一部分，但作为一种区域文化，由于自然环境和人文环境的特殊性、文化传统的独特性，它又具有不同于中原文化和其他区域文化的特点。事实上，在文化整合中，南蛮文化中某些富有生命力的特

---

① 屈原：《招魂》。
② 黄佐：《广东通志》。

质不但没有消失,而且经过选择,吸收了中原文化因子后得到增强,从而使岭南文化显示出鲜明的区域特色。笔者认为,岭南濒临大海,海涛江浪所铸就的南蛮文化中的冒险精神和开放意识,在岭南文化中升华为一种大胆开拓、积极进取的精神。岭南人重利轻身的货殖观念,也为其他区域文化所缺乏。和其他区域文化相比较,岭南文化更具开放性和兼容性。所以,汉唐以来,不仅儒学、道教、佛教在岭南盛行,就是外来的阿拉伯文化、基督教文化等也由海上传入,先在岭南登陆,然后再向内地流传。①

有一种观点在学术界颇为流行:明清以前,在国内知名的岭南籍文人学者不多,因而断言岭南文化不发达。甚至最近还有人认为广东是文化沙漠,无文化可言。对这种论调,笔者不敢苟同。须知文化整合是个漫长的渐进过程,就以中原文化而论,早在六七千年前长江流域就开始揖别野蛮时代,出现人类文明的曙光。② 但真正跨入文明的大门,却是在公元前21世纪的夏代。其间文化整合进行了两三千年。这次文化大整合促使中华各民族的大融合。其后,又经过了1000多年的文化整合,到春秋时期,才出现百家争鸣的学术繁荣局面,形成了在中国文化思想史上占主流地位的儒家学派。而岭南地区从蛮荒走向文明的文化整合,则肇始于秦汉之际,基本完成于明初,在时间上不但比中原地区晚了4000多年,而且也比所谓东夷、西戎、北狄等少数民族地区迟。然而,整合的速度显然比中原文化快得多,成就也比东夷、西戎、北狄等少数民族文化大。从秦汉至明初的1000多年间,岭南文化在与中原文化进行整合的过程中做出了重要的贡献。东汉杨孚的《异物志》,对后来中原地区的学术著作《齐民要术》《太平御览》《艺文类聚》产生了深远的影响。东晋葛洪的《抱朴子》内外篇、唐代惠能的《坛经》、北宋余靖的《海潮图序》、唐代张九龄的诗歌等,都在中国文化史上占有重要地位。在教育方面,岭南人参加科举考试考中进士者唐代有88人,宋代骤增为573人。岭南还培育出冼夫人、张九龄、海瑞等一批有远见卓识的军事家、政治家和清廉奉公的官吏。除此之外,岭南的造船、制糖、陶瓷等手工业,在明代之前已发展到相当水平。由此看来,岭南文化在整合的过程中所开出灿烂的文明之花,足以证明,那种鄙薄岭南文化的观点是站不住脚的。

二、文化整合使岭南文化从边陲走向全国

饶有意思的是,从春秋至明代,中原文化进行了三次大整合,其中第三次大整合也止于明代。③ 中原文化第三次大整合,主要在精神层进行。这次整合的结

---

① 陈乃刚:《岭南文化》,同济大学出版社1990年版。
② 参见《新华文摘》1994年第7期,第82页。
③ 参见吴定宇:《文化整合:中国的过去、现在与未来》,载《上海文化》创刊号(1993年11月)。

果是：以伦理为本体的新儒学系统——理学取得了思想领域的独尊地位，并得到宋、元、明时期人民的认同。在整合的过程中，虽然强大的蒙古用武力征服过中国，但在文化思想上被中原文化所同化；基督教继唐代之后，在元朝时第二次传入中国，并盛极一时，但终未能梅开二度，在中原文化的抵制下，不得不又一次偃旗息鼓，退出中华。这充分显现出中华文化不可战胜的生命力及其顽强的稳固性和排异性。

文化史的材料表明，中原文化每一次大整合完成之后，会出现相当一段时间的稳定期，这种稳定期有时是借助政治力量来促成的。16、17世纪，欧洲冲出中世纪，资本主义经济勃兴；随着航海事业的突飞猛进，文艺复兴和宗教改革之后的西方文化之风越洋渡海，吹向中国。此时正是明代中叶之后。明代统治者显然出于专制统治的需要，闭关锁国，下令海禁："永乐间，……片帆寸板不许下海。后以小民衣食所赖，遂稍宽禁。嘉靖三十年后，倭患起，复禁革。"① 明代统治者推行的海禁虽不是针对西方文化，却大大推迟了以中原文化为主流的中国文化与西方文化的整合时间。直到鸦片战争的炮声撼动了神州大地，中原文化才开始第四次大整合——中外文化整合。

不过，在广东却是另一番景象。就在嘉靖三十年（1551），耶稣会创办人之一的圣方济各·沙勿略在广东台山县上川岛上岸，这意味着基督教第三次卷土重来和西方文化重新向岭南流播。过了几年，耶稣会教士罗明坚、利玛窦由澳门进入广东肇庆，在那里修建起中国的第一座天主教堂——仙花寺。利玛窦及以后来华教士都"习华言，易华服，读儒书，从儒教，以博中国人之信用"②。进而他们鼓吹"耶儒合流"，即基督教义和儒学不但不相违背，而且正好互相补充。罗明坚、利玛窦还与肇庆的儒士合作，编写了《天主圣教实录》，1584年在肇庆印出，分送各界1000册，广为流传。利玛窦等人在传教过程中，将西方的典章制度、天文学、地理学、数学、古典哲学、逻辑学、美术、音乐、建筑、机械学和兵器学首先向岭南的官员和读书人介绍、传播。他们带来的日晷、羽翎、自鸣钟、三棱玻璃镜、天文仪、地球仪等西方科技器物也大开岭南人的眼界。在广东站住脚以后，利玛窦才逐渐向北发展，1601年抵达北京。外国传教士在岭南的活动揭开了岭南文化第二次大整合的序幕。值得注意的是，这次整合不是岭南本地文化与中原文化的整合，而是作为中国文化之一部分的岭南文化与西方文化的整合。由于这次整合比作为中国文化主体的中原文化与西方文化的整合先走一步，所以，广东尽得风气之先。

岭南文化与西方文化的整合，对重构广东人的价值观念、促进广东从传统向

---

① 顾炎武：《天下郡国利病书·浙江备录下》。
② 柳诒徵：《中国文化史》（下）。

现代嬗变有着重要的意义。众所周知，古老的中国是一个农业国，自战国以来，重农抑商的社会风气流行了两千多年，"士、农、工、商"的价值取向为历代社会各阶层所普遍接受。同时在"形而上者谓之道，形而下者谓之器"①的古老训条影响下，重"道"轻"器"已成陈规，一切器物的创新都被鄙视为"奇技淫巧"。这种陈规已严重束缚了人们的创造力。在这次整合中，受西方文化的影响，岭南人的货殖观念逐渐升华为商品观念，同时，西方先进的科学技术亦为岭南人所折服。传统的"士、农、工、商"和轻"器"重"道"的价值取向在岭南发生了逆向的转变。在鸦片战争之前，广东的商业和外贸就比中原等地区发达，形成了商人阶层，并涌现出不少"商贾丛集，阛阓殷厚，冲天招牌，较京师尤大，万家灯火，百货充盈"②、交易动辄以数百万计的新兴商业重镇。岭南人学习和吸收了西方的科学技术，特别是应用技术。明清之际，岭南人探究西人造船铸铳的秘诀制造出的兵器，在当时捍卫国土、反抗侵略的战斗中出了大力。结合中西智慧制造出来的工艺品和某些手工业产品精致美观，堪称一绝。美轮美奂的西式建筑也在岭南拔地而起，蔚为壮观。

　　这次整合，也把岭南人大胆开拓、积极进取的精神推向一个新的高度，学习新知识、接受新事物和"敢为天下先"成为时尚，极大地促进了岭南经济、科技、学术、教育的发展。正当中原人对西医采取观望、怀疑和否定的时候，1569年，传教士加内罗在澳门最早开设了圣加札西医院，前往就诊的是当地居民。到了1805年，英国医生皮尔逊在广州首次传授种牛痘法，海官便是第一个学会种牛痘的中国人。1839年，广东香山人容闳等六位中国学生进入美国传教士布朗在中国开办的第一所西式学校求学。1847年，容闳成为中国第一个留学生，并在美国完成学业。1839年，南海人邹伯奇几乎与欧洲人同时发明照相机。鸦片战争前后，南海人梁廷枏编写刊出了中国第一部比较系统地介绍欧美资产阶级制度和历史的《海国四说》。而詹天佑则是中国第一位闻名遐迩的铁路工程师。凡此种种，不胜枚举。

　　在文化结构三层次中，外面的器物层和核心的精神层发生变化，必然导致中间的制度层出现相应的变化。鸦片战争以来，广东的志士仁人，如第一个在《资政新篇》中提出学习西方资本主义民主制度、振兴经济、改革政治方案的洪仁玕，最早倡导"诗界革命"的黄遵宪，"公车上书"鼓吹变法维新的康有为，率先主张"小说界革命"的梁启超，最先具有比较系统的改良主义思想的实业家郑观应，清末著名讽刺小说家吴趼人、李伯元，清末集革命与创作于一身的南社诗僧苏曼殊，领导推翻帝制、实现共和的中国革命先行者孙中山等，不断学习和

---

① 《易·系辞上》。
② 徐珂：《清稗类钞》。

吸收、融合西方文化思想，探索挽救危亡的救国方略，为改造中华，重构中国文化做出了卓越的贡献。他们的思想大都孕育、形成于广东，然后影响全国。

综上所述，岭南文化与西方文化的整合，实质上是中国农耕文化与西方现代工业文化的整合，整合的进程也就是中国文化从传统向现代演进、嬗变的进程。中国文化的演进、嬗变又与中国社会发展进程同步。作为一种区域文化，岭南文化经过明清时期整合的积累，到了近代，终于从边陲走向全国，成为中国文化中占主导地位的文化之一。

三、文化整合使广东从传统走向现代

纵观中国文化整合的历史，某个区域文化的发展进程必然受到该区域的政治、经济、科技、学术等因素的制约，其在中国文化的地位亦与该区域在中国社会中的地位和作用攸关。毋庸讳言，辛亥革命以后，岭南文化的耀眼光芒曾逐渐暗淡，它在中国文化中的领先地位也一度为20世纪崛起的京派文化和海派文化所取代。直到党的十一届三中全会以后，广东被确定为改革开放的试点，对外开放的窗口，实行特殊的政策，才为岭南文化的整合带来新的机遇。

现阶段的岭南文化整合，就性质而言，仍然是从传统走向现代。它极大地促进了广东经济的腾飞和社区的繁荣。反过来，广东的经济腾飞和社区的繁荣又充分调动了岭南文化的潜质，使岭南文化全方位地朝现代化方向进行整合。文化整合迸发出的力量，是广东经济高速发展的内驱力量。广东在改革开放中所取得的经验和惊人的成就对内地各区域起着典范的作用，岭南文化在中国文化中重放光彩，再领风骚。

那么，现阶段怎样进行文化整合呢？笔者认为，应当根据文化形态和文化结构的三个层面的不同特点与需求，采取不同的方法和确定不同的重点进行。

器物层的整合与人们的物质生活息息相关，自然备受广东人的关注。西方高科技高速发展、电子计算机、电视机、电冰箱不断更新换代，信息高速公路的出现，仿真技术的运用，分子生物学和生物遗传基因工程、材料科学以及宇航工程的日新月异，都给人类社会带来福音。在整合中虚心学习西方先进的科学技术，吸收人类文明和智慧的成果，来促使广东科学技术的改革与更新是完全必要的。在实施改革开放政策之前的相当长一段时间内，广东科学技术力量薄弱，发展缓慢。毫无疑问，在器物层进行现代化文化整合的初期，需大量引进外来的先进科技成果，在物质生产过程中，进行来料加工和外来器物的组装与仿造也是必经的过程。但是，如果长此下去，就会产生文化眩晕，逐步削弱和阻碍广东人创造力的发挥，以致在器物生产上丧失岭南文化的特色。因此，现阶段的器物层文化整合，在引进西方先进科技成果的同时，还应该保持岭南工艺生产的特色，调动和发挥岭南人的聪明才智，重在开发、提高和创新，以使广东成为瞄准国际高新科学技术发展前沿、发扬本土器物生产优势的现代化器物生产基地，让高质量的广货走向全国、走向世界。

制度层的整合是关键。在改革开放中，广东率先引进、学习、借鉴和吸取了西方竞争机制、生产管理机制和经济体制的某些方面，打破了平均主义大锅饭制，对生产、经营、管理、分配和所有制等方面大胆革新，废除阻碍生产力发展的陈规陋习，在整合中初步建立起与现代化进程相适应的体制。例如在经济方面，摈弃了国家垄断的计划经济体制，建立起社会主义市场经济体制，鼓励个体经营，逐步推行企业股份制，形成了国家所有制、集体所有制和个体私有制鼎足而三的多元格局。在广东最先建立股票交易体制，并且很快风靡全国。再如，在政治方面，破除官本位制，实行党政分家，政企分开，把政府的职能由主导型转变为服务型，健全了权力监督体制；废除干部终身制，实行公务员聘用制、民主选举制和退休制等等，都是在整合中选择、吸收、融化西方政治文化某些合理、有用的质素而形成的积极成果。至于在人际关系、家庭、婚姻、地方法制、礼制、风俗、民俗等方面的整合，虽然融入不少西方文化的质素，但仍保留了岭南特有的风貌。应当看到，制度层的整合大大改变了过去僵硬、陈旧的体制，无论其整合过程多么曲折，但发展的趋向却是现代化的，这种整合不仅促进了生产力的发展和器物层的更新，而且也推动了精神层整合的深入进行。

在文化形态和结构的三层面中，精神层的整合最为艰难，也最为重要。日本近代著名思想启蒙大师福泽谕吉慨叹，在文化整合中"外在的文明易取，内在的文明难求"，提出"吸取欧洲文明，必须先其难者后其易者，首先变革人心，然后改革政令，最后达到有形的物质"。忽视或者离开了精神层的整合，也许器物层的进步能持续一段时间，但绝不会持久；制度层的改革肯定会半途而废；整个整合也可能裹足不前，甚至后退。精神层的整合过程，就是中西两种文化思想由碰撞、排斥到选择、代换、融化、创新的过程，换言之，就是树立一种新的价值观念、伦理观念、思维方式和反省方式，改变国民劣根性，重构广东人的文化心理过程。要实现精神层的整合并非易事。中西两种文化的碰撞与排斥自不多言，就是选择、代换，也非一帆风顺。这是因为西方文化思想并不等同于现代化意识，它是一个庞杂的思想系统，包含了健康的和有害的、发展的和淘汰的、先进的和落后的、崇高的和腐朽的等多项因素。所以，如果不加区分地进行整合，西方文化思想和岭南文化思想中的糟粕所释放的毒素，更会戕害广东人的灵魂。例如，西方的极端个人主义、极端享乐主义、拜金主义、性解放等和岭南传统文化思想中的一些陈腐观念相融合，致使黄、赌、毒之风难以扫荡干净。见利忘义

---

① 福泽谕吉：《文明论概略》，商务印书馆1959年版。

的伪劣产品生产屡禁不止，一度绝迹的封建迷信卷土重来，纳妾重婚、买卖妇女儿童等丑恶现象时有出现，某些干部由以权谋私甚至贪赃枉法、触犯刑律……凡此种种负面效应，已影响到社会风习，教训十分深刻。不匡正这些弊端，广东人的新精神难以重构起来。笔者认为，消除这些弊端最根本的办法就是大力发展教育，提高广东人的素质，增强广东人明辨是非、区别真善美和假恶丑的能力。在此基础上对西方文化思想和岭南传统文化思想进行梳理、鉴别和总结，弃旧图新，选择有生命力的观念来革新广东人的文化心理。

今天究竟用什么样的观念来革新广东人的文化心理呢？首先要树立肯定人的价值观念，形成独立、有尊严的人格机制，使文化本质的"人化"与广东人的本性、才情和价值得到全面自由发展。其次，将广东人开放、兼容的观念衍化为全球意识。广东人不仅要走向全国，而且也要走出国门，到海外开辟发展的新天地。再次，弘扬岭南人既开拓进取、勇于竞争，又恪守品德道义，注重人际关系和谐与个人、家庭、国家整体利益统一等优秀传统，并与西方文化中的社会契约思想互补，树立服务社会和讲求公德的新型伦理观。商品经济急速发展的今天，用这种新型伦理观来规范广东人的行为尤为重要。除此，让科学、民主和法制的观念植根于心，这对于提高和健全广东人文化心理素质将会起到积极的作用。

需要指出的是，广东现代文化的整合是一个漫长而艰巨的过程，随着社会主义现代化建设的发展，一方面它会增添许多外来文化的质素，另一方面它也会不断从岭南传统文化中发掘出优良的成分。溯古视今，我们满怀信心地展望：现代岭南文化整合完成之时，便是广东实现社会主义现代化之日，在整合中重构出的现代岭南文化，必将独灼异彩，为中国文化和人类文明做出巨大贡献。

巴金与《红楼梦》[①]

《红楼梦》是中国古典小说的扛鼎之作，诚如鲁迅所言，"自有《红楼梦》出来以后，传统的思想和写法都打破了"[②]。它丰富多彩的内容、博大精深的思想和卓越的艺术成就，宛如一座取之不尽的宝藏，吸引和影响了后来许多作家。巴金便是其中成就斐然的一个。他的里程碑式的作品"激流三部曲"（《家》《春》《秋》）在文化上和文学上与《红楼梦》都有着传承关系。《家》刚一问世，一个读者就敏锐地发现了这一点，他读完《家》，浮现在脑海的"便是整个的《红楼梦》上的人物与事实"，觉得"这两部小说，无论从什么地方都觉得很相似"[③]。以后，研究者在评论巴金的创作特色时，也时常联系《红楼梦》来做比较。例如，日本学者饭冢朗认为《家》的场面"与《红楼梦》非常相似。"[④]著名作家、文艺批评家巴人指出"《秋》较之于《家》，是更多接近于《红楼梦》式的家庭生活的琐屑的描写"[⑤]。苏联汉学家 B. 彼得罗夫则看到巴金创作风格的形成"受到中国古典文学（如《红楼梦》）的有力影响"[⑥]。可见，巴金创作与《红楼梦》的关系，实质上是《红楼梦》怎样为后来的家庭题材创作起典范作用以及现代作家如何从古典文学遗产中吸取营养、继承和发扬中国文学的优良传统以形成自己的创作特色的问题。难怪半个多世纪以来，中外作家和研究者乐此不疲，从不同的方位、运用不同的方法审视巴金创作与《红楼梦》的关系，并且不乏真知灼见。笔者认为，对这个问题的探讨，远远没有穷尽；进一步研究这个问题，对当前的文学创作和理论建设都有着积极的意义。本文试就此进行系统的梳理和新的论述。

一、巴金的红学观

巴金的红学观历来被研究者所忽视，其实这正是探讨巴金创作与《红楼梦》

[①] 本文原载《中山大学学报》1996 年第 1 期。
[②] 鲁迅：《中国小说的历史变迁》，《鲁迅全集》第 9 卷，人民出版社 1981 年版。
[③] 闻国新：《家》，载《晨报》1933 年 11 月 7 日。
[④] ［日］饭冢朗：《论岛崎藤村、巴金、布尔热的〈家〉的浪漫主义》，《巴金研究在国外》，湖南文艺出版社 1986 年版。
[⑤] 巴人：《略论巴金的〈家〉三部曲》，《窄门集》，香港海燕书店 1941 年版。
[⑥] ［苏］B. 彼得罗夫：《巴金的早期创作及其长篇小说〈家〉》，《巴金研究在国外》，湖南文艺出版社 1986 年版。

渊源关系的一把入门的钥匙。巴金的红学观反映了他作为一代文坛巨擘对《红楼梦》的基本评价，折射出这部古典名著在他审美心理上的某些投影，是其文学思想的一部分，独具特点。

首先，巴金是根据自己在家庭生活中的体验去感知《红楼梦》的。他出身于官宦世家，高祖李介庵在清朝道光时代入蜀游幕，举家从浙江嘉兴迁入四川。曾祖李璠做过师爷和知县，写过一本《醉墨山房仅存稿》。祖父李镛号皖云，出任过四川南溪等地的州、县长官，积聚了一大笔钱财，买下成都正通顺街一座公馆，又在川西平原广置田产，还著有《秋棠山馆诗抄》石印送人。巴金的父亲李道河在父辈排行老大，捐班做过大足县典史和广元县知县。他的二叔李道溥、三叔李道洋从日本早稻田大学留学归国后，分别担任过清末四川西充县和南充县最后一任知县。巴金出生时，这个缙绅之家"有将近二十个的长辈，有三十个以上的兄弟姐妹，有四五十个男女仆人"①。虽不及《红楼梦》中荣、宁二府那么煊赫，但在成都北门一带也算是屈指可数的豪门大族。清末政治风云变幻，断绝了巴金父辈一代人的仕途；辛亥革命后，李家在政治上失去了靠山，因有地租、股票等方面的收入，还能过上富裕的生活。和中国许多旧式家庭一样，李家内部的明争暗斗层出不穷，而且愈演愈烈，以至尚未脱尽童稚之气的少年巴金也觉察到"这个富裕的家庭已变成一个专制的大王国。在和平的、友爱的表面下我看见了仇恨的倾轧和斗争"②，被迫目睹一些年轻人怎样备受家族宗法制和封建礼教的摧残而丧失青春、理想、爱情和幸福的惨剧，对封建束缚和封建压迫有着切身的感受。由于巴金的家庭与荣、宁二府不无相似之处，所以，《红楼梦》所展现的钟鸣鼎食的贵族之家形形色色的生活图景和舛错复杂的矛盾冲突，所揭示的封建家族制度"忽喇喇似大厦倾，昏惨惨似灯将尽"的颓势，很自然地触动巴金一家人的情思，激发起联想和想象，使他们仿佛置身于大观园，体验到自己根本没有经历过的生活和《红楼梦》芸芸众生的思想感情。同时他又根据自己在李公馆的生活经验来理解和解释小说中的某些人物形象，丰富和补充这些人物形象的内涵，从而在心灵上产生强烈的共鸣。难怪巴金一家人都喜欢《红楼梦》：他的父亲买过一部16本头的木刻本《红楼梦》，母亲还有一本石印的《红楼梦》，大哥又购进一套商务印书馆铅印的《红楼梦》。那时在巴金家里，除了几个小孩，"没有一个人不曾读过《红楼梦》"③。巴金后来回忆说："我常常听见人谈论《红楼梦》，当时虽不曾读它，就已经熟悉了书中的人物和事情。"④ 可见，他从小就深受这部古典名著的熏陶。1984年10月20日，巴金与香港中文大学中文系

---

① 巴金：《短简（一）·我的幼年》，《巴金全集》第13卷，人民文学出版社1990年版。
② 巴金：《忆·家庭环境》，《巴金全集》第12卷，人民文学出版社1989年版。
③ 巴金：《忆·家庭环境》。
④ 巴金：《忆·家庭环境》。

师生座谈时，第一次披露他最早读《红楼梦》的时间是他十五六岁的时候——那正是五四新文化运动揭露、抨击封建家族制度、封建礼教弊害的高潮期间。《红楼梦》对他的觉醒和反封建精神的萌生显然起到某种催化作用。所以，1927年他漂洋过海到法国留学时，《红楼梦》又陪伴他度过漫长的旅程。① 足见巴金对《红楼梦》感知之深。

其次，巴金不像一般红学家那样对《红楼梦》进行专门的学术研究，而是从作家的方位去认知《红楼梦》。巴金是一个作家，而不是皓首穷经的红学家，尽管从童年到老年都一直喜爱《红楼梦》，但从未参与红学的研讨活动，也不轻易发表对这部鸿篇巨制的看法，乃至有人认为"连他喜爱的著名小说《红楼梦》，他也否认受其影响"②。其实，他不止一次地从生活与创作的关系出发，阐发过对《红楼梦》的真知灼见。例如在《红楼梦》研究中存在着索引派与自传派之争论。索引派截取小说中某些人名、情节同当时社会某些人和事加以联系、对照与印证，求索出《红楼梦》所"隐"去的"本事"和"真意"。这一派或认为"是书全为清世祖与董鄂妃而作，兼及当时诸名士奇女也"③，或编派贾宝玉影射康熙废太子胤礽，林黛玉是朱彝尊的化身，小说的其他人物如薛宝钗、王熙凤、探春等也被牵强附会暗指当时的某些人。胡适则为自传派的肇始者。他在70多年前断言"《红楼梦》是曹雪芹'将真事隐去'的自叙"④。对当时的学术界产生了很大的影响。不过，到了50年代中期，胡适的"自传说"连同他的其他学术思想和方法遭到严厉的批判和否定。巴金一直关注这两派的争论。1977年12月由他口述、李俍民记录的一封信札，透露出他对这两派的看法："过去蔡元培、王梦阮主张影射说，是不对的。当然蔡的目的是反满，利用了《红楼梦》，目的虽好，方法错误。胡适之主张自传说，还是纠正了这种错误偏向的。自传说虽不完全正确，但有合理成分，因为曹雪芹写书主要是根据切身经验，当然也加上了听来的、看来的材料然后经过艺术加工写成。他当时不可能如现在那样知道搜集材料，主要还是因为大家庭衰败，政治上受压迫，有感而作，经这一段生活后，清醒过来，写出了这部小说。"⑤ 应当说，巴金对红学界这两大派的评点是精辟的。1977年12月17日，他在致著名红学家周汝昌的信中系统地谈出对《红楼梦》的基本观点："《红楼梦》是一部伟大的文学作品，是一部反封建的小说。它不是曹雪芹的自传。但是这部小说里有作者自传的成分。我相信书中那些人物大都是作者所熟悉的，他所爱过或者恨过的；那些场面大都是作者根据

---

① 巴金:《昨与中大中文系师生座谈巴金〈家〉与〈红楼梦〉》，载《大公报》1984年10月21日。
② 袁振声:《巴金小说艺术论》，南开大学出版社1987年版。
③ 王梦阮:《〈红楼梦〉索隐》，中华书局1916年版。
④ 胡适:《〈红楼梦〉考证》，《红楼梦》，亚东图书馆1922年再版。
⑤ 转引自周汝昌等著《〈红楼梦〉与中华文化》，工人出版社1989年版。

自己过去的见闻或亲身经历写出来的。曹雪芹要不是在那种环境里生活过，他就不可能写出这样一部小说来。对这一点，我根据自己的创作经验，深有体会。"①以后，他"根据自己的创作经验"，多次阐明自己的红学观。1979年春天他对来访者说："曹雪芹写《红楼梦》，也是因为他有那样一段生活经历，才可能写出这部伟大的作品。"② 不久，他又强调："《红楼梦》虽然不是作者自传，但总有自传的成分。倘使曹雪芹不是生活在这样的家庭里，接触过小说中的那些人物，他怎么写得出这样的小说？他到哪里去体验生活、怎样深入生活？"③ 很明显，巴金运用生活是创作的源泉的文学原理，并结合自己在创作中的切身体会来认知《红楼梦》，胜过许多空泛的议论，不啻给红学界吹进一股新鲜的空气，令人信服地澄清了《红楼梦》究竟是不是作者自传这个长期争论不休的问题，帮助读者和研究者更为准确地理解和评价这部古典文学名著。

再次，巴金红学观的底蕴是他对《红楼梦》的深挚热爱，因此，他不能容忍任何玷污这部作品的做法。他没有专门研究《红楼梦》的各种版本，却很留意新中国成立以来多次重版的《红楼梦》前面序言的变化。他认为给读者以影响的是作品本身，而不是序言，对某些"权威"硬通过序言向读者灌输自己的观点的做法十分反感，更何况"权威"的观点并不是那么令人信服。他曾以极大的义愤抨击红学界的这一不良现象："使我感到滑稽的是一家出版社翻印了《红楼梦》，前面加了一篇序或者代序，有意帮助读者正确地对待这部名著；过了若干年，书重版了，换上一篇序，是另一个人写的，把前一个人痛骂一顿；又过若干年书重印，序又换了，骂人的人也错了，不错的还是出版社，他们不论指东或指西，永远帮助读者'正确对待'中外名著。"④ 对这类佛头着粪的序言和某出版社随风转舵的态度与做法提出了严肃的批评。

当然，我们不能苛求巴金撰文系统地研究和论述《红楼梦》，但是他所阐发的上述见解鞭辟入里，连资深红学家都非常信服。⑤ 从巴金感知到认知《红楼梦》的过程，可以看出《红楼梦》在他文化心理积淀之深。所以，到30年代初他酝酿创作"激流三部曲"时，《红楼梦》对他创作的影响便很自然地显现出来。因此，梳理、探讨巴金的红学观，显然能帮助我们一窥巴金创作之堂奥。

二、《红楼梦》对巴金创作的影响

《红楼梦》对巴金创作的影响明显地表现在巴金继承和发扬了它的反封建

---

① 转引自周汝昌等著《〈红楼梦〉与中华文化》，中华书局2009年版。
② 董玉：《访问巴金》，载香港《开卷》第2卷8期。
③ 巴金：《文学的作用》，《随想录》，人民文学出版社1980年版。
④ 巴金：《灌输和宣传》，《随想录》。
⑤ 转引自周汝昌等著《〈红楼梦〉与中华文化》。

精神。笔者认为，封建主义不是一个抽象的概念，而是内涵丰富复杂的历史文化范畴：既包括地主阶级剥削农民的经济关系和这两大阶级对立的阶级关系，又涵容专制压迫的政治制度和社会秩序，还蕴含以血缘为纽带的家族宗法制的社会结构和以儒学为基底的礼教。正因为如此，对封建主义的批判可以从不同的方位、用不同的方式进行。反封建的内容也绝非单调划一，而是各有侧重。应当看到，曹雪芹不是阶级论者，我们不能跨越时代去要求他用阶级斗争的观点和阶级分析的方法揭示封建社会的根本矛盾，表现封建社会的阶级斗争，否定封建政治制度和社会秩序。《红楼梦》的反封建精神主要体现在作者剥开"诗书簪缨之族"的华丽外衣，展现家族宗法制的腐朽和剥削阶级的恶行败德；揭开笼罩在礼教外面的神圣光圈，露出其凶残的本来面目，从而使人们对延续几千年的家族宗法制和封建礼教的合理性产生怀疑，动摇了对封建制度、封建秩序永世长存的信念。巴金的"激流三部曲"也揭露和鞭挞了陈腐的传统观念和家族宗法制的罪恶，在思想文化方面继续着《红楼梦》对封建主义的批判。

众所周知，家庭是构成社会的基本单位。梁启超指出："吾国社会之组织，以家族为单位，不以个人为单位，所谓家齐而后国治也。"① 冯友兰也认为"家族制度过去是中国的社会制度"②。尽管中国的每个旧式家庭都自成一统，千差万别，但又不无相近或相似之处——那就是以儒家伦理观念为思想支柱，奉行长幼有序、尊卑有等、贵贱有别的古老训条，而且都有一个至高无上、主宰一切的家长，缺乏人格的平等。所以，巴金创作"激流三部曲"时，《红楼梦》便提供了最好的观照。在荣国府，贾母的喜怒好恶左右着大观园内每个人的生活。在高公馆，高老太爷的话具有法律的威力。"我说是对的，哪个敢说不对？我说要怎样做，就要怎样做。"他们压制年青一代的个性，决定了孙辈的命运。贾母明知宝玉、黛玉情深意笃，却用"掉包"之计毁灭这对有情人的幸福，断送了黛玉的生命。高老太爷则用拈阄的方式定下觉新的婚事，拆散觉新与钱梅芬的美满姻缘，致使梅憔悴死去。这两家都对后代子孙施以儒学教育：宝玉一代在家塾学的是四书、五经，巧姐儿读的是《女孝经》；高老太爷逼着觉慧去念《刘芷唐先生教孝戒淫浅训》，觉群、觉英读的是《孝经》，淑字辈的孙女一代读的是《女四书》。然而，这两家又不尽按儒家的伦理训条行事：贾赦、贾珍、贾琏、贾蓉等人的荒淫生活，证实了柳湘莲所说荣、宁两府"除了那两个石头狮子干净罢了"。曹雪芹描画出贾琏与鲍二媳妇私通被凤姐发现后，在贾母面前所表现出的种种丑态。而高老太爷年轻时也是个风雅之士，到老仍与戏子厮混；克安、克定、觉群、觉世腐化堕落，庸俗卑劣。巴金逼真地勾勒出克定与私娼在外组织小

---

① 梁启超：《新大陆游记》，中国社会科学文献出版社2007年版。
② 冯友兰：《中国哲学简史》，译林出版社1948年版。

公馆被发现后,跪在高老太爷面前自打耳光时令人作呕的样子。在荣国府和高公馆,长辈与晚辈之间隔着不可弥合的鸿沟。他们之间的矛盾冲突实质上是新与旧、专制与自由的较量。在贾府,叛逆者贾宝玉被封建家长视为"不肖的孽障""混世魔王"。宝玉没有成为这个显赫家族的继承人,用出家表示对封建家庭和礼教的反抗。在高家,觉慧与长辈格格不入,亦被看作"叛徒",他和《春》中淑英的毅然出走,给他们的叛逆性格着上光彩的一笔。① 不仅如此,两部作品都颂扬了被压迫者的抗争行动。在《红楼梦》中,奴婢鸳鸯坚决拒绝给大老爷贾赦做妾,司棋与表弟潘又安私订终身被发现赶出大观园后,双双殉情。在《家》中,婢女鸣凤不愿意走当姨太太的老路,用死捍卫了人的尊严。显而易见,"激流三部曲"与《红楼梦》的反封建精神是一脉相承的。

在人物形象的塑造和情节的安排上,"激流三部曲"与《红楼梦》有很深的渊源关系。"激流三部曲"的人物大多都有生活的原型,如巴金说"觉新不仅是书中人,他还是一个真实的人,他就是我的大哥""高老太爷是我的祖父"②"高克明却是我的二叔"③"克定还是我五叔的写照"④ 等等。但是,在巴金生活中没有一个类似鸣凤的丫头,"瑞珏的性格跟我嫂嫂的不同"⑤,他的表姐和梅与琴的遭遇完全两样。他虚构鸣凤、瑞珏、梅和琴等人物以及某些情节,显然从《红楼梦》中受到启发。关于这一点很早就有人指出:"觉新和'梅'的恋爱失败后便娶了瑞珏,生了'海'之后又和'梅'重逢了,以至于'梅'因悲伤摧折了她的生命,这也是一半采用了《红楼梦》黛玉的结果。觉民和琴的爱,'琴'又是史湘云型的女子,活泼大方。觉慧和婢女鸣凤的爱,这能够说不是贾蔷和龄官、贾芸和小红的摹仿吗?"他认为觉慧的出走"又是受了宝玉出家的暗示"⑥。现在看来,这种见解不无肤浅和牵强之处,但它最早注意到《家》同《红楼梦》的渊源关系,初步揭示两部作品人物的内在联系,值得重视。

《红楼梦》中某一人物的影子,有时在"激流三部曲"中的某一人物或某几个人物身上闪烁着;"激流三部曲"某一人物身上,有时又交织着《红楼梦》某几位人物的身影。比如温柔贤淑的瑞珏,其性情颇近薛宝钗;梅凄苦的未亡人生活,使人想起李纨,其多愁善感的气质和弱不胜衣的身体,又似林黛玉;在鸣凤身上映现出鸳鸯、司棋的性格;克明和周伯涛的性格又凸现了贾政的某些特征。觉慧对鸣凤的怜爱,好似贾宝玉对晴雯等人的情义。《家》第 21 节写觉新与梅在

---

① 参见拙文《巴金的家庭题材小说探胜》,载《中山大学学报》1986 年第 2 期;《现代意识与传统观念相撞击的火光》,载《中国现代文学研究丛刊》1988 年第 2 期。
② 巴金:《和读者谈谈〈家〉》,《巴金研究资料》上卷,海峡文艺出版社 1985 年版。
③ 巴金:《谈〈春〉》,《巴金研究资料》上卷,海峡文艺出版社 1985 年版。
④ 巴金:《谈〈秋〉》,《巴金研究资料》上卷,海峡文艺出版社 1985 年版。
⑤ 巴金:《和读者谈谈〈家〉》。
⑥ 闻国新:《家》,载《晨报》1933 年 11 月 7 日。

后花园邂逅，很有《红楼梦》第 28 回宝玉向黛玉陪情的韵味。《家》第 24 节瑞珏与梅互吐心曲、结成知己的那段描写，就深得《红楼梦》第 42 回和第 45 回宝钗与黛玉互剖金兰语的笔力。

"激流三部曲"的不少场景描写，也深受《红楼梦》的影响。大观园的水榭亭阁举行过多少次宴饮，清流湖水又映照着好多青年男女的身影，粼粼碧波上飘散着他们的欢笑和叹息呻吟。巴金这样介绍他的老家，"我们的花园里并没有湖水，连那一个小池塘也因为我四岁时候失脚跌入的缘故，被祖父叫人填塞了"①。然而巴金笔下的高公馆却有一个湖，湖上也如大观园般地修了圆拱桥、石桥和湖心亭。仔细比较一下《红楼梦》第 17 回贾政带着宝玉及一班清客初游大观园和《家》第 14 节觉民、觉慧兄弟进入后花园；《红楼梦》第 76 回所写的湖面笛声和《家》第 17 节所写的湖滨闻笛听琴；不难发现两者不无相似之处。"激流三部曲"所展现的高府后花园景致，以及湖中划船和湖畔生活片段并非李公馆的生活的真实写照，显然是巴金虚构出来的。这足以说明，无论在艺术构思还是在艺术表现手法与技巧方面，曹雪芹丰富的艺术经验和《红楼梦》杰出的现实主义成就对巴金的创作起到了借鉴作用。

三、巴金对《红楼梦》文学传统的发展

作为一代文坛巨擘，巴金虽然从《红楼梦》中汲取过营养，但绝不是简单摹写与复制。这是"激流三部曲"大大区别于和高出于《后红楼》《红楼补》《红楼复梦》《红楼后梦》《续红楼梦》《红楼圆梦》之类续书的地方。我们可以说《红楼梦》与"激流三部曲"是两个经历不同、创作个性殊异的文学大师创作出来的反映不同时代生活的巨著。

《红楼梦》的成书年代正是乾隆盛世。那时资本主义刚在中国萌芽，清王朝虽处在由太平治世走向衰微的转折点，但封建主义力量仍很虽大，封建制度相当巩固，封建秩序相对稳定，思想领域还是封建文化一统天下。曹雪芹出身于"赖天恩祖德"的贵族世家，从小深受中国传统文化的熏陶。由于祖上在高层政治斗争中落败，被撤职抄家，他也由"锦衣纨绔"的贵公子落魄到"蓬牖茅椽，绳床瓦灶"的困顿境地。家庭生活的巨变不仅使他对封建家族的衰亡命运有一种特殊的感受，对封建社会和封建家庭的阴暗面认识得较为清楚，不但为他日后创作《红楼梦》打下深厚的生活基础，而且还促使他的气质和个性朝狂狷傲岸、超脱世俗方向发展。"激流三部曲"则创作于新民主主义革命运动方兴未艾的时代。经过五四新文化运动的启蒙，巴金对封建家庭的黑暗及其没落趋势的认识，也由

---

 ① 巴金：《关于〈家〉——十版改订本代序》，《巴金文集》第 4 卷，人民文学出版社 1958 年版。

感性阶段上升到理性阶段。他本来是一个充满激情的青年，而"不是一个冷静的作者"①，在探索真理和光明道路上所遭遇到的种种曲折坎坷，使他内心"爱与憎的冲突，思想和行为的冲突，理智和感情的冲突，理想和现实的冲突"② 愈来愈激烈，促使他的气质和个性朝悲愤忧郁的方向发展。

不消说，曹雪芹与巴金不同的生活经历、文化修养、气质和个性，会使他们形成迥然有别的审美意识。因而他们创作《红楼梦》与"激流三部曲"的动机大相径庭，这两部作品所概括的生活内容、所表现的人物命运以及寓蕴其中的主题思想也不一样。

曹雪芹在《红楼梦》第一回就开宗明义地谈出他的创作动机：他在蹭蹬的晚年回忆前半生所接触过的女子，"觉其行止见识皆出我之上；我堂堂须眉，诚不若彼裙钗；我实愧则有余，悔又无益"，于是"用假语村言，敷演出来，亦可使闺阁昭传"，"更于篇中用'梦''幻'等字，却是此书本旨，兼寓提醒阅者之意"。由于当时曹雪芹不可能找到一种新的文化思想做观照，跳不出以儒学为主干的传统文化圈子，在揭示封建家族大厦将倾塌的历史发展趋势时，对自己所熟悉的家庭抱着同情态度，为自己"无才可去补苍天"而愧叹伤感。他对封建主义的批判蕴含着复杂的感情，是自发的而不是自觉的。尽管如此，《红楼梦》所展现的形形色色的矛盾和悲剧，深刻地反映出封建社会已病入膏肓状况，从贾府这只"百足之虫"的衰亡，昭示出家族宗法制"昏惨惨""黄泉路近"的前景，体现出初步的民主主义思想，代表着新的进步倾向，这在18世纪的中国已是石破天惊了。只是由于曹雪芹思想上的局限，不可能科学地剖示大观园中各种悲剧的根源，只能用宿命论来解释贾府家败人散的受害者不幸的原因，笔调是悲悯惋伤的。

巴金写作"激流三部曲"时，中国资本主义经济已有较大发展，封建经济日趋瓦解；在五四新文化思潮的冲击下，封建礼教对人们思想和行动的制约大为减弱，封建秩序和家族宗法的根基已经动摇。巴金清楚地认识到，旧家庭的崩溃"是必然的趋势，是被经济关系和社会环境决定了的"③。巴金十分憎恨所出生的家庭，毫不可惜甚至庆幸它的溃灭。在这种信念支配下，他明确宣称创作"激流三部曲"的动机是"作为我们这一代青年底呼吁。我要为那过去无数无名的牺牲者喊一声冤！我要从恶魔爪牙下救出那些失掉了青春的青年"和"宣告一个不合理的制度底死刑，来向一个垂死的制度叫出 J'accuse（我控诉）"④。他的"激流三部曲"通过叙说一个正在崩坏的封建家庭悲欢离合的历史，展现了20世

---

① 巴金：《和读者谈谈〈家〉》。
② 巴金：《灵魂的呼号》，《巴金文集》第12卷，人民文学出版社1989年版。
③ 巴金：《关于〈家〉——十版改订本代序》。
④ 巴金：《关于〈家〉——十版改订本代序》。

纪20年代——中国社会从传统向现代嬗变的转型时期的现实生活，笔调愤激惨恻。

当然，由于"激流三部曲"的写作时间比《红楼梦》晚两个世纪，所以两部作品中的贾府和高家虽然同是封建家庭，却也呈现出不同时期的生活特征。18世纪的贾府一靠皇帝赏赐和官俸，二靠地租来维持其奢侈生活，着上了封建经济形态的印记。读书做官和光宗耀祖是封建家长的价值取向，他们强逼宝玉熟读四书，热切希望他走金榜题名的道路。像《西厢记》之类揭露封建礼教摧残青年自由幸福和颂扬青年追求爱情的作品被视为禁书，宝玉只能偷偷地读，即使被红颜知己黛玉发现，也要"慌的藏了"，而用"不过是《中庸》《大学》"的谎话去搪塞，足见封建家规和礼教对人的思想与行为钳制之严。在高家，地租虽仍是其主要经济来源，但高老太爷已买了商业公司不少股票，资本主义经济形态已在这个仕宦之家占了一席地位。又因20世纪废除了科举制度，所以长辈们"学而优则仕"的观念发生了变化，竟然安排中学毕业的长房长孙觉新进一家商业公司当职员。新文化的罡风也吹进高家的深宅大院，觉新、觉民、觉慧可以公开在家阅读宣传新思想的《新青年》《每周评论》等新报刊，讨论社会人生解放的问题。尽管高家仍然是以长者和尊者为本位的黑暗王国，但长辈的权威受到年青一代的挑战。《家》中的觉民为争取恋爱自由、婚姻自主而采取的逃婚行动打破了高老太爷所包办的婚事。《春》中的深闺小姐淑英不屈从"父母之命，媒妁之言"的古老训条，毅然冲出家庭樊笼，兴奋地喊出"春天是我们的"的心声。《秋》中的觉民就分家问题两次斥责不劳而获、荒淫无度的长辈，反映了年青一代的觉醒和反封建的时代精神。

在曹雪芹和巴金所塑造的人物形象上，充分体现了他们各自的文化观念和审美理想。怡红公子宝玉是曹雪芹精心镂刻的艺术形象。贾宝玉的叛逆性格主要体现在三个方面：一是他视功名利禄为草芥，对科举十分冷淡，不愿做荣国公府的正统继承人。《红楼梦》第七回有一段他的内心独白——"可恨我为什么生在这侯门公府之家？要也生在寒儒薄宦的家里……'富贵'二字真真把人荼毒的"，从中可看出其与家族宗法制度和礼教产生尖锐的矛盾。二是他用中国传统思维方式中的类比与类同方法，对贾府的男女进行比较，形成了他所特有的女子钟"天地间灵淑之气"，"是水作的骨肉"，和"男人是泥作的骨肉""男儿们不过是些渣滓浊沫而已"的思维定式，与"我见了女儿便清爽，见了男子便觉浊臭逼人"的生活习惯。因此，他同情、尊重、爱护妇女，尤其关心、体贴地位低下的丫鬟，虽遭"百口嘲谤，万目睚眦"亦不动摇。这些在男尊女卑观念盛行的年代，自然被视为异端邪说和怪诞行为。三是要求婚姻自主，他不相信什么金玉良缘，却追求实现木石姻缘，致使他和林黛玉的爱情与封建家庭产生激烈的冲突。

令人惋叹的是，当时的思想领域以儒学为主导，儒、道、释三家文化思想合流。儒家的伦理思想扎根在宝玉的文化心理深层。他奉行"父亲、伯叔、兄弟之伦，因是圣人遗训，不敢违忤"[1]。因此，他从未批评长辈们穷奢极侈的生活，也不敢反对长辈们对奴婢的凶残处置。例如王夫人横蛮逼死无辜的金钏儿和晴雯，他最多偷偷地表示同情，而不曾为改变她们的命运抗争。他虽然厌恶以"四书"为代表的儒学，却找不到一种新的文化思想来取代它，左冲右突，仍陷在中国传统文化思想的圈子中，只能从儒家跳到佛家，在《南华经》《参同契》《元命苞》《五灯会元》等佛经道藏中寻求精神上的解脱。而且侯门公府的高墙隔断了他同社会上的联系，大大妨碍他对封建家庭罪恶的认识。所以他朦胧的个性解放要求不能升华为理性的个性主义，他的离经叛道思想只停留在民主主义思想门口而不能再向前一步。在高鹗续作的40回中，贾宝玉最后勘破世情，遁入空门，是他复杂的文化心理发展的必然结果，把他的叛逆精神推向高峰。这个行动虽显示出作者的审美理想羼入了色空观念，给贾宝玉的形象涂抹上一层迷离的色彩，但在当时却是惊世骇俗的。诚如"脂砚斋"所批："若他人得宝钗之妻、麝月之妾，岂能弃而为僧哉？"从这点出发，我们可以说在中国文学史的人物画廊中，贾宝玉的形象是前无古人的，对出身豪门的青年和情场中的痴男怨女不无启发作用。

　　觉慧是巴金正面歌颂的叛逆者。在五四时代，封建家长已不能把他关在家中。因此，他到外面的新式学校接受新的文化知识教育。新思潮更新了他的文化心理，确立了"我要做自己的主人"的价值观念。《吃人的礼教》《对于旧家庭的感想》等抨击封建礼教和家族宗法制的文章给他思想打开了一个新天地，使他发现这个四世同堂的大家庭原来"每一房就是一国，彼此在明争暗斗"，为的是多争点财产。鸣凤的死和发生在大家庭中的一桩桩惨剧擦亮了他的眼睛，使他认清了整个家庭社会都是凶手，并为自己没有救出鸣凤而沉痛自遣："我恨一切人，我也恨我自己。"这种痛切忏悔，否定了旧的自我，使他萌发出弃旧图新的力量，加深了与家庭的裂痕，因而大大有别于金钏儿投井和晴雯病亡后在宝玉内心所引起的不安。由于觉慧认同民主主义个人主义和个性解放，所以他的思想和行动也明显地不同于宝玉。比如对长辈，觉慧不再让人伦关系网绑住自己的手脚，不再让孝的观念模糊自己的价值判断。在他眼中，祖父"只是整整一代人的代表"，祖孙之间隔着代沟，是永远不能相互了解和沟通的；他鄙弃长辈们娶小老婆、玩小旦、养妓女的糜烂生活甚至暗中嘲笑"爷爷以前原来也是荒唐的人"，认为腐化堕落的长辈根本没有资格来管教他们。新思想的启蒙和现实生活的教育，使他逐渐认识到大家庭的衰落是不可避免的历史必然性。他不愿子承父业成为绅士，也不愿成为快要崩溃的家庭的殉葬者，在生活中积极建构起自己的

---

[1] 曹雪芹：《红楼梦》第20回。

独立人格机制，不仅时时"犯上"，而且还当面抗议长辈们"捉鬼"的胡闹行动。尤其是他不顾高老太爷的禁令，勇敢参加社会上的爱国学生运动，办反封建的《黎明周报》，这使得他对旧家庭的反抗得到社会进步力量的支持，因而与封建家庭决裂的勇气越来越大。觉慧最后怀着要在社会上"干一番不平凡的事业"的理想，冲出家庭的樊笼，投入改革社会的激流，在封建堡垒震开一道裂缝，加速了它的坍塌。他的所思所想、所作所为，在贾宝玉生活的时代是绝对不可能出现的。觉慧的形象映现了巴金认同革命民主主义思想后形成的审美理想。在民主革命时期，许多出身封建家庭的青年也正是从觉慧身上找到学习的榜样，冲出家庭，走上反封建的道路。如果说贾宝玉是中国封建社会开始走下坡路、资本主义处于萌芽时期的典型形象，那么，高觉慧就是五四时代觉醒青年的典型。他们在不同的社会氛围，以其迥异的个性文化思想、生活经历和命运，闪烁着夺目的异彩。

  饶有意思的是，曹雪芹当年未必知道和掌握今天人们所说的典型化创作方法。在《红楼梦》第一回，他借石头与空空道人交谈，道出他"只按自己的事体情理"和"这半世亲见亲闻的几个女子"为创作的原型，强调他只是"观其事迹原委"，"其间离合悲欢，兴衰际遇，俱是按迹循踪，不敢稍加穿凿，至失其真"，遵循着"实录其事"的创作原则。正如鲁迅所说，《红楼梦》"其要点在敢于如实描写，并无讳饰，和从前的小说叙好人完全是好，坏人完全是坏的，大不相同，所以其中所叙的人物，都是真的人物"①。巴金当然学习和借鉴过曹雪芹的艺术经验，他笔下的高老太爷、觉新、克明、克安、克定等人的形象，也大都是"实录其事"塑造出来的。但同时他又从外国文学中摄取养料，加以独创性熔铸，形成自己独特的创作方法。比如他写《家》，"我并不是写我自己家庭的历史，我写了一般官僚地主家庭的历史"②，"……高家正是一个这类家庭底典型，我们在各地都可以找到和这相似的家庭来"③。在刻画人物时，他除了专以一个人为原型外，还运用典型化的方法，杂取种种人，加以提炼、概括、改造、生发，凝结成艺术形象。例如，他一再声称他不是觉慧，但又强调，"我确实是从和这相似的家庭出来的，而且也曾借了两三个我认识的人来作模特儿"④。对作品的其他人物亦是如此，"我把三四个人合在一起拼成了一个钱梅芬"⑤。足见巴金不但学习和继承《红楼梦》的现实主义文学传统，而且还有创新和发展。

  综上所述，巴金确实受过《红楼梦》很深的影响，他的"激流三部曲"与

---

① 鲁迅：《中国小说的历史变迁》，《鲁迅全集》第9卷，人民出版社1981年版。
② 巴金：《和读者谈谈〈家〉》。
③ 巴金：《〈家〉初版后记》。
④ 巴金：《〈家〉初版后记》。
⑤ 巴金：《关于〈家〉——十版改订本代序》。

《红楼梦》很多方面虽不无相似之处,但绝不是《红楼梦》的翻版:它们是植根于中华文化沃土而又反映不同时代生活的两部传世之作。在中国文学史上,《红楼梦》如巍峨的灯塔,把反封建精神的光芒洒在后世的家庭题材作品上;"激流三部曲"就似清算封建礼教和家族宗法制的号角,鼓舞几代读者投入反封建主义的洪流。《红楼梦》代表了中国古典小说创作的最高成就,为后世作家的创作开辟了广阔的现实主义道路。"激流三部曲"的创作成就表明,一个优秀的作家不可能割裂同传统文化、传统文学的联系,唯有善于学习、继承和发扬历代文学家的思想精华与艺术经验,方能创作出无愧于时代,又为读者喜闻乐见的作品。

论乡土文化对郭沫若文化心理的润泽①

一

中国地域辽阔，地形复杂，自然条件和人文环境存在着明显的差异。古人说："一方水土养一方人。"一方人世世代代生活在一方土地上，久而久之，在语言、生活习惯、价值观念、行为方式、审美趣味等方面，形成了共同的、稳定的和具有地方特色的文化模式和文化传统，这就是人们通常所说的地域文化。古代很早就注意到不同地域的文化模式和文化传统是迥然有别的。例如《诗经·国风》从15个地区搜集的诗歌，映现出各自地区的乡土风情。再如东汉的班固，就已经发现自然环境和人文环境对人的生活、行为、性情的制约作用，他说："凡民函五常之性，而其刚柔缓急，音声不同，系水土之风气，……好恶取舍，动静之常，随君上之情欲。"②关于这一点，美国现代著名人类文化学家露丝·本尼迪克特也有大致相同的看法，人"落地伊始，社群的习俗便开始塑造他的经验和行为"。她更强调传统的民俗风情等人文环境对人的影响："他看世界时，总会受到特定的习俗、风俗和思想方式的剪裁编排。即使在哲学探索中，人们也未能超越这些陈规旧习，就是他的真假是非概念也会受到其特有的传统习俗的影响。"③本尼迪克特的看法是很有见地的，因为"一方人"生活在"一方水土"上，属于"一方水土"，是"一方水土"的儿孙；但同时"一方水土"也属于在它上面生存繁衍的"一方人"，也就是"一方人"的世界，永远与"一方人"的生命紧密相连，给"一方人"的生活、行为、语言、性格、气质、思想等方面深深地烙上"一方水土"的印记。正如马克思所说："人创造环境，同时环境也创造人。"④

郭沫若诞生后，便和乐山乡土文化结下不解之缘。他的个性、气质和思想，除了自身禀赋与修养形成外，也为秀丽的乐山山川风物和特异的人文历史环境所陶冶铸造。

乐山位于四川盆地南部边缘，东连川西平原，南傍大凉山，西靠大相岭，北枕邛崃山，岷江、沫水（大渡河）、若水（青衣江）流经境内，奔腾东去。早在

---

① 本文原载《郭沫若学刊》1997年第3期。
② 班固：《汉书·地理志》。
③ 露丝·本尼迪克特：《文化模式》，王炜等译，读书·生活·新知三联书店1988年版。
④ 马克思：《德意志意识形态》，《马克思恩格斯全集》第3卷，人民出版社1956年版。

3000年前，荆州人鳖灵迁徙到这里，开垦荒地、浚通河道，建立了自己的根据地。后来鳖灵取代了蜀王杜宇的地位，自号丛帝开明氏。战国后期，秦惠文王派张仪和司马错率兵灭蜀，在此建立南安县，属蜀郡。北周武帝保定元年（561）更名为平羌县，周宣帝大成元年（579）又在这里设置嘉州，以领郡县，从此，古人便称此地为嘉州。以后历代又曾被改名为峨眉县、青衣县、龙游县、嘉祥县、嘉定州等。清雍正十二年（1734）改嘉定州为嘉定府，增置乐山县，这一名称沿用至今已有260多年。所以乐山又是历史悠久的文化名城。

孔子说："智者乐水，仁者乐山。"① 自古以来，乐山就以其秀丽名闻天下。古时乐山一带遍栽花香色艳的海棠，人们又亲切地称这里为"海棠香国"。北宋元祐五年（1090），著名诗人苏轼（东坡）任杭州知州，但心却飞向风光旖旎的嘉州，他在送嘉州刺史张伯温的诗中抒发出自己的心愿："生不愿封万户侯，亦不愿识韩荆州。颇愿身为汉嘉守，载酒时作凌云游。"② 南宋邵博深深陶醉在乐山的山水胜境之中，情不自禁地发出赞叹："天下山水之观曰蜀，蜀之胜曰嘉州。"③ 唐宋以来，历代的文人名士如王勃、陈子昂、李白、岑参、司空曙、苏轼、苏辙、范成大、陆游、黄庭坚、安磐、杨慎、王士祯、李调元等留下不少吟咏乐山秀美风景的诗文名篇。

郭沫若的出生地沙湾离县城尚有75里路，那里东襟大渡河，西依二峨山，绥山毓秀，沫水钟灵，景色幽美宜人。沙湾气候湿润，四季分明，年平均气温17℃，年降水量达1300毫米左右，无霜期338天。美国著名地理文化学家埃尔斯诺思·亨廷顿在《文明与气候》一书中非常强调气候对人的智力的作用。他认为如果没有气候促进因素的影响，任何一个民族就不能达到文化的顶峰。他说："理想的气候是平均温度很少低于华氏38度的智力最适条件，或者很少高于华氏64度的身体最适条件。但重要的不只是温度。湿度也很要紧，平均湿度应在75%左右。"④ 显而易见，乐山山川的秀气和灵气，氤氲融进郭沫若的精神层；宜人的气候，有利于调动蕴藏在郭沫若体内的智慧潜质，活跃其思维，促进其智力发展。

郭沫若的幼年时代，是在如画的生活环境中度过的。美丽的景物不但激发起他热爱自然、热爱家乡的美好感情，而且还牵引着他的联想和想象。这种联想和想象，使他的心灵与自然景观有初步的沟通，对人和自然的和谐关系有了某种朦胧的体悟。他13岁那年，有一天带着弟妹和侄女到屋后的小溪钓鱼，被乡间美景所吸引，不由得吟出："闲居无所事，散步宅前田。屋角炊烟起，山腰浓雾眠。

---

① 《论语·雍也》。
② 苏轼：《送张嘉州》，《乐山旅游》，四川人民出版社1989年版。
③ 邵博：《清音亭记》，《嘉定府志》（同治重修）。
④ 转引自爱德华·麦克诺尔·伯恩斯等著《世界文明史》第1卷，商务印书馆1990年版。

牧童横竹笛，都媪卖花钿。野鸟相呼急，双双浴水边。"① 在这首人在物象之外的习作中，朴素地描绘出充满生机野趣和宁静融通的牧歌式的田园风光。他童年时，时常凝望着雪皑皑、雾蒙蒙的峨眉山和奔流不息的大渡河出神。峨眉山随着早晨、中午、下午、傍晚的时间推移，四季的更替，在飘忽多变的白雾中呈现出不同的迷人景象。而大渡河也在春夏秋冬的不同季节，随着水势的涨落而变化出赭红浑浊或碧蓝清澄的颜色，发出狂暴咆哮或汨汨低吟的声音。他本来就是个爱动脑筋的孩子，此时好像泯化在大自然的怀抱，感到世间万物皆有生命，他的生命和大自然的生命是一个统一体，山川草木也有喜怒哀乐，都在与他交融贯通感情，于是他张开幻想的翅膀，无拘无束地神游天地间，精神上获得一种轻松自在的快感。有时他觉得"峨眉山在笑，大渡河在轻歌曼舞"②，有时他又发现"早起临轩满望愁，小园寒雀声啁啾。无端一夜风和雪，忍使峨眉白了头"③。家乡的山川景物点化了他的慧根，使他很早就在思考宇宙的本原和人与自然的关系，以及自然界的奥妙等问题。难怪他从少年时代就喜欢庄子、李白、王维、苏轼。庄子在《齐物论》中所说"天地与我并生，而万物与我为一"和在《逍遥游》中所倡扬的超越自我心灵的"言逍遥乎物外，任天而游无穷"的空灵妙境，显然激起了他的共鸣；李白、王维、苏轼以人生与自然的感悟和超然物外、追求精神上的自由与解脱的生命情调，也给了他很大的启示。日后面对潮水般涌来的西方现代文化思潮，他为什么对泛神论情有独钟，其根由也就在这里。

应当承认，天然的山川风景是客观的自然存在，本身并不是一种生命形态，也不具备艺术价值。但是它一旦与郭沫若内心企求完成的生命之趣相融通，便渗透郭沫若的气质，并与他的审美理想和情感倾向珠胎暗结。他对故乡的山水一往情深，不仅在家乡的时候，从《村居即景》《早起》《苏溪弄筏口占》《晨发嘉州返乡舟中赋此》《夜泊嘉州作》等诗中抒发赏爱家乡山水的情怀，并且在远离故土之后，哪怕是身居去国万里的日本，都深情地眷恋着故土的山水风物，写出不少优美的诗文。值得注意的是，他后来把对家乡自然景物的热爱，推及大自然，一直主张把自然"当作朋友，当作爱人，当作母亲"④。作为"美的自然"的乐山自然景观，在他的心灵唤起了美感和创造的激情，以至他日后在建构自己的文学思想、抒发躁动身体内炽热的情感，表达对宇宙、自然、生命、社会的看法时，根本无法撇开这种"美的自然"的观照。他认为，大自然之所以是美的，是因为"天然界的现象，大而如寥无人迹的森林，细而如路旁道畔的花草，动而如巨海洪涛，寂而如山泉清露，怒而如雷电交加，喜而如星月皎洁，莫一件不是

---

① 郭沫若：《村居即景》，《郭沫若少年诗稿》，四川人民出版社1979年版。
② 郭沫若：《序我的诗》，《沫若文集》第13卷，人民文学出版社1961年版。
③ 郭沫若：《早起》，《郭沫若少年诗稿》。
④ 郭沫若：《自然之追怀》，载《现代》第4卷第6期（1934年4月）。

自然流露出来的东西，莫一件不是公诸平民而听其自取的"①。他在日本与田汉、宗白华讨论诗歌创作时，对亚里士多德所说"诗是模仿自然的东西"的观点，做了更进一步的发挥："诗的生成，如象自然物的生存一般，不当参以丝毫的矫揉造作。我想新体诗的生命便在这里。"② 他把亚里士多德的这句话诠释为"诗的创造在自然流露。"但是他认为，在"自然流露之中，也自有他自然的谐乐，自然的画意存在，因为情绪自身本是具有音乐与绘画之二作用故"③。在他看来，个人的生命和宇宙自然都是"未完成的、常在创造的、伟大的诗篇"④。而诗人的任务便是未完成的"伟大的诗篇"的创造工作。在著名的诗剧《湘累》中，他借屈原的口"夫子自道"，阐发自己的文学主张：

> 我的诗便是我的生命，……我效法造化的精神，我自由创造，自由地表现我自己。……我萃之虽仅限我一身，放之则可泛滥乎宇宙。

这里所说的生命有两层意思：一是郭沫若把诗看得如自己的生命那样贵重；二是这生命不仅具有生物意义，而且还体现了他的自由创造精神。他生活在宇宙万物之中，但宇宙万物又荟萃于他心中的方寸天地；从他的心灵与大自然的融合而滋生的"自由创造、自由地表现我自己"的精神，则汗漫于广阔无垠的宇宙。众所周知，"自由创造、自由地表现我自己"是郭沫若浪漫主义文学主张的灵魂，而在这一点上，正好映现出乐山自然景观的投影。

二

乐山开发较早，历史悠远，传统文化的各种形态在这里集结并沉积下来，形成了具有地方特色的民俗风情和人文环境，熏陶着郭沫若的性情和品质。

自汉武帝"罢黜百家，独尊儒术"，立五经博士、以通经作为擢拔人才的标准以来，训解、阐发儒家经典《诗经》《书经》《易经》《仪礼》《春秋》等著作，便成了专门的学问，于是便产生了经学。以后治经、尊经便成为一种社会风尚，一直流行到晚清和民国初年。儒家学说经历代经学家的阐扬，遂在民间得以传播和普及，并为历代人民所接受。乐山有着悠久的经学传统。早在汉代，就有犍为郡的郭舍人在乌尤山注释《尔雅》。《尔雅》是我国最早解释词义的专著，由汉初学者收罗编辑自周代至汉代多种著作旧文，递相增益而成。全书19篇，为考证词义和古代名物的重要资料。唐代陆德明说："《尔雅》者，所以训释五

---

① 郭沫若：《论诗三札》，《沫若文集》第10卷，人民文学出版社1959年版。
② 田汉、宗白华、郭沫若：《三叶集》，亚东图书馆1923年版。
③ 郭沫若：《自然之追怀》，载《现代》第4卷6期（1934年4月）。
④ 郭沫若：《生命底文学》，载《时事新报·学灯》1920年2月23日。

经、辨章同异、实九流之通路,百氏之指南;多识鸟兽草木之名,博览而不惑者也。"① 后世的经学家常用以解释儒家经义,至唐宋时,便被列为儒家"十三经"之一。特别是到了清末民国初年,嘉定府井研县出了个经学大师廖平(字季平),经学风气在乐山就更加盛炽。廖平认为孔子的伟大前无古人、后无来者;孔子学说尽善尽美,绝对正确,因此他一生治学、教学都是以译释孔子的微言大义为己任,"平毕生学说,专以尊孔尊经为要","著作百种,而尊孔宗旨前后如一"②。由于他对儒家经典探幽发微不断深入,也不断有新的发现,所以他的经学思想也经历了六次大的变化过程。他的《知圣篇》《辟刘篇》等著作,对康有为的经学思想产生了直接影响。康有为后来所写的《新学伪经考》和《孔子改制考》显然是受到廖平的上述两篇著作的启发而推衍出来的。光绪十八年(1892),也就是郭沫若出生那一年,廖平受聘到乐山九峰书院任教席四年,为当地培养了一批经学人才,致使乐山尊经、读经的风气更加盛行,以致郭沫若发蒙读书前,听父母督促次兄课读《易经》《书经》时,觉得有趣极了,连听带读,居然能成诵好些篇章。

郭沫若四岁半进家塾发蒙,学完《三字经》后,便开始学《易经》《书经》《周礼》《仪礼》等儒家经典了。他在1906年进入乐山县高等小学读书时,教他们讲经、读经课的老师帅平均先生和1907年在嘉定府中学堂求学时教他们经学课的黄经华先生,都是廖平的高足。在中小学,最能吸引少年郭沫若的课程,也只是帅、黄两位先生讲授的经学课。他们在课堂上阐述廖平的经学思想和治学方法,深入浅出,把"钉饾不可卒读"的深奥文字,讲得有条有理,十分生动,使郭沫若受益匪浅。少年郭沫若觉得帅先生讲课,"就是应该很艰涩的经学也因为他的教材有趣,我是一点也不觉得辛苦的"③。而黄先生根据廖平"三传一家"的学说所教授的《春秋》和所讲述的廖平其他经学见解,又使郭沫若感到"很新鲜"④。所以,郭沫若虽然没有亲聆廖平教诲,但实际上却是其再传弟子。在这种地方文化氛围中,经学思想,尤其是廖平对经学研究的创见,很自然地渗透郭沫若的文化心理深层,把他在家庭生活中对儒家伦理宗法观念的感性体验升华为理性的认识,在他身上凝结为"浩然正气"。同时,经学的风习也使思维灵活敏捷、聪颖过人的郭沫若的性情,朝寻根究底、抉微显隐、穷通事理和不囿旧说、好作翻案文章的方向发展,养成了对小学(音韵、训诂、文字)和考据的特殊兴趣。他后来在研究中国古代思想史、甲骨文和经文,考订殷周秦汉的古代史料、古代器物,并运用考订的结果来研究中国古代社会等方面所取得的卓越成

---

① 陆德明:《经典释文》。
② 廖平:《孔经哲学发微》。
③ 郭沫若:《我的童年》,《少年时代》,人民文学出版社1979年版。
④ 郭沫若:《我的童年》,《少年时代》。

就，显然与这时所受的经学影响关系极大。

乐山多山，早在上古时代，这里就是羌、僚、汉等部落、民族栖息之地，曾为乐山开发做出贡献的鳖灵（开明氏），可能就是濮人。自秦汉之后，有不少汉人迁入，与少数民族杂居。为了开发乐山，本地人以简陋的工具坚持不懈地与天争、同地斗；为了生存，少数民族部落之间争夺地盘的械斗层出不穷，地方对中央政府的反抗频繁发生；汉族所普及的儒家文化一时很难为少数民族所认同。虽然历代有不少文人名士因喜爱这里的风景而流连忘返，甚至到了宋代，当嘉定府所辖的眉山出了著名的文学家"三苏"（苏洵、苏轼、苏辙）之时，乐山的少数民族在文化上仍处于不开化状态，俨然化外之民，"州民与夷、獠杂处，华人其风尚侈，其俗好文，夷人椎髻跣足，衣左衽，酷信鬼神，以竹木为楼居，不知礼义，法律不能拘"①。地方上社会秩序的不安宁，滋长了崇尚武力、剽悍雄健、桀骜不驯、重义任侠的风气。离城区较远的沙湾，自古就是羌族麇居之地，这种风气更盛。郭沫若出生时，偏僻的沙湾便成了"土匪的巢穴"。后来他回忆说："嘉定的土匪大多出自铜河——大渡河的俗名，而铜河的土匪头领大多出在我们沙湾。我们沙湾的土匪头领如徐大汉子、杨三和尚、徐三和尚、王二狗儿、杨三花脸，都比我大不上六七岁。有的我们小时候还一同玩耍过的。"② 沙湾的绿林好汉大都盗亦有道，一般不骚扰本乡15里内的乡亲。所以，郭沫若对他们非但不害怕，反而还有几分好感。有一次他和五哥一同掩护被官差追捕的"土匪头子"杨三和尚，他说："我们小时候总觉得杨三和尚是一位好朋友，他就好像《三国志》或者《水浒传》里面的人物一样。"③ 在这种风气的浸泽濡染下，郭沫若的心中积蓄了一股冲决一切的豪侠阳刚之气，萌生了他的叛逆精神，与他受经学影响而形成的儒雅书生之气相交织。他在读小学和中学的时候，就广交朋友，讲义气，重情谊，遇上不公道的事，常不顾一切地打抱不平，在乐山小学因带领学生向校方要求星期六放假而遭"斥退"处分；在嘉定中学因看戏而与营防驻军斗殴又遭"斥退"处分，但他不思悔改。1911年初，在四川"保路"风潮中，他领导四川省高等分设学堂的学生罢课参加请愿的爱国活动，学校监督要他下令复课和带头进课堂，他斩钉截铁地予以拒绝："大家都为爱国运动甘愿牺牲自己的学业，我不能来做破坏运动的罪魁。"他在这次学潮中虽险遭校方"斥退"，却仍以国家大事为重，不以个人得失为怀。他在致一位朋友的信中坦诉心曲：

> 翘丈夫生别，弟以为当磊磊落落，笑傲低昂，不应唱缕缕阳关，绵绵延延，如儿女子悲，如驾骀恋栈。且降生不辰，遭国阽危，奋飞高举，以薪去

---

① 乐史：《太平寰宇记》。
② 郭沫若：《我的童年》，《少年时代》，人民文学出版社1979年版。
③ 郭沫若：《我的童年》，《少年时代》。

患，吾辈之职也。①

侠胆义魄溢于纸上，显示出他蔑视权威、不崇拜偶像的磊落气概。到了五四时代，他在《棠棣之花》中，以狂热的激情赞扬了刺杀韩相侠累的聂政诛锄恶人的侠义精神和爱国行动，在《匪徒颂》中，以雄浑、豪放、宏朗的调子，歌颂在历史上起到过革新作用的"古今中外的真正的匪徒们"，为他们三呼万岁，更昂扬着反抗传统的"大逆不道"的精神。1926年7月，郭沫若毅然辞去广东大学文科长的职务，投笔从戎，参加北伐，把他从小受家乡风习熏染而蕴蓄在身上的尚武阳刚之气充分显示出来，体现了戎马书生的本色。

古人说"天下名山僧占多"，风景优美的乐山，自东汉以来一直是道教、佛教的昌盛之地。东汉顺帝时，道教创始人张陵曾在峨眉山修道，在乐山一带传道，著有《峨眉灵异记》三卷。《洞天福地记》称峨眉山为"灵陵太妙之天"。与此同时，东传佛教沿青衣古道播下信仰的种子。于是在乐山雄秀奇丽的山水间又流传着许多如黄帝问道、九老避世、普贤说法、楚狂接舆隐居、左慈修炼、药神孙思邈炼丹、陈抟高卧、吕洞宾题书等动人的故事。晋代跋陀罗氏汉译的《华严经·授佛记》中有"峨眉山，乃普贤道场"之语，峨眉山遂与山西的五台山、浙江的普陀山、安徽的九华山齐名，合称我国佛教四大名山。唐代开元年间，李白游览了峨眉山后，情不自禁地发出赞许之声："蜀国多仙山，峨眉邈难匹。"就在此时，结庐于乐山凌云寺的海通和尚为减杀岷江、青衣江、大渡河汇流处的汹涌水势，普渡众生，发起修凿世界第一大佛乐山大佛。历代乐山人崇道拜佛，道教的宫观、佛教的丛林遍布在这方青山绿水间。有人统计过，清末在乐山城中尚有庙宇道坛20多座。② 仅在沙湾周围就有韩王庙、茶土寺、丰都庙、天后宫等佛寺道宫。郭沫若就读的乐山县高等小学也是由草堂寺改修的。神佛的对立面是妖魔鬼怪，历代乐山人也惧魔怕鬼，诚如《嘉定府志》所说："州俗信鬼，自古已然。"③ 因此一年到头祭神祀祖、设醮禳灾；清明节时妇女贴柳叶符扫墓，重阳饮黄花酒、佩茱萸以登高，除夕燃鞭炮、烧苍术烟以辟不祥，形成这地方特有的诡奇风俗。这种风俗对开启郭沫若的神话思维不无积极意义。台湾学人郑志明先生对神话思维这一概念的界定是："凡是以想象、投射或幻化等方式去记叙神话与崇拜世界的各种深层秩序的思维活动。"④ 笔者赞同郑先生的看法，对少年郭沫若而言，乐山不仅是一块富饶美丽的土地，而且还是神佛鬼怪时常活动的虚幻世界。他神骛八极，思绪超越时空，遨游在这缥缈神奇的幻景之中，对各种超自然力和神秘现象进行思考和诠释，从而形成一种浓烈的信仰情愫。这种信仰情

---

① 郭沫若：《答某君书》，转引自龚济民、方仁念：《郭沫若传》，北京十月文艺出版社1988年版。
② 税海模：《郭沫若与中国传统文化》，四川大学出版社1992年版。
③ 《嘉定府志·方舆志·社俗》。
④ 郑志明：《中国社会的神话思维》，台湾谷风出版社1993年版。

愫，导致他后来从西方思想文化武库中选取了泛神论作为自己的思想利器。同时，蕴含着乐山乡风民俗文化因子的神话思维，又使他对种种具体的自然现象和社会现象做出奇特的想象，在幻化的思维形态中，融汇自己诗意的领悟和价值观念。这种神话思维一旦与郭沫若的审美活动交叉渗透，便赋予他浪漫的情调和神奇邈远、色彩绚丽的意象。郭沫若用这些意象来构建他的文学世界，很自然地选取了浪漫主义的创作方法。《女神》中神话传说的巧妙运用、瑰丽色彩的渲染、创造力的奔泻以及飞腾的想象、大胆的夸张、宏伟的构思，《星空》中的奇思冥想和虚幻、幽邃和恬静的艺术意境，无一不是郭沫若进行神话思维活动的产物，体现了乐山民俗文化对他的影响。

三

乐山的山川灵气还哺育了一批又一批的杰出人才，尤多诗人文士。他们的建树又为家乡的自然景观和人文环境增添了异彩，滋育着包括郭沫若在内的无数后学俊彦成长。在乐山地区的历代文化名人中，对郭沫若影响最大的首推宋代文学巨擘苏轼。苏轼服膺儒家学说，少年时代就怀有辅君治国、经世济民、澄清天下的政治抱负。当他和弟弟苏辙在宋嘉祐年间参加礼部会试时，宋仁宗喜滋滋地说："我为子孙找到两个当宰相的人才！"苏轼出仕后惩办悍吏、灭蝗救灾、减赋赈荒、修堤抗洪，关心民间疾苦，兴利除弊，实行某些改革。同时，他又融通佛、道，形成了超然物外、与世无争、洒脱旷达的人生态度和赋性刚拙、不俯仰随人的品格。他一生屡遭磨难，数次被流放到边远荒僻之地，但他都能处之泰然，安之如素。苏轼才华过人，写的诗奔放飘逸、想象丰富、理趣灵动，现存的2700百多首诗有不少是传诵很广的名篇；填的词笔力雄恣、豪迈劲拔、浮想联翩、意境深远。所留下的340多首词突破晚唐五代香软秾丽的词风，开豪放词派的先河；著的文，才思四溢、雄辩滔滔、辟理透彻、涉笔成章、妙趣横生、挥洒自如，名列唐宋八大家；写的字笔力雄健、骨遒肉丰，与蔡襄、黄庭坚、米芾被称为书法"宋四家"；绘的画体物细致，颇得山川景物之神韵，尤擅绘墨竹、枯木怪石，是湖州画派的中坚。在中国古代文化史上，苏轼占有重要的地位。

少年郭沫若为家乡出了个旷代才子苏轼而深感自豪。他十分景仰苏轼，在乐山城读中小学时，经常到凌云山苏东坡读书楼、洗砚池、"苏东坡载酒时游处"等地游览。他举目远望磅礴连绵的峨眉山，近看挟波带浪奔腾而来的大渡河，缅怀苏轼的生平和成就，不知不觉地受到苏轼关注天下黎民苍生的人文性格、超旷达观的人生态度、不随波逐流的风节操守、崇尚自然和自由的审美情趣以及诗文中洞明世事的哲理和冲决一切的豪气的感染，"在那澄清的空气中令人有追步苏东坡之感"①。他在乐山高等小学堂学习期间,还到相传苏轼曾在此读过书的苏稽镇游玩,并赋诗记述在苏稽河学习弄筏嬉游的情景:"临溪方小筏,游戏学提孩。剪浪极洄沂,披襟恣荡推。风生荇菜末,水激鹁鸪媒。此地存苏迹,可曾载酒来。"②可见,他即使在欢乐之中,也还记着苏东坡。1907年秋,他乘船到乐山就读嘉定府中学堂,在苍茫的暮色中停泊嘉州。耳闻暮鼓声声,眼收两三渔火,萌生了追步苏东坡载酒游凌云山的情愫,脱口吟出"乘风剪浪下嘉州,暮鼓声声出雉楼。隐约云痕峨岭暗,浮沉天影沫江流。两三渔火疑星落,千百帆樯戴月收。借此扁舟宜载酒,明朝当作凌云游"③。不用说,苏轼已成为他努力学习的榜样之一。他的文艺思想、文学创作和性格也由于受苏轼影响而与其不无相似之处。苏轼生性洒脱,认为写作诗文一定要事先领会事物的妙谛,把握表现对象的特征;了然于心而后了然于口、于手,信笔所至,自然兴会淋漓,姿态横生,臻于化境:"求物之妙,如系风捕影,能使是物了然于心者,盖于万人而不一遇也;而况能使了然于口与手者乎!是之谓辞达。辞至于能达,则文不可胜用矣。"④苏轼在这里所说的"辞达",即表情达意要自然流畅;"辞至于能达,则文不可胜用矣",就是文辞之用要自然和超功利。所以苏轼著文,一向不受义法的限制,嬉笑怒骂皆成文章;写诗填词亦常突破音韵格律等形式的束缚,让感情自由汹涌奔流,别具风韵。苏轼曾自评其文"吾文如万斛泉源,不择地而出,在平地,滔滔汩汩,虽一日千里无难;及其与山石曲折,随物赋形,而不可知也。所可知者,常行于所当行,常止于不可不止,如是而已矣"⑤。郭沫若也认为:"我想我们的诗只要是我们心中的诗意诗境底纯真的表现,命泉中流出来的Strain,心琴上弹出来的Melody,生底颤动,灵底呼叫;那便是真诗、好诗,……诗不是'做'出来的,只是'写'出来的。"一再强调:"我也是最厌恶形式的人,素来也不十分讲究他。我所著的一些东西,只不过是尽我一时的冲动,随便地乱跳乱舞的罢了。我自己对于诗的直感,总觉得以'自然流露'为上乘。"⑥——毋庸赘述,由此可以看出苏轼和郭沫若在文艺思想方面有着明显的传承关系。

在创作方面,郭沫若也"追步苏东坡"。他的散文继承苏轼等古文大家的传统,随笔挥洒,才气横溢,"文理自然,姿态横生"⑦,常熔叙事、议论、抒情为一炉,例如《少年时代》《学生时代》《革命春秋》《洪波曲》等大都文笔平易

---

① 郭沫若:《学生时代·我的学生时代》,《沫若文集》第7卷,人民文学出版社1958年版。
② 郭沫若:《苏溪弄筏口占》,《郭沫若少年诗稿》。
③ 郭沫若:《夜泊嘉州作》,《郭沫若少年诗稿》。
④ 苏轼:《答谢民师书》,《经进东坡文集事略》卷46。
⑤ 苏轼:《东坡题跋》。
⑥ 田汉、宗白华、郭沫若:《三叶集》。
⑦ 苏轼:《答谢民师书》,《经进东坡文集事略》卷46。

纡徐，不假雕饰，饶有风趣，使人洞见其肺腑，显现出他如苏轼一样的坦率、开朗、乐观而又机敏的个性。由于郭沫若的个性、气质和精神与苏东坡不无相通之处，所以他的诗词又颇得苏东坡诗词的真髓。郭沫若也和苏轼一样具有阔大不羁的襟怀和奇特丰富的想象力，寄寓着一种乡土文化的审美理想，所以《女神》中的《凤凰涅槃》《晨安》《匪徒颂》《天狗》《立在地球边上放号》等诗篇，除了受惠特曼雄浑宏朗的诗风影响外，还昂扬着苏轼"大江东去，浪淘尽，千古风流人物"般的豪迈气势和劲拔灵动的笔力。《星空》和《瓶》等诗集中的一些诗篇，如《天上的街市》等，亦有苏轼《登州海市》《水调歌头·明月几时有》《满庭芳·归去来兮》等诗词中那种浮想联翩、比喻新颖奇特、清新隽秀、婉丽缠绵的诗情韵味。

1939年3月，离家26年的郭沫若回乐山重游凌云山，曾赋诗纪其事，诗中有云："苏子楼临大佛与，壁间犹列东坡字；洗砚池中草离离，墨鱼仍自传珍异。……蔚哉苏子才如海。不遇蔡章与惠卿，亮节何由今世惊。薰花自古难同器，赢得千秋万载名。"① 足见苏东坡在郭沫若心中的地位。其实郭沫若何尝不是"才如海"？苏轼在学术上颇有建树，著有《易传》《书经》等，纠正前人之说的偏颇处，立一家之言，显示出渊博的学问和卓越的见解。郭沫若和苏轼一样，不但是名闻遐迩的文学家，而且也是博闻强记、功底深厚、识见独到的大学问家、国学大师。郭沫若在20世纪20年代就涉足中国古代社会、古代思想、历史人物、古文字学、考古和文物研究以及古籍整理等领域。1928年2月亡命日本后，在极其艰难的条件下，以旷达的心情写出《中国古代社会研究》《甲骨文字研究》《金文丛考》等14种著作；回国后又陆续写出《十批判书》《青铜时代》《奴隶制时代》《管子集校》《历史人物》《史学论集》等著作和论文达一千余万字，在中国历史文化的研究方面，取得超越前人和领先同时代学人的学术成就，成为中国现代新史学的开拓者之一。不仅如此，郭沫若的多才多艺还表现在书法上，他勤学苦练，融汇包括苏轼书法在内的百家之长，加以发挥和创造，技艺炉火纯青。自创以"苏字体"为基底，并且完全可以同苏轼的"苏字体"媲美的"郭字体"。正是郭沫若努力"追步苏东坡"，成就斐然，所以今天的乐山人盛赞他们："前有苏东坡，后有郭沫若。"②

当然，影响郭沫若的乐山地区历代文化名人又何止一个苏轼！乐山多刚直不阿、忧国忧民之士，因此，乐山历代读书人在朝廷任谏官的不少。宋初的田锡曾官拜左拾遗、右谏议大夫、史馆修撰，不怕得罪权贵，好言时务，敢于犯颜直谏，宋真宗曾称赞他"得诤臣之体"，"若此谏官，亦不可得"③。北宋的李焘曾

---

① 转引自商承祚：《追忆往事，如晤故人》，《郭沫若研究》第2辑，文化艺术出版社1986年版。
② 税海模：《郭沫若与中国传统文化》，四川大学出版社1992年版。
③ 转引自彭应义：《田锡》，《巴蜀文苑英华》，四川人民出版社1984年版。

任湖北转运使、兵部员外郎、礼部侍郎。李焘胸怀报国之志和收复中原失地、洗雪靖康国耻的宏愿，兴利除弊、解民倒悬，南宋理学家张栻说他如"霜松雪柏"①。在明代，"嘉定四谏"——安磐、徐文华、彭汝实、程启充等更是以心忧天下，遇事敢言、不计较个人进退得失而闻名于世。郭沫若很早就知道他们的事迹。例如在沙湾茶土寺就有一座安磐写的碑石，郭沫若称"只这一点怕是沙湾场的唯一的名迹"②。后来郭沫若进乐山城读书，还能背诵安磐在凌云山写的两首诗，其一云："青衣江上水溶溶，隔岸遥闻戒夜钟。暂借竹床听梵放，月华初到第三峰。"其二云："林竹斑斑日上迟，鸟啼花暝暮春时。青衣不是苍梧野，却有峨眉望九嶷。"③ 郭沫若崇敬这些乡贤，他不屈服于黑暗势力和敢于坚持真理的倔强性格，投射出乡贤们品德的光彩。

从上面的分析中不难看出，乐山的"一方水土"是培养郭沫若文化心理素质的摇篮，秀美的山水、浓郁的地域风情和人文传统浸润着他的心灵，构成他内心的"集体无意识"，给他的人文性格、审美理想、艺术个性着上不可磨灭的乡土印记。

---

① 转引自董小玉：《李焘》，《巴蜀文苑英华》。
② 郭沫若：《学生时代·我的学生时代》，《沫若文集》第 7 卷，人民文学出版社 1958 年版。
③ 田家乐等编：《乐山旅游》，四川人民出版社 1989 年版。

儒家的人格设计与中国历代文学①

"人格"一词来自拉丁文 persona，原来的意思是指面具或小说、戏剧中的角色。随着时代的发展，人格一词的涵义也在丰富和演变。从文化学的方位给它下一个定义，所谓人格就是指人的特质与品格。人的特质包括人的先天禀赋、性情、气质和能力等心理要素，显示出鲜明的个性特征。当然，人的特质并非一成不变，其中性情、气质和能力等要素，会随人在后天的社会活动而发展或改变。而且人的社会实践肯定能弥补先天禀赋中某些不足之处。人的品格，即人的品行性格和道德，则完全是在后天的社会实践中形成的。人的自我修养或恣意放纵，都可以净化或浊化自己的品格，使其朝着良好的或恶劣的方向发展。

文学就是人学，文学家的人格肯定会在创作中有所表现，在一定程度上影响着文学的风貌和文学的发展。儒家文化是中国传统文化的主流，儒家的人格设计是儒家文化的重要内容，规范着历代文学家的思想和行为，必然影响他们的创作。那么，儒家怎样设计理想人格？儒家的人格设计又如何影响历代文学的风格？本文试就此进行探讨。

一

中国的儒家十分看重人的特质。孔子说："天生德于予，桓魋其如予何？"②认为自己内在的品德是天赋的，桓魋（宋国司马向魋）能把自己怎么样呢？孔子又说："生而知之者，上也。学而知之者，次也。困而学之，又其次也。困而不学，民斯为下矣。"③ 承认人的先天禀赋、智慧、才能、气质有高下之分。根据人的特质的差别，孔子又制定出因材施教的方法："中人以上，可以语上也。中人以下，不可以语上也。"④ 孟子发展了孔子"天生德于予"的观点，强调恻隐之心、羞恶之心、孝敬之心、是非之心都是人的先天禀赋；由这"四心"产生出来的仁、义、礼、智"非由外铄我也，我固有之也，弗思而已。故曰'求则得之，舍则失之'，或相倍蓰而无算者，不能尽其才者也"⑤。在他看来，既然

---

① 本文原载《中山人文学术论丛》第 1 辑，台湾高雄复文图书出版社 1997 年版。
② 《论语·述而》。
③ 《论语·季氏》。
④ 《论语·雍也》。
⑤ 《孟子·告子上》。

人的"四心"和"四德"是先天存在的，而不是外在环境和力量所造成的，那么人之所以有善恶和高下的差别，就在于人是否认识到和充分发挥自身天赋的优美素质与才性。

不过，儒家最重视的还是人在后天形成的品格。从孔子开始，历代的儒学大师莫不在思考人生的真谛和追求品格的高尚完美。孔子认为，品格的修养和提高是长期的与循序渐进的过程，"吾十有五而志于学，三十而立，四十而不惑，五十而知天命，六十而耳顺，七十而从心所欲不逾矩"①。把"从心所欲不逾矩"作为品格修养的至境。尧、舜的才能和品格境界一直被儒家尊奉为楷模，孟子认为，"舜，人也；我，亦人也"②，"尧、舜与人同耳"③，在人格上，尧、舜与一般人的差别，不是先天决定的，而是由于后天个人努力程度不同而形成的。同时，如果个人锲而不舍地学习尧、舜，"子服尧之服，诵尧之言，行尧之行，是尧而已矣"④。"舜，何人也？予，何人也？有为者亦若是"⑤。通过个人后天的不懈努力，便可以消除与尧、舜在人格上的差别，"人皆可以为尧、舜"⑥。

众所周知，儒家文化思想的核心是"仁"。在《论语》和《孟子》中，使用"仁"字共约三百多处，虽然意义不尽相同，但有一点是共同的："仁"具有伦理政治方面的双重内容。孔子和孟子都把"仁"当作做人的宗旨，作为处理人与人之间关系的基本原则、人生追求的终极目标。运用到政治方面就是当权的人所须有的仁德，所要施行的仁政。孔子说："夫仁者，己欲立而立人，己欲达而达人。"⑦ 自己要在社会上立住脚跟，也要使别人在社会上立住脚跟；自己要有所通达发展，也应当使别人有所通达发展，把这些视作人的精神。孔子要求有道德的人无论在任何时候、任何环境下，都不要违背"仁"的原则，"孔子无终食之间违仁。造次必于是，颠沛必于是"⑧。他用曾子的话来强调要以弘扬仁道为己任："士不可以不弘毅，任重而道远。仁以为己任，不亦重乎？死而后已，不亦远乎？"⑨ 他还倡导牺牲个人的生命来完成仁道："志士仁人，无求生以害仁，有杀身成仁"⑩。很明显，孔子把实现人道当作自我修养的理想境界。

孟子认为："仁"的含义就是人，为人之道可以有许多条，但归纳起来，也

---

① 《论语·为政》。
② 《孟子·离娄下》。
③ 《孟子·离娄下》。
④ 《孟子·告子下》。
⑤ 《孟子·滕文公上》。
⑥ 《孟子·告子下》。
⑦ 《论语·雍也》。
⑧ 《论语·里仁》。
⑨ 《论语·泰伯》。
⑩ 《论语·卫灵公》。

只是一个"仁"字而已,"仁也者,人也。合而言之。道也"①。他把"仁"看作安身立命的基础和人生应遵循的正确道路,"仁,人之安宅也;义,人之正路也"②。而仁、义、礼、智则是人的本性,植根于人的心中,"君子所性,仁、义、礼、智根于心"③,主张从净化人心入手,明了人生的意义,培养自我控制能力来获得良知。继孔子提出杀身成仁,孟子又提出舍生取义的原则,"生,亦我所欲也;义,亦我所欲也。二者不可得兼,舍生而取义者也"④。

显而易见,孔子、孟子的仁学内容,尚属于主观的品性情操的范畴,要达到"仁"的境界,必然要有外在的行动。于是,孔子和孟子等儒学开山宗师从仁学和礼制出发,认真思索怎样做人、如何处世的道理。他们从尧、舜、禹、汤、武王、周公、伯夷、叔齐等上古圣贤的生平事迹中受到启发,提出"内圣外王"的理想人格设计。饶有意思的是,"内圣外王"一词肇现于道家典籍《庄子·天下》篇:"内圣外王之道,暗而不明,郁而不发。"这里的"内圣外王"本来是道术的意思。儒家把这个词移借过来,赋予另外的涵义。在儒家看来,所谓"内圣",是指人自身的道德修养和心性的净化、升华。"外王",则是将内省修身养性的功夫推己及人,经世致用。在两者之中,内圣是本,外王是用;先有内圣,后有外王。有修养的人既可以效法尧、舜、禹、汤、武王和周公等圣贤,把内圣与外王有机地调理融合,形成以内圣占主导地位的人格机制;又可以如伯夷、叔齐那样,内圣脱离外王而独立存在。不过,外王一旦离开内圣,便会成为不行仁义、不遵礼制的霸道。后来的儒学大师们认为,只有加强个人的品德修养,用礼制规范自己的思想言行,如孔子所说"非礼勿视,非礼勿听,非礼勿言,非礼勿动"⑤,才能成为有仁德的人,"克己复礼为仁"⑥。他们还认为,通过个人学习礼制和内省修身,可以成为有道德的人;如果把内圣推行到社会实践中去,做到如孔子所说"博施于民而能济众"⑦,就能成就圣王的事业,其人格就能达到内圣外王的境界。

历代儒学大师认为,内圣与外王的结合需要一定的外部条件——社会是否安宁、政治是否清明、统治者是否贤良等,于是孔子所说"笃信好学,守死善道。危邦不入,乱邦不居。天下有道则见,无道则隐"⑧和"邦有道,则仕。邦无

---

① 《孟子·尽心下》。
② 《孟子·离娄上》。
③ 《孟子·尽心上》。
④ 《孟子·告子上》。
⑤ 《论语·颜渊》。
⑥ 《论语·颜渊》。
⑦ 《论语·雍也》。
⑧ 《论语·泰伯》。

道，则可卷而怀之"① 便成为他们所遵奉的圭臬。所以，当国家太平安定，统治者实施正确的治国方略之时，大批有仁德的读书人出仕施展自己的才干，"博施于民而能济众"。反之，则隐居以洁身自好保持内圣。

在历代儒学大师中，孟子最得孔子人格思想的真髓，对孔子仕与隐的人格类型做了淋漓尽致的发挥，进一步阐明儒家的理想人格设计，"士穷不失义，达不离道。穷不失义，故士得己焉；达不离道，故民不失望焉。古之人，得志，泽加于民；不得志，修身见于世。穷则独善其身，达则兼善天下"②。那么，怎样才能做到"穷独""达兼"呢？孟子指出，"得志与民由之，不得志独行其道。富贵不能淫，贫贱不能移，威武不能屈，此之谓大丈夫"③。大丈夫显然是孟子理想人格的旨归。至于如何能成为大丈夫，孟子则着眼于天（自然）与内圣外王人格境界的内在联系，强调反省自身，推己及人，达到仁的境界，"万物皆备于我矣，反省而诚，乐莫大焉；强恕而行，求仁莫近焉"④。孟子还看到人在反省自身、修养内圣的过程中，周围环境起着重要的作用，"天将降大任于斯人也，必先苦其心志，劳其筋骨，饿其体肤，空乏其身，行拂乱其所为，所以动心忍性，曾益其所不能"⑤。只有经过危难困苦的磨炼，才能修养出浩然正气，达到大丈夫的境界，产生伟大的人格力量。

历代儒学大师虽然对理想人格的设计提出许多见解，但大都是对孔、孟的人格观点进行阐释、补充和发展，其作用是使内圣外王人格机制更加完备，成为中国传统社会中包括文学家在内的士阶层理想人格的固定模式。如《左传》所说："太上有立德，其次有立功，其次有立言。虽久不废，此之谓不朽。"⑥ 在"三不朽"中，把建树高尚的品德放在首位，把建功立业放在第二位，把著书立说放在第三位。"立德"属于内圣的范畴，"立功"和"立言"则属于"兼善"的外王事业。再如儒家典籍《大学》所提出的"八条目"中格物、致知、诚意、正心、修身都是指内圣功夫。在内圣功夫中，"皆以修身为本"⑦。齐家、治国、平天下，是指"兼善"的外王功业。"八条目"理顺了内圣外王的因果关系，两千多年来，一直被当作儒家理想人格取向的标准。到了宋代，理学家胡宏又对此做了新的阐发："穷则独善其身，达则兼善天下者，大贤之分也。达则兼善天下，穷则兼善万世者，圣人之分也。"⑧ 这里所说的"穷则兼善万世者"是指在艰难的

---

① 《论语·卫灵公》。
② 《孟子·尽心上》。
③ 《孟子·滕文公下》。
④ 《孟子·尽心上》。
⑤ 《孟子·告子下》。
⑥ 《左传·襄公二十四年》。
⑦ 《大学》。
⑧ 胡宏：《知言》。

逆境中安贫乐道、矢志不渝，或著书立说，或杀身成仁，以自己的思想言行、志向情操、高风亮节影响世人者，其人格所达到的境界，仍在圣人之列。胡宏的见解，显然丰富了儒家的内圣外王的人格思想。

二

孔子和孟子从个人与自然、个人与他人、个人与社会、个人与自我的关系出发，所提出的理想人格设计经历代儒学大师的阐发，沉积在中国历代文学家的文化心理深层，在漫长的传统社会对中国文学产生了深远的影响。

中国文学史所提供的材料表明，儒家的理想人格设计浸润历代文学，构成中国文学文化特质的一部分。内圣和外王的有机融合，会使文学家产生积极进取的入世精神。这种入世精神往往从文学家的政治参与意识中体现出来，构成儒家理想人格的主体。中国历代绝大多数文学家以天下为己任，具有紧迫的历史使命感和强烈的社会责任感，文学活动常常同政治、军事方面的建功立业交织在一起，忧国忧民的篇章层出不穷。他们的作品大多闪耀着仁学的思想光辉，昂扬着爱国主义的主旋律，洋溢着奋发图强的民族精神，律动着内圣外王的人格力量。司马迁、曹植、诸葛亮、左思、陈子昂、高适、岑参、王昌龄、李白、杜甫、白居易、韩愈、柳宗元、杜牧、李商隐、杜荀鹤、苏轼、王安石、范仲淹、岳飞、陆游、辛弃疾、文天祥、顾炎武、龚自珍、黄遵宪等历代文学家如璀璨的星斗，光照千秋。他们的作品中所抒发出的报国之志和忧国忧民的思想感情，所流露出的高尚情操，汇入中国文学的长河，滋育着中华儿女成长。

但是，内圣如果同外王离异，一些洁身自好、讲求内圣功夫的文学家就会形成一种清高超脱、淡泊名利的隐逸意识。在儒家的人格理论中，如果说政治参与意识体现了它阳刚的一面，那么隐逸意识就定位在其阴柔的一方。纵观中国文学史，有不少文学家，如前期的"竹林七贤"、陶渊明、王绩、孟浩然、常建、卢仝、林逋、魏野、谢翱、徐照、翁卷、郑思肖、倪瓒、徐舫、沈周、归庄等，本来怀抱叱咤风云、兼善天下的鸿鹄大志，却或因厌恶官场龌龊险恶，毅然抛弃"仕"的立身价值，急流勇退，以保持自身品行的端正高洁；或因统治集团昏庸，政治黑暗，从政治斗争的漩涡退步抽身，以"独善其身"；或因仕途坎坷，得不到统治集团的赏识，满腹经纶难以施展，不得已而隐居山林；或因避战乱而遁迹江湖，以苟全性命；或因喜好大自然，追求宁静安闲的生活而移趣田园。中国古代社会以农耕为本，为他们归隐山林幽壑、澄滤凡心俗念提供了另一广阔的生活天地和精神天地，以至历代隐逸之风不绝，即使在"圣代无隐者"① 的盛

---

① 王维：《送綦毋潜落第还乡》。

唐，隐居不仕的文学家亦不乏其人。文学家所具有的隐逸型人格特质淡化了他们的政治参与意识。他们徜徉于大自然，在青山绿水中寻找乐趣，在天籁明月的空灵清恬中感悟人生的真谛。因此，当他们抒写心灵和描绘恬静的隐逸生活时，山川秀色，林壑美景、松风霁月、怪石芳草等尽从笔端涌出，于是山林文学、田园文学、隐士文学便异军突起，在中国文化史上和文学史上占据着显眼的位置。

不仅如此，以忠孝为重要内容的儒家伦理思想，涵盖着历代文学家的文化心理。儒家典籍中的忠具有多重意义，概而言之，一是处理君臣关系的准则"臣事君以忠"①；二是处理人际关系的规范"吾日三省吾身，为人谋而不忠乎？"② 儒家尤其看重孝，孔子说："孝、弟也者，其为仁之本与。"③ 孟子也说："尧、舜之道，孝、弟而已矣。"④《孝经》则强调"夫孝，德之本也，教之所由生也"⑤。忠与孝之间有着密切的联系，"君子之事亲孝，故忠可移于君"⑥，"以孝事君，则忠"⑦。忠与孝又经过后来的儒学大师多次阐发，在历代文学家的人格机制中，骎骎地演绎为一种对长者、尊者唯命是从的顺从意识。这种顺从意识在文学创作中发生过多种作用，其中一项作用就是给历代文学作品涂抹上或浓或淡、或明或暗的伦理色彩。

不难看出，政治参与意识、隐逸意识和顺从意识，是儒家内圣外王人格设计的三大支柱。尽管不同时代的文学家和同一时代的不同文学家的人格各有其特点，人格的外在表现形态缤纷多彩，但这三大支柱却没有大的变化。所以，内圣外王作为包括文学家在内的士阶层的文化人格在古代社会呈现出超稳定的状态。内圣外王人格的文化特质融入历代文学家的审美意识，它的一项重要功能就是使中国古代文学以无限生动的形象，映现中华民族独具的人格心理特征和理想人格的范型。

应当看到，儒家的理想人格设计还是构成中国古代文学风格文化底蕴的必不可少的要素。众所周知，风格是文学家的思想和艺术臻于成熟的标志，也是文学批评家和读者评论文学作品审美价值的标准之一。历代有成就的文学家总是孜孜不倦地在自己的作品中创造出体现其个性特征的风格美。宋代大文学家苏轼总结和发挥前人所提出的"文章须自出机杼，成一家风骨"⑧ 的见解，提出"文如其

---

① 《论语·八佾》。
② 《论语·学而》。
③ 《论语·学而》。
④ 《孟子·告子下》。
⑤ 《孝经·开宗明义》。
⑥ 《孝经·广扬名》。
⑦ 《孝经·士》。
⑧ 《魏书·祖莹传》。

为人"①的观点。后人又把苏轼这句话概括为"文如其人"。所谓"人",当然是指作为创作主体的文学家。文学家的风格,其实就是其气质、个性、思想、审美情趣、才能、人生体验、艺术修养、识见和人格等主体性因素,与来自客观生活的对象特征的有机融合。在构成风格的诸种因素中,人格因素的作用十分重要。中国历代文学家总是从自我人格出发去观察、体验、理解和评价生活,在艺术地表现生活的同时,也艺术地表现自我的人格理想和人格境界。即使是山水草木等自然景物,也往往被赋予某种人格意义,用比、兴等手法使之人格化。以香草喻美人,以美人比拟高尚的理想;以青松象征品行的高洁,咏物言志的诗篇层出不穷。在中国文学史上,或显或隐地映照出文学家的人格境界和人格理想的作品比比皆是。

历代不少文学批评家对人格因素在风格中的作用了然于心。刘勰说:"夫情动而言行,理发而文见;盖沿隐以至显,固内而符外者也。然才有庸俊,气有刚柔,学有浅深,习有雅郑;并情性所铄,陶染所凝,是以笔区云谲,文苑波诡者矣。故辞理庸俊,莫能翻其才;风趣刚柔,宁或改其气;事义浅深,未闻乖其学;体式雅郑,鲜有反其习;各师成心,其异如面。"② 在这段话中,"才""气"是"情性所铄",属于人格系统的先天禀赋方面;"学""习"是"陶染所凝",属于人格系统的后天教养方面。刘勰文学思想的核心是儒家文化思想。他在揭示人格与风格的内在联系、阐发人格的差异会导致风格迥异的见解时,可以窥见儒家的人格理论对他的影响。后来不少文论家亦从儒家的人格理论出发,在《文心雕龙》的基础上对人格与风格的关系进行了更深入的研究。隋末大儒王通运用儒家人格取向标准品藻南朝文学家的人格与风格特征:"谢灵运,小人哉,其文傲,君子则谨。沈休文,小人哉,其文冶,君子则典。鲍照、江淹,古之狷者也,其文急以怨。吴筠、孔珪,古之狂者也,其文怪以怨。谢庄、王融,古之纤人也,其文碎。徐陵、庾信,古之夸人也,其文诞。或问孝绰兄弟?子曰:'鄙人也',其文淫。或问湘东王兄弟?子云:'贪人也',其文繁。谢朓,浅人也,其文捷。江总,诡人也,其文虚。"③ 王通对上述文学家的批评未必中肯,但他注意到人格境界的等级差异与风格高下的内在联系,文学家人格上的某些缺陷,也会牵引其风格出现相应的缺陷。唐代的裴度说:"文之异,在气格之高下,思致之深浅,不在碟裂章句,隳废声韵也。"④ 进一步点明文章的差异在于气势人格的高下和思想情致的深浅。明代的杨维桢更有见地:"评诗之品无异人品也。人有面目骨

---

① 苏轼:《答张文潜书》,《东坡集》第30卷。
② 刘勰:《文心雕龙·体性》。
③ 王通:《中说》。
④ 裴度:《寄李翱书》,《全唐文》第538卷。

骼，有性情神气；诗之丑好高下亦然。"① 就是说诗的品级（格调）"丑好高下"，与人品（人格）有着直接的关系。清代薛雪说得更明白，"人品既高，其一謦一欬，一挥一洒，必有过人之处，享不磨之名"，而"品低即拖绅搢笏，适足以夸耀乡间而已"②。刘熙载也画龙点睛地指出："诗品出于人品。"③ 可见，文学家的人格对其风格系统中的格调起着决定的作用。换句话说，风格中的格调是文学家人格境界的反映。文学家的人格境界有优劣之分，导致风格中的格调亦有高下之分。由于中国历代绝大多数文学家都是按儒家的人格设计铸就自身人格，而这种人格设计又属于伦理的范畴，所以，中国历代文学的风格，也折射出儒家伦理观念的特色。

需要指出的是，内圣外王人格既不是单调划一的，也不是凝固不变的人格模式。由于内圣外王人格的文化底蕴——儒家文化思想在不断丰富和发展，所以，这种人格的形态必然随之而出现某些变化。而且，社会生活本来就是广阔而丰富多彩的，内圣外王人格要有多种表现形态才能与之相适应。文学史所提供的材料还表明：一个时代有一个时代的生活，在不同的文化时期，文学家的理想人格也存在着种种差异，显示出既一脉相承又有所区别的特点。这样，不仅不同时期的文学风格各有千秋，就是同一时期的文学，也是风格纷呈、流派迭起。不同风格的文学作品百花怒放、争奇斗妍，从而使中国文学闪耀着缤纷绚丽的异彩。

---

① 杨维桢：《赵氏诗录序》，《东维子文集》第 7 卷。
② 薛雪：《一瓢诗话》。
③ 刘熙载：《艺概》。

自然与逍遥[①]

——郭沫若与道家文化

一、向往逍遥

春秋末年，正当孔子建立儒家学派之际，以老子为创始人的道家学派也异军突起，成为儒家学派的有力对手。儒家文化的核心是"仁"，道家文化的核心是"道"。在漫长的中国传统社会，这一"仁"一"道"互相碰撞，互相补充，共同铸造中华民族的文化性格。郭沫若生活在中国社会从传统向现代嬗变的转型时期，道家思想对他的文化心理产生了重要的影响。

郭沫若接受道家文化熏陶的时间比从儒家文化摄取营养的时间要迟几年。他在十三四岁时开始读庄子的著作。众所周知，由于对"道"与无为思想的看法存在着分歧，道家在战国中期（公元前4世纪）分化成老庄学派和黄老学派。作为老庄学派的代表人物，庄子继承和发展了老子"道法自然"的观点，对"道"是宇宙万物的本原做了进一步的阐发，认为人的形体和生命与天地万物一样，从冥冥无形中来，最后又复归到冥冥无形中去，什么得喜失忧，什么贵荣贱耻，到头来不过是春梦一场。主张人要安时处顺，摆脱人事物欲，逍遥自得，顺应世俗，随遇而安，在精神上追求绝对自由，"精神四达并流，无所不及，上际于天，下蟠于地，化育万物"[②]，从而达到"天地与我并生，万物与我为一"[③]的超脱人生、超脱万物的境界。两千多年来，以老庄为代表的道家文化思想影响深远，几乎可以与以孔孟为代表的儒家文化思想相颉颃。在中国传统社会中，许多思想家、文学家，如陆贾、王弼、何晏、阮籍、嵇康、陆机、张华、潘岳、左思、陶渊明、李白、施肩吾、孟郊、韩愈、元稹、杜牧、张籍、汪元量、秦观、周邦彦、朱敦儒、陆游、刘克庄、张炎、范成大、张载、程颢、朱熹、王阳明、刘基、王世贞、李贽、黄宗羲、王夫之、王士禛等的知识结构和文化心理结构，几乎都是儒道互补；白居易、苏轼等文化名人还是儒、道、释互补。郭沫若虽然很早就咀嚼、消化和吸收儒家文化，但此时道家典籍《庄子》激发了他酷爱个体自由的天性，使他看到另一个文化天地。所以他后来回忆说，"我特别喜欢《庄

---

① 本文原载《郭沫若学刊》1998年第2期。
② 《庄子·刻意》。
③ 《庄子·齐物》。

子》"①,"《庄子》书是我从小时便爱读的一种,至今都还有好几篇文字我都能够暗诵","起初是喜欢他那汪洋恣肆的文章,后来也渐渐为他那形而上的思想所陶醉","在《庄子》之后,我读过《道德经》"②。可见,他在少年时代已被庄子独特的文笔和独特的文化思想体系所吸引。本来,此时他已初步接受了"孝悌也者,其为仁之本与"③ 和"内圣外王"的儒家文化思想,胸怀学好本事,以期报效祖国、力挽狂澜的"修、齐、治、平"的大志,但睥睨世俗,超脱名利、是非、生死,遵循自然规律的文化思想,又使他较为深刻地认识到人性的恶浊面,从而生发厌世和脱拔尘俗的喟叹:"我已久存厌世心,每思涤虑脱尘俗。"④ 道家文化成为他在青少年时代放任自我、狂放倜傥性格的文化质点。在他的文化心理深层,开始形成儒、道互补的结构。

郭沫若到日本后,这种儒道互补的知识结构和文化心理结构得到进一步的发展和完善。1915 年 9 月他钻研《王文成公全集》,王阳明出入道家和佛家,最后归本于儒家而建立起来的心学思想体系,使郭沫若对儒家和道家文化的精神有了新的领悟。他深有体会地说:"我素来喜欢读《庄子》,但我只是玩赏他的文辞,我闲却了他的意义,我也不能了解他的意义。到这时候,我看透他了。我知道'道'是甚么,'化'是甚么了。我从此更被导引到老子,导引到孔门哲学,导引到印度哲学,导引到近世初期欧洲大陆唯心派诸哲学家,尤其是斯宾诺莎。我就这样发现了一个八面玲珑的形而上的庄严世界。"⑤

那么,他此时所了解的"道"究竟是怎样一个"八面玲珑的形而上的庄严世界"呢?他指出,在庄子看来,宇宙万汇、芸芸众相都是出于一个超感官的主宰,也即是"道"的演变。"道"是"万汇的本体",既不是能听、食、息的所谓神,也不是纯粹抽象的理念,而只是万象背后看不见、听不到、摸不着,却可以直接感觉到的"实有"。因为看不到、听不到和摸不着,故有时称之为"无",但又并不是真无。时间、空间都不能范围它,它无终无始、无穷无际、周流八极、变化不羁。不过,郭沫若认为这"道"是可以认识和把握的,"由这本体演化而为万物,即生种种之差别相。这种种的差别相,是有始有终,有伦有序,有分有辨;在人则有彼有此,有是有非,有争有竞;但都是一时的、相对的,如就绝对的本体而言,万象出于一源,则一切的差别都可消泯。本体无终始,万物变无终始。本体无穷尽,万物亦无穷尽。因而是非彼此化而为一"⑥。他把新近从

① 郭沫若:《黑猫》,《沫若文集》第 6 卷,人民文学出版社 1958 年版。
② 郭沫若:《十批判书·后记》,《沫若文集》第 15 卷,人民文学出版社 1961 年版。
③ 《论语·学而》。
④ 郭沫若:《澡室狂吟》,《郭沫若少年诗稿》,四川人民出版社 1979 年版。
⑤ 郭沫若:《文艺论集·王阳明礼赞》,《沫若文集》第 10 卷,人民文学出版社 1959 年版。
⑥ 郭沫若:《蒲剑集·庄子与鲁迅》,《沫若文集》第 12 卷,人民文学出版社 1959 年版。

庄子著作中悟到的"道"与外国泛神论一比较，就发现"庄子的思想一般地被认为虚无主义，但我觉得他是和斯宾诺莎最相近的。他把宇宙万汇认为是一个实在的本体之表现；人当体验这种本体，视万汇为一体，摒除个体的私欲私念；以此养生则能恬静，以此为政则无争乱。他倒可以说是一位宇宙主义者"①。这样，他再把道家文化思想和经王阳明所阐释的儒家文化思想与印度哲学、斯宾诺莎学说一参证，立刻豁然贯通，建立了自己的泛神论，并以泛神论为观照，看到了一个使一切宗教都黯然失色的形而上的庄严世界，"泛神便是无神。一切的自然只是神的表现，自我也只是神的表现。我即是神，一切自然都是自我的表现。人到无我的时候，与神合体，超绝时空，而等齐生死。人到一有我见的时候，只看见宇宙万汇和自我之外相，变灭无常而生生死死存亡的悲感"②。他为自己发现了泛神论这个"八面玲珑的形而上的庄严世界"而兴奋了很长一段时间，而庄子所阐释的"道"，则一直被他当作这个"庄严世界"之源。他在30年代中期说："在那个时期我在思想上便是向着泛神论（Pantheism）的，在少年时所爱读的《庄子》里面发现出了洞辟一切的光辉。"③ 在40年代中期他仍然强调："我在二十年前曾讴歌过泛神论，事实上是从这儿滥觞出来的。"④

　　五四时期的郭沫若，在泛神论的基础上——特别是在吸取老子、庄子为代表的道家文化精髓上，建构自己的文艺思想和文化思想。他说："我爱我国的庄子，因为我爱他的Pantheism（泛神论）。"⑤ 姑且不论郭沫若在40年代所写的《十批判书·庄子的批判》中，对庄子的思想做了新的审视，不再提庄子是泛神论者，但在五四时期，道家文化思想被他当作泛神论而成为构筑他的文艺观和文化观的一块重要基石。他认为三代以前的中国是神权盛行、吉凶龟卜的迷信观念泛滥的"黑暗时代"，这个时代延绵了千年以上，方出现了一个"革命思想家老子"。他充分肯定老子把三代的迷信思想全盘破坏、极端咀咒他律的伦理说、把人格神的观念连根拔出来而代之以"道"观念的功绩，根据老子《道德经》所阐发的思想，认定"道"先天地而混然存在，目不能见，耳不能闻，超越一切的感觉，"这'道'是宇宙之实在。宇宙万有的生灭，皆是'道'的作用之表现，道是无目的在作用着"。他理解老子的"无为说"，悟到"我们要不怀什么目的去做一切的事！人类的精神为种种的目的所扰乱了。人世苦由这种种的'为'（读去声）而发生。我们要无所为（去声）而为一切！我们要如赤子，为活动本身而

---

① 郭沫若：《学生时代·创造十年续篇》，《沫若文集》第7卷，人民文学出版社1958年版。
② 郭沫若：《文艺论集·〈少年维特之烦恼〉序引》，《沫若文集》第10卷，人民文学出版社1959年版。
③ 郭沫若：《集外·我的作诗经过》，《沫若文集》第11卷，人民文学出版社1959年版。
④ 郭沫若：《十批判书·后记》，《沫若文集》第15卷。
⑤ 郭沫若：《女神·三个泛神论者》，泰乐图书局1923年第4版。

活动！要这样我们的精神才自然恬淡而清静"①。老子"无为说"的真髓就在于"欲消除人类的苦厄则在效法自然"，如果人能泯却一切的占有欲望而纯任自然，那么人类精神自能澄然清明，而人类创造本能便能自由发挥而含和光大。他比较了佛家的"灭灭"后指出，老子的恬静说是由"无为说"所产生出的"活静"，"活静与死静不同。活静是群力合作的平衡状态，而死静则是佛家的枯槁寂灭"②。老子所倡扬的"道"和"无为说"，经过庄子的发展，成为道家文化的核心思想。庄子肯定人的个体价值，主张超越时空的限制，摆脱物欲的羁绊，追求主观精神的绝对逍遥自由，以恢复人的本性，无疑激起郭沫若强烈的共鸣。同时庄子强调"道"不仅无所不在，内化于自然万物，自然万物就是"道"，一切物相均无差别，而且"道"还具有永恒的无所不能的创造力，自然万物都是"道"的创造力的体现。庄子所赞扬的"神人""真人""至人"，无一不是"人道合一"、逍遥自在的完美典范。郭沫若沟通儒家"内圣外王"的理想入世境界和道家"天地与我并生，而万物与我合"的理想出世境界，把倡扬创造的动的儒家精神同向往逍遥自由的静的道家精神统一起来，与外国泛神论和个性主义熔铸在一起，显示出他在五四时期独具特色的文化思想：颂扬反抗、崇尚创造，张扬自我，追求个性解放。

二、道与文艺

文艺是文化的一翼。郭沫若所认同的道家文化思想，必然会对其文艺思想产生重大影响。首先，他以老、庄的"道"的观念和"无为说"为观照，在对待艺术是否有功利性的问题上，明显地呈现出两重性。一方面认为艺术家的创作，如诗人写诗、音乐家谱曲、画家绘画，"都是他们感情的自然流露，如一阵春风吹过池面所生的微波"，并由此断言，"艺术的本身上是无所谓目的"，"艺术的根底，是建立在感情上的"③。他把艺术创作同自然界万物联系起来，把物候万汇的变化看作是"自然流露"出来的，而诗人又"以宇宙全体为对象，以透视万事万物的核心为天职"，这样，他评价诗的标准，"总觉得以'自然流露'的为上乘"，强调"诗的生成，如象自然物的生存一般，不当参以丝毫的矫揉造作。我想新体诗的生命便在这里"④。仿佛有了目的，便不是"自然流露"，便会"矫揉造作"，便成为"园艺盆栽，只好供诸富贵人赏玩了"⑤。这里他谈的虽是

---

① 郭沫若：《中国文化之传统精神》，《郭沫若全集·历史编》第3卷，人民文学出版社1957年版。
② 郭沫若：《论中德文化书》，《沫若文集》第10卷，人民文学出版社1959年版。
③ 郭沫若：《文艺论集·文艺之社会的使命》，《沫若文集》第10卷。
④ 郭沫若：《文艺论集·论诗三札》，《沫若文集》第10卷。
⑤ 郭沫若：《文艺论集·论诗三札》，《沫若文集》第10卷。

诗歌创作，其实也是对艺术功利性的否定。另一方面，他又承认艺术的社会功能，"文艺是社会现象，势必发生影响于全社会"①。"纯真的艺术品莫有不是可以利世济人的，总要行其所无事才能有艺术的价值"②。照他看来，艺术的价值就存在于艺术的社会功能之中。他从艺术的社会功能的视角审视艺术创作，又觉得"艺术本身是具有功利性的，是真正的艺术必然发挥艺术的功能"③。于是，他提出肯定艺术功利性的命题："文学是反抗精神的象征，是生命穷促时叫出来的一种革命"④，"文艺是对于既成道德、既成社会的一种革命的宣言"⑤。笔者不同意有的研究者所提出的郭沫若在对待艺术功利性这一问题上所表现出的两重性是"郭沫若早期艺术功利观本身缺乏逻辑的一致性"，"理论观念本身的两重性，使得郭沫若早期艺术功利观显得模棱两可"⑥的看法。笔者认为，郭沫若在这一问题上所表现出的两重性，正好反映出他文化心理上道家的"道法自然"和"无为无不为"思想与儒家"内圣外王""经世致用"思想的激烈冲突。此时，道家思想占了上风，他说："假使创作家纯以功利主义为前提以从事创作，上之想借文艺为宣传的武器，下之想代理文艺为糊口的饭碗，这个我敢断言一句，都是文艺的堕落，隔离文艺的精神太远了。这种作家惯会迎合时势，他在社会上或者容易收获一时的成功，但他的艺术绝不会有永远的生命。"他后来对这句话又做了修正，"假若创作家纯全以功利主义为前提以从事创作，所发挥的功利性恐怕反而有限"⑦。这句话无论原句或修改句，关键词在于一个"纯"字。由于郭沫若认为艺术本身存在功利性，因此反对"纯以功利主义为前提从事创作"，不承认所谓"艺术上的功利主义的动机说"⑧，为两年前他所说过的"我于诗学排斥功利主义，创作家创造时功利思想不准丝毫夹杂入心坎"⑨的话做了最好的注脚，映现出道家文化思想的投影。

其次，郭沫若认为"真正的艺术作品当然是由于纯粹的主观产生"⑩，这和他在《三叶集》中所说"诗底主要成分总要算是'自我表现'了。所以读一人的诗，非知其人不可"⑪的话是一个道理。他还指出："诗是人格创造的表现，是人格冲动的表现。……人是追求个性的完全发展的。个性发展得比较完全的诗人，

---

① 郭沫若：《文艺论集·文艺之社会的使命》，《沫若文集》第 10 卷，人民文学出版社 1959 年版。
② 郭沫若：《论诗》，载《新的小说》第 2 卷第 1 期（1920 年 9 月 10 日）。
③ 郭沫若：《论国内的评坛及我对于创作上的态度》，《沫若文集》第 10 卷。
④ 郭沫若：《文艺论集·〈西厢记〉艺术上的批判及其作者的性格》，《沫若文集》第 10 卷。
⑤ 郭沫若：《文艺论集·〈少年维特之烦恼〉序引》，《沫若文集》第 10 卷。
⑥ 李振声：《郭沫若早期艺术观的文化构成》，贵州人民出版社 1992 年版。
⑦ 郭沫若：《论国内的评坛及我对于创作上的态度》，《沫若文集》第 10 卷。
⑧ 郭沫若：《论国内的评坛及我对于创作上的态度》，《沫若文集》第 10 卷。
⑨ 郭沫若：《论诗》，载《新的小说》第 2 卷第 1 期（1920 年 9 月 10 日）。
⑩ 郭沫若：《论国内的评坛及我对于创作上的态度》，《沫若文集》第 10 卷。
⑪ 郭沫若：《郭沫若致宗白华》，田寿昌、宗白华、郭沫若：《三叶集》，亚东图书馆 1923 年版。

表示他的个性愈彻底，便愈能满足读者的要求。因而可以说：个性最彻底的文艺便是最有普遍性的文艺，民众的文艺。诗歌的功利似乎应该从这样来衡量。"①

话说到这地步，似乎还没有把意思表达完，于是他又说："'求真'在艺术家本是必要的事情，但是艺术家的本真不能在忠于自然上讲，只能在忠于自我上讲，艺术上的精神绝不是在模仿自然，艺术的要求也绝不是在仅仅求得一片自然的形似，艺术是我的表现是艺术家的一种内在冲动的不得不尔的表现。"② 从以上所引用的郭沫若关于文艺创作的见解可以看出，他肯定的"艺术的精神"，也就是艺术的本质，在于艺术是"自我表现"，是"人格创造的表现，是人格冲动的表现"，是"艺术家的一种内在冲动"的表现——这"自我"包括了作者的主观、人格和个性。艺术创作要求艺术家"忠于自我"，把艺术家的主观情感、人格和完全发展的个性真实、彻底地表现出来。那么，艺术家如何"忠于自我"和"自我表现"呢？一是高扬艺术家自我主体意识，使精神摆脱外界物欲的羁绊，凸现一个纯粹的自我，他说："艺术家总要打破一切客观的束缚，在自己的内心中找寻出一个纯粹的自我来，再由这一点生发出来，如象一株大木由一株星火燃烧起来以至于燎原，要这样才能成为个伟大的艺术家，要这样才能有真正的艺术出现。"③ 二是真实表达自己的感情。他反复强调，艺术的根底是建立在感情上的，"艺术家的目的只在乎如何能真挚地表现出自己的感情"④，"我想我们的诗只要是我们心中的诗意诗境之纯真的表现，生命源泉中流出来的 Strain，心琴上弹出来的 Melody，生之颤动，灵的喊叫，那便是真诗、好诗"⑤。毫无疑问，郭沫若的这些见解构成了他的浪漫主义文艺思想。但是，如果我们对郭沫若的文艺思想进行文化审视，就会发现它与道家文化思想，尤其是与庄子的浪漫主义精神有着渊源关系。郭沫若认为，"道是一切的本体，一切都是道的表相，表相虽有时空的限制，而本体则超绝一切"。他又说："万汇是道的表相，我也是道的表相。体相一如，我与道体非二。本体不灭故我也不灭，本体无穷故我也无穷。故自时间上说：我与天地是并生；自空间上说：万物与我是一体了。"⑥ 把庄子的"道"的思想阐发得淋漓尽致。庄子的浪漫精神所追求的是人格的尊严、个性的发展、感情的放任、精神的自由和永恒，这些都在郭沫若的浪漫主义文艺思想中得以充分体现。因此，我们可以说道家文化思想是郭沫若文艺思想中的一个重要文化基因。

---

① 郭沫若：《文艺论集·论诗三礼》，《沫若文集》第 10 卷，人民文学出版社 1959 年版。
② 郭沫若：《印象与表现》，载《时事新报·艺术》第 33 期（1923 年 12 月 30 日）。
③ 郭沫若：《印象与表现》，载《时事新报·艺术》第 33 期（1923 年 12 月 30 日）。
④ 郭沫若：《文艺论集·艺术的评价》，《沫若文集》第 10 卷。
⑤ 郭沫若：《文艺论集·论诗三礼》，《沫若文集》第 10 卷。
⑥ 郭沫若：《文艺论集·惠施的性格与思想》，《沫若文集》第 10 卷。

再次，郭沫若力主扩张自我，一任自我感情汗漫九垓，自我精神充塞宇宙。因此，他融汇庄子的浪漫主义精神，在创作中要求绝端的自由、绝端的自主，不受任何形式的束缚。他说，"我也是最厌恶形式的人，素来也不十分讲究它"，提出"他人已成的形式只是自己的镣铐。形式方面我主张绝端的自由，绝端的自主"①。不消说在五四时期，他这种主张在反对文言文和旧体诗词等传统文学形式对人们思想感情的束缚起到过积极的作用。至于如何打破旧形式的镣铐，庄子的著作又给予他深刻的影响。庄子汪洋恣肆、纵情放浪的文笔，色彩绚烂瑰丽而又自然隽永的语言，奇幻怪谲的想象，机趣横生、异想天开的寓言，糅合神话传说的铺陈、新颖灵活的譬喻手法等，都受到郭沫若的推崇，直接成为他创作《女神》等诗篇的范式。比如诗集《女神》，诗的形式随诗人感情的起伏而流宕，随诗人主观精神的激扬而变化：既有诗人独创的诗剧形式，又有自由体诗、散文诗、格律诗、古体诗；在自由体诗中既有长歌，又有短调，既有押韵的，又有不押韵的……多姿多彩。诗人虽然从庄子不受形式拘束，自由灵活表达自己的思想感情的创作中吸取过养料，才创造了前所未有的自由诗体"女神体"，开辟了新诗形式创作的新天地。再如庄子在自己的著作中描绘出宇宙万汇群体相谱系，在这个谱系中不但飞禽走兽、草木鱼虫、山川河海等自然万物都具有神的性质，都富有生命，都富有人的感情，并能像人一样地交谈，而且上古神话传说一经庄子点染，便寓以意味深长的哲理，成为典故。他的庖丁解牛、东施效颦、混沌之死、齐桓公见鬼、朝三暮四、逆旅二妾、黄帝问童等等，无不"仪态万方"，给后人以深刻的启迪。所以郭沫若说，庄子的"文学式的幻想力实在是太丰富了"，而且"《庄子》这部书差不多是一部优美的寓言和故事集。他的寓言多是由他那葱茏的想象力所构造出来的。立意每异想天开，行文多铿锵有韵"②。受《庄子》的影响，郭沫若也心骛八极，神游古今，笔下无情争斗的颛顼共工、炼石补天的女娲、悲壮涅槃的凤凰、泽畔行吟的屈原、吞噬一切的天狗、熊熊燃烧的炉中煤、在天上街市行走的牛郎织女等等，都是他继承和发扬了庄子的艺术精神和多种艺术手法，"化腐朽为神奇"，创造性地熔铸成为其独创的自我感情对应物和象征体。这些含蕴着郭沫若历史文化观和理想追求的对应物和象征体，不但挥洒自如地表现出五四的时代精神，而且还显示出郭沫若在艺术上学习庄子而又不重复庄子的艺术才能，所以具有很高的文化价值和审美价值。

三、钩稽道家

1923年7月，郭沫若结束了在日本的留学生活回国。国内的社会现实使他很

---

① 郭沫若：《文艺论集·论诗三札》，《沫若文集》第10卷，人民文学出版社1959年版。
② 郭沫若：《蒲剑集·庄子与鲁迅》，《沫若文集》第12卷，人民文学出版社1959年版。

失望。泛神论和个性解放不是科学的思想武器，不可能在现实斗争中起到积极的指导作用。郭沫若的信仰同中国社会的革命运动发生了尖锐的矛盾。同时，归国之后个人经济也时常处于捉襟见肘的境地，老庄的思想不能解决他生活中的实际困难，他不得不为一家五口人的温饱而发愁。无情的现实生活宛如烈火一样煅烧着他的思想，使他逐渐察到旧有的思想武器——泛神论和个性主义是何等的软弱无力，根本不能撼动黑暗社会的根基，于是向马克思主义靠拢。与此同时，他用批判的眼光审视道家文化思想，看到老庄思想的另一面。例如，在他看来，"老子与尼采的思想之中，并发见不出有甚么根本的差别"，这是因为"老子与尼采相同之处，是他们两人同是反抗有神论的，同是反抗藩篱个性的既成道德，同是以个人为本位而力求积极发展。他们两人的缺点也相同，是为己多而为人少"①。姑且不论这种看法是否准确，但起码可以认为郭沫若此时已发现了老子思想的缺点。在另一篇文章中他继续用"两分法"来评价道家文化思想："道家的宇宙观本是活泼的动流，体相随时转变，而道家的人生哲学却导引到利己主义去了。""道家的实践伦理是自私自利，假使实行于世时，其极致与西方的资本主义制可以达到同一的结果。"② 显然，郭沫若服膺道家的宇宙观，却不赞成道家的人生哲学和实践伦理。他对道家文化的两重性态度也从创作中反映出来。他在1923年先后写出《鹓雏》（后改名为《漆园吏游梁》）和《函谷关》（后改名为《柱下史入关》）便是批评道家人生哲学的两篇小说。在《鹓雏》中，他揶揄庄子超然物外，"独与天地精神往来"的人生态度和"外死生""无终始"的清静无为思想。庄子在物质世界处处碰壁：丢官丧妻、门徒云散、打出的草鞋卖不出去，向做河堤监督的朋友借粮又遭婉拒，在饿得不能动弹时便嚼草鞋充饥。对物质的需求使庄子从逍遥神游的世界回到现实。庄子对自己空谈哲学而深感悔恨，不由得想起逝去的妻子，抱着骷髅，连声长叫："呵呵，我是饥渴着人的鲜味，我是饥渴着人的鲜味呀！"对庄子的虚无主义的遁世思想和返璞归真的精神进行了嘲讽。在《函谷关》中，已经出关到沙漠去的老子，因为在沙漠无法生存，只得重新"回到中原""回到人间"。郭沫若借老子的口，批判和否定老子学说，《道德经》"虽然恍恍惚惚地说了许多道道德德的话，但是我终究是一个利己的小人"，"我这部书完全是全部伪善的经典"。他揭穿老子人生哲学的虚伪性："我要想夺人家的大利，我故意把点小利去诱惑他。我要想吃点鲜鱼，我故意把它养活在鱼池里。""我的根本谬误是在一方面高谈自然，一方面又万事从利己设想。只要于己有利，便无论是什么卑贱的态度都是至高的道德。"他还借关尹之口，骂老子"虚伪！卑鄙！诈骗！我是受了这恶鬼的愚弄"和"有史以来的大头"③

---

① 郭沫若：《论中德文化书》，《沫若文集》第10卷，人民文学出版社1959年版。
② 郭沫若：《文艺论集·王阳明礼赞》，《沫若文集》第10卷。
③ 郭沫若：《柱下史入关》，《沫若文集》第5卷，人民文学出版社1957年版。

他对道家利己主义的人生态度和出世精神进行了更为彻底的否定。

在三四十年代，郭沫若考察先秦诸子学说时，道家文化思想很自然地成为他研究的重点对象。《先秦天道观之进展》《老聃、关尹、环渊》《稷下黄老学派的批判》《庄子的批判》和《庄子与鲁迅》等文章，便表达了他对先秦道家文论的冷静公正评价。

首先，道家文化祖述黄帝、老子。郭沫若从考释中国上古社会是否有过黄帝、老子其人和黄帝、老子究竟是谁入手，对道家文化追根溯源。他肯定上古社会确实有黄帝、老子两个人。他根据卜辞和古器物铭文中的资料断定"黄帝本是皇帝或上帝的转变"①。而对于老子的存在和他的年代，历来众说纷纭。有人认为老子这个人和《道德经》都是战国时人假造的，根本否定老子的存在。郭沫若指出，对于老子是谁，在汉初就有学者提出过质疑，司马迁在《史记》中提出过三种主张："一说是老聃，是孔子的先生；一说是老莱子，与孔子同时；又一说是太史儋，是在孔子死后百二十九年。太史公自己和他同时代的人又想调和这几种说法，创出了老子长寿说来，说'老子盖百有六十余岁或言二百余岁'。老子有这样的长寿，那么上而老聃，下而太史儋，都含盖在里面去了。然而调和说和其他三种主张一样，都是没有把问题解决了的，看太史公在自己的长寿说上加上一个'盖'字，便可以知道连太史公自己都是没有把握的。"②他细细考证先秦诸子著作，得出自己的看法，"细考老子即是老聃，略先于孔子，曾经教导过孔子，在秦汉以前的人本是没有问题的。《庄子》《韩非子》《吕氏春秋》是绝好的证据"③。而被道家奉为经典的《老子》，则是由楚人环渊收集老聃的语录，再用自己的文笔润色而成的。肯定了老子就是老聃、《老子》是老聃的创见，郭沫若毫不犹豫地否定"汉人所提出来的老莱子和太史儋实在是不能冒牌的"④。

其次，郭沫若对早期道家的派别进行了梳理。他认为黄老之术是培植于齐，发育于齐，昌盛于齐，早期道家弟子几乎都与稷下之学有关。稷下的道家又分为三派：即宋钘、尹文派，田骈、慎到派，环渊、老聃派。郭沫若对这道家三派一一做了考察。在他看来，老聃学派的产生自然有其社会根源：春秋末年"一部分的有产者或士，已经有了饱食暖衣的机会，但不愿案牍劳形，或苦于寿命有限，不够满足，而想长生久视，故尔采取一种避世的办法以'全生葆真'；而他们的宇宙万物一体观和所谓'卫生之经'等便是替这种生活态度找理论根据的"⑤。道家理论最初并没有形成一股学术潮流，但一经稷下制度的培植，才蕃昌起来。

---

① 郭沫若：《十批判书·稷下黄老学派的批判》，《沫若文集》第15卷，人民文学出版社1961年版。
② 郭沫若：《青铜时代·先秦天道、观之进展》，《沫若文集》第16卷，人民文学出版社1962年版。
③ 郭沫若：《青铜时代·老聃、关尹、环渊》，《沫若文集》第16卷。
④ 郭沫若：《青铜时代·老聃、关尹、环渊》，《沫若文集》第16卷。
⑤ 郭沫若：《十批判书·稷下黄老学派的批判》，《沫若文集》第15卷。

杨朱和环渊都是老子的学生。他指出，杨朱"主张'全性葆真，不以物累形'的为我主义，但却不是世俗的利己主义"①。他又判定"关尹其实就是环渊，这人的名姓，变幻得很厉害，有玄渊蜎渊、娟嬛、便嬛、便娟等异称。荀子《非十二子篇》误为它嚣，《韩诗外传》误为范雎"②。关尹或环渊主张虚己接物，差不多完全脱离现实而独善其身，"谵然独与神明居"。关尹不仅整理了老聃的遗说，而且还发展了老聃的道术。这种道术，又经申不害、韩非等人的推阐，"在中国形成一种特殊的权变法门"③。宋钘大约是杨朱的直系。宋钘、尹文一派主要谈心与情，心欲其无拘束，情欲其寡浅，认为有"灵气在心"的人，是"见利不诱，见害不惧，宽恕而仁，独乐其身"的。在郭沫若看来，这种灵气"在主张本体观的道家本与'道'为一体，事实上就是'道'的别名"④。宋钘、尹文一派又"以调和儒、墨的态度而出现"，因此，在学术史上起着连锁作用。至于慎到、田骈一派，郭沫若认为他们"是把道家的理论向法理一方面发展了的。严格地说，只有这一派或慎到一人才真正是法家。韩非子的思想，虽然主要是由慎到学说的再发展，但它是发展向坏的方面，掺杂了申子或关尹、老子的术，使慎到的法理完全变了质"⑤。在郭沫若看来，只有庄子才是老聃、关尹道统的正宗继承者。这就为先秦道家清理了门户，理清了道家各派的基本脉络。当然，郭沫若也非常重视稷下道家三派对先秦文化思想的影响。他注意到道家三派"不仅使先秦思想更加多样化，而且也更加深邃化了。儒家墨家都受了他们的影响而发生质变，阴阳、名、法诸家更是在他们的直接感召之下派生出来的"⑥。郭沫若高出当时一般的研究者的地方还在于，他运用"两分法"去审视道家三派的勃兴及其发展对于学术界的影响，发现"在稷下之外，由正面响应的有庄周和惠施，季真和魏牟，更发展而为桓团、公孙龙的名家，韩非等后期法家。"秦汉以后的政治也深受其影响，"于是乎，道家思想直可以说垄断了二千年来的中国学术界；墨家店早被吞并了，孔家店仅存了一个招牌。礼教固然吃人，运用或纵使孔教以吃人的所谓道术，事实上才是一个更加神通广大的嗜血大魔王呀"⑦。显而易见，他对老子所倡扬的"诈术"和"愚民"的道术，及其在历史上、政治上所产生的影响是坚决否定的。

再次，对庄子思想的师承渊源、特征、意义等问题，重新进行系统的、深入的探讨，提出不少新鲜的见解。他以庄子菲薄儒家又盛赞孔子和颜回为线索，发

---

① 郭沫若：《十批判书·稷下黄老学派的批判》，《沫若文集》第15卷，人民文学出版社1961年版。
② 郭沫若：《十批判书·稷下黄老学派的批判》，《沫若文集》第15卷。
③ 郭沫若：《十批判书·稷下黄老学派的批判》，《沫若文集》第15卷。
④ 郭沫若：《十批判书·稷下黄老学派的批判》，《沫若文集》第15卷。
⑤ 郭沫若：《十批判书·稷下黄老学派的批判》，《沫若文集》第15卷。
⑥ 郭沫若：《十批判书·稷下黄老学派的批判》，《沫若文集》第15卷。
⑦ 郭沫若：《十批判书·稷下黄老学派的批判》，《沫若文集》第15卷。

现《庄子》书中征引孔子与颜回的对话很多，而且都是至关紧要的话，例如孔子的"心斋"和颜回的"坐忘"之说便是一例。同时，他又注意到庄子的后学所非之儒，是以曾参为代表的儒，而不伤及孔子；非名家是以杨朱为代表的名家，而不伤及老子；颜回和孔子都是有些出世倾向的人，他们一个是"一箪食，一瓢饮，在陋巷……不改其乐"，另一个是"饭蔬食饮水，曲肱而枕之，乐亦在其中"，与庄子的出世态度不无相通之处。再者，他看到在尊重个人的自由，否认神鬼的权威等方面，庄子和孔子很接近。于是他断定"庄子是从颜氏之儒出来的，……在黄老思想找到了共鸣，于是与儒、墨鼎足而三，也成立了一个思想上的新的宗派"①。他指出，庄子扬弃了黄老学派，接受了黄老学派的宇宙观——"道"的思想和"采取了关尹、老聃清静无为的一面，而把他们关于权变的主张扬弃了"，"庄周书，无论《内篇》《外篇》，都把术数的那一套是扬弃了的"②。并在20年代对道家文化研究的基础上，对"道"的认识又增进了一层。他说：

> 道是天地万物的实在的本体，本体演化而为万物。万物是相对的，有限的，本体是绝对的，无限的。③

> 宇宙万物认为只是一些迹象，而演造这些迹象的有一个超越感官，不为时间和空间所范围的本体。这个本体名字叫"道"。道体是无限的东西，无时不在，无处不在……它生出天地，生出帝王，生出一切的理则。它自己又是从什么地方生出来的呢？它是自己把自己生出来的。④

他觉察到庄子的旨趣不在于宇宙的本体是什么，而在于把人的本体提到宇宙的高度，与混沌的东西合而为一体，人"道"合一，犹如"道"是无限和自由的一样，人生的意义就体现在对无限和自由的永无止境的追求中。因此，他说："庄子这一派或许可以称为纯粹的道家吧？"⑤ 显然，郭沫若已放弃了庄子是个泛神论者的观点，不再把"道"与泛神论联系起来。

尤其值得注意的是，郭沫若在辩证唯物主义和历史唯物主义的指导下，对庄子悲观厌世的人生哲学进行深刻的剖析。他指出，庄子生活在中国社会由奴隶制向封建制转型的时代，私有制得到承认，新的统治阶级受到保障，下层人民依然还是奴隶，而且是奴隶的奴隶，"这种经过动荡之后的反省和失望，就是酝酿出庄子的厌世乃至愤世倾向的酵母"⑥。在庄子心目中，王权是赃品，仁义是非是

---

① 郭沫若：《十批判书·庄子的批判》，《沫若文集》第15卷，人民文学出版社1961年版。
② 郭沫若：《十批判书·庄子的批判》，《沫若文集》第15卷。
③ 郭沫若：《青铜时代·先秦道观之进展》，《沫若文集》第16卷，人民文学出版社1962年版。
④ 郭沫若：《十批判书·庄子的批判》，《沫若文集》第15卷。
⑤ 郭沫若：《十批判书·庄子的批判》，《沫若文集》第15卷。
⑥ 郭沫若：《十批判书·庄子的批判》，《沫若文集》第15卷。

刑具，圣哲是"胥易技系"的家奴，一切带着现实倾向的论争是猪身上的虱子之争肥瘠。庄子也看不起儒、墨和名家。庄子理想中的人，便是在《大宗师》中描写得淋漓尽致的"有道之士"——摆脱物欲、超越生死和时空的"真人""至人""神人""大宗师"。郭沫若不客气地说他们"纯全是厌世的庄子所幻想出来的东西"①。庄子厌世、出世的思想倾向并非没有积极意义，"悲观是很悲观，但在当时却不失为是一种沉痛的批判"②。对庄子在中国文化思想上的地位和作用，郭沫若也做出实事求是的评价。他认为："道家本身如没有庄子的出现，可能是已经归于消灭了。然而就因为有他的出现，他从稷下三派吸收他们的精华，而维系了老聃的正统，从此便与儒、墨两家鼎足而三了。""他在事实上成为道家的马鸣、龙树。"③郭沫若不仅给予庄子的文化思想很高的评价，而且一再肯定庄子对后世中国文学的深远影响："庄子在中国文化史上的确是一个特异的存在，他不仅是一位出类的思想家，而且是一位拔萃的文学家。"又说："庄子的思想固然是过了时，但在他的当时却不失为一个革命的见解，尤其像他那样建立了一个完整的思想体系，以思想家而兼文学家的人，在中国古代哲人中实在是绝无仅有。"强调"秦汉以来的一部中国文学史差不多大半是在他影响之下发展"④，和"他的书中有无数的寓言和故事，那文学价值是超过于它的哲学价值的。中国自秦以来的主要文学家，差不多没有不受庄子的影响"⑤。这"主要文学家"不仅包括嵇康、阮籍、李白、柳宗元、韩愈、苏轼、关汉卿、吴敬梓、曹雪芹、蒲松龄等人，而且还包括20世纪文坛巨擘鲁迅及郭沫若，"就是鲁迅也是深受庄子影响的一个人"⑥。不过此时他已认识到庄子思想消极的一面，不再像20年代那样为庄子大唱赞歌，"他所理想的'真人'，不一二传便成为阴阳方士之流的神仙，连秦始皇帝都盗窃了他的'真人'徽号。他理想的恬淡无为，也被盗窃了成为两千多年来统治阶层的武器。上级统治者用以御下，使天下人消灭了悲愤抗命的雄心；下级统治者用以自卫，使自己收到了持盈保泰的实惠。两千多年来的滑头主义哲学，封建地主阶级的无上法宝，事实上却是庄老夫子这一派所培植出来的"⑦。一针见血，切中庄子思想的弊病。这样，郭沫若既看到庄子对老子的继承和发展，也看到庄子对老子的扬弃，既肯定庄子文化思想的深刻现实性，又批判了其非现实性一面；既高度评价庄子对后世的重大影响，也揭示了其消极的一面。毋庸置疑，他此时对庄子的再认识，比起20世纪20年代来不消

---

① 郭沫若：《十批判书·庄子的批判》，《沫若文集》第15卷，人民文学出版社1961年版。
② 郭沫若：《十批判书·庄子的批判》，《沫若文集》第15卷。
③ 郭沫若：《十批判书·庄子的批判》，《沫若文集》第15卷。
④ 郭沫若：《蒲剑集·庄子与鲁迅》，《沫若文集》第12卷，人民文学出版社1959年版。
⑤ 郭沫若：《关于接受文学遗产》，《沫若文集》第12卷。
⑥ 郭沫若：《关于接受文学遗产》，《沫若文集》第12卷。
⑦ 郭沫若：《十批判书·庄子的批判》，《沫若文集》第15卷。

说是更上了一层楼。

　　郭沫若深得道家文化的精髓，综观他的一生，无论在其思想发展进程中，还是在个人文化性格形成过程中；无论在其文学创作、学术研究方面，还是在政治活动、社会活动中；都深受以老、庄为正宗的道家文化影响。例如在"文化大革命"运动前夕，即1965年8月7日，他在《〈兰亭序〉与老庄思想》中，忍不住对老庄以"道"为本体的宇宙观和人生观、庄子理想的"真人"做了一番阐发，再度肯定"老庄思想首先是适应着社会发展这种趋势而产生的"[①]。再如1977年6月17日钱杏邨（阿英）逝世时，已进入耄耋老年的郭沫若写了一首挽诗："你是'臭老九'，我是'臭老九'。两个'臭老九'，天长地又久"[②]。"臭老九"是"四人帮"时代对知识分子的蔑称，在诗中他把自己和阿英看作道体的皮相，道体无穷无尽，不死不灭，他和阿英也就"天长又地久"了，诗中又鲜明地折射出道家文化的光环。

[①] 郭沫若：《〈兰亭序〉与老庄思想》，《郭沫若全集·历史编》第3卷，人民文学出版社1957年版。
[②] 转引自黄侯兴：《郭沫若晚年轶事》，载《中华儿女》1991年第1期。

世纪的风：巴金的文化整合探索①

20世纪，欧风美雨愈来愈猛烈地冲击着中国传统文化，大大加快了从鸦片战争以来中西文化的整合过程。所谓文化整合，就是两种或两种以上的文化交流时，所经历的一个碰撞、选择、协调、融合的过程，直接影响着人的文化心理，制约着人的行为②。20世纪的中西文化整合，是世纪的风，吹动中国社会从传统向现代嬗变的进程。五四新文化运动唤起一代新人觉醒，他们在中西文化整合过程中建构起新的文化心理，努力为这次大规模的文化整合摇旗呐喊、推波助澜，对中国现代文化和文学的建设做出贡献。巴金无疑是其中卓越的一个。

一、传统文化：巴金文化心理的不灭印记

中国传统文化精神，主要由儒家、道家和佛家的文化思想构成。自两汉以来，儒家文化思想一直居核心地位，起着主导作用。在漫长的中国历史进程中，儒、道、佛三家文化思想互相碰撞，互相渗透，互相排斥，互相融合，为中华民族所接受，并从世世代代的民族生活中体现出来和积淀下来。中国历代文学作品几乎无一例外地凸现着中国传统文化精神，尤其是儒家文化精神。众所周知，巴金出身于一个把儒家教条奉为金科玉律的书香门第。同那个时代许多世家子弟一样，巴金很早就进私塾学习儒家的启蒙读物《三字经》《百家姓》《千字文》，背诵过《古文观止》中韩愈、柳宗元、欧阳修、苏东坡等人的散文名篇。母亲也时常教他吟诵《白香词谱》中的古词。所以，当他幼小的心灵受到中国古典文学作品滋润时，还不知不觉地接受了中国传统文化的熏陶。

母亲和轿夫老周对少年巴金影响最深。母亲教他"爱一切的人，不管他们贫或富"。他说："把我和这个社会联起来的也正是这个爱字，这是我的全性格的根柢。"轿夫老周对他说的"要好好地做人，对人要真实，不管别人待你怎样，自己总不要走错脚步。自己不要骗人，不要亏待人，不要占别人的便宜"③的话，深深地嵌入巴金心里，成为他日后处事为人的准则。

显而易见，母亲灌输给巴金的道理与儒家的仁爱思想、墨家的兼爱思想不无相通之处，老周的话也融贯了儒家的忠恕之道和诚意正心的修养方法的因子。儒

---

① 本文原载《中山大学学报》1998年第4期。
② 参见吴定宇：《文化整合：中国的过去，现在与未来》，载《上海文化》1993年第1期。
③ 巴金：《短简·我的几个先生》，《巴金全集》第13卷，人民文学出版社1990年版。

家的仁爱思想、忠恕之道和道德修养方法，以及墨家的兼爱思想，渗透历代社会成员的文化心理，不但成为我们民族共同心理结构的一部分而具有普遍意义，而且还以无限生动和丰富的生活形式流传下来，成为民间信仰的一部分。因此，尽管母亲对儒学博大精深的思想所知有限，老周甚至没有读过书，但由于受民间流传的道统的影响，再加上自己对生活的特殊感受和体验，便认同某些传统文化思想，并在巴金的心里着上传统文化的不灭印记。

当然，巴金不是被动地接受中国传统文化的影响。少年的巴金是个爱思索的孩子，他把从母亲和老周那里得来的道理在现实生活中加以印证，发现这个社会是不合理的。他对不平等的现象极其反感，对奴仆的悲惨遭遇十分同情，从而萌发了在变革现实的斗争中尽一分力量的宏愿。

值得注意的是，巴金并不固囿在传统文化的圈子里。在风雷激荡的五四时期，巴金敞开胸膛，尽情吮进从西方涌来的新的文化思想，在他的文化心理，中西文化开始进行整合。在他个人的文化整合中，他幼年时期所接受的仁爱观念同西方人道主义思想相融合，自由、平等、博爱的观念由此植进文化心理深层，构成他的文化性格的内核——那就是他在《第四病室》借一个人的嘴所说出来的话："变得善良些，纯洁些，对别人有用些。"与此同时，他还吸收克鲁泡特金伦理思想的精华，与轿夫老周教给他的做人道理相糅融，形成他做人与创作的准则："我现在的信条是：忠实地生活，正当地奋斗，爱那需要爱的，恨那摧残爱的。我的上帝只有一个，就是人类。为了他，我预备贡献出我的一切。"① 他在耄耋之年回顾和总结自己的生活与创作道路时说："不把自己的幸福建筑在别人的痛苦上；爱祖国、爱人民、爱真理、爱正义；为多数人牺牲自己；人不是单靠吃米活着；人活着也不是为了个人的享受。我在作品中阐述的就是这样的思想。"② 可见，巴金在五四时期开始进行的文化整合，对他的生活与创作产生了何等巨大的作用。

那么，在巴金的文化整合中，究竟是以中国本土文化为主体去选择、吸收西方文化，还是以西方文化为主体来同化、兼容中国本土文化？虽然巴金说过："在所有中国作家之中，我可能是最受西方文学影响的一个。"③ 但结合他的生活、思想和创作的实际来考察，答案应当是前者。不错，在五四时期，他如饥似渴地吸取西方文化的营养，个性解放、无政府主义、人道主义、法国资产阶级大革命和俄国民粹运动的社会发展观念启迪着他的心智，《新青年》《每周评论》《新潮》《少年中国》《北京大学学生周刊》等新潮刊物上介绍、宣传西方新思想的文章，促使他迅速觉醒，克鲁泡特金等人的著作在他成长的过程中曾起到非常

---

① 巴金：《海行杂记·两封信》，《巴金全集》第12卷，人民文学出版社1989年版。
② 巴金：《探索集·再谈探索》，《巴金全集》第16卷，人民文学出版社1991年版。
③ 黎海宁译：《巴金答法国〈世界报〉记者问》，载香港《大公报》1979年7月1—2日。

重要的作用。我们甚至可以说,如果没有西方文化对他的影响,恐怕他不会从四书五经的圈子中走出来,文化心理不可能发生两种文化的整合,他的生活与创作也许会是另外一个样子。但是,还应看到,巴金最早吮吸的却是中国传统文化的乳汁。他除了从书本上,从母亲和老周等人那里受到传统文化的哺育外,民间文化也滋润着他的心田。所谓民间文化,就是传统文化思想被民众接受后,融进民间生活中逐渐形成的高度世俗文化,通过民间传说、民间游艺等方式,世代传承。中国民间文化当然要遵奉中国的文化传统和伦理道德准绳,民众常在民间故事和戏曲等游艺形式中,颂忠贬奸,赞扬反抗压迫、除暴安良、扶危济困的英雄;惩恶扬善,鞭挞统治阶级的罪恶,谴责见利忘义、为富不仁、卖友求荣等奸诈之徒;表达对被欺压的弱小者的同情;寄托对自由平等的向往和追求幸福的愿望。巴金幼时爱听佣妇杨嫂讲述民间故事,爱看京戏和川戏,不知不觉地受到民间的原始正义感和朦胧的民主主义思想的感染。和他所受到的正规传统文化教育一样,民间文化对巴金的成长和创作都有着明显的影响。首先,在民间原始正义感和朦胧的民主主义思想导引下,巴金加深了对中国传统社会的了解,他所具有的强烈爱憎感情和泾渭分明的善恶观念与之有着血缘关系。其次,他的一些作品直接取材于民间传说,例如他说《塔的秘密》"是从我小时候听到的故事和读到的童话书里搬来的",《隐身珠》则是"根据古老的四川民间故事改写的"①。再次,他在创作中亦学习和借鉴民间艺术形式。比如他爱看川戏中的折子戏,认为"它们都是很好的短篇小说"。他常用第一人称形式写小说,即使在用第三人称写成的小说中,笔触也伸入人物的内心深处去勾画人物的灵魂,这与他吸收和运用戏曲中传统的自述式心理解剖手法关系极大,难怪他称传统是"取之不尽的宝山"②。无须赘述,巴金的文化心理深层积淀着的中国传统文化思想,在文化整合中一直起着主导作用,所以他说:"我虽然信仰从外国输入的'安那其',但我仍还是一个中国人,我的血管里有的也是中国人的血。有时候我不免要站在中国人的立场上看事情,发议论。"③ 明了了这一点,就不难理解尽管他受过西方文化很深影响,并且还向许多外国作家学习过艺术表现技巧,但他的作品仍然具有浓厚的中国文化特色,映现着某些传统文化特质,可见,他是以中国本土文化为主体去吸收、消融西方文化的。

二、文化整合:巴金的双向文化选择

吸收外来的异质文化,更新文化心理,是建设中国现代文化必不可少的一

---

① 巴金:《创作回忆录·关于〈长生塔〉》,人民文学出版社1982年版。
② 巴金:《谈我的短篇小说》,载《人民文学》1958年第6期。
③ 巴金:《〈火〉第二部后记》,《巴金全集》第7卷,人民文学出版社1988年版。

环。综观中外文坛,一些创作出彩耀千秋的传世之作的文学巨擘,大都在文化整合中融汇本国和许多外来异质文化思想,才形成自己独特、丰富的文化个性。因此,考察巴金怎样进行文化整合,有助于了解他文化个性的形成过程和他的作品的文化底蕴。

差不多就在巴金的二叔给他讲解《左传》《春秋》的同时,他读到克鲁泡特金的《告少年》(节译本)和波兰作家廖抗夫所写的剧本《夜未央》。《告少年》虽然不是系统阐述克鲁泡特金学说的著作,但克氏在书中对私有制和资本主义社会制度罪恶的深刻揭露与尖锐批判,以及对青年发出的到民间去、联合一切受奴役的人推翻现存的不合理的社会制度的号召,震撼了他的心灵,把他从传统文化中得来的仁爱道理予以调和,形成了他的爱人类、爱世界的人生理想。中国古人所描述的"大同"世界,曾在巴金的文化心理上留下斑驳的投影,《告少年》所构想的未来社会的蓝图,把他朦胧的社会理想具体化。他"相信万人享乐的社会就会和明天的太阳同升起来,一切的罪恶都会马上消失"①。《夜未央》又使他"第一次找到了他底梦景中的英雄,他又找到了他底终身事业"②。中西文化的初次整合,已使巴金"梦景中的英雄"大大有别于中国古典小说、地方戏曲与民间传说中那些替天行道的侠士和劫富济贫的绿林好汉,他们乃是为万人的自由幸福甘愿舍弃个人的一切,甚至不惜以生命去"敲响血钟"、唤起民众觉醒的热血青年。他所追求的"终身事业",也非传统文化中的"圣王"事业,而是推翻残暴的专制制度,建立一个真正平等、自由、博爱的新社会。

当然,巴金在文化整合中,对外来文化也经过了选择、碰撞、淘汰、吸收、消化、融合的过程。在纷至沓来的西方文化思想中,他较多地接受了无政府主义思想,尤其是克鲁泡特金学说的影响。③ 不过,不是无政府主义思想俘虏巴金,而是巴金运用无政府主义思想体系中的某些理论来指导自己研究中国革命。因此,他对无政府主义思想很自然地有所取舍。他说,"我有我的'无政府主义'","我还保留而且发展了我自己的东西"。他所说的"我自己的东西",其实就是他头脑中的传统文化思想。他坦率地承认:"这两者常常互相抵制,有时它们甚至在我的脑子里进行斗争。"④ 两种文化的碰撞,导致他的文化性格的矛盾:爱与憎的冲突、思想和行为的冲突、理智和感情的冲突。

法国资产阶级人道主义思想,尤其是卢梭的学说,也曾吸引过巴金。卢梭认为,人与人之间生而平等,人生来就是自由的,"天赋人权",只因出现了"这是我的"私有观念,便产生了罪恶。他发现财产私有制是社会不平等的根源,鼓

---

① 巴金:《忆》,《巴金全集》第12卷,人民文学出版社1989年版。
② 巴金:《夜未央·译者序》,《巴金译文全集》第7卷,人民文学出版社1997年版。
③ 参见吴定宇:《巴金与无政府主义》,载《中国现代文学研究丛刊》1984年第3辑。
④ 巴金:《谈〈灭亡〉》,载《文艺月报》1958年4月。

吹在人民之间的契约上建立国家，国家权力属于人民，如果统治者变成暴君，剥夺人民自由平等权利，人民有权推翻他。巴金服膺卢梭的理论，一度把它当作探索祖国解放道路的思想利器。同时，卢梭的人格光辉也照耀着巴金的人生道路，他的《忏悔录》为巴金树立起"说真话"的楷模。所以，几十年来巴金一直虔诚地把卢梭当作自己学习的老师。

正因为巴金以中国本土文化为主体，以西方现代文化思想为观照进行文化整合，才更新了价值观念、伦理观念、政治观念、社会观念，萌发了他的反封建精神，他说："自从我知道执笔以来我就没有停止过对我底敌人的攻击。我底敌人是什么？一切旧的传统观念，一切阻碍社会的进化和人性的发展的人为制度，一切摧残爱的努力，它们都是我底最大的敌人。我永远忠实地守着我底营垒，并没有作过片刻的妥协。"① 巴金批判锋芒所向，正是新文化运动横扫的对象，可见他的反封建精神与时代精神是合拍的。

毋庸置疑，巴金是20世纪坚强的反封建战士，但这并不意味着他会全盘否定传统文化思想。事实上他所反对的是传统文化思想中的荒谬、陈腐部分，所继承和弘扬的是其合理的内核，并通过文化整合，把它们升华成现代意识。例如忧患意识是几千年来驱动中国文化演变和社会发展的精神力量之一。所谓忧患意识，乃是个人对国家、民族和人民产生高度责任感的一种自觉精神。巴金在五四时代怀着献身社会解放的热忱，走上"找寻一条救人、救世、也救自己的道路"②，未尝不是忧患意识这种内驱力的作用。即使到了七八十岁高龄，他"先天下之忧而忧，后天下之乐而乐"，忧患的情志浸透五本传世的《随想录》。再如对传统的伦理思想，巴金也不是简单地一概视为垃圾。他坚决反对在封建社会被确立为最高政治原则和伦理原则的"三纲"——君为臣纲、父为子纲、夫为妻纲；而对于作为个人处理人际关系的道德意识和道德要求的"五常"——仁、义、礼、智、信，则采取实事求是的科学态度，剔除其封建糟粕，吸收其健康内核。不可否认，他的伦理思想与"五常"有着渊源关系。③ 他虽然批判过封建孝道，但也希望在平等的基础上建立父母慈祥、兄友弟恭、和睦友爱的家庭关系。生活中的大哥李尧枚是巴金"一生爱得最多的人"④。他以李尧枚为生活的原型，在《家》中塑造了觉新的形象，对觉新思想行为中的种种弱点进行了含泪的批评，希望李尧枚读后能觉悟起来，走上新的人生道路。这种脉脉情愫，不时流溢在作品之中。就是专制的祖父在去世时，他也"跟着大家跪在祖父床前"⑤。在

---

① 巴金：《写作生活的回顾》，湖南人民出版社1981年版。
② 巴金：《再谈探索》，《探索集》，人民文学出版社1981年版。
③ 探讨巴金的伦理观与中国传统伦理思想的关系，是另一篇文章的任务，本文只点到为止。
④ 巴金：《和读者谈谈〈家〉》，《巴金研究资料》上卷，海峡文艺出版社1985年版。
⑤ 巴金：《观察人》，《随想录》，人民文学出版社1980年版。

《家》的修改本中，觉慧离家出走前夕，巴金特地加上一段觉慧经过祖父灵堂的活动：觉慧"正要拿起铗子去铗烛花"，提醒仆人"香也快燃完了"。这清楚地表明，不仅觉慧，就连巴金也没有割断血缘亲情。至于在他30年代所写的回忆性散文中，更是律动着儒家仁、义思想的脉搏。

不难看出，巴金在文化整合中其文化心理呈现出双向发展的定式：对某些西方现代文化思想的吸收和对某些中国传统文化思想的扬弃。这种双向发展的心理定式，不仅制约着巴金的文化个性，而且还规定着巴金作品的文化特质。由于他以西方现代文化思想为观照，在创作中羼入外来的异质文化因素，因而他的作品含有一种文化新质，迥异于五四以前的传统文学作品，实现了内容和形式的真正革新。再者，他在对中国传统文化思想深刻反省的基础上进行扬弃，从而尽得其精华，他的作品也同时映现出某些传统文化质素的积淀，足以说明他不是"西化"了的作家。

三、丹柯：20世纪中国知识分子的良心

建设现代文化的过程，其实就是用现代意识去更新国民文化心理、重构国民灵魂和改造民族精神的过程。所谓现代意识，实质上就是科学与民主的思想。巴金在文学园地辛勤耕耘了60多年，对20世纪的中国现代文化和现代文学的建设做出了巨大的贡献。

在文学创作中，巴金不只是致力于揭露和批判传统文化中陈腐观念的罪恶，抨击某些丑恶，腐朽的社会文化现象，或者停留在宣传、介绍新文化思想的一般水平上，他对20世纪中国现代文化的建树，主要表现在用自己的作品去影响读者的心灵，帮助他们树立新的价值观念、伦理观念、思维方式和反省方式，在科学与民主思想濡化下，形成与现代中国社会相适应的文化心理，而不在于他具体阐扬某种外来异质文化思想上。

单向直线朝后看型思维模式，是中国传统思维的主要方式。这种思维模式重直觉和经验，缺乏思辨逻辑推理，因而也就拙于对未来进行预见。在封建社会，人们恪守"天不变，道亦不变"的信条，总以为过去比现在好，所憧憬的社会是唐虞古制时代，至于未来社会怎么样，则很少从进化的方位去考虑。巴金从西方文化中接受了归纳演绎法。所谓归纳演绎法，就是人们认识世界的一种推理方法。它根据一定的事实概括出一般原理，再从一般原理推论出关于特殊情况下的结论，闪耀着真理性和思维的光辉。这种外来的方法论，使巴金形成纵横比较的多向思维方式。考察巴金早年所写的政论文章，就可以看出他运用这种新的思维方式，把日、美、法、俄等国的历史与现状同中国的历史与现状进行比较。这种比较，使他着眼于中国的未来，关心中国社会的变革，探索救国的方略。很明

显，融贯巴金新思想的政论文章，对启发读者的心智，开阔视野和活跃思想不无积极意义。

中国传统的反省方式属于内省型，形成于先秦。孔子力倡"吾日三省吾身"，认为"内省不疚，夫何忧何惧"①。内省对个人道德修养和调节人际关系确实起到重要的作用。不过，内省并不否定旧我，而是在原来的基础上经过自我省察，按照儒家的伦理规范净化心灵，约束自己的思想和行为，从而迈向新的道德境界，带有浓厚的伦理色彩。西方的反省方式属于忏悔型，它不断否定旧我和重新发现自我，从而超越自我。巴金在文化整合中吸取内省型和忏悔型反省方式的某些长处，加以融会贯通，形成自己的反省方式：站在历史的高度来审视自己的愿望和动机，剖析自己的思想和性格，反观自己的心态和行为，无情批判和否定旧我，在时代洪流中努力寻找自己的位置。巴金的作品——从《灭亡》到晚年所写的《随想录》，都体现了他的反省方式，都真实地记录了他为甩掉精神上的阴影，消除内心重荷的历程。这样，他把自己不断反省、不断净化和升华的心灵交给读者，用自己高尚的精神境界去影响读者。

毫无疑问，思维方式和反省方式都需要一定的价值观念来导向。巴金经过文化整合，建立起自己的价值取向，那就是他在晚年所总结的："怎样让人生活得更美好，怎样做一个更好的人，怎样对读者有帮助，对社会，对人民有贡献。"②这种渗透着新的伦理观念的价值取向，同时又是巴金对现实的审美意识的有机组成部分。它必然导引巴金对所描写的生活现象做出判断和评价，表明自己的倾向和态度，从而形成独特的审美趣味。综观巴金在新民主主义革命时期的创作，无论题材多么不同，但伦理因素占有非常突出的地位，能给读者强烈的道德震撼。例如在他反封建的"激流三部曲"中，就形象地展现了新旧伦理观念的对抗和斗争过程。钱梅芬、瑞珏等人恪守封建节烈观和三从四德的古老训条，习惯了单向直线朝后看型的思维方式，成为封建礼教祭台上的牺牲品。觉新丢不开背负的旧伦理观念和家族宗法制所构成的十字架，人性被极大扭曲，只好在新旧文化的夹缝中半死不活地挣扎着。觉慧、觉民、淑英等人在中外文化整合中，文化心理发生嬗变，发现了"我是谁"和人的价值，确立了新的伦理观念和思维方式，因而走上新的人生道路。巴金作品在伦理范畴对封建礼教的抨击与否定，其坚决性、猛烈性、深刻性都达到五四以来的新高度，这就为建构中国现代文化廓清障碍。再如巴金在反映变革现实社会的《灭亡》《新生》和"爱情三部曲"等作品中，塑造了一批无论是价值观念、伦理观念，还是思维方式、反省方式都大异于传统文学作品中的起义者的杜大心、李冷、陈真、吴仁民、李佩珠等新型叛逆者

---

① 《论语·颜渊》。
② 巴金：《文学生活五十年》，《创作回忆录》，人民文学出版社1982年版。

形象。他们都受过新式教育，在西方文化思想的启蒙之下，认识到所出身的剥削阶级和现实社会的罪恶，怀着为上一辈人赎罪的"原罪"心情，投入改造社会的斗争。为社会的解放和大多数人的幸福而献身，为了实现万人幸福的理想，甘愿抛弃富裕舒适的生活，牺牲个人的爱情而走上危险的亡命道路——这是他们在闪耀着光辉的伦理观念新的价值取向作用下的共同行动。他们深知黑暗势力强大，取得反抗的胜利是要以许多人的生命做代价的，但由于抱着"把个人底生命连系在群体底生命上面，则在人类向上繁荣的时候，我们只看见生命的连续、广延，哪还会有个人底灭亡？"①的坚定信念，因而在情况危急时，一个个热血青年都能视死如归。他们的悲壮失败表明，在当时要从众多的外来文化思想中寻觅到一种正确的政治文化思想来指导中国革命是何等艰难。即使在巴金描写凡人小事的《第四病室》《憩园》《寒夜》等小说中，也闪现出他一贯的伦理思想。他笔下的杨木华医生随时努力帮助病人减轻痛苦，鼓舞别人勇敢生活，希望大家都"变得善良些，纯洁些，对人有用些"；万昭华希望"揩干每只流泪的眼睛"；汪文宣处处为别人着想，宁肯贫穷，也不与社会上邪恶势力同流合污。巴金在几十年的文学生涯中，从未写过一篇格调低下的作品，难怪许多读者把巴金的著作当作陶冶道德情操的教科书。

　　尤其应当注意到巴金对金钱的态度。金钱至上是西方社会文化占主导地位的价值取向，与巴金的价值取向冰炭不容。早在五四时期，巴金就把废除私有制当作建设一个真正自由、平等的新社会的任务之一。以后，他一直把金钱视为罪恶的渊薮，在他所塑造的正面人物中没有一个爱钱的人。在《憩园》中，他刻画了两个被金钱毁掉的寄生虫杨梦痴、姚国栋的形象，艺术地展示了"财富并不'长宜子孙'……财富只能毁灭崇高的理想和善良的气质，要是它只消耗在个人的利益上面"②的道理，揭露了金钱怎样扭曲人性、腐蚀人心的过程，有力地鞭挞了金钱至上的价值取向。不仅如此，他的生活也体现了自己的价值取向。新中国成立以来，他虽然长期担任文艺界的领导工作，却从未领取工资，是从新中国成立时起到80年代唯一靠自己稿费生活的作家。1981年他一次捐赠15万元稿费和全部手稿，支持中国现代文学馆的建设，并一再叮嘱，以后凡有稿费都捐赠该馆做建馆基金。1985年他在给无锡10位寻找理想的孩子的回信中，严厉斥责近几年出现的"一切向钱看"的不良社会风气，重申体现他的价值观念和伦理观念的理想："我追求集体的幸福和繁荣"，指出只要"把个人的命运同集体的命运连在一起，把人民和国家的位置放在个人之上"，"就永远不会'迷途'"，在拜金热和黄金潮面前才能"站得稳，顶得住"③。巴金的这一思想，对于那些钱

---

① 巴金：《新生》，《巴金全集》第4卷，人民文学出版社1987年版。
② 巴金：《爱尔克的灯光》，《龙·虎·狗》。
③ 巴金：《"寻找理想"》，《无题集》。

迷心窍的人不啻当头棒喝，对于那些在"向钱看"社会思潮中迷途的人是一盏指路灯，对于在黄金潮冲击下不甘沉沦、坚持探索、寻求理想的人们是巨大的精神力量，对于新时期的精神文明建设起到了促进的作用。

巴金晚年所写的《随想录》是他"我要把我的真实思想，还有我心里的话，遗留给我的读者"的"最后的话"，① 对中国现代文化的建设有着特殊的意义。他以卢梭、左拉、雨果、赫尔岑、高尔基、鲁迅等伟大的和杰出的文学家、思想家为观照系，吸取古今中外许多优秀文化思想，站在历史和现实的交汇点上，以自己的思维方式、反省方式进行深刻的反思和真诚的忏悔，"我挖别人的疮，也挖自己的疮"②，"挖掘自己的灵魂"③，运用自己的价值观念和伦理观念，审观自己的愿望和动机，剖析自己的心态和行为，无情批判和坚决否定在自己身上，同时也在别人身上存在着的劣根性。④ 文化整合使巴金大彻大悟，他的精神也跃进到最高境界。凝聚了巴金理性、良知和智慧的《随想录》宛如新时期思想文化的明镜，照见人们文化心理的积垢，唤起中华民族的良知；照见前进路上的荆棘和陷阱，引起人们的警觉和思考；鉴往知今，激励人们为创造美好的未来而奋斗。

概而言之，从五四到现在，巴金在文化整合中不倦地探索了几十年。他也是世纪的风，他用自己的作品，自己的文化人格，唤起20世纪中国知识分子的良知；他如同高尔基所颂扬的勇士丹柯一样，掏出自己燃烧的心，照亮道路，鼓舞人们前进。

---

① 巴金：《把心交给读者》，《随想录》。
② 巴金：《探索集·后记》。
③ 巴金：《〈随想录〉日译本序》，《真话集》。
④ 巴金：《"文革"博物馆》，《无题集》。

论郭沫若爱国主义思想的文化内涵[①]

一

郭沫若是一个忠诚的爱国者，爱国主义是贯串他一生的主旋律，也是促使他思想发生变化的内在动力，还是他从事文学创作、学术研究和社会活动的灵魂。恰如他在1958年答复一些青年学生的提问时所说："我在年青时候，是一个爱国主义者"，"始终还是一个爱国主义者。"[②] 因此，郭沫若与爱国主义很自然成为郭沫若研究中的热门课题。那么，郭沫若的爱国主义思想是如何形成的？其文化物质及其表现特征怎样？郭沫若的文学创作和学术研究又是怎样凸显其爱国主义精神？今天仍是大家关心和值得深入探讨的问题。

早在殷周时代，中国与周边民族的冲突就经常发生。到了春秋战国时代，不仅各个小国之间的征战和兼并接连不断，而且被当时称为东夷、西戎、北狄、南蛮的少数民族，也频繁侵扰中国。为了抵御侵略，战国时代的各国都修筑长城。秦始皇统一中国后，为了防备北方日渐强大的匈奴侵袭，大筑万里长城。在汉、晋、隋、唐、宋等时代，来自北方的威胁更为严重，北宋的两个皇帝徽宗、钦宗甚至被女真民族俘虏。南宋时蒙古族崛起，后来竟灭了南宋，建立了元朝。到了明代，北方的边患未已，沿海一带又屡受倭寇的侵犯，东方的满洲女真还对关内虎视眈眈。当历史步伐迈入近代，英国觊觎西藏，沙俄不断在我国西北、东北等边地挑起事端，美国提出"门户开放"，外国列强企图瓜分中国，强加给腐朽的清政府一个又一个不平等条约。由于外敌威胁，战乱频仍，饱经忧患的中国人即使在太平年间也会居安思危，爱国主义很自然地成为中华民族文化精神的一部分。中国历史上的爱国主义者屈原、苏武、祖逖、岳飞、陆游、辛弃疾、文天祥、戚继光、史可法、夏完淳、林则徐等，流芳千古，他们的爱国事迹激励着无数后世的中国人。几千年来，爱国主义积淀在每一代每一代中国人的文化心理，从而形成中华民族的优秀文化传统。所以当郭沫若在童年时代接受中国传统文化的熏陶时，爱国主义也浸润在他幼小的心田。郭沫若所发蒙的绥山山馆门前，就写着"储材兴学，富国强兵"八个大字。晚清，由于清政府腐败无能，致使国贫兵弱，民不聊生，内忧外患加剧。这八个字正好表达出郭氏家族的爱国心愿。

---

① 本文原载《郭沫若学刊》1998年第4期。
② 《郭沫若答青年问》，载《文学知识》1959年5月号。

爱国主义是一种历史范畴，它复杂的精神内涵、丰富的表现形式和多层次的架构，映现出民族文化心理的某些投影。不仅不同时代、不同民族的爱国主义思想大相径庭，而且同一民族、同一阶层的不同个人的爱国主义思想和行动，也会因所受的教育、生活经历、气质、个性和文化心理的差异而有轩轾之分。应当看到，在历经沧桑的神州大地上，由56个民族组成了今天中华民族大家庭。在这个大家庭里，各民族享受着平等权利，团结互助，亲如手足。但在中国历史上，各民族的纷争时停时起。因此，民族意识便成为爱国主义的基石。由于以农耕为主要生产方式的汉族文化，明显优于以渔猎畜牧为主要生产方式的兄弟民族文化，于是历史上的汉族把周边民族视为"蛮、夷、戎、狄"。所以，当蒙古族和满族统一中国时曾遭到汉族人的奋力抵抗。尤其是鸦片战争之后，清政府屈服于外国列强的武力，同他们签订了一系列丧权辱国的条约，将中国一步步推向半殖民地半封建社会的深渊。中华民族的生存危机日益严重，将沉积在一批热血青年文化心理上的民族意识激发起来，使他们焕发出强烈的爱国主义热情。邹容在《革命军》中呐喊"不许异种人沾染我中国丝毫权利"[①] 在前，章太炎呼应"驱除异族，谓之光复"[②] 在后。孙中山创建的同盟会提出"驱除鞑虏，恢复中华，建立民国，平均地权"的革命纲领，将种族革命引导到政治革命上来。郭沫若读过邹容、章太炎等人的文章，邹容也曾是他崇拜的对象。他认为，"中国的不富不强就因为清政府存在，只要把清政府一推翻了，中国便立刻可以由第四等的弱国一跃而成为世界第一等的国家"[③]。他在辛亥革命前一年所写的《郑成功逐荷兰据台湾》，就表达了他早期以民族意识为基石的爱国主义思想：

> 自有明屋社以来，胡清僭主，政治专横，汉族之凌夷衰替垂二百余年矣。更不幸而值世界竞争剧烈之时代，上而政府无人，下而民权扫地，而无所将起与相持，乃至败拙，屡遭赔金捐地，以地大物博之国剂（跻）于四等之列，横遭欺负，莫敢谁何，使外人遂群相嘲笑而赠病夫之名。呜呼，吾汉族人其果病耶？其真未病而奋我勇忾之气本不足以致胜于人耶？夫当明清过渡之际，逐荷兰据台湾之郑成功者，非吾汉族人耶？

他在这番议论中，大胆抨击了行将崩溃的清政府，流露出以汉民族为本位的爱国主义思想。这种思想显然与他从小就接受的儒家文化思想有着渊源关系。他接着写道：

> 余曾读麦渐黍离之诗，哀怜辗转忧深矣哉。盖天下事其最可为痛心疾首者，灭家亡国，蔑以过之。夫灭国亡家之可悲，固古今中外之所同也。然以

---

① 邹容：《革命军》，大同书局1903年版。
② 章太炎：《〈革命军〉序》，载《苏报》1903年5月27日。
③ 郭沫若：《反正前后》，《沫若文集》第6卷，人民文学出版社1958年版。

吾国论，殷周之灭亡，不过一家之衰替，而国政之权仍归于同族人之掌握中而未谴也，其忧若是矣。彼宋之亡于蒙古，明之亡于东胡。举数千年衣冠文物之，论于禽兽腥膻之俗，编发胡冠牛马奔走，宁不尤大可悲哉。故当此之时，豪杰之士，莫不仗剑从戎，奋呼而起，效一己之命以图恢复，饮刃喋血，前后相续也。……若郑成功者，以胜朝亡命，竟能逐荷兰，夺台湾，奉有明之号，世传三世，垂数十年，则又不仅其忠烈为后人之所景仰而已。①

郭沫若称清王朝为"胡"，对殷周之亡与宋明之亡做了一番比较，认为殷周虽亡，国家政权乃在同族人手中，只不过是同族人改朝换代而已；而宋明之亡，则国家政权落入汉族周边的蒙古人、满族人之手，于是他"宁不尤大可悲哉"。他还鼓吹"豪杰之士"为推翻异族统治而"仗剑从戎，奋呼而起""饮刃喋血，前后相续"的种族革命，希图"效一己之命以图恢复"。因此，他歌颂"竟能逐荷兰、夺台湾"的民族英雄郑成功。显而易见，郭沫若的这种浓厚的民族意识正是受儒家"夷夏之辩"思想的濡染而形成的。今天看来，郭沫若在辛亥革命前的民族意识带有大汉族主义的色彩，有很大的局限性，甚至可以说它是狭隘的民族主义，但在当时却顺应了推翻清朝统治的革命潮流。

二

忧患意识是郭沫若爱国主义思想的支柱。本来孔子以"仁"为核心的儒家学说就蕴含着忧患意识，经过历代无数儒家学者的不断丰富和发展，这种忧患意识便成为儒家思想体系中的精华，为历代民众，尤其是历代知识分子所接受。"先天下之忧而忧，后天下之乐而乐"，被宋以后的历代知识分子当作道德的规范、社会实践的圭臬。特别是在国家危亡、民族生存受到严重威胁和民不聊生的时候，"天下兴亡，匹夫有责"的历史使命感和社会责任感在知识分子中表现得非常强烈；"以天下为己任"便成为多少志士仁人的言行准则。毋庸置疑，郭沫若早年接受过儒家的正统教育，儒家文化思想中的忧患意识对他起着潜移默化的作用。不过，他自己的忧患意识却萌生于清末和民国初年动乱的社会生活。那时的中国，外来侵略日益加剧，中国被帝国主义瓜分的危险迫在眉睫，而且国内匪患兵燹连年不断，老百姓生活在水深火热之中。作为一个气质敏感的热血青年，郭沫若继承和发扬中国传统文化中的忧国忧民传统，关注国家的前途、民族的希望和民间的疾苦。辛亥革命成功后，他在一副对联中兴奋地写道：

国势已变更，冉冉春回，问东君犹名皇否！

---

① 转引自王聿修、杨炳昆、唐明中：《郭沫若早年的爱国主义——读〈郭沫若少年诗稿〉札记》，载《郭沫若研究》1986年第2辑。

    天心早眷顾，眈眈虎视，嗟西虏其奈我何！①

  他天真地认为，辛亥革命使国势有了转机，国家和民族有了希望，"西虏"（帝国主义列强）再也不能欺负我们了。"从此以后，中国就可以一跃而为世界天字第一号的头等强国了"②。然而，无情的现实使他的欢欣鼓舞很快化为乌有，他发现"辛亥革命的结果，中国的支配权是由革命派移到反革命派手里的"③。1912年他在成都读书时所写的《述怀》《代友人答舅氏劝阻留学之作》《和王大九月九日登城之作》《感时》《寄先夫愚》和《无题》等诗中，第一次运用诗歌的形式抒发出忧国忧民的情怀。当时，沙俄利用中国的内乱染指蒙古和我国东北、西北边地，或策动和支持这些地区的上层统治集团叛乱和宣布"独立"，或明目张胆地出兵侵略新疆的伊犁、喀什等边疆重镇；英国也趁机派兵支持叛国的十三世达赖喇嘛，阴谋分裂我国疆土，制造西藏"独立"。郭沫若在诗中不仅真实地记下这些史实，谴责外国侵略者和国内对此处置无力的当权者，而且表达出由忧患意识萌发出的以身许国的报国情志：

    贺兰山外劢妖氛，漠北洮南作战云。
    夜舞剑光挥雪白，时期颈血染沙殷。④

  辛亥革命后的社会现实使他失望到极点，他为内忧外患而痛心疾首，一股爱国情愫又从诗中洋溢出来：

    群鹜趋逐势纷纭，肝胆竟同楚越分。
    煮豆燃萁惟有泣，吠尧桀犬厌闻狺。
    阋墙长用相鸣鼓，边地于今已动鼙。
    敢是瓜分非惨祸，波兰遗事不堪愦。⑤

  他从中国濒临被外国列强瓜分的危机，联想到波兰的亡国惨祸，不禁忧心如焚。他爱中国实在爱得太深了，以致有时忧虑国事，不禁声泪俱下：

    频来感触兴衰事，极目中原泪似麻。⑥
    伤心国势漂摇甚，中流砥柱仗阿谁？⑦

  他虽然发出拯救国家和民族的"中流砥柱仗阿谁"的呼声，但他自己何尝

---

① 郭沫若：《对联》，《郭沫若少年诗稿》，四川人民出版社1979年版。
② 郭沫若：《反正前后》，《沫若文集》第6卷，人民文学出版社1958年版。
③ 郭沫若：《反正前后》，《沫若文集》第6卷。
④ 郭沫若：《无题》，《郭沫若少年诗稿》。
⑤ 郭沫若：《感时》，《郭沫若少年诗稿》。
⑥ 郭沫若：《感时》，《郭沫若少年诗稿》。
⑦ 郭沫若：《感时》，《郭沫若少年诗稿》。

不愿做这"中流砥柱"？他知道要有真才实学方能振兴中华，于是在1913年抱着"国家积弱，振刷须材"的想法，东渡日本求学。

需要指出的是，郭沫若此时从诗作中所流溢出的忧国忧民思想同杜甫的忧患意识是一脉相承的。尽管郭沫若说过他在幼小时不大喜欢杜甫的诗歌，但在辛亥革命后这个特定的历史时期和社会氛围，他读杜诗就另有一种深切的体会，因此，他格外欣赏杜甫的《秋兴八首》。《秋兴八首》是杜甫流寓夔州时抒写的遭逢兵乱之作，为杜甫晚年律诗的代表作品。不消说杜甫心忧天下的情感和高度的爱国主义精神影响了郭沫若，他说上述诗作"不是用杜工部《秋兴八首》的原韵拟出一些感时愤俗的律诗，便是学学吾家景纯做几首游仙或者拟古"①，难怪这些诗作显示出杜诗的沉郁博丽的风力。

郭沫若到日本后，仍然心系祖国。他从夏禹治水，九年在外，三过家门而不入和苏武出使匈奴19年，僅龅冰雪的事迹中吸取鼓舞自己刻苦学习的精神力量，"习一技，长一艺，以期自糊口腹，并藉报效国家。"②他念念不忘国家的安危，"则祖国存亡，至堪悬念，个人身事，所不敢问矣"③。所以，当他看见日本军舰停泊海边，便关心祖国的安危："飞来何处峰，海上布艨艟。地形同渤海，心事系辽东。"④袁世凯卖国政府与日本签订"二十一条"后，郭沫若写出脍炙人口的《哀的美顿书》：

    哀的美顿书已西，冲冠有怒与天齐。
    问谁牧马侵长塞，我欲屠蛟上大堤。
    此日九天成醉梦，当头一棒破痴迷。
    男儿投笔寻常事，归作沙场一片泥。⑤

诗人决心以汉代投笔从戎的班超为榜样，捍卫祖国，倘若日本帝国主义胆敢"牧马侵长塞"，进犯我国领土，他就要"屠蛟上大堤"，为维护祖国领土完整而献身。

需要指出的是，尽管郭沫若的忧患意识在形成过程中深受中华民族传统的爱国思想影响，但他又不同于中国历史上的忧国忧民之士。从《湘累》和《棠棣之花》《浴海》等作品，可以看出他对民族传统文化心理中的忧患意识的扬弃。中国古代和近代的一些知识分子，往往把改造社会和使国家富强的希望寄托在统治阶级身上。"致君尧舜上，再使风俗淳"⑥，"居庙堂之高，则忧其民；处江湖

---

① 郭沫若：《黑猫》，《沫若文集》第6卷，人民文学出版社1958年版。
② 郭沫若：《樱花书简》，四川人民出版社1981年版。
③ 郭沫若：《樱花书简》。
④ 郭沫若：《樱花书简》。
⑤ 郭沫若：《创造十年》，《沫若文集》第7卷，人民文学出版社1958年版。
⑥ 杜甫：《奉赠韦左丞丈二十二韵》。

之远,则忧其君"①,他们的忧患意识常与忠君观念交织在一起。《湘累》中被放逐到江湖上的屈原则斥责昏庸的楚王。屈原相信自己的力量,"你怎见得我便不是扬子江,你怎见得我只是湘沅小流?我的力量只能汇成个小小的洞庭,我的力量便不能汇成个无边的大海吗?"《棠棣之花》中的聂政本是一介草野之民,为了拯救天下苍生,而不是为统治者尽忠,甘愿牺牲最宝贵的生命。诗剧的结尾,聂嫈高唱"我望你鲜红的血液,迸发成自由之花,开遍中华",表达出诗人的爱国心曲。《浴海》中,他高唱"新社会的改造,全赖吾曹",就深得孟子"如欲平治天下,当今之世,舍我其谁"②这句话的真髓,显示出一心为天下兴利除害的英雄气概。

三

乡土意识是郭沫若爱国主义思想不可缺少的部分。热恋乡土是中国文化的优良传统,在中国文学史上留下多少远离家乡的诗人所写的思乡怀亲的诗篇!郭沫若出生在"绥山毓秀,沫水钟灵"的乐山,家乡的奇山秀水陶冶着他的心灵;乐山独特的乡土文化哺育着他成长;和睦友爱的家庭给他留下温馨的记忆;家乡风物之美、小吃之美,令他终生难忘。郭沫若对家乡的感情特别深厚,"可怜还是故乡水,呜咽诉予久别情"③,家乡在他心目中简直是"一日不见,如隔三秋"的朋友、情人和亲人。乡土意识很早就在他的文化心理中扎根绽苗,即使身居日本,但心仍系祖国大地。具体而言,他的乡土意识包含了血缘亲情、恋乡情结、爱民思想和家国观念等几个部分。

血缘亲情是联结郭沫若和家庭的纽带。受以孝为根本的儒家思想的熏陶和对家庭温暖的切身感受,郭沫若恪守儒家人伦关系的准则,对父母孝顺,对兄弟姐妹友爱。到日本后,他思念远在家乡的亲人,收入《樱花书简》中的66封家信肯定不是郭沫若在留学期间所写家书的全部,但从这些信函中流露出他浓郁的血缘亲情。他在信中不仅详细向父母亲禀告自己在异国的学习和生活情况,畅叙自己对国事、家事的看法,而且还不厌其烦地询问父母的起居、兄姐的近况,过问七妹的婚事,使人感到他虽离家万里,却如在父母膝前。他在留学期间,对"家书抵万金"这句话有深切的体会。他在1914年6月6日写给父母的家信中特地叮嘱"七妹归时可与我写封信来甚好,二侄女亦不妨写一封来"④;同年12月24日,在家信中对元弟(郭开运)来信过于简略表示不满,"元弟顷来一函收到,

---

① 范仲淹:《岳阳楼记》。
② 《孟子·公孙丑下》。
③ 郭沫若:《晨发嘉州返乡舟中赋此》,《郭沫若少年诗稿》,四川人民出版社1979年版。
④ 郭沫若:《樱花书简》,四川人民出版社1981年版。

言语过简，笔墨太为干贵，竟连发信地点时日均不记上，殊不恰人望也。家函贵详，古人所云，菽米鱼盐，都可记入；譬如父母近日饭食如何，天气何似，乡中月内可有奇异事件，在在皆是材料。仅以片言只纸率付远邮，是犹试验时，答案捕风，聊以塞责。屡次均有所要求，总不见详细告我"①；在1915年3月17日的家信中，他再度希望"元弟以后来函，总望详尽。家中事实所在多有，……但每次来函，总觉下笔十分困难，干枯到十二万分，只搓一二件漫不足轻重语搪塞者然，殊非所能满足者也"②。而一旦接到来自国内的家信，知道家中情况，辄喜异常，他在1915年4月12日的回信中说："昨吾弟来函，甚喜！"③ 在1916年4月30日的家书中说："近日得五哥来函，言家中一切均吉，殊慰。"④ 著者之所以不厌其烦摘引郭沫若所写家信中的话语，是想证明血缘亲情在深受中国传统文化熏陶的郭沫若的乡土意识中占何等重要的地位。

对家乡的依恋，形成了郭沫若浓厚的恋乡情结。郭沫若热爱大自然，对家乡的风物情有独钟。每每他徜徉于异国他乡的山山水水时，不禁想起家乡秀丽的风景和风俗。例如他在日本冈山读书时，时常到富有诗趣的东山散步，或登上校内的操山山顶啸风。东山优美的自然风光使他流连忘返，但他的心思却飞回了家乡：

晚 眺

暮鼓东皋寺，鸣筝何处家？
天涯看落日，乡思寄横霞。⑤

操山的景色使他想到了家乡的峨眉山，"山木青葱可爱，骤望之颇似峨眉也"⑥。冈山的旭川河，又使他想起家乡的茶溪，"冈山市中有小河小道，名旭川者，如沙湾之茶溪然"⑦。樱花是日本的国花，郭沫若在观赏烂漫的樱花时，却想着"故乡的桃李，想亦开放矣；屋后桑树数株，想亦已绿叶成荫矣"⑧。可见他对家乡的一草一木都有很深的感情。尤其到了年关岁尾，"每逢佳节倍思亲"，他对家乡就更为思念。中国历年有注重饮食的传统，他一想起家乡美味可口的白斩鸡、猪头肉、大头菜炒肉、豆花、年糕等，不禁馋涎欲滴；家乡过春节的风俗，更令他心驰神往。他为此曾赋诗一首："身居海外偷寻乐，心实依然念故乡。

---

① 郭沫若：《樱花书简》，四川人民出版社1981年版。
② 郭沫若：《樱花书简》。
③ 郭沫若：《樱花书简》。
④ 郭沫若：《樱花书简》。
⑤ 郭沫若：《自然之追怀》，载《现代》第4卷第6期（1934年4月1日）。
⑥ 郭沫若：《樱花书简》。
⑦ 郭沫若：《樱花书简》。
⑧ 郭沫若：《樱花书简》。

想到家中鸡与肉，口水流来万丈长。"① 民国初年，四川的地方军阀混战不休，社会动乱不已。郭沫若的乡情还表现在对家乡社会安宁的关心上。他到日本不久，就在家信中询问"近来闻川中匪风甚炽，灾旱频闻，不识乡中今岁近复如何也"②。1917 年 7 月，四川和贵州的军阀部队发生激战，郭沫若在闻讯 7 月 16 日的家信中愤慨写道："近闻川内又起事端，不知又闹到什么田地了。"③ 毋庸置疑，乐山的乡土文化培育起郭沫若的恋乡情结，而恋乡情结还是他爱国主义思想的不尽泉源。

民本主义是儒家文化的重要思想。儒家典籍《尚书》说："民维邦本，本固邦宁。"④ 自孟子提出"民为贵，社稷次之，君为轻"⑤ 的主张以来，历代儒学大师对民本主义不断进行补充、发展和倡扬，关心国计民生便成为中国知识分子的优良传统。郭沫若自幼学习儒家典籍，很自然地接受了儒家的民本主义影响。而且他一向推崇屈原，以屈原自况，不消说会自觉继承和发扬屈原"长太息以掩涕兮，哀民生之多艰"⑥ 的爱民思想。所以，他东渡扶桑之国后，仍然关心着家乡人民的疾苦，对给人民造成无穷灾祸的军阀混战表示愤慨："国内近复多事，吾慨乎打战者尽是神仙，而遭灾者唯我百姓耳。"⑦ 两个月后，他在家信中又一次对历经四川、云南军阀交战劫难的家乡人民表示关切和同情："近阅时报，载川滇两军在犍嘉两地交战，桑梓之邦不知蹂躏到什么地步了！元弟函中言斗米竟值二千二百余文，想乡里贫民不知如何过活？天降丧乱，饥馑荐臻，大兵之后，瘟疫流行，吾川遭此浩劫，言之殊令人酸鼻也。"⑧ 在另一封家信中，他殷切希望"天保不替，民自图强，则国其庶几可求也"⑨。众所周知，爱国和爱民是互通的。中国历史上的爱国主义者，都是既热爱自己的国家，又热爱自己的民族和人民。毫无疑问，郭沫若早期的爱民思想带有浓厚的乡土色彩，但由于它体现了儒家的民本主义思想，所以，其乡土的外延已扩大到整个中国；他所热爱的"民"，已不仅仅是家乡人民，其外延也扩大到整个中华民族的中国人民。在《湘累》中，聂嫈唱道：

苍生久涂炭，十室无一完。
既遭屠戮苦，又有饥馑患。

---

① 郭沫若：《樱花书简》，四川人民出版社 1981 年版。
② 郭沫若：《樱花书简》。
③ 郭沫若：《樱花书简》。
④ 《尚书·五子之歌》。
⑤ 《孟子·尽心下》。
⑥ 屈原：《离骚》。
⑦ 郭沫若：《樱花书简》。
⑧ 郭沫若：《樱花书简》。
⑨ 郭沫若：《樱花书简》。

> 饥馑匪自天，屠戮咎由人。
> 富者余粮肉，强者斗私兵。

这种悲惨的图景，其实就是他的家乡人民和中国人民苦难生活的写照。《湘累》中的聂政也是一个爱国者，郭沫若满腔热情地颂扬了聂政"愿将一己命，救彼苍生起"的爱国精神。不过，郭沫若的爱民思想没永远停留在民本主义的水平上。抗战时期，他对先秦社会与文化思想的研究，结合了自己在现实生活中的深切感受，他的爱民思想的基点便由民本主义移到"人民本位"上来了。所谓"人民本位"，其含义是"为最大多数人谋最大的幸福"①。显然，"人民本位"是对民本主义的超越，给他的爱民思想赋予新的内容，使之具有更为强烈的时代气息。他这时形成了一种新的思维定式——恰如他在历史剧《屈原》中借屈原的口所说："多替中国的老百姓设想。"这种新的思维定式，使他无论从事文学创作、学术研究，还是参与政治活动、社会活动，都焕发出新的活力，在反侵略、反独裁的斗争中发挥出更为积极的作用。我们有理由说，"人民本位"使他的爱民思想和爱国主义精神升华到新的境界。

从政治伦理学的方位考察，中国传统社会其实就是"家国同构"或"家国一体"的宗法社会。家庭、家族和国家无论在思想观念方面，还是在组织结构方面都不无相同或相似之处。家庭、家族是国家的基本组成单位；国家则可以被看作家庭、家族的伸延和扩展，从而着上家族的印记。正如梁启超所说："吾中国社会之组织，以家族为单位，不以个人为单位，所谓家齐而后国治是也。周代宗法之制，在今日其形式虽废，其精神犹存也。"② 郭沫若家是乐山沙湾很有势力的望族，他很早就把自己的家族同乡土社会联系起来。因此，他也很容易接受孟子所提出的"天下之本在国，国之本在家，家之本在身"③ 的观点和《大学》所倡扬的"身修而家齐，家齐而国治，国治而天下平"④ 道理。当然，"修身"的内容很广泛，"修身"的方法也很多。但就处理家国关系而言，郭沫若的"修身"首先表现在侍奉父母以孝顺，对待国家以忠诚。其后，他虽然在日本与佐藤富子另外建立了家庭，但对父母的孝心和对乡土的思念却一点也没能减弱；他虽然在日本留学十年，1927年以后又在那里流亡了十年，但对祖国的忠诚却坚如磐石。他每记下爱我中华的深挚真情，便是一首动人心曲的优美诗篇。在诗集《女神》中一首题名《光海》的诗中，陶醉在日本海边大自然美妙景色中的郭沫若仍然眷恋故乡乐山，怀念着15年前读过书的学校，尤其不能忘怀刚刚去世的、少年时代的同窗。诗人特别热爱经过五四洗礼的中国，他说："'五四'以后的

---

① 郭沫若：《沸羹集·答教育三问》，《沫若文集》第13卷，人民文学出版社1961年版。
② 梁启超：《新大陆游记》，《饮冰室文集》第5册，中华书局1989年版。
③ 《孟子·离娄上》。
④ 《大学》第一章。

中国，在我的心目中就象一位很葱俊的有进取气象的姑娘，他简直就和我的爱人一样。"① 在《凤凰涅槃》《炉中煤》等诗中，突出了郭沫若的本土意识，倾诉了他对祖国灼热而又赤诚的爱情。在《女神》集外的一首旧体诗中，他写道：

  少年忧患深苍海，血浪排胸泪欲流。
  万事请从隗始耳，神州是我之神州。②

这是郭沫若借燕昭王采纳郭隗的建议，筑黄金台招致天下贤能之士的典故，以郭隗自况，恨不得把自己同神州大地融为一体，爱国感情何其强烈。

其次，他在处理家国关系时，总是先国后家。他在少年时代受长兄郭开文的影响，立下到日本留学的宏愿，后因父母亲不允，未能成行，"老母心悲切，送儿直上舟。……难忘江畔语，休作异邦游"③。但辛亥革命后的社会现实使他很失望；他感到，拯救中华急需一大批有真才实学的人，于是决定走"实业救国"的道路，毅然到日本学医，希图学成归国，报效国家和民族，实现"富国强兵"的抱负。他留学十年归国后，"想通过文学使中国起变化，想用诗歌唤醒睡狮"④，全力以赴投入新文学运动，尔后又投笔从戎，参加北伐，竟顾不上回乐山省视父母亲。在收入诗集《恢复》中的《梦醒》《峨眉山上的白雪》等诗中，他抒发了对阔别已久的家人和家园的深切怀念之情。1928年他不得不再度到日本亡命十年。在这期间，疼爱自己的母亲去世了，他不能奔丧；大哥逝世，他不能到灵前表示哀悼；快90岁的老父亲，他也不能回去探视。特别是1937年7月7日"卢沟桥事变"爆发后，家与国的矛盾更加激烈。他的家室在日本，但作为一个爱国者，国内的抗战需要自己贡献力量。早在"卢沟桥事变"发生的前六天，郭沫若在回复四川达县城区第二小学全体师生的信中说，"他离开中国快满十年，离开四川更已二十四年，他思念我们国族的情趣，实在是有难于用语言文字来表达"，坚定表示："我们国族目前处在危难的时候，我们做国族的儿女的人，尤当是生死与共，我久已立志要使自己的最后一珠血都要于国族有所效益。"⑤

尽管"两全家国殊难事"⑥，但郭沫若把国家利益置于家庭利益之上，1937年7月25日留下二十多年患难与共的亲爱的妻子佐藤富子和五个儿女，只身潜归祖国。他在此时所写的一首诗中，表达了以身许国的心情：

---

① 郭沫若：《创造十年》，《沫若文集》第7卷，人民文学出版社1958年版。
② 郭沫若：《同文同种辨》，载《黑潮》第1卷第2期（1919年10月）。
③ 郭沫若：《舟中偶成》，《郭沫若少年诗稿》，四川人民出版社1979年版。
④ 《郭沫若答青年问》，载《文学知识》1959年5月号。
⑤ 郭沫若：《双鲤鱼》，载《中国文艺》第1卷第3期（1937年7月15日）。
⑥ 转引自和生：《回忆旅居日本时的父亲》，载《海燕》1978年第1期。

又当投笔请缨时；别妇抛雏断藕丝。
去国十年余泪血，登舟三宿见旌旗。
欣将残骨埋诸夏，哭吐精诚赋此诗。
四万万人齐蹈厉，同心同德一戎衣。①

郭沫若九死一生，好不容易回到了祖国，顾不上回乐山到老父跟前尽孝道，便全力投入抗战的洪流。直到1939年春节后，他才请假返回一别26年的家乡，探望卧病在床的父亲和为母亲扫墓。由于惦挂着抗战的大事，他只在老家待了短短几天，便又离家奔赴工作岗位。国难当头，忠孝难以两全，郭沫若先国后家、毁家纾难、移孝为忠，他的家国观念蕴含着中国传统文化的精华，给他的乡土意识增添了光彩。

十分明显，血缘亲情、恋乡情结、爱民思想、家国观念既构成郭沫若乡土意识的内容，又交织成其乡土意识的独具特色。正是因为乡土意识凝结沉淀在他的文化心理深层，所以他对生养自己的乡土、哺育自己成长的祖国，才爱得如此深沉持久。难怪他的作品所流泻出来的爱国主义激情中总氤氲着绵绵的乡思和不尽的乡情。

四

现代著名学者季羡林先生在阐发文化与国家的关系时指出："文化是抽象的，抽象的东西必然有所寄托"，"文化必然依托国家，然后才能表现，依托者没有所依托者不能表现。因此，文化与国家成了同义词。"他又认为，爱国主义应当分为两个层次，"我们中国受别人侵略，我们起来反抗，爱我们的国家，我觉得这个是我们应该歌颂的、赞扬的。但我觉得这种爱国主义是一般的，层次不高；层次更高的是与文化联系起来，一再强调"爱国主义也有两种解释，一种是爱我的国家，一般的；一种是高层次的，爱我们的文化"②。季羡林先生关于爱国主义的见解很精辟。如果以此为观照就会发现，对中国文化刻骨铭心的爱，是郭沫若爱国主义的核心。

郭沫若从小深受中国传统文化的濡染，在精神层面上对中国传统文化有一种血缘的认同。他在日本留学期间，一方面呼吸着西方科学与民主的新鲜空气；另一方面，仍然从中国传统文化思想中吸取营养。他当时的一位同学回忆说："有时他（郭沫若——著者注）自言自语，原来是在背诵《离骚》章节；对司马迁

---

① 郭沫若：《革命春秋·由日本回来了》，《沫若文集》第8卷，人民文学出版社1958年版。
② 季羡林：《陈寅恪先生的爱国主义》，《〈柳如是别传〉与国学研究——纪念陈寅恪教授学术讨论会论文集》，浙江人民出版社1995年版。

《史记》中主要人物，能栩栩如生的绘述，其中对屈原行径，寄予无限钦仰，常以此自喻。"① 1915 年，他身体虚弱，精神出现危机，"悲观到了尽头，屡屡想自杀"②，"有时候又想去当和尚"③，是王阳明的著作和《庄子》点悟了他，帮助他消除了精神的苦闷，重新振奋起来。他在 1915 年 3 月 17 日所写的家书中特地叮嘱在家的小弟弟郭开运："……然吾国旧书，不可不多读也。一国文学，为一国之精神，物质文明，固不可缺少，而自国精神，终不可使失坠也。"④

在 1916 年 12 月 27 日的家信中，他摘抄《论语》中的话，向父母表明心迹："'士不可以不弘毅，任重而道远。能以为己任，不亦重乎！死而后已，不亦远乎！'曾子之所言，亦不敢不自奋励矣。"⑤ 在诗集《女神》《星空》中，他将中国古籍中所记载的女娲补天、屈原行吟泽畔、聂政行刺侠累、伯夷、叔齐隐居首阳山和嫦娥奔月等传说和史实，点铁成金、脱胎换骨，写成一幕幕感人至深的诗剧，赋予新的时代精神。在其他一些诗篇中，他热情讴歌庄子、苏武、墨子、牛郎织女、大禹等古代先圣、先贤、先哲和神话中的人物，赞颂他们的思想和精神，借以鼓励自己，也鼓励别人。由此可见，他在早期创作中已将自己对祖国的热爱和对中国文化的深爱浑然融为一体。

五四时期，以孔孟学说为代表的中国传统文化思想受到空前未有的清算和否定。郭沫若不但没有像胡适、陈独秀、李大钊、鲁迅等人一样，把批判的锋芒指向儒家以孝为根本的伦理纲常（当然，辛亥革命已推翻了在中国延续了两千多年的帝制，"君为臣纲"已被扫进历史的垃圾堆了），而且反倒为孔子及其文化思想大唱赞歌。⑥ 不过，他与当时反对新文化运动的文化保守主义者迥然有别。他也敞开胸膛欢迎来自西方的新的文化思潮，并以西方新文化思想为观照，对传统文化进行扬弃。首先，他继承了孔子、屈原以来的优秀文化遗产，剔除了束缚人性和青年人个性的礼教等糟粕。其次他所憧憬的未来社会绝非复归到唐尧古制的远古社会；他从根本上否定整个旧世界，不愿"补天"，而是希望古老的中国如凤凰一样涅槃再生，建设一个新鲜、净朗、华美、芬芳、生动、自由的新中华。与此同时，他也希望具有悠久传统的中国文化在"涅槃"中更新。中国文化的"涅槃"过程，其实就是与潮水般涌入的西方现代文化的整合过程，⑦ 他认为中

---

① 钱潮：《回忆沫若早年在日本的学习生活》，载《中国现代文艺资料丛刊》第 7 辑（1979 年 10 月）。
② 郭沫若：《王阳明礼赞》，《沫若文集》第 10 卷，人民文学出版社 1959 年版。
③ 郭沫若：《泰戈尔来华的我见》，《沫若文集》第 10 卷。
④ 郭沫若：《樱花书简》，四川人民出版社 1981 年版。
⑤ 郭沫若：《樱花书简》。
⑥ 参见税海模：《郭沫若与中国传统文化·郭沫若与儒家文化》，四川大学出版社 1992 年版。
⑦ 关于什么是文化整合、中国文化怎样同外来文化相整合，参见吴定宇：《文化整合·中国的过去、现在与未来》，载《上海文化》1993 年第 1 期。

国"固有的文化久受蒙蔽,民族的精神已经沉潜了几千年,要救我们几千年来贪懒好闲的沉痼,以及目前利欲熏蒸的混沌",需要"唤醒我们固有的文化精神,而吸吮欧西的纯粹科学的甘乳"①。他在1923年又重申:

> 我们中华民族本是优美的民族之一,我们在四千年前便有极优美的抒情诗,大规模的音乐,气韵生动的雕刻与绘画。
> 但是我们的民族精神如今是萎靡到了极点了。
> 创造的源泉已经消涸,失了水的游鱼,只以唾沫相歔濡。
> 呵呵,我们久困在涸辙中的群生,正希望我们协力救拯!
> 我们要把固有的创造精神恢复,我们要研究古代的精华,吸取古人的遗产,以期继往而开来。②

显而易见,对郭沫若而言,热爱祖国和深爱中华文化是一致的,我们有理由认为,酷爱中国文化在他爱国主义思想中的核心地位此时已经形成,并且从他的文学创作、学术研究和社会活动中体现出来。

正是出自对祖国和对中国文化的深切热爱,1928年郭沫若亡命到日本后,一方面密切关注着国内发生的大事和国家的命运;另一方面开辟新的生活,以辩证唯物论为指导来研究中国古代社会文化,回答中国的过去怎样?现在的社会会朝什么方向发展?"我们的国情不同"吗?中国的未来如何等问题。

他说:

> 对未来社会的待望逼迫着我们不能不生出清算过往社会的要求。古人说"前事不忘,后事之师。"认清楚过往的来程也还好决定我们未来的去向。
> …………
> 我们把中国实际的社会清算出来,把中国文化,中国的思想,加以严密的批判,让你们看看中国的国情,中国的传统,究竟是否两样!③

郭沫若以酷爱中国文化为核心的爱国主义,是他从事中国古代社会文化研究的源头活水,使他焕发出无穷的力量,在日本宪兵、警察的双重监视下,克服了难以想象的困难,钻研甲骨文、金文、石鼓文和古代典籍文献,在流亡的十年中写出《中国古代社会研究》《甲骨文字研究》《殷周青铜器铭文研究》《金文丛考》《卜辞通纂》《古代铭刻汇考四种》《两周金文辞大系考释》《先秦天道观之进展》《殷契粹编》等14种著作,正如周恩来所说,这数百万字的著作"用科学的方法,发现了古代许多真实"④。确实,他的研究成果拂去了岁月铺盖在中

---

① 郭沫若:《论中德文化书》,《沫若文集》第10卷,人民文学出版社1959年版。
② 郭沫若:《一个宣言》,《沫若文集》第10卷。
③ 郭沫若:《中国古代社会研究·自序》,《沫若文集》第10卷。
④ 周恩来:《我要说的话》,载《新华日报》1941年11月16日。

国上古社会的厚重尘埃，露出某些历史真相；阐明中国社会发展的规律和古代社会文化的基本特征，不但树立了运用马克思主义研究中国历史文化的新风气，开拓了中国古代社会文化的新天地，而且还拨开笼罩在当时许多人眼前的迷雾，使他们对中国社会的性质和前进的方向有清楚的认识，从而增强了民族自信心，在"'风雨如晦'之时"，展望到"'鸡鸣不已'的时候"[1]。郭沫若以文化报国，在自己的著作中向祖国表示坚贞和忠诚。

抗战爆发后，郭沫若敏锐地发现，日本侵略者对中国除了武力进攻外，还进行文化进攻，妄图毁灭灿烂的中华文化，摧毁我们的民族意识和抗战精神。为此郭沫若大声疾呼：

> 敌人是在尽力摧毁我们的文化的，所谓"灭国必先灭其文化"，敌人是有意识地在执行着这种毒狠的战略的。敌人不灭，祖国无由复兴。文化若亡，民族将永归沦陷。
>
> ……我们要在文化战线上摧毁敌人的鬼蜮伎俩，肃清一切为虎作伥的汉奸理论，鼓荡起我们民族的忠贞之气，发动大规模的民众力量，以保卫华南门户，保卫祖国，保卫文化。[2]

在《复兴民族的真谛》中，他指出"我们的民族创造了五千年的文明的历史，直到现在，我们所固有的文化，依然在世界上焕发着灿烂的光辉"，这种"固有的文化"，"是我们民族的第二天性"。他沉痛地写道，在清朝统治的260年间，"我们的民族精神，无可讳言地是遭了损失"。而文化居于弱势的民族总是要挨打的，他从文化上去深掘造成中华民族灾难的原因，"民族在世界文化的竞赛上便因而落伍了，更因而招致了目前的空前的危难"[3]。他认为，全民族抗战是我们民族复兴的时候，因为"每经受一次外患，只增加我们民族和文化的繁荣"[4]。那么，怎样复兴我们的民族和文化呢？在他看来，当务之急是保卫我们的文化。他说：

> 我们能创造文化，故能重视文化，保卫文化。当文化受着侵害的时候，我们不惜以生命血肉来加以保卫，有时更不惜举全民族的力量来为保卫文化而战，战至二、三百年，非达到侵略者消灭不止。[5]

---

[1] 郭沫若：《中国古代社会研究·自序》，《沫若文集》第10卷，人民文学出版社1959年版。
[2] 郭沫若：《再建我们的文化堡垒》，《沫若文集》第11卷，人民文学出版社1959年版。
[3] 郭沫若：《复兴民族的真谛》，《沫若文集》第11卷。
[4] 郭沫若：《青年化，永远青年化》，《沫若文集》第11卷。
[5] 郭沫若：《世界反侵略序的建设——纪念"一·二八"》，《沫若文集》第11卷。

> 我们现在是以全中国四万万五千万人，整个地，同日本帝国主义者作战，是以我们全文化的力量同日本帝国主义者作战。①

郭沫若认识到中国文化的巨大力量蕴藏在民众之中，只有充分发动民众，才可能真正复兴中国文化，因此，他殷切希望"目前集中于后方大都市的文化人，更能够向乡村间散播。散播得愈广，受文化宣传的民众便愈多，最后胜利的保障便愈见加强了"②。

抗战期间，郭沫若的爱国热情不仅表现在宣传民众、建成广泛的文化统一战线上，而且表现在对中国优秀的传统文化精神的发掘和弘扬上。作为一个历史文化学者和文学家，郭沫若从"人民本位"出发，继续和深化了二三十年代对中国古代社会文化的研究，写出了《青铜时代》《十批判书》等重要著作和《屈原研究》《论曹植》《甲申三百年祭》《夏完淳》等蕴含着真知灼见的论文；创作出《棠棣之花》《屈原》《虎符》《高渐离》《孔雀胆》和《南冠草》等六部大型历史剧。他对古代社会文化的研究和历史剧的创作是结合在一起、相辅相成的；前者是后者的基础，后者推动前者的进行。他在研究中重视历史事实，揭示历史真相；在创作中则注重"把握着历史的精神，……对于既成事实加以新的解释、新的开发，而具体地把真实的古代精神翻译到现代"③。值得注意的是，郭沫若在发掘和弘扬中华民族优秀的传统文化精神的前提下，他的研究和创作都有很强的现实针对性。例如他认为："在抗战中，团结是最重要的问题。团结抗战能保障胜利，分裂则招致失败。"④"皖南事变"后，他怀着坚持抗战、反对投降，坚持团结、反对分裂，坚持进步、反对倒退的爱国热情，改写《棠棣之花》，根据当时的现实借古讽今，从而赋予剧本新的主题：

> 《棠棣之花》的政治气氛是以主张集合反对分裂为主题，这不用说是参合了一些主观的见解进去的。望合厌分是民国以来共同的希望，也是中国自有历史以来的历代人的希望。因为这种希望是古今共通的东西，我们可以据今推古，亦正可以借古鉴今，所以这样的参合我并不感其突兀。⑤

而在《南冠草》中，郭沫若有意"用汉奸和烈士对照，用洪承畴和夏完淳对照"。他认为"洪承畴在当时却无殊于现今的汪精卫"⑥。在剧中，他借明末清初的一段史实，热情歌颂爱国志士夏完淳杀身报国的斗争精神，痛挞了民族败类

---

① 郭沫若：《对于文化人的希望》，《沫若文集》第11卷，人民文学出版社1959年版。
② 郭沫若：《对于文化人的希望》，《沫若文集》第11卷。
③ 郭沫若：《我怎样写〈棠棣之花〉》，《沫若文集》第3卷，人民文学出版社1957年版。
④ 郭沫若：《抗战八年的历史剧》，《新华日报》1946年5月22日。
⑤ 郭沫若：《我怎样写〈棠棣之花〉》，《沫若文集》第3卷。
⑥ 郭沫若：《历史人物·夏完淳》，新文艺出版社1952年新4版。

洪承畴卖国求荣的恶行败德，洋溢着爱国主义的浩然正气。郭沫若在其学习著作和历史剧中所发掘和阐扬的民族精神，律动着爱国主义的主旋律，在祖国处于危难之际，不但起到鼓舞人心、振奋斗志和增强民族自信心的积极作用，而且还把对中国古代社会文化的研究大大推进了一步，他自己的文学创作也出现了"第二个青春期"，对祖国的文化和文艺事业建树良多。

陈寅恪与吴宓的毕生情谊[①]

吴宓,字雨僧,陕西泾汤人,1916年从清华学堂毕业后,于1917年赴美国弗吉尼亚大学英文学系学习。1918年秋,他转入哈佛大学比较文学系深造,与陈寅恪的表弟俞大维成为好朋友。第二年年初,经俞大维介绍,吴宓与刚到美国的陈寅恪相识。虽然陈寅恪在哈佛大学师从兰曼教授学习梵文、希腊文、巴利文,与吴宓所学不同,但经过几次交谈,吴宓"当时即警其博学,而服其卓识。驰书国内诸友,谓合中西新旧各种学问而统论之,吾必以寅恪为全中国最博学之人"[②]。1919年3月2日,吴宓应邀在哈佛大学中国学生会作了题名《红楼梦新谈》的演讲,陈寅恪可能去听过,在这个月二十六日写了一首诗《〈红楼梦新谈〉题词》赠给吴宓:

> 等是阎浮梦里身,梦中谈梦倍酸辛。
> 青天碧海能留命,赤县黄车更有人。
> 世外文章归自媚,灯前啼笑已成尘。
> 春宵絮语知何意,付与劳生一怆神。[③]

吴宓得到这首诗很高兴,他认为陈寅恪的学问、识见都高出自己和周围的留学生,能和这样的人交朋友,乃人生一大幸事,所以他在这天的日记中心悦诚服地写道:"陈君学问渊博,识力精到,远非侪辈所能及。而又性气和爽,志行高洁,深为倾倒,新得此友,殊自得也。"[④] 当时陈寅恪有一怪癖:把写好的诗给吴宓看过后即撕成碎片,不让抄记保存。殊不知吴宓记忆力惊人,他把陈寅恪所写的诗稿过目默记下来,过后写在日记中。陈寅恪早年所写的《无题》《影潭先生避暑居威尔士雷湖上戏作小诗藉博一粲》《留美学生季报民国八年夏季第二号读竟戏题一绝》等诗,都是经吴宓记录而保存下来的。后来陈寅恪知道吴宓有过目成诵的本领,在清华和西南联大共事时,每有新作,几乎都要给吴宓看,而吴宓特别喜爱陈寅恪的诗作,读后都要录下再细细品味。陈寅恪先生的后人编辑《陈寅恪诗集》时,不少佚诗如《春日触游玉泉山静明园》《寄傅斯年》《吴氏园海棠二首》《蓝霞》《南湖即景》《七月七日蒙自作》《辛巳春由港飞渝用前韵》《夜读〈简齐集〉自湘入桂诗感赋》《寄题朴园书藏》《乙酉七月七日听读〈水

[①] 本文原载香港《文学与传记》第2期,1995年5月15日出版。
[②] 吴宓:《空轩诗话》,见蒋天枢:《陈寅恪先生编年事辑》,上海古籍出版社1981年版。
[③] 见《〈红楼梦新谈〉题辞》,《陈寅恪诗集》,清华大学出版社1993年版。
[④] 转引自吴学昭:《吴宓与陈寅恪》,清华大学出版社1992年版。

浒新传〉后闻客谈近事感赋》《华西坝》《夏日听读报》《丙戌春游英时归国舟中作》《戊子阳历十二月十五日于北平中南海公园勤政殿前登车至南苑乘飞机途中作并寄亲友》等诗均录自吴宓抄本。有的诗，如《重庆春暮夜宴归有作者》《玄菟》等，吴宓在诗末加了附注，为了解这些诗作的意蕴和陈寅恪当时真实的思想感情提供了很有价值的资料。

  在哈佛大学，陈寅恪和吴宓时常在一起纵谈古今，横论中西，切磋学问。当国内五四新文化思潮猛烈地冲击中国传统文化思想之际，他们多次运用比较的方法理性地讨论 20 世纪中国文化的建设问题。吴宓在 1919 年 8 月 31 日、9 月 8 日、12 月 14 日等几天的日记中记下了他们的讨论要点。陈寅恪很清楚地看到中国传统文化的长处和短处，中国传统文化与本文文化的相同和差异："中国之哲学美术，远不如希腊。不但科学为逊泰西也。但中国古人素擅长政治及实践伦理学。与罗马人最相似。其言道德，惟重实用，不究虚理。其长处短处均在此。长处即修齐治平之旨；短处即实事之利害得失，观察过明，而乏精深远大之思。"① 当时国内新文化运动的健将，猛烈地抨击家庭宗法制度和伦理道德，陈寅恪却认为："中国家族伦理之道德制度，发达最早。周公之典章制度实中国上古文明之精华。"他注意到"西洋最与吾国相类似者，当首推古罗马。其家族尤同"。对于中国古代哲学，陈寅恪的评价就不高："至若周秦诸子，实地足称。老、庄思想尚高，然比之西国之哲学士，则浅陋之至。"而要弥补这个弱点，则是从印度输入之佛教。"佛教于性理之学 Meta – Physice 独有深造。足救中国之缺失，而为常人所欢迎。"陈寅恪的目光确实比当时一般学人深邃，他发现古今中外"盖天理（Spiritual law）人性（Human Law）有一无二，有同无异……吾国旧说与西儒之说，亦处处吻合而不相抵触"，认定"至若天理人事之学，精深博奥者，亘万古，横九垓，而不变。凡时凡地，均可用之。而救国经世，尤必以精神之学问（谓形而上学）为根基"②。

  陈寅恪的见解对吴宓启发很大。他不但完全赞同陈寅恪的观点，而且回国以后还在他主编的《学衡》杂志上撰文，具体阐述建立 20 世纪中国文化的主张。吴宓认为"原夫天理、人情、物象、古今不变，东西皆同。"他把新文化的概念界定为"像即西洋文化之别名"，而"西洋真正文化与吾国之国粹，实多互相发明互相裨益之处，甚可兼收并蓄，相得益彰"主张把"吾国道德学术之根本"的孔孟人本主义，与柏拉图、亚里士多德以下的哲学融会贯通，撷精取粹，使"国粹不失，欧化亦成"③。

  由此看来，吴宓推崇陈寅恪的学识品行，陈寅恪追求中国本民族历史文化道

---

① 转引自吴学昭：《吴宓与陈寅恪·第一章 在哈佛》，清华大学出版社 1992 年版。
② 转引自吴学昭：《吴宓与陈寅恪·第一章 在哈佛》。
③ 吴宓：《论新文化运动》，载《学衡》1922 年第 4 期。

德本体，把吴宓当作志同道合的朋友，他们都以复振中华民族文化为己任，这是他们成为知己的思想基础。在半个世纪的人生征途上，他们的文化观念、基本立场不但没有改变，反而更加坚定，因此他们的交谊也愈来愈深厚。

主编《学衡》杂志是吴宓回国后的重要事业。《学衡》杂志的办刊宗旨是"论究学术，阐求真理。昌明国粹，融化新知。坚持整理国故，以见吾国文化有可与日月争光之价值"。对于西学，"则主博极群书，深窥底奥。然后明白辨析，审慎取择"①。《学衡》杂志从1922年1月创刊，1933年因经费问题而终刊，在海内外学术界颇有影响，例如法国著名汉学家伯希和就是这本杂志的长期订户。陈寅恪在德国留学时，吴宓常给他寄《学衡》杂志，在该刊1923年第20期上所刊载的《与妹书》，是迄今为止所发现的陈寅恪公开发表的第一篇文字，以后陈寅恪还在《学衡》上发表过《王观堂先生挽词》《与刘叔雅教授论国文考试题》等诗文。1928年3月，正当《学衡》经济困难之际，陈寅恪雪中送炭，把汪懋祖汇来还他的50元款，捐助做办刊经费。

1925五年2月，吴宓被聘为清华学校研究院主任，负责筹办研究院工作。当时陈寅恪尚未回国，在国内亦无名气。经吴宓等人向清华校长曹云祥力荐，清华始聘他为研究院教授。1926年7月7日中午，吴宓从电话中知道陈寅恪到了北京，立即乘人力车进城拜望老朋友，光阴荏苒，哈佛一别倏忽已有五年，京华重逢，自然格外高兴，吴宓当即口吟一首《赋赠陈寅恪》：

经年瀛海盼音尘，握手犹思异国春。
独步矣君成绝学，低头愧我逐庸人。
冲天逸鹤依云表，堕涧残英怨水滨。②
灿灿池荷开正好，名园合与寄吟身。

在清华和西南联大共事期间，吴宓眼中的陈寅恪"虽是吾友，而实吾师"③陈寅恪待吴宓有如兄弟。课余他们时常在一起或纵谈国事，或讨论学问，或议评校事，或谈诗论文，或一道散步，或相携访友。吴宓常把自己的诗作送请陈寅恪指正修改；陈寅恪也当仁不让，挑出的毛病吴宓无不折服。例如1928年6月初，吴宓把新作《落花诗八首》请正于陈寅恪，陈寅恪读后不客气地指出这八首诗的缺点："（一）中有数句，不甚切落花之题。（二）间有词句，因习见之故，转似不甚雅"，并建议吴宓，"大约作诗能免滑字最难。若欲矫此病，宋人诗不可不留意。因宋人学唐，与吾人学昔人诗，均同一经验"④。有几次陈寅恪劝吴宓

---

① 《〈学衡〉杂志简章》，载《学衡》1922年第1期。
② 转引自吴学昭：《吴宓与陈寅恪·〈学衡〉与清华国学院时期》，清华大学出版社1992年版。
③ 转引自蒋天枢：《陈寅恪先生编年事辑》，上海古籍出版社1981年版。
④ 转引自吴学昭：《吴宓与陈寅恪》。

摆脱俗务纠缠,专心读书治学。1928年7月,陈寅恪与唐筼订婚,吴宓曾用红笺写诗送陈寅恪,以表祝贺之意:

贺陈寅恪新婚

廿载行踪遍五洲,今朝萧史到琼楼。
斯文自有秋千业,韵事能消万种愁。
横海雄图傅裔女,望门耆德媲前修。
蓬莱合住神仙眷,胜绝人间第一流。

陈寅恪很喜欢这首诗,"以宓贺诗传示众宾"①。

陈寅恪结婚后,他们仍经常一起散步,谈论学术问题和学术研究动态,如吴宓在1937年6月20日的日记中记载,这天傍晚,他们在清华的西园散步,陈寅恪"谓熊十力之新唯识派,乃以Bergson之创化论解佛学。欧扬竟无先生之唯识学,则以印度之烦琐哲学解佛学,如欧洲中世耶教之有Scholasticism,似觉劳而少功,然比之熊君所说尤为正途确解也,云云"②。

卢沟桥事变后,日本侵略军队占领了北平。陈寅恪和吴宓不愿在日本铁蹄下做顺民,就仓皇逃出北平,随学校南迁到云南蒙自和昆明。在蒙自和昆明,生活艰苦,他们和祖国一道受难,常在一起谈论战局,关心国家和民族的命运,不时有诗词唱和。1939年春天,陈寅恪接受英国牛津大学之聘,准备离开西南联大赴英讲学。吴宓于这年端阳节在昆明海棠春馆为他饯行,席间曾赋诗相赠。6月14日,在陈寅恪动身之前又赋《陈寅恪兄赴牛津讲学有日矣,赋诗叙别》,诗中有句"相交二十年,友谊兼师友。学术世同遵,智德益我厚"③。情真意挚地追求他们的友谊,表达出依依惜别之情。由于第二次世界大战战火在欧洲燃烧,陈寅恪抵港后未能成行,只得怏怏返回昆明,心情很坏。吴宓除了在精神上劝慰他外,还帮他料理一些生活琐事,如配电筒、代领薪金、送成绩单等。吴宓心情不舒畅时,陈寅恪也劝道疏解。在精神上,他们可说是"相依为命"。

1940年暑假,陈寅恪再次赴港。因欧战关系,他赴英讲学的时间又得后延一年。他一方面任香港客座教授,在港大授课,另一方面仍埋头著述。当吴宓读到他在香港写的《秦妇吟校笺》时,为老朋友的新成果新见解感到高兴,于是吟诗一首《寄怀陈寅恪》,中有"新注韦庄诗共读,花开港屿慰绸缪"④之句,表达了对陈寅恪的思念和读陈寅恪的新作而感欣慰的心情。

1941年12月7日,日军偷袭珍珠港,发动了太平洋战争,旋即攻占了香港。

---

① 转引自吴学昭:《吴宓与陈寅恪》,清华大学出版社1992年版。
② 转引自吴学昭:《吴宓与陈寅恪》。
③ 转引自吴学昭:《吴宓与陈寅恪》。
④ 转引自吴学昭:《吴宓与陈寅恪》。

还在昆明的吴宓为陷在香港的陈寅恪一家的命运而焦灼担心。好不容易在翌年 7 月接到脱险归来的陈寅恪从桂林寄发的手书,吴宓惊喜异常,在枕上写就《答寅恪》,中有"天为神州惜此才"① 之句。

不过他们再度相逢却是 1944 年 10 月在成都华西坝。那时陈寅恪仍以清华大学教授的身份任教于迁至成都的燕京大学,吴宓因按西南联大惯例休假一年,便应邀到燕京大学和四川大学讲学。战乱重逢,恍有隔世之感,异地相见,自然倍觉亲切。使吴宓感到忧虑的是经过战乱的折腾,陈寅恪身体更弱,右眼失明,左眼视力下降,很担心他的左眼会因过度疲劳而失明。果然这年 12 月 12 日陈寅恪的左眼突然看不见东西,两天以后住进医院治疗。那时吴宓无论再忙,每天也要抽身去病房探视一两次,或和他谈心宽慰,或告知外面新闻,或读报,或聊天解闷。听说枸杞子有助于恢复视力后,吴宓联系恒兴药栈,找同乡药商定货。陈寅恪出院后,吴宓仍经常去陈寅恪家探望,毫无厌倦之感。

抗战胜利后,陈寅恪于 1945 年 9 月动身去英国治疗眼疾。吴宓自愿陪送他去昆明,然后再由西南联大赴英讲学的邵循正教授伴往英国。谁知出发前吴宓突患胸疽,做了手术,医嘱不能远行,二人只得在成都作别,吴宓面请刘适护送陈寅恪飞往昆明。陈寅恪从英国回国后仍回清华大学任教,1949 年 1 月又到广州任教。吴宓则应聘到武汉大学教书。1949 年飞往重庆,以后就一直在重庆北碚西南师范学院任教直至逝世。这对好朋友虽然分开了,而且最初几年鲜通书信,但由于他们相知最深,心灵是相通的。1948 年 12 月 15 日陈寅恪偕眷与胡适同机飞离北平,外面流言蜚语满天飞,说陈寅恪已去香港、台湾和外国。但吴宓就是不相信,他知道像陈寅恪这样酷爱中国文化的人文主义学人,怎么可能会离开中国文化的土壤而流寓海外呢?就在这个时候,吴宓是极有机会去美国大学教授汉文或中国文化的;香港大学和钱穆等在香港办的东亚文化院也分别拟请他去担任教席,均为他谢绝;他赤诚的爱国心和弘扬中国传统文化的决心,和陈寅恪的一样,可与日月争光。②

中华人民共和国成立后,两位老人都结束了漂泊不定的生活,恢复了正常的通信联络。1950 年陈寅恪六十初度,吴宓寄贺诗一首,回顾他们相交 30 年的友谊:

> 卅年承教接音尘,文化神州系一身。
> 还历为文应集祝,检书代笔有门人。
> 清贫自守欣盲健,忧患空前味道真。
> 海鹤添筹成绚锦,重光日月世同新。③

---

① 转引自吴学昭:《吴宓与陈寅恪》,清华大学出版社 1992 年版。
② 事见吴学昭:《吴宓与陈寅恪·第四章·昆明时期及光复》。
③ 吴宓:《祝陈寅恪兄还历寿(周甲)》,转引自吴学昭:《吴宓与陈寅恪》。

他们每有得意诗作，便互相寄赠；生活中若有重大事件，也在信中告知。但因河山迢递，相见甚难，思念情浓，梦萦魂绕，吴宓在1952年12月28日的日记中记述，"未晓，梦与寅恪史联句。醒而遗忘，乃作一诗《怀寅恪》"①。当吴宓获悉陈寅恪在1958年的运动中受到冲击，不再教课时，为陈寅恪的处境而忧心忡忡。在1959年9月6日所写的《寄答陈寅恪兄》三首绝句中，表达了对陈寅恪的关切，流露出想到广州来探望这位老朋友的愿望，其中一首云：

受教追陪四十秋，尚思粤海续前游。
东山师友坟安否，文教中华付逝流。②

经过三年的准备，吴宓终于在1961年8月动身前往广州。对吴宓的这次入粤之行，陈寅恪也做了周密细致的安排。8月30日晚11点30分，吴宓乘坐的火车因晚点才驶入广州车站，陈寅恪的二女儿小彭偕夫婿、三女美延早已在月台恭候多时。陈寅恪本有早睡的习惯，这天破例等候至深夜，待与吴宓见面并扼要谈述这些年来的近况后，才命小彭在夜半12点30分送吴宓去招待所安歇。1919年在哈佛初会时，他们尚是意气风发的青年，现在已经步近老境，吴宓不禁百感交集，近凌晨四点才入睡。

吴宓不顾年老，不辞路远，专程来穗探望，令陈寅恪感动不已，他在《赠吴宓僧》诗中云："问疾宁辞蜀道难，相逢握手泪汍澜。暮年一晤非容易，应作生离死别看。"③ 不仅在生活上尽最大努力来款待这位分别17年的老朋友，而且还跟从前一样地亲密来往无间，畅诉衷肠。除缅怀往事、共话沧桑外，还交流各自在别后这些年来的研究状况、心得体会，谈诗论文的豪兴依然不减当年。吴宓的旧习难改，在谈话间又笔录得陈寅恪近年的诗作八篇十首。吴宓在探望陈寅恪的四天，恐怕是他们1945年分手后的17年中最畅快的四天。可是人生有聚有散，9月4日晨，小彭、美延代陈寅恪把吴宓送上北上的列车。

吴宓这次入粤之行收获很大：一是探望日夜渴念的老朋友。二是他更了解了陈寅恪所坚持的文化思想和学术主张——中学为体，西学为用之说（中国文化本位论）丝毫没有改变，从而在精神上受到鼓舞，"我辈本信仰，故虽危行言殆，但屹立不动，决不从时俗为转移"④。三是在学术上又经过一番难得的切磋，受到陈寅恪的某些启发后，回到北碚，经过自己的体味，也有新的发现。例如他得到陈寅恪盛赞黄浚的《大觉寺杏林》诗中的"绝艳似怜前度意，繁枝犹待后游人"两句，返回西南师范学院后，专门借黄浚的《聆风簃诗》全集来读，觉得

---

① 转引自吴学昭：《吴宓与陈寅恪》，清华大学出版社1992年版。
② 转引自吴学昭：《吴宓与陈寅恪》。
③ 陈寅恪：《赠吴雨僧》，《陈寅恪诗集》，清华大学出版社1993年版。
④ 转引自吴学昭：《吴宓与陈寅恪》。

这两句确实是全集中最上乘的诗句。同时，他在《读书笔记》中对陈寅恪为什么赞赏这两句诗做了诠释。"绝艳指少数特殊天才，多情多感，而性皆保守，怀古笃旧，故特对前度之客留情；繁枝则是多数普通庸俗之人，但知随时顺势，求生谋利，国家社会文化道德虽经千变万灭，彼皆毫无顾恋，准备在新时代新习俗中，祈求滔滔过往之千百游客观众之来折取施恩而已。亦即宓落花诗之本旨也。"①

1963年11月，吴宓获悉陈寅恪去年因洗澡摔断腿骨之事，十分着急，马上给当时在广州工作的长女吴学淑写信，要她速告寅恪的病情，同时准备借寒假再往广州探望。谁知他正在动身之时，突患病毒性感冒，只得延期，另打算暑假前往。不料学期延长，暑假缩短，他不得不再改期在秋冬启程，他在写给陈寅恪的信中谈到这次来广州的计划是："住半年，为寅恪兄编述一生之行谊、感情及著作，写订年谱、诗集等。"② 但因时运不济，三次筹备去广州均未能成行。1973年6月3日，已经是风烛残年的吴宓还梦见陈寅恪："适梦陈寅恪史诵释其新诗句'隆春乍见三枝雁'莫解其意。"③ 真是精魄所至，感天动地。一直到死，吴宓还惦记着他的知音陈寅恪。

在现实生活中，人们常常叹息知音难求，因此管鲍交情、高山流水、桃园结义，乃至李白与杜甫的友谊才被传为千古美谈。朋友是"五伦"之一，自从陈寅恪与吴宓在哈佛订交以来，在长达半世纪的交往中，他们有着共同的文化追求，恪守着中国传统的伦理道德准则，同甘共苦、生死不渝，不是手足，胜似手足。这种君子交情，熠熠闪耀着中国传统美德的光辉，也应在现代学人的人际关系中大力提倡。

---

① 转引自吴学昭：《吴宓与陈寅恪》，清华大学出版社1992年版。
② 转引自吴学昭：《吴宓与陈寅恪》。
③ 转引自吴学昭：《吴宓与陈寅恪》。

巴金与中国古代文化[1]

一

正如挺拔的大树把根须伸入大地深处摄取水分和养料一样，巴金在成长的过程中也吸噬着中国文化的营养。中国文化融进他的血液中，中国文化的特征印在他的心上，他又把中国文化的特征映现在创作中，他的作品也蕴含着中国文化的某些特质。

我们这里所说的中国文化，主要指中国传统的文化质素。所谓传统文化，通常指从先秦一直沿袭到五四时期的思想、道德、经济、制度、科学、宗教、风俗、文学、艺术等等。它体现在中国封建社会中人们的思维方式、行为方式、生活方式、创造方式等社会生活的各个方面，并以社会心理和物化形态，世代连续不断，构成中华民族的特性，至今仍然影响着人们的精神和生活。用文化的眼光来考察，五四前后，正是中国文化从传统走向现代的嬗变时期。巴金说："我是'五四'的产儿。五四运动像一声春雷把我从睡梦中惊醒了。我睁开了眼睛，开始看到了一个崭新的世界。"[2] 巴金在批判和删除中国传统文化的糟粕、弘扬其精华方面，以及在建构中国现代化的过程中做出了巨大的贡献。

中国传统精神，主要由儒家、道家和佛家文化思想构成。其中，儒家文化思想自两汉以来一直居核心地位，起着主导的作用。在漫长的中国历史进程中，儒、道、佛三家文化思想互相碰撞，互相渗透，互相融合，为中华民族所接受，并从世世代代的民族生活中体现和积淀下来。中国历代文学作品几乎无一例外地凸现了中国传统文化精神，尤其是儒家文化精神。众所周知，巴金出身于一个把儒家教条奉为金科玉律的书香门第。曾祖李璠和祖父李镛都对儒家的礼教推崇备至。同那个时代许多世家子弟一样，巴金很早就进私塾学习儒家文化的启蒙读物，背诵《古文观止》中的散文名篇。在家中，母亲还时常教他吟诵《白香词谱》上的古词。当他幼小的心灵受到中国古典文学作品的滋润时，他也不知不觉地接受了中国传统文化的熏陶。

母亲和轿夫老周是对少年巴金影响最深的人。母亲教他"爱一切的人，不管他们贫或富；她教我帮助那些在困苦中需要扶持的人；她教我同情那些境遇不好

---

[1] 本文原载余思牧、唐金海、汪应果主编：《巴金与中外文化》，山东文艺出版社1995年版。
[2] 巴金：《忆·觉醒与活动》，《巴金全集》第12卷，人民文学出版社1989年版。

的婢仆,怜恤他们,不要把自己看得比他们高,动辄将他们打骂。"他说:"这个爱字就是母亲教给我的。把我和这个社会联起来的也正是这个爱字,这是我的全性格的根柢。"① 轿夫老周对他所说的"要好好地做人,对人要真实,不管别人待你怎样,自己总不要走错脚步。自己不要骗人,不要亏待人,不要占别人的便宜"和"火要空心,人要忠心"② 的话,深深地嵌入巴金的心里,成为他日后行为的准则。

  显而易见,母亲灌输给巴金的道理与儒家的仁爱思想、墨家的兼爱思想不无相近之处,老周的话也融贯了儒家的忠恕之道和诚意正心的修养方法的因子。仁爱,是儒家文化思想的核心,孔子、孟子大力阐扬"泛爱众"③。"仁者爱人"④ 和"博施于民而能济众"⑤ 思想,要求人们具有爱心和同情心,推己及人,由近及远,为大众做好事。兼爱是墨家的最高原则,墨子所宣扬的"爱无差等"⑥,就是要求"天下之人皆相爱,强不执弱,众不劫寡,富不侮贫,贵不敖贱,诈不期愚"⑦。孔子所提倡的忠恕之道,则是实行仁爱的根本途径,它包括两方面的内容:忠——"己欲立而立人,己欲达而达人"⑧,恕——"己所不欲,勿施于人。在邦无怨,在家无怨"⑨,而诚意正心,即是儒家反身内求的道德修养方法,儒家典籍《中庸》《大学》对此做了较为详尽的阐发。《大学》发挥了孟子所提出来的"反身而诚"⑩ 的观点,指出"所谓诚其意者,毋自欺也"⑪。就是人在任何情况下都要真心实意、表里如一地好善去恶,不自欺欺人。所谓正人,就是端正思维,不受情绪的影响而丧失理智。儒家的仁爱思想、忠恕之道和道德修养的方法,以及墨家的兼爱思想,无孔不入地渗进历代社会成员的文化心理,不但成为我们民族共同心理结构的一部分而具有普遍意义,而且以无限生动和丰富的形式流传下来成为民间的信仰。所以,尽管母亲对儒学博大精深的思想所知有限,老周甚至没有读过书,但是受民间口头流传的影响,再加上自己对生活的特殊感受和体验,便认同某些传统文化思想,并在巴金幼小的心灵上着上传统文化的印记。

  当然,巴金不是被动地接受中国传统文化的影响。少年的巴金是个爱思索的

---

① 巴金:《短简·我的几个先生》,《巴金全集》第13卷,人民文学出版社1990年版。
② 巴金:《短简·我的几个先生》,《巴金全集》第13卷。
③ 《论语·学而》。
④ 《孟子·离娄下》。
⑤ 《论语·雍也》。
⑥ 《孟子·滕文公上》。
⑦ 《墨子·兼爱中》。
⑧ 《论语·雍也》。
⑨ 《论语·雍也》。
⑩ 《孟子·尽心上》。
⑪ 《大学》。

孩子，他把从母亲和老周那里得来的道理到现实生活中加以印证，发现这个社会是不合理的，对不平等的现象极其反感，对奴仆的悲惨遭遇十分同情，从而萌发了在变革现实的斗争中尽一分力量的宏愿："我说我不要做一个少爷，我要做一个站在他们一边，帮助他们的人。"① 值得注意的是，巴金并不固囿在传统文化的圈子里，在风雷激荡的五四时期，当西方现代意识猛烈地撞击着中国传统文化的时候，巴金敞开胸膛，尽情吮进各种新的文化思想。他把其中的人道主义与幼年时所接受的仁爱观念相融合，把自由、平等、博爱的观念移植进文化心理深层，构成他的文化性格的内核——那就是他在《第四病室》中借一个人物的嘴所说出来的话："变得善良些，纯洁些，对别人有用些。"② 与此同时，他还吸收了克鲁泡特金伦理思想的精华，与轿夫老周所教给他的道理相糅融，形成他的做人与创作的准则："我现在的信条是：忠实地生活，正当地奋斗，爱那需要爱的，恨那摧残爱的。我的上帝只有一个，就是人类。为了他，我预备贡献出我的一切。"③ 在生活中，他坚持"无论对于自己和别人，我的态度永远是忠实的"④ 原则。这种忠实的态度体现在创作中，就是"不把自己的幸福建筑在别人的痛苦上；爱祖国、爱人民、爱真理、爱正义；为多数人牺牲自己；人不是单靠吃米活着；人活着也不是为了个人的享受。我在作品中阐述的就是这样的思想"⑤。由此可以看出，巴金在接受五四新文化的洗礼之后，母亲和老周所讲述的简单、朴素的道理，仍然影响着他的思想和性格；在他的心理深层，中国传统文化思想一直发挥着积极的作用，在某种程度上终身制约着巴金。

传统文化思想一旦被民众所接受，便会蕴藏在民间生活中，逐渐融化为世俗化的民间文化，并通过民间传说和民间游艺等方式代代传承。巴金从小也受到民间文化的哺育。他从民间文化中吸取养料有三条途径：一是佣仆杨嫂经常给他讲流传在民间的故事。中国民间口头文学有一个显著的特点，那就是是非鲜明、故事性强。劳动人民常常在传说中颂扬反抗压迫、扶弱济困的英雄，鞭挞地主阶级的罪恶，表达对被欺压的弱小者的同情，寄托对自由平等的向往和追求幸福的愿望。在杨嫂所讲述的神仙、剑侠、妖精的娓娓动听故事中，民间的原始正义感和朦胧的民主主义思想便浸润着巴金的心田。二是巴金从小对戏曲发生了浓厚的兴趣，尤其喜欢看京戏和川戏。中国传统戏曲是民间游艺的一种形式，小小舞台上演着许多惩恶扬善、除暴安良、颂忠贬奸的故事，反映了人间的悲欢离合，体现了民间的价值观念。巴金看戏并非为了受教育，但其中一些剧目，如《周仁献

---

① 巴金：《短简·我的幼年》，《巴金全集》第 13 卷，人民文学出版社 1990 年版。
② 巴金：《第四病室》，《巴金全集》第 8 卷，人民文学出版社 1989 年版。
③ 巴金：《海行杂记·两封信》，《巴金全集》第 12 卷，人民文学出版社 1989 年版。
④ 巴金：《灵魂的呼号》，《巴金全集》第 12 卷。
⑤ 巴金：《探索集·再谈探索》，《巴金全集》第 16 卷，人民文学出版社 1991 年版。

嫂》也曾激起他的共鸣。三是他所经历或耳闻目睹的社会习俗如祭祀、驱鬼、玩龙灯、做水陆道场等，也在他的文化心理上留下斑驳的投影。

应当看到，民间文化是一种传统性很强的文化，它对巴金的成长以及后来所从事的创作活动都有着明显的影响。首先，在民间原始正义感和朦胧的民主主义思想导引下，巴金加深了对中国传统社会的了解，他所具有的强烈爱憎和泾渭分明的善恶观念与之有着渊源关系。其次，巴金的一些作品是直接对民间传说进行加工、整理、改编而成的，例如他说《塔的秘密》"一定是从我小时候听的故事和读到的童话书里搬来的"①，《隐身珠》则是"根据古老的四川民间故事改写的，就是我小时候听惯了'孽龙'的故事"②。再次，民间习俗亦是他的创作源泉，"激流三部曲"中，他艺术地再现了20年代成都一带祭祀、团年、玩龙灯等风俗；对当时的婚丧礼俗进行了生动的描绘。同时，他还尖锐地揭露和抨击了带有巫术性质的驱鬼禳病与充满迷信色彩的"血光之灾"等落后民俗。除此之外，他的创作亦学习和借鉴了民间艺术形式。他喜欢川戏中的折子戏，认为"它们都是很好的短篇小说"③。川戏中的折子戏，每出戏主角往往只有一两个人，它的特点是脉络清楚，矛盾集中，通过角色的说白、演唱和表情，把自己的思想活动，感情变化表现出来，很能动人心弦。而且戏中人物性格突出，形象饱满。巴金创作时，常用第一人称的小说形式，即使在用第三人称写成的小说中，他的笔触也伸入人物内心深处，去勾画人物的灵魂，正是学会和运用了传统的自述式心理的解剖手法。难怪他说"川戏的《周仁上路》就跟我写的短篇相似"④，称传统是"取之不尽的宝山"⑤。

综上所述，巴金在成长过程中，最早吮吸的是中国传统文化的乳汁。传统文化对他的影响是良好的。明了了这一点，就不难理解他所说的"我虽然信仰从外国输入的'安那其'，但我仍还是一个中国人，我的血管里流的也是中国人的血。有时候我不免要站在中国人的立场上看事情，发议论"⑥的文化涵义，也不难理解尽管他后来也向许多外国作家学习艺术表现技巧，但是他的作品仍然具有浓厚的中国文化特色。

二

中国现代文化有两个来源：一是合乎中国国情的外来异质文化；二是在现代

---

① 巴金：《创作回忆录·关于〈长生塔〉》，人民文学出版社1982年版。
② 巴金：《创作回忆录·关于〈长生塔〉》。
③ 巴金：《谈我的短篇小说》，载《人民文学》1958年第6期。
④ 巴金：《谈我的短篇小说》。
⑤ 巴金：《谈我的短篇小说》。
⑥ 巴金：《〈火〉第二部后记》，《巴金全集》第7卷，人民文学出版社1988年版。

社会仍有生命力的中国传统文化。如前一章所述，巴金成长在中西文化碰撞和交融的五四时代，他像久盼甘霖的禾苗一样，吮进了各种异质文化思想的雨露，个性解放、无政府主义、人道主义、法国资产阶级大革命和俄国民粹运动的社会发展观念启迪着他的心智。他以此为参照，对中国传统文化进行了审视。在这方面巴金与五四时代一些文学先驱者相似，对中国文化的现代化的构建作出了自己的贡献。

巴金以此为武器，反对封建主义文化，着重在揭露和鞭挞陈腐的传统观念和家族宗法制的罪恶，清除其在人们文化心理的积垢，重构国民灵魂。而这些，恰恰是建立中国现代文化的基本任务。在《家》《春》《秋》等作品中，巴金为一代受封建礼教和家族宗法制摧残的青年呼吁，喊出他们的"我控诉"心声时，感情是悲愤激昂的。但是在分析酿成一代无辜受害者的悲剧的文化原因，揭示家族宗法制不可挽回的崩溃前景时，却鞭辟入里，冷静而富有理性。对新的文化思想，他是满腔热情歌颂和欢迎的。他从觉慧、觉民、觉新等人对待新旧文化的不同态度和遭遇，具体描写了新旧文化在一代青年心理上的冲突；通过"觉"字辈的年轻人同长辈们的矛盾冲突，形象地展现了新旧文化思想的斗争过程；生动地展现出新文化潮流不可抗拒的力量，即使像高家那样顽固的封建堡垒，在它的冲击下也会土崩瓦解；从而真实地再现中国文化从传统走向现代的转型时期的典型环境。同时，巴金还深刻地表现出转型时期一代青年的命运：觉慧、觉民、淑英等人经过五四新思潮的启蒙，文化心理发生嬗变，发现人的自我价值，树立了新的伦理观念和思维方式，因而勇敢地蹚开旧文化和旧家庭的樊篱，走上新的人生道路，他们的反抗行动，无疑从封建大家庭的铁壁震裂一条罅缝，加速了它的崩溃进程。觉新在新文化潮流前犹豫彷徨，又丢不开背负的旧文化的沉重十字架，人性被极大扭曲，只好在新旧文化的夹缝中半死不活地挣扎着。钱梅芬、瑞珏等人的文化心理仍然是旧有的文化思想铁盘一块，恪守封建贞烈观和"三从四德"的古老训条，结果成为旧礼教祭台上的牺牲者。如果说鲁迅是第一个在文学创作中通过狂人的现象揭露封建礼教和家族宗法制"吃人"本质的先驱，那么，巴金则在作品中以对血淋淋、惨兮兮的人肉筵宴的具体描绘，第一个庄严地宣判了家族宗法制的死刑。毋庸置疑，巴金在伦理范畴对封建礼教的抨击与否定，其坚决性、猛烈性、深刻性都达到五四以来的一个新高度，这就为建构中国现代文化廓清了障碍。在民主革命时期，许多青年从巴金作品中受到启迪，义无反顾地走上反封建的斗争道路。这足以证明，巴金在创作中对传统文化中的陈腐观念和延续了几千年的家族宗法制的批判取得了何等巨大的成功。

值得注意的是，巴金不像与他同时代某些人那样采取民族虚无主义的态度，全盘否定传统文化思想，而是抛弃其荒谬、陈腐部分，继承和弘扬其合理内核，并把它们升华成具有现代意义的文化精神。例如忧患意识是几千年来驱动中国文化发展演变的内在力量。所谓忧患意识，乃是人对国家、民族和人民产生高度责任感的一种自觉精神。巴金在五四时代怀着献身社会解放的热忱，走上"找寻一条救人、救世、也救自己的道路"①，便是忧患意识在他的思想和行动上的体现。尽管这条探索之路曲折坎坷，巴金在跋涉中遇到许多意想不到的困难，但是他说："我并不后悔，我还要以更大的勇气走我的路。"② 这未尝不是忧患意识这种内驱力的作用。毋庸讳言，巴金信仰过无政府主义。在 30 年代民族危机日益加剧、国难当头之际，他毅然抛弃无政府主义不要国家、反对一切战争的观点，忧患情感升华为炽烈的爱国热情，写出许多鼓舞我们民族抗日斗志的作品。即使到了七八十岁的高龄，忧患的情志浸透了五本传世的《随想录》。再如对传统的伦理思想，巴金也不是简单地一概视为历史垃圾。巴金坚决反对规定上下等级之间伦理关系的"三纲——君为臣纲，父为子纲，夫为妻纲"在封建社会里，"三纲"被确立为最高的政治原则和伦理原则，被视为永恒不变的"真理"。而臣忠、子孝、妇随亦被当作最重要的道德规范。这种不平等的政治关系、伦理关系和道德规范，几千年来严重地束缚了人性的发展，巴金在《家》《春》《秋》等作品中，对"三纲"所造成的罪行予以无情的揭露和严厉的批判，而对于作为个人处理人际关系的道德要求和道德意识的"五常——仁、义、礼、智、信"，则采取实事求是的科学态度，剔除其封建内容，吸收其健康部分。巴金的伦理思想与"五常"有着渊源关系。③ 他虽然对封建孝道非常反感，但也希望在平等的基础上建立父母慈祥、兄友弟恭的和睦友爱的家庭关系。巴金以大哥李尧枚为生活原型塑造了觉新的形象，对觉新的懦弱性格和思想行为中的种种弱点进行了批评。但是，生活中的大哥"是我一生爱得最多的人"④，巴金创作的《家》的动机之一是为他大哥而写，希望李尧枚读后觉悟起来，走上新的人生道路。在创作中这种脉脉情愫也不时流溢笔端。即使对于专制的祖父，在他去世时巴金也"跟着大家跪在祖父的床前"⑤。在《家》的修改本中，巴金写觉慧离家出走前夕，特地加上一段觉慧走进祖父的灵堂的活动，觉慧"正要拿起铗子去挟烛花"，提醒仆人"……香也快燃完了"。表明不仅觉慧，就是巴金也没有割断以血缘为纽带的宗法关系。至于在他 30 年代所写的回忆性散文中，更是律动着儒家仁爱思想的脉搏。他也不止一次地在这些文章中向最初给他输送传统文化思想乳汁的母亲、杨嫂和老周等人表示感激。

由此看来，在中西文化的碰撞与交融中，巴金的文化心理呈现出双向发展定

---

① 巴金：《再谈探索》，《探索集》，人民文学出版社 1981 年版。
② 巴金：《忆》，《巴金全集》第 12 卷，人民文学出版社 1989 年版。
③ 探讨巴金的伦理观与中国传统伦理思想的关系，是另一篇文章的内容，本文只点到为止。
④ 巴金：《和读者谈谈〈家〉》，《巴金研究资料》上卷，海峡文艺出版社 1982 年版。
⑤ 巴金：《随想录·观察人》，人民文学出版社 1980 年版。

势。这种心理定式凸现在创作中,对巴金作品文化特质的构成直接起着制约作用。由于巴金以西方现代意识为观照,在创作中攫入外来的异质文化因素,因而他的作品含有一种文化新质,迥异于五四以前的历代文学作品,实现了内容和形式上的真正革新。另一方面,他在对中国传统文化深刻反省的基础上进行扬弃,从而尽得其菁华,他的作品也映现出某些传统文化质素的积淀,足以说明他不是"西化"了的作家。

三

就思想意义而言,建设现代文化的过程,其实就是用现代意识去更新国民的文化心理、重构国民灵魂和改造民主精神的过程,所谓现代意识,实质上就是五四新文化运动所倡导的科学与民主的思想,鲁迅早在20世纪初就敏锐地察觉到建设现代文化的必要性,认识到文艺在改变国民精神中的重要作用:"我们的第一要着,是在改变他们的精神,而善于改变精神的是,我那时以为当然要推文艺。"① 热切呼唤:"今索诸中国,为精神界之战士者安在?"② 当然,建设中国现代文化又是一个相当漫长的过程,需要几代人的努力才能完成。巴金是新文学运动第二代作家,他沿着鲁迅开辟的道路前进,发扬着鲁迅精神,继续着鲁迅未竟的事业③,在文学园地辛勤耕耘了60多年,在中国现代文化的建设中发挥出积极的作用。

在文学创作中,巴金不只是致力于揭露和批判传统文化中陈旧观念的罪恶,抨击某些腐朽、丑恶的资本主义文化现象,或者停留在宣传、介绍新文化思想的一般水平上。他对中国现代文化的建树,主要表现在用自己的作品去影响读者的心灵,帮助他们树立新的思维方式、反省方式、价值观念和伦理观念,从而真正受到科学与民主思想的濡化,形成与现代中国社会相适应的文化心理,而不在于他具体煽扬某一外来异质文化思想上。

巴金要想"用我的感情去打动别人,用我的思想去说服别人"④,他首先就须革新自己的文化心,理解外来异质文化对他形成新的思维方式、反省方式、价值观念和伦理观念起着重要的作用。单向直线朝后看型思维模式是传统思维的主要方式。在封建社会,人们总是拿过去与现在做比较,认为过去比现在好,恪守"天不变,道亦不变"的信条,所憧憬的社会是唐虞古制的时代,至于未来社会怎么样,则很少从进化的角度去考虑。而且,这种思维方式重直觉和经验,缺乏

---

① 鲁迅:《呐喊·自序》,《鲁迅全集》第2卷,人民文学出版社1981年版。
② 鲁迅:《坟·摩罗诗力说》,《鲁迅全集》第1卷,人民文学出版社1981年版。
③ 吴定宇:《先驱与跋涉者——论鲁迅与巴金》,载《中山大学学报》1986年第4期。
④ 巴金:《灌输和宣传(探索之区)》,《探索集》,人民文学出版社1981年版。

思辨和逻辑推理，因而也就拙于对未来进行预见。巴金从异质文化中接受了归纳演绎法。所谓归纳演绎法，就是人们认识世界的一种推理方法。它根据一定的事实概括出一般原理，再从一般原理推论出关于特殊情况下的结论闪烁着真理性和思辨光辉这种外来的方法论，使巴金形成纵横比较的多向思维方式。他的目光越过华夏大地，望到了日本、美国、法国和俄罗斯，把这些国家的历史和现状同中国的历史和社会现状做比较。这种比较，使他着眼于中国的未来，关心中国社会发展的方向。不消说，这种新的思维方式对启发巴金的心智、活跃思想、开阔视野、建构新的文化机制，都起到良好的作用。

中国传统的反省方式属于内省型，形成于先秦。孔子说："曾子曰：吾日三省吾身，为人谋而不忠乎？与朋友交而不信乎？传不习乎？"① 又说："内省不疚，夫何忧何惧？"② 孔子以后的儒学大师认为，内省是个人进行道德修养和调节人际关系的重要作用，每个人都应按照儒家的伦理规范进行内省，以实现个人与家庭，个人与社会的和谐关系。经过他们的不断补充和发展，传统的内省型反省方式包括三个层次：外层是自惭、自疚、自咎的心态；里层是按照儒家伦理观念所进行的反省；深层是自我道德的完善和自律。很明显，内省型反省方式并不否定旧我，而是在原来的基础上经过自我省察，心灵得到一定程度的净化，从而迈向新的道德境界。可见这种反省方式，带有浓厚的伦理色彩。西方的反省方式属于忏悔型。它也包含了三个层次：表层是自我谴责的心态；里层是自我否定的理性分析；深层是自我超越的动机。不难看出，这种反省方式是人不断否定旧我和重新发现自我的产物。在西方现代文化思想观照下和现实生活的教育下，巴金萌生了一种"原罪"的感觉："我们的上辈犯了罪，我们自然也不能说没有责任，我们都是靠剥削生活的。……推翻现在的社会秩序，为上辈赎罪。"③ 他怀着赎罪的动机，走上探索社会解放的道路，他吸收内省型和忏悔型反省方式的某些长处，加以融会贯通，形成了自己的反省方式：站在历史的高度来审视自己的愿望和动机，剖析自己的思想和性格，反观自己的心态和行为，无情地批判和否定旧我，在时代洪流中寻找自己的位置。这样，他努力甩掉精神的阴影，消除内心的重荷，将思想升华到一种新的境界。

自然，任何一种思维方式都需要一定的价值观念来导向。中国传统的价值观念是以伦理为本位，三纲五常、忠孝节义作为价值取向，两千多年从来如此，与单向直线朝后看型的思维方式相适应。到了五四时代，这种静止的价值观念已显得陈旧不堪。巴金生活在新旧文化嬗变的转型时期，他的价值观念仍以伦理观念作为导向。只是，他潜心钻研过西方伦理思想，借助于他山之石，同时扬弃了传

---

① 《论语·学而》。
② 《论语·颜渊》。
③ 《巴金选集·后记》，载《读书》1979年第2期。

统的价值取向，建立起自己的价值取向，那就是他在老年所总结出来的："怎样让人生活得更美好，怎样做一个更好的人，怎样对读者有帮助，对社会，对人民有贡献。"① 这种渗透着伦理观念的价值取向，使巴金认同科学与民主的现代文化思想，树立起新的历史使命感和社会责任感。这样，他才不同于传统社会中那些离经叛道之士，例如李贽。在明代，李贽的确是个有独立思考能力的杰出人才，他对儒学的怀疑和对两宋理学家所阐释的伦理纲常大加抨击的文章，至今读来还能令人拍案叫绝。但是他推崇王阳明的心学，不否定孔孟肇始建构的儒家伦理思想体系，只是力图做局部的修正，而且也没有找到一种新的文化思想做观照系，思维方式、反省方式和价值观都没有突破传统的模式，因而，他对儒学陈腐部分和传统伦理观念的批判不可避免地带有较大的历史局限性，不可能像巴金那样去宣判封建主义的死刑。

巴金的创作所具有的现代文化特质使他的作品也迥异于传统文学中那些离经叛道的作品。在中国历史上，农民起义层出不穷。从《水浒传》到近代的历史演义，以农民战争为题材的作品令人眼花缭乱。毫无疑问，中国历史上的农民起义都程度不同地打击了封建统治阶级，是推动历史发展的动力之一。《水浒传》等宣扬"造反"的作品，亦被封建统治阶级视为"禁书"。这些作品自然也表现了作者们的文化心理。有趣的是，无论作者们所处的朝代多么不同，各自的个性存在着多大的差异，审美趣味多么的缤纷不一，但对传统文化的认同使他们几乎都固囿在儒家学说的光圈中。三纲五常、忠孝节义是他们判断忠奸正邪、是非曲直的价值取向。这些作品固然反映了农民反抗行动的某些方面，具有民主主义革命精神，但并没有写出社会结构和政治制度的根本变革，以及人们思想深层有什么变化。作者们所塑造的叛逆英雄，比如梁山好汉，或因官逼民反，而只反贪官不反皇帝；或杀富济贫，替天行道，反映了古代人民均贫富的政治理想；或等待招安以换取高官厚爵和自身的安全。又如《说唐》中啸聚瓦岗寨的绿林豪杰，为"真命天子"打天下，争做改朝换代的开国元勋……显而易见，正统观念所投下的斑驳陆离的阴影，在这些风云际会的草莽英豪的文化心理上凝结成铁板一块。他们在揭竿而起的过程中，或用计谋智取敌人，或因武艺高强击败对手，或遇高人指点、搭救而化险为夷，绝处逢生……这种种斗争方式，构成传统的反抗行为的固定模式。这些作品从内容到形式都表明传统文化在历代作家心理上的积淀是何等深厚。

饶有意思的是，巴金创作的反映变革社会现实的小说如《灭亡》《新生》"爱情三部曲"等，不是受到国民党统治者的查禁，就是长期受到某些人的责难，它们的文化价值亦未被人们充分认识。不错，这几部作品确实不同程度地具

---

① 巴金：《文学生活五十年》，《创作回忆录》，人民文学出版社1982年版。

有表现巴金的无政府主义政治观的一面，但同时我们也应注意到，五四以后，巴金已从传统文化的浓厚阴影中跨了出来，形成了新的文化心理。因此，他这几部作品具有现代文化特质，深刻勾画出民主革命时期一代青年的文化心理和行为方式，超越了历代"造反"文学作品。巴金笔下的杜大心、李冷、陈真等新型造反者都是受过高等教育的热血青年，在异质文化思想（巴金从未明确地在作品中指出是无政府主义思想）的启蒙下，思维方式发生变化，认识到所出身的剥削阶级家庭和现实社会的罪恶，怀着为上一辈人赎罪的"原罪"心情，投入改造社会的斗争。他们的价值观念是：为社会的解放和大多数人的幸福而献身，为了实现自己执着追求的万人幸福的理想，甘愿抛弃富裕舒适的生活，牺牲个人的爱情而走上危险的亡命道路。他们深知要取得反抗的胜利是要以许多人的生命做代价的，但由于坚信："把个人底生命连系在群体底生命上面，则在人类向上繁荣的时候，我们只看见生命底连续、广延，哪里还会有个人底灭亡？"① 因而在情况危急时，一个个热血青年都能视死如归。与瓦岗寨和梁山好汉等造反者所进行的反抗方式不同，他们采取了到工厂做工、组织工会、发动工人起来和资本家斗争；或者写文章进行革命的宣传鼓动；或通过组织妇女会和农会唤起民众觉醒。由于黑暗势力的强大，同时也由于指导他们行动的政治文化思想的缺陷，他们的反抗都以失败告终。应当看到，这些作品的文化价值不在于它们表现了什么样的政治文化思想，也不在于这种思想指导下的行动是否取得成功，而在于巴金独出心裁塑造出一批文化心理机智和行为方式都与传统文学作品中的造反者大相径庭的现代青年现象系列，在他们身上映照出中国文化从传统走向现代的转型期，一种新的文化心理已经确立，他们的思维方式、反省方式、价值观念和伦理观念（其中自然也融糅着巴金的思维方式、反省方式、价值观念和伦理观念）影响了几代读者。他们的悲壮失败表明，在转型时期，要从众多的外来文化思想中寻觅到一种正确的政治文化思想来指导中国革命是何等艰难。所以，尽管巴金的这些作品还存在着不足之处，甚至缺陷，但是在中国现代文化建设的进程中，它们确实起到了不可抹杀的积极作用。

  巴金晚年回顾他的创作生活时说，他写作的秘诀是"把心交给读者"②。从五四到现在，他几十年如一日地耕耘在文学园地，用闪耀着他的价值观念、伦理观念和体现着他的思维方式、反省方式的精神世界与真实感情打动读者，影响他们的文化心理。在建设中国现代文化的进程中，他如同高尔基笔下的勇士丹柯，掏出燃烧的心，照亮道路，鼓励人们前进。

---

① 巴金：《新生》，《巴金全集》第4卷，人民文学出版社1987年版。
② 巴金：《把心交给读者》，《随想录》，人民文学出版社1980年版。

振聋发聩的一声春雷[①]

——论《狂人日记》的文化价值

五四时代,影响最大的文学作品莫过于鲁迅 1918 年 5 月在《新青年》第 4 卷第 5 号上所发表的短篇小说《狂人日记》。这篇小说宛如刺破沉沉暗夜的耀眼闪电和振聋发聩的春雷,读后使人灵魂产生强烈的震撼。80 多年来,探讨这篇小说的文章真似汗牛充栋。

研究者对小说的主题、人物形象、典型意义、写作特点及其在文学史上的地位等方面进行了详细而深刻的探讨,其中不乏真知灼见。以至近几年有些研究者竟认为,对《狂人日记》的研究已经差不多了,很难阐发出新的见解。其实不然。笔者认为,对这篇中国现代文学奠基之作的探讨远远没有穷尽。在世纪之交,如果我们从文化方位审视狂人的文化性格和小说的文化价值与表现特征,自会有一番柳暗花明的领悟。

一

在中国文化史上,狂人的形象层出不穷。他们的狂态往往是对世风礼俗的鄙薄和攻击,或者是为自身安全而采取的防卫手段。传统的狂人一般分为两种类型:一种是佯狂,皇甫谧的《高士传》中对孔子唱《凤兮》歌的接舆,便是最早的代表之一;在战国时期,孙膑诈狂以避庞涓的进一步迫害,被传为千古佳话;《世说新语》所描述的阮籍、嵇康等魏晋名士的种种狂态,更为后世人们所称道。另一种是真狂,《儒林外史》中范进中举后的发狂,便是对科举制度的沉痛控诉。不过,佯狂也罢,真狂也罢,他们都是中国传统社会中的狂人,虽然发狂的原因千差万别,性格互不雷同,狂态也各有特色,但又都与传统文化有着某种关系,不同程度地折射出传统文化的某些特征。一言以蔽之,他们都是从中国传统社会产生的旧式狂人。

鲁迅笔下的狂人,则生活在清朝末年。此时正是中国社会从传统走向现代的转型肇始期。从社会组织结构的角度考察,中国传统社会乃是以家族为本位的封建宗法制社会。一个大的家族俨然一个自成一统的社会群体。血缘的纽带把人同家族相连,人的所思所想、所作所为、所生所死,都无不与这个社会群体有关。

[①] 本文原载《中山大学学报》1999 年第 3 期。

恰如冯友兰先生所说，"家族制度过去是中国的社会制度"①，在家族宗法制社会，还形成了一个以儒学为基底，仁义道德为核心的礼教系统。两千多年来，这个礼教系统一直规范着人们的思想，制约着人们的行动，影响着人们的生活。无数事实表明，以长者、尊者为家长的家族宗法制犹如无形的绳索，束缚着人的个性，使之不能自由发展。封建礼教又似森严的网络，禁锢着人的精神，对人性进行摧残。在传统社会，尽管朝代更迭，但家族宗法制的根基却从未动摇，封建礼教从来都被奉为天经地义的生活信条。不过，当历史的步伐迈入近代，欧风美雨飘洒在神州大地，西方文化和中国传统文化猛烈碰撞与交融，"学校与科举之争，新学与旧学之争，西学与中学之争"② 才使这种"从来如此"的状况有所改变。鲁迅笔下的狂人就是中国社会从传统走向现代的转型肇始期的第一代知识分子，在他身上交织着中西两种文化因素。

狂人为什么会发狂？这曾是《狂人日记》研究中的热点之一。笔者也认为，弄清楚这个问题是揭示狂人形象文化内涵的重要一环。长期以来，研究者对狂人发狂的原因争论不休。有一种看法颇有代表性："狂人发狂的原因，就是由于踹了那象征旧的宗法制度的'古久先生的陈年流水簿子'一脚，'古久先生很不高兴'，而那作为地主豪绅的代表人物赵贵翁又来'代抱不平'，通过迫害，将人逼疯。"③ 这种随意诠释式的见解，很难令人赞同。小说中的狂人有三十来岁，他在 20 年前踹了古久先生的陈年流水簿子一脚，还只是十来岁的小孩子。如果上述观点成立，狂人岂不是受了 20 年的迫害、狂了 20 年么？这就把少年时代还未发狂的狂人，拔高到先知先觉的神童地步，贬低了狂人接受西方现代文化思想启蒙之后所进行的反抗行动，显然不符合作者的本意，并与小说的文化底蕴相悖。笔者认为，狂人踹了古久先生的陈年流水簿子一脚具有象征意义，体现了狂人在少年时代对封建历史文化的逆反心理，为此得罪了象征封建势力的代表人物古久先生、赵贵翁之流。后来他进入中学，无疑受过西方科学文化思想的熏陶。在西方科学文化思想的影响下，对所受家族宗法制的压迫和封建礼教束缚而造成的痛苦尤其敏感。他认真思考传统社会的种种不合理现象，探索一条通往"容不得吃人的人"的社会的道路，渴望变革现实，因此更遭到封建势力的注意。他们既怕他，又随时随地想加害于他。在他们的包围和迫害下，他防不胜防，终于因内心世界和现实社会生活尖锐对立与激烈冲突，导致精神分裂。他观察生活、认识社会都带有浓厚的虚幻色彩，奇特的思维方式和怪诞的行动都脱离了常态。

病理学原理告诉我们，一般精神病患者发病后，并未停止思维活动。而且刺激患者发狂的原因，往往会成为他思想活动的中心，并朝着偏执方向发展，使得

---

① 参见冯友兰：《中国哲学简史》，北京大学出版社 1985 年版。
② 毛泽东：《新民主主义论》，《毛泽东论文艺》，人民文学出版社 1966 年版。
③ 吴小美：《"五四"文学革命的第一声春雷——读〈狂人日记〉》，载《甘肃日报》1979 年 5 月 6 日。

神智更加错乱不清。如果说狂人在发狂前由于封建势力的沉重压迫，有些话不敢明白地说出来，那么，发狂之后，就会把长期积淀在潜意识层的心思毫无顾忌地讲出来。所以，狂人在日记中所表述的某些思想可以看作他发狂前思想的一种反映。

  作为鲁迅精心镂刻的艺术形象，狂人身上当然要体现出作者文化思想的某些方面。鲁迅吮吸的第一口文化营养，是中国传统文化的乳汁。值得庆幸的是，他年轻时也被西方进化论和尼采学说所深深吸引。在进化论的启迪下，他"总以为将来必胜于过去，青年必胜于老人"①。尼采鼓吹"旧的真理正在接近尾声"②"一切诸神都已死了"③ 等反对偶像、蔑视传统的思想和"重新估价一切"的口号，激起过鲁迅的共鸣。尼采主张的"超人"及其倡导的"力抗时俗"的叛逆精神，也为鲁迅所称道。辛亥革命后，鲁迅好几年埋头钻研经史子集、佛经道藏、金石拓片。笔者非但不赞同学术界把这一时期看成鲁迅的消沉期的观点，而且认为恐怕鲁迅也没有意识到这一时期是他后来成为一代文化巨人极其重要的准备期，否则他不会说"见过辛亥革命，见过二次革命，见过袁世凯称帝，张勋复辟，看来看去，就看得怀疑起来，于是失望得很，颓唐得很"④ 之类的话。很明显，如果鲁迅不是这时涉猎了大量的中国文化典籍，不是在西方文化思想的观照下对中国传统文化和辛亥革命进行深刻的反思，那么，他就不可能石破天惊地发现："偶阅《通鉴》，乃悟中国人尚是食人民族，因此成篇。此种发现，关系也甚大，而知者尚寥寥也"⑤，就不可能觉察到上层社会的堕落在于"吃人"，下层社会的不幸在于"被吃"，进而深掘出造成这种"吃人"现象的病根是家族宗法制对人性的摧残和封建礼教对人精神的虐杀。在中国文化史上也曾有一些具有叛逆精神的知识分子，例如明代的李贽，对家族宗法制和封建礼教持严厉的批判态度。但是，在那个时代他们不可能找到一种新的文化思想作为观照系，因而跳不出传统文化的窠臼。把中国历史文化惊心动魄地概括为"吃人"的历史，省悟到"中国人尚是食人民族"，鲁迅委实是第一人。由此可见，鲁迅创作《狂人日记》，虽然"意在暴露家族制度和礼教的弊害"⑥，但狂人形象显然也涵容着当时为鲁迅所认同的外来文化思想和对中国传统文化的深沉反思。

---

  ① 鲁迅：《三闲集·序言》，《鲁迅全集》第4卷，人民文学出版社1981年版，第5页。
  ② 尼采：《尼采自传·偶像的黄昏》，《尼采文集》，改革出版社1995年版，第91页。
  ③ 尼采：《查拉斯图拉如是说》，《尼采文集》，第189页。
  ④ 鲁迅：《南腔北调集·〈自选集〉自序》，《鲁迅全集》第4卷，第455页。
  ⑤ 鲁迅：《致许寿裳，1918年8月20日》，《鲁迅全集》第11卷，人民文学出版社1981年版，第353页。
  ⑥ 鲁迅：《中国新文学大系·小说二集·序》，《鲁迅全集》第6卷，人民文学出版社1981年版，第239页。

二

然而，作为一个不朽的艺术典型，狂人的思想并不等同于作者的思想，狂人的形象自有其文化性格和文化价值。

首先，狂人的目光透过礼教的"仁义道德"外衣，发现延续了几千年的家族宗法制社会历史，原来是极其野蛮残忍的"人吃人"历史，一语双关地道破封建社会的本质。在狂人心目中，外部世界是一个变形的"吃人"世界：不仅"易子而食"，还"食肉寝皮"；不仅大人"吃人"，而且小孩也"吃人"；不仅"自己想吃人"，而且"又怕被别人吃了"；不仅吃别人，而且在家族中也吃自己的儿女和手足；人与人之间的关系，都是"吃人"和"被吃"的关系。狂人发现"吃人的是我哥哥！我是吃人的人的兄弟"的同时，猛然察觉到"我未必无意之中，不吃了我妹子的几片肉"，并为此而深深忏悔，同时还对"有了四千年吃人履历的我"做了坚决的否定。这些都表现了中国社会嬗变初期第一代知识分子思想的憬悟，意味着扫荡食人者、掀掉人肉筵席的斗争业已开始。

其次，狂人的思维定式发生了变化。在传统社会，人们恪守"天不变，道亦不变"的思维定式，对"吃人"现象已司空见惯，因而"人肉"筵席延续了几千年。狂人一旦发现几千年的文化历史是"吃人"的历史，便对家族宗法制与封建礼教存在的合理性产生怀疑，"从来如此，便对么？"从而萌生了一种新的思维定式。新的思维定式使狂人认识到产生"吃人"现象的原因，在于人身上残存着的兽性和野蛮性，他说："……大约当初野蛮的人，都吃过一点人。后来因为心思不同，有的不吃人了，一味要好，便变了人，变了真的人。有的却还吃，——也同虫子一样，有的变了鱼鸟猴子，一直变到人。有的不变的，至今还是虫子。这吃人的人比不吃人的人，何等惭愧。"有趣的是，尼采也有一段名言与狂人的话十分接近："猿猴对于人是什么？一种可笑或一种羞耻之物。人对于超人也是如此：一种可笑，或一种羞耻之物。你们曾经由蠕虫到人，但在你们心中大都仍是蠕虫。从前你们是猿猴，但现在人类比任何猿猴，更是一种猿猴。"①不过，尼采蔑视现代人类，主张超人应主宰一切，希望颇为渺茫。狂人主张现代人类剔除兽性和野蛮性，净化为不吃人的"真的人"，希望较为实在。狂人从这种希望出发，预感到社会历史的发展趋势是"将来容不得吃人的人，活在世上"。警告吃人的人，"你们要不改，自己也会被吃尽。即使生得多，也会给真的人除灭了，同猎人打完狼子一样！——同虫子一样"。显然，新的思维定式增进了狂人对未来社会的信心。

---

① 尼采：《查拉斯图拉如是说》，《尼采文集》，改革出版社1995年版，第128页。

再次,狂人努力打破大哥、古久先生、赵贵翁、陈老五、老头子乃至于赵家的狗所构织成的吃人关系网,探索一条通往将来"容不得吃人的人"社会的道路,期待着没有吃过人的"真的人"出现。诅咒"吃人"的人和劝转人们"吃人"的心思,是狂人反抗"黑漆漆的,不知是日是夜"的社会的两种主要方式。今天看来,面对强大的"吃人"势力,狂人的反抗方式是何等幼稚可笑。然而,在当时的历史文化环境中,狂人敢于诅咒"吃人"的旧传统,敢于运用人类社会进化的观点,来清除传统文化在人们心理上的积淀,单枪匹马改造险恶的社会环境,这是何等无畏的精神,何等勇猛的行动。无论狂人的思想有多少局限,他试图转变人们"吃人"的劣根性的行动是难能可贵的。

当然,由于"吃人"的势力很强大,"吃人"的弊习很深,要想在这可诅咒的地方击退可诅咒的时代,根本改造"吃人"的社会,绝非一朝一夕之功,也远非狂人所能办到的。而且狂人势单力薄,在黑沉沉的屋子里感到"万分沉重,动弹不得"。于是他便把希望寄托在下一代身上,发出了振聋发聩的"救救孩子"的呼声。可见,狂人形象的文化意义,不在于他的思想是否健全成熟,也不在于他的反抗是否成功——那个时期的新式知识分子,思想难免偏颇和有几分缺陷,所进行的反抗注定要以失败告终。而在于狂人经过西方文化思想的初步启蒙和对传统文化的认真反思,第一个认清中国几千年的文化历史是"吃人"的历史;第一个看到国民劣根性:"吃人者"的兽性和野蛮性,"被吃者"的愚弱性;第一个重新估价几千年来一代传一代"娘老子先教的"道理。应当说狂人潜意识中的理想是美好的,他虽然"狂"了一阵子,却不可能完成"扫荡这些食人者,掀掉这筵席,毁坏这厨房"①的使命,更不可能将理想变成现实。小说开篇介绍,狂人"然已早愈,赴某地候补矣"。所谓候补,就是等待派遣的机会去做行将崩溃的清王朝的官。这又显现出传统文化在狂人身上留下的印记是多么难以涮洗干净。

由此看来,小说中的狂人大大有别于中国传统社会中的狂人,他的"病情"记录着他上中学时学习西方科学文化知识之后觉醒的过程,寄寓着作者对中国社会历史文化的看法和对改造中国方略的探索;他的归宿又昭示出,受新学思潮某些方面感染的狂人,刚一上阵就被代表家族宗法制和封建礼教的"吃人"势力打退了,充分说明新的文化思想要战胜"从来如此"的旧传统是何等艰难。这对于唤醒昏睡在"铁屋子"里的同胞,改变其麻木的劣根性有着重要的作用。

三

《狂人日记》的文化新质,不仅从独创的思想内容上凸现出来,而且也从它

---

① 鲁迅:《坟·灯下漫笔》,《鲁迅全集》第1卷,人民文学出版社1981年版,第217页。

别致的体式和新颖的表现手法上表现出来。恰如茅盾所说："在中国新文坛上，鲁迅君常常是创造'新形式'的先锋。"① 《狂人日记》有着中国笔记小说简洁、传神、白描的特点，足见鲁迅在民族文化的濡染和陶冶下所具有的深厚民族文学功底。但他又不墨守传统文化形式的陈规老套，而是借西方文化形式之石来攻本国文学之玉，大胆进行文学形式的创新。如果说鲁迅接受民族文化形式和文学形式的影响是自发的，那他学习和借鉴外国文化和外国文学形式的长处，则是自觉的行动。他创作《狂人日记》之时，"所仰仗的全在先前看过的百来篇外国作品和一点医学上的知识"②，而且"所取法的，大抵是外国的作家"③。在这之前的文学作品，罕有日记体的小说体式。《狂人日记》突破传统小说陈陈相因的体式格套，表现形式焕然一新，这不是偶然的。

鲁迅创作这篇小说，显然受到俄国批判现实主义作家果戈理在1834年所写的《狂人日记》的启迪。果戈理的同名小说写的是19世纪一个小公务员的悲剧故事。专给司长削鹅管笔的九等文官波普里希爱上了司长的千金。他地位低下，注定这一厢情愿的单相思是不成功的。他因痴心妄想破灭而发狂。在冷漠的人间，也只有远在故乡的妈妈会可怜他。于是他在屈辱的生活中发出"妈妈呀，可怜可怜患病的孩子吧"的哀号，期待着同情和怜悯。鲁迅学习果戈理的同名小说在艺术构思和艺术表现技巧的长处，"拿来"日记体小说的体式格局，加以创造性地熔铸，从而在创作中形成自己不相雷同的独创性，而不是简单地模仿和照搬。

鲁迅从当时中国社会从传统走向现代的转型肇始期的现实生活和文化环境出发，塑造自己的狂人形象。因此，他的取材既跳出传统狂人文学的圈子，又有别于外国作家的狂人文学作品。转型时期产生了四代知识分子。据冯雪峰在《过来的时代》援引鲁迅的说法，"一代是章太炎先生他们；其次是鲁迅先生自己的一代；第三，是相当于瞿秋白等人的一代"，第四是冯雪峰这一代。鲁迅刻画的狂人形象就属于"章太炎先生他们"一代人。清末，具有民主主义思想的章太炎和资产阶级革命领袖孙中山都被一些人视为"疯子"。章太炎说："大凡非常可怪的议论，不是神经病人断然不能想；就能想，也不敢说；说了以后，遇着艰难困苦的时候，不是神经病人，断不能百折不回，孤行己意。"④ 因此，他不怕别人说他疯癫。鲁迅曾就学于章太炎，敬佩章太炎的学问人品，受其影响自然是不

---

① 沈雁冰：《读〈呐喊〉》，载《文学周报》第91期。
② 鲁迅：《南腔北调集·我怎么做起小说来》，《鲁迅全集》第4卷，人民文学出版社1981年版，第512页。
③ 鲁迅：《致董永舒，1933年8月13日》，《鲁迅全集》第12卷，人民文学出版社1981年版，第212页。
④ 章太炎：《演说》，载《民报》第6号，第2页。

小的。第一代知识分子的初步觉醒及其在"黑屋子里"挣扎反抗的事迹,触及鲁迅的心灵。但《狂人日记》的题材又不只取材于章太炎等人的某些经历。在鲁迅时代,典型化的创作方法已广泛被外国作家接受和使用,他此时读过的百来篇外国小说,就有不少是现实主义杰作。鲁迅从外国文学中学到了典型化的创作方法,在社会生活中发掘原型,"杂取种种人,合成一个"①。鲁迅有一个在山西当师爷的表兄弟,神经错乱,留下一封遗书,说山西繁峙县的绅士们设计陷害他,要将他置之死地。逃来北京后,又觉得想杀他的人如影随身,更加惊恐不安,不久被送回原籍。鲁迅笔下的狂人,无疑有这个人的影子。所以,小说中的狂人是来自转型肇始期现实生活的"这一个"人物。

众所周知,鲁迅还从西方文学流派,如前期现代主义文学中吸取过营养。西方前期现代主义文学的文化思想基础是叔本华的唯我主义、唯意志论,尼采的超人哲学,马赫的经验批判主义,柏格森的反理性的直觉主义,弗洛伊德的精神分析法等。众多的前期现代主义文学流派中,鲁迅写《狂人日记》时最受象征主义文学和意识流文学的表现形式影响。象征派主张,现实世界是虚幻而痛苦的,而"另一个世界"则是真的、美的。而《狂人日记》所展现的不正是一个影影绰绰、充满罪恶的迷离世界么?狂人憧憬的未来世界,实际上只是一种模模糊糊的心灵渴望而已。前期象征派文学家波特莱尔、安特列夫等,长期受到鲁迅的喜爱,他们的作品注重象征和印象,为西方文学开辟了一条创作新径。鲁迅学习和借鉴过他们的表现手法。《狂人日记》的"吃人"一语双关,既指狼子村村民炒食"大恶人"心肝的现实,又暗示着家族宗法制和旧礼教对人精神上的戕害。两者舛错交结,构成象征意义上的"吃人"世界,进而把人类社会的历史概括为"人吃人"的历史。在这个象征意义上的"吃人"世界,"吃人"习惯由"娘老子教的"传给小孩,积淀在民族文化心理深层,形成"从来如此"的传统。可见,"吃人"便是鲁迅选择和安排适合于表达出意念的象征字眼,达到"以物言情"和暗示主题、暗示事物、暗示作者思想感情的目的。鲁迅还运用象征主义的隐喻、暗示、烘托、对比、通感、夸张、变形和联想等手法,把这个象征意义上的"吃人"世界描绘得神秘幽深:月夜中赵家的狗、没有月光的世界、"黑漆漆,不知是日是夜"的日子、吃人的心思和吃人的阴谋、"狮子似的凶心、兔子的怯弱,狐狸的狡猾"的"吃人"的人和被吃的孩子……凡此种种,充满恐怖气氛和怪异的色彩,使小说产生出一种恍惚迷蒙、浮想联翩的境界,读者从中可以感受到强烈的反封建精神。

意识流小说是象征主义在小说领域的发展。受弗洛伊德学说的影响,意识流

---

① 鲁迅:《且介亭杂文末编·〈出关〉的"关"》,《鲁迅全集》第6卷,人民文学出版社1981年版,第519页。

派作家深入到人物的意识深层，探寻潜意识的奥秘，并以内心独白、自由联想等手段，联结意识流动的过程。鲁迅对弗洛伊德学说很感兴趣，结合他在日本所学到的现代医学知识，运用意识流的手法对狂人的潜意识和无意识进行深刻、细致的剖示，对狂人的幻觉和心理活动流程做了具体的描写：狂人从月光联想到赵家的狗；由女人管教孩子的打骂声和狼子村的"大恶人"被打死吃掉的新闻，发现周围全是"吃人的家伙"；从历史书上"仁义道德"的字缝，现出"满本都写着两个字是'吃人'"的幻觉；由老中医的嘱咐，产生"合伙吃我的人，便是我的哥哥"的错觉；由回忆妹妹病死的情景，反省到自己也是个"吃人的人"；由蒸鱼的眼睛，幻化成想吃人的人的模样。当狂人被关在黑沉沉的屋子里，便感到"横梁和椽子都在头上发抖；抖了一会，就大起来，堆在我身上"的沉重压迫感。鲁迅不注重环境描写和情节的连贯与完整，他的笔循着狂人意识的流动的轨迹，记叙成章。这样，小说的结构出现新奇的样式：时间、空间的概念完全打乱，过去、现在、未来，交错跳跃，颠来倒去，不依正常的时序。梦境与现实，真实与虚幻，交替出现，飘忽无常。现实世界在他异样的目光中变成"吃人"的场所，周围的人物也都变了形。通过对狂人变态心理和谵言疯行的描述，凸现出他敏感、多疑、大胆、倔强、遇事寻根究底的性格和对人类的爱心。

　　综上所述，正是由于鲁迅采来中外文化的花粉，酿出创作之蜜，所以，《狂人日记》作为他在五四运动前夜所发出的第一声呐喊，唤起无数读者走向反封建的战场。在艺术形式上，《狂人日记》也开创了中国现代心理小说和日记体小说的先河。可以毫不夸张地说，在中国文化史上，它的价值如同灯塔一样，永远放射着不灭的光芒。

魏晋名士风度与魏晋文学[①]

　　魏晋时期是中国文学发展的一个饶有特色的重要时期。那时由于政治昏暗和连年社会动乱以及玄学勃兴，为数不少的文学家为了独善其身，其人格朝着名士方向发展。所谓名士，是指在社会上有较高的知名度却未担任官职的贤达。《礼记·月令》说，季春三月"勉诸侯，聘名士"，郑玄注："名士，不仕者"；又指以诗文闻名于世，恃才傲物、旷达不羁，风流倜傥，不拘小节的文学家，《汉书·方术传论》说："汉世之所谓名士者，其风流可知矣。虽弛张趣舍，时有未纯，于刻情修容，依倚道艺以就其声价，非所能通物方，弘时务也。"名士靠名立身，以身扬名，自然情致高雅、才藻奇拔、崇尚自由、人格风范卓尔不俗。因此，名士既是才子，又是高人雅士。当然，作为一种社会角色，名士早在上古时代就存在了。不过，从文化学的方位去考察，正如作为社会角色的文学家并不都具有内圣外王人格一样，某种社会角色并不都具有该角色的文化人格。应当看到，作为文化意义的名士人格为一个时代的文学家所普遍认同，还是在魏晋南北朝时期。

　　在魏晋之前的社会文化思想中，儒家学说影响广被，一直占据着主导地位。两汉的文学家一般都遵照儒家的伦理规范进行"内圣"的修养，积极在"立功""立言"方面建立自己的"外王"事业；如果性格孤傲，行为放诞不羁，或者如东汉辞赋文学家赵壹备受乡党讥评，几乎性命不保；或者如东汉经学家、文学家马融，因生活奢侈，设红色帐幕，前面教授学生，后面列立女乐，违背儒家礼法而被人非议。

　　但是到了魏晋时期，文化环境发生很大变化。那时的政权异常腐朽黑暗，统治集团内部争位夺权，不但自相残杀，而且对儒士阶层也采取高压手段，弄得人人自危。西晋曾短期统一过中国，但不久发生"八王之乱"，中国社会便长期处于分裂割据状态和南北分治的对峙局面。长达三百多年的动乱，给人们精神上蒙上了一层阴影。两晋政权又为世家大族所垄断，形成了"上品无寒门，下品无士族"[②]的门阀士族政治。出身寒素的知识分子，很难有实现政治抱负的机会。不仅如此，魏晋统治集团，对儒士阶层还采取高压手段。著名史学大师陈寅恪教授指出，曹操在汉末"欲取刘氏之皇位而代之，则必先摧破其劲敌士大夫阶级精神

[①] 本文原载《中山人文学术论坛》第2辑，广东高教出版社1999年版。
[②] 《晋书》卷四十五《刘毅传》，中华书局1974年版，第1274页。

上之堡垒，即汉代传统之儒家思想，然后可以成功"①。尔后，司马氏统治集团则利用"名教"来推行其血腥的专制统治，自然引起儒士阶层的反感。在这个时候，两汉以来处于独尊地位的儒家文化思想日渐衰微，融合了儒、道两家文化思想的玄学应运而生。

所谓玄，就是深奥、玄妙的意思。儒家的《易经》、道家的《老子》《庄子》曾被并称为"三玄"。曹魏时代的正始年间，何晏、王弼等人为先秦典籍如《易经》《老子》《庄子》等作注时，以道释儒，以儒释道，融通儒道，经他们阐释的思想，被称为玄学。何晏、王弼是玄学的倡始人。玄学的勃兴，对魏晋南北朝的名士型文学家人格的形成有着重大的影响。正如近代国学大师章太炎先生所说："会在易代兴废之间，高朗而不降志者，皆阳狂远人。礼法浸微，则持论又变其始。嵇康、阮籍之伦，极于非尧、舜，薄汤、武，载其厌世，至导引求神仙，而皆崇法老庄，玄言自此作矣。"②

而且，在汉末魏晋南北朝，臧否人物的人品和文品已成为一种社会风习。例如曹操经常同荀彧等人谈论人物的优劣。刘劭所写的《人物志》是一部品藻人物才情、性格、品行、能力的著作，对当时和后世都有相当大的影响。曹丕的《典论·论文》、刘勰的《文心雕龙》、钟嵘的《诗品》等著作，已经注重将文学家的人格与文学风格结合起来加以品评。

很明显，在先秦两汉已具雏形的儒家理想的"内圣外王"人格模式已不能适应魏晋南北朝的社会现实。动乱的社会环境、儒学式微、昌炽的玄学和好尚清谈，推崇口辩、褒贬人品的风尚，在那时的文学家中形成一种新的文化心理。在那样的文化氛围中，名士风度很自然地得到文学家的普遍认可。

应当看到，尽管那时玄风大盛，如刘勰所说："聃、周当路、与尼父争途矣。"③ 但是，魏晋南北朝文学家的文化心理深层仍然堆积着儒家文化思想的厚重沉淀。即使是玄学的倡导者何晏、王弼所著《周易注》，都是认儒学为宗，阐释儒学的重要述作，后来被定为儒学的标准注本而流传甚广。可见，玄学家们虽然接受了"天地万物皆以无为本"④的道家文化思想，但并未与儒家文化思想一刀两断。玄学文学领袖、名士诗人代表阮籍早年何尝不是胸怀"兼善天下"之志，他在一首诗中抒发了建功立业、实现"外王"的宏愿："壮士何慷慨，志欲威八荒。驱车远行役，受命忘自念。良弓挟乌号，明甲有精光。临难不顾身，身死魂飞扬。岂为全躯士，效命争战场。忠为百世荣，义使令名彰。垂声谢后世，

---

① 陈寅恪：《书世说新语文学类钟会撰四本论始毕条后》，《陈寅恪史学论文选集》，上海古籍出版社1992年版，第145页。
② 章太炎：《訄书·学变第八》，《章太炎全集》第三卷，上海人民出版社1984年版，第145页。
③ 刘勰：《文心雕龙·论说》，《〈文心雕龙〉解说》，安徽教育出版社1993年版，第360页。
④ 《晋书》卷四十三《王衍传》，中华书局1974年版，第1236页。

气节故有常。"① 诗中全无道家清静无为之气。史书说他"本有济世志,属魏晋之际,天下多故,名士少有全者,籍由是不与世事,遂酣饮为常"②。再如,深受玄风影响的太康诗人左思因出身儒学世家,始终割不断与儒家文化思想的联系,在八首《咏史诗》中陈述他"左眄澄江湘,右盼定羌胡"的壮志,借颂扬战国时代的能人段干木、鲁仲连等,表达自己渴望施展"当世贵不羁,遭难能解纷"的抱负,以及对"功成不受爵,长揖归田庐"及"功成不受赏、高节卓不群"的高洁品行的追求。从这些流溢出内圣外王人格情致的诗中,可以窥见魏晋的名士风度与儒家理想的人格设计不是水火不兼容的,而是儒家内圣外王人格机制在新的历史文化条件下的发展和补充。

只是,在司马氏集团的统治下,他们不但很难有所作为,兼善天下的"外王"之志遂成泡影,而且自己的身家性命亦不易保全。即使是跻身上层的何晏,也不无恐惧地在诗中写道:"常恐夭网罗,忧祸一旦并","逍遥放志意,何为怵惕惊。"③ 为了避祸,只得从道家文化思想中去寻求心灵的安慰和平静。公元249年,何晏终于倒在司马懿的屠刀之下。当时,许多不愿投靠司马氏政权的文学家目击社会动乱,又不甘高隐避世,受玄风熏陶,从安身立命出发,而不是从单纯的内圣外王出发去建构自己的人格,在"天地万物皆以无为本"的玄学境界中,寻求精神上的寄托与解脱。从前,儒家倡扬遵奉礼制,从个体与群体、个人与皇(王)权的关系中来确定人格的价值。而此时,他们大都以玄学为观照,力图摆脱个体与群体的关系,和个人对皇权的依附性来寻求人格的价值,在生活中比较注意突出自我的主体地位,较少受儒家礼教约束。正始年间,文学家们清谈玄学已蔚成风气,竹林七贤的出现标志着魏晋文学家名士风度的形成。

以嵇康、阮籍为领袖的竹林七贤,是魏晋时代重要的文学派别,其成员还有山涛、向秀、阮咸、王戎和刘伶。他们"遂为竹林之游,世所谓'竹林七贤'也"④。竹林七贤大都出身于士族,性格情趣各不相同,有的人后来还受到司马氏统治集团的重用——如竹林七贤分化后,山涛任过吏部尚书、太子少傅、右仆射等职;向秀当过黄门侍郎、散骑常侍;王戎累官至司徒、尚书令——但在当时都清谈玄远、议道论理,蔑视礼乐教化,举止狂放而不拘礼法,显示出魏晋文学家所特有的名士风度。

魏晋文学家所标榜的"越名教而任自然"⑤的名士风度,实际上是与司马氏统治集团所推行的"名教"唱对台戏。所谓"名教",不等于儒家文化思想。陈

---

① 阮籍:《咏怀诗·第三十九》,《阮籍集校注》,中华书局1987年版,第321页。
② 《晋书》卷四十九《阮籍传》,中华书局1974年版,第1360页。
③ 何晏:《言志诗》,《先秦汉魏晋南北朝诗》(上),中华书局1983年版,第468页。
④ 《晋书》卷四十九《嵇康传》,中华书局1974年版,第1370页。
⑤ 嵇康:《释私论》,《嵇康集译注》,黑龙江人民出版社1987年版,第120页。

寅恪教授对"名教"概念的界定是："以名为教，即以官长君臣之义为教，亦即入世求仕者所宜奉行者也。"① 换句话说，魏晋时代的"名教"，就是司马氏统治集团利用儒家的礼制而施行的"长官意志"。那么，魏晋名士如何对抗"名教"呢？玄学无疑是他们最好的思想武器，怪诞的生活方式是拒绝与司马氏统治集团合作的最佳办法。其中，嵇康、阮籍的名士风度很有代表性。嵇康与曹魏宗室有婚姻关系，是竹林七贤中积极反对司马氏政权的第一人。他在思想上坚持曹操定下来的鄙薄儒学的原则，公开宣称"老子、庄周，吾之师也"，对司马氏统治集团奉为圭臬的儒家礼法嗤之以鼻，"每非汤、武而薄周、孔"②。一旦发现昔日友人山涛皈依"名教"，投靠司马氏统治集团，便毅然与之绝交。他被逮入狱后写的《幽愤诗》，再次重申"抗心希古，任其所尚。托好老庄，贱物贵身"③ 在他的风度中显然羼入了道家文化的特质，他的生活举止更是不依儒家礼制。在《与山巨源绝交书》中所列的"七不堪"和"两不可"，便是对世俗礼法的憎恶和放任自然天性的自我描述。司马昭的重要谋士钟会去见他，"康方大树下锻，向子期为佐鼓排。康扬槌不辍，傍若无人，移时不交一言。钟起去。康曰：'何所闻而来？何所见而去？'钟曰：'闻所闻而来，见所见而去'"④。嵇康对不受欢迎的客人的藐视，不愿与之客套周旋，毫无掩饰地显露自己的真性情，直脱脱地表达出张扬个性的名士风度。司马昭当然容不得这不仕不孝的名士，便以违反"名教"的罪名杀掉嵇康。

阮籍的政治态度与嵇康一样，只是比嵇康含蓄，将愤世嫉俗的情绪隐藏在嗜酒荒放、露头散发、裸袒箕踞的佯狂之中，以苟全性命于暴政之中，恰如陈寅恪教授所说："魏末主张自然之名士经过利诱威迫之后，其佯狂放荡，违犯名教，以图免祸。"⑤ 从这个意义上说，不与司马氏统治集团合作的文学家所煽扬的玄风及其名士风度，便是他们明哲保身的不二法门。比如阮籍以醉酒来回绝司马昭的求婚和回避钟会居心叵测的试探，并且言必玄远，不臧否人物，不评议时政，连司马昭也不得不承认他处事谨慎。不仅如此，阮籍还放浪于形骸，常驾马车外出，不问路径，任马驰骋，到无路可走之处，痛哭而返。他以"青眼"看嵇康，"白眼"对礼俗之士，骂后来依附司马氏的王戎为"俗物"。母亲去世时，他照旧饮酒吃肉；嫂嫂归宁，他赶去送别，有人讥诮他，他回答："礼岂为我设耶！"并且嘲笑那些"惟法是修，惟礼是克"的君子，"何异夫虱之处于裈中乎！"⑥ 与

---

① 陈寅恪：《陶渊明之思想与清谈之关系》，《陈寅恪史学论文选集》，上海古籍出版社1992年版，第119页。
② 嵇康：《与山巨源绝交书》，《嵇康集译注》，黑龙江人民出版社1987年版，第274页。
③ 嵇康：《幽愤诗》，《嵇康集译注》，黑龙江人民出版社1987年版，第295页。
④ 刘义庆：《世说新语·简傲》，《〈世说新语〉笺疏》，上海古籍出版社1993年版，第766页。
⑤ 陈寅恪：《陶渊明之思想与清谈之关系》，《陈寅恪史学论文选集》，第124页。
⑥ 《晋书》卷四十九《阮籍传》，中华书局1974年版，第1360页。

阮籍相似的还有刘伶。"刘伶恒纵酒放达，或脱衣裸形在屋中。"① 他们的言行将名士风度发挥得淋漓尽致。

不错，昌炽的玄学确实唤起嵇康、阮籍、刘伶等人摆脱儒家礼法的束缚，他们的名士风度体现了对人格独立和精神自由的追求。阮籍甚至把超凡脱俗的"大人"当作理想的人格范式——"夫大人者，乃与造物同体，天地并生，逍遥浮世，与道俱成，变化散聚，不常其形"②，分明是道家人格境界。他理想的"大人""不与尧舜齐德，不与汤武并功"③，视儒家的内圣外王如草芥。不过，这种"大人"的人格境界，在魏晋的社会现实中很难实现。阮籍并非心甘情愿地纵酒昏酣，"遗落世事"④；嵇康也没有真正做到"越名教而任自然"⑤。他们憎恨司马氏统治集团，却无力与之抗争；关心世事，却又无法改变现实；久蓄济世之志，更无处可施展；既不能外王，亦难修炼内圣，人格心理处于极其矛盾的状态。阮浑欲加入竹林七贤这个名士小圈子，遭到乃父阮籍的拒绝。嵇康在写给儿子看的《家诫》中所列举的处世信条，就与他的言谈举止大相径庭。可见他们内心深处对这种名士风度是不以为然的。正如鲁迅所说："因为他们生于乱世，不得已，才有这样的行为，并非他们的本态。但又于此可见魏晋的破坏礼教者，实在是相信礼教到固执之极的。"⑥ 透视他们的狂态，不难看到魏晋名士风度的架构：表层是不符合儒家礼法的种种狂态，里层是道法自然的玄理，深层是儒家文化思想。由此看来，魏晋名士风度是儒家理想人格设计中内圣与外王产生冲突时的一种表现形态。

值得注意的是，自然与"名教"针锋相对，达官显贵与清高名士不可得兼。当山涛、王戎、向秀等人从竹林七贤中分化出去，屈身投靠司马氏统治集团并受到重用时，就已失去名士风度了。

嵇康、阮籍等人的名士风度，必然会从他们的创作中反映出来，从而使他们的作品呈现出独特的风貌。这表现在以下四个方面：

首先，嵇康、阮籍等人增强了自我意识，力图摆脱一切羁绊，达到老、庄所倡扬的自然境界。因此，他们在创作中张扬个性，几乎没有庸俗的功利目的。例如阮籍在《清虚赋》和《大人先生传》等作品中，就让思想自由翱翔，描画出一个他所神往的无拘无束的缥缈境界。嵇康的"目送归鸿，手挥五弦。俯仰自得，游心太玄"和"琴诗自乐，远游可珍。含道独往，弃智遗身"⑦ 等诗句，都

---

① 刘义庆：《世说新语·任诞》，《〈世说新语〉笺疏》，上海古籍出版社1987年版，第730页。
② 阮籍：《大人先生传》，《阮籍集校注》，中华书局1987年版，第165页。
③ 阮籍：《大人先生传》，《阮籍集校注》，第165页。
④ 《晋书》卷四十九《阮籍传》，第1362页。
⑤ 嵇康：《释私论》，《嵇康集译注》，黑龙江人民出版社1987年版，第120页。
⑥ 鲁迅：《而已集：魏晋风度及文章与酒之关系》，人民文版社1973年版，第96页。
⑦ 嵇康：《兄秀才入军》，《嵇康集译注》，黑龙江人民出版社1987年版，第13页。

强调自我的情志趣味,显示出纵心自然、不受拘束的潇洒、旷达胸怀。

其次,嵇康、阮籍等名士将玄风直接引进文学创作中,在诗文中阐玄释理,使诗文创作,尤其是诗歌创作出现前所未有的哲理化倾向。例如嵇康曾咏叹:"生若浮寄,暂见忽终。世故纷纭,弃之八戎。"① 把诗意与玄风哲理浑然融为一体。阮籍的诗歌则对世道人生进行更深层次的玄思哲理探索。他的 82 首《咏怀》诗,渗透着对人生哲理的领悟,把情、景、哲理和谐地结合在一起,言有尽而意无穷。难怪刘勰读后说:"阮旨遥深。"② 阮诗对后来玄言诗的兴起产生了很大的影响。

再次,魏晋名士并非不食人间烟火,潜意识中的儒家文化思想积淀,使他们自觉或不自觉或半自觉地关注着社会现实。嵇康的散文如《释私论》《难自然好学论》等,以尖锐的语言揭露"名教"的虚伪性。他虽然清谈玄远,"穆然以无事为业",但又"坦而以天下为公",反对"以天下私亲",热切希望能一展雄图,"宁济四海蒸民"③。正是他不能忘却世事,真正超然于物外,所以他的诗作大都洋溢着忧愤的情愫,如《答二郭》中云:"详观凌世务,屯险多忧虞。施报更相市,大道匿不舒。夷路值积棘,安步将焉如,权智相倾夺,名位不可居。"④ 反映出他的入世之心与险恶现实的矛盾。而阮籍的《咏怀》诗,在对人生的体验中蕴含着诗人对世道的否定、对司马氏统治集团的讽刺和对未来生活的忧虑,表现出对现实的关注和只能在玄学中寻求精神寄托的无可奈何的心情。

除此之外,嵇康、阮籍等名士文学家还十分注重文学技巧,创造性地继承了《诗经》的比兴手法和《庄子》想象奇幻、譬喻贴切的手法,并发挥到一个新的高度,把玄谈中的哲理形象化,成为言浅旨远的玄趣。当人们细细品味他们的作品时,玄思哲理的清泉便汩汩地滋润着读者的心田。而且,高度思辨的玄理在创作中表现出来,亦需要相应的文学形式。他们在文章中用骈句谈玄,辞美意深,骈体文在他们笔下得到迅速发展。嵇康、阮籍等人的作品中有不少骈句。例如阮籍的《答伏义书》,几乎通篇骈句;嵇康的《养生论》《答难养生论》《释私论》等,骈散相兼,感情荡漾的旋律跌宕成句式的节奏,朗朗上口,别有一种韵味。自此以后,骈体文和议论文兴起,在南北朝时期一度风靡文坛。

文学史所提供的材料表明,魏末正始年间文学家的名士风度和创作影响了两晋的文风。西晋太康文学的代表三张(张载、张协、张亢)、二陆(陆机、陆云)、两潘(潘岳、潘尼)、一左(左思)等,都深受正始玄风濡染,在创作上继承和发扬了正始名士谈玄释理的传统,如陆机的《幽人赋》《列仙赋》《招隐

---

① 嵇康:《兄秀才入军》,《嵇康集译注》,黑龙江人民出版社 1987 年版,第 13 页。
② 刘勰:《文心雕龙·明诗》,《〈文心雕龙〉解说》,安徽教育出版社 1993 年版,第 103 页。
③ 嵇康:《答向子期难养生论》,《嵇康集译注》,第 59 页。
④ 嵇康:《答二郭》,《嵇康集译注》,第 211 页。

诗》，陆云的《逸民赋》，潘岳的《秋兴赋》《闲居赋》，左思的《招隐》诗等，颇得嵇康、阮籍等名士的游仙诗、招隐诗的真髓，不仅羼入玄学的内容，富有玄理玄趣，而且还显露出贱物贵身、清心寡欲、超然世外的老庄精神境界。左思的《咏史》诗，亦蕴含着阮籍《咏怀》诗的余响遗韵。难怪刘勰说太康文学家"采缛于正始，力柔于建安，或析文以为妙，或流靡以自妍，此其大略也"①。到了东晋，玄风炽盛到顶点。包括文学家在内的一些士人，竞相仿效嵇康、阮籍、刘伶等人的狂态异行，名士风度被他们视为风雅之事。在南朝刘义庆所撰的《世说新语》中，辑录了不少名士的轶事趣闻。那时的文学创作无不带有几分玄学色彩，沈约说："有晋中兴，玄风独振，为学穷于柱下，博物止乎七篇，驰骋文辞，义殚乎此。自建武暨乎义熙，历载将百，虽缀响联辞，波属云委，莫不寄言上德，托意玄珠，遒丽之辞，无闻焉尔。"② 崛起于西晋末年的玄言诗风行东晋，独霸诗坛百余年，达到它的巅峰。刘勰所说，"江左篇制，溺乎玄风"③ 和"诗必柱下之旨归，赋乃漆园之义疏"④，便是对那时文坛风气的准确概括。及至到了东晋末年，玄风式微，田园诗和山水诗取代了玄言诗。但在田园诗的倡导者陶渊明和山水诗的开创者谢灵运等诗人身上，名士风度仍不时显现出来。陶渊明诗歌所创造的恬淡自然的意境，谢灵运诗中带有玄学意味的名言隽语，闪烁着阑珊的玄风在他们文化心理上的光影。而后，唐代的陈子昂、李白，宋代的柳永，明代的唐寅、徐渭、李贽、袁宏道，清代的李渔、吴敬梓，现代文学家鲁迅、周作人，现代学人兼诗人陈寅恪等，都不同程度地受过玄学思想和魏晋名士风度的影响。

---

① 刘勰：《文心雕龙·明诗》，《〈文心雕龙〉解说》，安徽教育出版社1993年版，第103页。
② 沈约：《宋书六十七卷·谢灵运传论》，《中国历代文论选》第1册，上海古籍出版社1979年版，第215页。
③ 刘勰：《文心雕龙·明诗》，《〈文心雕龙〉解说》，第103页。
④ 刘勰：《文心雕龙·时序》，第890页。

论儒家文化在郭沫若文化心理的积淀①

一、尊孔崇儒

在春秋战国时代,由孔子创建的儒家学派虽只是诸子百家中的一家,但已影响广布,在百家争鸣中居"显学"的首席。尽管秦始皇的焚书坑儒使儒家学派遭到一次沉重的打击,但随着秦王朝的土崩瓦解,儒家历经劫难之后又在汉代勃兴发展。汉武帝采纳了董仲舒关于"诸不在六艺之科、孔子之术者,皆绝其道,勿使并进"和"罢黜百家,独尊儒术"②的建议,使儒家学说成为中国传统社会一直占主导地位的文化思想。儒家学说重视伦理道德和自我修身养性。两汉的儒家又把儒家伦理思想系统化为纲常之说。正如著名历史文化学者陈寅恪所说:"吾中国文化之定义,具于《白虎通·三纲六纪》之说,其意义为抽象理想最高之境,犹希腊柏拉图所谓 Idea 者。……夫纲纪本理想抽象之物,然不能不有所依托,以为具体表现之用。其所依托以表现者,实为有形之社会制度,而经济制度尤其最重要者。"③由于儒家文化思想适应了封建社会经济基础的需要,并且依托于中央集权的社会制度。两千多年来,中国传统社会的经济基础和社会制度没有发生根本的变迁。"故所依托者不变易,则依托者亦得因以保存。"④儒家文化思想融合在历代人民的生活中,积淀在历代人民文化心理深层,在中国历史上产生了极为深刻的影响。

郭沫若早在四岁半时就在家塾读经,"四书、五经每天必读"⑤。后来在乐山城新式学堂读书时,著名经学家廖季平先生的高足帅平均、黄经华所传授的读经、讲经等课程,又使他产生了浓厚的兴趣。可以说郭沫若从小就深受儒家文化的熏陶,正如他所说的那样,"从小以来便培植下了古代研究的基础"⑥。不过,真正把他导引进儒家文化思想门径的,还是明代心学大师王阳明的著作。王阳明最初潜心钻研程朱理学与佛学,但始终不能登堂入室。后来他接受了南宋儒学大师陆九渊"心即理"的命题,加以发挥,断言"心外无物,心外无理"和"心

---

① 本文原载《郭沫若学刊》1999 年第 4 期。
② 董仲舒:《举贤良对策》。
③ 陈寅恪:《王观堂先生挽词并序》,《陈寅恪诗集》,清华大学出版社 1993 年版。
④ 陈寅恪:《王观堂先生挽词并序》,《陈寅恪诗集》。
⑤ 郭沫若:《十批判书·后记》,《沫若文集》第 15 卷,人民文学出版社 1961 年版。
⑥ 郭沫若:《十批判书·后记》,《沫若文集》第 15 卷。

外无事",提出"致良知"和"知行合一"说,建立了自己的心学体系,从而形成儒学中的阳明学派,对后世的影响较大,在儒家文化思想领域,长领风骚达150多年。由于王阳明死后谥号文成,所以后人整理、刻印他的著作时,便命名为《王文成公全集》。1915年9月中旬,正在日本留学的郭沫若耽读《王文成公全集》。王阳明学说使他在精神上"彻悟了一个奇异的世界。从前在我眼前的世界只是死的平面画,到这时候才活了起来,才成了立体,我能看得它如象水晶石一样彻底玲珑"。不仅如此,他还更被"导引到孔门哲学",而且"发现了一个八面玲珑的形而上的庄严世界"[1]。他认定"王阳明所解释的儒家精神,乃至所体验的儒家精神,实即是孔门哲学的真义"[2]。郭沫若的儒学基础本来就很深厚扎实,再经王阳明学说点化,使他把儒家文化思想同人的安身立命联系起来,从而省悟到人生的意义:

> 孔氏认为天地万物之一体,而本此一体之观念,努力于自我扩充,由近而远,由下而上。横则齐家、治国、平天下,纵则赞化育、参天地、配天。四通八达,圆之又圆。这是儒家伦理的极致,要这样才能内外不悖而出入自由,要这样人才真能安心立命,人才能创造出人生之意义,人才不虚此一行而与大道同寿。[3]

显而易见,郭沫若从王阳明学说中窥见儒学的真义,对孔子所创建的儒家文化思想的认识又提高到一个新的境界。

就在郭沫若开始重新钻研儒家文化思想不久,国内兴起了以批判孔子为重要内容的五四新文化运动。当时的新派人物呐喊"打倒孔家店",胡适、陈独秀、李大钊、鲁迅兄弟等以西方现代文化思想为观照都写出不少猛烈抨击以儒家文化思想为基底的传统道德观念和礼教的文章。郭沫若有着强烈的个性解放要求,他当然要积极投入到五四新文化运动中去,和这个运动的倡导者一样热情呼唤和热烈追求科学与民主精神。他所奉献的第一部诗集《女神》,就映现出五四时代狂飙突进的精神;和鲁迅的《呐喊》一道,显示出五四新文化运动和文学革命运动的实绩。饶有意思的是,他不但没有加入讨伐孔子、否定儒家文化的队伍中去,还为孔子大唱赞歌。他在致宗白华的信中,肯定孔子是"球形"发展的天才。所谓"球形"发展,就是将所具有的一切才能,同时向四方八面立体地发展了去。他说:"这类的人我只找到两个:一个便是我国底孔子,一个便是德国底歌德。"在这封信中他赞誉儒家文化的创始人孔子:

---

[1] 郭沫若:《文艺论集·王阳明礼赞》,《沫若文集》第10卷,人民文学出版社1959年版。
[2] 郭沫若:《文艺论集·王阳明礼赞》,《沫若文集》第10卷。
[3] 郭沫若:《文艺论集·王阳明礼赞》,《沫若文集》第10卷。

孔子这位大天才要说他是政治家，他也有他的"大同"底主义；要说他是哲学家，他也有他 Pantheism（泛神论——著者注）底思想；要说他是教育家，他也有他的"有教无类"、"因材施教"底 Kinetisch（动态的——编者注）的教育原则；要说他是科学家，他本是个博物学者，数理底通人；要说他是艺术家，他本是精通音乐的；要说他是文学家，他也有他简切精透的文学。便单就他文学上的功绩而言，孔子底存在，便是断难推倒的：他删《诗》《书》，笔削《春秋》，使我国古代底文化有个系统的存在；我看他这种事业，非是有绝伦的精力，审美的情操，艺术批评底妙腕，那是不能企冀得到的。①

在另外的文章中，他比较中国、印度、希伯来、希腊等国的旧有文化时说，中国固有的精神是入世的，评价作为中国传统文化主流的儒家文化思想"是以个性为中心，而发展自我之全圆于国于世界，所谓'修身、齐家、治国、平天下'，这不待言是动的，是进取的"②。他公开宣称："我们崇拜孔子。说我们时代错误的人们，那也由他们罢，我们还是崇拜孔子——可是决不可与盲目地玩骨董的那种心理状态同论。"③当然，由于郭沫若一向反对崇拜偶像，在《女神》中发出了"我又是个偶像破坏者哟！"（《我是个偶像崇拜者》）和"一切的偶像都在我面前毁破"（《梅花树下醉歌》）的叛逆声音，所以，他连声说崇拜孔子，就不是把孔子当作偶像来崇拜。在他心目中，"孔子也不过是个'人'"，有平常人的七情六欲，所以，"孔子对于南子是要见的，'淫奔之诗'，他是不删弃的，我恐怕他还爱读的！我看他是主张自由恋爱（人情之所不能已者，圣人不禁），实行自由离婚（孔氏三世出其妻）的人"。但孔子又不是一个普通的人，"我看孔子同歌德他们真可是算是'人中的至人'了。他们的灵肉两方都发展到了完满的地位。孔子底力量'能拓国门之关'，他决不是在破纸堆里寻生活的 Buecherwurm（书虫——编者注），决不是以收人余唾为能事的臭痰盂"④。

在对待孔子及其所奠基的儒家文化思想的问题上，郭沫若同国内的新文化倡导者们为什么态度如此不同呢？这与郭沫若对儒家文化的看法有关。通过苦读《王文成公全集》，再联想到过去所读过的儒家典籍，他察觉到自汉武帝之后，历代儒家学者以帝王利益为本位来解释儒家学说，以官家的解释为圭臬来禁止人自由的思考和探索。于是儒家的现实主义精神被埋没于后人的章句中，而拘迂小儒复凝滞于小节小目而遗其大体。"后人所研读的儒家经典不是经典本身，只是经典的注疏。后人眼目中的儒家，眼目中的孔子，也只是不识太阳的盲人意识中

---

① 郭沫若：《郭沫若致宗白华》，田寿昌、宗白华、郭沫若：《三叶集》，亚东图书馆1923年版。
② 郭沫若：《论中德文化书》，《沫若文集》第10卷，人民文学出版社1959年版。
③ 郭沫若：《中国文化之传统精神》，《郭沫若全集·历史编》第3卷，人民出版社1982年版。
④ 郭沫若：《郭沫若致宗白华》，田寿昌、宗白华、郭沫若：《三叶集》。

的铜盘了。儒家的精神，孔子的精神，透过后代注疏的凸凹镜后是已经歪变了的。"长此以往，积习已深，使得那些"崇信儒家、崇信孔子的人只是崇信的一个歪斜了的影象。反对儒家、反对孔子的人也只是反对的这个歪斜了的影象。弥天都是暗云，对于暗云的赞美和诅咒，于天空有何交涉呢"①。在他看来，既然孔子创建的儒家学说长久被歪曲，那么五四新文化运动锋芒所指的孔子和儒家学说，便不是真正的孔子、真正的先秦儒家学说。而且，批判孔子和儒家学说的人，未必领会了儒家的真精神。他认为，"孔子那样的人是最不容易了解的"。无论赞美还是轻视都自有其道理，但是他不能容忍攻击和否定孔子的做法，对此提出过严厉的批评："定要说孔子是个'宗教家'、'大教祖'，定要说孔子是个'中国底罪魁'，'盗丘'，那就未免太厚诬古人而欺示来者。"② 如果说郭沫若四岁半时在父亲的驱使下向孔子的神位叩头，从此与儒家文化结下不解之缘的话，那么五四时期由于窥见了儒家文化的真义而捍卫孔子，则是他的自觉行动。以后，随着对儒家文化思想认识的加深，他对孔子也更加崇拜。他的这种态度虽曾受到自己营垒中的一些学人朋友的误解和责难，例如他的老朋友、著名社会科学家杜国庠就批评过他"有点袒护儒家"，但他对孔子和儒家文化的基本看法却没有改变，他说："假如要说我有点袒护孔子，我倒可以承认。我所见到的孔子是由奴隶社会变为封建社会的那个上行阶段中的前驱者，我是在这样的意义上'袒护'他。"他坚持自己的立场，"我"不想畏缩。③ 即使在"文化大革命"的"批林批孔"和"评法反儒"运动中，举国上下对孔子和儒家文化思想一片声讨挞伐；郭沫若因为对孔子的态度受到"四人帮"的侮辱，承受着极大的政治压力，但仍不改几十年如一日的尊孔崇儒的初衷。

二、高峰低谷

众所周知，只有充分认识到某种文化思想的真正价值，才会主动接受这种文化思想的影响。郭沫若从儒家文化思想中吸取营养来建构自己的文化思想，铸造自己的文化性格，经历了从王阳明的阐释中理解儒家精神到从与先秦诸子学说的比较中认识儒家文化真正价值的过程。

郭沫若早年服膺王阳明的心学，把王阳明的思想归纳为如下表式：

一、万物一体的宇宙观：
公式——"心即理"

---

① 郭沫若：《文艺论集·王阳明礼赞》，《沫若文集》第10卷，人民文学出版社1959年版。
② 郭沫若：《郭沫若致宗白华》，田寿昌、宗白华、郭沫若：《三叶集》，亚东图书馆1923年版。
③ 郭沫若：《十批判书·后记》，《沫若文集》第15卷，人民文学出版社1961年版。

二、知行合一的伦理论：

公式——"去人欲存天理"；

工夫（1）"静坐"，（2）"事上磨炼"。①

认为这是王阳明思想的全部，也便是儒家精神的全部。他说："此处所说的'理'是宇宙的第一因原，是天，是道，是普遍永恒而且是变化无定的存在"，"本体只是一个。这个存在混然自存，动而为万物，万物是它的表相。它是存在于万物之中，万物的流徙便是它的动态。"由是他把王阳明"心即是理"归结为"这是王阳明的万物一体的宇宙观，也是儒家哲理的万物一体的宇宙观"②。他把儒家万物一体的宇宙观同老子的道家以道为本体的宇宙观加以参证，觉得两者既有区别亦不乏可沟通之处。他指出，孔子曾受教于老子，并且"把三代思想的人格神之观念改造一下，使泛神的宇宙观复活了"③。在中国文化史上，郭沫若恐怕是第一个发现儒家的宇宙观具有泛神的色彩，孔子是"一个泛神论者"④ 的人。由于郭沫若生活在中西文化相互碰撞和交融的年代，使他有机会把儒家万物一体的宇宙观同西方文化思想，例如同西方斯宾诺莎的泛神论相比较，觉得孔子确认本体在无意识地进化，"这一点又与斯宾诺莎（Spinoza）的泛神论异趣"⑤。

可贵的是，郭沫若不同于一般学究式的研究者只停留在欣赏和诠释阶段，这个发现固然使他"觉得孔子这种思想是很美的"⑥，但在王阳明"致良知"的知行合一理论观照下，他一方面吸取儒家宇宙观的泛神论成分，建构自己的泛神论思想；另一方面他又在儒家伦理思想指导下，在事业上磨炼以求仁，"不偏枯，不独善，努力于自我的完成与发展，而同时使别人的自我也一样地得遂其完成与发展"⑦。因此，他特别强调"孔子的人生哲学是由他那动的泛神的宇宙观出发，而高唱精神之独立自主与人格之自律。他以人类的个性为神之必然的表现"⑧。郭沫若对孔子人生哲学的诠释，把儒家的宇宙观、伦理观，和他本人所追求的个性解放结合起来，在儒家文化思想中，为个性解放找到理论依据。所以，他尤其欣赏儒家典籍中的"天行健，君子以自强不息"⑨ 和"苟日新，日日新，又日新"⑩ 之类的格言。儒家的人生哲学不但是他完善人性、净化自己、充实自己、

---

① 《文艺论集·王阳明礼赞》，《沫若文集》第10卷，人民文学出版社1959年版。
② 《文艺论集·王阳明礼赞》，《沫若文集》第10卷。
③ 郭沫若：《中国文化之传统精神》，《郭沫若全集·历史编》第3卷，人民出版社1982年版。
④ 郭沫若：《中国文化之传统精神》，《郭沫若全集·历史编》第3卷。
⑤ 郭沫若：《中国文化之传统精神》，《郭沫若全集·历史编》第3卷。
⑥ 郭沫若：《文艺论集·王阳明礼赞》，《沫若文集》第10卷。
⑦ 郭沫若：《中国文化之传统精神》，《郭沫若全集·历史编》第3卷。
⑧ 《周易·乾》。
⑨ 《礼记·大学》。
⑩ 郭沫若：《文艺论集·王阳明礼赞》，《沫若文集》第10卷。

表现自己、不断自励、不断向上、不断更新的立身处世准则，而且还化为他追求个性解放、投身改革社会洪流、达到"自我完成"理想人格境界的精神力量，从而"在个人的修养上可以体验儒家精神努力于自我的扩充以求全面发展"①。

平心而论，王阳明因在青年时代曾潜心于佛、老之学，后来虽归本于孔、孟，但经他阐释的儒家文化思想已挟带了几分禅趣道旨在里面，绝非纯粹的先秦儒家学说。例如王阳明提出"心即理也"，显然导源于佛禅的"人心即佛"。再如王阳明所鼓吹的"物我一体""心物一体"，肯定受过庄子"天地与我并生，而万物与我为一"②的启发。所以，王阳明所建立的心学体系集我国古代唯心主义之大成，属于宋明理学的一个学派，未必如郭沫若所说，王阳明所解释、所体验的儒家精神，便是"孔门哲学的真义"③。从王阳明这面凹凸镜所折射出来的孔子及其学说，就有些变形。郭沫若此时对儒家文化的了解尚未得其精义，甚至不无讹误之处。本来，孔子没有本体进化思想，可是郭沫若为了阐释"善？即天理、良知，硬给孔子加上"以'善'为进化之目的"，"认本体即神"④。值得注意的是，此时郭沫若在"什么是社会主义"都没有弄清楚和对马克思主义基本理论还一知半解的情况下，就急急忙忙把儒家文化思想与之加以对照，觉得它们之间不无相通之处。他没有看到儒家阐发人类社会进程的"大同"理想与马克思主义的共产主义学说的区别。一方面，他对马克思主义有初步的接触，真诚地说："马克思与列宁终竟是我辈青年所当钦崇的导师。"⑤ 另一方面，他又认为孔子和王阳明的人格可与马克思、列宁媲美，"我觉得便是马克思与列宁的人格之高洁不输于孔子与王阳明，俄罗斯革命后的施政是孔子所说的'王道'"⑥。甚至在他翻译河上肇《社会组织与社会革命》、对马克思主义的基本原理有新了解之后的一段时间，仍然认为孔子的儒家学说与马克思主义的出发点相同。在1925年11月所写的《马克思进文庙》中，郭沫若杜撰马克思到上海文庙找孔子，两人交谈后，竟然发现他们的主张"完全是一致的"，马克思理想中的"各尽所能，各取就需"的共产主义社会，和孔子的"大同世界""不谋而合"，于是马克思慨然把孔子当作"老同志"。⑦ 这篇文章一发表，就遭到马克思主义者、孔子信徒和无政府主义者的反对。郭沫若在1925年12月下旬所写的《讨论〈马克思进文庙〉——我的答复》中，不但没有改变和放弃自己的观点，反而更加坚持"孔子是王道的国家主义者，也就是共产主义者，大同主义者"，孟子"主张

---

① 《庄子·齐物论》。
② 郭沫若：《文艺论集·王阳明礼赞》，《沫若文集》第10卷，人民文学出版社1959年版。
③ 郭沫若：《中国文化之传统精神》，《郭沫若全集·历史编》第3卷，人民出版社1982年版。
④ 郭沫若：《论中德文化书》，《沫若文集》第10卷。
⑤ 郭沫若：《文艺论集·王阳明礼赞》，《沫若文集》第10卷。
⑥ 郭沫若：《马克斯进文庙》，载《洪水》第1卷第7期（1925年12月16日）。
⑦ 郭沫若：《讨论〈马克斯进文庙〉》，载《洪水》第1卷第9期（1926年1月26日）。

恢复井田制，其实就是实行共产呀"①。毋庸讳言，郭沫若把马克思主义和儒家文化思想这两个截然不同的思想体系生拉活扯地混同起来，既显示出他对马克思主义的基本原理缺乏正确的了解，也表露出他对儒家文化思想的认识还很肤浅。他在这方面的见解，不消说也是幼稚和错误的。

1928年郭沫若亡命日本后，开始运用马克思主义的观点和方法研究中国古代历史文化。毫无疑问，马克思主义是一种科学的理论和方法，郭沫若在研究中国古代历史文化确实也取得了突破性的进展和举世瞩目的成就。但不可否认，由于郭沫若对马克思主义精髓的认识有一个由浅入深的过程，对马克思主义方法论的把握也要经历一个由生疏到熟练的阶段，所以，他在这一时期所提出的某些见解，诚如他自己所说："实在是太草率，太性急了。其中好些未成熟甚至错误的判断。"② 正因为如此，他对儒家文化的看法便由推崇的高峰滑向否定的低谷。在1928年8月1日脱稿的一篇文章中，他在审视变革的春秋战国时代中诸子百家的基本立场时，主观地判定老子、杨朱、庄子、韩非子的思想多少带有革命性，是"革命家"，墨子算是"保守派"，"孔子算是折衷派"。他认定儒家学派是"折衷派"的，根据是："他（指儒家学派——著者注）一方面认定了辩证法的存在，然而终究只求折衷。他一方面认定理性的优越，然而却迷恋着鬼神。他一方面摄取了形而上的宇宙观，然而他立地把它神化了起来。"无须多述，郭沫若对儒家学派的看法颇为偏颇，并且由于缺乏论据而显得苍白无力。就在这篇文章中，他又对儒家文化思想进行猛烈的抨击，"儒家理论的系统，全体就是这样一个骗局。它是封建制度的极完整的支配理论。我们中国人受它的支配两千多年，把中国的国民性差不多完全养成了一个折衷改良的机会主义的国民性。一直到现在都还有人改头换面地表彰着儒家的理想，想来革新中国的社会，有意识地执行着它的'絜矩之道'，有意识地在'执其两端而用其中于民'"③。对儒家文化思想看法的这种大转变，必然会从他的创作中反映出来。他在1935年创作的历史小说《孔夫子吃饭》和《孟夫子出妻》中，就以漫画的手法，对儒家学派中的两个"圣人"和"亚圣"进行嘲讽。在郭沫若笔下，孔子虚伪、多疑、口是心非、领袖欲极强；孟子为了做圣贤，不让妻子发现自己渴求性欲的秘密，舍不得却又强令妻子出走。这两篇小说虽有作者寄托身世和讽喻现实之感，但郭沫若已艺术地抹去了孔子、孟子身上那道庄严神圣的光圈。

在1937年5月所写的《驳〈说儒〉》中，郭沫若不同意胡适关于"儒"的起源的考释，也不同意胡适对儒的作用和地位的评价。他认为，儒是春秋时代的历史产物，是西周的奴隶制逐渐崩溃中所产生出来的成果，在孔子以前就有了。

---

① 郭沫若：《十批判书·古代研究的自我批判》，《沫若文集》第15卷，人民文学出版社1961年版。
② 郭沫若：《中国古代社会研究》，《沫若文集》第14卷，人民文学出版社1963年版。
③ 郭沫若：《青铜时代·驳〈说儒〉》，《沫若文集》第16卷，人民文学出版社1962年版。

并且他对孔子所说的"小人儒"和"君子儒"做了界定:所谓"小人儒","在初当然是一种高等游民,无拳无勇,不稼不穑,只晓得摆个臭架子而为社会上的寄生虫。……这种破落户,因为素有门望,每每无赖,乡曲小民狃于积习,多不敢把他们奈何。他们甚而至于做强盗,做劫冢盗墓一类的勾当"。所谓君子儒,便是由暴发户所豢养,并借以装门面的食客和陪客之类职业化的儒者。对孔子,他抱有偏见评价仍然不高,比如他说孔的功绩"仅在把从前由贵族所占有的知识普及到民间来的这一点"①。对孔子删《诗》《书》,定《礼》《乐》,修《春秋》的评价要打折扣,因为"《诗》《书》《礼》《乐》《春秋》都是旧有的东西,并不是出于孔子的创造"②。对儒家文化思想的评价也很低,"儒家的关于天的思想,不外是《诗》《书》中的传统思想,而最有特色的修齐治平的那一套学说,其实也是周代的贵族思想的传统"③。郭沫若如此贬低孔子和儒家文化,与五四时其所发表的尊孔崇儒言论,简直俨如两样,显然缺乏历史唯物主义的实事求是的精神。

三、登堂入室

郭沫若在20世纪40年代评价先秦诸子学说,这时才对儒家文化的价值有真正了解。通过与诸子学说比较、参证,他对儒家文化的研究才进入登堂入室的新境界。

他从"人民本位"的价值取向出发,以发展的眼光重新审视儒家文化,根据儒家文化的特质及其在社会中的作用,又把儒家文化分成先秦儒学和秦汉以后的儒学两个发展阶段。

首先,郭沫若把儒家文化放在变革的时代生活中重新加以考察。孔子生活在春秋末年,那正是中国社会由奴隶制向封建制嬗变的时代。郭沫若不因陈旧说,而是以其独特的视角,从当时反对孔子最有力的墨家学派的著作中去探求孔子和儒家学说的基本立场,所以他对孔子和儒家学说所做出的理性评价,便一改以前的偏颇,不再是不加分析而笼统地反对或赞扬。而且,他此时对儒家的认识也多少不同于两千多年来的传统看法。郭沫若从新兴地主阶级同没落奴隶主贵族的较量中,审视孔子的阶级立场和政治态度。他对孔子帮助田成子致齐破国、帮助季孙氏逃离鲁君,以及孔子的弟子子贡、季路辅孔悝乱乎卫、阳货乱乎齐、佛肸以中牟叛、漆雕刑残等帮助"乱臣贼子"的故事做出新的阐释,"孔子是袒护乱党"的,而所谓"乱党","在当时都要算是比较能够代表民意的新兴势力",因

---

① 郭沫若:《青铜时代·驳〈说儒〉》,《沫若文集》第16卷,人民文学出版社1962年版。
② 郭沫若:《青铜时代·驳〈说儒〉》,《沫若文集》第16卷。
③ 郭沫若:《十批判书·孔墨的批判》,《沫若文集》第15卷,人民文学出版社1961年版。

而得出结论"孔子的立场是顺乎时代的潮流,同情人民解放的","孔子的基本立场既是顺应着当时的社会变革的潮流的,……大体上他是站在代表人民利益的方面的,他很想积极地利用文化的力量来增进人民的幸福。对于过去的文化于部分地整理接受之外,也部分地批判改造,企图建立一个新的体系以为新来的封建社会的韧带"①。从而断定"孔子是由奴隶社会变为封建社会的那个上行阶段的前驱者"②,"儒家思想,在当时,由奴隶制蜕变为封建制的当时,是前进的"③。

其次,郭沫若对儒家文化思想的核心"仁"进行了系统而深入的探讨。他以其渊博的上古历史文化知识断言,在春秋以前的真正的古代典籍中和卜辞、金文里都找不到这个"仁"字。所以,"仁"是春秋时期出现的新字,虽然不必是孔子所创造,但孔子却特别强调这个字。郭沫若考析了《论语》中九项论"仁"的资料,揭示出"仁的含义是克己而为人的一种利他的行为",也就是"人们除掉一切自私自利的心机,而养成为大众献身的牺牲精神"④。在奴隶社会,人是生而有等级的人,人不被当作人,而被视为奴隶。到了50年代,郭沫若仍然坚持自己对"仁"的诠释,"'仁',就是人道主义",肯定"初期儒家主张'老吾老以及人之老,幼吾幼以及人之幼';主张'四海之内皆兄弟';主张'自天子以至于庶人——一是皆以修身为本',这是一种平等的观念,把天子与庶民都扯平了起来。到了孟子更说出了'民为贵,社稷次之,君为轻'的话,从历史发展上来看,是相当大胆的革新的主张。"⑤他认为,一个人只要有了以牺牲自己而为大众服务的"仁"的精神,就会"不惜'杀身成仁'",做到"仁者不忧","仁者必有勇","当仁不让于师"。在他看来,"仁"是有等次的,如果做到"博施于民而能济众",换句通俗的话,就是"确确实实有东西给民众而把他们救了",那就是达到了"仁"的最高境界,也就是"圣"的境界了。他把孔子所操持的这种由内及外、由己及人的一贯之道称之为仁道;把儒家推行仁道的过程,称之为"人道主义的过程"。所以,他确认儒家所奉行的仁道,"很显然的是顺应着奴隶解放的潮流的。这也就是人的发现。每一个人要把自己当成人,也要把别人当成人,事实是先要把别人当成人,然后自己才能成为人"⑥。郭沫若对儒家文化思想的核心"仁"的阐发的确不无精妙独到之处。

至于如何实现"仁",郭沫若强调接受"礼"的规范和加强学习,是两条切实可行的途径。他对"礼"的界定是:"礼是什么?是一个时代里所由以维持社

---

① 郭沫若:《十批判书·孔墨的批判》,《沫若文集》第15卷,人民文学出版社1961年版。
② 郭沫若:《十批判书·后记》,《沫若文集》第15卷。
③ 郭沫若:《十批判书·孔墨的批判》,《沫若文集》第15卷。
④ 郭沫若:《十批判书·孔墨的批判》,《沫若文集》第15卷。
⑤ 郭沫若:《十批判书·孔墨的批判》,《沫若文集》第15卷。
⑥ 郭沫若:《十批判书·孔墨的批判》,《沫若文集》第15卷。

会生活的各种规范,这是每个人应该遵守的东西。各个人要在这些规范之下,不放纵自己去侵犯众人,更进宁是牺牲自己以增进众人的幸福。"① 这话是他在五四时期所说"所谓'礼',决不是形式的既成道德,……是在吾人本性内存的道德律,如借康德的话来说明,便是指'良心之最高命令'"② 的话的发展。在郭沫若心目中,如果人们的视听言动都合乎"礼",那么就显示出"仁"的力量,社会也就"能够保持安宁而且进展"③。当然,要达到"仁"的目的,除了遵守礼制外,还得加强学习:不仅在道义上学"仁",而且在技艺上学如何实现"仁"。具体地说,"礼、乐、射、御、书、数"等"六艺"是学习的范围,尤其注重学习历史,"特别注重接受古代的遗产"④。郭沫若还看到,孔子"在主观方面强调学,在客观方面便强调教。"孔子是仁道的宣传者,所学的是"仁",所教的也是"仁",重视开发民智,使老百姓也接受"仁"的教育,既能"因材施教",又能不分贫富、不择对象,"有教无类"。因此,他肯定孔子"确实是一位很好的教育家"⑤。

与"仁"相连的便是孔子的天命观。郭沫若指出,孔子既否认地上的王权,也否认天上的神权,同时还否认鬼神。孔子有时也说"天",不过这"天"不是人格神上帝,而是一种自然或自然界中流行的理法。但是孔子却很强调"命"。郭沫若把孔子的天命观放在春秋时代的社会文化中考察,认为孔子主张一切都要身体力行,富有积极进取精神,不是一位宿命论者,所以孔子所说的"命",应该是自然界中的一种"必然性","和宿命论是有区别的"。他在揭示孔子思想体系中"仁"与"命"的关系时说,孔子"在主观的努力上是抱定一个仁,而在客观的世运中是认定一个命。在主观的努力与客观的世运相调适的时候,他是主张顺应的。在主观的努力与客观的世运不相调适的时候,他是主张固守自己的",孔子"并不是低头于命定的妥协者"⑥,而是"注重实际的主张人文主义的人"⑦。

显而易见,郭沫若在梳理孔子的文化思想体系时,以"仁"为核心,把孔子的政治思想、伦理思想、教育思想、天命观等组织起来,分别进行分析评论,不仅明晰地勾勒出原始儒家文化思想的大致轮廓,而且他所得出的评论,也是新见迭出,显示出他对孔子及原始儒家文化思想的认识已升华到一个崭新的境界。

孔子死后,儒家分为八派。郭沫若钩深致远,对儒家八派进行追踪分析,认

---

① 郭沫若:《中国文化之传统精神》,《郭沫若全集·历史编》第3卷,人民出版社1982年版。
② 郭沫若:《十批判书·孔墨的批判》,《沫若文集》第15卷,人民文学出版社1961年版。
③ 郭沫若:《十批判书·孔墨的批判》,《沫若文集》第15卷。
④ 郭沫若:《十批判书·孔墨的批判》,《沫若文集》第15卷。
⑤ 郭沫若:《十批判书·孔墨的批判》,《沫若文集》第15卷。
⑥ 郭沫若:《十批判书·孔墨的批判》,《沫若文集》第15卷。
⑦ 郭沫若:《十批判书·孔墨的批判》,《沫若文集》第15卷。

为子张之儒"在儒家中是站在为民众的立场的极左翼";子思之儒、孟氏之儒和乐正氏之儒,"应该只是一系",而这一系"事实上也就是子游氏之儒"。郭沫若很欣赏这一派所提出的"大同小康"之说、"五行"之说,尤其推崇他们在"仁"学基础上所提出的"内圣外王"之说,认为儒家典籍《大学》"实是孟学","正心诚意"都源于性善,与"格物致知"同属"内圣"的具体内容之一。而"修身齐家治国平天下"这四条目,也是根据孟子所说"天下之本在国,国之本在家,家之本在身"(《孟子·离娄上》)的道理演绎出来的,① 属"外王"事业的范畴。显然,他对孟子那一套"内圣外王"的社会政治伦理学说是充分肯定的。在郭沫若看来,颜氏之儒是"很明显地富有避世的倾向";漆雕氏之儒是"孔门任侠一派";他推测仲良氏之儒,"或许就是陈良的一派",在南方讲学多年,"屈原就应该出于他的门下";孙氏之儒"就是荀子的一派",在战国后半期是一大宗。② 荀子不仅集了儒家的大成,而且可以说是集了百家的大成,所提出的性恶论与孟子的性善论尖锐对立,并且认定群体的作用,其社会观念完全是一种阶级的社会观,"开启了此后二千余年的封建社会的所谓纲常名教"③;其政治观是在原则上重视王道,但也并不反对霸道,"没有言论思想的自由"④。郭沫若认为,后来秦始皇焚书坑儒,汉武帝废百家、崇儒术,与荀子的思想"是有其一部分的渊源的"⑤。郭沫若在此还思考了一个问题:为什么韩非子不把孔子的高足子夏之儒列为儒家八派之列?他敏锐地发现,原来"韩非承认法家出于子夏,也就是自己的宗师,故把他从儒家中剔除了"⑥,由此解开了千古悬结的一段疑案。郭沫若说,"子夏氏之儒在儒中是注重礼制的一派,礼制与法制只是时代演进上的新旧名词而已","前期法家,在我看来是渊源于子夏氏"⑦。不消说子夏氏之儒在战国时代已别立门户,不被儒家本宗所重视,亦被韩非当作法家了。到了秦汉,法与儒在事实上已混为一家,所以子夏之儒又成了儒家的正宗。这里,郭沫若以其渊博的学问和独到的识见,终于厘清了交错扭结的九个儒家学派的头绪,对这些学派的分析评论,均切中肯綮,显示出郭沫若深厚的学术功力。

郭沫若探寻的目光还注视着秦始皇焚书坑儒之后,特别是陈胜、吴广起义之后儒生的动向。他从常见的《史记》和《汉书》记载中翻出新鲜见解:除了李斯在秦朝做官、荀卿埋头研究和著述外,大批儒生都是"参加了革命,有的在事

---

① 郭沫若:《十批判书·儒家八派的批判》,《沫若文集》第15卷,人民文学出版社1961年版。
② 郭沫若:《十批判书·儒家八派的批判》,《沫若文集》第15卷。
③ 郭沫若:《十批判书·荀子的批判》,《沫若文集》第15卷。
④ 郭沫若:《十批判书·荀子的批判》,《沫若文集》第15卷。
⑤ 郭沫若:《十批判书·荀子的批判》,《沫若文集》第15卷。
⑥ 郭沫若:《十批判书·儒家八派的批判》,《沫若文集》第15卷。
⑦ 郭沫若:《十批判书·前期法家的批判》,《沫若文集》第15卷。

前就有秘密活动，有的在事发时便立即参加了"①。他从孔甲（名鲋，孔子八世孙）、张良、陈余、郦食其、陆贾、朱建、刘交、叔孙通等一批较有影响的儒生倾向革命、投身人民的行动，证明了这是儒家具有"人民本位"思想的必然表现。

不过，郭沫若还发现，就整个思想体系而言，秦汉以后，"先秦儒家事实上也完全变了质"，因为"所有先秦以前的诸子百家，差不多全部都汇合到秦以后的所谓儒家里面去了"②。秦以后的儒家"在思想成分上不仅有儒有墨，有道有法，有阴阳，有形名，而且还有外来的释。总而称之曰儒，因统而归之于孔"③。即使是号称儒家中兴的宋明理学，在郭沫若眼中"除掉在骨子里吃的道士饭、和尚饭之外，也充分地保存着墨家的衣钵"④。郭沫若坦率地承认"我本来是不大喜欢荀子的人"，但对荀子的思想做了深刻的剖析后，又公正地说，荀子虽已渐从儒家"以人民为本位"的思想脱离出来，"但还没有达到后代儒者那样下流无耻的地步"⑤。可见，郭沫若对秦汉以后的儒家学说和"后代儒者"的评价是不高的。

郭沫若常常把学术研究同文学创作有机地结合起来。新的学术创获使他的文学创作在40年代初以《屈原》《虎符》等六个历史剧为标志，出现了"第二青春期"⑥。毫无疑问，郭沫若在这一时期的作品涵容了他对先秦诸子，特别是对儒家学派探索和思考的结晶；先秦文化思想，主要是儒家文化思想成为这些作品的文化底蕴。他所塑造的屈原（《屈原》）、信陵君、如姬（《虎符》）、聂政、聂嫈（《棠棣之花》）、高渐离（《筑》）等民族英雄和志士仁人的形象，无一不闪烁着儒家文化思想的光辉。他们都反对秦国的严刑峻法、武力征服，推崇儒家的仁爱礼义，"把人当成人"，或者"要做成一个人"，企图用德政来完成统一中国的大业，实现兼济天下的宏图大志；为了民族的利益、国家的兴盛、人民的幸福而进行着不屈不挠的斗争。在屈原身上，交汇着儒家的伦理道德、爱国主义精神、奴隶解放思想，焕发出儒家"内圣外王"理想人格的力量；聂政、高渐离等杀身成仁；如姬、婵娟、聂嫈等舍生取义；信陵君忧国忧民、坚持仁义，反对专制，为反抗暴秦侵略邻国、救赵、求魏、救中原和救全中国而义无反顾地赴汤蹈火、力挽狂澜。无论他们的身份、年龄、教养、经历和个性有多么不同，但是，其形象的内涵都寄寓着郭沫若的道德理想和政治理想，浸润着郭沫若所理解

---

① 郭沫若：《青铜时代·秦楚之际的儒者》，《沫若文集》第16卷，人民文学出版社1962年版。
② 郭沫若：《青铜时代·秦楚之际的儒者》，《沫若文集》第16卷。
③ 郭沫若：《青铜时代·秦楚之际的儒者》，《沫若文集》第16卷。
④ 郭沫若：《青铜时代·秦楚之际的儒者》，《沫若文集》第16卷。
⑤ 郭沫若：《十批判书·后记》，《沫若文集》第15卷，人民文学出版社1961年版。
⑥ 郭沫若：《沸羹集·无题》，《沫若文集》第13卷，人民文学出版社1961年版。

的儒家理性精神，体现出中华民族的传统美德，具有强烈的时代色彩，显示出郭沫若卓越的艺术表现才能和深厚的文化积淀，成为学术研究与艺术创作有机结合的典范，产生出动人心魄的文化影响力和艺术感染力。

郭沫若对中西文化的整合探索[①]

一、整合寻踪

1897年春天,四岁半的郭沫若被父亲引进家塾绥山山馆,向"大成至圣先师孔子神位"牌献上一对蜡烛、三炷香,并且磕了几个响头,从此跟着塾师、犍为的廪生沈焕章先生读了八年书。

和同时代许多发蒙读书的孩子一样,郭沫若在家塾首先学习的是儒学启蒙读物《三字经》《百家姓》《声律启蒙》,进而再读《唐诗三百首》《千家诗》和司空图的《诗品》等书;然后攻读《诗经》《书经》《易经》《春秋》《周礼》《仪礼》等儒学典籍和《古文观止》中的名篇佳作。在绥山山馆,他最初接受的是千百年来一直被历代读书人视为正道的儒家文化教育,白天读儒学经典,晚上读诗。发蒙两三年之后,塾师沈焕章便教他作对子和作试帖诗。九岁时又跟着长兄郭开文读段玉裁《群经音韵谱》,为了加强记忆,还抄写《说文部首》,这就使得他从幼年时起,就受到"小学"(文字、音韵、训诂)的训练。

幸运的是,郭沫若生活和成长在中国文化第四次大整合期间,不然,他很可能走中国传统社会中读书人的老路——通过参加科举而博取功名富贵和光宗耀祖。中国文化第四次大整合对郭沫若的人生道路具有重要的意义。

所谓文化整合,就是两种或两种以上的文化碰撞和交流时,所经历的一个协调、融合的过程。在这个过程中,强势文化会对弱势文化进行选择、适应、调整、吸收、创新,从而使文化相似性不断增加,最终使弱势文化成为强势文化的一部分。一般而言,中国文化的整合分为碰撞冲突、适应调整、比较平衡、选择吸收、增添代换、融合创新、稳定和谐等几个阶段。几千年来中国文化在其形成、丰富和发展过程中,一直在不断地进行文化整合,采借、融化和吸收外来文化。在中国历史上曾经出现过几次大规模的文化整合,约需几个世纪的时间才能完成。第一次大整合肇始于商周,基本完成于西汉。在这次文化整合过程中,各个民族的文化相互撞击和交融,形成了以汉民族文化为主体的中华文化。在汉民族文化中,儒家思想成为中华民族精神的核心,儒家的价值观念、政治观念、伦理观念、思维方式和审美理想为人民所普遍接受,积淀在民族文化心理深层,构成一种集体无意识。毫无疑问,第一次文化大整合奠定了中国文化的基础,建构

[①] 本文原载《郭沫若学刊》2000年第2期。

起中国封建社会的基本格局，使中国历史跨越了奴隶制而向前迈进了一步。第二次大整合起于魏晋，经南北朝而止于盛唐。这次大整合是在儒、道、佛之间，儒、道、佛与各民族文化之间进行的。整合的结果表现在三方面：一是形成了经儒学主导，儒、道、佛三足鼎立、互相渗透的多元文化格局；二是各兄弟民族文化的汉化和汉族文化的胡化；三是结束了长达几百年的南北分裂局面，为唐代社会文化的空前繁荣奠定了坚实的基础。第三次大整合发端于北宋，完成于明。在这次整合过程中，形成了以伦理为本体的新的儒家文化思想系统——理学。理学对建铸中华民族的文化性格产生了深远影响。在元代，蒙古族的忽必烈征服了中国，不过，不是蒙古族的游牧文化取代了汉民族的文化，而是军事征服者在文化上反倒为被征服者所征服，中国儒家文化在整合中再度表现强大的生命力。第四次大整合从鸦片战争后开始，行经中国社会从传统走向现代的整个转型时期，需要几代人的不懈努力才能完成。

如果说前三次大规模的文化整合都是中国汉族文化整合各兄弟民族文化，中国本土文化整合外来文化，那么在这次大整合中，西学东渐、欧风美雨猛烈地冲击着延续了几千年的中国传统文化。中国传统文化是以伦理为本位的农耕文化，适应了自然经济和宗法社会的需要。而在此时骎骎而来的西方文化，则是经科学与民主为本位的工业文化，适应了商品经济和现代社会的需要。中国社会要顺应时代发展的潮流，必然会从传统的农业社会向现代工业社会嬗变。无论中国传统文化有多么辉煌灿烂的过去，倘若与西方现代文化相比较，确确实实是落后了。显而易见，在第四次大整合中处于弱势的中国传统文化的某些固有特质，也因落后和不合时宜而被淘汰；习以惯常的传统价值观念、伦理观念、思维方式出现了变化，某些千年百年"从来如此"的规矩和风俗习惯受到挑战，一些新鲜事物开始在神州出现，并逐渐为人们所接受。这使少年时代的郭沫若受益不浅。

应当看到，鸦片战争的炮声震撼了中国人的心灵，通过"夷夏"的辩论和"落后就要挨打"的现实教育，西方列强的坚船利炮轰碎了历代中国人所抱定的"华夏优越""天朝中心"观念，魏源等有识之士提出要放下泱泱大国的架子，了解西方、研究西方、学习西方并最终赶超西方的主张，达到"师夷之长技以制夷"① 的目的。他们的主张逐渐受到社会各界人士的认同。曾国藩、李鸿章、左宗棠等人所倡导的洋务运动，不仅是中国近代最早出现的自强运动，而且也使中国迈出了从传统走向现代的第一步。曾国藩晚年领衔奏本获准，清政府才于1872年夏派遣第一批30名留学生走出国门赴美国深造。由政府派遣莘莘学子出洋学习，这在中国历史上还是破天荒第一次。在中日甲午战争和戊戌变法之后，出国留学之风大盛；与此同时，北京、上海、广州等地又设立译书院（馆），翻译介

---

① 魏源：《海国图志》。

绍西方科技文化书籍。于是在文化整合中，大量涌进中国的西方科技文化作为一门新学，取得了与中国传统文化——旧学分庭抗礼的地位。这种在整合中蔚然形成的新学风气，也渡江越岭吹拂到沙湾，郭沫若在家塾中除了学习圣经贤传外，开始读到《地球韵言》《史鉴节要》《启蒙画报》《经国美谈》《新小说》《浙江潮》《猪仔记》等新学书籍。沈焕章先生还采用上海编印的一些新式教科书，如教会学堂常用的《算数备旨》作为教材，并把《东亚舆地全图》挂在家塾的壁上。这就大大开拓了郭沫若的眼界，他不但从《左氏春秋》和《东莱博议》等古书中受到"很大的启发"。自云日后"我的好议论的脾气，好做翻案文章的脾气，或者就是从这养成的罢"①，而且还为《启蒙画报》等书所介绍的拿破仑、毕士麦的简单生平所深深吸引，"小时候崇拜他们两个人真是可以说到极点"。他深有感触说："我们到这时才真正地把蒙发了的一样。"②

1905 年废除了科举制和在各地广办新式学堂，这是在制度层进行的文化整合所取得的一个积极成果，使包括郭沫若在内的读书人摆脱僵硬、腐败、窒息人自由思想、独立精神的考试制度的束缚，在求学的过程中进入一个新的天地。郭沫若于是有机会进入乐山县高等小学、嘉定府中学堂和成都四川省高等学堂分设中学等新式学校学习。这些学校显然与传统社会中的书院有很大的不同。虽然在教学安排上，四书五经仍占了很大的比重，教学内容以国学基础知识为主，如廪生帅平均教的《今文尚书》《礼记》，举人黄经华讲授的《春秋》等都是郭沫若很喜欢的功课，但是同时又设立了数学、物理、化学、外文、音乐、体操、地理等课程，任教的老师中有不少是从国外（主要是从日本）归国的留学生，在教学内容中融入了西方科学文化的基本知识。课余，郭沫若也时常阅读章太炎办的《国粹学报》、梁启超办的《清议报》。梁启超所著的《意大利建国三杰》、所译的《经国美谈》吸引了他，他说梁启超"以轻灵的笔调描写那亡命的志士、建国的英雄，真是令人心醉"③。林纾（琴南）翻译的外国小说如英国作家哈葛德的小说《迦茵小传》、司各特的历史小说《撒喀逊劫后英雄略》（后译为《艾凡赫》）、郎贝的《英国诗人吟边燕语》（后译为《莎氏乐府》）等，也使他"感受着无上的乐趣"。④ 他也曾像鲁迅一样，读过严复翻译的《天演论》而心情激动不已；还一个字也没有翻字典便读懂了美国诗人郎费罗用英文写的《箭与歌》，读过后"感觉着异常的清新"和"悟到诗歌的真实的精神"。⑤

饶有意思的是，此时他似乎没有理会中西文化的差异和冲突，如同海绵吸水

---

① 郭沫若：《少年时代·我的童年》，《沫若文卷》第 6 卷，人民文学出版社 1958 年版。
② 郭沫若：《少年时代·我的童年》。
③ 郭沫若：《少年时代·我的童年》。
④ 郭沫若：《少年时代·我的童年》。
⑤ 郭沫若：《我的作诗的经过》，《沫若文集》第 11 卷，人民文学出版社 1959 年版。

一样，对两种文化都兼收并蓄。一方面他在学校接受比较系统的国学教育，回到家里还翻阅《皇清经解》《史记》《红楼梦》《庄子》《楚辞》《昭明文选》《西厢记》《西湖佳话》《花月痕》等古代文化典籍和古代文学名著，从小就打下坚实的中国传统文化知识的功底，培养起对诗歌的爱好。虽然后来他在海外留学和生活了多年，涉猎了大量的西方文化和文学书籍，但他热爱和推崇中国传统文化的态度却始终没有动摇过。不仅如此，日后他还以中国文化为本位来整合西方文化思潮。另一方面，他敞开胸怀，尽情吸收西方文化的营养，取西方自然科学、人文科学之长，补中国传统文化之短。例如中国人多信鬼神，乐山县高等小学堂后面是乱葬坟的荒山，小学生大多怕鬼，终日锁闭寝室，听到鸱鸟啼饥，都以为是鬼叫。有一次他偶与校长易曙辉谈论鬼神，说："我们学过物理学的人，晓得鬼神这样东西是根本没有的。"① 表现出他经西方科学知识启蒙之后，破除了迷信鬼神的精神面貌。又如林纾翻译的外国小说也是他所嗜好的一种读物，十几年后他曾向读者透露过自己的一点秘密，当年"林译小说中对于我后来的文学倾向上有决定的影响"，他尤其欣赏司各特的《撒喀逊劫后英雄略》中曲折的爱情和浪漫主义情调，称"受 Scott 的影响很深"②，再如梁启超在《意大利建国三杰》中，以煽动的笔调介绍 19 世纪意大利三个热血志士加富尔、加里波蒂、玛志尼，为争取民族的独立和国家的统一，历经磨难，不屈不挠地奋斗终生的爱国壮举，激发起他痛恨腐败、黑暗的清政府的统治、渴望在变革现实社会中贡献一分力量的报国热情。他说："我在崇拜拿破仑、毕士麦之余便是崇拜的加富尔、加里波蒂、玛志尼了。"③ 可见，西方文化不仅大大拓展了他的视野，丰富了他的知识，而且也使他在少年就形成融汇中西方化知识的开放心理和合理的知识结构，为他日后学贯中西和进行文化整合，以及建构自己的文化思想做了充分的准备。

在第四次文化大整合中，制度层的整合对郭沫若的成长关系很大。在政体上中国古代出现过夏、商、周的奴隶制宗法贵族君主制和秦以后的封建中央集权制的君主制。古人说："溥天之下，莫非王土；率土之滨，莫非王臣。"④ 君王占有天下的一切，要求臣民对君主绝对服从。汉儒董仲舒提出人我关系的"三纲"之说⑤后，又把君臣关系的"君为臣纲"列为"三纲"之首，否定了臣民的独立人格。历代的儒学大师又十分看重个人的道德修养，把实现"内圣外王"当作毕生追求的目标。所谓"内圣"，是在儒家伦理纲常的观照下，人自身的道德修

---

① 郭沫若：《少年时代·我的童年》，《沫若文卷》第 6 卷，人民文学出版社 1958 年版。
② 郭沫若：《少年时代·我的童年》，《沫若文卷》第 6 卷。
③ 郭沫若：《少年时代·我的童年》，《沫若文卷》第 6 卷。
④ 《诗经·小雅·北山》。
⑤ "三纲"之说始见于董仲舒《春秋繁露》，在东汉班固编撰的《白虎通义》中则云"君为臣纲，父为子纲，夫为妻纲"。

养的升华和心性的净化。所谓"外王",是把"内圣"功夫推行到社会,"博施于民而能济众"。① 不消说"内圣外王"适应了王权专制主义的需要,也得到包括读书人在内的社会各个层面的普遍认同。在漫长的封建社会,按"内圣外王"的要求,确实陶冶出许许多多彪炳千秋的志士仁人。然而,考察他们的文化性格,不难发现其所具有的一个共同点——对王权的依附性。他们几乎都把施展自己匡时济世、建功立业的抱负,寄托在能得到君王的赏识和重用上。因此,中国封建社会的读书阶层很少有人发现自我主体的价值和力量,大都缺乏独立的自我意识。倘若读书人一旦失去君王的信任和支持,便很难依靠自己的力量去经世致用、大展宏图。而且宋明理学家把"三纲"视为"天理",提到至高无上的地位,朱熹的弟子陈埴甚至强调"天下无不是底君"。这种以君王为本位的伦理纲常,极力压制读书人的个性和合乎人性的欲望,钳束了他们的创造精神。不过,当历史的步伐跨入近代,西方现代意识纷至沓来,中国社会开始从传统向现代嬗变。这次制度层的整合导致的一场亘古未有的政治大革命——辛亥革命推翻了在中国实行了两千多年的封建专制政体,民主潮流汹涌向前,势不可挡。时代风云的变幻,使郭沫若彻底抛弃了君天道统,不走康有为、梁启超等维新派文人的老路;西方现代文化思潮的熏陶,又使他的思想,尤其是人格精神获得一次解放。所以,他在一首诗中热情赞颂制度整合的积极成果——辛亥革命:

<blockquote>
绝代豪华富贵身,艳色娇姿自可人。
花口于今非帝制,花王名号应图新。②
</blockquote>

二、东瀛彻悟

1914年1月,郭沫若抵达日本东京,开始了长达九年的留学生活。在日本,他如饥似渴地阅读了泰戈尔、海涅、歌德、雪莱、莎士比亚、席勒、斯宾诺莎、康德、尼采、叔本华、福楼拜、左拉、莫泊桑、易卜生、高尔斯华绥等人的著作和中国的《王文成公全集》等书籍,在增进和积累知识的同时,也在自己的文化心理中进行中国文化和东西方文化的整合,并从中感到无穷的乐趣。在日本冈山,《王文成公文集》成了他每天都要诵读的书籍。王文成公是明代心学大师王阳明的谥号。王阳明提出万物一体的宇宙观——"心即理"。他认为心是身体的主宰,心的本体就是理,心之所发便是意,意之所在便是物,物就是事,因此"心外天理""心外无物""心外无事"。他创立"改忍受知"说,认为人心之灵明就是良知,良知亦是天理,是人先天具有的,强调"知行合一""存天理,去

---

① 《论语·雍也》。
② 郭沫若:《咏牡丹》,《郭沫若少年诗稿》,四川人民出版社1979年版。

人欲",摒绝外物对人性的诱惑和昏蔽而获得良知。王阳明的学说使郭沫若在精神上得到慰藉和解脱,他感到"在我的精神上更使我彻悟了一个奇异的世界",王阳明的哲学思想"深深烙印在我的脑里"。① 郭沫若从王阳明心学的视角去重新审视中国文化思想,加深了对庄子、老子和儒家学说的理解。例如他对《庄子》,以前只是喜爱它的文辞,此刻才真正看透了它的意义,"知道'道'是甚么,'化'是甚么了"②。他用王阳明的心学去和"梵我如一"的印度哲学、近代欧洲大陆哲学思潮尤其是 17 世纪荷兰唯物主义哲学家斯宾诺莎的泛神论思想加以整合,便形成了自己独具特色的泛神论思想。

郭沫若在文化整合中,愈读西方文化和文学书籍,便愈感到中国传统礼教对人性的束缚与摧残,也愈受到西方个性主义的影响。他说:"我国素以礼教自豪,而于男女之间防范太严,视性欲若洪水猛兽,视青年男女若罪囚。"猛烈抨击礼教,"数千年来以礼教自豪的堂堂中华,实不过是变态性欲者庞大的病院!"③ 中华民族"束缚在几千年来礼教的桎梏之下,简直成了一头死象的木乃伊了"④。在西方的思想家和文学家中,尼采和歌德等人著作中所喧响的个性主义音调,对郭沫若特别有吸引力。郭沫若早年曾翻译过尼采的《查拉图斯屈拉》,对尼采所鼓吹的超人哲学很感兴趣。尼采断言人类的历史都是由天才创造的,人生的目的就在于以个性为中心,不受道德法律的约束,实现权力意志,发展自我、扩张自我,成为驾驭一切的超人。显然,尼采的超人哲学的核心是个性主义,就像当年鲁迅服膺尼采的理论一样,尼采的主张在郭沫若心中产生了强烈的共鸣,煽起了他反抗封建礼教和追求个性解放的热情。郭沫若也很崇拜歌德,翻译过歌德的《少年维特之烦恼》《赫曼与窦绿苔》和不朽的巨著《浮士德》等作品。《少年维特之烦恼》通过维特与绿蒂的爱情悲剧,揭露和批判了封建社会的腐朽与虚伪,发出了挣脱封建重压的时代呼声。而《浮士德》则表现了在黑暗愚昧的封建社会中,先知先觉的资产阶级代表人物不断追求真知、探索真理的过程,体现了这个最深刻的精神面貌,贯穿全书的思想红线,依然是个性主义。郭沫若从歌德的作品中吸取了泛神论和个性主义的思想真髓,并把二者和谐地融为一个整体。他在《少年维特之烦恼》的序引中说:"泛神便是天神。一切的自然只是神的表现,自我也只是神的表现。我即是神,一切自然都是自我的表现。"⑤ 对这段话,著名郭沫若研究专家楼栖教授做了诠释:"既然把一切自然都当作自我表现,实质上就是一切以自我为中心。这种观点是资产阶级个人主义的集中表现。"楼栖

---

① 郭沫若:《王阳明礼赞》,《沫若文集》第 10 卷,人民文学出版社 1959 年版。
② 郭沫若:《王阳明礼赞》,《沫若文集》第 10 卷。
③ 郭沫若:《〈西厢记〉艺术上的批判与其作者的性格》,《沫若文集》第 10 卷。
④ 郭沫若:《〈卷耳集〉序》,《沫若文集》第 2 卷,人民文学出版社 1957 年版。
⑤ 郭沫若:《〈少年维特之烦恼〉序引》,《沫若文集》第 10 卷。

教授认为，郭沫若"把个性解放和泛神论熔为一炉，作为'自我表现'的一种动力"①。楼栖对郭沫若的泛神论与个性解放之间关系的揭示是颇有见地的。难怪郭沫若十分赞赏歌德"以狮子搏兔之力，以全身全灵以谋刹那之充实，自我之扩张，以全部的精神以倾倒于一切"②。当然，帮助在文化整合中发现自我、树立个性解放思想的西方思想家、文学家何止尼采和歌德！海涅的恋爱诗中的"自我表现"和"丽而不雄"的诗风，以"表示着丰富的人间性"和"更近乎自然"③的特点，如甘泉一样滋润着他的心田。他还从康德、叔本华、克罗齐、弗洛伊德等人的哲学思想和雪莱、莎士比亚、罗丹、米勒、福楼拜、左拉、司汤达、波特莱尔、惠特曼等人的作品中吸取营养，熔铸成自己反抗封建礼教的思想利器。

郭沫若一旦认识到自我的主体价值，个性主义便成为他早期的文艺思想、文艺创作的文化思想底蕴。1921年3月3日他在致宗白华的信中阐发了对诗歌创作的见解："诗底主要成分总要算是'自我表现'了。所以读一人的诗，非知其人不可。"④ 不久，他在另一篇探讨诗歌创作的文章中进一步强调："诗是人格创造的表现，是人格创造冲动的表现。……人是追求个性的完全发展的。个性发展得比较完全的诗人，表示他的个性愈彻底，便愈能满足读者的要求。因而可以说：个性最彻底的文艺便是最有普遍性的文艺，民众的文艺。诗歌的功利似乎应该以这样来衡量。"⑤ 郭沫若在早期的诗歌创作中实践了自己张扬个性的主张。诗集《女神》中不少诗篇昂扬着郭沫若发现自我之后，追求个性解放和自我实现的精神。在《湘累》中，诗人以屈原自况，发出挣脱封建礼教桎梏后的宣言："我效法造化的精神，我自由创造，自由地表现我自己。我创造尊严的山岳，宏伟的海洋，我创造日月星辰，我驰骋风云雷雨，我萃之虽限于我一身，放之则可泛滥乎宇宙。"在《天狗》中，诗人的感情燃烧着个性解放的炽烈火焰，把自己想象成一条把日月、星球、宇宙全部吞食的"天狗"，自我扩张到融化为全宇宙的energy（能量）的总量，飞奔、燃烧、狂叫到"我的我要爆了"的地步。在《梅花树下醉歌》中，他高唱"我赞美这自我表现的全宇宙的本体"，宣称"一切的偶像都在我面前毁破"，毁坏一切偶像，来自他的自我表现和个性解放的要求，意味着自我的解放。在《浴海》《金字塔》等诗中，他以气吞宇宙的豪情，讴歌自我解放所爆发的创造力量，"人的创造力的权威可与神祇比伍"，"新中华底改造，正赖吾曹"，正因为人有无穷的创造力，所以人虽然是宇宙的一部分，但在

---

① 楼栖：《论郭沫若的诗》，上海文艺出版社1959年版。
② 郭沫若：《〈少年维特之烦恼〉序引》，《沫若文集》第10卷，人民文学出版社1959年版。
③ 郭沫若：《我的作诗的经过》，《沫若文集》第11卷，人民文学出版社1959年版。
④ 田汉、宗白华、郭沫若：《三叶集》，亚东图书馆1923年版。
⑤ 郭沫若：《论诗三札》，《沫若文集》第10卷。

宇宙中却处于"天上的太阳也在向我低头呀"的主体位置。《女神》是郭沫若进行中外文化整合的最初成果，展现出他在中外文化整合中的精神面貌，成为中国新诗的第一块丰碑。

三、激流奔腾

如果说中国文化第四次大整合是中国社会从传统走向现代的滔滔江河；那么，郭沫若的中外文化整合便是汇入江河中的一股激流。江河奔腾向前，激流也不会停息静止。随着第四次文化大整合的深入开展，郭沫若的文化整合也不断朝更高的方向迈进。1921年夏天，郭沫若、郁达夫、田汉、张资平等人在日本组织创造社。"主张个性，要内在的要求"和"蔑视传统，要有自由的组织"便成为创造社同人最初的主张。① 1923年4月，郭沫若结束了九年的留学生活，回到了祖国。当时，正是五四新文化运动的落潮期。在他看来，和为五四新文化运动一翼的文化革命运动，只不过"在破了的絮袄上打上了几个补绽，在污了的粉壁上虽涂上了一层白垩，但是里面内容依然还是败棉，依然还是粪土。"究其原因，主要还是Bourgeois（资产阶级）的根性，在那些提倡者与附和者之中是植根太深了。于是，刚刚归国的郭沫若怀着"我们于文学事业中也还是不能满足于现状，要打破从来因袭的样式而求的生命之新的表现"心情，力图在文化整合中掀起新的文学运动，以反抗"资本主义的毒龙""不以个性为根底的既成道德""否定人生的一切既成宗教""藩篱人生的一切不合理的畛域"等，热切期望"在文学之中爆发出无产阶级的精神，精赤裸裸的人性"②。此时，郭沫若虽然没有放弃个性主义，但由于他在日本对资本主义的种种弊病有较为深切的感受和较为深刻的认识，所以明确提出新的文学运动要反抗"资本主义的毒龙"等目标。这些看法预示着郭沫若的思想正酝酿着一次大的变化。

郭沫若对中国传统文化有一种特殊的厚爱感情，早在1915年3月，他就在家书中叮嘱留在国内的元弟多读中国文化典籍："吾国旧书，不可不多读也。一国文学，为一国精神，物质文明，固不可缺少，而自国精神，终不可使失坠也。"③ 他自己虽远在异国，但仍刻苦钻研中国文化。几乎就在写作《女神》和《星空》诗集中诗篇的同时，他也写出《〈西厢记〉艺术上的批判与作者的性格》《中国文化之传统精神》等论文，并且从《诗经》中挑选出40来首诗译成白话语体。返国后他痛感"我们的民族精神如今是腐化到了极点了"，决心"要把固

---

① 郭沫若：《文学革命之回顾》，《沫若文集》第10卷，人民文学出版社1959年版。
② 郭沫若：《我们的文学新运动》，《沫若文集》第10卷。
③ 郭沫若：《樱花书简·第二十一》，四川人民出版社1981年版。

有的创造精神恢复,我们要研究古代的宝藏,收集古人的遗物,期以继往而开来"①。他不否定胡适等人在当时所倡导的整理国故运动,在回答国学究竟有没有研究价值的问题时,他认为国学"其中总有些可取的地方。我们要解决它,研究的方法要合乎科学精神"②。先后写出《读梁任公〈墨子新社会之组织法〉》《惠施的性格与思想》《伟大的精神生活者王阳明》(后又改名为《儒家精神之复活者王阳明》和《王阳明礼赞》)等研究中国传统文化的重要论文。当然,郭沫若仍一如既往欢迎外来文化:"我们应该把窗户打开,收纳些温暖的阳光进来","宏加研究、介绍、收集、宣传、借石他山,以资我们的攻错。"③ 他不但把日本留学时读到的尼采的《查拉图司屈拉》、波斯诗人峨默伽亚谟的诗集《鲁拜集》和歌德、席勒等人的诗作译成中文,介绍给中国读者,而且他对外国文化的兴趣也从文艺扩大到社会、政治、经济等方面。1924 年 4 月初,郭沫若离开上海抵达日本福冈,不久即着手翻译日本早期马克思主义经济学家河上肇博士的 20 万字的著作《社会组织与社会革命》。

翻译《社会组织与社会革命》是郭沫若进行中外文化整合过程中的一件大事。他原来信仰的泛神论和个性主义本来就不是科学的思想武器,在中国社会现实的严峻检验下,它们本身固有的缺陷越来越明显地暴露出来,根本不能解决中国社会的出路和郭沫若个人的出路问题。郭沫若在文化整合中由于没有找到新的思想武器而一度彷徨焦躁过,他在致成仿吾的信中曾倾诉过当时的苦闷:"我们内部的要求与外部的条件不能一致,我们失却了路标,我们陷于无为,所以我们烦闷,我们倦怠,我们漂流,我们甚至想自杀。"④ 对马克思列宁主义,他仍缺乏明确的认识,"要想把握那种思想的内容是我当时所感受着的一种憧憬"⑤。翻译《社会组织与社会革命》,使他的思想在文化整合中从"山重水复疑无路"进入"柳暗花明又一村"的境界。这本书本是河上肇与论放福田博士辩争时的论文所纂集而印成的。在书中,河上肇阐述了马克思主义的一些基本原理,并运用这些原理剖析资本主义社会制度的种种弊病,揭示社会发展的必然趋势,宣扬了社会主义社会制度的许多优越性。郭沫若说:"我译完此书所得的教益殊觉不鲜!我从前只是茫然地对于个人资本主义怀着憎恨,对于社会革命怀着信心,如今更得着理性的背光,而不是一味感情作用了。"这本书把他献身真理的目标具体化,他惊喜地发现:"科学的社会主义所告诉我们的'各尽所能各取所需'的时代,我相信是终久能够到来;'个人之自由发展为万人自由发展之条件的一个共同团

---

① 郭沫若:《中华全国艺术协会宣言》,载《创造周报》第 22 号(1923 年 10 月 7 日)。
② 郭沫若:《整理国故的评价》,《沫若文集》第 10 卷,人民文学出版社 1959 年版。
③ 郭沫若:《中华全国艺术协会宣言》。
④ 郭沫若:《孤鸿》,《沫若文集》第 10 卷。
⑤ 郭沫若:《学生时代·创造十年》,《沫若文集》第 7 卷,人民文学出版社 1958 年版。

体',我相信是可以成立。"他兴奋宣称:"我现在成了个彻底的马克思主义的信徒了!马克思主义在我们所处的这个时代是唯一的宝筏。"① 初步认同马克思主义导致了他的文艺观念发生变化。他认为:"我们是革命途上的人,我们的文艺只能是革命的文艺。"② 这和鲁迅所提出"我以为根本问题是在作者可是一个'革命人'。倘是的,则无论写的是什么事件,用的是什么材料,即都是'革命文学'。从喷泉里出来的都是水,从血管里出来的都是血"③ 的见解互相补充,交相辉映。同时他不再坚持文学是"自我表现"的产物的观点,承认"文艺是生活的反映"④,这就为日后在《英雄树》中倡导无产阶级的文艺做了准备。可见,翻译《社会组织与社会革命》确定使郭沫若经历了一场"初步转向马克思主义方面来"⑤ 的洗礼。

郭沫若在此之前所进行文化整合有脱离现实的倾向,带有空想的色彩。而在这一阶段,他是实实在在站在中国坚实的大地上进行文化整合。1924 年 11 月中旬,郭沫若再度回到上海。他原打算花五年时间译出四万字的马克思主义经典著作《资本论》,但这个计划在商务印书馆的编审会上却没有通过。不久他应邀到宜兴一带调查 1924 年 9 月爆发的皖系浙江督军卢永祥和直系江苏督军齐燮元之间的火拼状况。这次实地调查使他对军阀统治下的中国现实的人民的苦难有了直接的了解,从而放弃了头脑中一些不切实际的幻想,把从前"昂头天外"的头"埋到水平线下,多过活些受难的生活,多领略些受难的人生"⑥。不过,在现实中给他教育最深的是 1925 年"五卅"爱国运动。"五卅"那一天,郭沫若在上海先施公司耳闻目睹英国巡捕和印度巡捕如何残暴殴打、弹压示威群众的罪行。这就使他更加认清了帝国主义的狰狞面目,加深了对马克思主义基本原理的理解。中国人民在"五卅"运动中所焕发出同仇敌忾的爱国热情,又使他进一步认识到个人力量的渺小,于是呼吁"全民大团结"⑦。本来在"五卅"的前四天,他还在一篇文章中,运用马克思主义的基本原理分析中国的经济构成状况,探索中国社会发展的前途,认为"我们假使不想永远做人奴隶,不想永远做世界资本主义国家的附庸,我们中国人只剩着一条路好走——便是走社会主义的道路,走劳农俄国的道路"⑧。中国急遽变化的社会现实纠正了他过去思想认识上的偏颇,给他的文化整合注入新的活力,使他真正认清了中国社会的出路。经历过"五

---

① 郭沫若:《孤鸿》,《沫若文集》第 10 卷,人民文学出版社 1959 年版。
② 郭沫若:《孤鸿》,《沫若文集》第 10 卷。
③ 鲁迅:《而已集·革命文学》,北新书局 1928 年版。
④ 郭沫若:《孤鸿》,《沫若文集》第 10 卷。
⑤ 《郭沫若同志答青年问》,载《文学知识》1959 年 5 月号。
⑥ 郭沫若:《学生时代·水平线下》,《沫若文集》第 7 卷,人民文学出版社 1958 年版。
⑦ 郭沫若:《为"五卅"惨案怒吼》,《沫若文集》第 10 卷。
⑧ 郭沫若:《一个伟大的教训》,《沫若文集》第 10 卷。

卅"运动，更加坚定了他的这种信念。

既然郭沫若紧密结合中国社会的现实进行文化整合，他的整合就难免不同别人的文化整合发生碰撞和冲突。"五卅"前后，郭沫若同"醒狮派""孤军派"等国家主义者和无政府主义者展开过激烈的论争。争论的焦点是马克思主义关于国家与革命的学说、中国革命的道路等重大原则问题。"醒狮派"当时虽然标榜着"内除国贼、外抗强权"，但他们所谓的"国贼"乃是指中国共产党领导的革命力量和"国共合作"期间讨伐封建军阀的进步力量；所谓"强权"，亦指社会主义的苏联。他们用美辞丽句包装着反苏反共的思想，颇能麻醉一部分青年。"孤军派"的大部分成员在日本京都大学研究过经济学，主张学习日本方法，厉行个人资本主义以振兴中华。中国的无政府主义者则反对马克思主义关于建立无产阶级国家、政党的专政的学说，在青年知识分子中也有一定的影响。郭沫若陆续写出《一个伟大的教训》《穷汉的穷谈》《共产与共管》《马克思进文庙》《新国家的创造》《社会革命的时机》《卖淫妇的饶舌》等系列文章阐明自己整合马克思主义后的政治立场、政治主张，回应国家主义派和无政府主义者的挑战。针对国家主义者和无政府主义者歪曲马克思主义的国家学说，郭沫若援引马克思原著指出："马克思是承认国家的，不过他所承认的国家，决不是现在的建立于私有制度上的既成的国家罢了。"他认为"国家这个制度的确是有消灭的可能性。然而在共产主义未完成之前，共产主义者正须以无产阶级为中心而组织新国家。"① 要建立无产阶级为中心的新国家，就必须推翻旧国家，郭沫若对中国革命的对象认识得很清楚，他不仅把资本家比喻成"社会的盲肠"②，主张动手术割去，还明确指出："帝国主义和军阀便是全体民众的敌人。凡是中国的民众都应该同来打倒共同的敌人。"③ 在中国革命的道路这个问题上，郭沫若肯定中国不能走个人资本主义的道路。"深信社会生活向共产制度之进行，如百川之朝宗于海，这是必然的途径。"④ 当无政府主义者漫骂他是"马克思主义的卖淫妇"，称马克思是他的"祖师"时，他旗帜鲜明地回答："象马克思那样伟大的人物，他就做我的祖师也当之无愧，而我也是事之不惭！"⑤ 这次论争促使郭沫若更努力钻研马克思主义。他在论争中频频引用《共产党宣言》《反杜林论》等马克思主义经典著作的有关论述来驳斥论敌的错误观点，显示出经过文化整合，马克思主义已在他的文化心理深深扎下了根；郭沫若初步运用马克思主义的基本原理来研究中国革命的实际问题，也使他的马克思主义理论水平更上一层楼。

---

① 郭沫若：《新国家的创造》，收入《沫若文集》第10卷时改名为《不读书好求甚解》。
② 郭沫若：《盲肠炎与资本主义》，收入《沫若文集》第10卷时更名为《盲肠炎》。
③ 郭沫若：《革命之普及与集中》，载《鹃血》第4期（1926年8月1日）。
④ 郭沫若：《社会革命的时机》，收入《沫若文集》第10卷时更名为《向自由王国飞跃》。
⑤ 郭沫若：《卖淫妇的饶舌》，《沫若文集》第10卷，人民文学出版社1959年版。

众所周知,马克思主义集中了人类的智慧,是无产阶级的文化思想,在中国文化第四次大整合中和郭沫若个人的文化整合中逐渐成为中国文化思想和郭沫若个人文化思想的主流。

当马克思主义在郭沫若文化思想中取得了主导地位,必然会对郭沫若原来驳杂的文化思想因素进行清理和整合,以建构一个以辩证唯物主义和历史唯物主义为经纬的文化思想体系。

在翻译《社会组织与社会革命》之前,他就痛感泛神论、个性主义无力撼动旧社会的根基,那时他对于马克思主义虽然"没有明确的认识,要想把握那种思想的内容是我当时所感受着的一种憧憬",但是他却急急忙忙宣称:"从前的一些泛神论的思想,所谓个性的发展,所谓自由,所谓表现,无形无影之间已遭了清算。从前在意识边沿上的马克思、列宁不知道几时把斯宾诺莎、歌德挤掉了,占据了意识的中心。"① 表达出他需要马克思主义这种新的文化思想"清算"泛神论、个性主义等旧有的文化思想的迫切愿望。郭沫若在1925年11月29日所写的《〈文艺论集〉序》中,坦呈了他的文化思想、文艺思想和个人生活通过这一阶段的文化整合出现的变化:

> 我的思想,我的生活,我的作风,在最近一两年间,可以说是完全变了。
>
> 我从前是尊重个性、景仰自由的人,但在最近一两年间与水平线下的悲惨社会略略有所接触,觉得在大多数人完全不自主地失掉了自由,失掉了个性的时代,有少数的人要来主张个性,主张自由,未免出于僭妄。
>
> ……
>
> 要发展个性,大家应得同样地发展个性。要享受自由,大家应得同样地享受自由。
>
> 但在大众未得发展个性,未得享受自由之时,少数先觉者倒应该牺牲自己的个性,牺牲自己的自由,以为大众人请命,以争回大众人的个性与自由。②

显而易见,郭沫若也开始从个性主义向集体主义、从个性解放朝社会的解放迈进了一大步。郭沫若后来回忆这一阶段文化整合情况时说,"在我的初期作品中,泛神论的思想是浓厚的。……不过那种思想,受到新的革命潮流的影响,已经开始变化了"。由于马克思主义在他的文化思想中占了主导地位,所以"泛神论,睡觉去了。从此,我逐步成为了马克思主义者"③。

---

① 郭沫若:《学生时代·创造十年》,《沫若文集》第7卷,人民文学出版社1958年版。
② 郭沫若:《文艺论集·序》,《沫若文集》第10卷,人民文学出版社1959年版。
③ 郭沫若:《郭沫若同志答青年问》,载《文学知识》1959年5月号。

他在这时期所写的《文艺家的觉悟》《革命与文学》《英雄树》《桌子的跳舞》等文章，充分反映出他的文艺思想的变化。毋庸讳言，他在回国后一段时间还鼓吹"艺术的本身是无所谓目的"①，"艺术的精神就是没功利性"②。在马克思文化思想的指导下，他考察文艺与时代的关系，提出一系列新见解。他认为："文学是社会上的一种产物，它的生存不能违背社会的基本而生存，它的发展也不能违反社会的进化而发展。"他纵观世界文学潮流，认识到当前的欧洲已进入第四阶级（无产阶级）和第三阶级（资产阶级）的时代，因而"欧洲今日的新兴文艺，在精神上彻底同情于无产阶级的社会主义的文艺，在形式上是彻底反对浪漫主义的写实主义的文艺。这种文艺，在我们现代要算是最新最进步的革命文学了"③。而在中国，无产阶级也在和资产阶级进行斗争，所以他斩钉截铁地提出"我以现在所需要的文艺是站在第四阶级（无产阶级）说话的文艺，这种文艺在形式上是现实主义的，在内容上是社会主义的"④。同时，他主张文艺是有功利性的，开始重视文学艺术的社会作用："艺术家要把他的艺术来宣传革命，我们不能议论他宣传革命的可不可，我们只能论他所借以宣传的是不是艺术。假使他宣传的工具确是艺术的作品，那他自然是个艺术家"⑤。强调革命文学应该反映无产阶级的思想、生活、斗争、革命要求和革命精神，"无产阶级的理想要望革命文学家点醒出来，无产阶级的苦闷要望革命文学家实写出来"⑥。在他看来，革命文学便是无产阶级革命文学，号召文艺青年去"当一个留声机器"——以使他们走出"自我表现"的圈子，"反映阶级的实践的意欲"⑦。鼓励作家认清文艺的主潮，坚实自己的生活，"到兵间去，民间去，工厂间去，革命的漩涡中去"⑧。"克服小有产者的意识"，"克服自己旧有的个人主义，而来参加集体的社会运动"，用以转换小有产者的方向，"接近工农群众去获得无产阶级的精神"⑨。由此看来，郭沫若已淡化和改变了"为艺术而艺术"的倾向，由"表现自我"的浪漫主义走向了为工友大众的现实主义。

应当看到，中国文化第四次大整合的过程，其实就是中国现代文化的建设过程。在整合的初期，各种西方现代文化思想潮水般涌来，猛烈地冲击着中国传统文化。通过碰撞混合、适应调整、比较平衡、选择吸收、增添代换，中国人确立

---

① 郭沫若：《文艺之社会的使命》，《沫若文集》第10卷，人民文学出版社1959年版。
② 郭沫若：《生活的艺术化》，《沫若文集》第10卷。
③ 郭沫若：《革命与文学》，《沫若文集》第10卷。
④ 郭沫若：《文艺家的觉悟》，《沫若文集》第10卷。
⑤ 郭沫若：《艺术家与革命家》，《沫若文集》第10卷。
⑥ 郭沫若：《革命与文学》，《沫若文集》第10卷。
⑦ 郭沫若：《留声机器的回音》，《沫若文集》第10卷。
⑧ 郭沫若：《革命与文学》，《沫若文集》第10卷。
⑨ 郭沫若：《留声机器的回音》，《沫若文集》第10卷。

了马克思主义在现代文化建设中的主导地位。郭沫若在个人的文化整合中，几经曲折，在风云突变的20年代，终于选定了马克思主义为自己终身信仰的文化思想。从此，郭沫若在马克思主义理论的指导下，从事文学创作，并在文学、艺术、哲学、历史学、考古学、古文字等研究领域，以及马克思主义理论和外国文化、外国文艺的译介方面，取得了难以企及的成就，为中国现代文化的建设做出了卓越的贡献。

推崇与诘难①

——郭沫若与墨家文化

一、最初崇墨

在先秦诸子百家中，墨家独树一帜。由于墨子也像孔子那样广收门徒，墨家文化思想在战国时代流传很广，形成与儒家分庭抗礼的一大学派，恰如韩非子所说："世之显学，儒墨也。儒之所至，孔丘也；墨之所至，墨翟也。"② 在中国文化史上，有前后墨家之分：墨子本人所建立的学派叫前期墨家，墨子去世后，由他的弟子所组成的学派叫后期墨家，《墨子》便是墨家学派的著作总集，反映了前后期墨家的思想。

郭沫若早在少年时代阅读先秦诸子著作时就读过《墨子》。郭沫若最初对墨子是抱有好感的，他说："对于《墨子》我以前也曾讴歌过他，认为他是任侠之源。《墨经》中的关于形学和光学的一些文句，我也很知道费些心思去考察它们，就和当时对于科学思想仅具一知半解的学者们的通习一样，隐隐引以为夸耀，觉得声光电化之学在我们中国古人也是有过的了。"③ 他还说：对于墨子，"我在小时也曾经崇拜过他，认他为任侠的祖宗，觉得他是很平民的，很科学的"④。郭沫若少年时代重友情，讲义气，喜欢出头露面打抱不平，颇有"侠者之风"，与墨子这位"任侠的祖宗"对他的影响很有关系。墨家伦理思想的精髓"兴天下之利，除去天下之害"⑤ 很早就浸润进郭沫若的文化潜意识，后来他在《棠棣之花》中所讴歌"不愿久偷生，但愿轰烈死。愿将一己命，救彼苍生起"的聂政，便是体现了墨家这种思想的侠义之士。郭沫若对墨子的崇拜和对墨家文化的喜爱一直持续到五四时代。他在《匪徒颂》中讴歌"兼爱无父、禽兽一样的墨家巨子呀"，把墨子当作"宗教革命的匪徒"而对其三呼"万岁！"在《巨炮之教训》中，借梦中与托尔斯泰的对话，说出对墨家文化的看法。

············
我爱你们中国的墨与老。

---

① 本文原载《中山大学学报》2000 年第 6 期。
② 《韩非子·显学》，王先慎：《韩非子集解》，中华书局 1998 年版。
③ 郭沫若：《十批判书·后记》，《沫若文集》第 15 卷，人民文学出版社 1961 年版。
④ 郭沫若：《十批判书·后记》，《沫若文集》第 15 卷。
⑤ 《墨子·兼爱》，吴龙辉等人译注：《墨子白话今译》，中国书店 1995 年版。

他们一个教人兼爱，节用，非争；
一个提倡慈，俭，不敢先的三宝。
一个尊"天"，一个讲"道"，
据我想来，天便是道！
哦，你的意见真是好！①

不过到了 20 年代初，郭沫若对墨子及墨家文化的看法有了根本性的转变。那时反儒扬墨正成为学术界的时髦风气，学界泰斗梁启超和文学革命运动的倡导者胡适极其推崇墨家文化，撰文鼓吹墨家文化能够救中国。郭沫若在对中国传统文化的研究中，一向坚持独立思考，不人云亦云，当然不会附和学术界拔高墨家文化的潮流，更何况此时他对墨家文化又有新的发现、新的认识。从 1923 年开始，他多次发表文章，阐发自己对墨子及墨家文化的独特见解。考察郭沫若的墨学观，不难发现它明显具有两重性。

对于墨子的人格，郭沫若是赞扬的。他说："墨子兼爱的精神和忍苦的毅力，正是他人格的伟大处。他的人格就以我们不信仰他的学说的人看来，也正如象我们看海一样，只要不是盲目的人，总要起一种激越的赞叹。"② 就是到了 40 年代他猛烈抨击墨子的时候，也仍然承认"墨子正是一位特异人格的所有者，他诚心救世是毫无疑问的。虽然他在救世的方法上有问题，但他那'摩顶放踵，枯槁不舍'的精神，弟子们的'赴火蹈刃，死不旋踵'的态度，是充分足以感动人的"③。对于墨家文化中的合理成分，郭沫若也是肯定的，例如他对墨家的伦理观和科学观也给予了较高的评价，"伦理学可在《墨子》书中寻出其萌芽，物理学也可在该书中寻出一些胎儿的化石"④。又指出道家和儒家一则向形而上学的方面驰骋其玄思，一则向人生哲学的方面焕发其讨究，都忽略了对于物质的探讨，然而"后起的墨家便注重在逻辑的建设，《墨经》更多关于物理数理的考察"⑤。这些足以说明郭沫若对墨家文化并不是全盘否定的。

二、继而非墨

对墨子人格风范和部分墨家文化思想的肯定，是否意味着郭沫若对墨家文化主体的清算会含有脉脉温情？不，恰恰相反，他从 1923 年 6 月 13 日写出《读梁

---

① 郭沫若：《女神·巨炮之教训》，《沫若文集》第 1 卷，人民文学出版社 1957 年版。
② 郭沫若：《文艺论集·读梁任公〈墨子新社会之组织法〉》，《沫若文集》第 10 卷，人民文学出版社 1959 年版。
③ 郭沫若：《青铜时代·墨子的思想》，《沫若文集》第 16 卷，人民文学出版社 1962 年版。
④ 郭沫若：《论中德文化书》，《沫若文集》第 10 卷。
⑤ 郭沫若：《文艺论集·惠施的性格与思想》，《沫若文集》第 10 卷。

任公〈墨子新社会之组织法〉》时开始,一直到老年,都对墨家文化的主体持严厉批判和坚决否定的态度。他对墨家文化的见解虽然同学术界流行的看法大相径庭,他的一些研究文化思想史的朋友,例如他留日时的同学和朋友杜国庠对墨子和墨家文化的见解就与他不一致,常和他一道争论,他在1961年所写的《序〈杜国庠文集〉》还回忆说,"有时我和他争论得相当厉害"①,但他从未因此而改变自己的观点。他在《十批判书·后记》中说:"我的对于孔子和墨子的见解,虽然遭受了相当普遍的非难,但我却得到了更加坚定的一层自信","只要我有确凿的根据,我相信友人们是可以说服的。"② 1957年前后,他在一封信中宣称:"我对儒墨无偏袒,在今天来说,我是反对儒家的。因我反对封建思想,但我是站在辩证唯物主义立场反对封建思想",重申"我并不把墨子的反对儒家引为同志。因为他的立场不同。五四之后不久,由于反对封建思想打倒孔家店,因而有一部分人(如胡适、梁启超等)便极端推崇墨家,那正是反历史主义的表现。好些同志都还在那种见解的影响之中,我认为我们是应该和那种方法诀别的"③。由此可见,郭沫若坚持自己的非墨观点,是何等执着啊!

那么,是什么原因使郭沫若在20年代初由墨子的崇拜者变成墨子的坚决反对者的呢?原来他别具只眼,发现墨子"纯全是一位宗教家,而且是站在王公大人立场的人"④。他在《读梁任公〈墨子新社会之组织法〉》中,就鲜明指出,"周秦之际的学者大都是反对宗教的无神论者,而在墨子独发生一个例外"。道家、儒家或者否定神鬼卜筮,或者把神改造成万有皆神的泛神,唯独"后起的墨家,才又把鬼神招呼转来做为他们的护符"⑤。他对墨子的反感还表现在墨子尊天明鬼的观念上,他说:

> 墨子信神,而且信的是有意志能够明赏威罚的神。他不唯信神而且还信鬼,他不唯信鬼而且还反对当时非鬼派的儒家之悖理。……他不过是一位顽梗的守旧派,反抗时代精神的复辟派罢了。

> 墨子祖述夏禹,祖述三代的宗教思想,所以三代圣王,据他看来,是天赏他们做皇帝的,把天下做他们的私有财产,教他们传子孙业万世。天是因为爱民,所以才立王公侯伯使之赏贤而罚暴。我们从墨子思想的系统上与渊源上看来,他也明明是一个神权起源论者。⑥

---

① 郭沫若:《序〈杜国庠文集〉》,《郭沫若全集·历史编》第3卷,人民出版社1984年版。
② 郭沫若:《十批判书·后记》,《沫若文集》第15卷,人民文学出版社1961年版。
③ 郭沫若:《关于墨子思想的一封信》,载《中国哲学》1983年第9辑。
④ 郭沫若:《十批判书·后记》,《沫若文集》第15卷。
⑤ 郭沫若:《文艺论集·读梁任公〈墨子新社会之组织法〉》,《沫若文集》第10卷,人民文学出版社1959年版。
⑥ 郭沫若:《文艺论集·读梁任公〈墨子新社会之组织法〉》,《沫若文集》第10卷。

于是他理直气壮地批驳梁启超、胡适所提出的墨子是主张"民约论"观点,揭示墨家文化思想的实质"都是替王公大人说的治天下的道理,他的思想归根是政教不分,一权独擅"①。

如果说郭沫若在《读梁任公〈墨子新社会之组织法〉》中对墨家文化的抨击还只具雏形,那么当他在20年代末以辩证唯物论的观念为指导,清算中国古代社会和在40年代运用"以人民为本位"的价值取向研究先秦诸子的文化思想时,对墨家文化进行了更为系统、更为深刻、更为猛烈的批判。

此时,他继续把锋芒对准墨子尊天明鬼的宗教观和站在王公大人一边的基本政治立场:

> 墨子始终是一位宗教家。他的思想充分地带有反动性——不科学,不民主,反进化,反人性,名虽兼爱而实偏爱,名虽非攻实美攻,名虽非命而实皈命。像他那样满嘴的王公大人,一脑袋的鬼神上帝,极端专制、极端保守的宗教思想家,我真不知道何以竟能成为了"工农革命的代表"!②

这是他对墨子的基本看法,在后来诘难墨子的文章中又对此进行了深刻的分析和阐述。

墨子主张"天志",信仰鬼神。郭沫若认为,墨子的"天志"即天老爷的意志,"这正是墨子思想的一条脊梁,……抽掉了这条脊梁,墨子便不能成其为墨子"③。他指出天老爷的存在是地上王的投影,人王之下有百官众庶,上帝之下有百神群鬼,墨子在王权式微的时代提倡"天志",其实质就是巩固王权"明则有斧钺,幽则有鬼神,王权便得到了双重的保障"④。他还把墨子的天道观同殷、周的天道观,孔子的天道观做了一番比较,令人信服地得出结论,墨子的天道观是非科学的,是一种倒退。

郭沫若鄙薄墨子,因为墨子的文章都是在"替'王公大人'说话",他统计了一下,墨子在自己的文章中"所喊的'王公大人'的次数一共有67次"。他明确指出,墨子承认旧有的一切阶层秩序,上下、贵贱、贫富、众寡、强弱、智愚等一切对立着的方面也都被承认着,并在这些对立面的下边,施行说教,"替统治者画治安策"⑤。他揭露墨子所鼓吹的"尚贤""尚同"主张的实质,认为"尚同"与尊天,"尚贤"与明鬼相应,"尚同"便是绝对的王权统治,墨子把国家、人民、社稷、刑政,都看作是王者所私有的。针对20年前梁启超所说墨子

---

① 郭沫若:《文艺论集·读梁任公〈墨子新社会之组织法〉》,《沫若文集》第10卷,人民文学出版社1959年版。
② 郭沫若:《青铜时代·墨子的思想》,《沫若文集》第16卷,人民文学出版社1962年版。
③ 郭沫若:《十批判书·孔墨的批判》,《沫若文集》第15卷,人民文学出版社1961年版。
④ 郭沫若:《十批判书·孔墨的批判》,《沫若文集》第15卷。
⑤ 郭沫若:《青铜时代·墨子的思想》,《沫若文集》第16卷。

具有"民约论"思想,郭沫若也再度发挥了20年前驳斥梁启超时所提出的观点:"墨子不仅没有卢梭的'民约论',而且也没有儒家的禅让说,他的'王公大人'是'传子孙,业万世'的。那么他的'一同天下之义'的主张,尽管说的是'仁君',但这'仁君'是如何产生的呢?尽管是暴王如桀、纣、幽、厉,当其时,处其世,谁敢不目以为有'仁君'?为其臣下者谁又敢不奉之如神明,视之如帝天呢?故尔墨子的所谓'尚贤','尚同',结果只可能流而为极权政治。"① 正因为如此,他才断定墨家学说是不民主的。

对墨家"节用""节葬"和"非乐"等主张,郭沫若认为是"反进化"的,并进行了有力的批判。在他看来,"'节用'与'节葬'是一套消极的经济政策"。因为老百姓贫穷,用是节无可节,葬也是节无可节,所以和老百姓的生活没有直接的关系。墨子倡导"节用""节葬"的原因有二:一是"替王公大人说话。他是怕老百姓看了眼红,起来闹乱子呵"②。二是"反对儒家的礼。'节葬'是反对丧礼,尤其三年之丧,固不用说;'节用'反对其他的礼"③。到了50年代,郭沫若不但坚持上述观点,而且还有新的发现,"墨者是赞成殉死的,这也正是'墨者之义'。……墨家是主张节用的,物殉太浪费了,故加以反对。人殉如出于自意识的道义感,在墨家看来,不仅不应该反对,倒宁是应该奖励的"④。至于墨子为什么"非乐",郭沫若指出其原因就是"他并不是认为乐(岳)不乐(洛),而是认为费财力、人力、物力,老百姓既不能享受,贵族们也不要享受"⑤。"非乐"的实质就在于"不仅在反对音乐,完全在反对艺术,反对文化",以及"'非乐'的高论只是在更多多榨取老百姓而已"⑥ 等方面。

郭沫若考察墨家学说,觉得墨子的见解有许多地方不近人情。墨子主张去情欲,"去爱",却又主张"兼爱",这是自相矛盾的。郭沫若一向反对早婚,收入《樱花书简》中的第30和第53封信,就表达了他不赞成七妹郭葆贞过早结婚的意见,"七妹尚幼,似不必过急"⑦;"……明年有出阁之说,未免太年轻了,于身体发育上最有妨碍。吾国早婚制度最坏,欲求改良,当自各家各户自行改良起来",并向父母亲建议,"七妹出阁似乎可再缓两年"⑧,因此,他对墨子所提倡的女子15岁嫁人的主张特别反感,指责墨子"'女子十五'便要'事人',未免

---

① 郭沫若:《青铜时代·墨子的思想》,《沫若文集》第16卷,人民文学出版社1962年版。
② 郭沫若:《青铜时代·墨子的思想》,《沫若文集》第16卷。
③ 郭沫若:《十批判书·孔墨的批判》,《沫若文集》第15卷,人民文学出版社1961年版。
④ 郭沫若:《墨家节葬不非殉》,《郭沫若全集·历史编》第3卷,人民出版社1984年版。
⑤ 郭沫若:《青铜时代·公孙尼子与其音乐理论》,《沫若文集》第16卷。
⑥ 郭沫若:《十批判书·孔墨的批判》,《沫若文集》第15卷。
⑦ 郭沫若:《樱花书简》,四川人民出版社1981年版。
⑧ 郭沫若:《樱花书简》。

有点不人道"①，因为15岁的女子"人事未通，自身的发育都还没有完全的女子便要叫她去做母亲，墨子真可以算是没有人情的忍人"，从而他抨击墨子提倡早婚的主张，是把人民看成为两重的"生产工具"：一重是生产衣食，二重是生产儿女，这个主张是"反人性"的，而把人民看成工具的墨子，则是"反人性的宗教思想家"。②

郭沫若把批判的矛头对准墨家文化思想的核心"兼爱"和"非攻"。他说，墨子鼓吹"兼爱"，"只在那里唱高调，骗人"，这是因为墨子"承认着一切既成秩序的差别对立而要叫人去'兼'"，实际上是叫"多数的不安乐者去爱那少数的安乐者！而少数的安乐者也不妨作一点爱的施予而受着大多数的爱了"，所以他认定墨子的"兼爱"就是"偏爱"。③ 在另一篇文章中，他深刻揭露出"兼爱"的另一面：

……同样在说爱，同样在说爱人，而墨子的重心却不在人而在财产。墨子是把财产私有权特别神圣视的。人民，在他的观念中，依然是旧时代的奴隶，所有物，也就是一种财产。故他的劝人爱人，实等于劝人之爱牛马。④

郭沫若对"兼爱"实质的揭露与批判真是入木三分。而他对"非攻"的批评也同样有力。他指出："'非攻'只是'兼爱'的另一种说法而已。因而在本质上，'非攻'也依然是对于所有权的尊重。翻译成适当的口语，也就是反对侵略所有权。"他又说，"兼爱与非攻的核心，尊重私有财产权并保卫私有财权。故他这一套学说并不重在爱人，而是重在利己，不是由人道主义演绎，而是向法治刑政的归纳"⑤。他还从墨子反对"攻"而又赞成"诛"的主张中，发现"非攻"理论也是自相矛盾的。他联系当前现实，对墨子的"攻"与"诛"做了一番诠释："墨子所谓'诛'大约就是义战，所谓'攻'就是非义战吧。"那么，什么是"义战"、什么是"非义战"呢？史书上关于胜利的攻伐者自封为正义者，所进行的攻伐是自认为是正义之战的例子屡见不鲜，所以，郭沫若说："主张攻伐的人谁个又肯承认他自己是非正义之战呢？吊民伐罪，大家都能够振振有辞，德国之攻苏联，日寇之攻中国，不是都有一番大理论做口实的呢？墨子的'非攻'只是在替侵略者制造和平攻势的烟幕而已。"⑥ 这就是把墨家"名虽非攻而实攻"的实质讲得很清楚、很透彻的了。

对于墨家的"非命"观，郭沫若也有独到的见解。他认为墨家的"非命"

---

① 郭沫若：《十批判书·孔墨的批判》，《沫若文集》第15卷，人民文学出版社1961年版。
② 郭沫若：《青铜时代·墨子的思想》，《沫若文集》第16卷，人民文学出版社1962年版。
③ 郭沫若：《青铜时代·墨子的思想》，《沫若文集》第16卷。
④ 郭沫若：《十批判书·孔墨的批判》，《沫若文集》第15卷。
⑤ 郭沫若：《十批判书·孔墨的批判》，《沫若文集》第15卷。
⑥ 郭沫若：《青铜时代·墨子的思想》，《沫若文集》第16卷。

主张，是为对抗儒家"有命"的命题而提出来的。儒家说"生死有命，富贵在天"，那是"教人藐视权威而浮云富贵"，因为"儒家的'天'是自然中的理法，所谓'命'有时是指必然性，有时是指偶然性"①。孔子不相信鬼神，他所说的命就是种必然论而不是宿命论，郭沫若说："所谓'死生有命'便是打破天上的权威，不相信崇敬鬼神便可以延年，不崇敬便会折寿。所谓'富贵在天'便是打破地上的权威，不走谄上傲下的路去求不义的富贵。"②而墨子的"非命"观则是宗教式的皈依：一方面倡导"非命"，另一方面又尊天明鬼，郭沫若洞幽烛微，看到了这两个似乎是矛盾的对立面的内在关系，"其实正因为他尊天明鬼所以他才'非命'。他是不愿在上帝鬼神的权威之外还要认定有什么必然性或偶然性的支配。在他看来上帝鬼神是有生杀予夺之权的，王公大人也是有生杀予夺之权的，王公大人便是人间世的上帝鬼神的代理。王公大人可以生你，可以死你，死生你不能说有命。王公大人可以富你，可以贵你，富贵你不能说在天。……'非命'就是叫人要对于无形的权威彻底的皈依，对于有形的权威彻底的服从"。这可以说是"死生无命，富贵在王"③。他还揭露墨家鼓吹"非命"的用心是"利用命的含义有两种，便先把论敌涂饰成宿命论者，而在骨子里则尽力打击必然论，为鬼神张目"。因此，郭沫若一再坚持"墨子的非命其实是皈命"④的看法。

三、再而批墨

郭沫若不仅通过以上对墨子基本观点的归纳与剖析，否定了墨家文化的思想，而且还考察墨家在当时社会变革中的基本立场和作用，探讨墨家为什么"像一股风一样，一时之间布满了天下"和为什么"也像一股风一样就消灭了呢"的原因。

在郭沫若看来，墨家的崛起并且很快就成为流传很广，与儒家、道家鼎足的显学，主要基于以下两个方面的原因。其一是，本来殷、周二代都是以宗教思想为传统的，尤其是周代乃利用宗教思想为统治的工具，宗教思想是浸润于民间的。就到两千年以后的今天，对于"天老爷"的信仰也依然是根深蒂固地存在于民间，只要有一"替天行道"的狂热者出现，便立刻可以造成一种教派。墨家在当时之所以流行，大约如此。⑤其二是，"大凡一种有神的宗教，在其思想

---

① 郭沫若：《青铜时代·墨子的思想》，《沫若文集》第 16 卷，人民文学出版社 1962 年版。
② 郭沫若：《十批判书·孔墨的批判》，《沫若文集》第 15 卷，人民文学出版社 1961 年版。
③ 郭沫若：《青铜时代·墨子的思想》，《沫若文集》第 16 卷。
④ 郭沫若：《十批判书·孔墨的批判》，《沫若文集》第 15 卷。
⑤ 郭沫若：《青铜时代·先秦道观之进展》，《沫若文集》第 16 卷。

根据上一般都很浅薄，唯其浅薄，所以易于接受。而倡导这种宗教的人每每有一种特异的人格，一般人对于这人格的特异性发生景仰，因此也就放过了他的思想的浅薄性。……所以他（指墨子——著者注）的思想真像一股风一样，一时之间布满了天下，而且虽然被冷落了二千年，就到现在也依然有人极端的服膺"①。显然，郭沫若把墨家看成宗教组织，而不是一个文化团体和学术团体；把墨子本人看作可与耶稣、穆罕默德比肩的绝好教祖。因此，墨家的迅速兴起，不但与积淀在群众文化心理上的宗教意识有关，而且还与墨子本人的人格力量有关。应当说这种看法是比较符合墨家实际的。

在对比考察儒、墨在急遽变化的时代中的表现后，郭沫若又指出："在公家腐败、私门前进的时代，孔子是扶助私门而墨子是袒护公家的。"② 他还发现："在原始神教的迷信已经动摇了的时候，而他要尊崇鬼神上帝。在民贵君轻的思想已经酝酿着的时候，而他要顶礼王公大人。在百家争鸣、思潮焕发的时候，而他要'一同天下之义'。"③ 因此，他认定墨家文化思想"有充分的反动性"，赞成庄子对墨子在当时所起的社会作用的评价："真天下之好（去声）也，将求之不得也"，墨家在社会中所得到的却是"治之下，乱之上"的结果。至于墨家弟子则是"墨子之徒是以帝王为本位的"④。正因为如此，在秦末农民不堪暴政揭竿而起的时候，墨子之徒"在革命队伍中却一个也找不出"⑤。

早在20年代末，郭沫若就开始探讨墨家文化在秦汉以后怎样由"显学"走向消歇沉寂，提出自己的初步思考结果：墨子"这一派在当时完全是反革命派。结果他是敌不过进化的攻势，尽管他和他的弟子们有'摩顶放踵'、'赴火蹈刃'的精神，死力撑持着自己的存在，然而终竟消灭了。这正是社会的进展是取辩证式的证明"⑥。以后他顺着这条思路继续思考，在40年代对墨家的消亡又有新的发现。他既不同意庄子所说，"反天下之心，天下不堪"（《天下》）；也不赞成王充的分析"虽得愚民之欲，不合智者之心"（《论衡·薄葬》）；对胡适"由于儒家的反对"与"遭政客的猜忌"（《中国哲学史》）的说法更是持异议；还有一些朋友说"后世的任侠者流便是墨家的苗裔"，郭沫若指出"这也是乱认表亲的办法"。他爬梳史籍，钩稽旧说，认为侠者以武犯禁，轻视权威，同情弱者，下比而不上同，在精神上与墨家正相反，只有在"不怕死"这一点上，与原始墨家相类，但不能认为凡是不怕死的都是墨家。所以，"儒墨自儒墨，任侠自任侠，

---

① 郭沫若：《青铜时代·墨子的思想》，《沫若文集》第16卷，人民文学出版社1962年版。
② 郭沫若：《十批判书·后记》，《沫若文集》第15卷，人民文学出版社1961年版。
③ 郭沫若：《青铜时代·墨子的思想》，《沫若文集》第16卷。
④ 郭沫若：《青铜时代·后集》，《沫若文集》第16卷。
⑤ 郭沫若：《青铜时代·秦楚之际的儒者》，《沫若文集》第16卷。
⑥ 郭沫若：《中国古代社会研究》，《沫若文集》第14卷，人民文学出版社1963年版。

古人并不曾混同，我们也不好任意混同的。大抵在儒墨之中均曾有任侠者流参加，倒是实在的情形"，从而澄清了墨家与侠的关系"认侠为墨，也不过是在替墨子争门面，然而大背事实。"① 他力排旧说和时贤的观点，对墨家文化的消亡，做出新的解释：

> 在我看来墨学的失传倒是由于自己瓦解。第一是由于墨家后学多数入了儒家、道家而失掉了墨子的精神，第二是由于墨家后学过分接近了王公大人而失掉了人民大众的基础。②

50年代，他又从墨家与时代的关系考察墨家文化被瓦解的原因，认为"违背时代的墨家终竟消灭了。这就说明它在历史上站不住，受了淘汰，'逃墨归杨，逃杨归墨'也指明了这一种转化的途径"③。作为一个风靡一时的学派，在汉初天下奠定的时候，墨已成为儒的附庸，但作为一种文化思想，墨家学说已融进儒家文化中去了。这是郭沫若的一个重要发现。他说："墨家是不是真的消灭了呢？其实并不是那么一回事。历代的王朝不是都在尊天明鬼吗？不是都在尚同贵力吗？就是号称为儒家中兴的宋明理学，除掉在骨子里吃的道士饭、和尚饭之外，也充分地保存着墨家的衣钵；他们的宗教性很强，门户之见很深，而对于文艺都视如不共戴天的仇敌。例如朱夫子所说的'一为文人便无足观'，这岂不是墨子'非乐'理论的发展吗？……从名义上来说，秦以后是儒存而墨亡，但从实质上说来，倒是墨存而儒亡的。"④ 用"墨存而儒亡"来表述秦以后的儒家之变化虽然未必准确，但也反映出郭沫若已注意到秦以后的儒家文化已融合先秦的诸子百家学说——其中也有墨家文化的思想，故而已不同于先秦原始儒学了。而且，墨家文化一旦被儒家文化所整合，墨家文化的某些精髓便被儒家文化所吸收，并以儒家文化的名义出现。难怪郭沫若说："先秦墨家固然灭亡了，先秦儒家事实上也完全变了质。"⑤ 他对墨家文化为什么消歇的阐释是很有见地的。

当然，郭沫若诘难墨家文化，明显带有强烈的主观感情色彩，因此他对墨家文化的评价不无有失允当之处。例如对墨家"兼爱""非攻""尚贤""尚同"的观点，就缺乏冷静、具体的科学分析。又如他认为墨家不是学派而是反革命的宗教组织，未免偏颇。再如对孔子提出的"死生有命，富贵在天"和墨子提出的"非命"解释，就比较牵强。尽管如此，他对墨家文化的研究有不少精辟的见解，仍不失为一家之言。

---

① 郭沫若：《青铜时代·墨子的思想》，《沫若文集》第16卷，人民文学出版社1962年版。
② 郭沫若：《青铜时代·墨子的思想》，《沫若文集》第16卷。
③ 郭沫若：《关于墨子思想的一封信》，载《中国哲学》1983年第9辑。
④ 郭沫若：《青铜时代·秦楚之际的儒者》，《沫若文集》第16卷。
⑤ 郭沫若：《青铜时代·秦楚之际的儒者》，《沫若文集》第16卷。

熠熠闪光的双子星座[1]
——陈寅恪与王国维

一、两个绝顶聪明的孩子

1925年春天，北京清华学校创办国学研究院，这是20世纪中国教育史和文化史上的一件大事。聘请宏博精深、学有专长的第一流学者来校任教，是办好研究院的关键。清华学校校长曹云祥委托吴宓主持这件事情。经过严格的选拔和多次商议，学界泰斗梁启超、王国维和正在美国哈佛大学任教的赵元任，以及还在德国留学的陈寅恪被聘为专任教授，李济为讲师，吴宓为研究院主任。按国学研究院的规定，专任教授就是学员的导师。上述四位专任教授，便是人们通常所说的清华国学研究院四大导师。在这四大导师中，陈寅恪与王国维交往最亲密，相知也最深。

王国维，字静安（有时又写作静庵），又字伯隅、永观，号观堂（有时也号礼堂），光绪三年农历丁丑岁十月二十九日，即公元1877年12月3日，出生于浙江海宁盐官镇双仁巷一个破落的读书人家庭。海宁自古钟灵毓秀，是文化之乡，尤其是到了清初，更成为朴学浙东学派的重镇之一。梁启超先生说，"明清之交各大师，大率都重视史学——或广义的史学，即文献学"[2]，称浙东学派的创始人黄梨洲，亦是"清代史学开山之祖"[3]。海宁人陈确（乾初）与黄梨洲是同门老友。他眼光独到，肯在考证上下大功夫，时常与黄梨洲等人切磋琢磨学问，共同开启清初学术风气。王国维自幼受浙东学派学风的熏陶，很自然地养成对史学与考据学的特殊爱好。盐官镇人才荟萃，是清代陈氏望族聚集之地。陈氏家族不仅出过103位举人，32位进士，其中尚有13位子弟身居尚书、侍郎的要职；而且还出过三位大学士：顺治时期的宏文院大学士陈之遴、雍正时期的文渊阁大学士陈元龙、乾隆时期的文渊阁大学士陈世倌。就以王国维旧居双仁巷而言，这条小巷也因立有双仁祠而得名。双仁祠所祭祀的乃是唐朝忠臣颜杲卿、颜真卿兄弟。颜杲卿任河北常山代理太守时，因反抗安禄山叛乱，兵败城破被擒，当面斥骂安禄山而被肢解捐躯。其从弟颜真卿以书法一闻天下；他写的字肥厚大方，端庄宏伟，世称"颜体"。颜真卿官至太子太师，封鲁郡公。德宗时期淮西

---

[1] 该文原载《东西方文化》（香港）2000年第11期。
[2] 梁启超：《中国近三百年学术史》，东方出版社1996年版。
[3] 梁启超：《中国近三百年学术史》。

节度使李希烈叛乱，奉令前去劝谕的颜真卿大义凛然、宁死不屈而被李绞缢身亡。少年时代的王国维熟知他们壮烈殉国的事迹，受到他们高洁人格的感染，在他日后形成的孤忠性格中，未尝不闪现着他们的影子。不仅如此，坐落在钱塘江口的盐官镇还以其壮丽迷人的自然景象令人流连忘返。每年中秋前后的钱塘大潮，宛然万马奔腾，铺天盖地直扑堤岸，发出惊心动魄的巨吼。历代著名诗人白居易、苏东坡等都曾被吸引至此，吟咏出观潮的千古名篇。那汹涌澎湃的钱塘潮水，不但荡涤着王国维的胸襟，而且也激发了他的上进心、陶冶着他的性情，使他与历代观潮诗人在感情上产生强烈的共鸣。他自幼就对诗词产生浓厚的兴趣，在诵读唐诗宋词之余，有时也不免技痒，或写诗填词，或向同窗好友发表自己在学习古典诗词中的体会，这显然是受当地人文环境和自然环境熏染的结果。

王国维的家庭对他的成长起着良好的作用。他出身于书香世家，高祖、曾祖和祖父都曾是国学学生。到了父亲这一代，家境虽然中落，但父亲王乃誉仍然是一个多才多艺的读书人，除喜谈经世之学外，在绘画、书法等方面也有很深的造诣。他对王国维的教育抓得很紧，不仅亲自挑选私塾，还直接指点王国维读书，随时检查王国维的学习情况，培养其自觉刻苦学习和独立钻研的精神。王乃誉的爱好对王国维影响很大。王国维少年时期饱览家中丰富的藏书，包括王乃誉撰写的《游目录》十卷、《古钱考》三册等书稿，继承了父亲博学多识、笃志执着和勤于思考的学风。他18岁时读到著名学者俞樾（曲园）所著的代表作之一《群经平议》，对其中一些看法产生了疑问和异议，于是写出条驳予以批驳。王国维对《群经平议》的批评是否得当，还可讨论。但他这些初试锋芒的文字，初步显示出他受注重考据的地方风气熏陶和笃实深思的家风影响，而形成的读书存疑、独立思考和不迷信、不盲从权威的治学精神。晚清内忧外患愈演愈烈，社会动荡日益加剧。在这种社会文化氛围中，王乃誉同那些皓首穷经的迂儒不同，他喜谈经世之学，好评议时政，同周围守旧的读书人格格不入，知音难觅，只得向王国维兄弟倾谈自己的感想和体会。这使王国维能较早地呼吸到新学的新鲜空气，摒弃当时盛行的"天朝中心""华夏优越"等陈腐观点，对从西方输入的现代科学和文化思想热诚欢迎。所以，虽然王国维在16岁参加海宁州的岁试考中过秀才，但当后来王乃誉将康有为、梁启超等人所写的鼓吹变法维新、宣传新学的文章给他阅读时，他便放弃了对参加科举的利器——作"时文"和"帖括"的学习和练习。王国维日后敞开大海一样的胸怀，尽情容纳和吸收西方近现代文化思想，接受西方科学方法，当然与他此时便具雏形的开放心态密切有关。

陈寅恪比王国维小13岁，清光绪十六年农历庚寅岁五月十七日，即公元1890年7月3日，出生于湖南长沙的一个官宦家庭。祖父陈观善又名宝箴，时任湖北按察使（后升任湖南巡抚）；父亲陈三立乃光绪十五年（1889）进士，时授吏部主事。陈宝箴不仅是晚清政绩显赫的能员干吏，变法维新的中坚人物，而且诗文都写得不错。陈三立亦是清末民初时期同光体诗派的代表诗人，有《散原精舍诗集》两卷、《续集》三卷、《别集》一卷及《散原精舍文集》十七卷传世。陈家和王家虽然家庭境况有很大的差别，但在重视子孙后代的教育这一点上却是相似的。陈家曾开设家塾，延聘名师，使子孙很早就发蒙读书。如陈宝箴任湖南巡抚时，就让六岁的陈寅恪在家塾跟着湘潭宿儒周大烈（后来是名作家、名教授许地山的岳父）读书。1901年陈三立刚把家迁往南京，首要的事就是办家塾，先后聘请王伯沆、柳翼谋、肖屋泉等博古通今的学者任教师。陈寅恪在家塾里，既学习四书五经，从小就打下深厚的国学基础；又学习数学、外文、音乐、绘画以及西方科学文化知识，从而初步形成融汇中西方文化的知识结构。同时陈宝箴、陈三立等尊长还不时指点他们作诗文，讲述做人的道理。与他们交往的曾国藩、张之洞、黄遵宪、郭嵩焘、王闿运、夏曾佑、陈衍、梁启超等文朋诗友都在诗文和学问上给陈寅恪以深刻影响。陈寅恪很喜欢读曾国藩的诗文，如他的妹夫俞大维先生所说"推崇曾文"[①]；尤其认同张之洞"中体西用"的主张，并终身坚持、矢守不移。这与他幼时受张之洞等人的熏染不无关系。不仅如此，陈家藏书丰富，伯舅俞明震家中的藏书又颇有精品。陈寅恪以读书为乐，课余或假日，常在两家书房埋头苦读。此时他在俞家书斋中翻读到钱遵王曾所注《牧斋诗集》，非常喜欢钱牧斋的诗句"埋没英雄芳草地，耗磨岁序夕阳天"，差不多在半个世纪后，他不顾脚膑目瞽，穷十年功夫，以超凡的毅力写出82万字的学术著作《柳如是别传》，为学坛留下一段佳话。

　　王国维和陈寅恪都是绝顶聪明的孩子，而不是读死书的书蠹。他们都体质单薄、生性内向，不喜活动，常爱掩卷冥思苦想，对书本上阐述的道理和尊长的话都要动一番脑筋去思考，然后才接受。这种不迷信书本、不盲从权威的存疑精神，是日后他们执着坚持的"独立之精神，自由之思想"学人风范的胚胎。比如王乃誉不赞成王国维把大量的精力和时间投入到考据学上，但王国维却一直沿着考据之路走下去，且做出很大贡献。而陈寅恪在十岁那年，听祖父闲话往事："昔年自京师返义宁乡居，先曾祖母告之曰，前患咳嗽，适门外有以人参求售者，购服之即瘥。先祖诧曰，吾家素贫，人参价贵，售者肯以贱价出卖，此必非真人参，乃荠苨也。盖荠苨似人参，而能治咳嗽之病。本草所载甚明。（见《本草纲目》卷一二'荠苨'条。）特世人未尝注意及之耳。"陈寅恪听完这个故事，特地找《本草纲目》查证，"果与先祖父之言符"[②]。其锲而不舍、寻根究底的求实精神已初见端倪。

　　考据离不开语言文字，王国维和陈寅恪在少年时代就对语言文字产生了浓厚

---

① 俞大维：《怀念陈寅恪先生》，《中央研究院历史语言研究所集刊》第41本，1969年。
② 陈寅恪：《寒柳堂集·寒柳堂记梦未定稿》，上海古籍出版社1980年版。

的兴趣和特殊的爱好，并且都对清代王念孙、王引之的训诂考据之学下了很深的功夫。王氏父子为乾嘉汉学中皖派大师戴震的传人，在经学、音韵、训诂、校勘等方面的研究，取得很大成就，为深入研究国学另辟一条新径。俞樾（曲园）继续王氏父子的研究，运用王氏父子的治学方法写出《群经平议》。正是由于王国维对王氏父子的治学门径有深刻了解，所以在18岁那年才初露锋芒，写出了向曾任翰林院编修的大学者俞樾挑战的条驳《群经平议》文章。陈寅恪则从王氏父子的著作中学到他们引申触类、广搜慎择、注重实证、探本究源、比较分析、精审识断、剔伪求真、错综旁通和缜密推导等治学方法。饶有意思的是，当时王国维和陈寅恪对乾嘉考据学的看法颇不一致。王乃誉认为王国维不应该钻研考据学，因此王国维在这方面缺乏名师指点，基本上是凭自己的感觉去刻苦自学的，随意性较大。他不喜欢《十三经注疏》之类的书籍，甚至很长一段时间对乾嘉朴学家的治学途径和方法不以为然。只是因为后来得到古文字学家罗振玉的指点，才接受和会通了戴震，王念孙、引之父子，汪中、钱大昕、段玉裁等乾嘉考据大师学术方法。而陈寅恪则在陈三立等人的导引下，通经治史，基本上依照乾嘉朴学中皖派和扬州派的路子，即以文字学为基点，运用训诂、音韵、典章制度等方面的知识，来考证阐释经史著作本文的涵义。正如俞大维先生所说，陈寅恪"对《十三经》不但大部分能背诵，而且对每个字必求正解。因此《皇清经解》及《续皇清经解》，成了他经常看读的书"[①]。

值得注意的是，王国维和陈寅恪少年时代所接受的教育和训练，使他们对中国文化的热爱与日俱增，愈到后来愈视中国文化为生命，选定了弘扬中华民族文化为终生的事业，以超凡的智慧和坚韧不拔的毅力，取得闪烁中外的成就，成长为20世纪的文化昆仑。

二、学坛的双子星座

光绪二十四年（1898），王国维离家到上海谋生，在维新变法派的重要舆论阵地《时务报》任书记兼校对，利用业余时间在古文字学家罗振玉创办的东文学社学习日文、英文、德文和数学、物理、化学等课程，受到罗振玉的赏识与扶持。光绪二十六年（1900）底，罗振玉资助他东渡日本进入东京物理学校学习。不久因病辍学归国。就在这一段时期，陈寅恪家中发生重大变故：戊戌变法失败后，祖父和父亲受到革职永不叙用的处分。1900年6月26日，慈禧密诏令陈宝箴自尽。经历这一场灾难，陈三立决意退出政坛，把主要精力用在诗歌创作和培养后代成才上。1902年春，他送大儿陈衡恪和13岁的六儿寅恪赴日本留学。在

---

① 俞大维：《怀念陈寅恪先生》，《中央研究院历史语言研究所集刊》第41本，1969年。

日本，陈寅恪跟着大哥衡恪在东京弘文学院学习日文；而王国维却被德国学家康德、叔本华的学说所吸引，以至回国担任通州、苏州等地师范学堂教习时，还在课余时间专心攻读康德、叔本华和尼采等人的哲学著作。

由于家境贫寒，王国维很早就挑起生活的担子。他离开故乡，漂泊在外，半工半读，艰苦奋斗，自然感到生活又苦又累。因此，叔本华对人的意志的高度肯定、对人在世界中的地位、人的自由和人生意义的阐发，尤其是叔本华认为欲望是痛苦、人生实际上是一场悲剧的伦理思想，曾激起过王国维的强烈共鸣。王国维当时又是一个上进心极强、求知欲极旺盛但社会地位不高的青年，自然会认同康德对人的尊重，以及对知识来源与知识在什么条件之下才可能的探讨，服膺康德对时代的批判精神。他运用康德、叔本华等人的哲学理论和研究方法，审视中国哲学史上长期争论不休的"性""理""命"等命题，写出《论性》《释理》《原命》等论文，阐发出新的见解。1904年，他写出第一篇文学论文《〈红楼梦〉评论》，在叔本华生活意志论和悲观主义伦理思想的观照下，首次对这部中国古典文学名著主题做了崭新的阐释，对文学与人生的关系进行了新的探讨，揭示了贾宝玉、林黛玉悲剧的意义、小说的"精神"与美学上的价值。这篇专论令人耳目一新，使王国维在学术界一鸣惊人。此时王国维已觉察出康德、叔本华哲学思想中的不足之处，认为"哲学上之说大都可爱者不可信，可信者不可爱"①。治学兴趣和重点逐渐由哲学转向文学艺术、史学、考古学、音韵学和金石学等方面。他潜心研究中国小说、戏曲、诗词，著有熔中国古代文论和西方哲学、美学理论为一炉，并有自己独特创见的《人间词话》。在《人间词话》中，他提出著名的"境界说"，建立起一套自己的文艺思想体系。此时的王国维，宛如一颗新星在学坛熠熠闪耀。他在此时所总结的读书治学三境界——"古今之成大事业大学问者，必经过三种之境界。'昨夜西风凋碧树，独上高楼，望尽天涯路'，此第一境也。'衣带渐宽终不悔，为伊消得人憔悴'，此第二境也。'众里寻他千百度，回头蓦见，那人正在灯火阑珊处'，此第三境也"②，至今仍为人们所称道。

只是王国维受中国传统文化濡染太深，心理上堆积着儒家伦理和功名思想的厚重沉淀，所以当主管学部事务的军机大臣、协办大学士张之洞延聘天下名流之际，王国维也未能脱俗，于光绪三十三年（1907）进京，担任学部总务司行走，充学部图书编译局翻译、名词馆协韵。1923年，由于蒙古贵族升允的举荐，深居紫禁城的溥仪征召他为清宫南书房五品衔行走。然而，这些年他在学术研究上也更上一层楼，取得辉煌的成就。1913年元月他写成在戏曲研究方面表达自己

---

① 王国维：《静安文集续编·自序二》，上海书店出版社1983年版。
② 王国维：《人间词话》，四川人民出版社1982年版。

精辟独卓见解的《宋元戏曲史》。郭沫若读过这本书不禁大为叹服:"不仅是拓荒的工作,前无古人,而且是权威的成就,一直领导着百万的后学。"① 从这一年开始,他的治学方向和治学方法发生变化,由文学转向史学。他不仅用心点读《三礼注疏》《说文》《尔雅》一类的书籍,认真钻研罗振玉所赠送的清代著名学者顾炎武以及乾嘉汉学戴震、程瑶田等人的著作,而且还用乾嘉汉学的考据方法,研究甲骨文、金文、齐鲁封泥、汉魏碑刻、汉晋简牍、古币胡服、敦煌唐写经和西北边地史、北方民族史,整理、考订殷周、秦汉的史料、古代器物、古代典籍,写出《胡服考》《毛公鼎考释》《殷周制度论》《蒙鞑备录笺证》《鞑靼考》《南宋人所传蒙古史料考》等一系列论文和论著,奠定了他在学坛上国学大师的地位。

陈寅恪的治学之路最初与王国维的治学道路大相径庭。他不像王国维那样急于发表自己在学术研究上的发现,而是博览群书,寻求真知,厚积薄发。从1902年到日本留学时起,他曾五次出国留学共达十五六年,德国的柏林大学、瑞士的苏黎世大学、美国的哈佛大学、法国的巴黎大学等世界名校的课室中,都留下过他瘦削的身影。他一向清心寡欲,也不看重文凭,虽在国外多所大学学习,却没有拿过一家大学的学位。但凡和陈寅恪接触过的留学生,都无不佩服他的真才实学。如当年留学于哈佛大学的吴宓与他交谈过几次,就已"惊其博学,而服其卓识。驰书国内诸友,谓合中西新旧各种学问而统论之,吾必以寅恪为全国最博学之人"②。从陈寅恪去世后发现的其留学国外期间的64本学习笔记来看,吴宓的话并非虚言。只是他对思想理论兴趣不大,治学的重点放在史学、佛学和语言学上。他虽然两度在柏林大学留学,却没有留心康德、叔本华、尼采等哲学家的著作,钻研的是梵文、巴利文等西域边地语言文字和佛教与西北边地史,并且接受了德国历史语言比较考证学派兰克学派的影响。他把兰克学派的理论和方法与乾嘉学派的治学理论和方法融会贯通,形成了自己独特的治学方法,又精通梵文、巴利文、藏文、蒙文、突厥文、回鹘文、吐火罗文、西夏文、佉卢文、波斯文、满文、朝鲜文、英文、德文等十几种语言文字,其中有好几种是已经失去生命力的文字。运用这种方法和这些语言文字去研究中国历史和语言,其成就自然"较乾嘉诸老,更上一层"③。尽管王国维迟自1913年才接受了乾嘉学派的考证方法,但不久他已运用得熟练自如,这就为日后他们在治学方法上的沟通减少了障碍。

据考证,陈寅恪与王国维的交往始于1916年。这一年春天,王国维经罗振玉的介绍,结识了经世致用派后期学人代表沈曾植(子培)。沈曾植也是陈三立

---

① 郭沫若:《鲁迅与王国维》,《历史人物》,新文艺出版社1952年版。
② 吴学昭:《吴宓与陈寅恪》,清华大学出版社1992年版。
③ 陈寅恪:《与妹书》,载《学衡》1923年第20期。

的老朋友，他博学多才，能诗善文，精通梵文、音韵、训诂和佛学，对西北边地史的研究造诣尤深。陈寅恪十分尊敬这位父执，时常登门求教。在沈曾植老人的家中，王国维和陈寅恪相识相交。他们交往的具体情况，现在已无资料可查，但从几年后陈寅恪带着王国维所写的介绍信去巴黎拜访法国汉学家伯希和这件事看，他们的交往是融洽的。他们再度交往则是在清华国学研究院共事的时候。1926年7月8日9时许，刚到清华园报到的陈寅恪在吴宓的陪同下拜望了王国维。此时陈寅恪已37岁了，刚从海外归来，尚无著作发表。但是王国维睿智的目光发现，陈寅恪是一颗必将在学坛大放光华的巨星。

三、风义生平师友间

在清华国学研究院共事期间，王国维平时对他关怀、爱护备至。陈寅恪也把王国维当作自己的老师一样敬重。他们虽然相处不到一年，但陈寅恪却是王国维生命的最后岁月真正肝胆相照和能互相取长补短的最后一位朋友。

他们都坚持中国文化本位论，但是又都欢迎西学输入。王国维认为，印度佛教在六朝时的输入，是中国文化思想接受外来文化思想影响的第一个时期，打破了自汉代以后儒家唯此抱残守缺的思想凋敝僵滞状态，给中国文化注入新的血液，促成六朝思想文化出现繁荣景象。而晚清的西学东渐，则是中国文化思想接受外来文化思想影响的第二个时期。在王国维的心目中，西方近现代学术文化固然有胜过中国传统文化的地方，中国文化也必须接受西方近现代学术文化才有生气和活力；但是，中国文化也有其自身的特性，输入的外来文化思想一定要经过改变，才能适应中国的社会环境而产生作用，才能与中国本土文化相融合而影响世道人心。所以他说，外来文化思想"即令一时输入，非与我中国固有之思想相化决不能保其势力"①。陈寅恪后来以佛教为例，阐述外来文化思想"输入之后，若久不变易，则决难保持。是以佛教学说，能于吾国思想史上，发生重大久远之影响者，皆经国人吸收改造之过程"②的道理，明显地表明受过王国维观点的影响。

在治学态度上，他们都坚持学术独立和思想自由的人文精神。王国维认为："学术之发达，存乎其独立而已。"③他并不反对谈政治，"言政治则言政治已耳"④，但是政治不能代替学术，学术也不能变成政治的仆从，更不能把学术研

---

① 王国维：《论近年之学术界》，《静安文集》，辽宁教育出版社1997年版。
② 陈寅恪：《冯友兰〈中国哲学史〉审查报告》，《金明馆丛稿二编》（下），上海古籍出版社1980年版。
③ 王国维：《论近年之学术界》，《静安文集》。
④ 王国维：《论近年之学术界》，《静安文集》。

究当成一种政治手段。他主张学术研究应当以探求真理为唯一目的而独立发展，应当超脱于政治，不受政治的影响和干预。王国维的治学态度体现了学人的良知，是他不断探索、独立思考、不断提出新的见解、取得丰硕成果的重要原因之一。不消说，这一治学态度对正准备在学术上有所建树的陈寅恪影响是何等之大。他后来在《王观堂先生纪念碑铭》中做了更为系统的阐发和进一步的发挥。

中国有句古训："学，然后知不足。"① 王国维和陈寅恪虽然学识渊博，却从不满足已学到的知识，孜孜以求的是自己尚未掌握的，或者虽已掌握但还薄弱的知识。王国维的甲骨文水平堪称一绝，是甲骨文字"四堂"②之一。所以他运用殷墟文字资料来探求、论证上古历史文化的真相，创获极大。他在研究辽、金、元史及佛教史和西北边地史时，"其考据之精，可与乾嘉大师并美，即关于蒙古史著作亦极精确。惟王氏只通日文，故其关于元代著作，或是利用我国原有资料互校，或利用日人转译欧洲学者著述，未能用直接史料也"③。这就直接导致如陈寅恪后来所说"王国维的学说中，也有错的，如关于蒙古史上的一些问题，我认为就可以商量"④。陈寅恪虽通晓多种文字，但当时尚未掌握甲骨文，不能像王国维那样阅读用甲骨文等古文字写成的上古史文献，所以他说"寅恪不敢观三代两汉之书"⑤。因此，他们常常在一起切磋学问，互相学习，互相启发，共同增益。关于这一点，俞大维特地指出："王氏对寅恪先生的影响，是相得益彰的；对于殷墟文字，他受王氏的影响；对梵文及西域文字，则王氏也受他的影响。"⑥正是王国维虚心向陈寅恪请教，才弥补了自己对梵文及西北边地民族文字知识的不足；陈寅恪得王国维指点，才多掌握了一门研究中国历史的工具：甲骨文。

应当看到，陈寅恪进清华园之前还处在求知识的阶段；任清华国学研究院导师后，才真正着手研究学术问题。在求知阶段，他得到过国内外许多名师的指点；刚进入研究阶段，旷世名儒王国维等人又为他树立了学习的榜样。陈寅恪何其幸运，他不仅在学识上得益于王国维，而且在治学方法上也深受其影响。1934年他在《〈王静安先生遗书〉序》中，高度称誉王国维的学问是"博矣，精矣，几若无涯岸之可望，辙迹之可寻"。把王国维的治学方法概括为"一曰取地下之实物与纸上之遗文互相释证"，"二曰取异族之故书与吾国之旧籍互相补正"，"三曰取外来之观念与固有之材料互相参证"。高度赞扬王国维的学术成就"足以转移一时之风气，而示来者以轨则"，推崇王国维的著作"为吾国近代学术界

---

① 《礼记·学记》，上海古籍出版社1987年版。
② 甲骨文"四堂"之说始于钱玄同，即罗雪堂（振玉）、王观堂（国维）、郭鼎堂（沫若）、董彦堂（作宾）。
③ 俞大维：《怀念陈寅恪先生》，《中央研究院历史语言研究所集刊》第41本，1969年。
④ 《陈寅恪自述——对科学院的答复》，原件存中山大学档案馆。
⑤ 陈寅恪：《陈垣元西域人华化考序》，《金明馆丛稿二编》，上海古籍出版社1980年版。
⑥ 俞大维：《怀念陈寅恪先生》。

最重要之产物也"①。考察陈寅恪的治学方法和学术成就，把这些话用在他自己身上，也未尝不可。

王国维和陈寅恪之所以相交甚深，还有一个重要原因，那就是他们的气质相似，个性相近。他们都具有一种内向、敏感、执着而又伤感的诗人气质，所写的诗词大多感情深沉、纤细、蕴藉，淡淡地散发出几分哀愁。他们又都深爱中国传统文化，把自己视为传统文化的"托命者"，因此格外恪守伦理纲常、气节操守。王国维脑后甚至还留着一条小辫子，对一去不返的封建时代不无留恋。他们都带着一种不合时宜的"遗老情结"，难怪他们在清华工字厅谈起清朝旧事时，"回思寒夜话明昌，相对南冠泣数行"②。在陈寅恪进清华园之前，王国维虽然相识满天下，但真正知心的朋友却无几人。加上晚年与罗振玉的龃龉，感情上又经历了一番大折腾，精神上很是孤寂苦闷。陈寅恪的出现使他得到一个知音。由于他们是用真心真情相交，倾脑中所拥有的全部智慧和学问相交，彼此的了解，真正达到"心有灵犀一点通"的程度；彼此的信赖，确实达到肝胆相照的地步。陈寅恪内心折服王国维的人品与学问，感激王国维对自己的帮助，在《王观堂先生挽词》中，用"风义生平师友间"来概括他们这段时间的交往。

四、谬承遗命倍伤神

清华园中名师云集，不过对陈寅恪一生学术事业影响最大的学人，是王国维；对陈寅恪思想震动最大的事，莫过于王国维之死。

1927年6月2日，是一个黑色的日子。这天上午8时，王国维离家到清华国学研究院教授室，拟好遗嘱并放进自己的衣袋，然后向办公室事务员借银五元。9时许王国维走到校外，雇人力车去颐和园。10时以后，他购票入园，走到鱼藻轩，"扑通"一声跳入湖中。园中巡警闻声跑来抢救，约两三分钟后将他从水中捞起，但他已气绝身亡。当晚陈寅恪获悉这一噩耗，急急忙忙与校长曹云祥、教务长梅贻琦、好友吴宓教授，以及学生30余人赶去颐和园，但园内守卫只许校长、教务长等三人进去探视王国维的遗体。6月3日下午4时半检验王国维的遗体时，发现他写的遗嘱中有"五十之年，只欠一死。经此世变，义无再辱"和"书籍可托陈吴二先生处理"之句。遗体经检验后，众人将前清官员的冠服穿在他身上入殓，并将灵柩移厝清华园南二三里的刚果寺，马上设祭。在祭奠时，清华一些老师与学生对王国维的遗体三鞠躬以致礼。陈寅恪穿着长袍马褂来后，同吴宓一道跪在地上行三叩头礼。学生见了，也跟着行跪拜礼。尔后，陈寅恪与吴

---

① 陈寅恪：《王静安先生遗书序》，《金明馆丛稿二编》，上海古籍出版社1980年版。
② 陈寅恪：《王观堂先生挽词并序》，《陈寅恪诗集》，清华大学出版社1993年版。

宓直接参与处理王国维的身后事宜。

王国维投水自尽后，社会上对他的死因议论纷纷，莫衷一是。概而言之，无非是恐惧北伐军说、殉清说、罗振玉逼债说、家庭之变说、殉纲纪文化说等等。陈寅恪是王国维相知甚深，又是其托付处理后事的挚友。据吴宓日记记载，此前的5月2日晚、12日晚、26日上午，他都与王国维会面交谈过，后两次均有陈寅恪参加。王国维投水的前一天（6月1日）下午，清华国学研究院举行第二届学生毕业典礼和师生叙谈会。散会后，王国维随陈寅恪至南院陈家，两人还畅谈至傍晚。对王国维自沉前的心理活动，陈寅恪恐怕比一般人更了解。当然，在他们最后一次交谈中，如果王国维透露自杀的打算，陈寅恪也会坚决劝阻的。陈寅恪认为，王国维效法屈原投水自尽，有殉清的原因在内，所以不仅在《挽王静安先生》诗中云"赢得大清干净水，年年呜咽说灵均"①，而且还在挽联中表达了这种看法：

　　十七年家国久魂销，犹余剩水残山，留欲累臣供一死。
　　五千卷牙签新手触，待检玄文奇字，谬承遗命倍伤神。②

在《观堂先生挽词》中，他用"他年清史求忠迹，一吊前朝万寿山"③结尾，已把王国维之殉清原因讲得很明白了。

只是殉清并非王国维自尽的唯一原因。陈寅恪和王国维都把自己当作中国文化的"寄托者"，因此在新旧文化嬗替之际，他更能理解王国维的痛苦心情，以及了解王国维自沉昆明湖的文化原因。吴宓在1927年6月14日，也就是王国维投水12天后的日记中，记录了陈寅恪的一段话："凡一国文化衰亡之时，高明之士，自视为此文化之寄托者，辄痛苦非常，每先以此身殉文化，如王静安先生，是其显著之例。"④ 在《王观堂先生挽词序》中，陈寅恪又力排众议，淋漓尽致地阐述了这种看法，揭示出王国维自尽的深层原因："盖今日之赤县神州值数千年未有之巨劫奇变；劫尽变穷，则此文化精神所凝聚之人，安得不与之共命而同尽，此观堂先生所以不得不死，遂为天下后世所极哀而深惜者也。至于流俗恩怨荣辱委琐龌龊之说，皆不足置辩。"⑤ 在中国历史上有不少殉情殉国殉道义殉信仰的人，他们可歌可泣的事迹为后人所赞颂。王国维为他所深爱的中国文化而捐躯，达到舍生取义、杀身成仁的人生最高境界；这种境界经陈寅恪一阐扬，王国维虽死犹荣，更受后人所景仰。

---

　　① 陈寅恪：《挽王静安先生》，《陈寅恪诗集》，清华大学出版社1993年版。
　　② 陈寅恪：《王观堂先生挽联》，《陈寅恪诗集》。
　　③ 陈寅恪：《王观堂先生挽词并序》，《陈寅恪诗集》。
　　④ 吴学昭：《吴宓与陈寅恪》，清华大学出版社1992年版。
　　⑤ 陈寅恪：《王观堂先生挽词并序》，《陈寅恪诗集》。

王国维"一死从容殉大伦"①，震动了社会，也震动了陈寅恪的心灵。陈寅恪失去了自己最敬爱的老师和朋友，内心的悲痛无可言状。他冷静而理智地回顾了王国维的一生，认为王国维的成就已在中国现代学术界树起一座巍峨的丰碑，而王国维积一生治学的感受和经验而倡扬的学术独立、研究自由的精神，揭示了治学研究的真谛。他决心在今后的治学和研究中，坚持和发扬这种精神，摆脱"俗谛"——政治的束缚，从事独立的学术研究，自由地阐发自己的见解。经过认真的思考，1927年6月29日晚，他与吴宓做出重要的决定，"相约不入（国民）党。他日党化教育弥漫全国，为保全个人思想精神之自由，只有舍弃学校，另谋生活。艰难固穷，安之而已"②。这表明，王国维虽然辞世了，但是他的治学精神在陈寅恪身上得以复苏。当时国内学人瞩目陈寅恪，寄予厚望。罗振玉（雪堂）在信中勉励他说："忠悫（即王国维——笔者注）以后，学术所寄端在吾公矣。"③ 陈寅恪也不负众望，更加勤奋地致力于学术研究，在史学、语言学、敦煌学和文学等领域有许多新的发现，开拓了学术研究的新天地，继王国维之后，在学坛大放异彩。

1929年6月2日，为纪念王国维去世两周年，清华国学研究院师生自行集资，由梁思成设计，林志钧书丹，马衡篆额，建立"海宁王静安先生纪念碑"。应研究院二期学员刘节等人约请，陈寅恪撰写了碑文。碑文的主体部分是：

  士之读书治学，盖将以脱心志于俗谛之桎梏，真理因得以发扬。思想不自由，毋宁死耳。斯古今仁圣所同殉之精义，夫岂庸鄙之敢望。先生以一死见其独立自由之意志，非所论于一人之恩怨，一姓之兴亡。呜呼！树兹石于讲舍，系哀思而不忘。表哲人之奇节，诉真宰之茫茫，来世不可知者也。先生之著述或有时而不章，先生之学说或有时而可商。惟此独立之精神，自由之思想，历千万祀，与天壤而同久，共三光而永光。④

摆脱俗谛，精神独立，思想自由，发扬真理，这是陈寅恪自此以后形成的学术品格和治学灵魂。他所撰写的碑文虽然是"谨举先生之志事，以普告天下后世"⑤，但因融进了自己的体会和思考，其实是夫子自道，体现了他对学术研究的终极关怀。所以，我们有理由认为，王国维的死，刺激了陈寅恪人文精神的成熟。

陈寅恪在碑文中所阐发的不仅是王国维的治学品格，而且也是20世纪学人都应该树立的治学品格，因此他谆谆教诲学生："一定要养成独立精神，自由思

---

① 陈寅恪：《王观堂先生挽词并序》，《陈寅恪诗集》。
② 吴学昭：《吴宓与陈寅恪》，清华大学出版社1992年版。
③ 罗振玉：《罗雪堂先生寄陈寅恪》，载《国学论丛》第1卷第3期。
④ 陈寅恪：《清华大学王观堂先生纪念碑铭》，《金明馆丛稿二编》，上海古籍出版社1980年版。
⑤ 陈寅恪：《清华大学王观堂先生纪念碑铭》，《金明馆丛稿二编》。

想，批判态度。"[1] 尤其可贵的是，他知行合一，在生活和治学中身体力行，无论在何时、何地、何种情况，都保持了卓然独立的学人人格。恰如他在一首诗中所云："柳家既负元和脚，不采蘋花即自由。"[2] 他在自己的思想、行动和治学中，始终如一地坚持王国维的治学精神，这是对王国维最好的纪念。

---

[1] 转引自蒋天枢：《陈寅恪先生传》，载《文献》1984年第20辑。
[2] 陈寅恪：《答北客》，《陈寅恪诗集》，清华大学出版社1993年版。

熏陶与熔铸①

——郭沫若与中国古典诗歌

一、诗歌之根

郭沫若在 40 年代所写的一篇谈创作的文章中，深有体会地说："凡是对于文字有嗜好或倾向的人，事实上在幼年时已经有文学资本积蓄在那儿，这是起码的本钱。"② 他自己何尝不是这样！由于父母对儿辈教育的重视，他在幼年时代便接受中国古典文学——尤其是古典诗歌、诗论的熏陶，从小就培养起对文学——特别是对诗歌的爱好。关于这一点，他不厌其烦地多次谈到过。

> 我的母亲在我刚在翻话时就喜欢口授唐诗，教我们念诵，意思虽然不懂，声调是可以懂得的。家塾的教育，所读的多半是诗。《诗三百篇》《唐诗三百首》《千家诗》等。在我六、七岁时已念得透熟。③

> 我母亲事实上是我的真正蒙师，她在我未发蒙以前就教我背诵了好些唐宋人的诗词了。④

> 我们家塾的规矩，白日是读经，晚来是读诗。读诗不消说就是为的是做诗的准备了。⑤

> 我自己是受科举时代的余波淘荡过的人，虽然没有做过八股，但却做过"赋得体"的试帖诗，以及这种诗的基步——由二字到七字以上的对语。这些工作是从八岁时动手的。但这些工作的准备，即读诗、学平仄四声之类，动手得尤其早，自五岁发蒙时所读的《三字经》《唐诗正文》《诗品》之类起，至后来读的《诗经》《唐诗三百首》《千家诗》之类止，都要算基本工作。⑥

类似这样的话，在郭沫若的著作中还可以找出许多。众所周知，中国传统文化精神也从古典诗歌中鲜明地体现出来。幼年的郭沫若在吮吸中国传统文化的乳

---

① 该文原载《郭沫若学刊》2000 年第 4 期。
② 郭沫若：《今天创作底道路》，《沫若文集》第 12 卷，人民文学出版社 1959 年版。
③ 郭沫若：《序我的诗》，《沫若文集》第 13 卷，人民文学出版社 1959 年版。
④ 郭沫若：《学生时代·我的学生时代》，《沫若文集》第 7 卷，人民文学出版社 1958 年版。
⑤ 郭沫若：《少年时代·我的童年》，《沫若文集》第 6 卷，人民文学出版社 1959 年版。
⑥ 郭沫若：《我的作诗经过》，《沫若文集》第 11 卷，人民文学出版社 1959 年版。

汁时，还从源远流长的古典诗歌中汲取营养。可以说，中国优秀的古典诗歌正是他幼年时的"文学资本积蓄"，引导他走上文学道路的最初启蒙，他日后从事诗歌创作并取得丰硕成果的"起码的本钱"。

在中国的古籍中，《诗经》可以说是最古的文学书籍之一。现存的《诗经》保留着从西周初年至春秋中叶500多年的305首诗歌，相传由孔子删订而结集成书。作为中国文学的光辉起点，《诗经》宛如一份取之不尽的宝藏，在中国文学史上做出过重大贡献的历代诗人，几乎没有不受其吸引和影响的。郭沫若也概莫能外。他在20年代提出"我国的古代精神表现得最真切，最纯粹的总当得在周秦之际"① 和"我们中华民族本是优美的民族之一，我们在四千年前便有极优美的抒情诗"② 的见解，显然与他在幼年时代熟读《诗经》有关。在《诗经》中，他最喜欢的是《国风》。《国风》采集了晋、卫、郑、齐、魏、秦、陈等15个地方的160首民间诗歌。他在这些诗歌中看到了"周朝是我国文化史上的一个黄金时代，那时的一般平民都会作诗，一部《国风》就是从民间收集的无名诗人的作品。"③ 郭沫若当然不会只停留在爱好、欣赏和研究《诗经》的一般层次上。《诗经》是中国诗歌之母，《诗经》是郭沫若的诗歌创作之根，他的文化观念和诗歌创作都深受《诗经》的影响。

首先，《诗经》打开他的眼界，使他对三四千年前上古社会的文化生活、民俗风情有了明晰的认识。他说：

> 文学是人生的表现。人生虽然随时代而转变，但转变了的时代面貌却被保存于文学之中，而为后代借鉴。因而文学永有生命。我们能说一部《国风》是死文学么？④

> 我们即以《诗经》一书为证人，已足以证明我国文化于周以前已确有一长时期的焕发。⑤

在他看来，《诗经》其实再现了上古社会的时代风貌，反映了上古社会下层人民的生活、感情、愿望和思想。一直到50年代，他都还认为在《诗经》中"最有文学价值的是《国风》，主要地搜集了当时民间所流传着的民歌民谣，在内容和形式上都保留着相当素朴的人民风味"，和"在这种风格上正保证着《国风》是比较可靠的文献"⑥。而且正是他把《诗经》——尤其是《诗经》中的

---

① 郭沫若：《论中德文化书》，《沫若文集》第10卷，人民文学出版社1959年版。
② 郭沫若：《一个宣言》，《沫若文集》第10卷。
③ 郭沫若：《文艺之社会的使命》，《沫若文集》第10卷。
④ 郭沫若：《论文学的研究与介绍》，《沫若文集》第10卷。
⑤ 郭沫若：《论中德文化书》，《沫若文集》第10卷。
⑥ 郭沫若：《简单地谈谈〈诗经〉》，《沫若文集》第17卷，人民文学出版社1963年版。

《国风》当作上古历史文化生活的化石。所以，他在撰写《中国古代社会研究》《十批判书》《青铜时代》《奴隶制时代》时，把《诗经》当作自己研究上古社会政治、经济、文化、生活等状况的主要依据之一。例如，在《中国古代社会研究》中，他根据收入《大雅》中的《生民》《绵》和《公刘》篇等诗歌所歌咏的传说与生活，考证出"在古公亶父的时候周室还是母系社会"，"到了太王，因农业的发达，才渐渐有国家刑政的发生，在短时期之内周室吞并了四邻，未几便'三分天下有其二'，又未几公然'实始翦商'了"①。同时，他又从《豳风·七月》《小雅·楚茨》《小雅·甫田》《小雅·天保》等诗中发现，"农业的发达就是奴隶制度的完成"，而"所谓农夫，所谓庶民，都是当时的奴隶。这些奴隶在平时便做农；在有土木工事时便供徭役，在征战的时候，便不免要当兵或者是夫役了"②。又如，在《青铜时代》和《十批判书》中，他从《诗经》中有关周代农事活动的诗歌如《国风》中的《七月》，《小雅》中的《楚茨》，《信南山》《甫田》《大田》，《颂》中的《臣工》，《噫嘻》《丰年》《载芟》《良耜》切入，审视周代的生产方式和社会制度，证实"井田制是断然存在过的"③，坚定宣称"西周是奴隶社会的见解，我始终毫无改变"④。再如，50 年代中期，他对《周颂》中的《噫嘻》做了更进一步的探讨，肯定"本诗无疑是成王时代的作品"。同时又用这首诗来解释周代历史，使自己一贯坚持的观点"西周是奴隶社会"更为有力："不仅诗的本身提出了周初农业生产的极坚实的社会史料，——那样大规模的耕作，在古代除在奴隶制度下不可能设想。"⑤ 自清代学者章学诚提出《易》《书》《诗》《礼》《乐》《春秋》"六经皆史"⑥ 的命题以来，经龚自珍、章炳麟等人的认同和倡扬，一百多年来亦有学人循着这条路子，考证"六经"和发挥义理相结合，从治经走向治史。但援引《诗经》中大量诗篇来证释上古社会历史文化并卓有建树，郭沫若是第一人。

其次，《诗经》陶冶了郭沫若的审美情趣。郭沫若爱读《诗经》中的《国风》，这是因为《国风》多为上古社会劳动人民的口头创作，尽管在经孔子删订时，歌辞可能被修改、润色，但依然具有浓厚的原始风味和民间气息，不仅表达出劳动人民的心声，而且也充分显示了劳动人民的艺术创造才能。所以，《国

---

① 郭沫若：《中国古代社会研究·第二篇〈诗〉〈书〉时代的社会变革与其思想上的反映》，《沫若文集》第 14 卷，人民文学出版社 1963 年版。
② 郭沫若：《中国古代社会研究·第二篇〈诗〉〈书〉时代的社会变革与其思想上的反映》，《沫若文集》第 14 卷。
③ 郭沫若：《十批判书·古代研究的自我批判》，《沫若文集》第 15 卷，人民文学出版社 1961 年版。
④ 郭沫若：《由周代农事诗论到周代社会》，《沫若文集》第 16 卷，人民文学出版社 1962 年版。
⑤ 郭沫若：《读了〈关于"周颂·噫嘻篇"〉的解释》，《沫若文集》第 17 卷，人民文学出版社 1963 年版。
⑥ 章学诚：《文史通义·内篇·易教上》，上海古籍出版社 1956 年版。

风》是《诗经》中的精华，也是我国古代文化宝库中的瑰宝。他早年与田汉、宗白华等人探讨诗歌创作时，曾主张"以'自然流露'的为上乘"①，认为真诗、好诗应当是诗人"心中的诗意诗境之纯真的表现，生命源泉中流露出来的 Strain，心琴上弹出来的 Melody，生之颤动、灵的喊叫"②。他的这个看法，显然符合真实是艺术的生命的美学原理。他还说："诗的创造贵在自然流露。诗的生成，好象自然物的生存一般，不当参以丝毫的矫揉造作。"③ 在他看来，民间歌谣是人民群众自己创造的文化形式，真实而自然地流露出人民群众喜怒哀乐好恶的感情，所以他充分肯定"抒情诗中的妙品最是些俗歌民谣"④。《国风》是春秋战国时代的民歌民谣，不仅是记录当时生活的"化石"，具有很高的历史文化价值；而且还是生动优美的文学作品，具有很高的审美价值。他从《国风》的采集和整理中受到启发，殷切希望"我们中国再生出个纂集'国风'的人物——或者由多数人组成一个机构——把我国各省、各道、各县、各村的民风、俗谣采集拢来，择其精粹编成一部《新国风》"，并且把这样做看成是"定可以为'民众艺术的宣传'、'新文化建设'之一助"⑤。他觉察到"古书所用文字与文法与现代已相悬殊"⑥，为了使《国风》的内容和艺术美能为国人所领会，"从古诗中直接去感受它的真美"⑦，"我们要由这化石中吹嘘些生命进去"⑧，于是毅然顶着"离经叛道"和"在旧纸堆里寻生活"的罪名，于1922年将《国风》中40首诗译成白话诗。饶有意思的是，郭沫若对没有经过自由恋爱的旧式婚姻给年轻人所造成的痛苦有着切身的体会，因此他选择的40首诗都是《国风》中的恋歌情诗，以示对束缚年轻人恋爱自由、婚姻自主的封建礼教和包办婚姻制度的反抗，以另一个角度表达出自身个性解放的要求。

值得注意的是，郭沫若喜爱《国风》的审美情趣到老都没有改变，又由此引发他对民间文学价值的评价。他认为，自进入阶级社会以来，中国文学便分为两大主流：一是取媚于上层统治阶级的"庙堂文学""宫廷文学"，一是植根于民间生活难登大雅之堂的民间文学。50年代初，他说：

> 一部《诗经》，只有《国风》是来自民间的。但是比较起来，《国风》的文学价值远超过《雅》《颂》。这就是说民间文学的价值远超过贵族化的宗庙文学、宫廷文学。

---

① 郭沫若：《论诗三札》，《沫若文集》第10卷，人民文学出版社1959年版。
② 郭沫若：《论诗三札》，《沫若文集》第10卷。
③ 郭沫若：《论诗三札》，《沫若文集》第10卷。
④ 郭沫若：《论诗三札》，《沫若文集》第10卷。
⑤ 郭沫若：《论诗三札》，《沫若文集》第10卷。
⑥ 郭沫若：《古诗今译的问题》，《沫若文集》第10卷。
⑦ 郭沫若：《卷耳集·自跋》，《沫若文集》第2卷，人民文学出版社1959年版。
⑧ 郭沫若：《卷耳集·序》，《沫若文集》第2卷。

《国风》《楚辞》、乐府、六朝的民歌、元曲、明清小说，这些才是中国文学真正的正统。①

在1958年收集民歌民谣的运动中，郭沫若在自己的文章中多次以《诗经》为例，称在"采风"中涌现出的民歌民谣为新"国风"，他精神振奋地写道："从新'国风'中充分摄取养料，体会人民的生活，学习人民的技巧而加以发扬光大，这就为职业的作家和诗人们开辟出了极广阔的天地。"② 这足以看出，《诗经》，尤其是《国风》对郭沫若审美情趣影响之大。

再次，郭沫若的诗歌创作得益于《诗经》的不少。他继承和发扬了《国风》中"饥者歌其食，劳者歌其事"的现实主义精神，关心国家的命运、民族的兴衰和人民的疾苦，鄙视那些远离现实或者逃避现实的"为艺术而艺术"的艺术家，称他们为"现实逃避的象牙宫殿的顽民"③，公开宣称"我郭沫若所信奉的文学定义"是"文学是批判社会的武器"，"我们只把我们的文字来表现人生"④。自他执笔以来，就把自己的创作同对中国进行改造和建设紧密结合在一起，"就想通过文学使中国起变化，想用诗歌唤醒睡狮"⑤。综观郭沫若的全部作品，其现实主义精神与《诗经》的《国风》一脉相承。至于他在20年代倡导"同情于无产阶级的社会主义的写实主义文学"⑥，和"站在第四阶级说话的文艺，这种文艺在形式上是现实主义的，在内容上是社会的"⑦，这正是《国风》现实主义在新的时代的进一步发扬。

不仅如此，郭沫若还从《诗经》中摄取创作素材，学习和借鉴其体现形式和艺术手法。比如在《棠棣之花》中，他特意安排严仲子隐居在"淫风流行"的濮阳，为再现《国风·桑中》的"期我乎桑中，邀我乎上宫"和《国风·溱洧》的"维士与女，伊其相谑，赠之以勺药"所描绘的诗境，在第二幕和第四幕插入冶游男女歌唱《侬冷如春水》《侬本枝头露》等抒情小曲，增添了全剧的民歌气息和上古生活的诗情画意。又如在《国风》中就已形成"星夜—幽会"的思维定式，在不少民歌中都浮现出相应的文学意象，《唐风·绸缪》便是其中的一首：

绸缪束薪，三星在天。今夕何夕？见此良人！子兮子兮！如此良人何！
绸缪束刍，三星在隅。今夕何夕？见此邂逅！子兮子兮，如此邂逅何！

---

① 郭沫若：《研究民间文学的目的》，《沫若文集》第17卷，人民文学出版社1963年版。
② 郭沫若：《为今天的"新国风"，明天的"新楚辞"欢呼！》，《沫若文集》第17卷。
③ 郭沫若：《艺术家与革命家》，《沫若文集》第10卷，人民文学出版社1959年版。
④ 郭沫若：《暗无天日的世界——答复王从周》，《沫若文集》第10卷。
⑤ 《郭沫若答青年问》，载《文学知识》1959年5月号。
⑥ 郭沫若：《革命与文学》，《沫若文集》第10卷。
⑦ 郭沫若：《文艺家的觉悟》，《沫若文集》第10卷。

> 绸缪束楚，三星在户。今夕何夕？见此粲者！子兮子兮！如此粲者何！

生动地描画出一对热恋中的青年男女在夜间幽会的情景。郭沫若不但把这首古老的民歌译成白话，而且在写《星空》这首诗时，在习习海风中仰望夜空，但见新月如钩，天河渺渺，群星灿烂，引起他无尽的遐想与渴盼，情不自禁地进入《唐风·绸缪》所凸现的"星夜—幽会"这一文学意象：

> 我想起《绸缪》一诗来了。
> 那对从昏至旦地
> 欢会着的爱人哟！
> 三星在天时，
> 他们邂逅在山中；
> 三星在隅时，
> 他们避人幽会；
> 三星在户时，
> 他们犹然私语！①

在思古幽情中，他仰望星光，"祷告那青春时代再来"，"祷告那自由时代再来"，表达出诗人在五四过后的"退潮"时期的孤寂心情和对美好人生的深切期待。再如，郭沫若曾对《国风》的形式特点做了中肯的总结："《国风》多是一些抒情小调，调子相当简单，喜欢用重复的辞句反复地咏叹，一章之中仅仅更换两三个字的例子是很多的。"② 他在自己的诗作中，也喜欢采用《国风》这种连章叠句的结构，在《凤凰涅槃》中的《群鸟歌》，每一节都用"哈哈，凤凰！凤凰！/你们枉为这禽中的灵长"开头，把凤凰在烈火中自焚后，岩鹰、孔雀、鸱枭、家鸽、鹦鹉、白鹤等凡鸟的种种丑态淋漓尽致地勾画出来。在《凤凰更生歌》中的"鸣鸣"和"凤凰和鸣"两部分，每部分的每一段，词句都基本相同，只变换了几个字，逐层深入发展。同一主题，通过反复咏唱，就表现得更为充分。不消说他频频使用往回复沓的章法，自然是直接受惠于《国风》中《硕鼠》《采葛》《苤苢》等诗篇的形式特点。另外，《国风》成功地开了运用比兴手法来描情状物、刻画形象表达感情的先河。《关雎》《桃夭》《燕燕》《谷风》《相鼠》等歌谣便是很好的例子。郭沫若在许多诗作中，如在《炉中煤》《地球，我的母亲！》《天上的街市》等名篇中，继承和发展着《国风》中的比兴手法，造成极动人的境界，使诗中的意象更加自然、生动、鲜明，丰富多彩，从而大大增强了艺术感染力。

---

① 郭沫若：《星夜》，《沫若文集》第2卷，人民文学出版社1959年版。
② 郭沫若：《简单地谈谈〈诗经〉》，《沫若文集》第17卷，人民文学出版社1963年版。

二、晋唐诗风

《诗经》为中国诗歌的发展奠定了坚实的基石。在中国文学史上，诗歌一直处于正宗地位。郭沫若涉猎过的古典诗歌真如汗牛充栋，在对他的文学创作产生过重大影响的古典诗人中，屈原委实是第一个。这点笔者将另文论述。陶渊明、王维、李白等晋唐诗人，也一直深受他推崇。他在自传中很坦率地谈到幼年时读唐诗的情况：

> 比较易懂的《千家诗》给予我的铭感很浅，反而是比较高古的唐诗给了我莫大的兴会。唐诗中我喜欢王维、孟浩然，喜欢李白、柳宗元，而不甚喜欢杜甫，更有点痛恨韩退之。①

1936年他回答蒲风的提问时说：

> 至于旧诗，我喜欢陶渊明、王维，他俩的诗有深度的透明，其感触如玉。李白的诗，可以说只有平面的透明，而陶王却有立体的透明。②

郭沫若一向认为，诗歌创作要表现诗人自我。他喜欢陶渊明、王维、李白等人，首先在于他和他们的精神有着千丝万缕的联系。陶渊明、王维、李白等人都有过济世的抱负和爱国的热情，但腐败丑恶的现实又使他们的报国之志不能实现。陶渊明志行高洁，不为五斗米折腰。毅然走上和统治阶级决裂的归田道路。王维在安史之乱中为乱军所获，服药佯为疟疾，虽被强署认为伪官，但仍作《凝碧池》怀念唐室，宁可寄情于山水田园，也不与黑暗势力同流合污。李白一身傲骨，反对权贵，追求个性的张扬和精神的自由，写出了"安能摧眉折腰事权贵，使我不得开心颜"的千古名句。郭沫若在五四时期的文化心理具有两重性：一方面他对黑暗社会和礼教充满着叛逆精神，讴歌"不断的毁坏，不断的创造，不断的努力"，鼓吹个性解放和社会的解放；另一方面，受庄子的影响，又有一种返归自然，与自然融为一体的逍遥愿望。前者使他的诗歌感情激越，昂扬着反抗的旋律和对自由、光明热情向往的调子，奔腾着破旧立新的力量。后者则形成他笔致婉约、意境幽丽冲淡的另一种诗风。这说明他的气质精神是与陶渊明、王维、李白等人息息相通的，他的诗歌作品正是中国古典诗歌的传统在20世纪的弘扬和发展。

其次，抒情言志是中国古典诗歌的主要传统之一。综观陶渊明、王维、李白的诗歌创造，他们固然不乏言志的佳作，但更多的是抒情的诗篇。郭沫若是一个

---

① 郭沫若：《我的童年》，《沫若文集》第6卷，人民文学出版社1958年版。
② 《郭沫若诗作谈》，载《现世界》创刊号（1936年8月16日）。

感情丰富、容易冲动和偏于主观的诗人，因此特别喜欢抒情的诗歌。陶渊明、王维、李白等人的诗歌，不但投合他的情感需要，而且还把他带进浸淫着感情的文学世界，难怪他如此着迷。就抒发感情而言，陶渊明、王维、李白都是分属于不同类型的诗人。陶渊明信仰道教，认为世上万物都是按照自然规律生灭变化，归隐田园，一任天机，乐天知命成为隐逸诗人之宗；王维吃斋信佛，亦官亦隐，优游山水，在大自然中体悟佛性禅理。他们所追求的都是摆脱"樊笼"、重返"自然"，徜徉于田园山水的生活，保持恬淡、肃散、悠闲的心境，因而掀不起感情上的狂涛巨澜。李白则是个感情热烈奔放，性格豪迈的浪漫主义诗人，既认同儒家"兼善天下"的思想，胸怀"济苍生""安社稷""安黎元"建功立业的政治抱负和"功成身退"的志向；又接受了庄子遗世独立、鄙视权贵、蔑视富贵和追求精神自由的思想，任自我在精神天地遨游，在大自然中逍遥。郭沫若受他们的影响，在创作中抒发出自己感情世界的两个方面：

一方面，陶渊明、王维的幽情雅趣使他领略古典诗歌冲淡、恬静、自然、素朴的静态美。他说："我自己本来是喜欢冲淡的人，譬如陶诗颇合我的口味，而在唐诗中喜欢王维的绝诗，这些都应该属于冲淡的一类。"① 他正是由于喜好庄子、偏爱陶渊明、王维，才被泰戈尔的《新月》《飞鸟》等诗集所吸引，并融铸成自己早期清淡的诗风。20世纪30年代，流亡在日本的郭沫若曾把自己的诗歌创作经过分成三个阶段：

  第一段时期在"五四"以前，作的诗是崇尚清淡、简短，所留下的成绩较少。第二段是惠特曼式，这一段时期正在"五四"的高潮中，做的诗是崇尚豪放、粗暴，要算是我最可纪念的一段时期。第三段便是歌德式了，不知怎的把第二期的热情失掉了。②

郭沫若的自我阐释至少可以说明，他刚开始诗歌创作时，陶渊明、王维诗歌的冲淡风格对他早期诗风的形成起着主要的作用。不但他在《女神》中吟唱《夜步十里松原》《春愁》《蜜桑索罗普之夜歌》《晨兴》等诗时深得陶渊明、王维抒情的个中真味，就是新中国成立后在歌咏大自然时，如1958年5月所写的《南水泉》，1961年写的《万松亭遇雨》，1961年9月所写的《过瞿塘峡》《过巫峡》，1962年2月所写的《东方县途中口占》等诗，积淀在文化心理深层的陶、王式的情致与理趣，还会逸散出来。

另一方面，李白"兴酣笔落摇五岳，诗成啸傲凌沧洲"③的雄奇，瑰丽的诗歌风格，使郭沫若深受影响。难怪他一接触到李白诗风相近似的美国诗人惠特曼

---

① 郭沫若：《我的作诗经过》，《沫若文集》第11卷，人民文学出版社1959年版。
② 郭沫若：《创造十年》，《沫若文集》第7卷，人民文学出版社1958年版。
③ 李白：《江上吟》，《全唐诗》第166卷，中华书局1960年版。

的《草叶集》，便"彻底地为他那雄浑的豪放的宏朗的调子所动荡了"①。他融合李白、惠特曼的风格，再加以独创性的发挥，形成他特有的浪漫主义诗风；火山爆发式的激情、狂飙突进式的气势，怒涛振海般的节奏、昂扬急骤的旋律，浓烈明丽的色彩，这正是《女神》的主要艺术倾向。

再次，在诗的意境和艺术形式的创造上，郭沫若与陶渊明、王维、李白的诗歌有着明显的继承关系。他曾这样自述：

又有一次，我把王维的《竹里馆》那首绝诗写在诗上：
独坐幽篁里，弹琴复长啸。
深林人不知，明月来相照。
这是我从前最喜欢的一首诗，喜欢它全不矜持，全不费力地写出了一种极幽邃的世界。我很喜欢把这首诗来暗诵。②

倘若我们把这首诗同郭沫若大约在14岁时所写的《茶溪》稍做对照：

闲钓茶溪水，临风诵我诗。
钓竿含了去，不知是何鱼。

不难发现，这首诗中蕴含着一种宁静致远、隽味深长的情趣，显然他是从《竹里馆》中摄取过营养。《村居即景》也是少年郭沫若最早的诗作之一：

闲居无所事，散步宅前田。
屋角炊烟起，山腰浓雾眠。
牧童横竹笛，村媪卖花钿。
野鸟相呼急，双双浴水边。③

不消说这首诗是学习了陶渊明《归园田居》等田园诗的表现手法，工笔白描出沙湾田园风光，虽然笔力稚嫩了一点，但也映照出陶渊明田园诗那种平和、冲淡、自然的意境。郭沫若酷似李白自由豪放、叛逆不羁的个性，使他必然要学习和继承李白诗歌创作的艺术手法和艺术经验。李白在表达感情上往往是喷薄而出，一泻千里，挥洒自如，而不受诗体形式的羁绊，郭沫若也说："我也是最厌恶形式的人，素来也不十分讲究它。"④《女神》《星空》等诗集中的诗，确也如李白诗歌那样，自然流露，不事雕饰。郭沫若的《天狗》《我是个偶像崇拜者》《匪徒颂》等诗，分明显示出李白诗歌那种"我本楚狂人，凤歌笑孔丘"，"誓欲斩鲸鲵，澄清洛阳水"般蔑视权威和气吞山河的气势、神奇莫测的比喻、大胆奇

---

① 郭沫若：《我的作诗经过》，《沫若文集》第11卷，人民文学出版社1959年版。
② 郭沫若：《创造十年》，《沫若文集》第7卷，人民文学出版社1958年版。
③ 郭沫若：《村居即景》，《郭沫若少年诗稿》，四川人民出版社1979年版。
④ 郭沫若：《村居即景》，《郭沫若少年诗稿》。

幻的夸张和惊心动魄的想象。即使在《女神》中,《浴海》《梅花树下醉歌》《太阳礼赞》《雪朝》《光海》等歌吟大自然的诗篇,描绘了大自然的壮美,抒发出郭沫若的豪放壮志和开阔胸襟。其意境和李白的《望庐山瀑布》《庐山遥寄卢侍御虚舟》《梦游天姥吟留别》《横江词六首·一》等诗所推出的雄丽浑厚、神奇阔大的境界很接近,继承着李白的浪漫诗风,由此可以窥见郭沫若深得李白诗歌的真髓,并将李白诗歌的艺术传统发扬光大。

当然,对郭沫若诗歌创作产生深远影响的古代诗人又何止陶渊明、王维和李白!由于他个人的气质、性情与杜甫相差太远,所以他爱好"诗仙"李白感情外泄的飘逸诗风,却不喜欢"诗圣"杜甫感情内敛,"沉郁顿挫"的诗歌风格。不过杜甫的诗历来被称为"诗史",在传统社会,凡学诗的读书人几乎没有不读杜诗的。郭沫若在少年时代也对杜诗下过一番功夫,他在《寄吴君尚之》诗中有句云:

<blockquote>翻云覆雨啸交游,杜老新诗几度讴。①</blockquote>

既套用杜甫《贫交行》中"翻手作云覆手雨,纷纷轻薄何须数"的诗句,又记叙了他们在成都高等学堂分设中学求学时读杜诗的情景。杜诗中的现实主义精神和关注国计民生的爱国情怀,以及杜甫驾驭各种诗体形式的艺术方法和经验,自然感染他。例如杜甫格律精工的律体诗代表作《秋兴八首》,便为郭沫若早年学习写律诗提供了学习的范例。他曾自述,辛亥革命后他学写过一些旧体诗,"不是用杜工部《秋兴八首》的原韵拟出一些感时愤俗的律诗,便是学学吾家景纯做几首游仙或者拟古"②。此时他所写的《感时八首》《寄先夫愚八首》《无题五首》等诗,骨格峻峭,宛若《秋兴八首》一样,抒发出对国事世局的忧虑,具有沉蕴雄博的意境。1953年,他给成都杜甫草堂题了副对联:

<blockquote>世上疮痍,诗中圣哲,
民间疾苦,笔底波澜。③</blockquote>

对杜甫诗歌的成就做了中肯的评价。1964年,他对杜甫《客至》中"花径不曾缘客扫,蓬门今始为君开"一句化用无痕,在《题杜甫草堂花径》对联中,翻拓出新意境:"花学红绸舞,径开锦里春。"④可见,杜诗在他文化心理上的积淀是同等厚重。除杜甫以外,他也很喜欢孟浩然、柳宗元等人的诗。他早年所写的《苏溪弄筏口占》中有句"此在存苏迹,可曾载洒来"⑤,显然是受到过孟浩然的

---

① 郭沫若:《寄吴君尚之二首》,《郭沫若少年诗稿》,四川人民出版社1979年版。
② 郭沫若:《黑猫》,《沫若文集》第6卷,人民文学出版社1958年版。
③ 曲树程、杨芝明辑注:《郭沫若对联集》,四川大学出版社1994年版。
④ 曲树程、杨芝明辑注:《郭沫若对联集》。
⑤ 郭沫若:《苏溪弄筏口占》,《郭沫若少年诗稿》。

"何当载酒来,共醉重阳节"① 句的启发。他的一些描绘山水田园恬静风光的诗,也确实带有孟浩然诗歌中那种醇淡深厚,不特意钩奇抉异的风韵。而郭沫若所写的《泛舟谣》《舟中闻雁哭吴君耦逖》《舟中偶成三首》《述怀》《和王大九日登城之作二首》等五言古体诗,就陶融进柳宗元《溪居》《感遇》《咏史》《咏三良》等五言古诗那种雅淡而味深、深沉而委婉的境界和清峻悲健、感叹悠扬的韵致。至于他的一些诗句或采借古诗的意境,或点化一些古诗诗句的意思,如《和王大九日登城之作》中有句云"一声河满子,泪落不成吟"②,便借用了唐代诗人张祜《宫词》中"一声河满子,双泪落君前"的诗句,构成新的意境,这样的例子不胜枚举。由此可以看出,中国古典诗歌对郭沫若的影响是多方面的。他承建中国古典诗歌的血脉,并将它同外来的诗歌加以独创性的熔铸,从而创造了一种崭新的诗歌——20世纪中国的新诗,对中国的诗歌发展做出了卓越的贡献。

---

① 孟浩然:《秋登万山寄张五》,《唐诗三百首》,南京大学出版社2004年版。
② 郭沫若:《和王大九日登城之作》,《郭沫若少年诗稿》,四川人民出版社1979年版。

第三辑 守望与跨越

（2001—2017）

追慕与疏离①
——论郭沫若与屈原

一、追步屈原

在中国古典文学长河中,最受郭沫若爱戴的诗人是屈原;在中国现代文坛,受屈原影响最大的诗人是郭沫若。

屈原出身于战国时代的楚国贵族世家,任过楚国的左徒和三闾大夫等官职。他胸怀远大的政治抱负,但由于受到朝廷中奸佞小人的排挤、中伤、诬陷,被逐出都城,流放外地。在长期的流放中,他没有一刻不心忧国事,写下了许多不朽的诗篇。最后,他怀着壮志难酬的无可奈何的心情,自投汨罗江中,以表明忠贞爱国的心迹。屈原的学识极其渊博,才华横溢。众所周知,先屈原两百年结集的《诗经》,是北方诗歌总集,《国风》中没有《楚风》。屈原扎根于荆楚文化土壤,从楚民族的民间歌谣中吸取营养,又学习和继承《诗经》的现实主义传统和艺术表现手法,创作出《离骚》《九章》《九歌》《天问》等25篇代表南方文学特色的作品。屈原的诗歌不仅浸透了他忧国忧民的思想感情,而且大量运用"香草美人"的比兴手法,把《诗经》中赋、比、兴的手法推向新的高度;同时在诗体上突破了《诗经》的四言格局,句子字数参差错落、灵活多变,创造了"骚体"诗的形式,实现了诗体大解放。屈原开拓了一代新诗风,开启了中国文人诗歌创作的先河,奠定了浪漫主义文学的坚实基础,成为中国文学史上第一个伟大的爱国诗人。他的爱国主义精神、高尚的人格和光辉灿烂的文学成就,两千多年来照耀着无数的后世诗人。正如鲁迅所说:屈原作品"逸响伟辞,卓绝一世。……其影响于后来之文章,乃甚在三百篇以上"②。郭沫若一生热爱屈原、学习屈原、研究屈原,在作品中表现屈原。他说:"屈原是我最喜欢的一位作家,小时候就爱读他的作品。"③并在诗中怀着崇敬和惋惜的心情吟叹道:"屈子是吾师,惜哉憔悴死。"④考查郭沫若生平,他读屈原的作品是在进入中学的时候。他读《史记》时,《史记》中的《屈原列传》"是我最喜欢读的文章。这些古人

---

① 本文原载《郭沫若学刊》2001年第3期。
② 鲁迅:《汉文学史纲要》,人民文学出版社1958年版。
③ 郭沫若:《屈原·序》,《沫若文集》第12卷,人民文学出版社1959年版。
④ 郭沫若:《题画记》,《沫若文集》第12卷。

的生活也引起了我无上的同情"①。显然,屈原的身世遭遇、思想情操及其所创作的《楚辞》,在他的心灵中激发起强烈的共鸣。他对屈原情有独钟,自1920年底写出以屈原行吟泽畔为题材的诗剧《湘累》之后,又创作出歌吟屈原的诗作30多首。抗战时期所推出的历史剧《屈原》上演时曾轰动了山城重庆。郭沫若在艺术创作上成功地塑造出了屈原的形象,凸现了屈原精神,得力于他对《楚辞》的透彻理解和对屈原的深刻研究。在他的文学活动与学术研究中,不仅将屈原的《离骚》等25首作品全部译成白话文,而且还在不同历史时期写出了《屈原时代》《屈原考》《屈原研究》《伟大的爱国诗人屈原》等20多篇研究文章,在屈原研究领域占有一席之地。

郭沫若与屈原所生活的年代虽然相隔两千多年,却有着惊人的相似之处:那就是他们都生活和成长在一个呼唤伟大诗人并且能够造就伟大诗人的社会转型时代。屈原当时的处境使郭沫若很自然地产生联想,屈原的高洁人格品行,为郭沫若树立起学习的好榜样;屈原的作品,也是郭沫若取之不竭的宝藏。难怪郭沫若以现代"屈原"自况,"我委实自比过屈原"②。

那么,郭沫若怎样继承和发扬光大屈原精神的呢?

首先,郭沫若和屈原都是在气质上偏于主观,在性格上酷爱自由,在感情上狂放不羁的诗人,因此,郭沫若很自然地受到屈原个性意识的濡染。当然,屈原的个性意识主要表现为在"世溷浊莫吾知,人心不可谓兮"③的艰难环境中,坚持自己的价值观和气节情操,超凡脱俗,卓尔不群,特立独行,孤高傲岸,驰骋想象,用自己的作品和行动与污浊的现实进行顽强的抗争。毋庸赘述,屈原的个性意识同现代的个性主义还有着较大的差异。然而,自西汉以来,儒家文化取得了正统地位,屈原的个性意识的某些方面由于不符合儒家的伦理训条而遭到一些儒家学者的批评。西汉的扬雄是最早对屈原人格有微词的文学家之一。扬雄用老庄思想指责屈原"弃由聃之所珍兮,蹠彭咸之所遗"④,以为"君子得时则大行,不得时则龙蛇;遇不遇命也,何必湛身哉"⑤。东汉辞赋家班固以儒家"明哲保身"的价值尺度,贬斥屈原"露才扬己""亦贬挈狂狷景行之士"。⑥南朝齐梁时的文学理论批评家刘勰也数落屈原是"狷狭之志也"⑦。南宋的朱熹更是不以为然地说:"原之为人,其志行虽或过于中庸而不可以为法。"⑧但是更多的历代文

---

① 郭沫若:《少年时代·我的童年》,《沫若文集》第6卷,人民文学出版社1958年版。
② 郭沫若:《创造十年》,《沫若文集》第7卷,人民文学出版社1958年版。
③ 屈原:《怀沙》。
④ 扬雄:《反离骚》。
⑤ 扬雄:《法言》。
⑥ 班固:《离骚·序》。
⑦ 刘勰:《文心雕龙·辨骚》。
⑧ 朱熹:《楚辞集注》。

学家都景仰屈原的个性和人格。且不说西汉的文学家贾谊自比过屈原,司马迁在《报任少卿书》中把屈原与周文王、孔子、左丘明等圣贤并列,就是郭沫若一向推崇的李白,也以屈原自比:"远别泪空尽,长愁心已摧。三年吟泽畔、憔悴几时回。"① 由此看来,从西汉开始,历代读书人对屈原的个性意识的评价虽然存在严重分歧,但作为一种文化传统,屈原的个性意识也为一些文学家所继承,成为中国古典浪漫主义文学的内核之一。五四时期,郭沫若用刚接受的西方个性主义来诠释沉积在自己文化心理的屈原的个性意识,形成了他所独具的个性解放思想,构成了《女神》强有力的音符。诗剧《湘累》取材于屈原被放逐泽畔的一个生活片段,郭沫若力破前人抨击屈原"露才扬己""狂狷景行""不可以为法"的陈腔,塑造了一个"举世皆浊我独清,众人皆醉我独醒"②的孤独放任、张扬个性、愤世嫉俗的屈原形象。他说他写《湘累》"实际上是'夫子自道'。那里面的屈原所说的话,完全是自己的实感"③,他借屈原之口抨击"见了凤凰要说是鸡,见了麒麟要说是马"的"这个混浊的世界",表达出"自我表现"和"自由创造"的激情。

> 我的诗,我的诗便是我的生命! ……我效法造化的精神,我自由创造,自由地表现我自己,我创造尊严的山岳,宏伟的海洋,我创造日月星辰,我驰骋风云雷电,我萃之虽仅限于我一身,放之则可泛滥于宇宙。……我有血总要流,有火总要喷,不论在任何方面,我都想驰骋!

如果说《湘累》中的屈原是爱国有心、报国无门的话,那么,《天狗》《我是个偶像崇拜者》《浴海》等诗,则以磅礴的气势、汪洋恣肆的激情、狂放的笔调,颂扬了自我的力量,体现了沉积在郭沫若文化心理中的屈原式的个性意识的发扬光大与升华。

其次,郭沫若自幼深受儒家"内圣外王"人格设计的熏陶,一方面注重自身的道德修养和心性的净化、升华,讲求志行高洁与气节情操;另一方面追求经世致用,建功立业,以期实现"博施于民而能济众"④的终极目标。辛亥革命之后的十几年,国内各地军阀拥兵自重,割据一方,攻城陷野,争斗不休;外国列强又虎视鹰瞵,垂涎我国领土。到了三四十年代,日本发动妄图吞并我国的侵略战争;蒋介石政府接连掀起三次反对共产党的高潮,制造了震惊中外的皖南事变,形势上与战国时代的局面不无相似之处。因此,"入则与王图议国事以出号令;出则接遇宾客,应对诸侯"⑤,渴望以自己的才干辅佐贤王统一天下的屈原,

---

① 李白:《赠别郑判官》。
② 屈原:《渔父》。
③ 郭沫若:《创造十年》,《沫若文集》第7卷,人民文学出版社1958年版。
④ 《论语·雍也》。
⑤ 司马迁:《史记·屈原贾生列传》。

又成为郭沫若的楷模。他继承了屈原强烈的入世精神，在少年时代就如同屈原那样"路漫漫其修远兮，吾将上下而求索"①，寻找一条改造中华的道路。他到日本学医，"这也是从'实业救国'，'富国强兵'的思想出发的"②。后来，弃医就文是因为他"认识到文学对革命还是能起鼓舞推动作用的，就想通过文学使中国起变化，想用诗歌唤醒睡狮"③。所以《女神》回旋着"不断的破坏，不断的创造，不断的努力"的旋律，抒发出诗人"新社会的改造全赖吾曹"的兼善天下的抱负。他从日本留学归国后，由于在现实社会中处处碰壁，又感到文学搞不通，不能实现他在《女神》中表露的"救彼苍生起"的宏图大志。强烈的入世精神转化为政治参与意识，驱使他选择了屈原所开创的诗人从政的道路。他密切注视着变幻的时代风云，积极参与政治斗争，义无反顾地投身到反帝反封建的运动中。在北伐和抗战期间，他两次从戎的行动，便是这种政治参与意识的具体体现。1926年8月25日，他在北伐途中行经汨罗江时，赋诗凭吊屈原：

屈子行吟处，今余跨马过。
晨曦映江渚，朝气涤胸科。
揽辔忧天下，投鞭问汨罗。
楚虽有三户，怀石理则那。④

诗中洋溢着他初次从军的豪气和"揽辔忧天下"的入世精神，表达出对屈原怀石投江的惋惜之情。值得注意的是，当他成为马克思主义者之后，对政治更加热心，自觉地把自己的创作和学术研究与政治联系起来，为现实政治斗争服务，以至他后来所写的许多诗歌、杂文、随感、历史剧和史学论著，都具有很强的现实针对性和鲜明的政治色彩。和屈原一样，郭沫若对自己的政治信仰特别坚定，对所追求的政治目标也格外执着。他的政治活动虽然遭受过严重的挫折——因为参加过1927年的南昌起义和写过《请看今日之蒋介石》等文章而被蒋介石政府通缉，不得不长期流亡日本，但他"虽九死其犹未悔"⑤，在艰难困苦的环境中，从未改变自己对马克思列宁主义的信仰，从未降低自己参与政治斗争的热情。抗战全面爆发后，郭沫若从日本潜回祖国，在周恩来的直接领导下，以旺盛的热情组织和团结正直的文化人士，从事抗日救亡工作和反对政治迫害、争取民主自由的运动。此时，在他心目中"屈原不仅是一位热爱人民的诗人，同时也是一位有远大政治抱负的政治家"⑥。在他所写的历史剧《屈原》和一系列研究屈

---

① 屈原：《离骚》。
② 郭沫若：《郭沫若答青年问》，载《文学知识》1959年5月号。
③ 郭沫若：《郭沫若答青年问》。
④ 郭沫若：《北伐途次》，《沫若文集》第8卷，人民文学出版社1958年版。
⑤ 屈原：《离骚》。
⑥ 郭沫若：《伟大的爱国诗人——屈原》，《沫若文集》第17卷，人民文学出版社1963年版。

原的文章中,他不是从单纯的文学或单纯的史学角度,而更多的是从政治的方位,把屈原当作"南国的圣人""楚国的柱石""革命诗人""人民诗人""爱国诗人"来颂扬,从屈原的入世精神中吸取鼓舞自己站在时代前列的力量。

需要指出的是,屈原入世精神的核心是坚持对国家大事进行独立思考,从不变心从俗;揭露斥责身居高位的群小违法乱纪,把国家引向灭亡的罪行。

再次,屈原的爱国情操奠定了中国的爱国主义传统,战国时代的七雄纷争,归根到底是人才竞争。当时各国为了争夺天下,无不求贤若渴,招揽人才。游说之士如择枝而栖的良禽奔波于各国之间,寻求能施展自己才干的地方。公孙鞅由卫入秦,吴起由卫至鲁,再至魏,又去魏入楚,本是邹人的孟子而求仕于齐,本是赵人的荀子到楚、齐、秦等国谋求发展,原来是楚人的李斯到秦国劝秦灭六国,正如郭沫若所说:"当时的学者们是志在天下而不在一国"。① 所以,屈原虽被怀王疏远,遭襄王放逐,自己蒙冤受屈,颠沛流离,却因太爱楚国,不肯到别国去另寻政治出路,并在作品中一再抒发这种如司马迁所说的"眷顾楚国"② 的深情:

陟升皇之赫戏兮,忽临睨夫旧乡。仆夫悲余马怀兮,蜷局顾而不行。③

望长楸而太息兮,涕淫淫其若霰。过夏首而西浮兮,顾龙门而不见。心婵媛而伤怀兮,眇不知其所蹠。④

鸟飞反故乡兮,狐死必首丘。⑤

类似这样的诗句,还可以从屈原赋中找出许多。屈原对乡国的苦恋,不仅在当时尤为难能可贵,而且也激励着无数的后世之人。毋庸讳言,屈原不去他国,固然有希望楚王回心转意召他回朝以实施"美政"(政治抱负)的原因,但更主要的是他热爱楚国的人民,念念不忘为人民解脱苦难,不愿离开楚国老百姓远走他邦:

长太息以掩涕兮,哀民生之多艰。⑥

然灵修之浩荡兮,终不察夫民心。⑦

愿摇起而横奔兮,览民尤以自镇。⑧

---

① 郭沫若:《历史人物·屈原研究》,《沫若文集》第12卷,人民文学出版社1959年版。
② 司马迁:《史记·屈原贾生列传》。
③ 屈原:《离骚》。
④ 屈原:《九章·哀郢》。
⑤ 屈原:《九章·哀郢》。
⑥ 屈原:《离骚》。
⑦ 屈原:《离骚》。
⑧ 屈原:《九章·抽思》。

屈原用心血写就的爱国诗篇，滋育着郭沫若成长，是形成郭沫若爱国主义思想的一股源头活水。郭沫若在日本留学和流亡长达 20 多年，并且在日本组织了一个家庭，然而他深深地思念、眷恋着祖国和人民，关注着祖国的前途和人民的命运。不必细说《女神》中的《凤凰涅槃》《晨安》《炉中煤》等诗篇充盈着的屈原式的爱国情思，也不用再多费笔墨论述这部诗集中《棠棣之花》《地球，我的母亲》《雷峰塔下》等诗篇所流溢着的热爱人民大众的感情，就以郭沫若在"卢沟桥事变"后"别妇抛雏"，冒死从日本潜回祖国的行动而议，就足以看出他对祖国之爱是何等深切，他在《归国杂吟》中吟咏道："金台寂寞思廉颇，故国苍茫走屈平。"① 表明这次归来报效祖国，显然是受到屈原爱国情操的影响。正因为如此，他对屈原的爱国精神才有了更深刻的了解。他说：

> 屈原是永远值得崇拜的一位伟大诗人。他对于国族的忠烈和创作的绚烂，真是光芒万丈。中华民族尊重正义抗拒强暴的优秀精神，一直到现在都被他扶植着。②

抗战期间，他在题傅抱石所画《屈子行吟图》的诗中又一次赞扬屈原的爱国情操："中国不会亡，屈子芳无比。"③ 写完这首诗后，郭沫若意犹未尽，又在《题画论》中强调："屈原在一千多年前为我们斗争了来，我们是永继着他的意识在猛烈地作着斗争的。"④ 确实，郭沫若归国请缨，与全国人民共赴国难，以忘我的热情投身到抗战洪流中去，他在 40 年代所写的《屈原》等六部历史剧，都融注了他的爱国主义的思想感情，显示出他不但继承和发扬了屈原的爱国爱民精神，而且还用这种精神激励人民大众去反对外来侵略者和国内独裁者的专制统治，争取国家独立和自身的解放。

二、释疑存真

屈原圣洁的品格和志行及其所创作的可歌可泣的诗篇，可与日月争光，对铸就中华民族的民族精神，对中国文学优良传统的形成，都产生了深远的影响，是中国文化和中国文学极其珍贵的遗产。为了真正理解和把握屈原精神，使其重放光华，鼓舞中国人民为反抗侵略、反抗法西斯专政和维护正义、争取民主而斗争，郭沫若自 30 年代中期开始，以空前的热忱从事屈原和楚辞研究。1949 年以后，郭沫若虽然身居高位，但深入探讨楚辞和进一步阐发屈原精神，仍然是他长

---

① 郭沫若：《归国杂吟》，《沫若文集》第 2 卷，人民文学出版社 1957 年版。
② 郭沫若：《关于屈原》，《沫若文集》第 12 卷，人民文学出版社 1959 年版。
③ 郭沫若：《题画记》，《沫若文集》第 12 卷。
④ 郭沫若：《题画记》，《沫若文集》第 12 卷。

期坚持不懈的学术研究课题。他自觉地运用马克思主义观点，独辟蹊径，在屈原研究中做出了巨大的贡献。

屈原的存在，是历史的真实。这在西汉贾谊所写的《吊屈原赋》、刘安的《离骚传》和司马迁所撰《史记·屈原贾生列传》等著述中得到有力的证实。两千多年来，尽管人们对屈原的是非曲直褒贬不一，但基本上听不到否定屈原存在的论调。只是到了20世纪初，四川经学大师廖季平在《楚辞讲义》中首先提出"《屈原列传》多驳文，不可通，后人删补非原文"，并且根本否定屈原的著作权："旧说以《楚辞》为屈原作，予则以为秦博士作。"既然是秦博士作，那么为什么又署上屈原的名字呢？廖季平解释道："汉人恶其出于秦，乃以有屈子名，遂归之屈，其实不然。"① 20年代初，胡适在《读〈楚辞〉》中又提出："我现在不但要问屈原是什么人，并且要问屈原这个人究竟有没有。"他立论的依据是"《史记》本来不很可靠，而《屈原贾生列传》尤其不可靠"，"传说中的屈原，若真有其人，必不会生在秦汉以前"。胡适进而断言："《天问》文理不通，见解卑陋，全无文学价值，我们可断定此篇为后人杂凑起来的。"他认为《楚辞》的前25篇，除《离骚》和《九章》中的一部分外，其他大部分诗篇均非屈原所作。并按时间先后列了一个表：

（1）最古的南方民族文学　　《九歌》
（2）稍晚——屈原？　　　　《离骚》
　　　　　　　　　　　　　《九章》的一部分（？）
（3）屈原同时或稍后　　　　《招魂》
（4）稍后——楚亡后　　　　《卜居》《渔父》
（5）汉人作的　　　　　　　《大招》《远游》
　　　　　　　　　　　　　《九章》的一部分
　　　　　　　　　　　　　《天问》

胡适斩钉截铁地断言："屈原的传说不推翻，则《楚辞》只是一部忠臣教科书，但不是文学。"② 廖季平、胡适的看法虽然没有在学术界掀起轩然大波，但否定屈原存在和屈原著作权的文章不时在学坛出现。例如1938年，卫聚贤、何天行在《〈楚辞〉新考》中宣称不但"完全赞同胡适的主张"，而且还要"对于胡适的主张加以具体的补充和扩大"，论证"《楚辞》作于汉代"，"刘安是《离骚》的作者"③。又如在1944年的"诗人节"（端午节）纪念会上，孙次舟教讲

---

① 黄中模：《论郭沫若研究的历史功绩》，《郭沫若研究》第4辑，文化艺术出版社1988年版。
② 胡适：《读〈楚辞〉》，《胡适文存》二集卷一，亚东图书馆1929年版。
③ 1938年，吴越史地研究会出版《楚辞研究》收录卫聚贤《离骚的作者——屈原与刘安》，何天行《楚辞新考》质疑《离骚》为屈原所作。

述屈原事迹时发表怪论:"屈原纯系一宫廷文人,而且是汉时东方朔之类的弄臣"①,次后又撰文发挥其"屈原是文学弄臣"②的观点。到了50年代,朱东润教授又连续发表《离骚底作者》《离骚以外的屈赋》等四篇文章,重弹30年代卫聚贤和何天行的论调,再次否定屈原对《离骚》等25篇作品的著作权。

  显而易见,倘若不把屈原及其作品的存在问题弄清楚,屈原研究就成了空中楼阁,不仅对《楚辞》的探讨无从深入下去,而且还会对后来的《楚辞》学研究布下迷雾。郭沫若当然不会沉默。30年代他还在日本流亡时,就写出《屈原》和《屈原时代》等文章,阐发对这个问题的看法。回国后又于1942年写出了《屈原研究》,用严谨求实的态度和科学方法对《楚辞》《史记》等古代典籍进行了严密的考证、辨伪、训诂、释证,批驳了廖季平和胡适等人的"屈原否定论"。饶有意思的是,郭沫若少年时代曾师从帅平均、黄经华先生学习经学,得益匪浅。而帅、黄两位先生又是廖季平的高足,因此,按中国传统的说法,郭沫若应该是廖季平的再传弟子。他虽然尊敬廖季平,但更执着追求真知灼见。廖、胡的说法,直接牵涉到中华民族的优秀传统精神。因为照郭沫若看来,"在屈原死后的两千年,无论何时何代的中国人,都是在他的伟大影响之下,都在他的精神感召之下"③;所以,他敢于与"太老师"争鸣。首先,他运用广博的上古文化知识对《离骚》首句"帝高阳之苗裔兮"进行考释,指出"中国古代好些民族,他们的祖先是共同的。秦的祖先是高阳氏,楚的祖先也是高阳氏……所以廖先生说'帝高阳之苗裔兮',是专指秦的祖先实不可靠"④,廖季平把这句看作"秦始皇的自序"显然是不能成立的。其次,针对廖季平所提出"《离骚》并不是屈原作品,而是秦始皇时方士所拟的《仙真人诗》"⑤的另一主要依据"名余曰正则兮,字余曰灵均",他指出"始皇名政,别人一定要避讳,政与正同音,秦正月已改为端月,何物方士敢撄此暴君之威!所以廖先生说:'名余曰正则兮'是点出始皇的名讳也不可靠。"再次,他通过对文体、民族气质、地理风土的比较,以《离骚》的文辞是六字为句,"秦始皇时所做的一些有名的韵文,如《泰山刻石》《琅邪台刻石》《海上议》《芝罘东观铭》《芝罘观铭》《刻碣石辞》《会稽刻石》《峄山刻石》等,却都是以四字为句",而且这些刻石辞如《诗经》中的《秦风》、秦襄公时的《石鼓文》,文字质实,"和《楚辞》的气韵格调完全不同"⑥。从而断定"象《楚辞》这样的作品,在秦代文学中找不到,在古代北

---

① 孙次舟:《锦城诗人节》,载《新民报·晚刊》1944年6月26日。
② 孙次舟:《屈原是"文学弄臣"的发疑——兼答屈原崇拜者》,载《中央日报·中央副刊》,1944年9月6—8日。
③ 郭沫若:《屈原考》,《沫若文集》第12卷,人民文学出版社1959年版。
④ 郭沫若:《屈原考》,《沫若文集》第12卷。
⑤ 郭沫若:《屈原考》,《沫若文集》第12卷。
⑥ 郭沫若:《屈原考》,《沫若文集》第12卷。

方文学中也找不到，这在断定《离骚》为秦方士的《仙真人诗》上，是坚决的反证"①，令人信服地得出结论："《离骚》是屈原作的，断无可疑。"②

对于胡适在《读〈楚辞〉》中所提出"屈原是谁"的疑问，郭沫若认为"骤看都觉得很犀利，但仔细检查起来，却一项也不能成立"③。他以翔实的材料和确凿的考证，逐一予以驳难。胡适所说"《屈原贾生列传》尤其不可靠"的论据之一，是因为此传末尾有云"及孝文崩、孝武皇帝立"，"孝文之后为景帝，如何可说'及孝文崩，孝武皇帝立'？"④，郭沫若指出这段话"早就有人说过是'后人所增'，而那增窜过的文字也还有传讹。'孝文崩'应该是'孝景崩'的错误"⑤。接着他又指出胡适对《屈原贾生列传》所提出的"大可疑"，"也疑得不周到。"胡适说，屈原"既'疏'了，既'不复在位'了，又'使于齐'，又'谏'重大的事，一大可疑"⑥。郭沫若以现实生活的现象破疑，"我们如想到现在的一些要人下野出洋且发抒伟论的近事，便可以不费笔墨的得到了解"⑦。胡适又说："《屈原传》忽说屈原'虽放流'，忽说'迁之'，二大可疑。"⑧ 郭沫若的解释是："'放流'两个字当成流谪解，是后来的人讲错了的。其实'放流'就等于'放浪'，并不是屈原在楚怀王时便遭到过流刑。"⑨ 胡适认为第三大可疑是《屈原传》中有"'秦虎狼之国'，'不可信'，二句，依《楚世家》，是昭睢谏的话。"⑩ 郭沫若说："那两句话，本来是很平常的话，昭睢可以说，屈原也可以说，就如现在的'打倒日本帝国主义'的口号三尺童子都可以喊叫一样，那是毫不足怪的"⑪。胡适的第四疑问是："怀王拿来换张仪的地，此传说是'秦割汉中地'，《张仪传》说是'秦欲得黔中地'，《楚世家》说是'秦分汉中之半'。究竟是汉中还是黔中呢？"⑫ 郭沫若以揶揄的口气消解疑云："是胡适太着急，把原书看脱了一半。《张仪传》上是说'秦要楚，欲得黔中地，欲以武关外易之。'黔中是楚地，到了顷襄王二十二年才为秦所取。'武关外'便是指的汉中，三篇文章并没有冲突。"⑬ 对胡适的第五大可疑，为什么《屈原传》"前称屈平，而后

---

① 郭沫若：《历史人物·屈原研究》，《沫若文集》第12卷，人民出版社1959年版。
② 郭沫若：《屈原考》，《沫若文集》第12卷。
③ 郭沫若：《历史人物·屈原研究》，《沫若文集》第12卷。
④ 郭沫若：《历史人物·屈原研究》，《沫若文集》第12卷。
⑤ 胡适：《读〈楚辞〉》，《胡适文存》二集卷一，亚东图书馆1929年版。
⑥ 胡适：《读〈楚辞〉》，《胡适文存》二集卷一。
⑦ 胡适：《读〈楚辞〉》，《胡适文存》二集卷一。
⑧ 郭沫若：《历史人物·屈原研究》，《沫若文集》第12卷。
⑨ 胡适：《读〈楚辞〉》，《胡适文存》二集卷一。
⑩ 郭沫若：《历史人物·屈原研究》，《沫若文集》第12卷。
⑪ 胡适：《读〈楚辞〉》，《胡适文存》二集卷一。
⑫ 郭沫若：《历史人物·屈原研究》，《沫若文集》第12卷。
⑬ 胡适：《读〈楚辞〉》，《胡适文存》二集卷一。

半忽称屈原"①？郭沫若则运用训诂学的知识进行考释，指出这更不能成为疑问，"因为'屈原者名平'，司马迁在开首一句就交代清楚了，称平称原本是两可"，而且'高平曰原'见《尔雅》，'上平曰原'见《公羊》昭元年传，名平字原也是很合乎古训的，不能够说司马迁是误把两个人合成一个人"②。至此，经过郭沫若逐条论证，"胡适对于《屈原传》所发出的疑问均不能成立"③。

消解胡适所提出的五大疑问，只是弄清楚屈原是谁的问题的第一步。郭沫若以考古学、考据学、训诂学、历史学和文学等方法对屈原的存在及其事迹做了详细的考证。他指出，在司马迁之前的贾谊作有模仿《离骚》的《吊屈原赋》，赋中又明明说：

侧闻屈原兮自沈汨罗，

造托湘流兮敬吊先生。

由此，他从正面论证"屈原在贾谊的耳目中是存在的，贾谊离屈原仅百余年，所寄寓的地方又是长沙，曾经亲眼见过屈原的故老是有存在的可能的，关于屈原的遗说不用说是还十分新鲜"。同时他又反证："《楚辞》里的《卜居》《渔父》两篇虽由近人的研究判定它们都不是屈原的作品，但那一定是屈原的后辈宋玉、唐勒、景差之徒所作，两篇都寄托于屈原，那也刚好证明屈原是确有其人。"④ 不仅如此，他还根据《离骚》中的诗句"摄提贞于孟陬兮，惟庚寅吾以降"，从历法中算出屈原诞生于公元前340年正月初七；又根据《九章·哀郢》的内容，推算出屈原自投汨罗江的时间是楚顷襄王二十一年（公元前278年）五月五日"⑤ 郭沫若关于屈原生卒年月日的考证，至今仍为学术界所认同。于是郭沫若理直气壮地定下铁案："屈原是确有其人，不是神话中的人物。"⑥

关于屈原著作权的争论，则从40年代持续到50年代初。在《屈原研究》中，郭沫若悉心对《楚辞》中相传是屈原所作的25篇作品进行了考证、辨伪和评析。首先他通过对司马迁《屈原贾生列传》和《报任少卿书》的比较分析，确认《离骚》为屈原被顷襄王真正放逐后所作，"是屈原晚期作品，也是他最成熟的作品"⑦。其次，他力驳胡适最早提出，又为当时一些学人所继承和扩充的观点"《九歌》与屈原传说绝无关系，细看内容，这九篇大概是最古之作，是当

---

① 郭沫若：《历史人物·屈原研究》，《沫若文集》第12卷，人民出版社1959年版。
② 胡适：《读〈楚辞〉》，《胡适文存》二集卷一。
③ 郭沫若：《历史人物·屈原研究》，《沫若文集》第12卷。
④ 郭沫若：《历史人物·屈原研究》，《沫若文集》第12卷。
⑤ 郭沫若：《历史人物·屈原研究》，《沫若文集》第12卷。
⑥ 郭沫若：《历史人物·屈原研究》，《沫若文集》第12卷。
⑦ 郭沫若：《历史人物·屈原研究》，《沫若文集》第12卷。

时湘江民族的宗教歌舞"①。从《九歌》中的《河伯》一篇应是战国时代作品而断定"和它格律相同的其他十篇也必然是战国时代的作品",进而又指出"《九歌》应该还是屈原的作品,当作于他早年得志的时分,而不是在被放逐之后"②。他还认定《天问》《九章》《招魂》也是屈原的作品。再次,他以科学的精神,同意陆侃如、游国恩的看法,《远游》《卜居》《渔父》不是屈原的作品。郭沫若对屈原的作品做了一番认真的审视之后,把它们的创作时间大致分为三期:

第一期　《橘颂》《九歌》《招魂》;
第二期　《悲回风》《惜诵》《抽思》《思美人》《天问》;
第三期　《哀郢》《涉江》《离骚》《怀沙》《惜往日》。③

尽管学术界对这种分法是否恰当尚有争议,但几乎都承认上述篇章是屈原的作品。朱东润先生在50年代初所提出的《离骚》是淮南王刘安所作,《九歌》"大致作于汉武帝时或其后",《九章》中《涉江》《哀郢》两篇很可能是淮南王安底遗臣经过天狩五年全民大迁徙的产物","《橘颂》这一篇的作者可能是楚人,也可能是淮南人","《天问》这一篇很可能是战国时代楚人的作品"④ 等否定屈原著作权的观点,受到郭沫若所写的《评〈"离骚"底作者〉》《评〈"离骚"以外的屈赋〉》等文章的批评后,改变了自己的看法,在他所主编的《中国历代文学作品选》中,不但确认《离骚》《九歌》《九章》《天问》等篇是屈原的作品,承认"屈原是我国最早的伟大诗人,'骚体'的创始者",而且在介绍屈原的生卒年时,也采纳了郭沫若的推算。⑤

三、解读屈原

在肯定屈原的存在及其对作品的著作权的同时,郭沫若从文化的方位对屈原的思想、屈原作品的艺术特色和文化价值进行了系统的、深入的探讨,创见良多。

首先,郭沫若从对殷、周文化的比较中探讨屈原思想的渊源。"中国的真实的文化期起源于殷代","周人是文化比较低的民族,他把殷灭了,把殷的文化继承着"⑥ 是郭沫若一贯坚持的学术观点。他认为,殷人所创造出来的文化,在殷亡以后分为两大支,一支由周人继承,在北方有损益地加以发展;一支由殷的

---

① 郭沫若:《历史人物·屈原研究》,《沫若文集》第12卷,人民出版社1959年版。
② 胡适:《读〈楚辞〉》,《胡适文存》二集卷一,亚东图书馆1929年版。
③ 郭沫若:《历史人物·屈原研究》,《沫若文集》第12卷。
④ 郭沫若:《历史人物·屈原研究》,《沫若文集》第12卷。
⑤ 朱东润:《离骚以外的屈赋》,载《光明日报》1951年5月12日。
⑥ 朱东润主编:《中国历代文学作品选》上编第1册,上海古籍出版社1979年版。

直系后代宋人和殷的同盟国徐人与楚人在南方传播、发展，在春秋以前就已形成高程度的南方文化。殷人最为迷信，周人则对天神表示怀疑；周灭殷之后，逐渐用尚礼取代殷人尚神的风气，成为中国北方文化的一大特色，而殷人崇神信巫的风尚，便在南方文化中保存下来。春秋战国时代，中国社会由奴隶制向封建制嬗变。社会的变革导致思想文化领域空前活跃，出现了百家争鸣的繁荣局面。屈原生活在战国的后半期，那时北方文化中的儒、道、墨学派已成为显学，并骎骎向南方文化渗透。据郭沫若考证，屈原"是产在巫峡邻近的人"①，自然深受南方文化的主体——荆楚文化的熏陶，但南北文化的交融，使屈原接受了北方文化的影响。历代学人早已指出屈原思想带有浓厚的儒家文化色彩。但屈原如何接受儒家文化，向谁学习儒家文化，由于《屈原贾生列传》等古代典籍未有记载，便成为屈原研究中的一大悬案。郭沫若独具只眼，对《孟子》上的一段话进行考证："陈良，楚产也。悦周公、仲尼之道，北学于中国。北方之学者未能或之先也。"② 陈良是有弟子的，陈相、陈辛兄弟便是其门徒，"事之数十年"。郭沫若据此推断，陈良"在南方讲学甚久，门徒一定不少的。以年代而言，屈原就应该出于他的门下。屈原的思想纯是儒家思想，他在南方必得有所承受"③。应当说，这个推断是很有道理的，对揭示屈原思想的渊源不无积极意义。

其次，郭沫若从"以人民为本位"出发，在历史唯物主义的指导下去审视、评析屈原精神，他注意到随着奴隶制的逐渐解体，人的价值在不断提高，伦理思想也发生了相应的变化。"仁"是儒家文化思想的核心。郭沫若对"仁"下的定义是"把人当成人，便是所谓仁"。在屈原作品中，热爱人民，关心人民，同情人民的诗句俯拾皆是。在40年代，郭沫若认为屈原"是位民本主义者"，"是一位南方的儒者。"到了50年代，他对屈原的了解又增进了一层，提出了"同情人民，热爱人民，这是屈原的基本精神"的观点。当然，屈原热爱人民，也热爱自己的祖国，希望楚王能采纳自己的"美政"政治主张，承继唐虞三代的传统，在自己的辅佐下统一中国。所以郭沫若说屈原"对于祖国的热爱，是超过了楚国的范围的"，"他不仅热爱楚国，而且热爱中国"④。屈原的自杀，事实上是殉国难。在郭沫若看来，热爱人民、热爱祖国、热爱真理、热爱正义，既是屈原精神在其作品中的表现，又是"使他能够有伟大成就的基本原因"⑤，还是两千多年来中国人民一直都在纪念他的根由之所在。郭沫若对屈原精神的阐扬，把40年代孙次舟等人宣扬屈原是"文化奴隶""文学弄臣"的观点的余波彻彻底底地平

---

① 郭沫若：《历史人物·屈原研究》，《沫若文集》第12卷，人民出版社1959年版。
② 郭沫若：《历史人物·屈原研究》，《沫若文集》第12卷。
③ 《孟子·滕文公上》。
④ 郭沫若：《伟大的爱国诗人——屈原》，《沫若文集》第17卷，人民文学出版社1963年版。
⑤ 郭沫若：《伟大的爱国诗人——屈原》，《沫若文集》第17卷。

再次，郭沫若对屈原的艺术创作经验及其所取得的艺术成就进行了深入的研究和中肯的阐发。他在许多文章中对屈原向荆楚民间文化学习，采用民间歌谣和大量使用方言口语的做法大加肯定。例如他对屈原最喜欢用的"兮"字及其所采用的 24 个楚方言进行考释，把屈原作品同周人的台阁体《诰》《命》《雅》《颂》做了比较，高度评价屈原在这方面所取得的具有划时代意义的成就：

> 他彻底采用了民歌的体裁来打破了周人的《雅》《颂》诗体的四言格调，彻底地采用了方言来推了《雅》《颂》诗体的贵族体。他在诗域中起了一次天翻地覆的革命。……他的文学革命真是得到了压倒的胜利。气势和实质都完全画出了一个时期。
>
> 他是利用了歌谣的自然韵律来把台阁体的四言格调打破了。屈原，可以毫不夸张地给他一个尊号"是最伟大的一位革命的白话诗人"！
>
> 中国古代诗歌，经由他的手卷起了一番大革命，无论在内容上、形式上都卷起了一番大革命。是屈原把明显的人民意识灌进诗里，是屈原采用了民间形式，把古代僵化了的贵族诗歌平民化，获得了饱满而横溢的新生命。①

屈原学习和吸收楚声形式，开拓了骚体诗创作的广阔天地，影响了中国文学史两千多年，郭沫若无论怎样评价屈原在这方面的贡献都不过分。屈原惊人的想象力也使郭沫若赞叹不已："屈原的想象力，在中国文学史上是独步的。"②《离骚》《九歌》《招魂》自不必说了，就以《天问》而论，他认为"要算空前绝后的第一等奇文字"③，"是中国两千多年来最奇特、最有价值的好文章"④。他驳斥胡适，《天问》"那种怀疑的精神、文学的手腕，简直是前无古人后无来者。怎么能说成'文理不通，见解卑陋'来呢"⑤。不仅如此，郭沫若还从诗人的角度总结屈原作品的艺术特点是"感情的真挚、构思的奇特、气魄的雄浑、词藻的丰富、韵调的铿锵、形式的自由"⑥，这种看法切中肯綮。对于屈原精神以及屈原作品的文化价值，郭沫若也有明确的认识：

> 由楚所产生的屈原，由屈原所产生出的《楚辞》，无形之中在精神上是把中国统一着的。中国人如果不灭种，中国文如果不消灭，《楚辞》就没有毁灭的一天。⑦

---

① 郭沫若：《历史人物·屈原研究》，《沫若文集》第 12 卷，人民文学出版社 1959 年版。
② 郭沫若：《人民诗人屈原》，《沫若文集》第 17 卷，人民文学出版社 1963 年版。
③ 郭沫若：《屈原简述》，《沫若文集》第 2 卷，人民文学出版社 1957 年版。
④ 郭沫若：《屈原的艺术与思想》，《沫若文集》第 12 卷。
⑤ 郭沫若：《历史人物·屈原研究》，《沫若文集》第 12 卷。
⑥ 郭沫若：《屈原简述》，《沫若文集》第 2 卷。
⑦ 郭沫若：《历史人物·屈原研究》，《沫若文集》第 12 卷。

综上所述，屈原是中国诗歌之父，他的人格和艺术成就，在中国文学史上树起一座丰碑，感召和哺育了贾谊、司马迁、张衡、曹植、阮籍、陶渊明、李白、杜甫、李贺、苏轼、陆游、顾炎武、王夫之、龚自珍、黄遵宪等历代诗人。屈原也在郭沫若心中树起了一座丰碑。郭沫若愈研究屈原，愈了解屈原，就愈热爱屈原，愈崇敬屈原，心灵与屈原不无相通之处，在文化性格、文学创作上同屈原有着血缘关系。郭沫若也曾追随屈原的足迹，力图在20世纪弘扬屈原精神，继承和发扬《楚辞》的艺术传统，承先启后，不但开辟一代诗风，成为中国新诗的奠基人之一；而且在屈原研究方面也成一家之言，成为造诣很深的《楚辞》专家。

论郭沫若与泛神论①

在郭沫若研究中，研究者们关注得最多的地方，是郭沫若早期哲学思想中的泛神论问题。那么，郭沫若与泛神论的关系究竟怎样？要回答这一问题，首先要弄清楚泛神论是什么。东西方的泛神论思想有何异同？郭沫若接受过和在创作中表现过泛神论思想吗？如果说他接受和在创作中表现过，那他又是如何接受和表现的？郭沫若式的泛神论有何特点？在他后期的思维和创作中究竟还有没有泛神论的影子？本文试就此进行一番梳理与探讨。

一、泛神探源

"'泛神论'这个术语是英国哲学家丁·托兰德于1705年在《对索西尼教义的真实叙述》一文中首先使用的。"② 但是作为一种文化思潮，却源远流长。早在公元前6世纪古希腊的米利都学派就相信："一切事物都应该可以还原为原始物质，而这种原始的物质就是世界、星球、动物、植物、人类的本原，而且一切最后都要复归于它。"③ 明显地表现出泛神论的色彩。在中世纪，爱尔兰的僧侣J. S. 爱留根纳在《论自然的区分》中，把自然看作无所不包的全体，上帝是创造而非被创造的自然，具体事物是被创造而不能创造的自然。这种带有神秘主义倾向的泛神论，于基督教的正统教义大相径庭，难怪在13世纪被罗马教皇斥之为"危险的学说"④。文艺复兴时期的泛神论则流溢出强烈的回归自然的倾向，库萨的尼古拉指出，"上帝创造万物，上帝即是万物"。16—17世纪，泛神论思想在西欧流行，代表人物是G. 布鲁诺与B. 斯宾诺莎。布鲁诺把上帝看作产生自然的自然，把世界看作被自然产生的自然，上帝不是事物超越的原因而是内因。⑤ 斯宾诺莎提出了神即实体、神即自然的著名命题，在其所写的《伦理学》等著作中，详细地阐述了他无神的泛神论，把泛神论思想推向一个新的台阶，对后来的无神论者，例如对18世纪德国古典哲学家产生很深的影响。显而易见，西方的泛神论其实就是披着宗教外衣的无神论思想，是一种唯物主义思想。从泛

---

① 本文原载《郭沫若学刊》2002年第3期。
② 《中国大百科全书·哲学卷一》"泛神论"条，中国大百科出版社1987年版。
③ 爱德华·麦克诺尔·伯里斯等：《世界文明史》第1卷，商务印书馆1987年版。
④ 《中国大百科全书·哲学卷一》"泛神论"条。
⑤ 爱德华·麦克诺尔·伯里斯等：《世界文明史》第1卷。

神论思想出发，布鲁诺发展了哥白尼的天体理论，论证宇宙是无限的，地球绕着太阳运行，为现代科学制定了一些重要的定理，自然被教会视为异端邪说。为了坚持自己的学说，布鲁诺被天主教宗教裁判所残暴地烧死。斯宾诺莎的泛神论学说虽然也受到不同宗教派别的谴责，却为后来许多思想家、文学家、唯物主义者所继承发扬。

应当看到，泛神论这个术语尽管为西方所专擅，但在印度婆罗门教的经典之一《奥义书》中，亦蕴涵着与泛神论相类似的思想。最早的《奥义书》约出现在公元前10至前5世纪之间。奥义的梵语意思是"近坐"，也就是"坐近导师，而聆神秘玄奥的教义"的意思。在现存的200多种《奥义书》中，据考证仅有13或14种是古老的和原始的著作，是印度文化思想的源头之一。① 梵、我、幻三字，最早见于印度最古老的宗教历史文献《梨俱吠陀》中，但它们之间的内涵及其相互关系在《奥义书》中才比较明确和系统化。根据《奥义书》所下的定义②，所谓"梵"，是婆罗门教的最高范畴，即宇宙的本原、生命的基础；所谓"我"，是灵魂，是梵的不可分的一部分。两者的关系犹如火星与火的关系：火星来源于火，与火同一体；我来源于梵，与梵同一体；梵我一体，不生不灭，无去无来，恒新恒旧，常存永在。③ 所谓"幻"，是梵我本体的外在幻化：一是幻化为主观世界，产生生物意义的生命，即个我或个体灵魂；二是幻化为客观世界，产生非生物意义的物质现实。④ 根据《奥义书》中最古老的《广森林奥义》的说法，宇宙的本原是原人，原人就是梵；我是原人的直接替换者，所以梵即我；我是大我，是梵；个我是小我，是个别生物的我；大我是宏观世界的灵魂，是体，是一，小我是微观世界的灵魂，是相，是多；相因体现，多从一生。因此，小我不是大我，但离不开大我，是大我的不可分部分，两者本是同源同一。⑤《奥义书》中的"梵"，似庄子所倡扬的"道"。《奥义书》反映了古印度人对宇宙本原的思考，对个人精神与宇宙本体合一后便永恒无限、超越一切、绝对自由的追求，与《庄子》的思想不无相通之处。郭沫若当时认为，《奥义书》中这种梵我不二的主旨，与斯宾诺莎的泛神论思想很接近，人们都把它们看作泛神论。

"泛神论"一词最早出现在郭沫若笔下，是他发表在1920年1月5日上海《时事新报·学灯》上的《三个泛神论者》。在这首诗中，他把"靠打草鞋吃饭"的庄子、"靠磨镜片吃饭"的荷兰哲学家斯宾诺莎、"靠编渔网吃饭"的印度神

---

① 《中国大百科全书·哲学卷一》中《奥义书》和"梵条幻"条。
② 《中国大百科全书·哲学卷一》中《奥义书》和"梵条幻"条。
③ 《中国大百科全书·哲学卷一》中《奥义书》和"梵条幻"条。
④ 《中国大百科全书·哲学卷一》中《奥义书》和"梵条幻"条。
⑤ 《中国大百科全书·哲学卷一》中《奥义书》和"梵条幻"条。

学家加皮尔，都称为泛神论者，宣称"我爱他的泛神论"。《学灯》编辑宗白华首先读到这首诗，在发表的前三天，写信给郭沫若说："你是一个泛神论者，我很赞成。因我主张诗人的宇宙观有泛神论的必要。"① 由于宗白华打算写一篇《德国诗人歌德的人生观与宇宙观》，说明歌德的宇宙观以泛神论为最适宜，在信中请他提供些资料。郭沫若在1月18日的回信中第一次阐明自己对泛神论的看法："我想哲学中的Pantheism（泛神论）确是以理智为父以感情为母的宁馨儿。不满足那upholsterer（室内装饰）所镶逗出的死的宇宙观的哲学家，他自会要趋向到Pantheism（泛神论）去，他自会要把宇宙全体重新看作个有生命有活动性的有机体。"② 可见，此时郭沫若对泛神论的理解已到相当深的程度。

需要指出的是，郭沫若是在中国明代心学大师王阳明著作的影响下才接受泛神论的。1915年9月，他开始苦读《王文成公全集》，这部著作不仅使他"彻悟了一个奇异的世界"，而且还使他对《庄子》精髓有了更深的了解。比如他说："我知道'道'是甚么，'化'是甚么了。我从此更被导引到老子，导引到孔门哲学，导引到印度哲学，导引到近世纪初期欧洲大陆唯心派诸哲学家，尤其是斯宾诺若（Spinoza），我就这样发现了一个八面玲珑的形而上的庄严世界。"③ 他又说："因为喜欢太戈尔，又因为喜欢歌德，便和哲学上的泛神论（Pantheism）的思想接近了。——或者可以说我本来是有些泛神论的倾向，所以才特别喜欢有那些倾向的诗人的。我由太戈尔的诗认识了印度古诗人伽毕尔（Kabir），接近了印度古代的《乌邦尼塞德》的思想。我由歌德又认识了斯宾诺莎（Spinoza），关于斯宾诺莎的著书，如象他的《伦理学》《论神学与政治》《理智之世界改造》等，我直接间接地读了不少。和国外的泛神论思想一接近，便又把少年时分所喜欢的《庄子》再发现了。"④ 他认为对他早年影响最大的几个东西方诗人都是泛神论者："歌德，……他确是个泛神论者。"⑤ "雪莱是我最敬爱的诗人中的一个。他是自然的宠子，泛神论的信徒。"⑥ "他（按：指太戈尔）的思想我觉得是一种泛神论的思想，……'梵'的现实，'我'的尊严，'爱'的福音，这可以说是太戈尔的思想的全部，也便是印度人从古代以来，在婆罗门的经典《优婆泥塞图》（Upanisad）与吠檀陀派（Vedanta）的哲学中流贯着的全部。"⑦ 由此可见，郭沫若的泛神论思想有三方面的来源：一是由王阳明导引的中国儒家、道家文化思想，尤其是孔子、庄子给予他的深刻影响，使他"本来是有些泛神论倾向"；二

---

① 田寿昌、宗白华、郭沫若：《三叶集》，亚东图书馆1923年版。
② 田寿昌、宗白华、郭沫若：《三叶集》。
③ 郭沫若：《王阳明礼赞》，《郭沫若文集》第10卷，人民文学出版社1959年版。
④ 郭沫若：《创造十年》，《郭沫若文集》第7卷，人民文学出版社1958年版。
⑤ 田寿昌、宗白华、郭沫若：《三叶集》。
⑥ 郭沫若：《沫若译诗集》，上海建文书店1947年版。
⑦ 郭沫若：《太戈尔来华的我见》，《沫若文集》第10卷。

是通过歌德认识了斯宾诺莎，对西方泛神论有独特的理解；三是由泰戈尔导引接触到古印度的《乌邦尼塞德》（后译为《奥义书》）梵我同一说，和中世纪印度教虔诚派代表人物伽毕尔的思想。郭沫若对这三方面的来源加以熔铸，形成了自己独特的泛神论思想。

二、泛神内涵

应当看到，斯宾诺莎泛神论学说所阐扬的"神"不是虚无的空灵，是"实体"。而"'实体'的存在不属于人的本质"①，他还说："神必然存在；神是唯一的；神只是由它的本性和必然性而存在和动作；神是万物的自由因，以及神在什么方式下才是自由因；万物都在神之内，都依靠神，因而没有神就不能存在，也不能被理解；最后，我又说明了万物都预先为神所决定。"② 这就是说"神"这个实体是永恒的、无限的，因此它超越了人、造化了自然。庄子的道、经王阳明所阐发的孔门哲学中的良知、《奥义书》中的梵与西方泛神论中的"神"虽有相似或相通的地方，但是道、良知、梵都不具备"神"的本性和"神"的特质，分别属于不同的文化体系，不能把它们等同看待。因此，郭沫若认为这三者都是泛神论，把孔子、庄子、太戈尔都看成泛神论者，这根本是一种误解；在哲学意义上，他这种观点也是不能成立的。他后来大概也觉察到了这一点，所以在40年代写《孔墨的批判》《儒家八派的批判》《稷下黄老学派的批判》《庄子的批判》等研究中国传统文化思想的论文时，已不再提孔子、老子、庄子是泛神论者了。

造成郭沫若这种误解的最主要的原因在于性格上的偏颇，他说，"我是一个偏于主观的人"，"我又是一个冲动性的人"③，在治学上主观随意性很强。明白了这一点，就不难理解他为什么把道、良知、梵都看成泛神论，把他所敬爱的人物几乎都奉为泛神论者。正是郭沫若以其独有的方式去理解和把握泛神论，所以他的泛神论便有独特的思想内涵："泛神便是无神。一切的自然只是神的表现，自我也只是神的表现。我即是神，一切自然都是自我的表现。人到无我的时候，与神和体，超绝时空，而等齐生死。人到一有我见的时候，只看见宇宙万汇和自我之外相，变灭无常而生生死死存亡的悲感。"④ 许多研究者都把这段话当作郭沫若的泛神论思想，不知阐述和引用过多少次。我认为与其把它当成是郭沫若的

---

① 斯宾诺莎：《伦理学》，商务印书馆1959年版。
② 斯宾诺莎：《伦理学》。
③ 郭沫若：《论国内的评坛及我对于创作上的态度》，《沫若文集》第10卷，人民文学出版社1959年版。
④ 郭沫若：《〈少年维特之烦恼〉序引》，《沫若文集》第10卷。

泛神论思想，勿宁说它是郭沫若式的泛神论。这段引文之后还有一句很重要的话："以狮子搏兔之力，以全身全灵以谋刹那之充实，自我之扩张，以全部精神以倾倒于一切。"① 郭沫若吸收了孔门哲学的良知、老庄哲学中的道、《奥义书》中梵的思想真髓，突破了斯宾诺莎泛神论学说的范畴。斯宾诺莎认为"神"即"实体"，不是人，人的精神、思维和本质只是"神"的属性，自我只能成为自然整体的一部分，"实体"式宇宙的本体，处于静止的状态。郭沫若虽然承认"一切的自然只是神的表现，自我也只是神的表现"，但是更强调"我即是神，一切自然都是自我的表现"，把自我视为自然的整体。在郭沫若看来，人的自我与自然合一而成为神，这个神便化为"天与地与在他们周围生动着的力"②，这个力"即是创生万汇的本源，即是宇宙意志，即是物自体（Dingansich）"③，具备非理性生命哲学的意义，恰如他在《立在地球边上放号》所讴歌的那样：

   无限的太平洋提起他全身的力量来要把地球推倒。/呵呵！我眼前来了的滚滚的洪涛哟！/呵呵！/不断的毁坏，不断的创造，不断的努力哟！/呵呵！力哟！力哟！/力的绘画，力的舞蹈，力的音乐，力的诗歌，力的律吕哟！

  郭沫若在诗中热情洋溢地赞美了力，反映了他对宇宙本体自我表现和自我扩张的充分肯定。这种自我表现和自我扩张，又使宇宙本体具有"不断的毁坏，不断的创造，不断的努力"朝气蓬勃的动的精神。由此可以看出，郭沫若式的泛神论的第一个特点，就是突出了人，人的自我在宇宙本体中的中心位置，使神具有人的主观知觉，揭示出神化育万物实际上就是宇宙本体自我表现、自我扩张的过程的真义。

  郭沫若式泛神论的第二个特点是，它不仅发现本体处于动的状态中，而且还指明本体运动的特质和运动的基本方向。当年曾使鲁迅、胡适等人着迷的严复译的《天演论》，也是郭沫若出川前喜欢读的书籍之一。不用说他也同青年时代的鲁迅、胡适等人一样，接受过进化论的影响。他用进化的眼光看待泛神论，处于动态中的本体，不是来回重复循环，而是遵循新陈代谢的规律，由低级向高级演化。诗集《女神》中的不少诗就表达了这种看法。本体的"运行"朝什么方向发展呢？郭沫若指出："本体天天在向'善'自新着。"④ 这个"善"字的含义在当时虽然比较笼统和不够明确，但结合上下文看，已属伦理的范畴，意味着本体的运行更只有伦理的性质，朝"善"的方向变化发展，弃旧图新。

---

① 郭沫若：《〈少年维特之烦恼〉序引》，《沫若文集》第 10 卷，人民文学出版社 1959 年版。
② 郭沫若：《〈少年维特之烦恼〉序引》，《沫若文集》第 10 卷。
③ 郭沫若：《〈少年维特之烦恼〉序引》，《沫若文集》第 10 卷。
④ 郭沫若：《中国文化之传统精神》，载《创造周报》第 2 号（1923 年 5 月 20 日）。

郭沫若式泛神论的第三个特点是，揭示了本体运行的基本特征：破坏与创造。关于这一点，在诗集《女神》中表现得特别明显。例如在《梅花树下醉歌》中，郭沫若在赞美梅花、赞美诗人自己和赞美"这自我表现的全宇宙的本体"的同时，以破坏旧有的一切的豪情高唱："一切的偶像都在我面前毁破！"又如，《天狗》中的"天狗"俨然诗人的化身，它把日、月、一切的星球和全宇宙都"吞了"，意味着诗人的"自我"融入宇宙万汇，与宇宙本体合一，又由本体化为日、月、一切星球、X光线的光和全宇宙的总能量（犹如《奥义书》所说，"我"不是梵，但来源于梵，与梵同一同体）。天狗不但如本体一样地在外宇宙运行：飞奔、狂叫、燃烧，而且也在内宇宙——自我体内运动，毁掉自我的旧骸，"我的我要爆了"。这"爆了"，如同凤凰在烈火中涅槃之后更生一样，将产生一个新天狗。

郭沫若认为，宇宙本体虽超绝一切，但本体的外相或表相——一切自然现象、物质现象和具体事物是变灭无常的，处于破坏与创造的状态中。同时他又受印度教伽皮尔反对崇拜偶像思想的影响，① 不仅与创造精神有关的物相他崇拜，而且与破坏相联系的物相他也崇拜，甚至还崇拜自己，因为自己"又是个偶像破坏者"，从而把创造与破坏这一宇宙万事万物对立统一的辩证关系揭示出来。在郭沫若看来，破坏和创造是永恒的，而且正是有了破坏和创造，宇宙万汇的变化才免于简单的重复、不尽的轮回和永远的循环，而是不断丰富、不断朝着新的、更高的层级发展。于是郭沫若引吭高歌，在《司春的女神歌》中，赞美大自然的创造力；在诗剧《女神之再生》中，借用女娲补天的神话，颂扬女神"我们要去创造个新鲜的太阳""要照彻天内的世界，天外的世界"的创造精神。而在《湘累》中，他借屈原的口道出人在创造自然的主体作用："我效法造化底精神，我自由创造，自由地表现我自己。我创造尊严的山岳、宏伟的海洋，我创造日月星辰，我驰骋风云雷雨，我萃之虽仅限于我一身，放之则可泛滥乎宇宙。"郭沫若认为，"人类社会底根本改造总当从人底改造做起"②。在《浴海》中，就凸现了他把人的根本改造和人类社会的改造相结合的主张。这首诗通过"我"在太阳的照耀下经受着波涛的洗礼，不仅"我有生以来的尘垢、秕糠，早已被全盘洗掉"，而且在波涛中还把"那陈腐的旧皮囊，全盘洗掉"的意象，表现了诗人"要有优美醇洁的个人然后才有优美醇洁的社会"③ 的思想，"新社会的改造，全赖吾曹"。那么，"吾曹"的创造力有多大呢？诗人在《金字塔》诗中做了回答："创造哟！创造哟！努力创造哟！／人们创造力的权威可与神祇比伍"，这就把人的创造力提高到神一样的地位。郭沫若的泛神论所揭示的本体运行的特征，氤氲

---

① 《中国大百科全书·宗教卷》"印度教·伽比尔派"条，中国大百科全书出版社1988年版。
② 郭沫若：《儿童文学之管见》《沫若文集》第10卷，人民文学出版社1959年版。
③ 郭沫若：《儿童文学之管见》，《沫若文集》第10卷。

着强劲的进取精神。

由此可见，郭沫若没固囿在泛神论旧说中，他按照自己的理解，改造了泛神论。在五四时期，这种经过他改造的泛神论，已在他的思想天地中成为占主导地位的文化思想。所以，他早期的社会理想映现出泛神论的鲜明色彩。《女神》中大多数重要篇章都昂扬着宇宙本体革命精神的旋律。比如《女神之再生》和《凤凰涅槃》等诗，表达了诗人对旧的宇宙本体——"冷酷如铁""黑暗如漆""腥秽如血"的旧世界的强烈诅咒和彻底决裂，描绘出新鲜、静朗、华美、芬芳的新宇宙的朦胧轮廓。人类社会是宇宙本体的主要组成部分，在宇宙本体的革命中，郭沫若最看重的是人类社会的革命，因此，他在《匪徒颂》中，挟雷霆万钧之笔力，对古今中外"一切政治革命的匪徒们""一切社会革命的匪徒们""一切宗教革命的匪徒们""一切学说革命的匪徒们""一切文艺革命的匪徒们""一切教育革命的匪徒们"，三呼万岁，表现出对旧社会的反叛精神。那么，如何实现社会革命呢？郭沫若在《女神》中进行了探索。一条是《凤凰涅槃》式的道路：在革命的烈火中涅槃更生；一条是《女神之再生》式的道路：破坏后的创造；一条是《棠棣之花》式的道路："不愿久偷生，但愿轰烈死。愿将一己命，救彼苍生起"和"侬欲均贫富，侬欲茹强权，愿为施瘟使，除彼害群遍"；一条是《巨炮之教训》式的道路："为自由而战哟！/为人道而战哟！/为正义而战哟！/最终的胜利总在吾曹！/至高的理想只在农劳！/同胞！同胞！同胞！……"姑且不论今天看来诗人的探索有多少局限性，但当时他这样呐喊，的确是石破天惊、气壮山河，响亮地传达出五四时代狂飙突进精神的最强音。

不仅如此，泛神论也是他早期的自然观的文化底蕴。郭沫若的自然观有两个特点，一是他认同"一切的山川草木都被认为神的化身，人亦被认为与神同体"①，这就是说，宇宙本体——也就是自然，是万物的自我表现，人亦是自然界的一个部分，因此，恰如他评论歌德时所说："以自然为慈母，以自然为朋友，以自然为爱人，以自然为师傅。"② 所以，在他的早期歌咏大自然的诗篇中，常常将自己融进大自然中，随着心绪飞扬，到处都创造出本体的乐园。诗集《星空》中不少诗篇，非常明显地体现出郭沫若自然观的特质。例如在《星空》这首诗中，他仰望灿烂的星空，不知不觉把自我也融进去，"太空中只有闪烁的星和我"，他超越时空，在星光中看到古代巴比伦、埃及、印度和中州的天才，发出了"星光不灭，你们的精神永远在人类之头昭在"的赞美。在《黄海中的哀歌》中，诗人幻化为一滴清泉，从故乡流落到大河大江，又"一路滔滔不尽的浊潮，把我冲荡到海里来了"，在"险恶的风波"和"滔滔的浊浪"中，幻化的

---

① 郭沫若：《中国文化之传统精神》，载《创造周报》第 2 号（1923 年 5 月 20 日）。
② 郭沫若：《〈少年维特之烦恼〉序引》，《沫若文集》第 10 卷，人民文学出版社 1959 年版。

清泉哀歌："我要几时候，才能恢复得我的清明哟？"在《静夜》《偶成》《白云》等诗中，诗人自我向大自然凝神观照，大自然的恬静风光又引起他无尽的遐想。而诗剧《孤竹君之二子》，则通过对唐虞以前太古时代自由、纯洁、高迈、真诚的"原人"的缅想，吐露出诗人"回到这自然中来，过度纯粹赤裸的野兽生涯"和"靠着自然的恩惠过活"的思想。《南风》《雨后》《夕暮》《两个大星》等诗，郭沫若以轻灵的诗笔，描画出人融入大自然的和谐景象。二是在一些诗篇中，突出了人的自我对大自然能动的造化作用。例如，在一首较少为人们所注意的《创作者》诗中，海、天、旭日等自然景色感发了他创造的诗兴。"神在太极之先飘摇。"在这首诗的最后一句，诗人满怀豪情地写道："我要高赞这开辟洪荒的大我。"强调了人在宇宙（自然）中的主体地位。所以，他在另外一篇文章中说："艺术家不应该做自然的孙子，也不应该做自然的儿子，是应该做自然的老子！"① 可见，人虽然融进了大自然，成为大自然的一部分，但人能依靠自己的力量改造大自然，又成为大自然的主人。

三、难离泛神

学术界普遍认为，"从 1920 年下半年开始到 1924 年，郭沫若的泛神论思想进入了逐渐削弱和消失的阶段"②，"1924 年四五月间，郭沫若通过《社会组织与社会革命》的翻译，'开始了对于辩证唯物论的深入认识'。标志着他泛神论思想发展第二阶段的结束，第三阶段即决裂阶段的开始"③。他们的依据是郭沫若在这一时期的创作和他后来说过的一些话。

不错，郭沫若从日本留学归国后，在社会现实的教育下，他的思想确实发生了不小的变化。1924 年翻译河上肇的《社会组织与社会革命》，使他初步接受了马克思主义，并逐渐成为阶级论者。人们一般爱引用郭沫若在 1923 年 5 月、6 月所写的《怆恼的葡萄》《歌笑在富儿们的园里》和《力的追求者》等诗中的诗句，如"你厚颜无耻的自然哟，/你只是在谄媚富豪！/我从前对于你的赞美，/我如今要一笔勾销。"（《歌笑在富儿们的园里》）和"矛盾万端的自然，/我如今不再迷恋你的冷脸。/人世间的难疗的怆恼，将为我今后酿酒的葡萄。"（《怆恼的葡萄》），"别了，低回的情趣"，"别了，虚无的幻美"，"别了，否定的精神"（《力的追求者》）等，并把它们当作郭沫若决心同泛神论决裂的证据。郭沫若后来多次谈到过自己对泛神论的清算：

---

① 郭沫若：《自然与艺术》，《沫若文集》第 10 卷，人民文学出版社 1959 年版。
② 谷辅林：《郭沫若世界观中的泛神论问题》，载《文学评论丛刊》第 8 辑，1981 年。
③ 陈永志：《郭沫若思想整体观》，上海文艺出版社 1992 年版。

从前的一些泛神论的思想，所谓个性的发展，所谓自由，所谓表现，无形无影之间已遭了清算。从前在意识边沿上的马克思、列宁不知道几时把斯宾诺莎、歌德挤掉了，占据了意识的中心。①

1936年4月4日和10日，他回答别人提问时说过："我在未转换前（1924年前），在思想上是接近泛神论。"② 1958年11月他答北京师范学院六位青年学生问时又重申1924年翻译《社会组织与社会革命》，"使我前期的糊涂思想澄清了，从此我初步转向马克思主义方面来"，"宇宙观，比较认识清了；泛神论，睡觉去了"③。

能由此而断定郭沫若与泛神论决裂，泛神论从他的思想中消失了吗？问题不那么简单。

首先，要弄清楚郭沫若在1924年前后的思想倾向，就应该审视他在这一时期的所有作品，而不能从某几首诗中撷取几句诗就下断语。郭沫若归国后，由于同国内的社会现实相接触，思想空前活跃，呈现出多元状态。他在写出《怆恼的葡萄》《歌笑在富儿们的园里》等诗之后，还在《自然与艺术》《未来派的诗约及其批评》《瓦特·裴德的批评论》等文章中，介绍自然派、未来派、唯美派、印象派等西方文艺流派。不仅如此，他在1923年12月10日所写的《惠施的性格与思想》中，从中国传统文化思想的角度，大谈"道是一切的本体，一切都是道的表相，表相虽有时空的限制，而本体则超越一切"，"万汇是道的表相，我也是道的表相。体相一如，我与道体非二。本体不灭故我也不灭，本体无穷故我也无穷。故自时间上说：我与天地是并生；自空间上说：万物与我是一体了。"④ 显然他用西方泛神论思想来诠释中国传统的文化思想中的"道"。在1924年6月17日脱稿的《伟大的精神生活者王阳明》（收入《郭沫若文集》时更名为《王阳明礼赞》）中，他不但把孔子的精神和王阳明的心学也看成中国的"泛神论"，而且还"在王阳明学说中与近世欧西的社会主义寻出了一致点"，同时宣言"我觉得便是马克思与列宁的人格之高洁不输于孔子与王阳明，俄罗斯革命后的施政是孔子所说的'王道'"⑤。正是他把孔子当成"泛神论者"，又分不清儒家学说与马克思主义的区别，所以在他翻译完《社会组织与社会革命》一书以后一年多，即1925年11月、12月，还写出了《马克思进文庙》《讨论〈马克思进文庙〉》等文章。再就他在这一时期的诗歌创作而言，在《黄河与扬子江的对话》《上海的清晨》《我们在赤光之中相见》《太阳没了》《血的幻影》《战取》

---

① 郭沫若：《创造十年》，《郭沫若文集》第7卷，人民文学出版社1958年版。
② 《郭沫若诗作谈》，载《现世界》创刊号（1936年8月16日）。
③ 《郭沫若同志答青年问》，载《文学知识》1959年5月号。
④ 郭沫若：《惠施的性格与思想》，《沫若文集》第10卷，人民文学出版社1959年版。
⑤ 郭沫若：《王阳明礼赞》，《郭沫若文集》第10卷。

和爱情诗集《瓶》中，诗人的芦笛依然吹奏出泛神论的音符。由此看来，尽管郭沫若此时的思想十分复杂，但泛神论的色彩仍很浓厚。《歌笑在富儿们的园里》等诗的创作表明他的自然观出现了矛盾，而矛盾的主导方面还是泛神论。因此，那种仅凭《前茅》诗集中的几首诗就断言郭沫若与泛神论分道扬镳的观点，很难使人赞同。

其次，郭沫若接受马克思主义之后，对泛神论只用过"清算""挤掉""睡觉"的词句，却从来没有用过"批判""决裂""抛弃""消灭"之类的字眼。即使是他由个性主义者转变成为"以人民至上"的阶级论者，经过实际革命活动的锻炼而成为共产主义者之后，仍然认为泛神论和马克思主义不是互相对立、水火不容的。不信，请看他在1936年4月所说过的一句常为人们所忽视的话："近来斯宾诺莎的哲学在苏俄给予了新的评价。他的思想是黑格尔、马克思的先导。"① 在他看来，斯宾诺莎的泛神论与黑格尔、马克思的哲学思想有着内在的联系，并在苏联得到重新评价，既然如此，他又何必去与泛神论"彻底划清界限"呢？从心理学的角度考察，大凡一种观念、一种思想经过人的认知和高峰体验，与人原有的观念、原来的思维进行充分的整合之后，不但以记忆的印迹存储在人的心里，而且还可能升华为人的精神的一部分。在五四期间，泛神论经过郭沫若多次的认知和高峰体验，对他的精神有着特殊的意义；他运用泛神论去对周围世界进行总体感知，也建立起一个独特的心理环境和思维体系。精神分析学创始人西格蒙德·弗洛伊德说得好："任何东西一旦获得了精神表现就很难消失了。"② 由此看来，泛神论也很难从郭沫若的心理环境和思维体系中消失，他根本不可能抛弃泛神论。当然，他翻译了《社会组织与社会革命》之后，又经历了新的一轮认知和高峰体验，确立了对马克思主义的信仰。值得注意的是，郭沫若此时运用马克思主义对泛神论等思想所进行的是"清算"而不是清除。在"清算"中，马克思主义占据了郭沫若意识的中心，而泛神论则处于被压抑的状态——"睡觉去了"。弗洛伊德又指出："'压抑'的本质不是取消或废弃本能的'观念性呈现'，而是迫使它不能进入意识，或者说，不能使它成为'意识的'（或自觉的）。这样一来，这种概念就只能停留在无意识中，不能被'意识'所理解。但我们已有充分可信的证据证明，即使它是无意识的，却仍然在起作用，最终甚至会影响到'意识'。"③ 弗洛伊德认为，在一定条件下，被"压抑"的无意识，可以转换为"意识"，"这种转换只不过是同一概念换了一个新位置，它的最初的无意识内容还仍然存在"④。明白了这一点，就不难理解郭沫若成为共

---

① 《郭沫若诗作谈》，载《现世界》创刊号（1936年8月16日）。
② 弗洛伊德：《精神分析引论新讲》，安徽文艺出版社1987年版。
③ 弗洛伊德：《性爱与文明》，安徽文艺出版社1987年版。
④ 弗洛伊德：《性爱与文明》。

产主义者之后，泛神论仍然在他的思维活动中起作用。

　　再次，郭沫若自从信仰马克思主义后，虽不再把泛神论奉为圭臬，但是也没有将之扫地出门。只不过将其从思想意识的中心"挤"向边缘。所以，泛神论的血脉仍在他后期的诗作中延续着。例如《战声集》中的《们》，很有《凤凰涅槃》的韵味。诗人在《凤凰更生歌》中歌咏："我们便是他，他们便是我。／我中也有你，你中也有我。"而在《们》中，诗人则进一步强调个人要与集体相结合，"我要永远和你结合着，融化着，／不让我这个我可以有单独的一天。"这是因为"们"，"是何等坚实的集体力量的象征"，只有"神"的威力："你这简单的超魔术的——咒文"。而在《疯狗礼赞》中，分明映现着《天狗》的影子。他在 1942 年春创作的《水牛赞》和 1956 年所写的《骆驼》中，又像创作《女神》那样，"万物都是神"，使水牛和骆驼都具有"神"的色彩：水牛"角大如虹，腹大如海，脚踏实地而神游天外"；骆驼有"星际火箭""有生命的导弹"那样大的神威。中华人民共和国成立以后，他所写的《郊原的青草》，以及《武鸣纪游》第一首、《儋耳灯》、《昆明杂咏》中的《游黑龙潭》《访泰山杂咏》中的《万松亭遇雨》《游端州七星岩》《紫竹院观鱼》《游黄山》等山水诗、旅游诗，表现了他热爱自然、推崇自然的情致，有的诗还把他融入自然本体的雅趣表现出来。不过由于诗人早把泛神论从自我意识的中心"挤掉"，所以这些诗所流溢出来的只能是泛神论的遗风余波，而不能像《女神》那样宣泄出汪洋恣肆的激情，成为石破天惊的空谷足音。

新闻报道的写作与史传文化传统[①]

　　近几年来，在应用文写作的教学中存在着一种偏向——某些教科书和相当多的教师，都把应用文当作一门单纯的实用技能课，只讲述某种文体样式，如公务文书、商业合同、契约、借条、介绍信、报告、楹联、广告、诉讼状、启事、新闻报道、遗嘱、各种帖式与各种信函等等的写作格式、结构、常用语，以及一般写作方法与技巧，而忽视对这种种文体样式文化内涵的揭示，导致应用文写作教学路子越走越窄。学生运用老师所教的方法写出来的应用文，失去鲜活的灵气与斐然的文采，在格式上千篇一律，缺少变化；文字上枯燥乏味，读来如同嚼蜡；结构上累赘松散，"八股"味浓。尤其是在新闻报道的教学中，由于不注重对史传文化的传承，以致一部分学生所写出来的新闻报道习作"虚、空、滞"现象严重。所谓"虚"，即内容上的虚假；所谓"空"，就是空洞，有些学生下笔千言，然而抓不住所报道的事实的肯綮，谈的多是细枝末节，空洞无物；所谓"滞"，也就是行文呆滞，令人难以卒读，或者令读后无动于衷，过目即忘。新闻报道写作中的"虚、空、滞"现象，在一定程度上反映出学生的文化知识贫乏和文化修养不够。正因为如此，有的学生即使从课堂上学习了新闻报道的写作技巧，但运用起来却难以写出感人的新闻报道来。笔者认为，一篇高质量的新闻报道，既要清楚、明白、及时向公众报道某种新闻事件的真相，但同时也应具有可读性——一种能吸引读者、打动人心的文化魅力。因此，新闻报道的教学在讲授一般写作方法和技巧的同时，还必须把悠久的中国史传文化传统融贯进教学内容中，注重提高学生的综合文化水平。那么，中国史传文化传统与新闻报道的写作究竟有什么关系呢？本文试就此进行探讨。

一

　　当我们的祖先揖别了狩猎的游牧社会进入农耕社会之后，社会分工就越来越细密和稳定。随着文字的创造，在上古社会一种专门从事记言记事的职业便勃然而兴。从事这种职业的人，便把当时君王的起居言行，天象气候变化和社会的重大事件，如祸福吉凶、年岁丰歉、征伐胜负、渔猎收获、祭祀场面以及统治阶级

[①] 原载《中山大学学报论丛》第22卷第2期，收入《新世纪应用文论文选》上册，香港城市大学语文部2002年版。

的庆贺、贵族之间的纠纷与市场交易等方面的事情记载下来。卜辞是殷商和西周统治集团占卜的记录，由于刻在龟甲和兽骨上，所以人们称之为甲骨文。彝铭则是殷商晚期至战国时代铸在青铜器上的铭辞，因此又叫作金文。用卜辞和彝铭所记载的新闻报道短的只有几个字，长的可达百字左右；最长彝铭，也不过500字上下。这些卜辞有如下记载：

　　今夕其雨，获象。①
　　今二月帝不令雨。②
　　壬子卜贞王田于斿，往来无灾，丝御。获鹿十二。③
　　丁酉卜×贞今者王收人五千正土方，受有又（祐）。④

译成白话就是：

　　今夜下雨，捉到了大象。
　　在这二月里天老爷不会下雨。
　　壬子卜贞，国王亲自出马，在斿这块地方田猎，来回驰骋平安无事，捕杀了十二只鹿。
　　丁酉卜×贞，最近国王派五千士兵征伐土方，会受到天老爷的保佑。

在殷商卡辞中，类似这样的例子不胜枚举。

而在青铜彝铭中，也有许多新闻报道，只是比起卡辞中的新闻报道，内容愈加丰富，文字也能相应要长一些。比如《禽彝》：

　　王伐楚侯。周公诲禽祝，禽有臧祝。王锡金百孚。禽用作宝彝。⑤

白话译文是：

　　周王讨伐楚侯。周公与担任大祝的伯禽言，伯禽奉戈相随。国王赐铜百孚（650两）。伯禽用这笔赏赐铸了很宝贵的鼎彝。

大量的殷商卜辞和青铜彝铭显示，上古的祖宗们不但怀有及时反映他们的生活的强烈愿望，而且还记载下来，由经过专门训练的工匠刻在龟甲骨上和铭铸在青铜礼器与乐器上，希图能传播开来。龟甲兽骨和青铜器，便成为最早和最原始的传播媒体。只是由于这种媒体不易携带，又受当时分封割据和战乱以及交通不便等社会的、自然的条件限制，最早的新闻报道所流传的范围是很狭窄的。商朝灭亡后，甲骨文深埋地下，罕有人知。西周以后，青铜器皿的制作逐渐衰微，青

---

① 郭沫若：《中国古代社会研究》，《沫若文集》第14卷，人民文学出版社1963年版。
② 郭沫若：《中国古代社会研究》，《沫若文集》第14卷。
③ 郭沫若：《先秦天道观之进展》，《沫若文集》第16卷，人民文学出版社1962年版。
④ 郭沫若：《中国古代社会研究》，《沫若文集》第14卷。
⑤ 郭沫若：《中国古代社会研究》，《沫若文集》第14卷。

铜器或埋藏于地下，或散失于民间，被当作古董收藏。它们作为传播媒介的作用，长期被人们所忽视，这不能不是古文字学和新闻学研究中的一大遗憾。

众所周知，任何新闻报道都受时间的制约。把正在发生或刚刚发生的某一事件迅速记录下来、报道出去，就是新闻；过了一段时间，就变成旧闻；再过一段时间，有价值的新闻报道便成为研究这一事件的史料。殷商卜辞和青铜彝铭中对当时社会生活的报道，被发掘出来后便成为考察、研究殷商和周代社会人文环境与生存环境、人们的行为举止与生活习俗、重大事件与社会历史最宝贵的第一手资料。由此可见，新闻报道的内容具有现实的和历史的双重价值，新闻报道与历史的关系如同一根线之两端。或者说新闻报道在反映现实生活的同时，也在书写历史。当然，新闻报道并不等于历史。作为一门学科，历史所关注的对象、所涵盖的内容远远要比新闻报道复杂得多、深广得多。我们甚至可以认为，过去的新闻报道为研究过去那段时间的社会生活内容提供了某种可靠的史实依据。正因为有这种内在的联系，在文化传统方面新闻报道与历史学才不无相通和相似之处。

二

甲骨文和金文都是古代文字的原始遗存，卜辞和彝铭在报道社会生活和天象变化方面，其真实性不容置疑。而真实，也正是史传文化的生命；求得历史真相，恰恰是史学研究的核心和重点。为了真实记载当时发生的事件和各种活动，早在殷商时代，统治集团特地设置史官，与巫官共掌文化。西周统治者更重视历史的戒鉴作用，专门分设太史、小史、内史、外史、御史五种史官。在朝廷记录，内史居左，太史居右，"动则左史书之，言则右史书之"①，把当时君王的起居言行、军国要务、重大事件记载下来。从周代开始，不仅王室设史官，各诸侯国也设史官，足见其对历史的重视程度。正如国学大师钱穆先生所说："中国民族，可算是最看重历史的民族。中国文化，亦可说是最看重历史的文化。"② 记事、记言既是史官的主要职责，也是日后形成的史传文化的基本功能。但是，无论是卜辞、彝铭，还是《尚书》《春秋》等史传文化的第一批成果，乃至后来的官修或者私修的史传著作，古人记事、记言，都坚持了实录和求真的原则。当然，要做到这一点是很不容易的，有时甚至会付出生命为代价。比如《左传》记宣公二年（公元前607年）在晋国发生的一件大事：当时晋国的执政大臣赵盾与晋灵公产生了尖锐的矛盾，为逃避晋灵公的迫害，赵盾离开都城出走在外；还未走出国境，便听说晋灵公被赵穿杀了，于是折回都城。太史董狐便秉笔直书

---

① 《礼记·玉藻》，上海古籍出版社1987年版。
② 钱穆：《中国学术通义》，台湾学生书局1982年版。

"赵盾弑其君"，并向朝中人宣示。当赵盾对此提出异议时，董狐义正词严地回答："子为正卿，亡不越境，返不讨贼，非子而谁？"幸好赵盾是"古之良大夫"，不然董狐难逃厄运。孔子知道这件事后，大为赞叹："董狐，古之良史也，书法不隐。"① 这里的"书法"，是指史官记事、记言所遵循的法则；"无隐"，即不加隐讳，直录其言，直记其事。孔子所倡扬的"书法无隐"的原则，为历代史官所认同和身体力行，再看《左传》襄公二十五年（公元前548年）齐国大夫崔杼杀齐庄公后，几个太史宁可被杀头，也要直书其事的记载：

  太史书曰："崔杼弑其君"。崔子杀之。其弟嗣书而死者，二人。其弟又书，乃舍之。南史氏闻太史尽死，执简以往。闻既书矣，乃还。②

此后有不少优秀史官以董狐、齐太史、南史氏等人为榜样，不惧权势所压，不为人情所动，坚持"书法无隐"的准则，记言、记事，为后人留下丰厚的史传文化遗产和不为尊者讳、不为亲者讳、实录求真的精神。

新闻报道的写作大多也是以记事、记言为主，包含史传文化所不可缺少的几个方面：时间、地点、人物、事件的起因、经过和结局。所以史传文化的特质，也浸润新闻报道之中。从卜辞、彝铭到今天的新闻报道，史传文化的优良传统不但为历代大多数史学家，而且也为历代大多数从事写作新闻报道的文学家、记者所继承发扬。他们也如同史学家一样，具有一种史传情怀；本着对现实生活、对时代、对历史负责的精神，在采访时以记者特有的敏锐和以史家的眼光，感受报道的对象，探求事实的真相；以"实录"的笔法记下事件的本末；然后运用现代化的通信工具迅速报道出去。在社会发生剧烈变动的20世纪中国，曾涌现出一批舍身坚持实录、求真的记者。比如在第二次世界大战期间，《大公报》特派记者萧乾被派往欧洲，在燎天战火中不断把欧洲战场的最新战况真实地向国内同胞报道。在中国战场上，也活跃着许多战地记者，他们或穿梭于战场，或深入敌后，写出一篇篇消息报道，"实录"中华民族奋勇抗战的情况。1957年一些记者和文化人士"书法无隐"，"实录"人民的心声而被划成"右派"分子，令人唏嘘。这些人是中国现代新闻史上的脊梁，他们所写的新闻报道，不仅在当时产生了很大的影响，而且也成为后人认识20世纪中国社会的确凿可信的史料。

当然，如果背离了实录、求真的原则，新闻报道的内容必然虚假。比如在狂热的1958年，为了迎合某些领导人好大喜功的心理，营造"一天等于20年"的"大跃进"气氛，国内报刊纷纷报道红薯"亩产一万斤"、早稻"亩产三万六"、中稻亩产"四万三"甚至"十万斤"之类的"新闻"。有的记者到这些"高产田"采访，明知田中厚密的稻谷是弄虚作假把几块田的稻谷移到一块田而放出的

---

① 《宣公上》，《春秋左传集解》（二），上海人民出版社1977年版。
② 《襄公四》，《春秋左传集解》（三）。

"农业高产卫星",在其所写的新闻报道中"实录"眼前所见的假象,不敢、不愿去揭示"丰收"场面掩盖着的真相。又如有个记者采访一位成功人士,报上报道了他们的对话。然而这位成功人士根本不承认这篇报道中以他名义所说的话。这个记者把"实录其言"变成了"代人立言"。尤其是在当今,为数不少的新闻报道撰稿人由于金钱的侵蚀、权贵的威逼与拉拢、向上爬的动机、人情世故的精通,以及急于出名的欲望等原因,抛弃了"书法无隐"和实录、求真的优良传统,自甘堕落,致使虚假新闻报道泛滥。在他们笔下,濒临倒闭的企业被张扬为盈利大户;鲸吞国家巨额财产的贪污腐败分子被美化为廉洁奉公的公仆;刑事犯罪分子摇身变为见义勇为的好汉;二三流的演员、歌手,被吹捧成卓别林、韩娥那样的艺坛巨星……撰稿人胡编乱造,违背生活的真实,自然理亏气虚,行文难免浅涩,言之乏物。这也是造成某些新闻报道内容空洞、文笔呆滞的原因之一。广大读者对这类新闻报道表示强烈不满,"打假"的呼声愈来愈高。可见,虚假的新闻报道如同发不出自然馨香的纸花一样,是毫无生命力的。

三

史传文化不仅影响了新闻报道的写作原则,而且还为新闻报道的写作提供了可资借鉴的方法与技巧。

首先,史传文化记事、记言功能最根本的特征,就是以人为纲,极其重视人的言行和事件的记述,并在事件过程的记述中,具体叙述人物的生平活动,展现人物的性格,突出人物的地位,显示某一种时期人物的价值,从而反映一定时期的社会文化生活。早在《春秋》《左传》中,就有关于人物言行和生平事迹的记载;从《史记》开始,出现分人立传和分类立传的列传体,在这种传记中,以事归人,以人为事件的中心,记下历史事件的真相。这种列传体裁,世代相陈,成为史籍中的"正体"和主体部分。二十四史中的列传体,为现代新闻报道的撰稿人提供了多方面的、深刻的启示。新闻报道的中心是人的言论和人的活动。即使报道自然界的变化,这种变化也一定与人类社会的活动有关。人的言论和行为构成了事件。受体裁的制约,新闻报道不可能像人物传记那样,记载人一生的活动,而只能实录人在某一阶段、某一天甚至某一时刻的活动点滴;所记载的是某件事的高度概括与浓缩,或者某一事件的片段。不必讳言,和史书上的传记相比,新闻报道的内容确实要简单得多,容量要少得多。不过,虽然它反映的是人的一言一行与生活的一鳞半爪,但合起来就几乎是一个形象的全体与生活的全貌,能给读者以鲜明的印象。

其次,历史传记所展现的是传主过去的生活。一个人在生活中不知要经历多少事件;每件事的前因后果及其发展过程都有其特点。史学家在实录其言、实录其事时，往往采取抓大放小的方法，为人立传。比如《左传》《国语》《战国策》《史记》《汉书》等史书上都有许多精彩的人物对话；但这些对话都不是把人物所说的每句话都记录下来；史学家所记载的是能突出人物性格特征，并与事件极有关联的关键性话语。列传所实录的也不是传主所做过的每一件事，而是以事归人，选取传主所干过的几件有较大影响的大事记载下来。这种抓大放小的写作方法也适用于今天的新闻报道。在现代新闻中报道人物的讲话，往往不是全文而是摘要；在报道某种活动或某种事件时，也是大处着眼选材，择要下笔记事，突出这种活动或事件的特点。

再次，在叙事手法上，史传文化为新闻报道提供了成功的经验。史传文化中的纪事体，往往开始或介绍事件的起因，或展现涉及此事的主要人物姓名、籍贯、家世、外貌乃至于性格、爱好等方面的情况；然后按时间先后顺序，记叙事件的经过、结尾时交代事件的结局。从头至尾，采用纵向单线的结构方式，绝少横枝斜蔓，脉络十分清晰分明。这种写法已经成为后来史书的一种叙事模式。中国的新闻报道的叙事方式也都师法史书；一般都采用纵向直线的结构，有头有尾，层次分明。即使是撷取生活洪流中一点飞溅的浪花，或者截取某种事件的横断面，也都按照时间的先后展示事件的前因后果、来龙去脉，重视事件的完整性。比如一条国事活动的新闻，在报道时总要先交代时间、地点、出席人的身份，讲话摘要以及活动的主要内容与结束时间。由此足以看出史传文化叙事模式的痕迹。

除此之外，史传那种简洁、凝练、明快的文风对新闻报道也有很大的影响。中国古代许多历史学家惜墨如金，往往使用最经济、最传神的文言文字立传叙事，从而形成简洁、明快的文风。现代新闻报道使用的是白话文，行文时最忌拖泥带水、啰嗦拖沓。因此，学习中国历史传记的语言，继承和发扬中国史传文化的优良传统对提高撰稿人驾驭和使用祖国文字的能力，对提高新闻报道的质量，关系极大。

来自英伦三岛的海风[1]
——论郭沫若与英国文学

一、莎翁的典范

文艺复兴以来，英国文学出现了繁荣的局面。从英伦三岛吹来的文学之风，影响了郭沫若等一代代中国文学家。莎士比亚的创作是文艺复兴时期英国文学和欧洲文学的一座高峰。郭沫若早在乐山上中学时，就从林纾的译本中读到过兰姆所著的《莎士比亚故事集》（林纾译为《英国诗人吟边燕语》），从中"感受着无上的兴趣。它无形之间给了我很大的影响"[2]。以后，他还读过莎士比亚的《暴风雨》《哈姆莱特》《罗密欧与朱丽叶》等经典剧作。正是在莎士比亚等人的影响下，当年还是日本九州医科大学一年级学生的郭沫若，闯进了史剧诗剧的创作领域，他后来回忆说："我起初把故事戏剧化是远在民国九年的春天。……我读过了些希腊悲剧和莎士比亚、歌德等的剧作，不消说是在他们的影响下想来从事史剧或诗剧的尝试的。"[3] 1920年他创作收入《女神》集中的《棠棣之花》时，全剧的表现固然是受《浮士德》的影响，但对剧中人物的塑造，如他所说："不消说也是摹仿了点子莎士比亚。"[4] 那么，莎士比亚究竟从哪几个方面影响了郭沫若的戏剧创作呢？

首先，郭沫若深受莎士比亚作品悲剧精神的感染，在学习莎士比亚性格悲剧的基础上，发展自己的独特气质和个性，在中国现代剧坛上独树情感悲剧异帜。古希腊的悲剧是命运悲剧，莎士比亚所创作的悲剧是性格悲剧。莎士比亚的作品，通过各种性格的主人公与环境的冲突，揭示酿成主人公悲剧的原因，不是命运，不是外部力量，而是主人公自身性格的弱点。例如莎士比亚的理想人物哈姆莱特，空有"重整乾坤"的远大抱负，却因生性软弱，无法独立扫除邪恶势力，改造"颠倒混乱"的社会，导致了自己的悲剧。但是由于莎士比亚以先进的人文主义思想为观照，所以这些悲剧都洋溢出强烈的批判精神。作为一个有独创精神的作家，郭沫若当然不会在创作中单纯模仿或者重复莎士比亚的性格悲剧。他的浪漫主义诗人气质，使他对莎士比亚悲剧中的情感抒发产生了浓厚的兴趣。莎

---

[1] 本文原载《中山大学学报》2002年第5期。
[2] 郭沫若：《少年时代·我的童年》，《沫若文集》第6卷，人民文学出版社1958年版。
[3] 郭沫若：《我怎样写〈棠棣之花〉》，《沫若文集》第3卷，人民文学出版社1957年版。
[4] 郭沫若：《写在〈三个叛逆的女性〉后面》，光华书局1926年版。

氏所塑造的主人公如哈姆莱特、奥赛罗、李尔王、麦克白、泰门等性格无不复杂、鲜明；但他们又都是气质敏感、情感丰富的人物。因此剧中往往有大段大段的独白，用以表现他们内心受外界的刺激而产生的情感波澜，展示他们变化多彩的情感世界，比如《哈姆莱特》中哈姆莱特的内心独白就有6次之多。郭沫若的大多数戏剧作品是悲剧作品。他不像莎氏那样精心镂刻人物的性格，但学习莎氏如何抒发人物内在情感的方法，加以独创熔铸和发挥，形成自己的悲剧艺术风格。最能显示郭沫若情感悲剧风格的作品首推《屈原》。他在谈《屈原》的创作时说："在元旦的报章上就有人预言，'今年将有《哈姆莱特》和《奥赛罗》型的史剧出现。'这种激励无宁是一种精神上的压迫。欧洲文学中并没有好几篇《哈姆莱特》和《奥赛罗》，……现在要教我一跃而跻，实在是有点苦人所难。"① 这就表明，自1920年创作《棠棣之花》以来，莎士比亚的剧作一直是郭沫若学习的典范之一；他写《屈原》就是要向《哈姆莱特》《奥赛罗》等莎氏名剧看齐。《屈原》公演后，他说一些朋友指出此剧"有些莎士比亚风味，更有的说象《哈姆莱特》，我自己也多少有这样的感觉"②。可见郭沫若的悲剧创作与莎氏的创作有很深的渊源关系。不过和莎士比亚悲剧不同的地方是，郭沫若刻意追求的是如何把屈原全部的内在情感淋漓尽致地表达出来；从情感的方位展现屈原美好高尚的心灵；在感情活动的流程中，刻画其正直、刚毅、光明磊落、不畏强暴的性格，通过屈原在与楚王、郑袖、张仪、靳尚等人的冲突中所荡起的情感波澜，揭示其悲剧命运，映照出历史精神和时代精神。岂止是屈原，郭沫若笔下的聂嫈、聂政、如姬、高渐离和夏完淳等悲剧人物形象何尝不是这样塑造出来的？他们的悲剧又何尝不是情感悲剧？难怪郭沫若的悲剧作品扩散着情感张力，多带有浓郁的诗的意境。

其次，在艺术构思方面，郭沫若受到莎士比亚戏剧创作的启发。莎氏的历史剧、悲剧多取材于历史故事和民谣、民间传说。但是他并不是如历史学家那样解释或再现历史事件，在进行艺术构思时，他非常注重以人文主义思想为观照，把握历史精神，感受现实生活，海涅曾经对莎士比亚的构思特点进行过精辟的论述："正如不能遵守时间和地点的统一一样，他也不能遵守关于个别人或个别事实的情节的统一。……描写过去，而不添加我们自己感觉的色彩，那是办不到的。是的，因为所谓客观的历史学家到底是在向现代发言，他便无意间会用自己时代的精神写作。"③ 因此，莎氏在构思时所考虑的重点不是复述历史的真实，而是撷取其中有艺术意义的东西，通过所塑造的艺术形象表达自己对历史和现实

---

① 郭沫若：《我怎样写五幕史剧〈屈原〉》，《沫若文集》第3卷，人民文学出版社1957年版。
② 郭沫若：《〈屈原〉与〈李尔王〉》，《沫若文集》第3卷。
③ 海涅：《莎士比亚的少女和妇女》，古典文艺理论译丛编辑委员会编：《古典文艺理论译丛》第9册，人民文学出版社1964年版。

的看法。在莎氏的剧作中，虚构的人物和事件比比皆是；为了迎合历史精神的需要，莎剧中某些人物和情节，甚至与历史的真实有较大的出入。比如在英格兰历史记载中的李尔，复国后还在帝王的宝座上坐了两年，死后江山又由考狄利亚统治了五年。但在《李尔王》中，为了凸现时代的悲剧精神，对李尔王的命运做了不符合历史事实的构思。郭沫若早在创作《棠棣之花》时就有意模仿莎士比亚，在艺术构思上很自然地受到莎氏的影响，从1920年所发表的该剧第二幕中就可看出端倪。他凭想象写出"坟前别姐"，又让聂嫈唱出当时不可能出现的五言诗。在以后续写的几场中，又无中生有地造出酒家母女、冶游男女、盲叟父女、士长、卫士之群。郭沫若把握了莎氏的艺术构思精神，结合自己在创作实践中的体会，总结出显示自己构思特色的历史剧创作原则：（1）"剧作家的任务是在把握着历史的精神而不必为历史的事实所束缚"[1]，剧作家"可以推翻历史的成案，对于既成事实加以新的解释，新的开发，而具体地把真实的古代精神翻译到现代"[2]；（2）"我主要的并不是想写在某些时代有些什么人，而是想写这样的人在这样的时代应该有怎样合理的发展"[3]；（3）"我要借古人的骸骨来，另行吹嘘些生命进去"[4]，在历史剧作中"据今推古，亦正可以借古鉴今"[5]，力求做到"借古代史实做题材，影射现代"[6]；（4）"历史研究是'实事求是'，史剧创作是'失事求似'。史学家是发掘历史的精神，史剧家是发展历史的精神"[7]。在具体构思中，他遵循这些原则，如同莎士比亚一样，不拘泥于史实，甚至改动某些史事。在这一方面，《屈原》可算是代表。根据《史记》《战国策》等史书记载，张仪诈献商於六百里地于楚国是在屈原失宠之后；向楚怀王力陈亲秦绝齐之弊害的是陈轸；向楚怀王进谗言诬陷屈原的不是郑袖，而是上官大夫和令尹子兰，其原因是"争宠"和"心害其能"；生活中的屈原，压根儿没有被南后陷害和面斥张仪、南后的经历，也没有被关在东皇太一庙的遭遇；剧中的婵娟、钓者、卫士、郑詹尹等人物，都是虚构出来的。然而这些改动和虚构，非但没有损害屈原的形象，反倒使其产生了动人心魄的艺术力量。值得注意的是，郭沫若和莎士比亚在构思中亦有差异之处。莎士比亚的构思常以人文主义思想对人生、人性进行哲理观照，体现了他对人类社会的终极关怀。郭沫若的构思则具有更强烈的现实针对性，更多地从政治层面表达对现实社会的看法，比如他写《屈原》，就是

---

[1] 郭沫若：《我怎样写〈棠棣之花〉》，《沫若文集》第3卷，人民文学出版社1957年版。
[2] 郭沫若：《我怎样写〈棠棣之花〉》，《沫若文集》第3卷。
[3] 郭沫若：《献给现实的蟠桃》，《沫若文集》第13卷，人民文学出版社1961年版。
[4] 郭沫若：《〈孤竹君之二子〉幕前序话》，载《创造季刊》第1卷第4期（1923年2月10日）。
[5] 郭沫若：《我怎样写〈棠棣之花〉》，《沫若文集》第3卷。
[6] 郭沫若：《抗战八年的历史剧》，载《新华日报》1946年5月22日版。
[7] 郭沫若：《历史·史剧·现实》，《沫若文集》第13卷。

"把这时代的愤怒复活在屈原时代里去"①,"借了屈原的时代象征我们当前的时代"②,在屈原身上寻找到历史精神与时代精神的契合点,难怪《屈原》的上演,适应了当时政治斗争的需要,轰动了山城重庆。

　　再次,郭沫若借鉴了莎士比亚丰富的艺术经验。莎士比亚的剧作都有严谨完整的结构、生动的情节、个性鲜明的人物。郭沫若的剧作也是如此,即使是截取生活的一个横断面的早期剧作《三个叛逆的女性》,每个短剧都写得有头有尾,所塑造的卓文君、王昭君、聂嫈的形象,无一不栩栩如生。郭沫若还学习莎士比亚善于制造悬念、强化气氛的手法,使自己的剧作引人入胜。比如在《哈姆莱特》的第一幕,莎翁就安排了两个在寒夜上岗的卫兵等鬼魂出现的场面,从而布下悬念:鬼魂生前是谁?为什么连续几个晚上出现?鬼魂在等待什么人?在鬼魂向哈姆莱特诉说了被害的真相之后,莎翁又布下更大的悬念:面对强大的对手,哈姆莱特能复仇吗?怎样复仇?剧情循着悬念进展,扣人心弦。郭沫若在《棠棣之花》第五幕成功地运用了莎氏这一手法,帷幕拉开,聂政尸陈坛上,黎明时分,两个在十字街头守尸的卫兵恐惧地谈尸论鬼,一见面似聂政的聂嫈出现,连忙惊慌逃走,这就安排下悬念:聂嫈为什么要冒死认尸?她的命运会怎样呢?从而加强了悲剧的艺术效果。莎士比亚和郭沫若都是诗人,如何在剧中表达胸中的激情,莎氏的剧作又为郭沫若提供了学习的典范。在《李尔王》中,被两个女儿逼得走投无路的李尔王愤怒地冲向荒原,向风雨雷电发出悲愤的诅咒:

　　　　吹吧,风啊!胀破了你的脸颊,猛烈地吹吧!你,瀑布一样的倾盆大雨,尽管倒泻下来,浸没了我们的尖塔,淹没了屋顶的风标吧!你,思想一样迅速的硫磺的电火,劈碎橡树的巨雷的先驱,灼焦了我的白发的头颅吧!你,震撼一切的霹雳呵,把这生殖繁密的、饱满的地球击平了吧!打碎造物的模型,不要让一颗忘恩负义的人类的种子遗留在世上!③

　　在《屈原》第五幕第二场,戴着刑具的屈原,向雷电交加、风狂雨暴的黑夜高声呼喊:

　　　　风!你咆哮吧!尽力地咆哮吧!在这暗无天日的时候,一切都睡着了,都沉在梦里,都死了的时候,正是应该你咆哮的时候,应该你尽力咆哮的时候!……

　　　　炸裂呀,我的身体!炸裂呀,宇宙!让那赤条条的火滚动起来,象这风一样,象那海一样,滚动起来,把一切的有形,一切的污秽,烧毁了吧,烧

---

① 郭沫若:《序俄文译本史剧〈屈原〉》,《沫若文集》第17卷,人民文学出版社1963年版。
② 郭沫若:《序俄文译本史剧〈屈原〉》,《沫若文集》第17卷。
③ 莎士比亚著,朱生豪等译:《李尔王》,《莎士比亚全集》第6卷,译林出版社1998年版。

毁了吧！把这包含着一切罪恶的黑暗烧毁了吧！……①

屈原那 1800 字的"雷电颂"和李尔王的长篇抒情独白何其相似！相似得连郭沫若自己"都感觉着有点惊讶"②。虽然他声明"在写《屈原》之前不曾读过《李尔王》"③，但也承认："三十年前读过兰姆的《莎翁本事》（林纾译《英国诗人吟边燕语》），向暴风雨愤怒的一段大概也是有的吧。"④ 这说明莎士比亚的艺术经验对郭沫若的影响是何等深刻和深远。

二、推崇雪莱

19 世纪前期，英国文学的主流是浪漫主义文学。拜伦和雪莱的诗歌是英国浪漫主义文学中两颗各烁异彩的珍珠。只是在他们当中，最受郭沫若推崇的诗人是雪莱，他坦率承认拜伦"对于我的吸引力却没有他的友人雪莱来得强烈。"⑤ 郭沫若之所以敬爱雪莱，首先在于他佩服雪莱的反专制精神，并且受到雪莱的哲学思想的感染。雪莱在牛津大学读书时，吸收了 18 世纪启蒙主义思想的精华和唯物论，并以此观照英国现实，形成了他的民主主义意识和叛逆精神。他断然与英国的传统观念决裂，坚决反对封建专制和有神论的宗教思想。1811 年 3 月 25 日他因发表《无神论的必然性》而被牛津大学开除，但他没有停止对君主暴政和宗教欺骗性的抨击，写出了《麦布女王》《伊斯兰的起义》《解放了的普罗米修斯》《希腊》等作品；而且更加深入地探索理想社会的道路，写出《给英国人民的歌》和《西风颂》等脍炙人口的诗篇，被恩格斯称为"天才的预言家雪莱"⑥。雪莱热爱大自然，善于描写气象万千的自然现象，在赞美大自然的诗句中，寄寓着他自己所信仰的泛神论，表达出他对大自然变化奥秘的感悟，抒发出奔腾在胸中的激情。郭沫若不无崇敬地称赞雪莱是"自然的宠子，泛神宗的信者，革命思想的健儿。他的诗便是他的生命。他的生命便是一首绝妙的好诗"⑦；雪莱在他心目中"是一个真正的诗人"⑧，是"薄命诗人，革命诗人，天才诗人"⑨。郭沫若仰慕雪莱的人格，他说："我们爱慕雪莱：因为他身遭斥退而不撤

---

① 郭沫若：《屈原》，《沫若文集》第 3 卷，人民文学出版社 1958 年版。
② 郭沫若：《〈屈原〉与〈李尔王〉》，《沫若文集》第 3 卷。
③ 郭沫若：《〈屈原〉与〈李尔王〉》，《沫若文集》第 3 卷。
④ 郭沫若：《〈屈原〉与〈李尔王〉》，《沫若文集》第 3 卷。
⑤ 郭沫若：《创造十年续篇》，《沫若文集》第 7 卷，人民文学出版社 1958 年版。
⑥ 恩格斯：《英国工人阶级状况》，《马克思恩格斯论艺术》（一），人民文学出版社 1960 年版。
⑦ 郭沫若：《沫若译诗集》，新文艺出版社 1953 年版。
⑧ 郭沫若：《沫若译诗集》。
⑨ 郭沫若：《〈雪莱年谱〉附白》，载《创造季刊》第 1 卷第 4 期（1923 年 2 月 10 日）。

回无神论的主张"①；翻译雪莱的诗歌，不但"是要使我成为雪莱，是要使雪莱成为我自己"②，而且也期望雪莱的精神"大抵可以复活于我们现代青年的意识中"③，让中国青年以雪莱为榜样，勇敢投入到反封建主义的洪流中去。

其次，雪莱的文艺思想使郭沫若受益不少，郭沫若关于诗歌创作的某些见解，就直接借鉴于雪莱的主张。《为诗辩护》是雪莱阐发自己文艺思想的重要文章，郭沫若在《神话的世界》等文章中曾加以热情介绍和充分肯定。郭沫若的一些文艺观点，就是受到这篇文章的启发而形成的。比如，雪莱认为诗歌植根于诗人的天性之中，是诗人主观情感的产物，因此特别强调和突出主观想象的作用，用风吹竖琴奏出的曲调来解释外在的生活同诗人内在感情相交融而产生诗歌的过程：

> 自有人类便有诗。人是一个工具，一连串外来的和内在的印象掠过它，有如一阵阵不断变化的风，掠过埃奥利亚的竖琴，吹动琴弦，奏出不断变化的曲调。④

郭沫若在1920年1月18日致宗白华的信中，通篇体现了他在雪莱等人影响下对诗歌创作本质的认识。⑤那么，诗人"外来的和内在的印象"怎样才能表达出来？竖琴如何才能弹出旋律、琴弦怎样才能奏出诗的曲调来呢？雪莱和郭沫若都认为诗歌创作需要灵感。雪莱曾把瞬间袭来的灵感比喻成"变化的风"，他说：

> 诗灵之来，仿佛是一种更神圣的本质渗彻于我们自己的本质中；但它的步伐却象拂过海面的微风，风平浪静了，它便无影无踪，只留下一些痕迹在它经过的满是皱纹的沙滩上。这些以及类似的情景，唯有感受性最细致的想象力最博大的人们才可以体味到。⑥

郭沫若借用雪莱这个比喻，表达他对诗歌体相兼备的本体的理解：

> 我想诗人心境譬如一湾清澄的海水，没有风的时候，便静止着如象一张明镜，宇宙成汇底印象都涵映着在里面；一有风的时候，便要翻波涌浪起来，宇宙万汇底印象都活动着在里面。这风便是直觉，灵感（Inspiration），这起了的波浪便是高涨着的情调。这活动着的印象便是徂徕着的想象。这些

---

① 郭沫若：《沫若译诗集》，新文艺出版社1953年版。
② 郭沫若：《沫若译诗集》。
③ 郭沫若：《〈雪莱年谱〉附白》，载《创造季刊》第1卷第4期（1923年2月10日）。
④ 雪莱：《为诗辩护》，古典文艺理论译丛编辑委员会编：《古典文艺理论译丛》，人民文学出版社1961年版。
⑤ 田寿昌、宗白华、郭沫若：《三叶集》，亚东图书馆1923年版。
⑥ 雪莱：《为诗辩护》，古典文艺理论译丛编辑委员会编：《古典文艺理论译丛》，人民文学出版社1961年版。

东西，我想便是诗底本体，只要把他写了出来，他就体相兼备。①

所以，他赞同雪莱的观点，"人不能说：'我要作诗。'即使最伟大的诗人也不能说这类话"②，在同宗白华的通信中，对此进行了发挥："诗不是'做'出来的，只是'写'出来的。"③ 并把这种"自然流露"④ 的诗，看作上乘作品。他特别强调灵感在创作中的作用，认为诗人"在未从事创作之前等待的是灵感"⑤。而所谓灵感其实"便是内部的灵魂与外部的自然的构精。"⑥ 由此可见，就诗歌见解而言，郭沫若与雪莱有着很深的渊源关系。

再次，在创作上，郭沫若也深受雪莱的濡染。郭沫若非常喜爱雪莱的诗歌，早在 1920 年代初就翻译过雪莱的《云鸟曲》《西风歌》等诗作。由于他的心与雪莱相通，所以深得雪莱诗歌的神髓和风韵。他说："我爱雪莱，我能感听得他的心声，我能和他共鸣，我和他结婚了。——我和他合而为一了。他的诗便如象我自己的诗。我译他的诗，便如象我象自己在创作的一样。"⑦ 他所译的《雪莱诗选》自 1926 年 3 月由上海泰东图书局出版，到 1932 年 10 月，已印了 17 版；1928 年 5 月，他又将《雪莱诗选》中的译诗收入《沫若译诗集》中，由上海创造社出版部出版，至 1957 年已印刷 13 版。雪莱诗中的一些名句，如《西风歌》中的"严冬如来时，哦，西风哟，阳春宁尚迢遥？"一经郭沫若译出，不胫而走，受到几代中国读者的喜爱。郭沫若对雪莱的诗歌创作有一种独特的体悟："雪莱的诗心如象一架钢琴，大扣之则大鸣，小扣之则小鸣。他有时雄浑倜傥，突兀排空；他有时幽抑清冲，如泣如诉。"⑧ 他十分欣赏雪莱的诗风，"风不是从天外来的，诗不是从心外来的，不是从心坎中流露出的诗通不是真正的诗。雪莱是真正的诗的作者，是一个真正的诗人"⑨。受这种诗风的影响，郭沫若的诗心何尝不如象一架钢琴？大扣之则有《天狗》《立在地球边上放号》《匪徒颂》《我是个偶像崇拜者》等气势雄浑、激情怒涌的诗篇；小扣之则有《心灯》《无烟煤》《电火光中》《司健康的女神》《雾月》及诗集《星空》《瓶》中那种纡徐缠绵、疏淡隽永的篇章。而他的诗如继承和发扬雪莱"从心坎中流露"出来的诗风时，就具有感人至深的魅力；若一旦背离了雪莱"自然流露"的诗风，如晚

---

① 田寿昌、宗白华、郭沫若：《三叶集》，亚东图书馆 1923 年版。
② 雪莱：《为诗辩护》，古典文艺理论译丛编辑委员会编：《古典文艺理论译丛》，人民文学出版社 1961 年版。
③ 田寿昌、宗白华、郭沫若：《三叶集》。
④ 田寿昌、宗白华、郭沫若：《三叶集》。
⑤ 田寿昌、宗白华、郭沫若：《三叶集》。
⑥ 郭沫若：《文艺上的节产》，《文艺论集》，光华书局 1928 年版。
⑦ 郭沫若：《沫若译诗集》，新文艺出版社 1953 年版。
⑧ 郭沫若：《沫若译诗集》。
⑨ 郭沫若：《〈雪莱的诗〉小引》，载《创造季刊》第 1 卷第 4 期（1923 年 2 月 10 日）。

年所写的某些应景、应时或奉作的诗，就味同嚼蜡。

三、新的启迪

1923年郭沫若由日本留学回国后，在国内社会现实的教育下，审美趣味发生重大变化——由酷爱浪漫主义逐渐转向现实主义；评价作家作品的价值取向，以政治的、阶级的、社会的、历史的功利主义取代了早先的唯美主义。因此，他的目光很自然地投注到反映下层人民生活的爱尔兰剧作家约翰·沁孤和英国批判现实主义作家高尔斯华绥的剧作上。

约翰·沁孤1871年出生在爱尔兰都柏林郊区，从小就常常陶醉在大自然的美景中。大学毕业后到德国、法国和意大利漫游。在巴黎与同乡诗人叶芝邂逅。叶芝劝他回祖国去，生活在老百姓中间，创作独树一帜的作品反映一种从未被描述过的生活。约翰·沁孤采纳了叶芝的建议，回国后几次赴北爱尔兰东北面的艾兰岛，同岛上的渔民、农夫融成一片。这种生活为他带来了丰富的创作素材。富于表现力的民间语言，是他取之不尽的宝藏。约翰·沁孤是一个勤奋的作家，至1909年病魔夺取他的生命为止，在不到十年的时间里就写出《悲哀之戴黛儿》《西域的健儿》《补锅匠的婚礼》《圣泉》《骑马下海的人》《谷中的暗影》6个剧本，27首诗和一些散文及译作，成为爱尔兰文艺复兴运动的重要作家。约翰·沁孤的剧作总是蕴含着浓郁的诗情，客观而又真实地展现出边陲岛民的日常生活；主人公大都是渔民或农夫，质朴坚毅，机敏而愚昧，直率而粗犷，善良而自私，生活艰难而又知足安分。正是约翰·沁孤以同情的笔触描写了他们的不幸的遭遇和悲惨的命运，这才感动了郭沫若，郭沫若说约翰·沁孤"是把写实主义的精神，彻底地应用在戏曲上而成功了的"①。成功之处就在于"剧本是平平淡淡的，但你读完它，总禁不住要使你的眼角发酸"②。于是将这六个剧本译成中文在1926年2月出版。不过，郭沫若也看到约翰·沁孤剧作的不足之处，那就是剧作者虽然体会到剧中人物的悲剧，"但不知道如何来消灭这种悲剧的根源"③，因此在每个剧本里"都有一种幻灭的哀情流荡着"④。这样，郭沫若在学习借鉴约翰·沁孤的创作经验时，就能扬其长而避其短。比如约翰·沁孤擅长采借古老民间传说来表现人生哲理，郭沫若亦常用神话传说、历史故事来以古讽今、借古鉴今。约翰·沁孤的剧作常以大自然风光和爱尔兰景物如雾茫茫的大海、峥嵘的山岳、幽深的荒岛为背景渲染气氛，突出人物与环境的关系；还匠心独运，创造

---

① 郭沫若：《〈约翰·沁孤的戏曲集〉译后》，商务印书馆1926年版。
② 郭沫若：《集外序跋集》，四川人民出版社1982年版。
③ 郭沫若：《〈约翰·沁孤的戏曲集〉译后》。
④ 郭沫若：《〈约翰·沁孤的戏曲集〉译后》。

出盲人乞丐、铁匠、渔夫、老妇、游方道士等人物形象。郭沫若剧作的背景也宛如一幅幅景物各异的山水画，上面活动着酒家母女、冶游男女、盲叟父女、武士、农夫等人物。他曾经坦率地承认，他的某些"神来之笔"，却是得力于约翰·沁孤的启发。约翰·沁孤的剧本《圣泉》的主人公是个饱经风霜的盲人乞丐，《谷中的暗影》一剧中有一位把希望和爱带给人们的流浪者，这两个人物给郭沫若的印象极深，以至他在创作《聂嫈》时虚构了一个将反专制暴力火种散播四方的流浪盲叟，这个人物不消说有上述两个人的影子。郭沫若说："《聂嫈》的写出自己很得意，而尤其得意的是那第一幕里面的盲叟。那盲叟的流浪艺人所吐露出的情绪是我的心理之最深奥处的表白。但那种心理之得以具象化，却是受了爱尔兰作家约翰·沁孤的影响。"①

高尔斯华绥虽然在 1897 年就开始发表作品，但他的大多数文学作品，却是在 20 世纪创作的。高尔斯华绥是个多产作家，他以三个三部曲："福尔赛世家"（《有产业的人》《骑虎》《出租》）、"现代喜剧"（《白猿》《银匙》《天鹅之歌》）、"尾声"（《女侍》《开花的荒野》《河那边》），奠定了他在世界文学史上的地位，并于 1932 年获得诺贝尔文学奖。不过郭沫若感兴趣的不是高尔斯华绥的小说，而是剧本，并且早在 1925 年"五卅"运动之后，就译出高氏反映英国工人罢工运动的剧本《争斗》。次年又将其揭露英国社会不平等现象和法律的虚伪性，表现下层人民不幸遭遇的剧本《银匣》《法网》翻译出版。郭沫若显然是从政治的方位出发去欣赏高氏的剧作，"他不满意于社会之组织，替弱者表示极深厚的同情，弱者在现社会组织下受压迫的苦况，他如实地表现到舞台上来，给一般的人类暗示出一条改造社会的路径"②。郭沫若固然没有创作过反映现实生活的剧本，但他希望中国的剧作家像高氏一样，揭露中国现实生活中的阶级矛盾，抨击现存的社会制度，他说："我国社会之创作正在萌芽期中，我以为象戈（高）氏的作风正在萌芽期中，我以为象戈（高）氏的作风很足供我们效法。"③

综上所述，来自英伦三岛的海风，漂洋过海，吹进了中国，给郭沫若一代的中国文学家送来了文学营养。郭沫若接受英国文学的影响，为世界文学如何走进中国，中国文学又怎样创新和走向世界，提供了很好的借鉴。

---

① 郭沫若：《创造十年续篇》，《沫若文集》第 7 卷，人民文学出版社 1958 年版。
② 郭沫若：《〈争斗〉序》，商务印书馆 1926 年版。
③ 郭沫若：《创造十年续篇》，《沫若文集》第 7 卷。

郭沫若与克罗齐、柏格森[①]

在西方现代文化思想中，意大利新黑格尔主义哲学家克罗齐的精神哲学和法国哲学家、1928年诺贝尔文学奖获得者柏格森的生命哲学与直觉主义，对郭沫若有较大影响。

克罗齐认为，在精神之外便不会有任何真实的存在，单纯的自然对精神而言也不是真实的存在，只有精神科学才具有价值和意义，一切经验和认识的对象均出自精神的创造。他说："精神就是整个实在；……除了精神没有其他实在；除了精神哲学，没有其他哲学。"[②] 又说："单纯的物质对精神为不存在。"[③] 显然，克罗齐的精神哲学属于主观唯心主义的范畴。在精神哲学的基础上，克罗齐发展了维柯的形象思维学说，建立了"直觉即表现"的美学思想体系。在克罗齐看来，美学便是研究直觉或表现的科学，直觉由"感受"引起，是心灵活动的起点和认识的最初阶段；艺术创造是一种直觉活动，也是内在情感的抒发表现。他还认为，既然艺术是直觉，直觉就是形式，形式只有一个，那么价值也就只有一个，凡是直觉中的东西才是美的，美是绝对的，既无高下之分，也不能有任何思想内容，所以艺术不是功利的活动，不是道德的活动。柏格森则把生命看作一种神秘的非理性心理体验或者本能的冲动，一种绝对自由、超越客观条件与客观规律的盲目的创造力量。他在著名的《创造进化论》中说："生命是心理的东西。""意识或毋宁说超意识是生命之流。"[④] 他认为，生命冲动是一切事物的本质，宇宙间的万事万物，无论是芸芸众生或无生命的物体，无一不是生命冲动的产物。所谓生命冲动，也就是作为心理活动的主体的"自我"的内在活动。由于人是世界的组成部分，是生物进化最有成效的产物，因此人的本质也是世界的本质，生命冲动就具有创造万物的神秘力量。柏格森为了使自己的生命哲学有别于机械自然观，便把它同生物进化论融合起来，命名为创造进化论。在柏格森看来，生命是自强不息、处在不断变化发展的进化过程中，"停滞是偶然的，退化也是偶然的，适应环境也大都出于偶然"[⑤]。他再三强调生命冲动的过程是一种自动的创造过程，不服从任何自然规律或理性规则，上至人的情感意志，下至无机物的

[①] 本文原载《郭沫若学刊》2003年第3期。
[②] 克罗齐：《实践哲学》，全增嘏主编：《西方哲学史》（下），上海人民出版社1985年版。
[③] 克罗齐：《美学原理》，作家出版社1958年版。
[④] 柏格森：《创造进化论》，全增嘏主编：《西方哲学史》（下）。
[⑤] 柏格森：《创造进化论》，全增嘏主编：《西方哲学史》（下）。

存在，之所以会千差万别，就在于主体的意志和欲望与取决于生命冲动产生万物的方式大相径庭。由此柏格森推断出进化便是生命冲动不断克服感性物质、不断创造尚难预见的新形式过程。在进化的过程中，生命和精神处于上升的状态，物质则处于下降的状态。不仅如此，柏格森的生命哲学还为其反理性主义和直觉主义提供了理论依据。他甚至比克罗齐更强调直觉的作用，认为直觉乃是最高级、最深刻的认识形式，而理智则不能认识实在本身，因此，理智从属于直觉，并且把哲学也画在直觉的范畴。

应当看到，克罗齐和柏格森的思想在现代西方文化思想中独树一帜，在20世纪初期曾震撼了无数人的心灵，尤其是柏格森的思想，不但成为美国实用主义哲学家 W. 詹姆斯、英国过程哲学创始人 A. N. 怀特海、法国存在主义的主要代表 J. P. 萨特等人的先导，而且在五四时期是输入中国的外国文化思潮中最有影响的文化思想之一。

郭沫若曾自述："我是一个偏于主观的人。"① 因此，克罗齐的精神哲学、柏格森的生命哲学以及他们两人的反理性主义和直觉主义，很容易使郭沫若产生共鸣。1920年2月15日，他在致宗白华的信中说：

> 《创化论》（即《创造进化论》——笔者注）我早已读完了。我看柏格森的思想，很有些是从歌德脱胎来的。凡为艺术家的人，我看最容易倾向到他那"生之哲学"方面去。②

歌德是当时郭沫若最喜爱的诗人之一，在郭沫若眼中，歌德"确是个Panteist（泛神论者）"③。郭沫若之所以把柏格森同歌德联系在一起，是因为他用泛神论的眼光审视柏格森的生命哲学，觉得它与歌德的思想有一种内在的渊源关系，生命哲学与泛神论不无相通之处。郭沫若在20年代所写的《天才与教育》中，不但充分肯定克罗齐所说的"天才与非天才的区别，不包含有数量以上的意义"，是"比较公平而合理"，而且还不厌其烦地介绍克罗齐的天才论和直觉的理论：

> 克罗齐把人性的活动分为四种：一是直观的，二是推理的，——这两种是理论的活动；三是伦理的，四是经济的，——这两种是实践的活动。于是他在真善美之外加了一个"利"。他准此区别也把天才分为四种范型。文学家、艺术家便是属于直观的美的天才。圣人、教主之类便是伦理的天才。经济的天才可以说是大政治家、大资本家之类了。克罗齐氏说这种利的天才是

---

① 郭沫若：《论国内的评坛及我对于创作上的态度》，《沫若文集》第10卷，人民文学出版社1959年版。
② 田寿昌、宗白华、郭沫若：《三叶集》，亚东图书馆1923年版。
③ 田寿昌、宗白华、郭沫若：《三叶集》。

"恶天才",是"恶魔的天才"。①

这段话中的"直观",其实就是"直觉"。郭沫若运用克罗齐这个理论评判中国文艺的现状,发出了"我们的独创性往那儿去了呢?难道我们真成了石头,迸射不出生命的萌芽来了吗?"②的呼喊。

克罗齐和柏格森对郭沫若的文艺思想与文学创作也产生了较大的影响。郭沫若在1920年1月18日致宗白华的信中,有两段耐人寻味的话:

> 我想我们的诗只要是我们心中的诗意诗境底纯真的表现,生命源泉中流出来的 Strain,心琴上弹出来的 Melody,生之颤动,灵的喊叫,那便是真诗,好诗,……。我每逢遇着这样的诗,无论是新体的或旧体的,今人的或古人的,我国的或外国的,我总恨不得连书带纸地把它吞咽下去,我总恨不得连筋带骨地把它融下去。……
>
> 我想诗这样东西倒可以用个算式来表示它了:
> 诗 =(直觉 + 情调 + 想象)+(适当 Inhalt 的文字)Form③

在这里,所谓直觉其实就是表现的意思。郭沫若把浪漫派一向宣扬的感情和想象放在次要的位置,而把"直觉"放到首位,表明克罗齐、柏格森所主张的直觉说,对其文艺思想的影响极深。

郭沫若一度醉心于柏格森的生命哲学,十分欣赏柏格森所提出的生命冲动学说。在柏格森的生命哲学中,绵延、生命冲动等基本概念的含义是相通的。柏格森认为,既然生命是一种心理意识的活动,那么绵延、生命冲动也就是作为心理意识主体的自我的活动:"至少有这样一种实在,我们都是运用直觉从内部来把握它,而不是运用单纯的分析。这种实在就是在时间中流动的我们的人格,也就是绵延的自我。"④ 在这种思想的启迪下,郭沫若也"运用直觉从内部"来把握文学的本质,阐述对文艺的见解:"诗是人格创造的表现,是人格创造冲动的表现。"⑤

在1920年2月23日发表的《生命底文学》中,郭沫若指出"一切物质皆有生命","生命是文学底本质,文学是生命底反映",是生命能量"发散"的产物,强调"感情、冲动、思想、意识的纯真表现便是狭义的生命底文学"⑥。在1923年12月30日发表的《印象与表现》中,郭沫若把"印象"和"表现"看

---

① 郭沫若:《天才与教育》,《沫若文集》第10卷,人民文学出版社1959年版。
② 郭沫若:《论国内的评坛及我对于创作上的态度》,《沫若文集》第10卷。
③ 郭沫若:《论诗三札》,《沫若文集》第10卷。
④ 柏格森:《形而上学导言》,商务印书馆1963年版。
⑤ 郭沫若:《论诗三札》,《沫若文集》第10卷。
⑥ 郭沫若:《生命底文学》,载《时事新报·学灯》1920年2月23日。

作"两条艺术上的歧路",认为前者表现为自然主义、写实主义,是行不通的;后者则归于浪漫主义,艺术只有走"表现"这一条路。在这里,他对柏格森反理性主义的认识论做了言简意赅的阐述:

> 我们现在暂且借柏格森的话来说,他说,生命本是动流,客观的变化本是没有一刻的停滞,因为我们所得的印象只是动流的一个断片,从时间的连续分割成空间的静止。他这话我们相信是真理,……①

他这段阐述,完全根源于柏格森所提出的观点:生命冲动的基本特征是持续不断的创造、发展、变化的过程,不可能有任何相对静止、稳定或间断的看法。郭沫若还运用柏格森的理论去诠释"表现":"艺术是我的表现,是艺术家的一种内在冲动的不得不尔的表现。"② 众所周知,自我表现是郭沫若的浪漫主义文学主张的一个重要观点,柏格森的理论正是构成这种观点的文化内蕴之一。甚至到了1925年7月,郭沫若仍然从柏格森的生命哲学出发,阐发对诗歌节奏的看法,认为节奏不但是诗的外形,而且也是诗的生命。同时,他还发现:

> 宇宙内的东西没有一样是死的,就因为都有一种节奏(可以说就是生命)在里面流贯着的。做艺术家的人就要从一切死的东西里面看出生命出来,一切平板的东西里面看出节奏出来,这是艺术家顶要紧的职分,也是判别人能不能成为艺术家的标准。③

当然,郭沫若对柏格森的理论并非全盘照搬,其中不无扬弃之处。例如柏格森反理性主义的一个重要特点,就是主张用直觉的方法建立真正的哲学,反对用理性(理智)对事物做出价值判断。郭沫若虽然坚持艺术创作中的自我表现原则,但是他"也要求我们的自我有可以表现的价值和能力"④。显而易见,要求艺术家的自我"有可以表现的价值和能力",实际上就是对其做出理性的价值判断,而不是让艺术家的自我冲动任意、盲目、无限制地表现。

郭沫若早年对文艺功利目的性的认识明显存在两重性。人们在评论郭沫若早年艺术功利观时,很看重19世纪后半期英国唯美主义代表作家王尔德对他的影响。诚然,王尔德所鼓吹的"为艺术而艺术"的主张,以及为宣扬这个主张而阐发的艺术是个人享受,只有当艺术家不为任何功利目的服务时,艺术才能繁荣之类的观点确实影响过郭沫若。比如王尔德所说"艺术除了表现它自己之外,不表现任何别的东西。艺术有独立的生命,正和思想有独立的生命一样,而且完全

---

① 郭沫若:《印象与表现》,《沫若文集》第10卷,人民文学出版社1959年版。
② 柏格森:《形而上学导言》,商务印书馆1963年版。
③ 郭沫若:《论节奏》,《沫若文集》第10卷。
④ 郭沫若:《印象与表现》,《沫若文集》第10卷。

按照艺术自己的种种路线向前发展"① 的话，无疑使郭沫若产生共鸣。但王尔德的影响，只能成为郭沫若早年所主张艺术是非功利的文化内蕴之一，而不能解释郭沫若对待艺术功利目的的两重性问题。笔者认为，克罗齐、柏格森的理论是解决这个问题的关键。

　　克罗齐认为，艺术不是功利的活动，"艺术既是直觉，而直觉既是按照它的原义理解为'观照'的认识，艺术就不能是一种功利的活动"②。柏格森也宣称生命冲动是一种纯粹的活动，不可能带有功利性；为了直觉，必须对直觉以外的一切都无动于衷，换句话说，直觉也不能带有功利性。把这个观点运用到艺术上，柏格森坚称纯艺术"不关心现实的利害"③。郭沫若早年主张艺术无功利和超功利，除了受到康德、王尔德等人的濡染之外，克罗齐和柏格森的文化思想对他的启发也不能忽视。有趣的是，同康德一样，克罗齐和柏格森对艺术的功利目的的看法也存在着两重性。克罗齐从伦理角度审视艺术作品的社会作用时说，艺术作品完成之后"是否要把它传达给旁人，传达给谁，何时传达，如何传达等等都还是要待解决的问题，这些考虑就全要受效用与伦理的原则节制了"④。可见，克罗齐不是没有考虑到艺术作品的社会性和艺术鉴赏中道德教化的作用。柏格森认为，由于"实在"与人之间隔着一层帷幕，使得人的感官和意识不能直接认识"实在"，因而承认艺术是有目的的，"艺术的目的，都在于清除功利主义的象征符号，清除传统的社会公认的类概念，一句话，清除把实在从我们障隔开来的一切东西，从而使我们可以直接面对实在的本身"⑤。无疑，这种"清除"与"直接面对实在的本身"就蕴含着功利主义的因素。柏格森进而又肯定戏剧的功能，他说："戏剧的确是在我们浮表的功利主义的生活下面揭出更深刻的实在。在这一点上面，戏剧艺术和所有其他艺术一样，具有同样的目的。"⑥ 由此可见，柏格森是承认艺术的社会认识作用的。他还提出了评价艺术作品的价值取向："教训的有效性，就是准确地评价作品的真实性的标准。这样，真理的本身就具有一种令人信服的力量，改造的力量。这种力量，就是我们承认它的标记。作品越是伟大，它所体认到的真理越是深刻，那么，它所产生的效果也就越是久远。而在另外一方面，它的效果也就越是具有普遍性。"⑦ 细细体会这段话，柏格森所用的"教训的有效性""真理……的力量""效果"等词语，未尝不带有功利主义的色彩。毫无疑问，郭沫若对艺术功利性见解的两重性，主要导源于克罗

---

① 王尔德：《谎言的衰朽》，伍蠡甫主编：《西方文论选》（下），上海译文出版社1979年版。
② 克罗齐：《美学纲要》，全增嘏主编：《西方哲学史》（下），上海人民出版社1985年版。
③ 柏格森：《笑之研究》，伍蠡甫主编：《西方文论选》（下）。
④ 克罗齐：《美学原理》，作家出版社1958年版。
⑤ 柏格森：《笑之研究》，伍蠡甫主编：《西方文论选》（下）。
⑥ 柏格森：《笑之研究》，伍蠡甫主编：《西方文论选》（下）。
⑦ 柏格森：《笑之研究》，伍蠡甫主编：《西方文论选》（下）。

齐、柏格森，以及康德对待艺术功利问题的两重性。这种两重性，又导致郭沫若把创作的动机和作品的社会效果割裂开来。对于艺术创作，他多次重申反对带着艺术的功利目的进行创作；对于艺术鉴赏，他在不少文章中承认是有功利目的的，例如他在1921年1月所写的一篇文章说：

> 就创作方面主张时，当持唯美主义；就鉴赏方面言时，当持功利主义；此为最持平而合理的主张。①

惜乎，这段话在收入《郭沫若文集》第10卷时被删去。明了这一点，就不难理解他为什么从来不承认自己是纯粹的超功利"艺术派"。1936年他回答诗人蒲风的提问时，断然否定自己是"为艺术而艺术派"②，"这一点实是人们的误会，我从未主张过。"③

综上所述，在20世纪20年代前期，郭沫若有选择地从克罗齐的精神哲学和柏格森的生命哲学、直觉主义中吸取了有用的成分，来建构自己超功利的文艺观。只是从20世纪20年代中期他开始认同马克思主义之后，便开始疏离和扬弃克罗齐和柏格森的哲学思想了。与此同时，他也从超功利的"艺术派"迈向革命文学营垒。

---

① 郭沫若：《儿童文学之管见》，载《民铎》1921年第2卷第4期。
② 蒲风问，郭沫若答：《郭沫若诗作谈》，载《现世界》创刊号（1936年8月16日）。
③ 蒲风问，郭沫若答：《郭沫若诗作谈》，载《现世界》创刊号。

论郭沫若与东方文学[①]

一、初识"诗圣"

郭沫若到日本后,最先接触的是东方文学。1913年,印度文坛巨擘泰戈尔的诗集《吉檀迦利》在英国出版,受到西方社会的好评并获得诺贝尔文学奖。他是第一个获此殊荣的东方作家,日本因此兴起了一股旷日持久的"泰戈尔热"。刚到扶桑之国的郭沫若也知道这位印度"诗圣"的名字,他说:"我知道泰戈儿(尔)的名字是在民国三年。"[②] 1914年9月,郭沫若在日本东京第一高等学校预科学习时,从同住的一位亲戚那里第一次读到泰戈尔的《婴儿的路》《睡眠的偷儿》《云与波》以及《岸上》等几首从《新月集》中选出来的诗,立刻被泰戈尔诗歌清新、恬淡、隽永的风格所吸引,他说:"从此泰戈儿(尔)的名字便深深印在我的脑里。"[③] 一年以后,不但买到心仪已久的《新月集》,而且还在学校图书馆里读到泰戈尔的《吉檀伽利》《园丁集》《暗室王》《颂歌》《爱人的赠品》等作品。正如他后来所回忆的那样,当时"我便成为了泰戈尔的崇拜者。凡是他早期的诗集和戏剧我差不多都是读过的"[④]。事过20年后,他在回答蒲风的提问时还很自信地说:"最先对泰戈尔接近的,在中国恐怕我是第一个。"[⑤]

泰戈尔之所以成为郭沫若所崇拜的第一个外国诗人,主要基于以下三个原因:一是由于日本之"泰戈尔热"的推动。泰戈尔获得诺贝尔文学奖后,日本出现的"泰戈尔热"持续升温。1916年5月至9月,泰戈尔访问日本,受到各界人士的热烈欢迎。远在冈山的郭沫若虽然不曾到现场聆听他的演讲和一瞻他的风采,但是从报刊上获知其内容,曾被泰戈尔当时发表的《从印度带去的使命》所吸引。在这种风气中,郭沫若阅读了大量的泰戈尔作品,心灵上与之产生共鸣。二是泰戈尔的泛神论思想给郭沫若以很深的启迪。泰戈尔反对"一神教",着力宣扬泛神论和人格平等的真理。他认为神存在于万物之中,人与万物化成一体,构成神的表象,不存在超自然的神,而人类信仰最后归结为人格的真理。在

[①] 本文原载《中山大学学报》2003年第6期。
[②] 郭沫若:《太戈儿来华的我见》,《沫若文集》第10卷,人民文学出版社1959年版。
[③] 郭沫若:《太戈儿来华的我见》,《沫若文集》第10卷。
[④] 郭沫若:《太戈儿来华的我见》,《沫若文集》第10卷。
[⑤] 《郭沫若诗作谈》,载《现世界》创刊号(1936年8月16日)。

创作中泰戈尔追求忏悔式的心灵纯洁和道德上的自我完善。其荣获诺贝尔文学奖的代表诗集《吉檀迦利》中大多数诗表现了诗人自己与神灵合一的主题，歌颂了万物化成一体的泛神。当时的郭沫若客居异国，失意的婚姻给他带来无穷的愁苦和烦恼，甚至萌发了出家当和尚和自杀的念头。正当郭沫若探讨玄之又玄的人生意义问题而最彷徨不定的时候，泰戈尔的泛神论使他进入了另一个思想天地，帮助他摆脱了精神危机。三是泰戈尔的诗不但和郭沫若向来所读过的英诗不同，而且也和崇尚格律雕琢的中国古典诗歌大有区别，在艺术上开辟了一个新的境界，为郭沫若树立了榜样。难怪郭沫若在冈山图书馆中突然寻出《吉檀迦利》《园丁集》等几部作品时，兴奋得"好象探得了我'生命的生命'，探得了我'生命的泉水'一样"①，他坐在幽暗的阅书室角落"面壁捧书而默诵，时而流着感谢的眼泪而暗记，一种恬静的悲调荡漾在我的身之内外。我享受着涅槃快乐"②。

郭沫若坦率地承认，"既嗜好了泰戈尔，便不免要受他们的影响"③。他首先接受了泰戈尔泛神论思想的影响，他说："因为喜欢泰戈尔，又因为喜欢歌德，便和哲学上的泛神论的思想接近了。"④ 这就把其泛神论思想的两个外来源头清楚地展示出来。他又说："我由泰戈尔的诗认识了印度古诗人伽毕尔（Kabir），接近了印度古代的《乌邦尼塞德》（Upanisad）的思想。"⑤ 《乌邦尼塞德》即《奥义书》，伽毕尔即《伽毗百吟》的作者。泰戈尔的泛神论思想导源于《奥义书》，同时也受伽毕尔的影响——伽毕尔的《伽毗百吟》诗集便是由泰戈尔译成英文出版的。郭沫若循着泰戈尔诗歌——尤其是《吉檀迦利》的思想线索，不但认同了伽毕尔的泛神论思想，而且还一窥《奥义书》博大精深的梵学思想体系的堂奥。

郭沫若概括泰戈尔的思想是"'梵'的现实，'我'的尊严，'爱'的福音，……。梵天（Brahma）是万汇的一元，宇宙是梵天的实现，因之乎生出一种对于故乡的爱心，而成梵我一如的究竟"⑥。显然，在他看来泰戈尔承衍了《奥义书》中的"梵我合一"的核心学说，并融入对故乡的爱心，从而形成泰戈尔式的泛神论思想。只是他虽然受过泰戈尔的启迪，甚至一度非常欣赏泰戈尔式的泛神论，但并不沿袭照搬。例如泰戈尔所理解的"梵我合一"，就是"梵"（神）即宇宙，宇宙即"大我"，"大我"包罗万物，包括自己在内的所有人，都得皈依自然和依附神灵；神的本质是爱；神把爱布满人间，人们也以爱报答神，这样

---

① 郭沫若：《太戈儿来华的我见》，《沫若文集》第10卷，人民文学出版社1959年版。
② 郭沫若：《太戈儿来华的我见》，《沫若文集》第10卷。
③ 郭沫若：《我的作诗经过》，《沫若文集》第11卷，人民文学出版社1959年版。
④ 郭沫若：《创造十年》，《沫若文集》第7卷，人民文学出版社1958年版。
⑤ 郭沫若：《创造十年》，《沫若文集》第7卷。
⑥ 郭沫若：《太戈儿来华的我见》，《沫若文集》第10卷。

就扫除了人与神圣大我之间的障碍，建立起人与宇宙完善结合的永恒关系。毫无疑问，这种泛神论带有浓厚的宗教色彩。郭沫若却进一步将"梵我合一"中的"我"分为"有我"和"忘我"（即"无我"）两种，鼓吹人与宇宙融合便能得享"永恒之乐"；而要实现"永恒之乐"，则先在"忘我"；"忘我"之方则是"不求之于静，而求之于动。以狮子搏兔之力，以全身全灵以谋刹那之充实，自我之扩张，以全部精神以倾倒于一切！"① ——也就是说在"梵我合一"的过程中，郭沫若非常强调人的自我意识及其能动作用，非常强调人的自我解放和向外追求与创造，把神——万能的造物主的功能归结到人类自身，突出了人在宇宙中的主体地位，这就突破泰戈尔所倡扬的人对神灵恭顺依附的思想。不仅如此，他也不满意泰戈尔式泛神论的宗教色彩，他"拿来"泰戈尔式泛神论，和中国传统文化中的孔子、老子、庄子与王阳明等人的哲学思想以及西方斯宾诺莎等人的泛神论思想加以比较、参证、融通，构成了自己的泛神论思想。尽管郭沫若式泛神论闪烁着泰戈尔式泛神论的某些投影，但由于郭沫若要求打破一切偶像，不承认任何权威，其中也包括神的权威，公开声称"泛神便是无神"② "我即是神"③，而使自己的泛神论具有五四时代狂飙突进的进取精神。

其次，在文学创作上，泰戈尔是最早给郭沫若以启迪的外国老师。郭沫若第一次读泰戈尔《新月集》中的几首英译诗时，便觉得惊异："第一是诗的容易懂；第二是诗的散文式；第三是诗的清新隽永。"④ 以后他如饥似渴地阅读泰戈尔的诗歌和戏剧作品，它们让他"感受着诗美以上的欢悦"⑤。于是他自觉地向泰戈尔学习，他说："用英文来做过些无韵律的诗。《辛夷集》开首的《题辞》便是一九一六年的圣诞节我用英文写来献给安娜的散文诗，后来我把它改成了中文的。"⑥ 他早年所写的《死的诱惑》《夜步十里松原》《新月与晴海》《别离》《鹭鹚》《新月与白云》《春愁》《维奴司》《辛夷集·小引》以及《牧羊哀话》中的几首牧羊歌等作品，就留有泰戈尔影响的明显痕迹。这些郭沫若的起步之作，不但如泰戈尔的诗歌那样贯穿着神人合一的思想红线，而且抒情主人公的自我形象与大自然和谐地融合在一起，构成物我交汇融为一体的诗境，具有托物言己的艺术效果。例如郭沫若的《新月与白云》与泰戈尔的《云与波》的情调十分相似，可见前者显然受到了后者的启发。

在艺术表现形式上，郭沫若从泰戈尔作品中所汲取的又一瓢营养，是对于诗

---

① 郭沫若：《〈少年维特之烦恼〉序引》，《沫若文集》第10卷，人民文学出版社1959年版。
② 郭沫若：《〈少年维特之烦恼〉序引》，《沫若文集》第10卷。
③ 郭沫若：《〈少年维特之烦恼〉序引》，《沫若文集》第10卷。
④ 郭沫若：《太戈儿来华的我见》，《沫若文集》第10卷。
⑤ 郭沫若：《我的作诗经过》，《沫若文集》第11卷，人民文学出版社1959年版。
⑥ 郭沫若：《创造十年》，《沫若文集》第7卷，人民文学出版社1958年版。

歌的内在韵律的初步感悟与借鉴。泰戈尔用印度文所写的诗一般都有韵脚，但他把自己的诗用英文译出来，基本上是采用无韵的散文形式。从泰戈尔的散文诗中，郭沫若感悟到写诗一定要注重诗歌内在的韵律（即"内在律"），并对此做了阐发：

> 诗之精神在其内在的韵律，内在的韵律（或曰无形律）并不是甚么平上去入，高下抑扬，强弱长短，宫商徵羽；也并不是甚么双声迭韵，甚么押在句中的韵文！这些都是外在韵律或有形律。内在的韵律便是"情绪的自然消涨"。……内在韵律诉诸心而不诉诸耳。太戈儿有节诗，最可借以说明这点。①

他在这里所说的"太戈儿有节诗"，就是指《园丁集》中的第42首。他以这首诗为例，论证诗与音乐的区别在于音乐是已经成形的，而诗的内在律则为无形的交流，歌的成分是外在律多而内在律少，认为"诗应该是纯粹的内在律，表示它的工具用外在律也可，便不用外在律，也正是裸体的美人"②。对《新月集》《园丁集》和《吉檀迦利》等作品注重"内在律"的艺术表现形式的特点，进行了初步的探索和肯定。同时他开始运用这种"内在律"写诗。虽然后来他从屠格涅夫、波特莱儿、惠特曼等人的作品中获得对"内在律"更深刻的理解，并在《论节奏》等文章中对其做了较系统的阐述，且在创作中加以实践——《女神》中大部分诗不押韵，从而在中国诗歌发展史上首创了自由体诗这一艺术形式，但不能忘记泰戈尔作品是他进行诗体大解放、实现诗歌形式大革新的原动力之一。

此外，郭沫若早期的诗受泰戈尔作品风格的影响也很深。《女神》中的《登临》《夜步十里松原》《沙上的脚印》《夜》《新月与白云》《鸣蝉》《春蚕》等，就承袭了泰戈尔诗中那种想象丰富、情致浓郁、韵律自由、节奏新奇的艺术特点，构成清新恬静冲淡的意境。难怪他把这一阶段的诗作称为"太戈儿式"，认为其特点是："崇尚清淡、简短"③。总而言之，不但在哲学思想和创作内容上，而且在艺术表现形式上，郭沫若承认自己最早接受泰戈尔创作的滋润。

不过，泰戈尔并没有长久占据郭沫若的心灵。从1917年秋天开始，郭沫若在精神上逐渐和泰戈尔疏远。直接原因是他从《新月集》《园丁集》和《吉檀迦利》三部诗集中选择了一部分诗编成《泰戈尔诗选》，寄往国内的商务印书馆和中华书局，不料因泰戈尔当时在中国影响不大而吃了闭门羹。这件事对郭沫若的刺激很大，使他觉得泰戈尔"是一个贵族的圣人，我是个平庸的贱子；他住的是一个世界，我住的是另一个世界。以我这样的人要想侵入他的世界里去要算是僭

---

① 郭沫若：《论诗三札》，《沫若文集》第10卷，人民文学出版社1959年版。
② 郭沫若：《论诗三札》，《沫若文集》第10卷。
③ 郭沫若：《创造十年》，《沫若文集》第7卷，人民文学出版社1958年版。

分了"①。但笔者认为其根本原因是他们在性情与思想上的差异。郭沫若性情豪放冲动，不可能长久地像泰戈尔那样遇事静思默想；他主张"泛神就是无神"，高呼"一切的偶像都在我面前毁破"，自然不会如泰戈尔那样怀着虔诚的宗教热情对神顶礼膜拜。何况他不久后又被歌德、海涅、雪莱、惠特曼等人的作品所吸引，思想上更接近斯宾诺莎的泛神论和多种西方文化思想，个性解放的要求愈来愈强烈。视野的拓展和对多种西方文化思想的吸收，促使他的文化思想和文学创作更为丰富多彩，其诗风也发生较大的变化：由冲淡走向激情。而且当1922年泰戈尔来华访问时，他在一篇文章中已透露出对这位印度"诗圣"的不满，并有所批判。他认为泰戈尔的森林哲学可作为西方世界的救济福音，却不是东方民族的"起死回生之剂"②，指出唯物史观才是"解决世局的唯一道路"③；还公开宣称最不满意泰戈尔的《迷途之鸟》，拒绝予以赞美。④ 值得注意的是，他虽然在精神上疏远了泰戈尔，但在创作上仍然注意学习泰戈尔艺术表现方面的长处。他在1920年12月所发表的《冬》《女尸》，1924年夏秋所写的《路畔的蔷薇》《夕暮》《水墨画》《山茶花》《墓》《白发》以及三四十年代问世的诸如《杜鹃》《芍药及其他》《蚯蚓》《丁东草》等佳作，无不闪现着泰戈尔诗作的影子。

二、波斯"雨露"

郭沫若是十分好学的人，在东方文学的宝库中，他的目光不会一直注视着泰戈尔。果然，1924年伊始，他翻译出版了伊朗中古诗人莪默·伽亚谟的诗集《鲁拜集》。

读过莪默·伽亚谟作品的中国读者不多，这位世界闻名的诗人对郭沫若早年的影响也常为研究者所忽视。郭沫若不懂波斯文，为什么对莪默·伽亚谟产生兴趣并根据英译本把《鲁拜集》译成中文呢？笔者认为其原因有二。一是伽亚谟作为一位学识渊博的天文学家和哲学家，不像当时一般人那样，以畏惧之心匍匐在伊斯兰神学的灵光之下。他关切地注视着世间的生活，冷静地思考人生的意义，不断探索宇宙的奥秘，并在诗中记下了这种思索的结果：

> 天地是飘摇的逆旅，/昼夜是逆旅的门户，/多少苏丹与荣华，/住不多时，又匆匆离去。
>
> 飘飘入世，如水之不得不流，/不知何故来，也不知来自何处；/飘飘出世，如风之不得不吹，/风过漠地又不知吹向何许。

---

① 郭沫若：《太戈儿来华的我见》，《沫若文集》第10卷，人民文学出版社1959年版。
② 郭沫若：《太戈儿来华的我见》，《沫若文集》第10卷。
③ 郭沫若：《太戈儿来华的我见》，《沫若文集》第10卷。
④ 郭沫若：《太戈儿来华的我见》，《沫若文集》第10卷。

> 我便俯就这土瓶的唇边，/想探询我生命的幽玄：/唇儿对我的唇儿默默道——/"生时饮吧！——死去不可复还。"①

莪默·伽亚谟对宇宙本原、人生真谛的思考和重视现世今生的生活态度，无疑使郭沫若受到启迪，他在这时所写的《赠友》《新芽》《苦味之杯》等诗中，便不无受《鲁拜集》影响的痕迹。二是《鲁拜集》中氤氲着莪默·伽亚谟反宗教迷信的批判精神，与郭沫若要求个性解放的叛逆精神十分合拍。莪默·伽亚谟虽然生活在宗教神学主宰一切的中世纪，但对世人尊崇的上帝却投以轻蔑的一瞥：

> 呵，你呀，你用劣土造人，/你在乐园中也造出恶蛇；/这一切人的面目为罪恶所污——/你请容赦人——你也受人容赦！②

《鲁拜集》中昂扬着的否定宗教信条、诅咒神灵的旋律，以及狂放不羁的浪漫主义风格打动了郭沫若，使他从诗集中"看出李太白的面孔来"③，可见他的创作也从《鲁拜集》中获取过营养。

三、日本"洗礼"

郭沫若在日本学习和生活了 20 年，一直把日本当作自己的第二故乡，自然深受日本文化、日本文学的润泽。1928 年他说："中国的新文艺是深受了日本的洗礼的。"④

郭沫若欣赏日本的俳句——1928 年他待在陷入白色恐怖的上海时，曾读过日本古代俳句诗人芭蕉的《七部集》，并且饶有兴味地译出数句与中国的试贴诗之赋得体相比较，颇为自得其乐。不过，对郭沫若的文学创作影响最大的，还是日本的自我小说。

在日本，自我小说又名"私小说"。所谓自我小说，就是以作者自己某些经历和内心感受为题材，毫无掩饰地表现出来的小说，正如日本现代作家久米正雄所说，自我小说是"作者把自己直截了当地暴露出来的小说"⑤。1907 年，日本作家田山花袋以其赤裸裸的情欲忏悔录《棉被》一鸣惊人，遂开自我小说创作的先河。其后德田秋声、岛崎藤村等一批有影响的作家，相继致力于自我小说的创作，在日本文坛形成一种风气。郭沫若留学日本时，正是自我小说盛行之际。

---

① 郭沫若译：《鲁拜集》，人民文学出版社 1958 年版。
② 郭沫若译：《鲁拜集》。
③ 郭沫若译：《鲁拜集·导言》。
④ 郭沫若：《桌子的跳舞》，《沫若文集》第 10 卷，人民文学出版社 1959 年版。
⑤ 转引自吉田精一：《现代日本文学史》，上海人民出版社 1976 年版。

他说："日本的文学作品，自信还读得不少。"① 其中当然包括自我小说在内。在1935年他翻译出版的《日本短篇小说集》中，就收有芥川龙之介、志贺直哉、葛西善藏、藤森成吉等自我小说派作家的名作。

中国古代叙事文学缺乏自我小说这种文学样式，即使是吴趼人在20世纪初所创作的长篇小说《二十年目睹之怪现状》，虽然采用了第一人称的叙事视角，在某些情节中作者通过"我"发表议论，但这个"我"也没有跳出古代笔记小说的"余""吾"之窠臼，在作品中仍然只起着旁观者和穿针引线的作用。所以，郭沫若到日本后和郁达夫等人一样，被自我小说独特的内容和新颖的形式所吸引。他说："创造社的人要表现自我，要本着内在的冲动以从事创作。"② 日本的自我小说所蕴含的自我表现和张扬个性的创作倾向，不消说与创造社前期的文学主张——尤其是与郭沫若的文学主张十分契合。比如他认为"'求真'在艺术家本是必要的事情，但是艺术家的求真不能在忠于自然上讲，只能在忠于自我上讲，艺术上的精神决不是在模仿自然，艺术的要求也决不是在仅仅求得一片自然的形似，艺术是我的表现，是艺术家的一种内在冲动的不得不尔的表现"③。平心而论，郭沫若禀赋的敏感且易冲动的气质和偏于主观的个性，使他不擅长对社会现实进行深刻的考察、冷静的分析和精确的描绘，诚如他所说，他爱驰骋空想而局限在自己的生活里面。强烈的个性解放要求，使他不但在诗歌创作中酣畅淋漓地表现自我，而且在叙事文学创作中也要进行自我表现。于是，日本的自我小说便成为他所选择的最好的文学样式。他所受的日本自我小说的影响以及所创作的自我小说的数量，固然都不如郁达夫，却有着独创的内容和鲜明的艺术特色。

不错，郭沫若的自我小说和日本的自我小说都表现了作者对生活的感受和某种情感体验，比如《未央》《亭子间中》《圣者》《后悔》等小说中的主人公爱牟，简直就是他自己；而在他的第一人称小说形式中的"我"，大都也是作者本人，或者融入了他的某些生活经历与对生活的渴求，如《红瓜》《三诗人之死》《湖心亭》等作品中的"我"俨然就是作者自我的真实写照；在《落叶》中的"我"身上，体现了作者对理想中的爱的企盼。和日本一般的自我小说所不同的是，郭沫若的自我小说在展现个人与社会不协调的关系时，更注重表现自我的灵与肉、感情与理智、思想与行为的冲突。只要审视他的《残春》《月蚀》《叶罗提之墓》《喀尔美萝姑娘》等作品，便可以看到这种冲突何其激烈。其中躁动着他青春期不安宁的灵魂。郭沫若又是一个爱国主义者和旧时代的叛逆者，他当然不会在作品中没完没了地诉说个人的苦闷，《未央》《月蚀》等小说，愤懑地描述了他作为弱国子民不但在日本受到种族歧视，就是在自己的国土上也与狗同命

---

① 郭沫若：《暗无天日的世界》，《沫若文集》第10卷，人民文学出版社1959年版。
② 郭沫若：《创造十年》，《沫若文集》第7卷，人民文学出版社1958年版。
③ 郭沫若：《印象与表现》，《沫若文集》第10卷。

运，不得进入租界公园的经历，表达出强烈的爱国感情；"漂流三部曲"和《行路难》《湖心亭》等小说，通过描述留日归来的爱牟在贫困中的煎熬，对黑暗的社会现实发出深沉的控诉。显而易见，在郭沫若的自我小说中仍然律动着《女神》的脉搏，表现出新旧嬗替时代社会生活的某些方面。不仅如此，郭沫若还将日本自我小说善于表现个人生活的长处，同西方文学中心理分析的手法加以创造性地熔铸，从而形成其擅长细腻刻画自我心灵和描写心理活动的流程的艺术特色。例如在"漂流三部曲"和《行路难》等作品中，作者的笔仿佛是一把开启心灵门窗的钥匙，顺着笔踪，可以透过爱牟贫困潦倒而不断挣扎的生活，窥见其丰富、复杂的内心世界，即使是隐秘在内心深处的活动与瞬息即逝的念头，也纤毫无遗地呈现在读者眼前。所以郭沫若的自我小说不但不同于中国古代的笔记小说，而且也没有固囿在日本自我小说的形式中。郭沫若在学习日本自我小说的艺术表现手法的同时，又独出机杼，有所创新，和郁达夫等创造社同人一道，创造了中国现代文学的一种新文体——身边小说。

福泽谕吉与黄遵宪：《文明论概略》与《日本国志》比较①

19世纪中叶以来中国和日本的社会发生了亘古未有的变化，日本经过明治维新迅速由传统社会进入现代，中国自鸦片战争以后百年间，也开始迈开从传统向现代嬗变的步伐。在中日两国的现代化进程初期出现了两个卓有影响的人物——日本的福泽谕吉和中国的黄遵宪。

福泽谕吉（1834—1901）出生于江户时代一个下级武士家庭，从小就受到封建压迫，对封建制度的腐朽和外国列强的欺凌有着切身体会，立下了振兴日本的宏图大志。青年时代的他游历欧美，深受西方近代文化的熏陶，对日本民族如何争取独立、摆脱封建思想和封建制度的束缚、走向自由平等和富强之路进行了深刻的思考。回国之后，福泽谕吉一直从事教育和撰述工作，著译达60余种，对日本社会从传统走向现代起到了巨大的启蒙作用。其中，《文明论概略》较集中地体现了他从精神到物质层次的变革思想，对近代日本知识界影响最大。比福泽谕吉出生晚14年，即清朝道光二十八年（1848），黄遵宪诞生于广东嘉应州城东门攀桂坊。此时正是鸦片战争爆发之后第八年，三年后洪秀全领导的金田起义爆发。鸦片战争的炮火轰开了中国的大门。清王朝战败之后，被迫签订了一系列丧权辱国的不平等条约。国内的阶级矛盾加剧。洪秀全于道光三十年（1850）十二月在广西桂平金田村宣布起义，率领太平天国军队转战大半个中国。国内长期陷入战乱之中。黄遵宪（1848—1905）成长在内忧外患严重的年代，他四岁就进私塾读书，从小受到儒家的教育，儒家文化浸润他的文化心理深层。他与当时埋头在书斋里的读书人不同的地方是不满足于"两耳不闻窗外事，一心只读圣贤书"的只从书本寻求知识的学习生活，更渴望从外面广阔的世界获得新知。他在17岁时写的《感怀》一诗中，"儒生不出门，勿论当世事。识时贵知今，通情贵阅世"② 这几句便表达了这种心情。他读书的目的很明确，就是"独能救时弊"③。1876年他考中举人后，受到当时的朝廷重臣、洋务派倡导人李鸿章的赏识，被李称许为"霸才"，从此步入仕途。1877年至1882年出任驻日使馆参赞，以后在驻欧美等地使馆任职多年。多年的外交生涯开阔了他的视野，他考察日本和欧美等国家制度，研究这些国家的历史文化，吸收某些西方文化思想。在中国近代

---

① 本文收入《全球地域化语境下中国文学与日本文学研究前沿文存》，汕头大学出版社2006年版，第25－27页。
② 黄遵宪：《感怀》，《人境庐诗草笺注》第1卷，上海古籍出版社1981年版，第1页。
③ 黄遵宪：《感怀》，《人境庐诗草笺注》第1卷。

史上，黄遵宪虽然不是放眼世界的第一人，但在放眼世界的士大夫中，却是最有见识的人物之一。他在日本时不仅写出脍炙人口的《日本杂事诗》两卷，而且还从1879年开始，历时八年写出40卷50余字的《日本国志》。《日本国志》是中国近代系统研究日本历史文化的第一部著作，反映了日本自明治维新以来所出现的新气象，体现了黄遵宪效仿日本变法自强的主张。诚如他所说，撰写《日本国志》的用意是"意在借鉴而观，引导国人"，"期适用中国也"①。该书加深了中国人对日本的认识和了解，对19世纪末中国的变法维新运动具有重要的启蒙作用。将福泽谕吉与黄遵宪这两位中日近代的启蒙大师进行比较研究，两国学术界似未有过。现在比较研究《文明论概略》和《日本国志》，对在今天全球化语境中怎样处理外来文化与本土文化的关系，如何在新的文化语境中建设和发展民族文学不无启迪作用。

中日两国一衣带水，中日两国人民的交往、文化的交流源远流长。正如日本学者木宫泰彦所说："日中两国过去不断进行文化交流，约有一千八九百年之久。日本人上古就经由朝鲜或直接同中国往来，逐渐吸收新文化，经过咀嚼和醇化，培育日本固有的文化，创造了特殊而优异的国风文化，并且有时输诸中国，促进了它的文化发展。"② "中国，乃东方文化之母国。"③ 另一位日本学者森克已也说："中国和我国从原始时代起，早在进行文化交流。先进的中国文化不断地流入我国。与此同时，日本把这些中国文化在不知不觉中汲取、日本化。"④ 在明治维新以前，中国文化中尤以儒家文化对日本影响最深。古代日本人从儒家文化中吸取了所需要的成分，加以日本化，久而久之，形成了日本民族文化传统。在明治维新时期，这种固有的文化传统与转型中的日本社会现实已不相适应，被福泽谕吉等人所扬弃。福泽谕吉说："如果过去我国没有儒学，也不可能有今天。……陶冶人心，使之进于文雅这一方面，儒学的功德的确不小。"⑤ 这就肯定了儒学过去在陶冶人心、道德教化方面的积极作用。但是他同时认为儒学不能适用于政治方面，如果实施在政治上，"有很大弊病"⑥。而且随着民智的逐渐开化，儒学的道德教化功效也在逐渐丧失。对此，福泽谕吉说："假使现在还想以内在的无形道德施于外在有形的政治，想用古老的方法处理现代的事务，想用感情来统御人民，这未免太糊涂了！……事实证明数千年来一直到今天，从没有过

---

① 黄遵宪：《日本国志·凡例》，上海古籍出版社2001年版。
② 木宫泰彦著，胡锡年译：《日中文化交流史·序》，商务印书馆1980年版。
③ 转引自胡锡年：《古代日本对中国文化的影响》，《中日文化交流史论文集》，人民出版社1982年版，第119页。
④ 转引自胡锡年：《古代日本对中国文化的影响》。
⑤ 福泽谕吉：《文明论概略》，商务印书馆1959年版，第149页。
⑥ 福泽谕吉：《文明论概略》，第52页。

由于遵行孔孟之道而天下大治的事例。"① 所以,他断言:"切不可根据孔孟之道寻求政治途径。"② 他细数儒学的弊端,认为儒学已成为"造成了社会停滞不前的一种因素"③,"时至今日已经不起作用了"④。福泽谕吉批判和否定了以儒家为基底的日本旧有的文化传统,把日本、中国、土耳其等亚洲国家视为"半开化的国家"⑤,而"以欧洲各国和美国为最文明的国家"⑥,从而提出"以欧洲文明为目标"⑦ 来开启民智,建设日本现代文化的主张。

而中国自鸦片战争之后,西方文化如狂涛巨浪般涌入,猛烈地冲击着中国传统文化。如何对待外来文化?怎样处理中外文化的关系?这是中国近代知识界长期争论不休的问题,提出了种种不同的见解。其中,"中学为体,西学为用"虽然是张之洞提出来的主张,却是黄遵宪那一代知识精英的共识。以儒学为主导的中国传统文化,在中国近代也显示出顽强的排他性,"天朝中心论"等夜郎自大的观念仍然根深蒂固。黄遵宪目睹了明治维新后日本社会的巨大变化,便逐渐摆脱华夷之别在思想上的束缚,并且抨击中国士大夫坐井观天、目光短浅、故步自封的积弊。他说:"中国士大夫好谈古义,足己自封,于外事不屑措意,无论泰西,即日本与我仅隔一衣带水,击柝相闻,朝发可以夕至,亦观之若海外三神山,可望而不可即,若邹衍之谈九州,一似六合之外,荒诞不足议论也者,可不谓狭隘欤!"⑧ 正是出于这种开放心态,他细心考察日本明治维新以来在政治、经济、军事、文化、教育、风俗等方面所出现的新气象,在日本友人鸟诚一郎(1838—1911)、青山延寿(1820—1906)、石川鸿斋(1833—1918)、龟谷省轩(1838—1913)、冈千仞(1833—1914)等人的帮助下,着手撰写《日本国志》。和福泽谕吉不同的是,黄遵宪是吮吸着儒家文化的乳汁成长的,受儒学的影响实在太深,而且在"中学为体,西学为用"的文化语境中,尽管对儒学的某些方面产生过怀疑,但仍认同儒家文化。所以他在《日本国志·凡例》中说:"日本变法以来革故鼎新,旧日政令,百不存一。今所撰录皆详今略古,详近略远,凡牵涉西法,尤加详备,期适用也。"⑨ 一句"期适用也",道出"中体西用"正是《日本国志》的思想基石。他从日本明治维新后摆脱受西方列强欺凌的地位,走上富国强兵之路的现实受到启发,看到希望。所以他说:"中国必变从西法。其

---

① 福泽谕吉:《文明论概略》,商务印书馆1959年版,第53页。
② 福泽谕吉:《文明论概略》,第53页。
③ 福泽谕吉:《文明论概略》,第149页。
④ 福泽谕吉:《文明论概略》,第149页。
⑤ 福泽谕吉:《文明论概略》,第9页。
⑥ 福泽谕吉:《文明论概略》,第9页。
⑦ 福泽谕吉:《文明论概略》,第13页。
⑧ 黄遵宪:《日本国志·作者自序》,上海古籍出版社2001年版。
⑨ 黄遵宪:《日本国志·凡例》。

变法也，或如日本之自强，或如埃及之被逼，或如印度之被辖，或如波兰之瓜分，则我不敢知。"① 日本明治维新取得了向西方学习成功的经验，是黄遵宪受日本变法自强的启示所找的一条振兴中华之道，也是他为中国文化发展所寻觅的一条新道路。

那么，如何向西方学习，变法自强呢？福泽谕吉和黄遵宪进行了不同的思考。福泽谕吉是思想家也是学者，但他首先是思想家。他以思想家的深刻，把所谓文明分成衣服、饮食、器械、居室以至于政令、法律等能够耳闻目见的外在文明和人的精神与风气的无形的内在文明，十分中肯地指出："外在的文明易取，内在的文明难求。谋求一国的文明应该先攻其难而后取其易"②。因此，他不遗余力地播扬西方的民主、自由、平等思想，批判儒家文化思想，转变日本民族的观念，树立新的精神文明和形成良好的社会风气。日本的明治维新也确实是按照他所说的"汲取欧洲文明，必须先其难者而后其易者，首先变革人心然后改革政令，最后到有形的物质"③ 这样的顺序而进行的。

黄遵宪是学者，也是思想家、文学家，但首先是学者。他在撰写《日本国志》之时，以学者的缜密和谦虚钻研中日两国两百余种正史、野史、笔记、杂录等资料，其中包括德川光国的《大日本史》、青山延光的《国史纪事本末》、赖山阳的《日本政纪》《日本外史》、岩垣松苗的《国史略》、蒲生君平的《山陵志》《职官志》，以及《日本书纪》《日本后纪》《文德天皇实录》《日本三代实录》《扶桑集》等，④ 并且涉猎了明治政府的太政官布告和各省官年报，此外，还与许多日本友人进行了笔谈。所以这本书材料丰富、言必有据，是一部中国人写的明治维新史。不过，《日本国志》又不是一般的史学著作，它重点记述了日本明治维新在"文明开化""富国强兵""殖产兴业"等方面所推行的新政策和所取得的成就，"借观邻国，作匡时之策"⑤。因此，黄遵宪的目光多放在日本自明治维新以来的有形外在文明层面上，而较少落在其无形的内在精神层面上。

在中日两国近代史上，《文明论概略》和《日本国志》都产生过重要的影响。《文明论概略》问世后，畅销全日本，震撼了日本人的心灵，至今仍是流行于日本的经典学术著作。而《日本国志》则大大推动了中国近代的戊戌维新运动。1898年百日维新前夜，光绪皇帝亲自下令要大臣进献该书两部，以做推行新政的参考。令人惋叹的是目前尚无史料表明福泽谕吉与黄遵宪这两位不同国家的文化开拓者曾有一面之缘。这是历史留给我们的遗憾。

---

① 黄遵宪：《己亥杂诗自注》，《人境庐诗草笺注》第9卷，上海古籍出版社1981年版，第826页。
② 福泽谕吉：《文明论概略》，商务印书馆1959年版，第12页。
③ 福泽谕吉：《文明论概略》，第14页。
④ 郑海麟：《黄遵宪与近代中国》，生活·读书·新知三联书店1988年版，第161–162页。
⑤ 黄遵宪：《辛亥初印本跋》，《人境庐诗草笺注》第1卷，第1091页。

把心交给读者的作家：巴金

我先讲一下我是怎么认识巴金的。1957年，上海推出一部影片《家》，集中了当时国内最优秀的演员，我看了以后印象很深。今年正好是我知道巴金、了解巴金50年，可以说我是个"巴金迷"。"文化大革命"中，巴金被打成"黑老K"，遭到批判。那时我正好大学毕业，在四川的一个小县城教中学，好不容易找到一本巴金的散文集，我就花了很高的价钱，另外再加上几十斤粮票将书换过来，反复看了好多遍，一直舍不得丢。为了保存这本书，我把封面撕下来，换上了当时畅销的走红小说的封面，并把它放在我的书架里面，这本书一直保存到现在。1979年，我考上中山大学现代文学硕士研究生，立志要好好研究巴金。我的硕士学位论文原来的题目叫作《巴金与无政府主义》，后来老师建议我换一个题目，就换成了《巴金小说的艺术风格》。论文写出来并且发表以后，1983年被中国最高学术研究机关中国社会科学院文学研究所编的《中国文学研究年鉴》选收进去，并且给予很高的评价。从那个时候开始，我研究巴金已经有30年了。这张照片是我有幸在巴金85岁生日的前一天到他府上做客照的。他是四川人，我也是四川人，我们用四川话聊天。聊完以后，巴金把我送出门口，当时我很感动。那时巴金已经骨折，但还是叫人把他扶起来，并且说一定要把我送到客厅门口。我当时向他介绍了广东省对巴金老人的怀念。比如说，他在20世纪30年代去过新会，写了一篇《鸟的天堂》，新会县为了保持小鸟天堂的原貌，把旁边的工厂都搬了出来，并且迁到一公里以外，让小鸟们安安静静地休息。巴金听了以后很高兴，我趁机向他发出邀请，但巴金叹了一口气："唉，我走不动了。"

下面，跟大家谈谈巴金的生平和文学成就。1904年11月25日中午，古城成都北门正通顺街李家大院响起了一阵婴儿的啼哭声，一个长着宽阔的额头、圆圆的小脸、五官清秀、人见人爱的男婴诞生到这个世界。父亲李道河给他取了个名字叫李尧棠，字芾甘。这个男婴就是后来为20世纪中国文学做出重大贡献的文坛巨匠巴金。

巴金18岁时，在1921年4月1日出版的《半月》杂志第17号上以芾甘的名字发表第一篇文章《怎样建设真正自由平等的社会》；1922年7月21日以佩竿为笔名在《时事新报》发表第一首新诗《被虐者的哭声》；1929年1月又以巴金为笔名在《小说月报》发表震动文坛的中篇小说《灭亡》；到2003年11月21

---

① 本文原载《羊城学堂》第1辑，广州出版社2008年版。

日《文汇报》上发表最后一篇文章《怀念振铎》，他以极大的热情投入到创作和翻译活动中，在文学园地里辛勤耕耘了80多年，推出1500余万字的文学作品和译作。后来，他的著作结集成为《巴金全集》，一共26本。巴金的许多作品曾多次重版，改编成电影和电视剧。例如《家》就重版了40多次，除了1957年被上海电影制片厂改编成电影外，香港也推出了《家》《春》《秋》，当时最有名的走红演员吴楚帆扮演觉新，他的《憩园》也以《游园惊梦》的名字被香港拍成电影，《寒夜》在前些年也被拍成电影。以后，他的"激流三部曲"曾经两次被改编成电视剧。2003年我在成都参加第七届巴金国际学术研讨会时，四川省川剧团给我们表演了川剧《家》。这些作品不但鼓舞了几代中国读者，是中国现代文学宝库中的瑰宝，而且巴金还把中国文学推向了世界优秀文学之林，他的很多作品被翻译成英、俄、法、日、西班牙、瑞典、德、意大利、朝鲜和世界语等三十多种文字，在全世界广为流传，深受世界各国读者的欢迎。1979年4月巴金访问巴黎，在巴黎掀起了一股"巴金热"，特别是他的《寒夜》受到法国读者的高度评价，当时很多书店都张贴了"巴金·寒夜""寒夜·巴金"的广告，在书店签名时很多法国读者慕名前来请巴金签名。1984年5月，他以世界七大文化名人的身份到日本东京参加第四十七届国际笔会，受到热烈欢迎。

　　巴金是20世纪中国作家中获得荣誉称号最多的一位。1982年他获得了意大利政府授予的"但丁国际奖"；1983年来华访问的法国总统密特朗在繁忙的外交活动中，专程到上海向他颁发了法国国家最高勋章"荣誉军团勋章"；1984年，他获得香港中文大学荣誉博士学位，当巴金去香港接受荣誉博士头衔的时候，香港轰动一时，当时的报纸说，与其说香港授予巴金荣誉博士学位，倒不如说巴金的到来为香港中文大学增加了光彩；第二年，即1985年，巴金又获得美国文学艺术研究院外国名誉院士称号；1990年，获得了苏联最高苏维埃主席团授予的"人民友谊勋章"，同年又获日本福冈"亚洲文化奖特别奖"；1999年经国际天文学联合会批准，一颗新发现的小行星被命名为巴金星。以文学家命名的行星在我们国家还是第一次。我国一共命名了三颗小行星：前两颗都是以科学家命名的，一个是杂交水稻之父袁隆平，一个是数学家陈景润；巴金星是第三颗。2003年，国务院授予巴金"人民作家"的称号。在国内，自1989年至今已连续举行八次巴金国际学术研讨会，到会的代表来自美国、日本、韩国、苏联和以色列等国。2003年在成都举行第七届巴金国际学术研讨会，以色列前贸易部部长带着他的夫人前来参加会议，这位夫人是位诗人，当场在会上朗诵了她写的颂扬巴金的诗。这不仅是巴金个人的荣誉，也是20世纪中国文学的光荣。他的创作成就使他不仅在20世纪中国文学史上，而且也在20世纪世界文学史上树立起了一座丰碑。

　　从巴金的第一部小说《灭亡》问世以来，巴金研究一直是学术研究的热点，不仅在中国有一支年富力强的研究队伍，许多青年博士和大学生都加入其中，而且在国外也有很多巴金研究者。研究巴金可以从很多方位进行，在我们国家召开了八次巴金国际学术研讨会，可以说是说不尽的巴金，我今天讲的就是其中的一点：把心交给读者的作家。

  毫无疑问，巴金是继鲁迅之后的又一位伟大作家，从事文学创作活动80余载。对巴金从事文学创作有多少年，学术界颇有争议，最流行的观点是，巴金从事文学活动76年，从巴金1929年发表《灭亡》算起，一直到1998年发表怀念曹禺为止。我不同意这个看法，我认为他的文学活动应该从1922年开始。1921年他发表了《怎样建设真正自由平等的社会》，这不是文学作品，而是一篇政论文，同年他还发表了其他政论文。《被虐者的哭声》发表于1922年，如果承认它是一首新诗，就证明从1922年巴金就开始发表文学作品。1922年他还发表了一篇短篇小说《人力车夫》。关于人力车夫当时还有两篇很有影响的作品，一篇是胡适所写的新诗《人力车夫》，一篇是鲁迅所写的《一件小事》，既然胡适写的诗《人力车夫》和鲁迅写的小说《一件小事》都是文艺作品，巴金所写的《人力车夫》自然也应算作文艺作品。所以，我认为巴金的文学生涯从1922年算起，一直到2003年巴金发表了一篇未定稿《怀念振铎》止，那时才是他文学活动的终结。

  巴金从事文学创作活动82年，积累了丰富的创作经验。自20世纪50年代以来，有很多青年作家和读者问巴金，他创作的秘诀是什么。他在1979年总结自己一生的创作活动时说，他认为他的写作秘诀就是"把心交给读者"。1992年10月为自己的青铜像题词"掏出心来"；1993年11月题词"讲真话，把心交给读者"，并语重心长地对作家陆谷苇说："作家要记住，都要讲真话。"真实是艺术的生命，文学家只有真实地反映生活，讲自己的心里话，他的作品才有巨大的感染力。我们的作家在创作的时候不见得都讲真话，也有讲假话的。巴金的写作秘诀为什么是"把心交给读者"，而不是其他什么？这颗心的内涵究竟是什么？他提倡讲真话，其中真话又是什么？

  我认为，巴金所说的"心"有四层意思：第一层意思是指每个人都具有的精神世界。中国有句俗话，对朋友要知心，将能够讲心里话的朋友称为知心朋友，巴金将读者当作亲人和朋友，坚持写作如同生活。他在生活当中充满了矛盾，爱与憎的冲突、理想与行为的冲突、理智与感情的冲突、理想与现实的冲突，这一切织成了一个网，掩盖了他的全部生活，因此巴金活得很痛苦，整日陷于冲突当中。中国还有句俗话，思想家是孤独的，因为思想家比平常人想得多，而且要先一步，提前一步；有良心的作家活得很痛苦，因为他内心充满了矛盾，正是他把心交给了读者，无论是对自己还是对别人，他的态度永远是忠实的，所以，他在写作中一贯坚持不说谎，不骗人，把自己内心的冲突如实地写进作品里面。他的生活充满痛苦的挣扎，他的作品混合着他的血和泪，每一篇作品无论是对自己还是对别人，他的态度永远是忠实的。每一篇作品都是他一段痛苦的回忆，贯穿着对光明的呼号。巴金创作的成就主要体现在小说上，而小说又主要体现在四个三部曲中，第一个是"革命三部曲"（《灭亡》《新生》《死去的太阳》），第二个是"人间三部曲"（《憩园》《第四病室》《寒夜》），第三个是"爱情三部曲"，第四个是"抗战三部曲"。他写《家》，完全是挖掘记忆的坟墓，把惨痛的家庭往事一一写出来，特别是他写觉新，他以他的大哥李尧牧为生活原型。他大哥由于不能反抗这个社会，跟黑暗的现实委曲求全，终于牺牲了自己的青春，牺牲了自己的爱情，牺牲了自己的幸福。巴金说，他的大哥是他一生爱得最多、爱得最深的人，但他也没有放过他身上的缺点。从这一点来看，他对生活是非常忠实的。另外，他描绘了三个女性被黑暗社会吞噬的悲剧。第一个是梅表姐，她被封建礼教夺去了生命。梅表姐的丈夫死后，按照今天的标准，她完全可以改嫁，但是在过去，寡妇被称为未亡人，她的一些合乎人性的要求会受到种种限制，她无法也不能够去追求她的生活，就像一朵鲜花正在盛开的时候就被"风刀霜剑生生折磨"，憔悴而去，死的时候嘴巴还张开着，似乎还想倾吐什么。另外一个是鸣凤，鸣凤在高家并没有赢得做人的地位，只不过是一个奴仆而已，高老太爷把她送给封建遗老冯乐山当妾，鸣凤不愿忍受命运的安排，投湖自尽。第三个女性是瑞珏，瑞珏是个贤妻良母的典型，在高家人人都喜欢她，但是为避所谓的血光之灾，被封建迷信夺去了年轻的生命。《家》的艺术力量之所在，其中一个就是它很真实，没有说谎，混合着巴金的血和泪。

第二层意思是他把自己当作大多数读者倾诉自己痛苦、诉说自己悲哀的代言人。他在20世纪30年代所写的《写作生活回顾》中说："每天每夜的热情在我底身体内燃烧起来，好像一条鞭子在抽着那心发痛，寂寞咬着我底头脑，眼前是许多惨痛的图画，大多数人底受苦和我自己底受苦……这时候我底手不能制止地迅速地在纸上动，似乎许多许多人都借着我底笔来申诉他们底苦痛了。我忘掉了自己，忘掉了周围的一切。"所以，在巴金的全部作品中没有一篇无病呻吟的作品，每一篇作品都跳动着时代的脉搏。

第三层意思，这颗心就是超越平常人之心的丹柯之心。高尔基写过一篇小说，里面描述了一个叫作丹柯的人。在古代俄罗斯有一个部落，因为战争和饥饿而决定集体迁移，丹柯成了这个部落的带头人，带领整个部落迁移。那时俄罗斯到处都是原始森林，他带着部落在森林中跋涉。当时没有指南针，树木非常多，看不见阳光，空气又比较潮湿。走了好多天之后，粮食快要吃完了，有的人病了，但是还没有走出森林，于是部落中的人就发出了怨言。丹柯沉默了几天后，突然人们看到前面有一个灯，原来是丹柯掏出了他那颗燃烧的心，高举在头顶，这颗心照亮了森林，照亮了道路，在这颗心的照耀之下，他们走出了森林，走到了光明的地方。然而一到光明的地方，丹柯的心就燃完了，丹柯一下子扑到地上死了。巴金非常推崇丹柯的这颗燃烧的心，他的心就像丹柯之心一样也是一颗燃烧的心。他经常把当时的社会比作没有光亮的暗夜，他的第一部小说《灭亡》的第一句话就是："无边的黑暗中一个灵魂在呻吟。"他在民族革命时期所写的最后一部小说《寒夜》的最后一句话是，"夜的确太冷了"，后来在修订本的时候他觉得结局太阴冷，于是又加上了一句话，"他需要温暖"。巴金自称暗夜里呼唤光明的人，纵观巴金的全部作品，揭露黑暗，鞭挞丑恶，追求光明，颂扬反抗，成为民主革命时期巴金创作的主旋律。无论哪一篇小说，如《寒夜》、"激流三部曲"，色彩都是惨淡的，没有光亮，一种阴冷、忧郁的笔调贯穿在作品当中。

  第四层意思，巴金非常注重与读者的沟通，他把读者当作自己的评判员，倾听他们对自己作品的看法，读者也把心交给了巴金，把不肯告诉父母和兄弟姊妹的话，把埋藏在心底的秘密告诉巴金。从30年代起，他接到大量的读者来信，他几乎每封必回。读者经常向他诉说自己的痛苦，谈论他们自己的困难，巴金总是尽一切努力去帮助他们。1933年，安徽有一个姓王的女孩子，因为她的后娘对她不好，她想自杀。她听说"上有天堂，下有苏杭"，于是就想到杭州西湖跳水自杀，认为死后就能进入天堂。她在西湖那里正准备跳水的时候碰到一个远亲，远亲劝她遁入空门。于是她们两个一起到庙中带发修行，然而不久，她的远亲同小和尚产生了感情。过了几个月，姓王的姑娘发现了小和尚与远亲的关系，并且小和尚也向她露出了贪婪的眼光，因此她生活在恐怖当中。在这种情况下，她给巴金写了一封求助信。巴金接到这封信后，同几个朋友商量了一下，决定去搭救这位读者。一行三人到了杭州，巴金冒充小姑娘的舅舅将她带到西湖的船上，两次听她诉说自己的遭遇，最后决定把小姑娘带回上海。船夫听了小姑娘的诉说和巴金等人安慰她的话后，对他们三个人说："你们都是好人。"他们三个人把她带到了上海，给她安排了住处，后来又给她介绍了一份工作，这才放心地离开了。巴金的读者来信都很长，有的长达十多页，青年们向他叙述自己的感情，巴金也是每信必回。巴金的夫人萧珊也是他通信的对象之一。1936年，萧珊才16岁，就给巴金写了一封信，因为巴金的小说在她思想上产生了强烈的共鸣。久而久之，通过通信两个人的感情越来越深，最后读者成了夫人。巴金生于1904年，萧珊生于1917年，巴金40岁的时候才和27岁的萧珊结婚。一直到新中国成立后，由于他的事情实在太多，没有时间一一回复，他就抽看一些信件。1985年，有所小学的小学生集体给巴金写了一封信，他们说他们是迷途的羔羊，原因是现在的社会一切朝钱看，他们要寻找他们的理想。巴金给他们回了一封很长的信，说他们没有迷路，迷路的是那些朝钱看的大人，他们才是迷途的羔羊。他常常说，他是靠读者来养活的，因为读者买了他的书。不仅读者买了他的书，使他能够生活，更重要的是给他送来了精神营养，读者的读后感对他是一个鼓励，读者向他倾诉的心事给他的创作提供了丰富的素材。新中国成立后，巴金是唯一一个担任许多重要职务却没有行政级别、不拿国家一分钱工资的作家，他担任过上海市作协副主席、中国作家协会主席、全国政协副主席。不但他没有拿国家一分钱工资，他太太萧珊也没有拿国家的一分钱工资，主动到《生活》杂志去帮忙，巴金也担任了该杂志的主编。

巴金所说的真话并不是指真理，而是自己想说的心里话，自己相信的话，自己经过独立思考的话。他靠读者来养活，他把读者当成亲人和朋友。我们再追问一句，什么是他想说的心里话？什么是他相信的话？他想说的心里话和他自己相信的话是他经过自己艰辛探索和思考而发出的声音，巴金认为，文学的路就是一条探索的路，他就是从探索人生出发而走上文学道路的。他曾经讲过，"怎样做人，怎样做一个好人，我几十年来探索的就是这样一个问题"，"我想来想去，想的只是一个问题：怎样让人生活得更美好，怎样做一个更好的人，或者怎样对读者有帮助，对国家、对社会、对人民有贡献"。他的小说是他在生活当中探索的结果，一部又一部的小说就是他一次又一次探索的结果。他当时怎样看，怎样想，他就怎样写。他所说的真话与他相信的话并不等于真理，他在创作当中也说过假话。例如，1933年他来到广州，写了一篇散文《广州》，在当时的中学生杂志上发表。他说，广州的海珠桥是由德国设计和建造的。那篇文章发表后，广州市政府提出抗议。巴金是听一个朋友同他讲的，他没有去调查和考证就将这些话写进自己的文章中，结果在报纸上花了两个大洋刊登广告表示道歉，后来巴金将这篇文章修改后收入他的文集。这个假话的责任主要在于他没有调查。他在艺术创作当中并不刻意追求技巧，而是探索怎样更明白和朴实地表达自己的思想，他甚至认为，艺术的最高境界是真实、自然与无技巧。综观巴金的全部创作，从来没有一篇格调低下的作品。在《第四病室》中，他通过一个医生的口说出了探索的目标，即变得善良心、纯洁心，对别人有用心。在他的作品中所肯定的正面人物几乎全部达到了这种境界。例如《灭亡》当中的杜大心，《新生》当中的李冷，"爱情三部曲"当中的吴仁民、李佩珠，"抗战三部曲"中的冯文淑与田惠世，都是这样的人，即变得善良心、纯洁心，对别人的有用心。就连《寒夜》中的汪文宣，他考虑曾树生比考虑自己要多，处处替曾树生着想，所以曾树生说，你对我太好了。曾树生到兰州去之前对汪文宣说，我顶多一年就回来了。果然，抗战胜利了，当重庆的人纷纷以重金买票离开四川时，曾树生却偏偏从兰州坐飞机赶回重庆，因为她想对汪文宣讲，她并没有做出一件对不起他的事情。因此我们完全有理由认为，讲真话就是把心交给读者的重要表现形式。讲真话，把心交给读者也是巴金作品具有震撼人心的艺术力量之所在，真实是艺术的声音，虚假的东西就像一朵假花，可以骗过人，但是骗不了蜜蜂，因而最终是没有生命的。

2005年10月17日,巴金永远离开了我们,他的骨灰洒向了大海,但是他的作品和他的人格将永远放射出光芒,照耀着我们前进,鼓舞着无数的后人。

(附:答访者问)

问:想知道您见巴金时的情景,当时您是什么样的心情?巴金学术研讨会已经举行了八届,是否每次都有一些重大发现?

答:关于第一个问题,我主张研究者和被研究者应该保持距离,搞文学创作需要感情,搞学术研究需要断感情,因为带有感情会影响自己的价值判断。本来我有很多机会可以见巴金,但我都没有去,但是我写的许多文章巴金都看过。照片上显示的这次是在巴金85岁生日的前一天拍的。当时朋友邀我一起拜访巴金,由于巴金年纪已经很大了,再不看就会变成终身遗憾,于是我怀着对他崇敬的心情去见了他。在告辞的时候,他在女儿的搀扶下站起来送我,一直把我送到门口,我感动地掉了眼泪。八次巴金国际学术研讨会我参加了五次,有三次因为走不开,结果没去。从我参加的五次来看,每次都有新的议题,每次都有所突破,会场也有一些激烈的交锋,我曾经同一位来自日本的研究巴金的专家交过锋。我认为,巴金在中国,研究巴金的正宗也应该在中国。

问:请问巴金与无政府主义有何关联?

答:我曾经写过一篇文章,叫《巴金与无政府主义》,发表在1984年《中国现代文学研究丛刊》第三期上。在旧中国,当时有良知的知识分子都在探索救国救民的道路,如冰心选择了爱的哲学,毛泽东早年也选择了无政府主义,后来才选择了马克思主义。无政府主义同科学共产主义都来源于空想社会主义。空想社会主义有三位奠基人:傅立叶发展为无政府主义,欧文发展为工团主义,圣西门发展为科学共产主义。无政府主义的终极目标是建立真正平等自由的共产主义社会,跟科学共产主义的区别在于走什么样的革命道路,革命成功以后要不要建立无产阶级专政。无政府主义不主张建立政权,反对任何形式的政府,这是它的致命弱点,在今天看来,这是不可能实现的,因为社会不可能没有政府。

问:我有两个问题。第一个问题:您是否同意如下观点,即《家》里面可以看到《红楼梦》的影响?第二个问题,有人这样评价巴金:巴金先生是中国的良心,但巴金的作品热情有余,艺术性不足,这一点在《家》里面表现得比较明显。您怎样评价?

答:第一个问题:巴金写"激流三部曲",包括《家》,确实受了《红楼梦》的影响,人物、场景、对话、情节的设置都能看到《红楼梦》的影子,我曾写过一篇文章叫《巴金与〈红楼梦〉》,发表在《中山大学学报》

上。第二个问题，说巴金的艺术性不足，这同他的创作观有关。他创作的时候从来没有思考过创作技巧，他认为，熟能生巧，他追求更明白、更朴素、更真实地表达自己的思想，而不是追求技巧性。因此，巴金的作品不是以技取胜，而是以真实的感情打动人。

现代中国史学的双子星座（之一）[①]
——论郭沫若与陈寅恪

在20世纪中国史学界的星空，闪烁着郭沫若和陈寅恪这两个祖籍福建的耀眼明星。几十年来，他们以各自的史学理念、迥异的治学方法，在史学领域辛苦耕耘，开辟出自己的一片天地，又以卓尔不群的建树，奠定了各自在20世纪中国史学史上的学术地位。今天，比较研究他们的成长道路、治学经历、方法和成就，不无启发意义和借鉴作用。

一

清光绪十六年五月十七日（1890年7月3日），在长沙市通泰街周达武私宅里传出一阵婴儿的哭声，赁居在这里的吏部考功司主事陈三立家中，又诞生了一位生肖属虎的公子。由于陈家的男主人们都在外做官，而这一年正值中国农历的庚寅年，兄弟间排行为恪字辈，在这个家庭主事的祖母黄太夫人，便把这个男婴取名为寅恪。

陈家祖上在福建上杭居住了许多年，到了陈寅恪的六世祖陈公元（字腾远，号鲲池），于清雍正八年（1730）举家迁往江西义宁州（今修水县）安乡，几年后又迁入邻近的竹塅村，奋力开辟新的生活天地。经过几代人的繁衍和艰辛创业，陈家不仅在经济上有了些积蓄，把凤竹堂扩建成颇显气派的陈家大屋；而且自陈公元以来，几代人都耕读不辍，形成了良好的家风。到陈寅恪出生时，陈家已是义宁州很有名望的书香之家了。[②]

陈家属于客家民系。客家人非常重视后代子孙的教育。陈寅恪的高祖陈克绳，早在协同父亲陈公元创业时，就创办了教育族中子弟的仙源书屋。曾祖陈伟琳也创办了义宁书院，招徒授学，在地方上很受人尊重。祖父陈宝箴早年在老家创办四觉草堂、陈氏义学，培养族中子弟；后来任湖南巡抚时，又兴办时务学堂，聘梁启超为总教习，为国家培养人才。同时，他延聘湘中名儒罗正钧、周大烈等为塾师，课授寅恪兄弟。父亲陈三立于1900年将家搬至南京之后，旋即建立家塾，聘柳翼谋、王伯沆、萧屋泉等名师，教育家中和亲友的子弟。使陈寅恪

[①] 本文原载《郭沫若学刊》2012年第3期，收入《郭沫若研究年鉴》（2012卷），人民出版社2013年版。

[②] 江西省修水县政协文史资料委员会编：《义宁五杰》（内部资料），2005年，第18页。

兄弟从小就受到家风的熏陶，养成了好读书、勤思考的良好习惯。

晚陈寅恪两年，即1892年11月16日，在四川省乐山县观峨乡沙湾镇商人郭朝沛的家中，一个躁动不安的小生命，迫不及待地先向外面的世界伸出一只脚来，迈出"反逆者的第一步"，然后才呱呱落地。郭家便按字辈，将这个生肖属龙的男婴，取名为郭开贞。开贞后来赴日留学时，才更名为郭沫若。

郭沫若祖籍福建汀州府宁化县龙里上七都，六世祖郭有元在清乾隆四十六年（1781），背着两个麻布上四川谋生，跑过马帮，做过长途贩运，最后漂泊到乐山沙湾才安顿下来。经过几代人的含辛茹苦、艰苦奋斗，慢慢积累财富，到郭沫若出生时，郭家已跻身沙湾富裕人家之列。郭家亦非常重视下一代的教育，1897年，四岁多的郭沫若进入家塾绥山山馆，按照传统的教育方式，跟着廪为廪生沈焕章读了八年书。如此看来，他和陈寅恪一样，所吮吸的第一口文化乳汁，是以儒学为主导的中国传统文化。

家庭与社会环境对陈寅恪与郭沫若的成长产生了重大影响。他们的少年时代，都在中国社会文化从传统走向现代的转型时期度过。那时，欧风美雨飘进中国大地，各种新书刊、新思想也潮水般地涌来，促使一批批中国人觉醒。于是，中国出现了主张向西方学习的洋务派、维新派官员和向老百姓进行启蒙的读书人。

陈寅恪的祖父陈宝箴和父亲陈三立都是清末有名的维新派官员。陈宝箴任湖南巡抚后，与陈三立通力合作，顶住来自顽固旧势力的反对，推行新政，使昔日闭塞、落后的湖南百废俱兴，朝气勃勃，为全国所瞩目。不料，政坛风云突变，戊戌变法的失败，陈宝箴父子受到革职永不叙用的处分。1900年，陈宝箴被慈禧太后密旨赐死。① 本来在戊戌变法之前，陈三立就写下"凭栏一片风云气，来作神州袖手人"②的诗句，表明，如果"达则兼济天下"的理想一旦破灭，就走"穷则独善其身"的人生道路了。陈宝箴之死，对陈三立刺激极大，使其心灰意冷，决意退出政治，栖身江湖；同时也给年幼的陈寅恪心灵蒙上一层难以消除的厚重阴影——以后他一生远离政治，不参加政治活动，与这场发生在家中的惨剧关系极大。

陈家几代人都延续着诗书传家的家风。祖父陈宝箴具有诗人气质，能诗善文，诗文均收入《陈宝箴集》传世。陈三立，学承乾嘉之风，文属湘乡一派，诗树同光体江西诗派一帜，在晚清和民国初年的文坛上颇有建树。代表了同光体诗派中赣派的最高成就，奠定了清末民初诗坛上的泰斗地位。母亲俞明诗性格贤淑，有文才，有诗才。时常给寅恪兄弟讲解诗文，使得这些孩子的心灵很早就受

---

① 宗九奇：《陈宝箴之死的真相》，《文史资料选辑》第87辑，文史资料出版社1983年版。
② 此诗句不见于陈三立的诗集，参见梁启超：《广诗中八贤歌·注引》，吴松等点校：《饮冰室文集点校（六）》，云南教育出版社2001年版，第3735页。

到文学之风的拂煦。在陈三立的指点下，寅恪学诗以学宋诗为主，尤其苏东坡、黄庭坚等人的诗文，也读唐诗。正如俞大维先生所说："诗，寅恪先生佩服陶、杜，他虽好李白及李义山诗，但不认为是上品，他特别喜好平民化的诗，故最推崇白香山。"① 陈氏以后作诗，多以学问入诗，只有终身朋友吴宓等几个人能解其诗意，其缘由就在于此。

陈宝箴、陈三立父子交游很广。陈宝箴曾受到晚清桐城派中兴时的文坛领袖曾国藩的赏识。不过，与他们交往密切的还是士大夫中的清流和思想开明的文人，如李鸿藻、翁同龢、陈宝琛、张之洞、谭继洵、郭嵩焘、黄遵宪、沈曾植、罗正钧、梁启超、文廷式、汪康年、严复、范当世、林旭、八指头陀、陈衍等人。他们不时在一起，或纵谈天下，批评国是，为民族复兴设计蓝图；或论诗话文，切磋学术和诗艺。久而久之，这些志趣相投的朋友很自然地形成了一个以陈氏家庭为核心的陈氏文化圈活跃在晚清民国初年的文坛，在中国社会文化转型时期承传着中国文化。

曾国藩、张之洞是陈氏家庭文化圈的精神领袖。陈寅恪认真读过曾、张二人的著作，喜爱他们的散文，尤其欣赏曾国藩、张之洞等人的思想，及其既维护中国传统文化，又对西方文化所持的开放态度与作为。他赞成曾国藩通过履行儒家的伦理纲常和程朱理学的修身之道，按照儒家的价值系统建立道德规范，以此为本，吸收和掌握西方文化的主张，因此，坚定不移地认同张之洞"中学为体，西学为用"的文化纲领，而且终身守望其文化保守主义立场。到了20世纪30年代，他在审查冯友兰《中国哲学史》下册的报告自陈中强调："寅恪平生为不古不今之学，思想囿于咸丰、同治之世，议论近乎湘乡、南皮之间。"② 所谓"湘乡"，即曾国藩出生地湖南湘乡；用出生地指人的名字是古代称呼的惯用手法。"南皮"是张之洞的出生地，用以指称张之洞。陈寅恪的这句话十分清晰地勾画出自己的思想脉息和特色，及其与咸丰、同治年间学术主潮的渊源关系。1961年8月30日，他的老友吴宓教授专程从重庆西南师范学院到广州中山大学看望他，同他深谈以后，半夜兴奋地挥笔在该天的日记中写道："寅恪兄之思想及主张，毫未改变，即仍遵守昔年'中学为体，西学为用'之说（中国文化本位论），……但在我辈个人如寅恪者，则仍确信中国孔子儒道之正大，有裨益于全世界，而佛教亦纯正。我辈本此信仰，故虽危行言殆，但屹立不动，绝不从时俗为转移。"③

---

① 俞大维：《怀念陈寅恪先生》，载《中央日报》1970年3月31日。
② 陈寅恪：《冯友兰〈中国哲学史下册〉审查报告》，《金明馆丛稿二编》，生活·读书·新知三联书店2001年版，第286页。
③ 吴宓：《吴宓日记续编（五）》（1961年8月30日），生活·读书·新知三联书店2007年版，第160页。

陈寅恪有着得天独厚的学习条件，从小兴趣广泛，尤喜读书，而且也善于读书。除了学习儒家经典外，还广泛涉猎经学、史学、文学、文字学、哲学、宗教学和医学等方面的著作。每逢有父亲的朋友来访，他就静静地站立在旁边倾听。耳濡目染，在治学和做人上，获益匪浅。学到他们遍搜博引文献资料、注重实证、辨伪识真、比较分析、溯源达流、触类旁通和缜密推导等治学方法，他从小以读书为乐，在文字学和史学著作方面下过苦功夫。正如俞大维所说："我们这一代的普通念书的人，不过能背诵'四书'、《诗经》、《左传》等书。寅恪先生则不然，他对'十三经'不但大部分能背诵，而且对每字必求正解。因此《皇清经解》及《续皇清经解》成了他经常看读的书。""《三通》序文他都能背诵，其他杂史，他看得很多。"① 在不少先辈学者，比如沈曾植等人的启迪下，日后通经治史，重点在西北边地文化史和中古制度史，走的也是乾嘉学派中以文字学为切入点的皖派路子："读书须先识字"，遍搜博引文献资料，从训诂、音韵、典章制度等方面，辨伪识真，比较分析，溯源达流，触类旁通，研究儒家、佛教经典著作文本的涵义，还原历史的真相。可见，陈氏文化圈的人物，无论在治学上还是在做人上，对陈寅恪的影响是巨大的。

郭沫若的家世就没有这么显赫。郭家崛起于草根，祖辈为了谋生，几代人不得已以经商为业。祖父郭明德，外号"金脸大王"，加入过民间帮会组织袍哥（哥老会），还是沙湾一带的舵把子（头目）。他疏财仗义，主持公道，敢作敢为，不避祸事，爱打抱不平，甚至不惜用家中的钱财、周济处于困境的人，在江湖上颇有名望。这种豪爽的性格，在青年郭沫若身上也可找到某些影子。父亲郭朝沛，不但是个有经营头脑的精明商人，而且还是个目光长远、独到的好家长。他常以年少失学，去做生意为憾，在经济宽裕时，首先开设家塾，延聘当地宿儒主教。设在郭家的绥山山馆，固然赶不上陈家的家塾，沈焕章也不如陈家所延聘的名师有学问，但是，他由浅入深、逐步扩大知识面的教学方式，却十分得法。郭沫若在家塾学完《三字经》《百家姓》《声律启蒙》等朗朗上口的蒙家读物后，进而再学习、背诵《千家诗》《唐诗三百首》《诗经》《古文观止》中的名篇佳作。同时学习《易经》《书经》《周礼》《仪礼》等儒家经典。往往白天读儒家经典，晚上读诗。这就从小培养了郭沫若对诗文的爱好。

郭沫若在乐山高等小学和嘉定中学堂读书时，讲解经学的帅平均、黄经华老师，是晚清经学大师廖平的及门弟子。他们在上课时，能把枯燥乏味、深奥难懂的文字讲得生动有趣，深深地吸引住郭沫若。经过经学的启蒙，郭沫若养成了对小学（音韵、训诂、文字）和考据的浓厚兴趣，其性情也朝着寻根究底、抉微显隐、穷通事理和不囿旧说、好作翻案文章方向发展。日后，他在研究中国上古

---

① 俞大维：《怀念陈寅恪先生》，载《中央日报》1970年3月31日。

史、古代思想史、甲骨文和金文，考订古代史料和器物等方面，取得令人瞩目的成就，与这时所受到的经学影响关系很大。

乐山本来就是一座文化古城，羌、僚、濮、彝、汉等民族杂居，儒、道、佛和少数民族的文化在此交融，从而形成了独具特色的地方风情。自古以来，乐山人崇神拜佛，畏鬼惧怪，并以此去思考和诠释各种超自然力与神秘现象，久而久之，形成了一种掺杂着宗教观念、集体的神话思维，以无限丰富的形式，从流传的民间故事和乡风民俗中表现出来。如果说陈寅恪多半是从书卷中学习佛教、道教等宗教文化知识，那么，郭沫若则多了一条路径，即从民间风俗和传说中认识佛教和道教等宗教，并从中吸取营养。后来他又读了汪洋恣肆的《庄子》，有了新的领悟，对道家文化的理解才上升到理性阶段。毫无疑问，郭沫若也有神话思维和古朴的宗教情结。这种处于初萌状态的宗教情结，导致他后来很容易从西方思想武库中选取泛神论为自己的思想利器。而神话思维一旦运用到审美活动中，就使得他对某些自然现象和社会现象做出奇特、变形的想象。种种幻化的意象被赋予浪漫的情调和神奇邈远的色彩，他必然会选择浪漫主义的创作方法来创造自己的文学世界。《女神》中神话传说的巧妙运用、瑰丽色彩的大力渲染、感情的激越奔泻，以及神奇的想象、宏伟的构思、奇特的夸张；《星空》中奇幻、幽邃、恬静的意境，无一不是郭沫若神话思维的产物。

乐山一带又是文学之乡。郭沫若十分景仰出自家乡的旷代才子苏东坡。他在少年时代，经常到凌云山苏东坡读书楼、"东坡先生载酒时游处"等古迹游览，缅怀苏东坡的生平和成就，苏东坡关注天下苍生的社会责任感、旷达洒脱的人生态度，不随波逐流的风节操守，崇尚自然和自由的生活境界与审美情趣，追求"辞达"、不受义法和一切形式束缚的文艺思想，以及挥洒自如、气势豪迈的诗风与文风，对郭沫若都有着潜移默化的影响。他在乐山城读书时，曾有"追步苏东坡之感"①，因此，特别喜读苏东坡的诗文，尽得其文艺思想和创作的真髓。他日后的许多诗歌激情奔放，豪迈不羁，其根源也在这里。

郭沫若的出生地沙湾地处乐山边缘，自古是羌族麇居之地，民风剽悍，他后来称之为"土匪的巢穴"。好在郭家不是官宦人户，郭朝沛在学习上对郭沫若兄弟要求很严格，在生活中却注重让他们各自的个性自由发展。比起陈寅恪，少年郭沫若在行动上较少受到家长、家规的羁束，有更多的自由活动空间。所以，他身上少了些陈寅恪那种遵循儒家礼法的恂恂书生气，多了些活泼、胆大、调皮的孩子气。家里的人甚至不干涉他同当土匪的邻居玩耍——要是在陈家，这是绝对不允许的。因此，他从小身上多少沾染上了些"匪气"，与知书识礼的儒雅之气杂陈。少年时代他就喜欢出头闹事，这也是萌生其叛逆精神的源头之一。

---

① 郭沫若：《学生时代》，《沫若文集》第7卷，人民文学出版社1959年版，第4页。

古人说："三岁看老。"郭沫若与陈寅恪在走出国门之前，都是两个绝顶聪明的少年。郭沫若虽然没有陈寅恪读书多、接受名师指点多，但是，却多了一条从民间文化吸取知识营养的渠道，弥补了知识上的某些不足。和陈寅恪一样，都程度不同地奠定了较为深厚的中国文化功底。只是由于他们家庭境况不同，求学的条件亦有差异，个人的气质和修养大相径庭，导致他们日后治学，选择了不同的方向和方法，走了不同的途径——陈寅恪走的是埋首书卷的纯学者学术道路；郭沫若具有一种凌厉躁动之气，既致力于学术、创作，又积极参加政治活动，走上亦官亦文亦学之路。他们迥异的文化性格此时已初见端倪。

二

1902年3月24日下午，13岁的陈寅恪登上停泊在南京长江码头的日本轮船大贞丸，第一次走出国门，赴日留学。同船的留日学生，有未来的知名作家周树人（鲁迅）。此后23年，他又四次出国留学。他两次到日本学习日本语言文化，以后几次，先后就读于欧美的柏林大学、苏黎世大学、巴黎高等政治学校、哈佛大学等世界著名大学。他在苏黎世大学留学时，于1911年秋冬之际，翻读过德文原版的《资本论》。据笔者考证，他是第一个读过这部马克思主义经典原著的中国人。① 尽管那时他还没有理解和接受马克思主义理论，但对政治经济学的兴趣或许由此产生。

后陈寅恪第一次赴日本求学12年，郭沫若东出山海关，经朝鲜，踏上了扶桑之国的土地，开始了长达9年的留学生活。他留学最初的动机是"立志学医，无复他顾"②，但是一旦接触到斯宾诺莎、康德、叔本华等西方哲学家的著作，以及西方人道主义思想，他的视野就打开了一个新天地。在思想上，尤其为斯宾诺莎的泛神论学说所深深吸引。他以成书于公元前10至前5世纪的婆罗门教重要经典《奥义书》所阐扬的梵我合一的思想、《庄子》所宣扬的道、明代心学大师王阳明的心学，去理解和解读西方的泛神论，取其所需，形成了自己独特的泛神论思想："泛神便是无神。一切的自然只是神的表现，自我也只是神的表现。我即是神，一切自然都是自我的表现。"③ 泛神论迎合了他渴望自由的愿望，成了他追求个性解放的思想利器。此外，康德的德国古典哲学（伦理学、美学和二元化的认识论）、尼采的"超人"哲学、克罗齐的精神哲学、柏格森的生命哲学与直觉主义、弗洛伊德的心理分析学说等，对活跃郭沫若的思维、构建他的文化思想和文艺思想都起到了很重要的作用。而陈寅恪在欧美留学多年，此时正埋头

---

① 原件存中山大学档案馆。
② 郭沫若：《书信》（1914年9月6日），《樱花书简》，四川人民出版社1981年版，第13页。
③ 郭沫若：《〈少年维特之烦恼〉序引》，《沫若文集》第10卷，人民文学出版社1959年版，第178页。

苦读语言学著作和史学典籍与文献，很难向令人眼花缭乱的西方哲学思想投之一瞥。

郭沫若还以鲸吸百川的气势，从泰戈尔、海涅、歌德、雪莱、莎士比亚、席勒、惠特曼等东西方文学家的著作中大量摄取营养，自觉学习和借鉴东西方文学的创作方法与表现手法。这些作品不但激发了他的创作灵感，点燃激情的火焰，而且它们不拘一格的艺术形式给他的文学创作以创新的启发。他勇敢地闯进诗歌创作园地，既毫无顾虑地突破中国传统诗歌的僵硬格式，又能继承和发扬中国古典诗歌的优良传统，并在此基础上，把惠特曼的雄奇、海涅的秀丽、屈原的奇特比喻、李白狂放的浪漫主义情怀、苏东坡的豪迈气势巧妙地结合起来，创作出中国诗歌史上前无古人的新诗集《女神》，并以其独创的"女神体"——火山爆发式的激情、狂飙突进的气势、怒涛振海般的节奏、昂扬急骤的旋律、浓烈明丽的色彩、长短不一的句式、通俗明白的语言，开一代浪漫主义诗风。

综观陈寅恪与郭沫若的诗歌道路，他们从小都受到中国古典诗歌的陶冶，都在诗歌的格律、意境和各种表现手法上下过一番苦功夫，很早就开始练习写诗。孟浩然的冲淡、恬静、自然风韵，还有杜甫沉郁顿挫的意境。例如他在辛亥革命之后，便刻意用杜甫格律精工的《秋兴八首》原韵，拟写出了《感时八首》《寄先夫愚八首》《无题五首》等骨格峻峭的诗。陈寅恪喜欢诗，更爱写诗。其少年时期所写的诗无存，现存的最早诗作是其20岁（1911年）时留学柏林时所写的《庚戌柏林重九作，时闻日本合并朝鲜》，继而写的《北海舟中》《易卜生墓》《自瑞士归国后，旅居上海，得胡梓方朝木梁自北京寄书并诗，赋此答之》等诗，讲究格律，对仗工整，意境邈远，已得江西诗派真传。

五四是他们诗歌创作的分野期。正当郭沫若兴致勃勃地写出《立在地球边上放号》《地球我的母亲》《匪徒颂》《晨安》《凤凰涅槃》等震撼人心的新诗时，陈寅恪还用旧体诗这种文学形式抒发自己的感受，写出了《无题》《〈红楼梦〉新谈题辞》《影潭先生避暑居威尔士雷湖上，戏作小诗借博一粲》《留美学生季报民国八年夏季第二号读竟，戏题一绝》等。五四以后，新诗这种诗歌形式在诗坛立住了脚，逐渐取得主流地位，郭沫若就以写新诗为主，有时也写一些所谓旧体诗。不过平心而论，他以后所写的旧体诗在艺术上长进不大。

而陈寅恪所读、所写的仍然都是旧体诗（即格律诗），极少接触西方诗歌作品，自然对胡适、郭沫若所倡导的新诗运动反应冷淡，甚至还有些反感。他一直坚持写旧体诗，越写越精粹，其中不乏佳作名篇，比如《春日独游玉泉静明园》《挽王静安先生》《王观堂先生挽词》《吴氏园海棠二首》《残春》《七月七日蒙自作》《庚辰暮春重庆夜宴归作》《壬午元旦对盆花感赋》《玄菟》《丁亥春日清华园作》《青岛》《庚寅春答吴雨僧》《赠吴雨僧》《丙午春分作》等等，堪称中国现代旧体诗的典范之作。

毋庸讳言，近百年来新诗虽然取得了很大的成绩，但这种形式仍有需要完善的地方，在艺术上尚待成熟，不足以完全取代旧体诗。无可否认，郭沫若是中国新诗的开路人之一，对新诗的发展贡献巨大；陈寅恪的诗作则继承和发扬了中国古代诗歌的优良传统，独树一格，在现代社会把江西诗派的创作推进到一个新的高度，受到读者，尤其是知识分子读者的喜爱。这表明，五四以后，中国诗歌朝着新诗与旧体诗两个方向发展。它们之间的关系，不是你吃掉我，我压倒你，而是互相竞争、互相补充，共同促进了现代诗歌创作的繁荣。因此，不能简单、片面地以老一套的两分法模式来评价他们的诗歌创作孰优孰劣。在艺术上，他们的确是各有千秋。

郭沫若在留学后期，学医的心情越来越淡漠，其主要精力和时间都转移到文学创作和文学活动之中。1919年冬天，他因投稿与国内《时事新报·学灯》编辑宗白华开始通信往来。他所写的一些新诗，便从这年9月11日开始，陆续在该报发表，引起社会各界的关注。不久，他与宗白华、田汉讨论中外文学的通信结集，得名《三叶集》出版，在国内产生了强烈的反响，大大提高了他的知名度，激发起他创作的第一次高潮。与此同时，他结识了几个与他同样做着文学梦的留日青年学生——郁达夫、张资平、成仿吾、郑伯奇、穆木天等人，彼此之间书信往来频繁，并于1921年6月8日，在东京成立了中国现代文学史上的第二个文学团体——创造社。过了两个月，即8月5日，他的第一部诗集《女神》由上海泰东图书局出版。1923年10月，他的第二部诗集《星空》仍然由泰东图书局推出。这两部诗集的出版不但奠定了他在中国现代文学史上的地位，而且还使他弃医就文，完全把开展文学活动当作生活的第一要务。他写出许多脍炙人口的优美诗篇，创作出剧本《三个叛逆的女性》、小说集《塔》和数篇散文。与此同时，他将《诗经》翻译成现代语体文体，将歌德的名著《少年维特之烦恼》与多篇诗作、斯笃谟的小说《茵梦湖》与几篇名诗、雪莱的几首流传很广的诗作以及尼采的《查拉图司屈拉》（今译名为《斯特拉如是说》）译成中文。除此，他还写出一系列阐发自己文艺观点的论文，使得创造社在文坛声誉鹊起，他自己在文坛的影响也越来越大。

郭沫若在《时事新报·学灯》上发表《女神》中那些震撼人心的诗篇时，陈寅恪则远渡重洋，到哈佛大学开始他的第五次留学生活。那时的留学生，在国外纷纷选学先进而实用的工程技术、医学、数学、物理、化学、农学，或者政治、军事、哲学、经济、文学、艺术、法律、教育等专业，以便学成后报效祖国，或者找到一个收入颇丰的体面工作谋生。陈寅恪则不然，他选学的是当时备受冷落的史学和文字学专业。像他那样天资聪慧而又挑中"冷门"专业的文化世家子弟，在留学生中是非常罕见的。特别是最后一次留学，时间长达六年，空间横跨美、欧两大洲，所学的更是冷门学科中冷僻难学的专业——在西方刚刚兴起的东方历史语言文化学。

要研究东方学,必须要读懂用十几种文字写成的中亚和中国西部边远各兄弟民族的历史文化文献。要学习和掌握这十几种文字并非易事,非得长期下苦功夫不可。在哈佛,陈寅恪是用功最勤的留学生之一,与专攻佛学的汤用彤、专攻西洋文字和比较文学的吴宓,并称"哈佛三杰"。他师从著名东方学家蓝曼教授两年,除了学习梵文、巴利文外,还钻研中国中古文学、史学和佛学,对中国的儒学、佛学,以及对《红楼梦》《牡丹亭》等古代文学名著都有精辟独到的见解。据《吴宓日记》记载,在哈佛大学,陈寅恪读书之余,时常同一些留学生纵谈古今,横论中西,探讨中国文化的出路和建设,努力寻找中外交融的契合点。他认为只有引进外来文化,取长补短,古老的中华文化才会焕发出勃勃生机。他比当时一般留美学生高明的地方,就在于他发现天理与人情便是中西文化交融的契合点,于是在中西文化冲突与交融的过程中,便坚守中国文化本位论的基本立场,输入西方学理和新的知识,取彼之长,补己之短。

在创造社成立及《女神》问世的当年,为了更进一步学习梵文和巴利文等中亚语言文字,陈寅恪横渡大西洋,从美国到了德国,进入世界东方语言文字研究重镇——柏林大学东方语言研究所,在吕德施(Lueders)教授指导下,继续研习梵文和巴利文将近四年。吕德施教授是德国著名的东方学家,在梵文和巴利文佛教文献研究、吐鲁番出土佛教文书整理研究等方面成就斐然。陈寅恪充分利用柏林大学得天独厚的学习条件,向东方学的各位名家求教,不仅丰富了学识,开阔了眼界,活跃了思维,而且学到了国外先进的治学方法,终身受用无穷。在他们的指导下,陈寅恪的东方语言文字水平,对佛学、西域边地史的学习更上一层楼。

早在哈佛大学留学时,陈寅恪就对吴宓说过:"我侪虽事学问,而绝不可倚学问以谋生,道德尤不济饥寒。"① 所以,陈寅恪在国外留学多年,完全摆脱了功利的羁绊,能够做到清心寡欲、潜心读书。1923 年 2 月,毛子水到柏林留学,傅斯年就告诉他:"在柏林有两位中国留学生是我国最有希望的读书种子:一是陈寅恪;一是俞大维。"② 赵元任、杨步伟夫妇从美国刚到柏林时,也听别人议论,在德国的留学生中只有"陈寅恪和傅斯年两个人是宁国府大门口的一对石狮子,是最干净的。"③ 陈寅恪所读的书,几乎都不是时尚的书和应用类的书;他所搞的学问都深奥难懂,极费时间和精力,且应用面又极窄,被别人视为畏途的"冷门"专业,但他读书很得法。有一次,留学生毛子水看见陈寅恪在房间伏案

---

① 吴宓:《吴宓日记(二)》(1919 年 9 月 8 日、12 月 14 日),生活·读书·新知三联书店 1998 年版,第 67 页。
② 毛子水:《记陈寅恪先生》,载台湾《传记文学》第 17 卷第 2 期(1970 年 8 月)。
③ 杨步伟、赵元任:《忆寅恪》,载台湾《清华校友通讯》1970 年 4 月 29 日。

苦读卡鲁扎（Kaluza）的古英语文法书。当时德国已有较好的英语文法书了，于是便问他，为什么还要费工夫读这样一本别人都不读的老书。陈寅恪回答说："正因为它老的缘故，所以才读它"。毛子水后来省悟到，这并不是一句戏言："无论那一种学问，都有几部好的老书。在许多地方后来的人自然有说得更好的，但有许多地方，老书因为出自大家手笔，虽然过了许多年，想法和说法，都有可以发人深思处。"①

陈寅恪先生逝世之后，他的家属和中山大学历史系清理他的遗物时，发现他在德国留学期间所写的读书笔记，共达 64 本之多。这些都是他在德国留学期间学习梵文、巴利文、藏文、蒙文、印地文、回鹘文、吐火罗文、突厥文、西夏文、满文、朝鲜文、佉卢文、东土耳其文、印地、俄文、波斯文等十几种东方文字的笔记，其中不少是业已失传的古文字，以及抄录的佛经、东方天文、历象、医药、风俗、习惯等内容。他的及门弟子季羡林断言："这些笔记本虽然看起来数目已经很多了，但肯定还不是全部，一定还佚失了一些。"不过，从保存的这部分笔记本看，已经令人惊叹万分！陈寅恪先生治学态度何其严，治学功夫何其苦，治学范围何其广，治学程度何其深！难怪季羡林先生评论乃师的学问时说："博学多能，泛滥无涯。"② 陈寅恪在国内外进的都是名校，却没有拿一张毕业文凭，也没有得到任何学位，但是他所获得的知识，却是最广博的；他的学问，却是最精深的。他的确是中国古今罕见的"读书种子"。

1924 年 4 月，郭沫若着手翻译日本早期马克思主义经济学家河上肇的《社会组织与社会革命》一书。这本书不是马克思主义经典著作，只是由河上肇阐述了马克思的一些基本原则，并用以剖析资本主义制度的各种弊病，指出社会发展的总趋势，宣扬了社会主义制度的许多优越性。翻译这本书，使得他的思想发生了重大转变，他被书中所描绘的"各尽所能，各取所需"的社会远景所深深吸引，确信共产主义社会一定会到来，于是，他扬弃了旧的思想武器泛神论。此时他只是粗知一点马克思主义的知识，对其理论体系还未真正了解，便急匆匆地宣称："我现在成了个彻底的马克思主义的信徒了！马克思主义在我们所处的这个时代是唯一的宝筏！"③ 甚至打算用五年时间，将 400 万字的《资本论》译成中文，只不过这个宏伟计划，因在商务印书馆的选题会上没有通过而作罢。

此时，陈寅恪的史学思想和治学方法，接受了德国史学界的主流学派——兰克学派的影响。兰克学派坚持历史的客观主义立场，主张史料至上，认为史学研究的唯一任务，就是用史料说明在世界上真正发生过的事情，也就是所谓论从史

---

① 毛子水：《记陈寅恪先生》，载台湾《传记文学》第 17 卷第 2 期（1970 年 8 月）。
② 季羡林：《从学习笔记本看陈寅恪先生的治学范围和途径》，《纪念陈寅恪教授国际学术会议文集》，中山大学出版社 1989 年版，第 74–84 页。
③ 郭沫若：《孤鸿》，《沫若文集》第 10 卷，人民文学出版社 1959 年版，第 288 页。

出：从经过考据而得到确认的史料中，提炼出符合真理的见解，对历史现象做出客观的诠释。因此非常重视并大力收集、积累史料，对史料进行严格的考证、辨析、求真———这与中国清代的乾嘉学派不无相通之处，但在思路上则更清晰、更开阔，在方法论上则更胜一筹，在识见上则更深一层。他在德国曾致信于远在国内的妹妹："若以西洋语言科学之法，为中藏文比较之学，则成效当较乾嘉诸老，更上一层。"① 陈寅恪后来研究史学，极其重视史料的价值，以客观的态度考据、辨析、审定史料的真伪，恰如杨步伟、赵元任先生所回忆的那样，"寅恪总说你不把基本的材料弄清楚了，就急着要论微言大义，所得的结论还是不可靠的"②。不过，占有大量真实的史料，只是研究史学的基础，陈寅恪治史学"目的是在历史中寻求历史的教训。他常说：'在史中求史识'"③，即是运用兰克学派和西方比较语言学的方法，考订、辨析史料，以通识的目光去审视过去，把对历史真相的认知提高到理性的层面，达到对过去年代的人和事的真正了解，从中总结出历史的教训以观照现实。不消说，其成效自然会超过前人。

　　郭沫若和陈寅恪都不属于少年得志的那种诗人、学者。郭沫若少年时代就开始写诗，但公开发表诗作，却是刊登在1919年9月11日的上海《时事新报·学灯副刊》上的两首新诗：《鹭鹚》《抱和儿浴博多湾中》。那时他已27岁了。以后，随着他大量作品、译作和文艺论文的问世，到20世纪中期，已是成就斐然，名满天下。所以，经瞿秋白、林伯渠推荐，35岁的郭沫若，于1926年3月23日抵达广州，受聘为广东大学（后来为纪念孙中山先生，1926年8月21日更名为中山大学，沿用至今）教授、文科学长（即文学院院长）。

　　陈寅恪则是大器晚成。他在家塾读书多年，又在上海中国公学读了两年，没等毕业就到欧洲留学去了。他从12岁起，五次出国留学。他在约12年的留学生涯中，重在求得真才实学，不为一纸文凭而奔忙，一生没有得过一所学校的学历文凭。但他的博学卓识，已令欧美留学生所佩服。在哈佛留学的吴宓与他交谈之后惊叹："惊其博学，而服其卓识，驰书国内友人，谓'合中西新旧各种学问而统论之，吾必以寅恪为全中国最博学之人'。"④ 只是他在留学期间，厚积薄发，除了《学衡》杂志主编吴宓，将他写给妹妹的一封家信拿去节录发表外，尚无论著公开问世。因此，他到了36岁之时，在国内学术界和教育界，还是默默无闻的，了解他的学问的人就更少。

　　1925年春天，北京清华学校创办国学研究院和大学部，并向全国招收第一届新生。要办好国学研究院，聘请学识渊博、道德高尚的第一流学者来校任教是

---

① 陈寅恪：《与妹书（节录）》，《书信集》，生活·读书·新知三联书店2001年版，第1页。
② 杨步伟、赵元任：《忆寅恪》，载台湾《清华校友通讯》，1970年4月29日。
③ 俞大维：《怀念陈寅恪先生》，载《中央日报》1970年3月31日。
④ 吴宓：《空轩诗话》，《吴宓诗集》，中华书局1935年版，第146页。

关键。清华国学研究院对所聘教师的要求特别严格，已聘请学界泰斗梁启超、王国维和哈佛大学副教授、著名语言学家赵元任来校任教授。像陈寅恪那样一无大学毕业证书和学位，二无研究成果的留学生，要在这里谋一教职，难矣哉。幸好负责筹办国学研究院的吴宓，了解他的价值，再三向校方力荐，终于获得校长曹云祥的首肯，向他发出了聘书。1926年7月7日，陈寅恪抵达北京，赴清华园任教。由于清华国学研究院的教授也是导师，于是梁启超、王国维、赵元任、陈寅恪便并称"四大导师"。十几天后，郭沫若告别广东大学，投笔从戎，参加北伐。

三

毫无疑问，郭沫若与陈寅恪从小都深受儒家文化濡染，忧国忧民的情愫早就植根于他们文化心理深层。在20世纪20年代中国社会动荡、政治风云变幻之际，他们对政治和事业都面临着新的抉择。

郭沫若从日本九州帝国大学医科毕业之后，于1923年4月2日返回中国。当时国内军阀混战、民不聊生，帝国主义列强对弱国子民的侵略和欺凌的残酷现实，使他很失望。发生在1925年的"五卅惨案"，他目睹帝国主义侵略者屠杀我国同胞的惨象，《女神》那种毁坏现存社会的反抗火焰，重新在他的血管里燃烧，他渴望在变革现实的斗争中尽一分力量。他信仰了经河上肇阐述的马克思主义理论后，尝试运用这种新的思想武器来指导自己的反帝反封建的斗争，政治热情十分高涨。郭沫若在20世纪20年代参加政治活动，可以1926年为界分两个阶段。前一阶段，他主要在思想文化领域站在第四阶级（即无产阶级）的立场上，写出《盲肠炎与资本主义》《四川旅沪学界同志会五卅宣言》《共产与共管》《一个伟大的教训》《新国家的改造》《马克思进文庙》《社会革命的时机》《卖淫妇的饶舌》等一系列政论文章，批驳国家主义者、无政府主义者反对马列主义的言论，为马列主义在中国传播扫除障碍。在文艺思想和文艺创作上，也羼入了政治的内容，自觉和不自觉地为政治革命服务。如收入后来结集出版的《文艺论集续集》中的论文、《前茅》集中的诗歌，都显示出他怎样从艺术至上和文艺表现自我的象牙之塔走出来，以笔为武器，为建设无产阶级新文艺而努力。后一阶段，他到了大革命的策源地广州之后，深受这里的大好形势鼓舞。他还与毛泽东、刘少奇、周恩来、林伯渠、陈延年、恽代英、彭湃、苏兆征等中共高级领导人接触和交往，中共广东区委指定中山大学学生党员毕磊与他联系。尽管他参加过国民党，但政治立场却完全站在中国共产党一边，甚至还向毕磊提出加入共产党的要求。

在广州，郭沫若对政治的兴趣越来越浓厚，在共产党的领导下，参加政治活动的次数也越来越多。比如他不但担任过由毛泽东主持的第六届全国农民运动讲习所教员，由毛泽东陪同到讲习所演讲，而且与毛泽东一道，应邀在广州东山青年会作报告。他精力充沛地到处演讲，鼓吹革命。中共广东区委开办的训练班，他也去开讲"社会主义史"和"革命文学"两门课。恰如成仿吾所说："沫若近来忙着讲演，声如破罐。"① 他愿意把自己变成一个革命者，脑海里思考的不再是文艺和学术，而是如何在革命实践中发挥积极作用的问题。1926年7月21日，郭沫若投身军旅，随军北伐。在国民革命军中，他先后担任过总政治部中校秘书长兼宣传科科长、中将副主任。

当然，陈寅恪也不是关在象牙塔中的"读书种子"。他深爱着自己的国家，虽然远隔重洋，却一直关心祖国的盛衰、民族的兴亡，思索着救国的方略。早在哈佛大学时，他参加过"以促进国家自卫力之发展为宗旨"的中国国防会的活动。中国国防会成立于1915年，是当时波士顿的中国留学生们，痛愤袁世凯政府接受日本提出的21条苛款，而自发组织的爱国留学生团体，以唤醒同胞、团结国人、共御外侮、救国图存为奋斗目标。1919年6月16日，国防会部分会员在康桥开会时，一向省吃俭用的陈寅恪和吴宓一道，在波士顿东升楼，宴请到会的新交旧知，"席间谈国事，有几于共洒新亭之泪矣"②。陈寅恪在柏林，也时常参加留学生的一些聚会。这种聚会，除切磋学问外，还谈论国内所发生的一些事情，各抒己见，探讨如何改造中国的问题。据参加这种聚会的留德学生回忆，每逢此时，陈寅恪总是情绪激昂，一改温文尔雅的书生形象。他意气风发，谈古议今，纵论国是，评点曾国藩、左宗棠、胡林翼等晚清名臣的功绩与学术成就，揭露日本企图侵略中国的野心，抨击袁世凯篡国媚外和北洋军阀拥兵乱政等现状，并且认同罗家伦在五四运动中所提出的"外争主权，内除国贼"口号。特别值得一提的是，陈寅恪与当时那些空谈时政的清谈家们不同，他学通中外，融贯古今，以其渊博的学识和学人所特有的缜密思维，提出改革政治、经济、教育，以及如何解决民生问题的大纲细节与振兴中华的具体方略：比如怎样从中国的社会现状和国情实际出发，去推行民主政治；如何将教育与征兵制结合起来训练民众；同时还对解决民生必须尽量开发边地与建设新工业等具体问题，发表了意见。陈寅恪的这些见解，分析精到，鞭辟入里，融入了他热爱祖国和中华民族的深情，体现了他为国家和中华民族寻求富强之路的探索精神。

在陈寅恪这时所交往的留学生中，也有一些成为未来中国政坛的风云人物，但他从不以此自炫。除了与学生闲谈时偶尔透露出一些口风之外，便只藏在自己心里。因此，他与周恩来在德国的一段情谊便鲜为人知。周恩来于1920年12月前往欧洲留学，先在英国、法国的大学就读。1922年经张申府、刘清扬夫妇介

---

① 成仿吾：《编辑余谈》，载《创造月刊》1926年第1期，第16页。
② 吴宓：《吴宓日记（二）》（1919年6月16日），生活·读书·新知三联书店1998年版，第31页。

绍，加入了中国共产党。1922年3月，周恩来同张申府等人一道到了德国，住在柏林市郊瓦尔姆村皇家林荫路54号。周恩来在柏林的主要活动是在中国留学生中宣传共产主义，发展党员。例如，正在德国学习军事的朱德，就是由他介绍，于同年11月加入共产党的。周恩来当然知道在柏林中国留学生中所传言的中国"最有希望的读书种子"陈寅恪，也会对陈寅恪所发表的治国方略产生兴趣。他们之间也会有所来往。在新中国成立之前，陈寅恪与研究生刘适（石泉）聊天时，无意中谈起过昔年与周恩来的交往。①

不过，陈寅恪关心时局，却一生远离政治斗争的漩涡。这与他的祖父、父亲在晚清维新变法运动失败后所遭受的残酷打击有关。他在哈佛大学时，就已经认识到"救国经世，尤必以精神之学问（谓形而上之学）为根基"②。与《左传》所说的"三不朽"——"太上有立德，其次有立功，再次有立言"③ 有某种相同之处，大致属于立德、立言的范畴。于是，他以立德和立言为追求，运用从西方所学得的知识和方法，来研究中国历史文化，把培育人才，振兴中华学术、弘扬中华文化当作自己的终身事业。他在归国之后，一直专心在清华从事教学和研究工作，从不参加政治活动，也很少发表自己的政治见解，更不主动与军政界人物来往，只是不时在诗文中抒发身世的感慨，在与朋友、学生的闲聊中，偶尔透露出他对时政的书生之论，从中表达出对社会现实的关心。即使是北伐军进入北京城，政权易手，清华校长易人，也没有激起他的政治热情。

郭沫若则戎马倥偬，一段时间总政治部的实际工作由他主持。他以高昂的斗志和亢奋的精神，做好北伐沿途的宣传、鼓动和组织工作。那时正是国民党与共产党第一次合作时期，合作的表象下面涌动着分裂的暗流。国共两党都在争取郭沫若。北伐军总司令蒋中正不仅亲自接见他，而且密委其任总司令行营政治部主任，以示信任和器重。但郭沫若不为所动。1927年3月28日，他与蒋介石分道扬镳，在朱德家中写出反蒋檄文《请看今日之蒋介石》及《敬告革命战线上的武装同志》等政论文章，遭到南京国民政府通缉。但是他毫不畏惧，回到武汉后参加第二次北伐。6月下旬，武汉国民政府任命他为第二方面军副党代表兼政治部主任。不过，时局波诡云谲，继蒋介石在上海发动屠杀共产党人的"四一二"事变，李济深、古应芬、钱大钧在广州发动与之相呼应的"四一五"大屠杀，何键、许克祥在长沙发动的马日事变之后，7月15日，以汪精卫为首的武汉国民政府与共产党决裂，积极推行限共政策。8月1日，中共策动北伐军三万余

---

① 石泉、李涵：《追忆先师陈寅恪先生》，《纪念陈寅恪教授国际学术讨论会文集》，中山大学出版社1989年版，第61-62页。
② 吴宓：《吴宓日记（二）》（1919年9月8日、12月14日），生活·读书·新知三联书店1998年版，第101页。
③ 左丘明：《左传·襄公二十四年》，《春秋左传集解（三）》，上海人民出版社1977年版，第1011页。

人，在南昌举行武装起义。郭沫若不顾自身安危，急赴起义部队，于8月4日夜半抵达南昌，被安排为革命委员会委员、主席团成员、宣传委员会主席兼总政治部主任。第二天他随军南征，转战在赣南、粤北、闽西南、梅县、汕头等地的山林中。9月初，经周恩来、李一氓介绍，他和贺龙一起加入了中国共产党。起义军占领汕头时，他还担任过汕头交涉员与海关监督，写过一篇宣传报道《红军进入了汕头市》。从军途中，他在流沙一战中挥动手枪，指挥过战斗。起义军在10月被强敌击溃后，他辗转香港重回上海，打算重新高扬创造社的旗帜，拿起已搁下多时的笔来，为建立无产阶级文学而冲锋陷阵。他所写的文艺论文和诗歌都带有浓厚的政治色彩。

由于蒋介石悬赏3万元通缉郭沫若，他原计划12月初，偕全家搭乘苏联轮船去莫斯科避一避。岂料在出发前他忽患斑疹伤寒，错过了最后一班船。待病治疗调理好后，就在上海卫戍司令部派兵捉拿他之前，他抢先一步，于1928年2月24日，秘密乘船去了日本。

应当说，在这次去日本之前，郭沫若虽然读过一些史籍，创作过《湘累》《孤竹君二子》《三个叛逆的女性》等历史剧和《函谷关》等历史小说，也写过一些诸如《暴虎辞》《哀时古调》《我想起了陈涉吴广》等涉及历史内容的诗歌，只能表明他对中国历史的爱好，发思古之幽情，是为了现在：借古人故事的一点缘由，浇自己胸中的块垒。而且从留日以来到现在的14年间，他不像陈寅恪那样，把历史当作自己学术研究的主攻方向；他也静不下心来广收史料，认真阅读、考订、思考。他甚至没有今后要当个史学家的想法，所以，直到流亡之前，他对中国历史，主要从中选取创作题材，还谈不上研究。

政治对郭沫若有着双重意义。一方面，他热衷于政治，花大量的时间和精力去参加政治活动，势必影响到自己的创作和学术研究工作。另一方面，他确立了新的政治信仰，使他接受了辩证唯物主义和历史唯物主义思想与方法论，这对他在日本真正从事中国古文字和历史研究另辟了一条新径，成为中国马克思主义新史学研究的开山人大有裨益。

走近黄修己先生[①]

——贺黄修己先生八十大寿

我与黄修己先生三次结缘，心仪九年，直接交往 27 年。我们虽然年龄只相差九岁，但我一直把他当作老师一样尊敬、当作朋友一样友好相处。转瞬间，他八十诞辰临近，我情不自禁地将我们交往中印象最深刻的几件事记下来，以示祝贺。

回想我与黄先生第一次结缘是在 36 年前，是从他所写的文章中认识他的。1978 年，我在川东一个小县教中学，准备报考中国现代文学专业研究生。那时的读书条件远远赶不上现在，找一本有用的参考书，不亚于在沙滩上淘得一坨黄金。我在重庆某高校教书的一位朋友，从他们学校图书馆帮我借到《文学评论》1978 年第 3 期，限定我三天内看完寄还。在备考过程中，我系统地学习了中国现代文学的基础知识，觉得那一期《文学评论》上的几篇研究现代文学文章很有深度，其中三篇关于 20 世纪 30 年代 "民族革命战争的大众文学" 与 "国防文学" 两个口号论争的文章，观点针锋相对，格外吸引人的眼球。那一期《文学评论》上有一篇文章就出自黄先生这个布衣学者的手笔。我向来就有读书动笔（摘录要点及名言警句等）的习惯，这次自然熬夜把这三篇文章都摘抄下来，慢慢阅读。黄先生没有历史包袱，也不偏倚任何人，他那篇《鲁迅的"并存论"最正确》论从史出，议论不紧不慢，析理不温不火，挥洒自如地把观点阐述得透辟有力，令人信服。就这样，黄先生的名字和文章便深深地印在我的脑海里。以后我给研究生上课时，常以这篇文章为范文，告诉他们，文章的质量要看作者所掌握的资料是否翔实、立论是否公允、分析是否深刻、论述是否接近真相或真理。

我与黄先生第二次结缘是在 1984 年，从其著作中加深了对他的认识。那时全国普及广播电视大学教育，我和许多刚毕业留校任教的研究生一样，被广东电大和广州电大聘去兼课。我在读研期间对中国现代文学史的教材下过一番功夫，认真读过从 20 世纪 30 年代以来的十几本教材。1949 年以前钱基博、王哲甫、霍衣仙等学者所编写的教材，虽然线索明晰，有些论述能切中肯綮，其披荆斩棘开创之功不可埋没，但对文学运动之论述过于简略，对作家作品的分析似觉肤浅，

[①] 本文原载 2014 年 8 月 28 日《羊城晚报》，后收入陈希、姚玳玫编：《一个人与一门学科：黄修己教授的学术旅程》，中山大学出版社 2015 年版。

且资料缺乏，已不能适应今天的大学教学了。后来的教材多以政治性、阶级性、革命性为观照来梳理文学现象、分析作家作品，往往读之无味，乏善可陈。我当时甚至想，如果电大继续使用老教材，我就不接受聘请，不能为赚几个钱而向学生讲授自己都不相信的观点。谁知电大发下的教材就是黄先生新编写的《中国现代文学简史》。打开教材，一股清新的学术空气扑面而来。这本教材努力让文学史回归文学发展本身，用另一种眼光审视现代作家作品和各种文学现象，用另一种方式编写文学史，因而立论较为公允，是国内学者较早给予沈从文、钱锺书、张爱玲、无名氏、徐訏等自由主义作家创作公正评价的文学史教材之一。其次，资料丰富，能令初学者增长很多见识。黄先生单枪匹马收集这么翔实的材料，有这么丰厚的学术积累，可见平时下了多么大的功夫。对他的钦佩之情，油然而生。再次，黄先生不停留在对文学现象、作家论、作品论一般层次的阐述上，善于从中总结和概括出诸如"愤激小说""幻灭小说""评书体小说"之类的公共学术话题——这些话题演变成为具有某种符号作用的专用新名词，至今仍在使用，足见其理论功底之深厚。这也是为一般文学史家所不能及的地方。我在电大兼了五年的现代文学史课，个人从这本教材中获益匪浅。通过对它的多次研读，我觉得自己似乎更了解黄先生的学术思路与治学方法，与他在学术思想上走得更近了。

古人云："事不过三。"直到我第三次与黄先生结缘的时候，才与他真正相识。那是1987年秋天，应先师吴宏聪教授（曾任中文系主任22年，时任现代文学研究室主任）之请，黄修己教授从北大调到我们研究室，支援和加强现代文学学科的建设工作，那天傍晚已到校报到并且已将行李安放在宿舍了。我听说后赶忙跑到他下榻的宿舍，拜望心仪已久的黄先生。我敲开了门，不禁吃了一惊：我想象中的黄先生，应该是个面目严肃的老头子；谁知眼前的黄先生却是个脸上浮现着亲切笑容、年纪看来不过30岁的"年轻人"（实际上他已52岁）。那时黄先生的家属还没有搬来，客厅里凌乱地放着没有开包的行李，我们随便找了个地方坐下就聊起来。他谈吐幽默风趣，略带福建口音的普通话似乎带有磁性，一下子就把对方吸引过来。那时我初出茅庐，他已经是成名已久的现代文学史专家了。但他没有架子，具有一种亲和力。我们初次见面就一见如故，如老朋友那样毫无拘束、无话不谈。我那晚很兴奋：为研究室添一台柱子而高兴，为自己新得一良师益友而庆幸。我们一直谈到夜深，我怕影响他休息才告辞。

在我和黄先生27年的交往中，我们谈论得最多的就是治学、学人和学林轶事。记得他刚到中大时，他谈起北大、清华两校文科不同的治学风气：北大受胡适治学影响，注重拿证据来，有几分证据说几分话，所以北大学者所写的文章厚实，重实证；清华学者多受外国学风影响，所写的文章大多注重新方法、新观念的引进，能给人以耳目一新之感。然后他谈起朱自清、闻一多、游国恩、吴组缃、王瑶等大师如何做学问的往事，如数家珍。他虽是随意而谈，但对我震动极大。我不敢说"听君一席话，胜读十年书"之类略显恭维的话，但至少使我在治学路上少走了许多弯路。受这次谈话的启发，我想，何不将北大、清华的治学方法结合起来，走自己的路子？20世纪90年代中期，陈平原办了个在学界广有影响的《学人》杂志，有一次他在向我约稿时说，《学人》不炫奇追新，走的是老北大的治学路子，要求所发表的文章都要拿出证据来。后来，我读黄先生和陈平原等北大学者的论著，觉得北大的学风培育和造就了他和陈平原等几代学者，他们也确实继承和发扬了北大的治学传统。

黄先生是闻名遐迩的学者，最使我感佩的就是他对学术的热爱与敬畏和孜孜不倦的探索精神，以及对学人风骨的坚定守望。一个成功的学者永不满足于已经取得的成就，并以此为新的起点去攀登更高的学术高峰。他主攻中国现代文学史，1984年出版的《中国现代文学简史》已一炮打响，但他没有停止探索的步伐，于1988年写出《中国现代文学发展史》，2009年又出版了修订后的第三版，每一种版本都有新的内容、新的观点，都能给读者以不同的启示。这以后他一发不可收，接连推出《中国新文学史编纂史》《中国现代文学研究史》等奠定其在中国现代文学研究领域地位的著作。20世纪90年代中期，我参与了由他主编的《20世纪中国文学史》和《百年中华文学史话》的编写工作，对他严谨的治学精神和一丝不苟的负责态度有切身的体会。参与这两本书编写工作的，既有在学林声望很高的资深专家，亦有他的学生一辈的青年学人，还有他的老同学、老朋友、老同事。他为这两本书的质量严格把关，无论是谁，凡写出来的东西不合要求或者平庸，他都不讲情面，将其退回去重写。有的作者被退回去多次，反复修改，直到他满意为止。其中一位作者是某高校正职领导，曾提出希望挂一个副主编名义的要求。但他并没有起到副主编的作用，甚至连自己所负责写的部分也延迟交稿。黄先生不肯通融，毅然取消了他副主编的名义，在出版时将他列入普通作者之列。在2004年新版本中，他撤下这位校领导所写的部分，换上别的专家所写的内容。黄先生以行动维护了学术的尊严，在他身上凝聚着一股正气，我看见了一个学人不媚权阿世的铮铮风骨。不仅如此，编写这两本书，从酝酿、策划、申报选题、确定章节、拟定大纲，到联系作者、帮助作者解决在撰写过程中所遇到的困难，审查作者交来的初稿、二稿并提出修改意见，到最后统稿和联系出版社出版，他最为辛苦，付出的时间、精力最多，所负的责任也最大。但是，他却将主编费分给各位作者，自己却分文未取。这种著书不为稻粱谋，重学术、轻钱财的高尚行为，令人钦佩。

他对于那些真正潜心搞学问的学者十分尊重和关心，默默地给予他们支持和帮助。我们有个同事，长期以来从事中国现代文学史料学的研究，其收集、整理、辨析、考订史料的功夫，在当时国内可排上前三名。我曾听过他一学期的课，收获颇大。他由于成天埋头书斋，不大喜欢与人交往，好像有些被边缘化。黄先生就住在这位同事对面那栋楼，不止一次感慨地对我说，据他观察，经常见这位同事的灯深夜关得最晚。记得有一次开会，黄先生在会上仗义执言，认为那位同事的"怪脾气"并不是缺点，而是其特点。后来有人把这话转告给这位同事，他特地跑来问我：黄先生真是这么说的吗？我回答：是的。他听后感动不已，好像遇到了一位知音那么高兴。这位同事不幸英年早逝，黄先生还专门为他写了一篇悼念文章，发表在《羊城晚报》上。广州某高校还有一位学者，笔耕甚勤，已出版了十几本著作，学界反映甚好。黄先生很乐意同他来往，不但邀请他参与编写《20世纪中国文学史》工作，而且还鼓励他申报国家社科基金项目。2011年某日，黄先生和我专程去某高校看望了这位自甘寂寞的老师。我们参观了他琳琅满屋的藏书，其中不少书是图书馆没有的珍稀图书，令人感叹不已。这位老师说，这些书都是他用社科基金项目的经费购买的，一再对黄先生的支持与帮助表示感谢。黄先生却虚怀若谷地说："我真想抽时间到你这里来读几天书。"那一天大家尽欢而散。

中国的学人往往兼有两重身份：教师和学者。我认为黄先生首先是一位很受学生欢迎的良师，其次才是成果丰硕的学者。他把教书育人当作人生的一大乐事，一辈子舌耕在北大和中大校园，把自己的全部智慧和知识毫无保留地奉献给学生，也确实培养出不少教授、学者和对社会有用的人才。古人云："名师出高徒。"我的理解是，这话至少应该包含两层意思：一是名师要有高度的责任心，因材施教；二是名师对学生要求严格，除了引导学生多读书、扩大知识的广度与深度以外，还要引导学生转变原有的思维方式，与时俱进地形成智慧型的思维方式和新的观念。

有两件事给我的印象特别深刻，至今难以忘怀。

第一件事，他到中大所招收的第一个研究生是个羌族青年。这位研究生敦厚、朴实，学习特别刻苦。就像当年朱自清给其唯一的研究生王瑶上课那样，黄先生给他上课一点也不马虎，还专门针对他的特点制定了培养方案。黄先生要求这位少数民族学生学好普通话，每次上课前用半小时师生二人分角色一起朗诵《雷雨》。在黄先生的严格要求下，这位研究生阅读量很大，练笔的次数也比别的研究生多，因而进步很快。为了加强训练和培养他观察问题、分析问题、解决问题的能力，他所撰写的毕业论文，被黄先生退回去写了六七遍。年轻的研究生也善于学习，每退回来一次，他都认真检查自己还有哪些不足，都把它当作向老师学习的好机会，最终交出了一篇质量很高的硕士学位论文。我参加这位研究生的毕业答辩时，给论文评了"优"。他将这篇下功夫写就的论文《论巴蜀文化与李劼人小说》提交给1991年所举行的"李劼人诞辰一百年纪念会及学术讨论会"。会议主持者之一、川籍作家研究专家、四川大学王锦厚教授告诉我，在他们所收到的论文中,这是最优秀的一篇。他毕业后回到桑梓,在实际工作中锻炼成长。汶川地震时,他是政府的新闻发言人,面对蜂拥而来采访的中外新闻记者和各种复杂的新闻事务,他操着一口流利的普通话(黄先生所下的功夫派上用场了),运用在学校练就的本事,应付裕如,没出一点差错。他虽然没有走学术的道路而长期从事电视工作,但"条条大路通罗马",他把当地的电视台搞得有声有色,为社会做出了贡献,也为师门增添了光彩。2013年春节,他专门带着家小重返离别了20多年的康乐园,向恩师表示了深深的谢意和敬意。其情其景,十分感人。

另一件难忘的事是黄先生有教无类,毫无门户之见。我们都鼓励自己所带的研究生在导师间互相听课,互相求教,不分彼此。所以我带的研究生,也把黄先生当作自己的老师。黄先生尤其垂青用功的学生,我那些出身贫寒的研究生因此而沾光不少。其中有一个来自湖南农家的子弟,学习异常勤奋,也常聆听黄先生的教诲,受其熏陶渐习不少。毕业离校之前,黄先生还特地在一家湘菜馆设宴给他饯行,席间对他勖勉有加。他回到湖南,在黄先生的扶持下,连续两次成功地申报了国家社科基金项目。他没有辜负黄先生和我的期望,毕业九年,不到37岁就破格晋升为教授,遴选为博导。他现在所取得的成绩除了自己努力外,与黄先生的栽培关系极大。和我的其他学生一样,他每出一本新书必送一本请黄先生指教,每到一次广州必然去黄先生府上拜望,对黄先生的感激完全是自然流露,纯真而深切的。

这两件事在黄先生长达54年的从教生涯中,只不过是毫不显眼的两朵小浪花,却也折射出他平时对学生的"严"与"爱"。我几乎没有看见他声色俱厉地批评学生,但不怒自威。

多少年前他的一个及门弟子对我说过:"我对黄老师又怕又爱。"我问:"怕多还是爱多?"回答是:"当然是爱多,黄先生所做的一切,都是为了我们学生好嘛。"可见,他对学生是因爱而严,严中有大爱。黄先生的这一个"严"字、一个"爱"字怎生了得?这难道不正是他的人格魅力所在吗?

然而,黄先生绝对不是只知做学问的古板老师。他热爱生命,懂得生活,善于生活,是学林中有名的美食家。他刚调来的时候,只身一人,但每天都到菜市场买骨头回来煲汤,并说"我营养是够的"。那时现代文学研究室的同人打算凑钱给他接风,但到哪家食店去,却各说各选的好,商量几次都定不下来。有一天黄先生对大家说:"今晚我请大家吃饭。"大家跟着他乘船到珠江对岸一家不很显眼的餐馆坐下,送上桌的汤和菜果然味道好极了。当有人问他怎样发现这家餐饮行业中的"新内地"时,他像小孩子那样很得意地笑了笑,然后娓娓道来。原来他先按《鲁迅日记》中所记载的这位大文豪常去的几家餐馆品尝,然后自己自由自在地穿街走巷,寻觅广州最有代表性的美味小吃,最后找到了这家既美味又实惠的餐馆。大家都说他学问做得好，生活也潇洒。以后黄先生夫妇出去吃饭，我多次叨陪末座。黄夫人陈老师是少有的烹调好手和点菜高手，她点的菜和汤，色香味俱全，价钱也很公道。席间多围绕着学林近事和社会上的趣闻漫谈，真是既有舌尖上的享受，又有精神上的愉悦，在繁忙的生活之中，难得有半日清闲。谈笑有鸿儒，吃菜无白丁，这是何等高品位的生活呀！有一段时间我常去黄先生家中，一是请教和探讨一些学术问题，二是我贪图他家泡的茶（有时还有可口的点心小吃）好喝。说也奇怪，同样的大红袍、铁观音、乌龙茶、单枞茶等，在我家泡出来味同白开水，而从他家的小茶壶倒出来，就是喝了还想喝的好茶。我百思不得其解，有一天我终于忍不住向他发问。他听了以后"哈哈"一笑，说："喝茶是门学问，绿茶、青茶、红茶、普洱茶宜泡，铁观音、大红袍、乌龙茶和广东的单枞茶宜冲。所谓冲，就是把滚烫的开水冲进去三五秒、最多十秒就倒出来，茶味、香味就出来了。如果久泡，这些味道就消失了。"几句话就把长期郁结在我心中的问题解决了。我正想说句"想不到你对喝茶还有这么深的研究"表示谢意，谁知在旁的陈老师听了，白了他一眼，嘴巴一撇，冷冷地说："这个道理你也才知道几天哪？"场面猛地静默了几秒钟，突然爆发出一阵"哈哈哈哈……"的笑声——听着陈老师的调侃，我和黄先生都乐了。

"哈哈哈哈……"，但愿这爽朗的笑声长存！祝愿黄先生夫妇健康长寿！

附 录
吴定宇主要著述编年

龙其林　编

1944年，1岁。3月4日，吴定宇出生于四川省成都市。祖父取名定宇，意为希望将来奋发有为，平定近代以来中国百年战乱。3月10日，日军中国派遣军制定了打通大陆交通线的作战计划。4月，日本驻中国派遣军司令冈村宁次指挥日军发动了抗战以来最大规模的豫湘桂战役。12月，豫湘桂战役结束，中国在战场上损兵50万至60余万，丧失4个省会和146座城市、7个空军基地和36个飞机场，丧失国土20多万平方公里、6000万人民。

1945年，2岁。8月15日，日本向同盟国无条件投降。

1963年，19岁。9月，就读于四川外语学院俄罗斯语言文学系，开始四年的本科学习生活。

1967年，23岁。9月，从四川外语学院俄罗斯语言文学系本科毕业，外语程度为俄语听、说、写、译"四会"，能借助词典查阅英、法文资料。本科毕业后分配至四川垫江县国营农场劳动锻炼。

1970年，26岁。5月，任教四川省垫江县第四中学，从事英语教学工作，后调至垫江县第一中学。

1979年，35岁。9月，离开任教多年的四川省垫江县第一中学，赴广东省广州市中山大学攻读中国现当代文学专业硕士学位。

1980年，36岁。论文《〈狂人日记〉是浪漫主义作品吗?》发表于《中山大学研究生学刊（文科版）》1980年创刊号，后被中国人民大学报刊复印资料《鲁迅研究》1981年第2期全文转载。论文《试论胡适在"五四"文学革命运动中的历史地位和作用》发表于《中山大学研究生学刊（文科版）》1980年第2期。

1981年，37岁。论文《张闻天的文学活动散论》发表于《中山大学研究生学刊（文科版）》1981年第1期，中国人民大学报刊资料复印中心《中国现代、当代文学研究》1981年第9期全文转载，《新华文摘》1981年第8期摘载。论文《论鲁迅与胡适》发表于《中山大学学报（哲学社会科学版）》1981年第3期，中国人民大学报刊资料复印中心《中国现代、当代文学研究》1981年第19期全文转载。

1982年，38岁。论文《一部现实主义的杰作——读巴金的〈憩园〉》发表于《中山大学研究生学刊（文科版）》1982年第2期，后收入中国文联出版公司

1982年出版的《巴金作品评论集》、海峡出版社出版的《巴金研究资料（下）》，被中国人民大学报刊复印资料中心《中国现代、当代文学研究》1982年第21期全文转载，中国社会科学院文学研究所编《文学研究动态》1983年第8期介绍该文观点。论文《论文艺为人民大众服务——学习〈在延安文艺座谈会上的讲话〉的一点体会》发表于《中山大学研究生学刊（文科版）》1982年第3期。论文《关于老舍留美的真正原因》发表于《中山大学研究生学刊（文科版）》1982年第4期。9月，完成中山大学中文系硕士学位论文《论巴金小说的艺术风格》，获文学硕士学位，毕业后留校任教于现代文学研究室，任讲师。中山大学青年教师中外文化研究学会理事、学术部部长；担任82级班主任，后参加毕业分配工作；任现代文学研究室秘书、系研究生秘书、系党总支青年委员。

1983年，39岁。论文《浅谈鲁迅与胡适的关系——〈论鲁迅与同时代人〉之一节》发表于《中山大学研究生学刊（文科版）》1983年第1期。

1984年，40岁。论文《论巴金在抗战期间的思想和创作》发表于《抗战文艺研究》1984年第1期，中国人民大学报刊资料复印中心《中国现代、当代文学研究》1984年第13期全文转载。论文《巴金与无政府主义》发表于《中国现代文学研究丛刊》1984年第3期。论文《抗战期间香港文艺界关于文艺大众化和民族形式的讨论》发表于《学术研究》1984年第6期。论文《论巴金小说的艺术风格》收录于中山大学中文系、《中山大学学报》编辑部1984年11月编辑的《中山大学学报论丛·现代文学论文集》，中国社会科学院文学研究所编《中国文学研究年鉴》（1985）介绍了本文主要观点，香港《文学世界》1988年第2期介绍了该文，李存光《新时期巴金研究概观》介绍了该文。

1985年，41岁。论文《论鲁迅与胡适》被收入中山大学中文系主编《现当代作家作品论》，中山大学出版社1985年3月版。论文《论〈时代文学〉对抗战文艺运动的贡献》发表于《抗战文艺研究》1985年第2期。论文《雾海灯塔战斗号角》发表于《抗战文艺研究》1985年第3期。论文《反法西斯侵略战争的宣言》发表于《四川大学学报（哲学社会科学版）》1985年第3期。论文《一部现实主义的杰作——读巴金的〈憩园〉》被收入李存光编《巴金研究资料（下）》，海峡文艺出版社1985年9月版。《一部现实主义的杰作——读巴金的〈憩园〉》被收入贾植芳等编《巴金作品评论集》，中国文联出版公司1985年12月版。

1986年，42岁。论文《巴金的家庭题材小说探胜》发表于《中山大学学报（哲学社会科学版）》1986年第2期，中国人民大学报刊复印资料中心《中国现代、当代文学研究》1986年第6期全文转载，中国社会科学院文学研究所主编《一九八六年文学研究年鉴》介绍该文。论文《论胡适何时投向敌对营垒》发表于《贵州大学学报（社会科学版）》1986年第2期，中国人民大学报刊复印资料中心《中国现代史》1986年第6期全文转载。论文《论〈女神〉与〈尝试集〉的历史地位》发表于《阜阳师院学报（社会科学版）》1986年第3期。中山大学中文系现代文学教研室编《中国现当代文学自学手册》，合作者有吴宏聪、吴定宇、李伟江、王剑丛、邓国伟等，湖南文艺出版社1986年3月版。论文《先驱与跋涉——论鲁迅与巴金》发表于《中山大学学报（哲学社会科学版）》1986年第4期。本年晋升为讲师。

1987年，43岁。论文《胡适与五四文学革命运动》发表于《徽州社会科学》1987年第3期。论文《一篇值得一读的佳作——评〈凤子〉》发表于《科学文化报》1987年3月24日。论文《论巴金在抗战期间的散文创作》发表于《抗战文艺研究》1987年第4期。论文《巴金与赫尔岑》等文章被收入《比较文学500题》一书，上海文艺出版社1988年版。金俊钦、陈则光、吴宏聪、吴定宇、李伟江、王剑丛编《中国现代文学作品学习文选》，中山大学学报编辑部，1987年12月。论文《巴金与无政府主义》获广东省社科联1987年优秀社会科学研究成果青年奖。独立承担省高教局"七五"规划项目"文化震荡与现代化"。参与国家教委项目"中西文化交融与中国现当代文学"（1987—1991年），负责人为吴宏聪。参与国家"七五"重点项目"台湾文学发展史"（1987—1991年），负责人为王晋民。

1988年，44岁。论文《巴金的小说散文》被收入《中国现当代作家作品研究》，广州文化出版社1988年1月版。论文《老牛拓荒喜新获，近代文学终有史——读陈则光〈中国近代文学史〉（上册）》发表于《学术研究》1988年第1期。论文《现代意识与传统观念相撞击的火光——论巴金〈家〉的文化价值》发表于《中国现代文学研究丛刊》1988年第2期。论文《论〈女神〉的文化价值》发表于《郭沫若学刊》1988年第2期。中山大学中文系编《中国现当代作家作品研究》，广州文化出版社1988年4月版，作者有陈则光、邓国伟、王剑丛、陈幼学、吴定宇、黄伟宗、陈衡、王晋民，由王晋民编审、定稿。论文《狂态·人生·赤子情》发表于《同舟共进》1988年第5期。论文《一部反封建的力作——谈〈家〉的思想和人物》《劳动者的悲剧——〈骆驼祥子〉分析》《新的主题，新的人物，新的语言——〈小二黑结婚〉分析》《描写细腻 心态跃如》《〈果树园〉的创作特色》发表于中山大学学报编辑部、中山大学中文系刊授中心编《中国现代文学作品选学习文选》，1988年6月。《从奥涅金到奥勃洛摩夫》发表于中山大学学报编辑部、中山大学中文系刊授中心编《外国文学学习文选》，1988年6月。论文《西方忏悔意识与中国现代文学》发表于香港、广东、福建比较文学研讨会。

1989年，45岁。论文《"五四"之晨星——胡适博士》发表于台湾《新闻早报·海峡副刊》1989年5月4—5日。论文《西方忏悔意识与中国现代文学》

发表于《中山大学学报（哲学社会科学版）》1989年第3期，台湾《新闻早报·海峡副刊》1989年5月17—19日转载。论文《林今开和〈新狂人百相〉》发表于《新狂人百相》，辽宁教育出版社1989年版。论文《五四：作家文化心理的嬗变与新文学的走向》发表于高校纪念"五四"七十周年学术讨论会，1989年4月。

1990年，46岁。本年开始任中山大学中文系副主任，一直至1993年。论文《巴金创作的文化意义》发表于《社会科学》1990年第3期。论文《中西文化交融的最初硕果——〈女神〉与〈尝试集〉文化价值比较》发表于《郭沫若学刊》1990年第3期。

1991年，47岁。3月开始，任副教授。论文《论现代文化人的人格》发表于《两岸合论文化建设》，台湾新学识文教出版中心，1991年5月。论文《论现代中国文艺的灵魂——在〈延安文艺座谈会上的讲话〉新探》发表于《中山大学学报（社会科学版）》1991年第3期，发表时使用笔名吴锦生；后收入中山大学中文系编《探索与争鸣》，中山大学出版社1992年10月版。论文《巴金与宗教文化》发表于第二届巴金国际学术研讨会，1991年9月。独立承担国家"八五"社会科学研究规划项目"中国现代文学的特质与文化价值"（1991年12月—1995年12月）。

1992年，48岁。论文《论傣族当代文学的民族特色》发表于西双版纳历史文化研讨会，1992年11月。独立承担广东省"八五"社会科学研究规划项目"鲁迅与中国文化"（1992年12月—1995年12月）。

1993年，49岁。独立承担国家教委"八五"社会科学研究规划项目"儒家文化与中国文学"（1993年1月—1995年12月）。本年开始担任中山大学教务处兼职副处长。论文《文化整合：中国的过去、现在与未来》发表于《上海文化》1993年创刊号。论文《论文艺为人民大众服务》发表于纪念毛泽东《在延安文艺座谈会上的讲话》发表50周年学术研讨会，1992年5月。5月21日，论文《强化写作训练，着眼提高素质》获广东省人民政府批准的普通高等学校优秀教学成果省级一等奖。论文《巴金与宗教》发表于《中国现代文学研究丛刊》1993年第3期。论文《儒家文化与中国文学》发表于《学人》1993年第4期。论文《文化整合：中国通往未来之路》发表于香港《亚洲研究》1993年第6期。9月，论文《强化写作训练，着眼提高素质》又获中山大学优秀教学成果奖。评论《文艺批评需要文化定位》发表于《南方日报》1993年11月16日。

1994年，50岁。1994年承担中山大学教学研究课题"文科课程评估方案的研究"。论文《五四：作家文化心理的嬗变与新文学的走向》收入吴宏聪主编《中国现代文学与民族文化》，首都师范大学出版社1994年3月版。论文《论郭沫著与巴金》发表于《郭沫若学刊》1994年第2期。评论《一部巴金研究力作》

发表于《大众日报》1994年9月22日。曾扬华、陈培湛、吴定宇、刘思考《强化写作训练 着眼提高素质》发表于中山大学教务处编《教学撷英》，中山大学出版社1994年9月版。论文《当代马克思主义文艺思想的发展——邓小平文艺思想探索》发表于中山大学学报编辑部《学习〈邓小平文选〉论文选集》（下册），1994年10月。论文《文化学与中国现代文学研究》收入黄修己编《中国现代文学研究方法论文集》，首都师范大学出版社1994年10月版。论文《笔谈：中国现代文学的文化特质与文化研究》发表于《学术研究》1994年第6期。论文《新视野与新特色》发表于《文学世界》1994年第6期。

1995年，51岁。评论《论重建人文精神》发表于《当代文坛报》1995年第2、3期。评论《一部跨学科的力作》发表于《考古与文物》1995年第3期。论文《当代中国文学的世纪末情结》发表于《作品》1995年第4期。参加编写余思牧、唐金海、汪应果主编的《巴金与中外文化》，负责撰写主体部分，山东文艺出版社1995年6月版。论文《文化整合：从边陲走向世界——兼论岭南现代文化发展的历程》收入《南粤文化论丛》，广东教育出版社1995年8月版。论文《论华南抗战文艺运动的历史地位》发表于《中山大学学报（社会科学版）》1995年第3期。论文《论抗战期间的桂林文化——对一种文化现象的思考与评价》发表于《桂林抗战文化研究文集（三）》，广西师范大学出版社1995年9月版。

1996年，52岁。承担中山大学教学研究课题"文科教学改革与课程设置"（1996—1998）。论文《巴金与〈红楼梦〉》发表于《中山大学学报（社会科学版）》1996年第1期。余思牧、唐金海、汪应果主编，吴定宇、戴翊副主编的《巴金与中外文化》由山东文艺出版社1996年6月版。论文《文化星辰——陈寅恪》发表于《深圳商报·文化广场》，1996年8月22日起连载。《学人魂——陈寅恪传》1996年8月由上海文艺出版社出版。11月，《学人魂——陈寅恪传》由台湾业强出版社出版。12月，晋升教授职称。作为主要参加者，承担国家社科基金"九五"重点项目"'五四'后中国新文学史研究史"（1996—2001）。作为主要参加者，承担国家社科基金"九五"规划课题"中国现代文学论证史"（1996—2001）。

1997年，53岁。论文《不采蘋花即自由——陈寅恪定居岭南考》发表于《东方文化》1997年第1期。评论《扶持广东文学创作的断想》发表于《南方日报》1997年8月31日。论文《为大中华创造新文学——胡适与"五四"文学革命》《冲出大家庭，描写大家庭——巴金的家和〈家〉》《开小饭馆的大作家——李劼人的"大河小说"》《随笔写历史，史笔著小说》收入黄修己主编《百年中华文学史话》，（香港）新亚洲文化基金会有限公司，1997年8月。论文《素质建设与文科专业评估的研究》收入中山大学教务处编《改革与实践——中山大学本科教学改革论文集（三）》，中山大学出版社1997年8月版。评论《〈现实的魅力〉序》收入《现实的魅力》，国际文化出版社1997年8月版。论文《论乡土文化对郭沫若文化心理的润泽》发表于《郭沫若学刊》1997年第3期。论文《春风化雨育桃李——陈寅恪教授的教学生活》发表于《教学与教材研究》1997年第5期。论文《儒家的人格设计与历代文学家的人格》发表于台湾《中山人文学术论丛》（第一辑），1997年10月。11月，独立承担的"八五"国家教委社科基金项目"儒家文化与中国文学"通过国家教委鉴定，予以结项。

  1998年，54岁。论文《论宗法伦理文化在郭沫若心理上的积淀》发表于《郭沫若学刊》1998年第1期。论文《自然与逍遥——郭沫若与道家文化》发表于《郭沫若学刊》1998年第2期。《世纪的风：巴金的文化整合探索》发表于《中山大学学报（社会科学版）》1998年第4期。黄修己主编《20世纪中国文学史（上卷）》出版，作者有黄修己、张海元、吴锦润、邓国伟、吴定宇、李伟江、艾晓明，中山大学出版社1998年8月版。论文《关汉卿杂剧中的民俗文化遗存》发表于民俗与文学研讨会，1998年10月。论文《论郭沫若爱国主义思想的文化内涵》发表于《郭沫若学刊》1998年第4期。

  1999年，55岁。论文《陈氏家族 海内奇士 家学渊源》发表于《光明日报》1999年2月1日。论文《编好教材教好课——建设〈20世纪中国文学史〉的体会》发表于《中山大学学报论丛》1999年第1期。论文《陈寅恪与吴宓毕生情谊》发表于香港《文学与传记》1999年第2期。论文《陈寅恪与周恩来》发表于香港《文学与传记》第2期。论文《振聋发聩的一声春雷——论〈狂人日记〉的文化价值》发表于《中山大学学报（社会科学版）》1999年第3期。论文《魏晋名士风度与魏晋文学》发表于《中山人文学术论丛》第二辑，广东高教出版社1999年8月。论文《开辟研究中国上古文化新天地——论郭沫若对上古历史文化的穷本究源》发表于《郭沫若学刊》1999年第3期。论文《劫灰满眼看愁绝——陈寅恪与香港》发表于香港传记文学研讨会，后发表于香港《文学与传记》1999年第8期。论文《论儒家文化在郭沫若文化心理的积淀》发表于《郭沫若学刊》1999年第4期。

  2000年，56岁。随笔《走近中大》发表于《纯文学》2000年第1期。主编《走近中大》，并撰写其中一节《眼望东南区一号——陈寅恪教授故居前的遐想》，四川人民出版社，2000年1月。论文《郭沫若对中西文化的整合探索》发表于《郭沫若学刊》2000年第2期。论文《推崇与诘难——郭沫若与墨家文化》发表于《中山大学学报（社会科学版）》2000年第6期。论文《熠熠闪光的双子星座——陈寅恪与王国维》《陈寅恪与香港》发表于《东西方文化》（香港）2000年第11期。论文《熏陶与熔铸——郭沫若与中国古典诗歌》发表于《郭沫若学刊》2000年第4期。论文《云昏雾湿春仍好——陈寅恪在香港》被收入胡守为主编《陈寅恪与二十世纪中国学术》，浙江人民出版社2000年12月版。

2001年，57岁。论文《追慕与疏离——论郭沫若与屈原》发表于《郭沫若学刊》2001年第3期。

2002年，58岁。论文《新闻报道的写作与史传文化传统》发表于《中山大学学报论丛》2002年第2期，后被收入《新世纪应用文论论文选（上册）》，香港城市大学语文学部，2002年12月。主编《最新论文写作》，广东人民出版社2002年9月版。论文《来自英伦三岛的海风——论郭沫若与英国文学》发表于《中山大学学报（社会科学版）》2002年第5期。

2003年，59岁。论文《郭沫若与克罗齐、伯格森》发表于《郭沫若学刊》2003年第3期。论文《论郭沫若与东方文学》发表于《中山大学学报（社会科学版）》2003年第6期。

2004年，60岁。论文《为"转型时期的中国文学"正名》（与陈伟华合著）发表于《中山大学学报（社会科学版）》2004年第5期。出版学术专著《抉择与扬弃——郭沫若与中外文化》，中山大学出版社2004年8月版。

2005年，61岁。论文《回顾与反思：广东学报界工作的发展和展望》发表于《中山大学学报论丛》2005年第2期。

2006年，62岁。撰写《序二》发表于翁奕波、汪小珍、曾建平《中国文科学报的当代化研究》，中国文史出版社2006年1月版。论文《福泽谕吉与黄遵宪：〈文明论概略〉与〈日本国志比较〉》收入顾也力、陈多友主编《全球地域化语境下中国文学与日本文学研究前沿文存》，汕头大学出版社2006年4月版。吴定宇主编，陈伟华、易汉文副主编《中山大学校史（1924—2004）》，中山大学出版社2006年5月版。

2007年，63岁。评论《〈基督教文化与中国小说叙事新质〉序言》收入陈伟华著《基督教文化与中国小说叙事新质》，中国社会科学出版社2007年4月版。评论《〈"幻魅"的现代想象〉序》收入肖向明著《"幻魅"的现代想象——鬼文化与中国现代作家研究》，光明日报出版社2007年7月版。

2008年，64岁。正式办理退休手续，从中山大学中文系、《中山大学学报》编辑部退休。学术演讲《把心交给读者的作家——巴金》收入王晓玲主编《羊城学堂　第一辑》，广州出版社2008年9月版。

2009年，65岁。评论《〈分裂与建构：清末民初文学语言新变研究（1898—1917）〉序》收入邓伟著《分裂与建构：清末民初文学语言新变研究（1898—1917）》，中国社会科学出版社2009年1月版。评论《〈中国现代自由主义文学话语之建构〉序言》收入胡梅仙著《中国现代自由主义文学话语之建构（1898—1937）》，中国社会科学出版社2009年7月版。评论《〈鲁迅、郭沫若研究札记〉序》收入陈伟华著《鲁迅、郭沫若研究札记》，中国社会科学出版社

2009年11月版。论文《巴金与无政府主义》选入《丛刊》编辑部主编的《中国现代文学研究丛刊30年精编：作家作品研究卷（上）》，复旦大学出版社2009年10月版。

2010年，66岁。论文《郭沫若与屈原》收入李怡、蔡震编著《郭沫若评说九十年》，文化艺术出版社2010年1月版。论文《一部现实主义的杰作——读巴金的〈憩园〉》被选入李存光编著《中国文学史资料全编·现代卷·巴金研究资料（上）》，知识产权出版社2010年2月版。评论《读书不肯为人忙》发表于《晶报》2010年7月3日第B10版。

2012年，68岁。论文《现代中国史学的双子星座（之一）——论郭沫若与陈寅恪》发表于《郭沫若学刊》2012年第3期。论文《郭沫若对中西文化的整合探索》被收入陈晓春、王海涛主编《郭沫若研究文献汇要 卷5 思想文化卷（下）》，上海书店出版社2012年7月版。

2014年，70岁。论文《陈寅恪的1958年》发表于《粤海风》2014第3期，后被收入徐南铁主编《学人与学堂》，暨南大学出版社2017年5月版。论文《陈寅恪先生身后事》发表于《粤海风》2014年第5期。《走近黄修己先生》发表于《羊城晚报》2014年8月28日第B04版。学术专著《守望：陈寅恪往事》，中国社会科学出版社2014年11月版，被评为中国社会科学出版社2014年度好书。

2015年，71岁。随笔《走近黄修己先生——贺黄修己先生八十大寿》，收入陈希、姚玳玫编《一个人与一门学科——黄修己教授的学术旅程》，中山大学出版社2015年1月版。论文《陈寅恪在沦陷时期的香港》发表于《百年潮》2015年第11期。

2016年，72岁。论文《青史青山入梦多——论陈寅恪抗战时期的诗歌创作》发表于《重庆师范大学学报（哲学社会科学版）》2016年第1期。随笔《陈寅恪居港二三事》发表于《各界》2016年第3期。

2017年，73岁。7月22日中午13时15分，因突发心肌梗塞，不幸在广州逝世。《南方都市报》7月28日A13版刊发记者贺蓓的新闻报道《中山大学吴定宇教授猝然辞世——研究中国文学文化成就斐然，引领中大学报跻身同类期刊前列》。